U0960072

权威·前沿·原创

皮书系列为
“十二五”“十三五”国家重点图书出版规划项目

中国社会科学院创新工程学术出版资助项目

慈善蓝皮书

BLUE BOOK OF PHILANTHROPY

中国慈善发展报告（2019）

ANNUAL REPORT ON CHINA'S PHILANTHROPY DEVELOPMENT (2019)

主　编／杨　团

社会科学文献出版社
SOCIAL SCIENCES ACADEMIC PRESS (CHINA)

图书在版编目(CIP)数据

中国慈善发展报告. 2019 / 杨团主编. -- 北京 : 社会科学文献出版社, 2019.7
（慈善蓝皮书）
ISBN 978-7-5201-5149-8

Ⅰ.①中… Ⅱ.①杨… Ⅲ.①慈善事业-研究报告-中国-2019 Ⅳ.①D632.1

中国版本图书馆 CIP 数据核字（2019）第 130517 号

慈善蓝皮书
中国慈善发展报告（2019）

主　　编 / 杨　团

出 版 人 / 谢寿光
责任编辑 / 薛铭洁
文稿编辑 / 王丽丽

出　　版 / 社会科学文献出版社 · 皮书出版分社（010）59367127
地址：北京市北三环中路甲 29 号院华龙大厦　邮编：100029
网址：www.ssap.com.cn
发　　行 / 市场营销中心（010）59367081　59367083
印　　装 / 三河市东方印刷有限公司

规　　格 / 开 本：787mm × 1092mm　1/16
印 张：33.75　字 数：510 千字
版　　次 / 2019 年 7 月第 1 版　2019 年 7 月第 1 次印刷
书　　号 / ISBN 978-7-5201-5149-8
定　　价 / 158.00 元

2019 年慈善蓝皮书编委会成员

主编简介

杨　团　女，中国社会科学院社会学研究所研究员、中国社会科学院社会政策研究中心顾问和研究生院教授，硕士生导师。民政部特邀咨询专家，人力资源和社会保障部社会保障专家组成员。公益兼职有中国灵山公益慈善促进会副秘书长、北京农禾之家咨询服务中心理事长、北京农禾之家农村发展基金会理事长等。先后获评“2013CCTV 年度十大慈善人物”、“责任中国 2014 公益盛典”年度致敬大奖、《中国慈善家》杂志“2015 年度中国十大社会推动者”、“2018 年度中国十大社会推动者”、《南风窗》2018“为了公共利益”年度人物。

长期致力于社会保障、慈善公益与非营利组织、综合性农民合作组织、社区公共服务、老年人长期照护等领域的社会政策研究，曾多次主持国家社科基金课题和重点课题、中国社会科学院重点课题，出版多部专著，发表论文和研究报告近200 篇，曾获国家社科基金优秀成果及多项省部级研究优秀成果奖。主编年度丛书《当代社会政策研究》《中国慈善发展报告》《综合农协：中国“三农”改革突破口》；主要专著有《社区公共服务论析》（独著）、《中国社会保障制度的再选择》（第一著者）、《21 世纪中国农民的社会保障之路》（第一著者）；主要论文有《社会政策研究范式的演化及其启示》《新农村建设与农村社会保障》《探索第四域》《医疗卫生服务体系的第三条道路》《中国长期照护的政策选择》《此集体非彼集体——为社区性、综合性乡村合作组织探路》等。

摘　要

2018 年，是中国慈善法治走向规范化、体系化的一年，也是慈善行业遭遇重大挑战的一年。中国慈善在步履维艰中努力向前，不仅守住了基本面，即组织发展总量和慈善捐赠总量持续增长，还在志愿服务、社区社会组织、行业建设、公益创新等领域有所进展。

基本面的表现，一方面是社会组织发展。2017 年度全国社会组织总数量为 76.2 万个，其中，基金会 6307 个，社会团体 35.5 万个，社会服务机构 40.0 万个。截至 2018 年年底，全国社会组织总数量为 81.6 万个，较 2017 年增长 7.1%，增长率有所下滑；其中，基金会 7027 个，社会团体 36.6 万个，社会服务机构 44.3 万个，分别比 2017 年增长了 11.4%、3.1%、10.8%。在社会组织中，截至 2018 年 12 月 31 日，经民政部门登记认定的慈善组织全国范围内已达 5285 个；其中，社会团体 945 个，占 17.9%，社会服务机构 246 个，占 4.7%，基金会 3818 个，占 72.2%，红十字会 276 个，占 5.2%；在已经登记认定的慈善组织中，有 1451 个获得了公募资格，占 27.5%。2018 年，已经登记境外非政府组织代表机构 441 个，临时活动备案 1381 项。

另一方面是捐赠总量增长。《慈善蓝皮书：中国慈善发展报告》一直以来将社会捐赠总量、全国志愿服务贡献价值和彩票公益金三者之和设定为全核算社会公益总价值。2017 年实际社会捐赠总额为 1526 亿元，加上志愿者贡献价值 548 亿元和彩票公益金筹集量 1143 亿元，全核算社会公益总价值达 3217 亿元。2018 年，预期社会捐赠总量为 1128 亿元，加上全国志愿者贡献价值 823.6 亿元，人、款、物的社会筹募总量预估为 1951.6 亿元，再加上 2018 年筹集的彩票公益金 1313.6 亿元，2018 年全核算社会公益总价值预计达 3265.2 亿元，与 2017 年纠正后的数据相比基本持平。

2018 年慈善事业发展亮点频出。其中，由于《志愿服务条例》正式实施，志愿服务制度化建设全面加强。国家将志愿服务纳入国民经济和社会发展总体规划，为志愿服务带来了巨大的发展机遇。2018 年，中国志愿者总数约为 1.98 亿人，占中国大陆人口的 14%，比 2017 年增加 4003 万人，增长率 25%；志愿者贡献价值 823.6 亿元，较 2017 年增长了 50.3%。

社区社会组织培育首次成为国家重点政策，政府下文，各地响应。成都一次性出台 6 个城乡社区发展治理系列配套文件，制定了三年全市城乡社区可持续总体营造行动指标，这对当地民间社会组织是重大利好。截至 2018 年 11 月，中国社区社会组织数量已达 39.3 万个，其中基层民政部门登记 6.6 万个，由街道和社区管理的有 32.7 万个。

行业建设显示出多年累积的效果，在问责和自律，为资源方提供咨询顾问，教育，能力建设和技术支持，研究和知识管理，交流、传播和信息扩散等方面都有新的突破，尤其出现了对中国社会组织经济规模（N-GDP）研究的新方法和新工具。

公益创新继续迭代。一方面，互联网公益走向成熟、理性的新阶段；另一方面，新经济公益初现，阿里巴巴将脱贫工作列为集团战略业务，计划之后五年，投入 100 亿元，并且调动阿里巴巴经济体的每个单元，从电商、生态、教育、女性、健康五大方向设计和探索，帮助贫困地区从根源上着手脱贫。

社会组织国际化策略性增强，不但推进联合行动以整合资源、提高效率和影响力，而且突破了国别合作，开始注重和尝试区域合作，走向“促进区域命运共同体”的建设参与。

慈善伦理建设走向聚焦。公益慈善界在“冰花男孩事件”“癌症女童王凤雅事件”中反思弱势儿童生存与教育困境以及公益慈善介入的专业性与伦理界限；从接二连三曝光的公益界知名人士涉性骚扰丑闻引发的社会舆论大哗中，反思行业快速发展中沉积下来的“江湖习气”“大佬文化”“山头文化”“男权意识”等现象，反省慈善伦理发展滞后、慈善价值观模糊甚至偏移等问题，将这次公益慈善行业的公信力危机转化为一次行业集体审视、反思、教育与建构的契机，在行业性别友好机制的联合建设上开始了积极行动。

2018 年是中国改革开放 40 年与汶川抗震救灾 10 年，中国民间公益界启动了各种形式的纪念活动，并系统地反思中国现代慈善探索中的得与失。民间公益力量的兴起，是中国社会的一场伟大变革，它体现了民间诉求与政府改革只有上下合力、不偏废任何一方才能不断进步的实践经验，这也是未来中国慈善成长要遵循的基本准则。

Abstract

In 2018, it was a year in which the philanthropic rule of law in China was marching toward standardization and systemization, and it was also a year in which the charity industry encountered major challenges. China's charity has achieved remarkable results. It has not only maintained its fundamentals, namely, the total amount of organizational development and the total amount of charitable donations have continued to grow. It has also made significant progress in the fields of volunteer services, community social organizations, industry construction, and philanthropic innovation.

The development of social organizations is one of the performances of the fundamentals of China's philanthropy. In 2017, China had 762000 social organizations in total, including 6307 foundations, 355000 social groups, and 400000 social service organizations. In 2018, there are approximately 816000 social organizations nationwide (representing a 7.1% increase, however, the increase rate has declined comparing to last year). Among them, there are 7027 foundations (representing a 11.4% increase), 366000 social groups (representing a 3.1% increase), and 443000 social service organizations (representing a 10.8% increase). In addition, by the end of 2018, according to the Charity Law, 5285 charitable organizations had been legally registered and certified. Among them, 945 social groups, accounting for 17.9%, 246 social service organizations, accounting for 4.7%, 3818 foundations, accounting for 72.2%, 276 Red Cross, accounting for 5.2%; among charitable organizations which were legally registered and certified, 1451 had successfully obtained the qualification certificate for fundraising from the public, accounting for 27.5%. And, 441 overseas non-governmental organizations'representative offices have been registered and certified, and 1381 temporary activities were put on records.

The other performance of fundamentals of China's philanthropy is the total amount of charitable donations. In "*Blue Book of Philanthropy: Annual Report on China's Philanthropy Development*", we always calculate the total value of social charity by adding the total amount of social donations, imputed value of hours of voluntary services contributed nationwide, and welfare lottery fund. In 2017, the actual social donation is CNY 152. 6 billion, the imputed value of hours of voluntary services is CNY 54. 8 billion, and the donation from welfare lottery fund is CNY 114. 3 billion. Therefore, the total value of social charity is CNY 321. 7 billion. In 2018, total social donations were anticipated to reach CNY 112. 8 billion; the imputed value of hours of voluntary services contributed nationwide reached CNY 82. 36 billion; donation from welfare lottery fund is CNY 131. 36 billion. Thus, the estimated total value of social charity in 2018 is CNY 326. 52 billion, which remained about flat compared with 2017.

In 2018, philanthropy highlights frequently appeared. The number of volunteers and the imputed value of volunteers contributed remarkably increased. Since the *Regulation on Voluntary Services* has been issued officially, the construction of systematization was reinforced. The government has incorporated voluntary service into the Overall Plan for National Economic and Social Development, which brought tremendous development opportunities for voluntary service. In 2018, total number of volunteers has reached 198000000, accounted for 14% of the total population, which has increased 40030000 volunteers than that of 2017, representing a 25% increase; the imputed value of volunteers contributed is CNY 82. 36 billion, representing a 50. 3% increase.

The cultivation of community social organizations became a key national policy for the first time. The city of Chengdu issued six supporting documents for urban and rural community development and governance in one time as well as formulated three-year urban and rural community sustainable overall construction indicators, which is favorable for local social organizations. By Nov. of 2018, the total number of community social organizations has reached to 393000, of which 327000 organizations are regulated by local community or neighborhood and 66000 organizations are registered at local a'vil affairs departments.

Charity industry building has been making progress. Many new breakthroughs have been made in various aspects, such as accountability and self-discipline, providing resource providers with advisory consultants, education, capacity building, and technical support, research and knowledge management, and communication and information diffusion. Especially, new methods and tools for the study of China Social Organization Economy Scale (N-GDP) have emerged.

Philanthropic innovation continues to renew. On the one hand, Internet philanthropy is stepping to a new phase of maturity and rationality; on the other hand, Alibaba group has put poverty alleviation as a strategic business of the group, and expected to invest CNY 10 billion in the next five years. Each unit of the Alibaba economy is mobilized to design and explore from the five major directions of e-commerce, ecology, education, women, and health, helping poverty-stricken areas to overcome poverty.

The internationalization of social organizations' strategy has been strategically strengthened. It has not only promoted joint actions to integrate resources, improved efficiency and influence, but also broke through nationwide cooperation, began to focus on regional cooperation, and moved toward the construction of "boosting the regional shared community".

Philanthropic ethics construction has been brought to spotlight. Since the "Frost Flower Boy" and "Cancer Girl Wang Fengya" Events occurred, the charity industry took a deep consideration of the survival and predicament of vulnerable children and the professional and ethical boundaries of charitable intervention. Because of the sexual scandals of famous philanthropic practitioners, the whole industry introspected on slow development of charitable ethics and shifted value, bullying culture and male-dominated consciousness. The credibility crisis of the charity industry was transformed into an opportunity to collectively review, reflect, educate, and construct, which urged positive actions of joint construction of the industry's gender-friendly mechanism.

The year of 2018 is the 40th year of China Reform and Opening-up as well as the 10th anniversary of Wenchuan earthquake relief, the charity launched various forms of commemorative activities. In addition, it systematically reflects on gains and losses in the exploration of modern Chinese charity. The rise of non-governmental social forces signifies a tremendous reform of Chinese society. It embodies the practical experience of that civil appeal and government reform need to compromise, instead of deviating from any party. This is also the basic criterion for future charitable growth in China.

目 录

Ⅰ 总论

Ⅱ 领域报告篇

Ⅲ 专题报告篇

Ⅳ 热点事件篇

Ⅴ 境外慈善篇

Ⅵ 附录

皮书数据库阅读**使用指南**

CONTENTS

Ⅰ Overviews

Ⅱ Basic Reports

Ⅲ Special Reports

Ⅳ Hot Topics

V Overseas Philanthropy

VI Appendices

总　　论

Overviews

B.1 2018年中国慈善事业综述

——适应、反思和探索出路的一年

徐会坛　朱健刚*

摘　要： 2018年，是中国慈善法治走向规范化、体系化的一年，也是慈善行业遭遇重大挑战的一年。中国慈善在步履维艰中努力向前，不仅守住了基本面，即社会组织发展总量和慈善捐赠总量持续增长，还在志愿服务、社区社会组织、行业建设、公益创新等领域有所进展。总体而言，2018年中国慈善事业的发展，彰显了中国慈善在变革中坚持、思考、反省和探索出路的意志和选择。

关键词： 慈善　社会组织　民间公益　探索　展望

* 徐会坛，中国灵山公益慈善促进会北京办公室执行副主任，主要研究领域为公益慈善、社会组织；朱健刚，南开大学社会学系教授，主要研究领域为社会组织、城乡社区、社会运动等。

2016 年《慈善法》颁布实施是中国慈善[1]发展史上的一个里程碑。《慈善法》作为中国第一部国家层面的基础性、综合性慈善法律，标志着中国慈善事业正式迈入法治化轨道。[2] 它的颁布实施不仅一定程度上纾解了中国慈善过去长期面临的法律法规碎片化、位阶低、约束力弱的困境，还为中国慈善事业的新发展开辟了更为广阔的空间，并提供了基本的法治保障。[3]

然而，无论是《慈善法》本身，还是它和与之有配套关系的法律法规共同构建的中国慈善法治体系，都没有也不可能在短期内给中国慈善带来彻底革新。原本存在的旧制度旧思想的惯性都仍深深影响着中国慈善的发展。[4] 2017 年，中国慈善在发展的同时，遇到很多超出预料的挑战和问题，例如“慈善诈骗”；互联网募捐出现“机器刷单”“人工套捐”；因基金会、社会团体、社会服务机构三大管理条例修订悬而未决导致的各地社会组织登记注册无所适从，等等。这些挑战和问题共同反映出中国慈善在新旧机制艰难转换的过程中的负重前行。

2018 年，这种状况更加凸显。一方面，随着管理制度在 2018 年更加趋向监管、规范与统合，社会组织纷纷进入一个努力适应的过程；另一方面，慈善捐赠和社会组织发展的增速下滑，行业公信力因丑闻、质疑的接连爆发遭受重创。但是，尽管步履维艰，中国慈善在 2018 年还是努力向前，不仅守住了基本面，即社会组织发展总量和慈善捐赠总量持续增长，还在志愿服务、社区社会组织、慈善伦理建设、行业基础设施建设、互联网公益、跨界融合、社会创新、参与全球治理等方面，都出现了新气象，显示出中国慈善在变革中坚持、思考、反省和探索出路的意志和选择。

---

① 除非特别说明，本报告中的“慈善”是《中华人民共和国慈善法》意义上的概念，即现代意义的、广义的慈善，在表述上可与“民间公益”“公益慈善”“现代慈善”等互换；本报告中的“公益”是广义的公益，行为主体可以是政府，也可以是民间。

② 《民政部门有关负责人就慈善法实施答记者问》，人民网，http：//society. people. com. cn/n1/2016/0323/c1008 - 28221580. html，最后访问时间：2019 年 3 月 27 日。

③ 徐会坛、杨团：《中国慈善在过渡期负重前行的一年》，载杨团主编《慈善蓝皮书：中国慈善发展报告（2018）》，社会科学文献出版社，2018，第 8 页。

④ 杨团：《中国慈善发展报告（2018）·后记》，载杨团主编《慈善蓝皮书：中国慈善发展报告（2018）》，社会科学文献出版社，2018，第 462 页。

一　主要观测数据增速下滑

2017 年，全国社会组织总数量为 76.2 万个，其中，基金会 6307 个，社会团体 35.5 万个，社会服务机构 40.0 万个。①

截至 2018 年年底，全国社会组织总数量为 81.6 万个，较 2017 年增长 7.1%，增长率有所下滑；其中，基金会 7027 个，社会团体 36.6 万个，社会服务机构 44.3 万个，分别比 2017 年增长了 11.4%、3.1%、10.8%。② 而据基金会中心网的数据统计，截至 2018 年 12 月 31 日，全国基金会总数为 7015 家，较 2017 年 6384 家增加 631 家，年增长率为 9.8%。③

在境外非政府组织方面，2018 年是《境外非政府组织境内活动管理法》正式实施的第二年。该法第九条规定“境外非政府组织在中国境内开展活动，应当依法登记设立代表机构；未登记设立代表机构需要在中国境内开展临时活动的，应当依法备案。”2018 年，全国已经登记境外非政府组织代表机构 441 个，临时活动备案 1381 项。

在社会组织中，截至 2018 年 12 月 31 日，经民政部门登记认定的慈善组织全国范围内已达 5285 个；其中，社会团体 945 个，占 17.9%，社会服务机构 246 个，占 4.7%，基金会 3818 个，占 72.2%，红十字会 276 个，占 5.2%；在已经登记认定的慈善组织中，有 1451 家获得了公募资格，占 27.5%，其中，社会团体 440 个，占该类型慈善组织数量的 46.6%，社会服务机构 7 个，占 2.9%，基金会 731 个，占 19.2%，红十

① 宋宗合：《2017～2018 年度中国慈善捐赠发展报告》，载杨团主编《慈善蓝皮书：中国慈善发展报告（2019）》，社会科学文献出版社，2019，第 30～48 页。

② 宋宗合：《2017～2018 年度中国慈善捐赠发展报告》，载杨团主编《慈善蓝皮书：中国慈善发展报告（2019）》，社会科学文献出版社，2019，第 30～48 页。

③ 基金会中心网通过实时观测各级民政部门的基金会成立公告等信息统计基金会数量，目前已经覆盖全国 32 个直辖市及省级民政部门以及百余个市县级民政部门。相关数据都是根据实时发布的基金会成立公告、登记许可信息等统计。因为统计口径不同，与民政部统计数据略有差异，但也可作为一种参考。

字会273个，占98.9%。

在慈善信托方面，截至2018年12月31日，全国共有慈善信托136单，分布在22个省、市、自治区，合同总金额约20.0亿元。其中，排名前十的慈善信托的信托财产总规模17.1亿元；排名第一的是在杭州市民政局备案的、由万向信托股份公司担任受托人的“鲁冠球三农扶志基金慈善信托”，其信托财产总规模达6亿元。

在社会捐赠方面，矫正后，2016年全国实际社会捐赠额为1458亿元，2017年实际社会捐赠总额为1526亿元。2018年中国社会捐赠总量预估约为1128亿元，比2017年下滑。①

在志愿服务方面，2018年，全国志愿者总数约2亿人次。经测算，实际有6230万名志愿者通过143万家志愿服务组织参与了志愿服务活动，贡献志愿服务时间总计为22.0亿小时，志愿者贡献总价值为823.6亿元，与2017年度比较，增加了50%。②

在彩票公益金筹集方面，2018年，福利彩票和体育彩票共筹集公益金1313.6亿元，同比增加170.4亿元，增长14.9%；其中，福利彩票643.6亿元，占49.0%，体育彩票670.0亿元，占51.0%。③

《慈善蓝皮书：中国慈善发展报告》一直以来将社会捐赠总量、全国志愿服务贡献价值和彩票公益金三者之和设定为全核算社会公益总价值。2018年，预期社会捐赠总量加上全国志愿者贡献价值，人、款、物的社会筹募总量预估为1951.6亿元，再加上同年筹集的彩票公益金1313.6亿元，全核算社会公益总价值预计达3265.2亿元，与2017年纠正后的数据相比基本持平。④

① 宋宗合：《2017～2018年度中国慈善捐赠报告》，载杨团主编《慈善蓝皮书：中国慈善发展报告（2019）》，社会科学文献出版社，2019，第30～48页。

② 翟雁、辛华、张杨：《2018年中国志愿服务发展指数报告》，载杨团主编《慈善蓝皮书：中国慈善发展报告（2019）》，社会科学文献出版社，2019，第50～87页。

③ 宋宗合：《2018年中国彩票与慈善发展报告》，载杨团主编《慈善蓝皮书：中国慈善发展报告（2019）》，社会科学文献出版社，2019，第184～205页。

④ 宋宗合：《2017～2018年度中国慈善捐赠报告》，载杨团主编《慈善蓝皮书：中国慈善发展报告（2019）》，社会科学文献出版社，2019，第30～48页。

二 国家：新时代中国特色社会组织治理更体系化

2017 年，党的十九大宣布中国特色社会主义进入新时代。社会组织治理作为中国特色社会主义社会治理的一个有机组成部分，也由此进入了一个新时代。从全国民政工作进展的报告来看，2017～2018 年，此新时代中国特色社会主义社会组织治理体制的关键词主要是“党建”“监管”“改革”和“发挥作用”，所不同者，2018 年，围绕这些关键词进行的建设更加体系化，也更加严密。主要表现在以下几方面。

1. 实质性推进社会组织党建工作

2015 年，中共中央办公厅印发的《关于加强社会组织党的建设工作的意见（试行）》即已明确提出，要“本着应建尽建的原则，加大党组织组建力度”。2016 年，《慈善法》正式施行之前两办印发的《关于改革社会组织管理制度 促进社会组织健康有序发展的意见》，再次强调要“实现党组织和工作的全覆盖”；而同年社会团体、基金会、社会服务机构三大社会组织条例的修改草案中，也体现出这个精神，要求社会组织设立党的组织，开展党的活动，并为党组织的活动提供必要条件。对于这些要求，《慈善法》正式施行后，民政部又曾下发通知多次重申。实质性的推进落实工作是从 2018 年开始的。

2018 年 4 月 28 日，民政部印发《关于在社会组织章程增加党的建设和社会主义核心价值观有关内容的通知》，要求社会组织在章程中要增加党的建设和社会主义核心价值观有关内容，并提供了章程修改的表述模板；要求各级民政部门在社会组织成立登记和章程核准时要加强审查。此外，同年公布的《社会组织信用信息管理办法》把“未按照有关规定设立党组织的”规定为将社会组织列入“活动异常名录”的情形之一。

章程在社会组织法人治理结构中占据基础性作用，是社会组织开展各项业务活动的行动准则，制定内部管理制度的基本依据，是社会组织纲领性文件，具有重要的基础性地位。[①] 社会组织信用信息作为社会信用体系建设的重要构成部分，直接影响到社会组织能否享受税收优惠、承接政府授权委托事项、政府购买服务、政府资金支持和政策扶持等。要求社会组织在章程中加入党的建设和社会主义核心价值观有关内容，并把是否设立党组织纳入社会组织信用信息管理，这些都释放出非常明确的信号，即党在社会组织治理中的角色越来越重要，而新时代中国特色社会组织治理就是要把“政治建设放在首位”，并且要在实践中强力贯彻落实。这体现了党领导“法治国家、法治政府与法治社会一体建设”的思维，这种思维也将成为当下与可见之未来社会组织治理与慈善事业治理的核心内容。[②]

2. 慈善法治的建设与实践继续深化

2016 年《慈善法》颁布以来，推进其落地施行的配套制度每年增加。2018 年，这一进程继续。2017 年征求意见，2018 年先后正式出台的《社会组织信用信息管理办法》《慈善组织信息公开办法》和《慈善组织保值增值投资活动管理暂行办法》，都是民政部制定的部门规章，主要从慈善组织的内部治理和政府监管的视角配套《慈善法》中的相关规定。此外，2018 年，在中央层面，国务院与民政部等部门在有关社会组织党建、社会组织登记管理、社会组织重大事项报告与信息公开、社区社会组织、公开募捐规范、公益慈善税收优惠政策落实、政府购买服务、社会工作、“互联网＋”、残疾人服务机构管理、志愿服务组织管理、慈善医疗救助以及彩票公益金管理、境外非政府组织设立代表机构等方面，也发布了一系列政策性文件，以促进和监管社会组织以及慈善事业的发展。[③]

---

① 《〈民政部关于在社会组织章程增加党的建设和社会主义核心价值观有关内容通知〉的解读》，中国社会组织公共服务平台，http://www.chinanpo.gov.cn/1210/111786/index.html，最后访问时间：2019 年 3 月 30 日。

② 马剑银：《2018 年中国慈善法治发展观察报告》，载杨团主编《慈善蓝皮书：中国慈善发展报告（2019）》，社会科学文献出版社，2019，第 88～108 页。

③ 有关配套制度、政策文件的详细情况，请见马剑银《2018 年中国慈善法治发展观察报告》，载杨团主编《慈善蓝皮书：中国慈善发展报告（2019）》，社会科学文献出版社，2019，第 88～108 页。

但是，2018 年，社会组织三大条例的修订仍然没有完成。在社会组织立法缺失的背景下，《基金会管理条例》《社会团体登记管理条例》和《民办非企业单位登记管理暂行条例》三大条例原本计划于《慈善法》正式施行前修订完毕出台，但因修订难度较大，社会与业界反馈意见较多，最终未能按时修订完成，并且出现了停滞。2018 年，国务院办公厅印发《国务院2018 年立法工作计划》，社会组织三大条例变成“社会组织登记管理条例”；同年 8 月 3 日，民政部发布《社会组织登记管理条例（草案征求意见稿）》（以下简称，草案征求意见稿）并公开征求意见。这意味着政府改变了原来分别修订社会组织三大条例的思路，希望通过它们的“三合一”来实现社会组织管理的统一。然而，草案征求意见稿发布后，学界和实务界的主流声音却是“建议有关部门充分听取社会各界的意见，适当延长立法周期，不宜匆忙出台”，核心理由是，草案征求意见稿从宏观立法依据、指导思想、框架到具体制度建构、条文表述，都存在许多问题。① 在学界和实务界的普遍反对中，《社会组织登记管理条例》2018 年未能出台。为弥补社会组织相关行政法规修订与整合的滞后，民政部发布《关于进一步加强和改进社会服务机构登记管理工作的实施意见》，明确提出要强化社会服务机构的登记审查，要求在《社会组织登记管理条例》出台以及民政部关于直接登记社会组织分类标准和具体办法下发之前，各地要从严从紧把握社会服务机构直接登记申请，稳妥审慎探索；此外，要落实双重管理，强化综合监管；等等。②

2018 年，在地方层面，《慈善法》配套制度建设的力度加大。为配合《慈善法》的施行，3 月 1 日，《江苏省慈善条例》正式实施，这是《慈善法》施行之后第一部专门规范慈善事业的地方性法规。此外，安徽、陕西、

① 刘培峰、马剑银：《〈社会组织条例〉不宜仓促出台，建议延长立法周期》，中国灵山公益慈善促进会微信公众号，https：//mp. weixin. qq. com/s/FvlPSuhgGVPJHAq9Zo56JQ，最后访问时间：2019 年 3 月 31 日。

② 马剑银：《慈善业界积极回应〈社会组织登记管理条例（草案征求意见稿）〉》，载杨团主编《慈善蓝皮书：中国慈善发展报告（2019）》，社会科学文献出版社，2019，第 357 ~ 364 页。

浙江、江西、广州、北京等地，也都在2018年启动整体性的《慈善法》配套制度的建设。其中，《安徽省实施〈中华人民共和国慈善法〉办法》《浙江省实施〈中华人民共和国慈善法〉办法》均于年内获得了通过。除了整体性的《慈善法》配套制度外，地方层面对《慈善法》有关规定的配套也在推进，例如：辽宁省推出了《辽宁省社会组织管理办法》，广东省出台了《广东省民政厅关于社会组织信用公开的办法（试行）》和《（广东省）关于加快推进社会公益事业建设领域政府信息公开工作的通知》，等等。有望在不远的将来，会有越来越多地方性慈善法配套法规规章出台。①

在《慈善法》配套制度建设之外，2018年，慈善法治的实践也在深化。从执法上来说，在此前打击“未在民政部登记的组织”“山寨社团”基础上，民政部于2018年联合公安部开展了打击整治非法社会组织专项行动，从4月持续到同年12月，共查处非法社会组织5845个，曝光涉嫌非法社会组织300多个。② 其中，河北武安爱心村关停事件③引发了比较广泛的媒体关注，对社会组织合法性和专业性建设都提出了更深层次的拷问。从司法上来说，根据最高人民法院中国裁判文书网收录的裁判文书显示，截至2018年共有34个案件涉及《慈善法》，与上年度相比，增加了一倍还多，公益慈善组织进入司法领域直面《慈善法》的案件也越来越多；甚至出现了慈善组织因不服责令整改状告民政部的行政诉讼案件，这意味着民政部门在监管社会组织过程中，会面临更大的挑战，执法的合法性审查需要民政部门在

① 马剑银：《2018年中国慈善法治发展观察报告》，载杨团主编《慈善蓝皮书：中国慈善发展报告（2019）》，社会科学文献出版社，2019，第88～108页。

② 《我国社会组织登记数量已超过80万家》，新华网，http://www.xinhuanet.com/politics/2019-01/03/c_1123944315.htm，最后访问时间：2019年3月31日。

③ 河北武安爱心村事件：河北武安爱心村由此前被媒体称为“爱心妈妈”的李利娟创办，主要业务是收养孤儿。2018年5月4日，河北武安行政审批局以2014～2016年连续三年未参加年检为由，撤销了李利娟爱心村的民办非企业单位登记证书，并对爱心村的74名孤儿弃婴分流安置；5月5日凌晨，李利娟被武安公安局从北京带回武安刑事拘留，罪名是涉嫌扰乱社会秩序、敲诈勒索等；5月10日，武安公安局公布案件进展，认定李利娟涉嫌敲诈勒索罪、伪造印章罪、诈骗罪、聚众扰乱社会秩序罪等犯罪行为。此事件被媒体称为“一个全国知名的公益机构与慈善人物坠机式陨落”。

理解法律、落实法律上更加精细，保持法律实施的融贯性。①

3. 引领社会组织发展方向

整体而言，2018 年，社会组织和慈善事业治理的制度建设和实践都趋向于收缩、规范和统合。但是，在社会组织和慈善事业发展的相关领域，2018 年也出台了一些支持性与促进性的措施，引领社会组织和慈善事业的发展方向。

在参与脱贫攻坚方面，民政部除了频繁召开动员大会之外，还在中央财政支持社会组织参与社会服务项目中，对在深度贫困地区开展扶贫的社会组织予以倾斜，2017 年和 2018 年共立项 298 个，项目资金超过 1 亿元。② 在 2018 年第十届“中华慈善奖”评选中，扶贫济困的先进单位和个人也成为重点表彰对象。③

在社区社会组织方面，2018 年，从中央到地方都开始切实推动落实 2017 年年底发布的《民政部关于大力培育发展社区社会组织的意见》，从简化登记、资金支持、人才培养、组织宣传等多个方面综合促进社区社会组织的发展。④ 2018 年 11 月，民政部召开了全国社区社会组织改革发展经验交流暨工作推进会。在会上，民政部相关负责人介绍，截至当时，全国社区社会组织数量已达 39. 3 万个，其中基层民政部门登记 6. 6 万个，街道和社区管理 32. 7 万个，与此同时，全国以社区居民为主要服务对象的民办社工机构已超过 7000 家，设置社工岗位 23 万多个。⑤ 针对 2018 年政府专项培育发

① 马剑银：《2018 年中国慈善法治发展观察报告》，载杨团主编《慈善蓝皮书：中国慈善发展报告（2019）》，社会科学文献出版社，2019，第 88 ~ 108 页。

② 《民政部引导动员社会组织参与脱贫攻坚综述》，中国社会组织服务平台，http：//www. chinanpo. gov. cn/760004/115762/shzzfpindex. html，最后访问时间：2019 年 3 月 31 日。

③ 《民政部发布第十届“中华慈善奖”表彰决定》，民政部官网，http：//mzzt. mca. gov. cn/article/zt_ zhcsr2018/10zhcsj/zhbd/201809/20180900011178. shtml，最后访问时间：2019 年 3 月 31 日。

④ 《民政部关于大力培育发展社区社会组织的意见》，民政部门户网站，http：//www. mca. gov. cn/article/gk/wj/201801/20180115007214. shtml，最后访问时间：2019 年 4 月 14 日。

⑤ 《民政部：我国已有社区社会组织 39. 3 万个》，新华网，http：//www. xinhuanet. com/fortune/2018 - 11/22/c_ 1123754433. htm，最后访问时间：2019 年 3 月 31 日。

展社区社会组织的新政，有评论指出，这意味着中国社区社会组织迎来了最佳的发展时机。[①] 也有评论指出，顶层制度的设计出台提供了社区社会组织发展的新机遇，但政策实施的有效性还待深入观察。[②] 总体上，中国社会组织继续向基层社区下移，满足社区发展的需要，将是一个未来的发展趋势。[③]

在社会工作方面，民政部和人社部联合印发了《高级社会工作师评价办法》，以加强社会工作专业人才队伍建设，完善社会工作专业人才职业水平评价制度；广州出台了全国首个关于社会工作服务的地方性法规《广州市社会工作服务条例》，在促进、规范、保障社会工作服务发展方面作了一系列制度设计并注重创新，部分做法为国内首创；等等。[④] 在志愿服务方

---

① 皮磊：《民政部印发〈关于大力培育发展社区社会组织的意见〉我国社区社会组织迎来最佳发展时机》，公益时报网，http：//www. gongyishibao. com/html/yaowen/13226. html，最后访问时间：2019 年 3 月 31 日。

② 卢磊、黄小娟：《我国社区社会组织发展的基本议题、主要现状和发展建议》，中国发展简报网，http：//www. chinadevelopmentbrief. org. cn/news - 22380. html，最后访问时间：2019 年 3 月 31 日。

③ 《2018 年是 2019 年的序章，里头写的不是事件，是趋势》，中国灵山公益慈善促进会微信公众号，https：//mp. weixin. qq. com/s/scN5HNuet8L5pPvj_ oZltQ，最后访问时间：2019 年 3 月 31 日。

④ 2018 年，中央层面出台的社会工作相关文件还有：1～6 月，《社会工作方法个案工作》、《社会工作方法小组工作》、《青少年社会工作服务指南》先后发布，为社会工作者开展个案工作、小组工作和青少年社会工作服务提供实务依据；8 月 19 日，《中共中央国务院关于打赢脱贫攻坚战三年行动的指导意见》发布，提出要实施社会工作专业人才服务贫困地区系列行动计划，支持引导专业社会工作和志愿服务力量积极参与精准扶贫；9 月 26 日，《乡村振兴战略规划（2018～2022 年）》印发，提出引入社会工作专业人才和志愿者等方式，为农村留守儿童和妇女、老年人以及困境儿童提供关爱服务；9 月 27 日，《养老机构等级划分与评定（征求意见稿）》发布，社会工作被纳入星级评定标准；10 月 16 日，《进一步改善医疗服务行动计划（2018～2020 年）考核指标》发布，医务社工制度首次被单独列为一级指标；10 月 30 日，《儿童福利机构管理办法》公布，提出儿童福利机构应当按照国家有关政策妥善解决社会工作等专业技术人员的职称、工资及福利待遇；等等。在地方层面，还有：《广州市政府资金支持社会工作发展实施办法》《深圳市关于促进社会工作发展的若干措施（征求意见稿）》《广州市社工服务站（家庭综合服务中心）管理办法》《北京市高级社会工作师评价实施办法（征求意见稿）》《湖南省乡镇（街道）社会工作服务站项目实施方案（试行）》《黑龙江省关于加强社会工作专业岗位开发与人才激励保障的实施意见》《黑龙江省关于支持社会工作专业力量参与脱贫攻坚的实施意见》《重庆市关于规范和发展民办社会工作服务机构的意见》，等等。

面，《志愿服务组织基本规范（征求意见稿）》和《志愿服务基本术语（征求意见稿）》两项国家标准先后公布；民政部在志愿服务组织身份标识工作方面也发布了文件，要求志愿服务组织完成标识并公告；河南、浙江等地制定或修订了省级《志愿服务条例》。此外，民政部还印发了《“互联网＋社会组织（社会工作、志愿服务）”行动方案（2018～2020年）》，对互联网＋社会组织治理、互联网＋专业社会工作、互联网＋志愿服务、互联网＋慈善募捐领域加大制度保障力度，在思想武装、组织实施、资源配置、政企合作和安全防护上进行支持。

在通过支持与促进措施引领社会组织发展方向方面，2018年，值得关注的还有：在政府购买服务方面，《政府购买服务管理办法（征求意见稿）》《关于推进政府购买服务第三方绩效评价工作的指导意见》先后发布。在地方层面，福建、吉林、黑龙江、青海、湖北、陕西、广东、重庆、北京等地都分别出台了有关推行政府购买服务、加强基层社会救助经办服务能力的实施意见。在社会创新方面，成都、北京先后出台了社会企业认证的相关文件，并启动了社会企业认证工作；① 此外，上海、广州等地也都发布了地方性政策文件，在为激发社会组织创新能力提供政策保障方面做出了积极的尝试。在环保领域，生态环保部在国务院机构改革中得以组建，将原来分布在多个机构的环保相关职责进行整合；在制度建设方面，《环境保护税法》《生态环境损害赔偿制度改革方案》等多项环保类法律法规制度相继出台和修改，使得作为“大慈善”重要组成部分的生态环保得到前所未有的重视；与此同时，环境公益诉讼也方兴未艾。②

综上，2018年，在新时代的大背景下，中国特色社会主义社会组织治理更加体系化，也更加严密。无论是抓党建、抓监管、抓改革还是抓方向、抓发挥作用，都已形成一套从顶层制度设计到具体部署推进的愈加完备的操

① 罗湛贤：《成都、北京开启社会企业认证》，载杨团主编《慈善蓝皮书：中国慈善发展报告（2019）》，社会科学文献出版社，2019，第405～413页。

② 马剑银：《2018年中国慈善法治发展观察报告》，载杨团主编《慈善蓝皮书：中国慈善发展报告（2019）》，社会科学文献出版社，2019，第88～108页。

作模式。对于这套模式，不少公益慈善实践者和研究者明显感觉 2018 年中国公益慈善、社会组织相关制度较之以往更加偏向于收缩、规范和统合。整体而言，《慈善法》旨在提升的社会组织主体性地位并未昭显，社会组织纷纷进入一个努力适应环境变化的过程。①

三　社会：在负重中反思并探索前行

现代慈善有许多区别于传统慈善的特征，其中重要的一项是现代慈善的范围和目标都超越了扶贫济困，上升到推进社会改革发展、促进社会公平正义的维度。这样来看，中国的现代慈善探索并不是近 40 年才开始的，而是百年前即已随新文化、新思想一起萌蘖于传统中国之机体。晚清张謇在“实业救国”“教育救国”的同时，通过兴办博物馆、气象台、图书馆等推动城镇公共建设，通过创办养老院、贫民工场、聋哑学校等革新传统慈善模式，就是典型案例。② 只是，1949 年后，中国慈善一度中断，至 1978 年改革开放才重新开始，一边复兴公众慈善意识，一边摸索现代发展路径。起初 30 年，这一进程是速度缓而成效微的，到 2008 年汶川地震救灾才真正迎来快速发展。然而，尽管声势颇为浩大，但无论是对照中国社会的整体发展，还是对照发达国家的慈善创新，中国现代慈善应该说还是处在初级阶段。

在这个初级阶段，中国现代慈善的探索并不是简单易行的，而是机遇与挑战并存，并且“船到中流浪更急，人到半山路更陡”的感觉会越来越明显。这背后有中国与世界、经济与政治发展不确定因素愈加多元而复杂的影响，也有中国慈善内在新理念与旧思想、新发展与旧格局越来越短兵

① 《2018 年是 2019 年的序章，里头写的不是事件，是趋势》，中国灵山公益慈善促进会微信公众号，https://mp.weixin.qq.com/s/scN5HNuet8L5pPvj_oZltQ，最后访问时间：2019 年 3 月 31 日。

② 马国川：《资中筠：悄然进行的新公益变革》，原载《财经》杂志，转载于公益时报微信公众号，https://mp.weixin.qq.com/s/EpWGp6--QhCOpv5SE9I_oA，最后访问时间：2019 年 4 月 3 日。

相接的博弈的牵制。如果说中国慈善负重前行在2017年还是隐约可感，仅是一部分敏感者的先觉，那么这种感觉在2018年已经相当明显，而且已经为比较多的实践者和研究者所觉察。觉察之后如何呢？反思已经开始，一些探索也正在悄然进行。虽然这些探索的走向如何现在还难预料，但是这样一种在负重中反思并探索前行的意志与选择是值得关注并视之为希望的。

1. 慈善伦理建设走向聚焦

2018年1月19日，敦和基金会执行理事长兼秘书长陈越光受深圳国际公益学院之邀，做了一次主题为“慈善文化的定义与结构层次”的演讲。其间，他提出了“慈善文化是慈善的成因与展现”的定义，并在慈善史家周秋光的研究基础上，援引已故文化史家庞朴的文化结构论，把慈善文化分为三个层次，分别是最外面的物化层，中间的行为层，以及最里面的意识层；物化层包括被投入慈善的资金、人力以及经由慈善而受益的人、环境等，行为层包括慈善的社会行动、组织治理、制度保障等，意识层包括慈善的伦理、价值、思想等；其中，行为层是物化层和意识层的结合，是“构造层”和“转化层”，是慈善创新性发展的着力点。① 依此框架，慈善若要有创新性发展，必须兼有资源保障和伦理贯穿，否则无以发力，或者发力而偏离了轨道，导致越发力离慈善的价值追求越远。这是中国现代慈善探索进程中第一次有实务界人士对慈善文化进行明确定义和框架性阐述，体现了中国现代慈善实践者的思考意志与认知提升。

无论是概览政府报告文件，还是翻阅慈善界档案资料，都不难发现，2008～2017年，中国慈善的焦点主要还是集中在募捐创新、人才培养、项目设计、组织发展、制度完善等方面，即慈善文化的物化层和行为层。尤其是在“公益市场化”理论与实践兴起的近几年，更多、更快、更具规模成为众多公益慈善组织自觉或不自觉的行动朝向；在这个过程中，这些公益慈

① 王会贤：《陈越光：慈善文化是慈善的成因与展现》，公益时报微信公众号，https://mp.weixin.qq.com/s/89nuD1NOpAgUvLeqYgYqYw，最后访问时间：2019年4月3日。

善组织连同对专业的追求也越来越简化为向市场部门学习，而常常忽略或忘记了公益慈善的主体性。相较而言，对慈善文化意识层，如伦理建设的关注与呼吁，总体偏向个别、分散、附带或边缘。前述陈越光关于慈善文化，尤其是慈善伦理的演讲，现场和之后的舆论反映都有些曲高和寡，多少受这种氛围影响。值得注意的是，随着2018年几个热点事件的发生，尤其是7月下旬接连曝光的性骚扰丑闻，这种状况有望得到扭转；甚至有人提出，2018年或可界定为“中国公益慈善界的伦理建设年”。①

首先是“冰花男孩事件”。1月9日，云南留守儿童王福满因头顶风霜上学的照片被传上网，迅速受到大范围持续关注，被称“冰花男孩”。男孩的故事促使不少社会人士向他所在学校和借其热度发起募捐的公益慈善机构捐款。其后，男孩及家人被热心人士和企业接到北京参观，并被安排了新闻发布会。随着关注度提高，质疑的声量也在增大，焦点集中在“消费苦难”和“借慈善炒作策划”。接着是“癌症女童王凤雅事件”。5月4日，河南三岁癌症女童王凤雅去世。在此之前，有志愿者介入帮忙，但过程中，志愿者质疑女童亲生父母诈捐、恶意断绝孩子饮食，与女童家人爆发激烈冲突，甚至“抢人”。女童去世后，有“网络大V”高调发文称女童疑被“亲生父母虐待致死”，有关情节广泛曝光，舆论急剧升温。但警方介入调查后，发现女童家人在其救治过程中并无明显不当。

这两起事件都发生在公益慈善界的边缘，但都吸引了大量公众关注和媒体报道，甚至可能是2018年中国慈善在公众层面知晓度、议论度最高的事件。② 它们在反映弱势儿童生存与教育困境、展现转型期社会尖锐矛盾的同时，也在公众印象中留下了一幅公益慈善领域“鱼龙混杂”“三教九流”的图景。当中必须给予正视和反思的一个问题是：导致这两起事件中公益慈善如此图景的根本原因是什么？现阶段的中国，无论是公益慈善界，还是公众，其实都还处在慈善意识向现代转变的过程中。公益慈善界应当起到倡导

---

① 2018年8月8日“公益慈善界性别友好机制建设讨论会”现场速记。

② 黎宇琳：《展望2019：新力量进入与新时代的开启》，公益资本论微信公众号，https://mp.weixin.qq.com/s/hY_M_W_DU7yC3RN_IBdL0g，最后访问时间：2019年4月3日。

与引领的作用，但如果自身展现出来的整体形象就是边界不清、伦理模糊的，公信力便无从谈起。

同年7月下旬的性骚扰丑闻把这个问题推到一个扎所有中国公益慈善人眼的位置。之所以如此，不仅因为有全球和中国MeToo的背景，也不仅因为性骚扰议题本身的敏感，还因为被指控者或被牵涉者中的多位曾是头顶光环的“公益领袖”，被认为是中国公益慈善中生代或新生代的代表。这些丑闻重创了公益慈善界的公信力，也重创了公益慈善界对内的凝聚力。丑闻曝光后，网上出现了不少诸如“公益圈真乱”“公益行业比商业领域更加肮脏”“公益行业是不可信的”“公益圈被撕裂了”等留言。有论者指出，这些丑闻带给公益慈善行业的负面影响可能会甚于当年的“郭美美事件”①。

从积极面看，这些丑闻的曝光前所未有地刺激了公益慈善界作为一个整体的反思意志和伦理担当。不少公益人和公益慈善组织第一时间行动起来，一边系统收录、整理相关文章、图片、新闻报道与评论、各方回应，一边为受害者提供媒体支持及法律/心理援助对接等志愿服务。与此同时，以广东省绿芽乡村妇女发展基金会、中国灵山公益慈善促进会、南都公益基金会等为代表的一批公益慈善组织，迅速推动行业性别友好机制的公共讨论和联合建设，促使丑闻转化成为一次行业集体审视、反思、教育与建构的契机。其间，中国公益慈善在过去10年快速发展中沉积下来的“江湖习气”“大佬文化”“山头文化”“男权意识”“酒桌文化”“权威崇拜”“个人膨胀”“组织内部权力监督与制约不足”“慈善伦理发展滞后”“慈善价值观模糊甚

① 王婷：《关于公益圈性骚扰，她们有话说!》，中国发展简报网 http：//www. chinadevelopmentbrief. org. cn/news－21695. html，最后访问时间：2019年3月9日。关于郭美美，2011年6月，一名为郭美玲的年轻女性在网上炫耀其奢华生活，并称自己是中国红十字会商业总经理，在网络上引起轩然大波，此事件后来被称作“郭美美事件”；事件曝光后，民政部统计数据显示，2011年7月，全国社会捐款数为5亿元，和6月相比降幅超过50%；2014年8月，郭美美事件的政府调查结果出炉，结果显示，郭美美及其资金来源与中国红十字会毫无关系，但这并未消除网民对中国红十字会的负面印象，直至今日，人们一提起红十字会，仍会想起郭美美。

至偏移”等问题，都被提到桌面上进行叩问。尽管也存在一些杂音，例如以阴谋论来对丑闻的曝光定性等，但总体而言，公益慈善行业在一系列性骚扰丑闻曝光后的发声和行动是聚焦而正面的，显示出了公益慈善行业把伦理建设问题提上今后议程的基本共识与决心。

同年8月发生的“黑土麦田事件”一定程度上加强了这种基本共识和决心。黑土麦田事件指的是“明星公益项目”黑土麦田离职成员连续发文公开质疑黑土麦田及其联合发起人、知名青年公益领袖秦玥飞，并由之引发公益慈善界对公益机构商业化转型及其他相关问题的热议的事件。热议的主要内容包括公益机构商业化转型、公益机构品牌个人化、公益机构财务透明等。从目前已知情况来看，黑土麦田并不存在贪墨善款等突破底线的行为，但确实存在内部管理混乱、价值观模糊、项目缺乏成效等问题。这被认为是又一记警钟，提醒中国公益慈善界，没有伦理建设的支撑，再亮的“明星”也有可能一夜黯淡，而且“明星”越亮，其一旦出事所带来的对公益慈善公信力的打击也越大。①

2. 慈善行业基础设施建设成效初显

在中国慈善行业，与快速发展相匹配的基础设施缺乏，诸如行业的专业支持性组织、平台、网络等长期处于非常稀缺的状态。② 但是，2008年以来，中国已经出现了一批视野开阔、有前瞻性的资助者，他们把资助慈善行业基础设施、推动慈善行业发展作为重大战略。例如，在过去10年，南都公益基金会将超过60%资金投向慈善行业基础设施建设。与此同时，慈善行业基础设施建设也已形成一批由民间资助的代表性成果。例如，创办于2006年，首创了中国“公益孵化器”模式的支持性组织恩派公益；开始于2008年，已经连续十年致力于中国慈善事业历史记录与趋势分析的行业参考资料《慈善蓝皮书：中国慈善发展报告》；成立于2010年，推出了中基

① 罗苑：《黑土麦田事件：“明星公益机构”遭遇信任危机》，载杨团主编《慈善蓝皮书：中国慈善发展报告（2018）》，社会科学文献出版社，2019，第420～429页。

② 赖佐夫：《南都十年的“秘诀”：如何投资公益行业基础设施?》，南都公益基金会官网，http：//www.naradafoundation.org/content/5209，最后访问时间：2019年4月3日。

透明指数 FTI 的基金会行业信息披露平台基金会中心网；等等。

近年来，在这些先驱资助者的引领下，在这些代表性案例的示范下，中国由民间资助的慈善行业基础设施的结构和规模都在日益扩大，涟漪效应初显。2018 年 1 月 23 日，“2016～2017 年公益行业基础设施建设十大成果”发布，其中有七项是由民间资助的，分别是：公益在线教育平台“公益网校”，致力于将优质公益产品与社会需求进行有效对接的“中国好公益平台”，以建立中国公益知识检索与服务平台为使命的“益库网站”，为慈善组织实现自我测评的“普华永道慈善组织透明自测系统”，《基金会工作人员素质能力库 1.0》和《一线儿童工作者能力素养与行为准则指南》，中国慈善行业首部慈善法律规范实用工具书《慈善规范实务指南》以及旨在协助更多资助工作者实现职业抱负、有效提升资助机构社会成效的《资助系列指南》。① 这次对“公益慈善行业基础设施建设十大成果”的评选、发布和传播，其本身就是慈善行业基础设施建设史上的一个突破，有助于提升行业基础设施建设意识。

美国研究者根据对国际非营利行业基础设施的分析，提出慈善行业基础设施有十大基本功能，分别是：问责和自律，政策倡导和政府关系，财务中介，为资源方提供咨询顾问，网络、协会，人力资源发展和配置，教育，能力建设和技术支持，研究和知识管理，交流、传播和信息扩散。这十大基础功能是可相互叠加的，这意味着一些基础设施可同时发挥多个功能。② 以此为框架来看，2018 年，中国慈善行业基础设施在问责和自律，为资源方提供咨询顾问，教育，能力建设和技术支持，研究和知识管理，交流、传播和信息扩散方面都有新突破。其中比较突出的如下。

1 月 29 日启动的“中国环境资助者网络”，定位是中国环境资助者交流

① 《2016～2017 年公益行业基础设施建设十大成果》，深圳国际公益学院微信公众号，https：//mp. weixin. qq. com/s/L3CHrxUfZj0p3HJRI3smnA，最后访问时间：2019 年 4 月 4 日。

② 《公益行业的基础设施是什么？谁在建设?》，南都公益基金会微信公众号，https：//mp. weixin. qq. com/s/_8UlDJwntGhwQDmCsl2Ylg，最后访问时间：2019 年 4 月 4 日。

合作的平台，旨在运用战略慈善理念引领未来环境领域的资助方向，被认为是中国环境公益慈善事业的一个里程碑；[①] 4月1日揭牌的岭南公益慈善学院，是广东省首家全日制公益学院，弥补了中国没有成规模、成体系的全日制公益慈善教育的短板；[②] 5月31日至6月1日举办的“中国社会企业与社会投资论坛”年会上，南都公益基金会宣布作为投资人出资5000万元参与禹闳资本新设立的影响力投资专项基金“禹禾基金”，致力于推动国内社会企业的发展；[③] 7月16日发布的“中国社会组织经济规模（N-GDP）测算”研究成果，标志着中国社会组织经济价值测算研究从0到1的突破，为观测中国社会组织的发展新增了一个新的系统性新视角，对提高中国社会组织数据记录和统计标准化水平是一次开拓性的推进[④]；9月26日，浙江新湖慈善基金会宣布捐赠225万元助力大型纪录片《慈善的力量》，以纪录片的形式进行慈善理念与实践的普及宣传，在世界上是第一次，具有里程碑意义[⑤]；10月，中国好公益平台推出了向国家商标局正式注册的商标“益次方”，并面向慈善行业征求关于它的授予标准的意见，这是中国慈善第一个公益产品规模化标准[⑥]；11月20日在第三届“中国慈善文化论坛”上发布的“2018年中国慈善文化年度事件”，是中国慈善界第一次从慈善文化的维度对行业进行年度发展观察；12月21日发布的《中国公益慈善筹款伦理实操指引手册（征求意见稿）》，基于真实案例改编，基本囊括了近10年慈善行业典型

---

① 《中国环境资助者网络在京启动》，新华网，http：//www. xinhuanet. com/gongyi/2018 -01/30/c_ 129802086. htm，最后访问时间：2019年4月4日。

② 《2018中国慈善文化年度十大事件出炉》，敦和基金会微信公众号，https：//mp. weixin. qq. com/s/5QsG6KzWynncoLCXHXPGSQ，最后访问时间：2019年4月4日。

③ 《5000万！南都基金会参与禹闳资本设立影响力投资专项基金》，南都公益基金会微信公众号，https：//mp. weixin. qq. com/s/6jtt8yfN7ntV0uSp0vPs3Q，最后访问时间：2019年4月4日。

④ 张明敏：《中国社会组织经济规模（N-GDP）发布：2016年贡献达2789亿仅占GDP0. 37%》，公益时报网，http：//www. gongyishibao. com/html/gongyizixun/14401. html，最后访问时间：2019年4月4日。

⑤ 王勇：《纪录片〈慈善的力量〉即将开播》，公益时报网，http：//www. gongyishibao. com/html/gongyizixun/14988. html，最后访问时间：2019年4月4日。

⑥ 《首个公益产品规模化标准等你来“拍砖”!》，南都公益基金会微信公众号，https：//mp. weixin. qq. com/s/Rzh83k9tuZGkJqW68fAa_ w，最后访问时间：2019年4月4日。

筹款伦理问题，填补了中国慈善行业慈善筹款伦理行为指引的空白，体现了中国慈善筹款实务界的伦理自觉；[①] 等等。

基础设施建设的完善有助于促进慈善事业的创新和丰富。2018 年，在行业基础设施建设成效初显的基础上，中国慈善事业在具体领域出现了四大值得关注的案例：其一，社会力量举办的西湖大学的正式成立。[②] 其二，电影《我不是药神》引发连锁式舆论热议和社会效应。[③] 其三，社会企业中和农信完成 6 亿元 C 轮融资，成为中国获得影响力投资最多的标杆性机构。[④] 其四，民间环保公益组织联合推动的中国首例濒危野生动物保护预防性公益诉讼案“绿孔雀案”开庭。[⑤]

慈善行业基础设施建设成效初显值得欣喜，但也要看到，这些成效才只是一个开始，它们是可持续生长，还是虎头蛇尾，尚待时间验证。此外，还要看到慈善行业基础设施建设仍很不完备，尤其是在政策倡导和政府关系、财务中介、为资源方提供咨询顾问等方面还有许多尚待填补的空白。这是中国现代慈善探索面临的挑战，同时也是中国有雄心的资助者以及公益慈善创业者们的空间。

3. 互联网公益迭代，互联网新经济公益初兴

2018 年 9 月 11 日，《2017 中国互联网公益发展报告》发布并指出：中国互联网公益在 2017 年进入了 3.0 发展阶段。[⑥] 这一新阶段的特征是，互联

---

① 《中国公益慈善筹款伦理实操指引手册（征求意见稿）》，方德瑞信 CAFP 微信公众号，https://mp.weixin.qq.com/s/lat－IBQJBWfMsOB6En8RTg，最后访问时间：2019 年 4 月 4 日。

② 王会贤：《社会力量举办西湖大学》，载杨团主编《慈善蓝皮书：中国慈善发展报告（2019）》，社会科学文献出版社，2019，第 374～380 页。

③ 徐会坛：《电影〈我不是药神〉：推动政府公益　助力民间公益》，载杨团主编《慈善蓝皮书：中国慈善发展报告（2019）》，社会科学文献出版社，2019，第 365～373 页。

④ 《中和农信：完成 6 亿元 C 轮融资　助力乡村振兴》，新华网，http://www.xinhuanet.com/fortune/2018－11/07/c_129987822.htm，最后访问时间：2019 年 4 月 14 日。

⑤ 崔梁凡：《中国最后五百只绿孔雀栖息地遭“水电”威胁　公益诉讼开庭在即》，界面新闻网，https://www.jiemian.com/article/2405033.html，最后访问时间：2019 年 4 月 7 日。

⑥ 张明敏：《〈2017 中国互联网公益发展报告〉：中国互联网公益进入 3.0 阶段》，公益时报网，http://www.gongyishibao.com/html/gongyizixun/14829.html，最后访问时间：2019 年 4 月 4 日。

网与公益真正融为一体，其法治化、场景化、大众化、专业化、透明化、跨界化特征更为明显，更多的具备互联网基因的慈善组织诞生，场景化公益更为深入，互联网创新更活跃，公益行业的基础设施不断完善，公信力快速提升，公众参与持续增长，各种社会创新不断涌现，跨界融合程度不断加深。①

2018 年，中国互联网公益 3.0 的特征愈加鲜明。其中，腾讯公益继续引领潮流。9 月 7 ~ 9 日的第四届腾讯 99 公益日再次刷新纪录，筹款超过 14.14 亿元。在筹款之外，99 公益日在线上线下公益场景的营造、连接、交互方面也更加成熟，其中，在线下渗透到全国近 60 个核心城市超过 10 万个社区中，在线上超过 20 款腾讯产品、超过 50 家一线互联网公司联合参与。② 2018 年，腾讯公益还牵头发起“行为公益季”。其第一届的主题是“走路就是做公益”，号召公众“捐步数”参与公益。这个活动从 4 月 22 日启动，持续到 5 月 20 日，共有超过 3412 万人次捐出 5100 余亿步，筹得爱心企业配捐超过 3133 万元。据介绍，这个行为公益季未来还可能融入“捐歌声”“捐睡觉时间”等更多元、趣味化的方式，推动公众通过健康生活方式和行为参与公益。③

此外，在 2017 年被曝光存在“机器刷单”“套捐”等现象后，2018 年，99 公益日不但在产品设计上进行了升级，通过上线“冷静器”功能等方式，引导公众在参与捐款时更理性，还邀请学者、专家、媒体人、律师、普通参与者等，以开放共建的方式重新制定了规则，在严格限制参与门槛、提高透明披露要求、严控机构合规准入等方面均有增强。同年 10 月，爱心筹、轻松筹、水滴筹三家头部个人大病求助互联网服务平台联合签署自律公约，并

---

① 张天潘：《互联网公益构建中国公益慈善新生态》，南方都市报网，http：//epaper. oeeee. com/epaper/A/html/2018 - 09/09/content_ 48198. htm，最后访问时间：2019 年 4 月 4 日。

② 《迈入“理性公益”时代 99 公益日捐款人次超 2800 万创新高》，腾讯公益网，https：//gongyi. qq. com/a/20180911/065924. htm，最后访问时间：2019 年 4 月 4 日。

③ 《有人为爱，一个月往返地球和月球 331.7 次》，腾讯公益 + 微信公众号，https：//mp. weixin. qq. com/s/ZGyp5Y1bQuXfBpSeezt5cQ，最后访问时间：2019 年 4 月 4 日。

公开倡议个人大病网络求助平台都来加入。[①] 鉴于腾讯公益、轻松筹、水滴筹等在互联网公益领域的引领性与影响力，这些行动标志着互联网公益正在走向更加成熟的阶段。在这个阶段，是否有利于维护或提升公信力将成为互联网公益创新必须回答的一个问题。

2018 年，在互联网公益创新迭代的同时，互联网新经济公益[②]兴起。这是一股新公益力量。概括来说，它的核心内容是互联网新经济自觉把核心市场竞争力，包括知识、信息、网络、技术、人才等，运用于推进社会改革、增进社会福祉的公益事业。其突出的特点是，也以弱势群体为目标对象，但不再把弱势群体视作单纯的受助者、受捐赠者，而是潜在的创业伙伴。

区别于互联网公益，互联网新经济公益不再局限于把技术、网络等输出为公益慈善行业的新工具或平台，帮助拓展和优化公益慈善行业的筹款、沟通与传播渠道。在已有的互联网公益中，无论是公益主导，还是互联网主导，行为和责任主体主要是作为行业的公益，以及这个行业里的机构和从业者，其基本范畴还是局限在扩大募捐。这在本质上还是对传统慈善模式的更新。而在互联网新经济公益中，互联网新经济自觉为独立行为与责任主体，不仅以所掌握的技术、网络、能力、资本，而且以主体的责任感、明确目标、丰富经验、非凡创新力和韧性，开展公益事业。它们在新经济潮流中已展现出来的巨大能量和创造力，使得它们完全有可能颠覆传统慈善模式。比较而言，互联网新经济公益更接近社会企业而非已有的互联网公益，但它又比社会企业更加灵活，为股东争取利益依然是它的根本驱动力，只不过不再是它唯一为之争取利益的对象。区别于企业社会责任，互联网新经济公益不再把履行社会责任视作外部性的强制，聚焦于维护企业声誉和应对社会压力，而是在清醒认识到社会进步与经济发展之间的深层联系后，将之作为开启下一轮增长以及提升总体社会影响力的内部性战略。“金字塔底层财富

---

① 王勇：《爱心筹、轻松筹、水滴筹签署自律公约》，公益时报网，http：//www. gongyishibao. com/html/yaowen/15118. html，最后访问时间：2019 年 4 月 4 日。

② 关于互联网新经济公益的相关论述，受到资中筠《财富的责任与资本主义演变》的思路与阐述启发。资中筠：《财富的责任与资本主义演变》，上海三联书店，2015。

(The Fortune at the Bottom of the Pyramid)”“创造共享价值（Creating Shared Value)”等新商业理念，都为此提供了理论支撑。

阿里巴巴脱贫工作是中国互联网新经济公益新兴的引领者。2017 年 12 月，阿里巴巴启动“阿里巴巴脱贫基金”，将脱贫工作列为集团战略业务，计划之后 5 年，投入 100 亿元，并且调动阿里巴巴经济体的每个单元，从电商、生态、教育、女性、健康五大方向设计和探索，帮助贫困地区从根源上着手脱贫。2018 年，是这个基金实战的开局之年。在这一年，阿里巴巴创新频频。比如，打造“网红 + 县长（村干部） + 明星”的“直播模式”，培养当地“新（星）农人”，帮助贫困县卖农产品；依托蚂蚁森林平台，通过“建立公益保护地 + 打造生态友好产品”模式，帮助贫困地区提升生态品牌价值，带动增收。据其年度工作报告披露，2018 年，仅国家级贫困县在阿里巴巴平台网络销售额就超过了 630 亿元，其中，超过 100 个贫困县网络销售额达到或超过 1 亿元。[①]

阿里巴巴的脱贫工作诚然是对国家脱贫攻坚战略的响应，合乎政治时宜。阿里巴巴的实际行动表明，其有超越审时度势和政治表态的自觉。其一，从追求来看，它有明确社会目标，这个社会目标是帮助贫困地区“从根源上”着手脱贫；其二，从布局来看，它是一项重大综合系统工程，在确定社会目标之后，不但投入资金，还调动全经济体的单元模块，投入时间、技术、人力、创造力等深入参与，同时主动向政府、公益慈善机构、媒体、科研机构、脱贫对象等寻求合作，形成一个广泛协同的拥护群网络；其三，从机制上看，它兼顾长效机制和杠杆效应，重视结果的可持续性、过程的可参与性与模式的可借鉴性，计划让 100 亿的脱贫基金产生 10000 亿的脱贫效果。这背后有对新市场的敏锐和开拓的魄力，也可以看出向贫困开战、推进社会整体发展的意志和行动力。

脱贫是一项复杂的事业，往往是旧问题还没解决，新问题紧跟着涌现，

---

① 《阿里巴巴脱贫工作报告》，阿里巴巴脱贫基金，https：//i. aliresearch. com/img/20190117/20190117120137. pdf，最后访问时间：2019 年 4 月 4 日。

而旧问题与新问题的缠绕又会进一步升级其复杂性。阿里巴巴的脱贫工作在这项事业中究竟能起到多大、多深远的积极作用，还需要比较长时期的考验。但以其为代表的互联网新经济公益如能形成潮流，且在带动农村致富的同时促进农村综合振兴，不但是对中国商业精神的一次革新，也将是对中国作为事业的公益慈善的一次革新。

4. 社会组织国际化的策略性增强

随着2013年“一带一路”倡议的提出和相关战略的不断具体化，尤其是在“民心相通”理念的指引下，中国社会组织国际化的意识逐年增强，实践逐年扩展。2018年，中国社会组织参与“一带一路”建设的行动更加深化。

这种深化突出表现在中国社会组织国际化的策略性增强，尤其是在联合行动以整合资源、提高效率和影响力方面。在这个过程中，中国民间组织国际交流促进会（简称，中促会）扮演了重要角色。中促会成立于2005年，是中国专门从事国际交流与合作的最大的民间组织联合体。2018年，中促会积极协调和推动社会组织参与“一带一路”建设。5月8～12日，中促会协调20家中国社会组织赴柬埔寨考察，与当地社会组织沟通交流，寻找并对接合作伙伴。其间，中国社会组织不但与当地合作伙伴相继启动了多个共同实施的民生、慈善项目，还举行了项目合作签约仪式；在仪式上，10家中国社会组织分别与当地社会组织签署了11份合作协议或备忘录，涉及基础民生、医疗、教育、环保、儿童保护、志愿者交流等多个领域，金额超过650万元；① 7月29日，中促会又与尼泊尔社会福利委员会联合主办了“中尼社会组织民生合作项目签约仪式”，11家中国社会组织同尼泊尔社会组织签署了13项合作协议（或备忘录），涉及教育、卫生、扶贫减贫等领域。② 这两次社会组织跨国交流与合作签约都受到双方政府的重视

① 《中国社会组织对柬合作迈出重要一步》，人民网，http：//world. people. com. cn/n1/2018/0512/c1002－29984463. html，最后访问时间：2019年4月4日。

② 《中尼社会组织签署13项民生合作协议》，人民网，http：//cpc. people. com. cn/n1/2018/0730/c164113－30177685. html，最后访问时间：2019年4月4日。

和肯定，有望促进中国与柬埔寨、尼泊尔长远的民间合作乃至政府、企业合作。

在国际化策略方面，除了联合行动之外，中国社会组织在2018年还开始注重和尝试区域合作，走向“促进区域命运共同体”的建设参与。11月23日在昆明开幕的“2018澜湄国家民间组织论坛”即是一例。澜沧江–湄公河（简称，澜湄）流域被认为是亚洲乃至全世界最具发展潜力的地区之一，共包括中国、缅甸、老挝、泰国、柬埔寨、越南六个国家。澜湄合作是中国与其他五国共同发起的次区域合作平台，旨在深化六国睦邻友好合作，促进次区域经济社会发展，缩小地区国家发展差距，助力东盟一体化建设和地区一体化进程、南南合作以及联合国2030年可持续发展议程；“澜湄国家命运共同体”也是在这样的背景下提出来的；在国家层面，澜湄合作机制是“一带一路”建设的重要平台。[①] 2018澜湄国家民间组织论坛由中国国际民间组织合作促进会主办，共邀请了澜湄区域6个国家的相关政府部门、社会组织、企业、专家学者和媒体代表等100余人参加。[②] 这个旨在促进跨澜湄区域民间交流与合作的论坛，如能持续扎实经营，或将成为中国社会组织参与跨澜湄区域国际建设的一个重要平台型基础设施。

开始重视并推动基础设施建设，也是中国社会组织国际化在2018年策略性增强的体现。除了前述的2018澜湄国家民间组织论坛，中国社会组织在2018年开展或推动国际化基础设施建设方面，比较突出的还有《“中国社会组织参与国际项目合作”自律守则》《中国民间组织走出去尼泊尔国别操作手册》，以及联合就国家国际发展合作署起草的《对外援助管理办法（征求意见稿）》开展讨论并提出修改意见。其中，《“中国社会组织参与国际项目合作”自律守则》的制定，彰显了中国社会组织在国

---

① 《关于澜沧江—湄公河合作》，澜沧江—湄公河合作官网，http：//www.lmcchina.org/gylmhz/jj/t1510421.htm，最后访问时间：2019年4月4日。

② 《携手合作，推动澜湄区域社会经济可持续发展》，中国国际民间组织合作促进会官网，http：//www.cango.org/showNews.aspx？id=847，最后访问时间：2019年4月4日。

际化进程中的伦理和公信力建设自觉。而在对《对外援助管理办法（征求意见稿)》的讨论中，核心的一致意见是，《对外援助管理办法》应把社会组织纳入国家对外援助框架内，作为实施主体之一，并应在政策扶持、资金支持、人员出境、志愿服务发育等方面做出更清晰的制度性安排。[①] 这是在2018年国家国际发展合作署（CIDCA）成立，中国国际发展合作进入统筹协调、统一管理的新阶段的背景之下，中国社会组织联合起来突破长期以来国际化政策支持与保障缺失的困境的积极尝试。《对外援助管理办法》作为中国对外援助管理的综合性、统领性文件，将对中国社会组织国际化发展产生深远影响。其征求意见稿没有把社会组织纳入国家对外援助框架、作为实施主体之一，一定程度上反映出中国政府在促进社会组织国际化以创新国家对外援助机制方面，还是存在认识不足和思想保守的局限。这种局限能否被超越，还存在比较大的不确定性。

2018年，中国社会组织在参与中非民间友好合作方面也有新的亮点。主要包括：4月10日，中国扶贫基金会在乌干达启动了“幸福家园——难民自立与社区融合”难民项目；这是中国社会组织在乌干达开展公益项目的零的突破，也是中国社会组织对南苏丹难民危机做出响应的零的突破。[②] 7月24日，“第五届中非民间论坛”闭幕会发布了《中非民间友好伙伴计划（2018～2020)》，从民生合作与捐赠救助、能力建设和人才交流、促进发展、文化交流、建立交流机制五个方面，推出了30项中国民间未来三年将要实施的对非民间合作项目，为今后三年中非民间交流合作规划了路线图。[③] 非洲是中国对外援助的重点区域，有巨大的社会需求，

① 武胜男：《中国NGO组织应纳入国家对外援助框架设计》，公益时报网，http：//www.gongyishibao. com/html/gongyizixun/15530. html，最后访问时间：2019年4月4日。

② 《“幸福家园——难民自立与社区融合”项目在乌干达启动》，新华非洲微信公众号，https：//mp. weixin. qq. com/s/PnPNh7ffWAkLnM7ur1elMg，最后访问时间：2019年4月4日。

③ 《〈中非民间友好伙伴计划（2018～2020)〉发布》，人民网，http：//cpc. people. com. cn/n1/2018/0724/c164113－30167068. html，最后访问时间：2019年4月4日。

且长期与中国保持着比较良好的国际关系。中国社会组织在参与“一带一路”建设的同时，优先以非洲国家为主要目的地，以更容易获得受援国政府、公众认可和支持的人道救援、扶危济困等项目为起始，设计并实施可持续发展的示范项目，逐步融入受援国社区，也是现阶段值得鼓励的策略选择方向。①

四　纪念与展望

2018 年，中国最重大的政治事件是改革开放 40 周年纪念。有人指出，改革开放 40 年来，中国民间公益力量的兴起，是一场不亚于民营企业兴起的伟大变革，两者都是思想解放运动，都是社会转型的产物，都是民间诉求与政府改革上下合力的结果；不同的是，民营企业的兴起点燃的是中国人发家致富的梦想，民间公益力量的兴起唤醒的是中国人的社会良知和社会责任感，是对原来守望相助、造福一乡的传统的继承和发扬。②

诚然如此。1978 年开启的改革开放，在解放中国生产力的同时，也解放了一度遭受压抑的中国慈善事业。40 年来，中国慈善事业走向复兴，不仅表现在公益慈善组织的规模和增长速度上，也表现在慈善进入社会各个领域，在弘扬传统美德，激发爱心，扶助弱势群体，缓和社会矛盾，紧急救灾救援，补充社会保障，建设和谐社会，维护社会稳定等方面所产生的重要作用上。③ 在 2008 年的汶川抗震救灾中，以百家计的民间公益组织，以千万计的志愿者，以百亿计的慈善捐赠，更是让政府和社会看见了民间公益的巨大活力和能量。

相较于对改革开放 40 年的纪念，中国民间公益界在对 2008 汶川抗震救

① 杨义凤、邓国胜：《中国慈善组织国际化的策略》，人民网，http：//theory. people. com. cn/n1/2016/0901/c40531 - 28682215. html，最后访问时间：2019 年 4 月 4 日。

② 资中筠：《财富的责任与资本主义演变》，上海三联书店，2015。

③ 杨团：《中国慈善事业的伟大复兴》，载杨团、葛道顺主编《慈善蓝皮书：中国慈善发展报告（2009）》，社会科学文献出版社，2009，第 1 ~ 27 页。

灾10年的纪念上主体性更突显。从2018年春天开始，中国民间公益界就启动了各种形式的纪念活动。这些纪念活动大体可以分为两类，一类主要回顾中国民间参与救灾的历程与经验，一类主要反思由救灾开启的中国现代民间公益十年发展的得与失。

在回顾中国民间参与救灾的历程与经验方面，主要有：4月26～28日，“灾后社区重建行动学习网络”在北川县召开了“纪念5.12十周年：铭记同行重生”研讨会；5月7日，中国扶贫基金会联合北京师范大学风险治理创新研究中心、共青团四川省委及多家社会组织在北京市共同举办“灾害风险管理助力脱贫攻坚——512汶川地震十周年研讨会”；5月11日，以中国慈善联合会为首的14家公益慈善机构在成都市举办社会力量救灾论坛，回顾了2008～2018年中国灾害管理体制的10年变迁，梳理了中国减灾防灾救灾中的政社关系，还探讨了政社合作机制的国际经验与对中国的启示等议题。①

在反思由救灾开启的中国现代民间公益十年发展的得与失方面，6月20日，中国灵山公益慈善促进会在山东尼山举办“2008～2018中国公益十年高峰会暨2018年《中国慈善发展报告》发布会”。在会上，南开大学教授朱健刚受邀发表主题演讲《中国公益慈善十年的转型与争议》；在演讲中，他将2008年汶川抗震救灾后的十年称之为中国公益慈善的“黄金时代”，认为这十年里，中国公益慈善见证了一个相对独立、广泛参与和普遍自主的社会在逐渐形成，中国公益慈善本身也在不断主流化，并在转型、争议和创新中走向现代化，突出表现在公益慈善公共话语从扶贫济困转变为现代慈善概念，民间公益组织迅速发展，产生了很多行业支持性组织，《慈善法》等现代慈善制度逐步建立，现代慈善规则在不断深度嵌入到原有的社会管理体制中，理性化、工具化和平民化让公益慈善的性情机制从以前的雷锋精神转变成为普通人参与公共生活的公民行为。朱健刚的这些观察和思考，在会上

① 卢喜兰：《汶川救灾十年后，公益慈善行业集体反思》，载杨团主编《慈善蓝皮书：中国慈善发展报告（2019）》，社会科学文献出版社，2019，第390～398页。

引起了热烈的回应和讨论。其中，中国社会科学院社会学研究所研究员、社会政策研究中心顾问杨团认为，随着中国慈善制度的建设、社会治理改革与创新、互联网募捐平台的发展，中国慈善许多原先的边界在打破，新的融合、合作、集群在发生，而新的思考方向则是，在当下国内外大格局变化中，中国慈善面临巨大机会和挑战，如改革体制、培育机制、增强活力、贴近现实等等；她还指出，首要且很重要的新方向是要打破“公益小圈子”，进入政、产、学、研、社共商的平台型思维和共同协作的行动，而要在这个方向上走好，就要在《慈善法》的指导下制定共同遵守的规则，建设更多、针对性更强的平台型组织和社区集群型组织。①

“2008～2018 中国公益十年高峰会暨 2018 年《中国慈善发展报告》发布会”上，还发布了由专家和公众共同投票选出的“2008～2018 中国公益慈善十年十大热点”。这十大热点包括：民间力量参与南方冰雪救灾和汶川地震救灾、汶川地震和北京奥运会激发志愿服务热潮、三聚氰胺毒奶事件暴露中国行业协会生存与发展困境、阿拉善 SEE 凝聚中国民营企业家参与公共事务、玉树地震善款“汇缴”争议、陈光标式慈善引发大讨论、民间力量加速中国实施农村义务教育学生营养改善计划、郭美美事件引发中国公益慈善信任危机、冰桶挑战等互联网公益创新开启平民慈善新时代、慈善立法获历史性突破等十个热点入选。深圳国际公益学院副院长、教授黄浩明认为这些热点体现了中国慈善过去十年“社会治理体系重构、透明度与责信提升、企业与民间的制衡、法制化规范化专业化、全民参与度提高、互联网与公益创新”的特点。②

11 月 23 日举行的“中国基金会发展论坛”年会，也对汶川抗震救灾十年以来中国民间公益的快速崛起以及由此驱动的民间公益转型等议题进行了

---

① 卢喜兰：《汶川救灾十年后，公益慈善行业集体反思》，载杨团主编《慈善蓝皮书：中国慈善发展报告（2019）》，社会科学文献出版社，2019，第 390～398 页。

② 《“2008～2018 中国公益慈善十年十大热点”评选结果出炉》，中国灵山公益慈善促进会微信公众号，https：//mp. weixin. qq. com/s/pAsPvb－d－2n－UaMEh09ZMg，最后访问时间：2019 年 4 月 5 日。

深入探讨。其中，资深公益人何道峰主题为“社会转型，公益应更关注人的现代性的培育”的演讲引起了广泛共鸣和讨论。何道峰认为，中国民间公益在过去十年的发展是中华民族在现代化转型进程中弥足珍贵的一段历史，但在回顾这段历史的过程中也应该看到，中国民间公益在今天也正面临着转型的挑战；他指出，过去十年，中国民间公益发展迅速，但主要投入的领域依然是扶贫、助残、助孤、扶弱和救急，可是，未来十年，随着中国脱贫攻坚结束，纯粹靠扶贫、助残、助孤、救急、救穷这样的事，是否能够托得起未来十年中国民间公益？他提出，中国正在冲刺一个国家现代化进程中最艰难也是最后的一个阶段，民间公益在新的发展阶段，要能在中国人的现代性的培育上做出更多有价值的事。①

诚哉斯言！在中国社会转型越来越深化、社会发展张力越来越凸显的同时，世界局势也进入了一个大的时代新旧转换的关键期，肇始于全球金融危机的世界经济秩序的变动、逆全球化思潮的兴起、新技术革命浪潮的奔涌、中美贸易战的持续……无不昭示着“当今世界正处于百年未有之大变局”的事实，而这个事实背后充满了难以捕捉的复杂性和不确定性。② 面对这些，中国民间公益如何认知？如何把握？如何回应？是每一个关切中国现代慈善探索的有志者都绕不开的问题。我们期待的局面是：中国民间公益界能够在充分反思与总结的基础上，由内而外开启一场有定力的深刻变革。对内持续促进慈善伦理的能动建设以重新凝聚主体价值与使命的共识，对外积极因应时代问题与时代需求主动作为。一方面继续主动、开放地与政府、企业等携手合作，从经济、制度、意识等维度共同推动中国的现代化进程；另一方面实现从民族慈善向世界公益的创造性跳跃，真正成为参与全球治理、促进人类文明的韧性的促进力量。

① 何道峰：《社会转型，公益应更关注人的现代性的培育》，中国基金会发展论坛官网，http：//www. cfforum. org. cn/content/1270，最后访问时间：2019 年 4 月 5 日。

② 杨平：《中国与世界：正处在新旧转换的关键期》，文化纵横微信公众号，https：//mp. weixin. qq. com/s/pZADisv9Fo_ lIJzn – VNUIA，最后访问时间：2019 年 4 月 5 日。

B.2
2017 ~2018年度中国慈善捐赠报告

宋宗合*

摘　要：矫正后的2017年度社会捐赠数据为1526亿元，而依据当期已经公开的数据和部分样本数据测算出2018年社会捐赠总额超过1128亿元。从国际关系变局、国内医疗体制改革、国内社会组织政策整肃多种因素的影响，社会组织增速放缓，公益慈善领域整体处于练内功、强规范时期，社会捐赠总额在2018年度发生变化，但是实际捐赠体量保持稳定发展的水准。

关键词：规范　医药改革　捐赠分析

作为中国慈善捐赠的晴雨表，慈善捐赠数据一直备受关注，而慈善捐赠来源及受赠主体的多元化以及慈善捐赠统计工作的不健全，致使捐赠数据汇总存在覆盖面难以周全和及时性不足的问题。目前官方数据即中国社会服务统计来源于民政部根据各省、自治区、直辖市以及计划单列市民政系统报送的统计报表汇总而成，而且当年捐赠数据反映的是上一年民政部门直接接收捐赠、民政部门间接接收捐赠以及各类社会组织接收捐赠，囿于社会组织年检工作滞后于年报汇总工作，捐赠数据中的社会组织捐赠数据采纳的是前年数据。

《慈善蓝皮书：中国慈善发展报告》捐赠数据呈现的思路，依然建立在

* 宋宗合，中民社会救助研究院执行院长，主要研究领域为社会救助、公益慈善、社会组织等。

民政系统整体接收社会捐赠的基础上，采纳民政系统接收捐赠数据，增添未被计入的衣被捐赠折算值，社会组织部分更新为同一年度捐赠数据，同时将三类组织分列，尽可能采用来自社会组织网关于基金会的最新统计数据、来自慈善会系统的最新数据、来自社会团体和社会服务机构的最新测算数据，在此之外，增加民政系统未尽统计对象，包括其他政府部门、事业单位、人民团体、宗教场所等接收的可得数据。主要资料来源包含民政部统计数据、慈善会系统及其他社会组织年度审计报告、中国慈善联合会等数据监测机构所得的日常监测样本数据、网络公开数据等。本报告的数据分析方法也随着慈善事业发展的探索逐步完善，在尊重各资料来源真实性客观性的基础上采信相对清晰数据进行汇总，同时扣除明显重复计算的数据，尽可能通过数据挖掘出慈善事业发展的表征，为慈善事业发展提供镜鉴。

一　2017年中国慈善捐赠概况

1. 年度慈善资源总量分析

2017 年度各社会捐赠接收主体实际接收现金及物资捐赠量为 1525.70 亿元，比 2016 年度的 1458.00 亿元增加 67.70 亿元，其中现金和有价证券占比为 66.02%，物资折价占比为 33.98%。2017 年中国彩票销售总量达到 4266.69 亿元，比上年度增加 320.28 亿元，筹集彩票公益金 1143.26 亿元，比上年度增加 104.26 亿元。[①] 2017 年共有 6093 万名志愿者通过 131 万家志愿服务组织参与了志愿服务活动，服务时间近 18 亿小时，志愿者贡献价值约 548 亿元。[②] 三者共同构成了 2017 年度中国社会公益资源总量，约为 3217 亿元。

2017 年度，全国共建立经常性社会捐助工作站点和慈善超市 2.8 万个，其中慈善超市 8969 个。各级民政部门共接收社会捐赠 37.1 亿元，与 2016 年度的 55 亿元相比，数量锐减。其中民政部门直接接收社会各界捐款 25 亿

---

① 资料来源于财政部公告。

② 翟雁、辛华：《2017 年中国志愿服务发展指数报告》，载杨团主编《慈善蓝皮书：中国慈善发展报告（2018）》，社会科学文献出版社，2018，第 42 ~ 89 页。

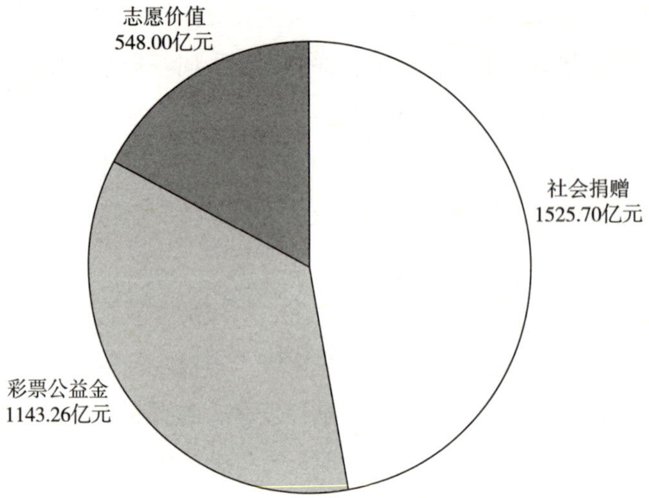

图 1　2017 年中国社会公益资源总量

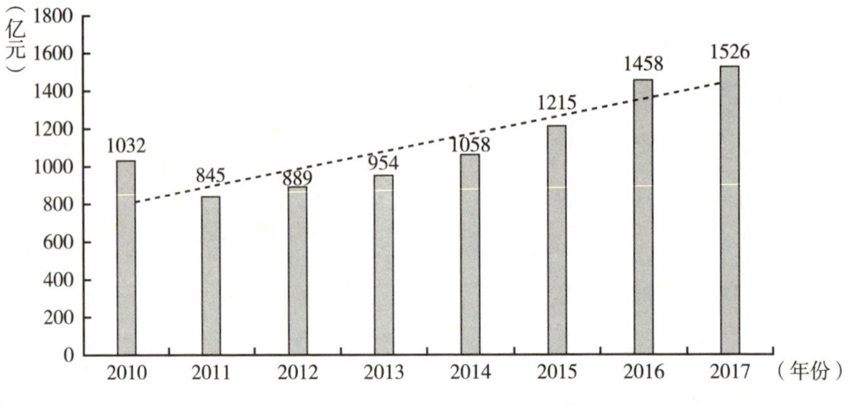

图 2　2010～2017 年社会捐赠总量

元，间接接收其他政府部门转入的社会捐款 10.3 亿元，直接接收捐赠物资折价 1.1 亿元，间接接收其他政府部门转入的捐赠物资折价 0.7 亿元。其中民政系统直接接收衣被捐赠 227.5 万件，而 2016 年为 6638.3 万件，折算金额约为 0.25 亿元①。由于除民政以外的政府部门接收捐赠单独测算，此处

① 民政部：《2017 年社会服务发展统计公报》。

其他政府部门转捐民政部门的现金及物资捐赠不计入民政系统接收捐赠总量。

2017年度，对涵盖中华慈善总会及其团体会员中以省、自治区、直辖市和新疆生产建设兵团慈善会为主的206家慈善会进行统计，这些代表慈善会系统的组织共筹集慈善款物450.03亿元，比2016年度的390.47亿元增加59.56亿元。其中中华慈善总会自身共接收捐赠款物218.05亿元，年度募捐额首次突破200亿元，比去年同期增长15.94%，其中货币资金7.06亿元，物资捐赠210.99亿元①。

矫正后，2017年度，中国社会组织总数量为76.2万个，其中，基金会6307个，社会团体35.5万个，社会服务机构40.0万个。② 作为接收社会捐赠核心主体的全国基金会系统，捐赠收入达637.00亿元，相比2016年增加11.5亿元，提高了1.84%③。社会团体接收社会捐赠总额为75.40亿元，比上年度70.50亿元略增，社会服务机构（民办非企业单位）接收社会捐赠总额为78.80亿元，比上年度90.80亿元有所回落④。

其他测算数据为，除民政部门以外的政府部门社会捐赠总额为138.44亿元，比上年度160.71亿元略有下降；事业单位接受社会捐赠总额为51.60亿元，比上一年度的43.60亿元略升，人民团体和免于登记组织接收社会捐赠44.54亿元；宗教机构接收社会捐赠21.54亿元，与上一年度20.23亿元基本持平⑤。在人民团体和免于登记组织的捐赠额中，中国红十字会系统贡献良多，2017年接收境内外捐赠款物合计33.62亿元，同比增长了19.18%⑥。

---

① 《中华慈善总会2017年度审计报告》。

② 民政部：《2017年社会服务发展统计公报》。由于政府统计数据和行业统计数据的滞后性，《中国慈善蓝皮书》社会组织数量数据测算工作在编委会的指导下，从2019年开始，采用矫正前一年度数据、测算上一年度的做法来分析中国社会组织数量；矫正前一年度数据的依据是民政部的年度“社会服务统计公报”。

③ 民政部：《2018年中国民政统计年鉴》。

④ 资料来源于民政部规财司。

⑤ 中国慈善联合会：《2017年中国慈善捐助报告》。

⑥ 资料来源于中国红十字会公开数据。

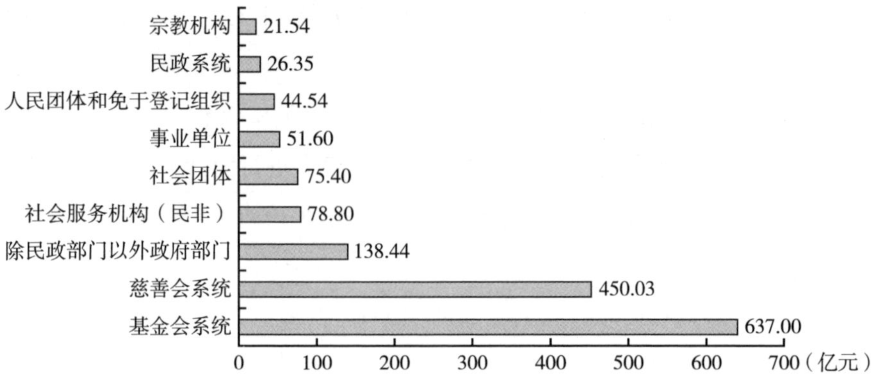

图 3　2017 年中国社会捐赠总量构成

2. 捐赠来源及捐赠途径分析

根据中国慈善联合会监测数据抽样测算，2017 年，企业捐赠比重为 64.23%，比往年略有下降，但依然保持在总量的七成左右；个人捐赠占比约为 23.28%，比去年提升了约 2 个百分点。另外政府、社会组织等既是慈善资源的接收方，同时也向社会提供捐赠，其中政府占比 1.48%，社会组织占比 6.67%，其他如宗教机构、事业单位、人民团体和免于登记组织等占比 4.34%。

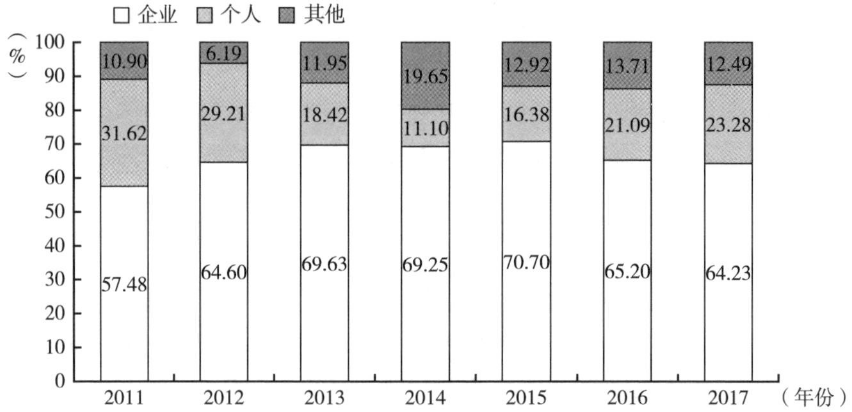

图 4　2011～2017 年捐赠主体来源占比

以最大捐赠来源企业捐赠为例，择其样本分析，2017 年度国有及国有控股企业、民营企业、港澳台及侨资企业、外资（合资）企业四种企业类型分别占企业总体捐赠的比例为24.46%、56.31%、5.42%、13.80%，其中国企捐赠下行，比去年占比36.70%降低了12个百分点，民营企业持续上升，比去年占比49.65%上升了7个百分点，港澳台及侨资企业以及外资（合资）企业有所提升，比去年的占比3.49%、10.16%分别提升2个百分点和3个百分点。

从2013年至2017年的企业捐赠构成变化中可以看出，外资（合资）企业从2013年占比四成逐步下滑到一成，2017年止步继续下滑趋势，略有抬升。国有企业则从2013年的"铁公鸡"占比6.50%逐步增加到2017年的三成左右。侧面反映了外资在中国的活动轨迹以及中国国有企业社会责任提升的过程。

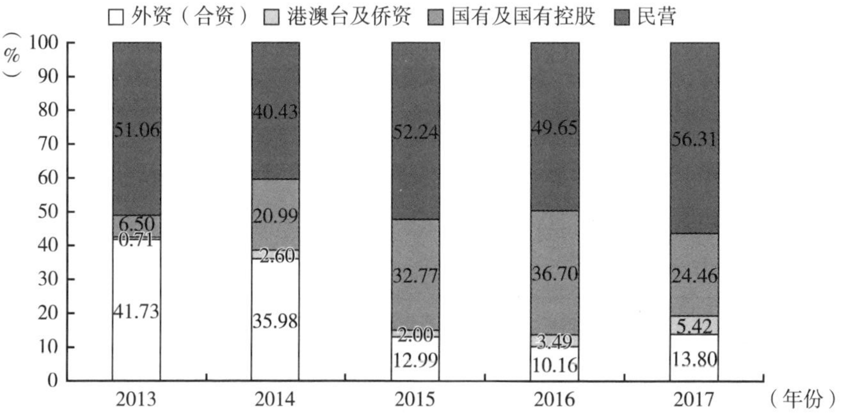

图5　2013～2017年中国企业捐赠构成占比

捐赠意愿是慈善事业发展的重要文化支撑，多元捐赠主体往往从自身责任担当、政府动员、文化选择、个人兴趣、从众心理、就近原则等不同维度选择自己捐赠意愿的落实。多为限定性捐赠，非限定性捐赠占比较少。从历年捐赠数据所呈现的捐赠领域来看，总是集中在少数几个领域，比如医疗健康、教育救助、扶贫开发、减灾救灾和文化生态等。

根据中国慈善联合会采集的十多万条社会捐赠样本分析，2017年度社会捐赠最集中的几个领域依然如此。其中教育救助依然占比最多，达到总样本量的27.44%，其次是医疗健康，占比24.10%。扶贫开发则由于精准扶贫国策的引导，成为社会力量参与的一种必然使命，占比为21.21%。

从2013~2017年主要社会捐赠意向走势来看，教育救助历年来保持相对稳定的捐赠比例，减灾救灾受突发自然灾害影响较大，非限定性捐赠虽然占比不多，却从2013年的7.30%上升到2017年的18.82%，表明慈善机构的公信力在逐步提升，捐赠方愿意将自己的爱心托付给受赠方或者接受受赠方的引导选择适合的公益慈善项目。

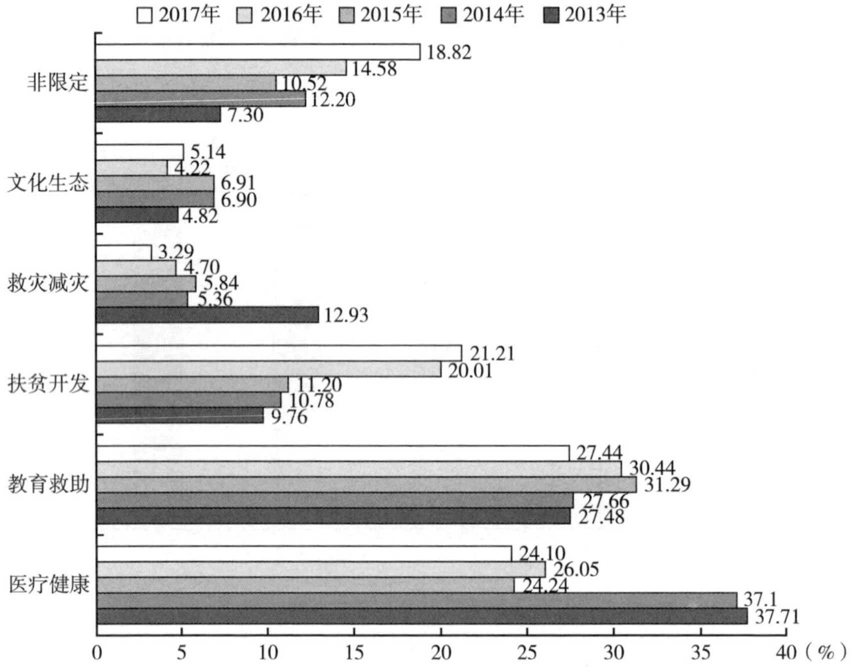

图6　2013~2017年中国主要社会捐赠意向分布占比

社会分工论在现代社会依然发挥作用，但是在慈善领域尚不明显，慈善机构的价值还未得到社会的广泛认可。而随着社会经济文化的发展，加之《慈善法》的引导，政府也逐步从行政动员中退出，捐赠方逐步认识到慈善机构的专业能力，社会组织在社会问题发现并为之设计项目、执行项目进而促进社会问题解决方面具有不可替代的价值，因此以基金会和慈善会为代表的社会组织成为接收社会捐赠的主要平台。

2017年，企业和公众等通过社会组织捐赠款物达到1287.77亿元，占整体社会捐赠数量的84%，其中基金会系统、慈善会系统、社会服务机构(民非)、社会团体、人民团体和免于登记组织等分别占社会组织接收社会捐赠总量的41.9%、29.5%、5.2%、4.9%和2.9%；捐赠给政府和事业单位的款物达到216.39亿元，占总捐赠额的比例为14%，与2016年保持一致，宗教机构等占比2%左右。

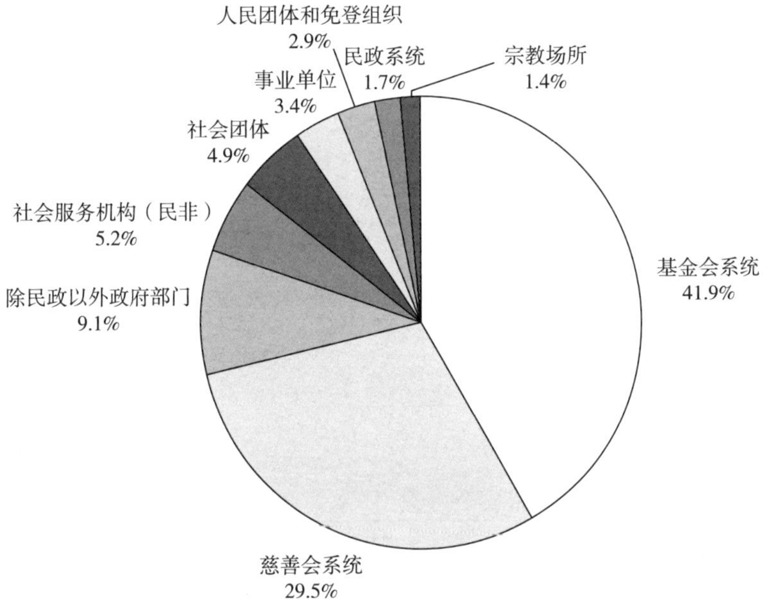

图7　2017年接收社会捐赠途径占比

互联网社会深度融入生活，慈善捐赠也不再局限于传统的单项接收捐款，而是拥抱网络场景所营造的便捷化的、深度体验式的信息化数字化链接平台，通过借用技术的力量增强与捐赠者的联系。但是网络发展是以技术竞争为基础的残酷的商业竞争，慈善机构经历了懵懂的跟风参与、毫无价值的自建平台、盲目的脚踏多平台，逐步过渡到以商业竞争结果所融合的少数平台独大的唯一选择上。

互联网具有双重性，既有便捷一面，也有不可控一面。因为难以监管，在彩票领域，互联网售彩被视为非法，从而被监管者设列法规禁售。而慈善领域选择了适度规范，监管方民政部在2016年指定了首批12家互联网募捐平台作为指定公募平台，随后又批准了第二批9家平台，但是同样受互联网市场化发展趋势影响，2017年首批平台退出一家，全部20家平台仅有少数运营效果上佳。其中发展基础最好的依然是腾讯公益平台、以蚂蚁金服公益平台和淘宝公益平台为主的阿里公益平台。

2017年，首批12家互联网募捐平台合计募款超过25.8亿元，其中腾讯公益平台募集16.25亿元，阿里公益平台总计募款7.85亿元，其余平台均维持在100万~6000万元规模，其中知名度较高的微公益2017年募集善款2778万元，在12家平台中排名第6位。

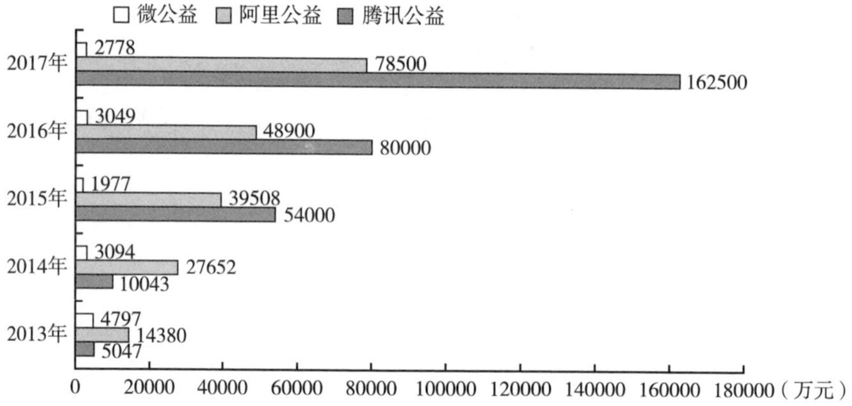

图8 2013~2017年中国互联网公益平台募捐善款流量

数字化募捐成为一种社会潮流奔涌向前，但其核心吸引力依然是公益项目的体验感，正如商业领域的数字化零售大战前车可鉴，以虚拟信息形成的产品方便了人们的多样化选择，通过互联网技术实现感官延伸，人们要获得的终究是一种场域化公益文化体验，线上线下融合才是募捐的方向。

2017年全年，通过12家互联网募捐平台完成的捐赠次数超过62亿次（62.5亿），相当于全民全年人均完成4.5次捐赠（国家统计局2017年人口普查，中国总人口13.9亿）。其中，淘宝公益平台捐赠人次达59.8亿次，为12家互联网募捐平台全年累计捐赠人次榜第一，且相当于其余11家平台全年捐赠人次的203倍。慈善机构如何通过互联网募捐平台为如此庞大的捐赠人提供良好的公益产品体验，依然任重道远。

3. 2017年度善款使用分析

由于善款流转存在直接使用和间接使用问题，而且善款投入领域和投入地受捐方意愿的影响，市场调节、捐赠意愿、政策引领、实施便利等多种因素左右善款的分配使用，从慈善事业发展的本质使命出发，慈善资源的流动本来就是社会服务的补差行动或者解决社会问题的探索行动，因此慈善机构按照法规规定的支出比例进行公益项目运作，其善款使用轨迹不易追踪。

2017年中华慈善总会社会捐赠款物共支出192.20亿元，占上年捐赠收入188.07亿元的102.2%，其中支出货币资金8.33亿元（拨付上年捐款余额1.27亿元）；发放捐赠物资183.87亿元。而捐赠领域和方向包含投入5亿元支持贵州省丹寨县创建大型“造血式”精准扶贫项目、持续发放援助药品价值183.87亿元等。

2017年全国基金会捐赠收入达637.00亿元，相比2016年增加11.5亿元，提高了1.84%。公益支出高达543.00亿元，相比2016年增加120.00亿元，提高了28.37%。

而真正从区域上来了解善款使用情况，目前只能借鉴民政系统接收捐赠的情况来分析，慈善总会和各大基金会汇聚了半数以上的慈善资源，都必须选择落地方来实施，其实施方向还缺乏统一汇总方法。而民政部门作为落地方，接收和实施一体，相对容易看出中国各地慈善资源的接收和使用情况。

从2017年直接接收捐赠情况来看，江苏省、四川省、江西省、陕西省、北京市处于前五位，接受捐赠金额分别为110154.4万元、57604.5万元、20568万元、15287万元、8121万元。这一组数据可以反映出地方慈善力量与地方民政合作的活跃度高低。从2017年间接接收捐赠情况来看，北京市、陕西省、江西省、江苏省、广东省位列前五，金额分别为81385.4万元、3214.0万元、2527.1万元、674.0万元和495.7万元[①]。可以从中看出民政

① 民政部：《2018年中国民政统计年鉴》。

系统以外的政府部门动员社会捐赠的能力。这些资金量虽然不大，却直接用于当地社会服务领域，基本反映出地方慈善的接收以及使用的活力。

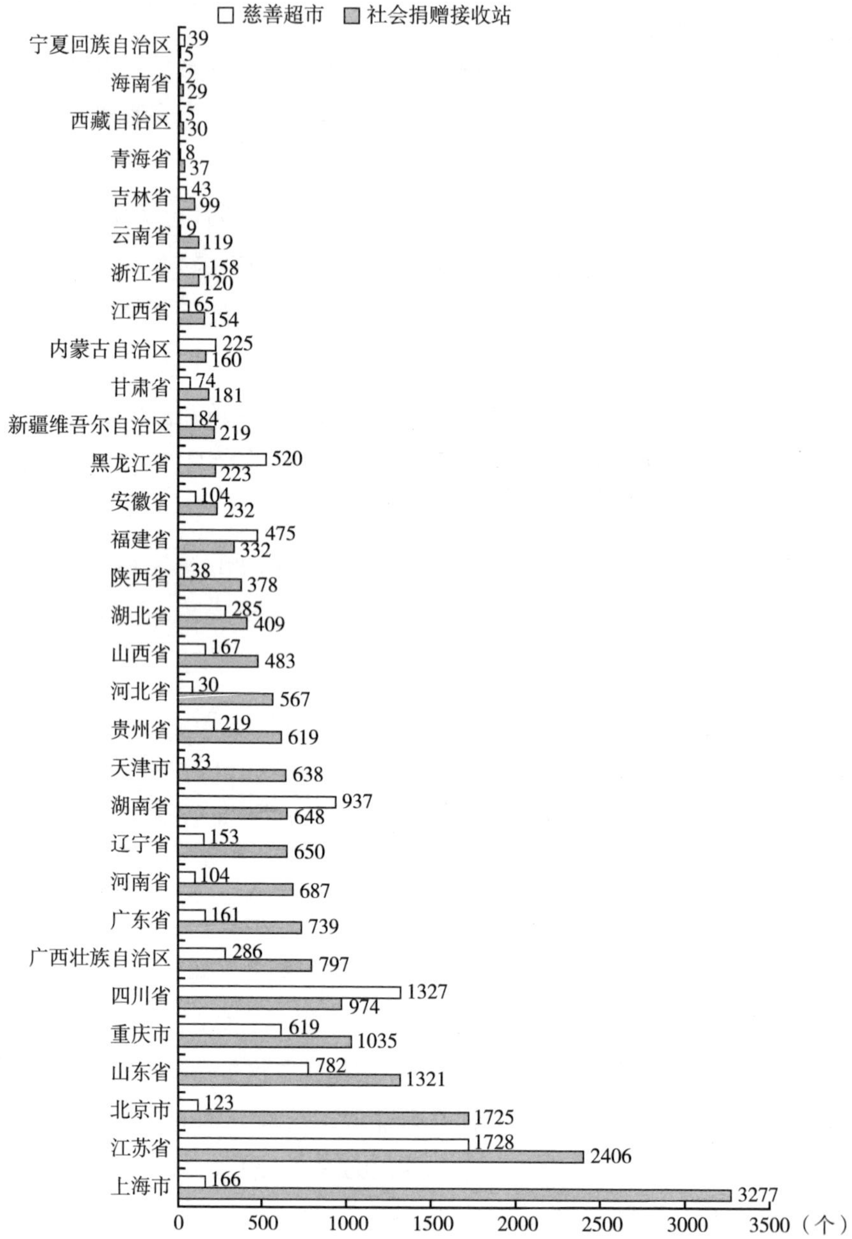

图9 2017年中国各省区市捐助站点和慈善超市分布

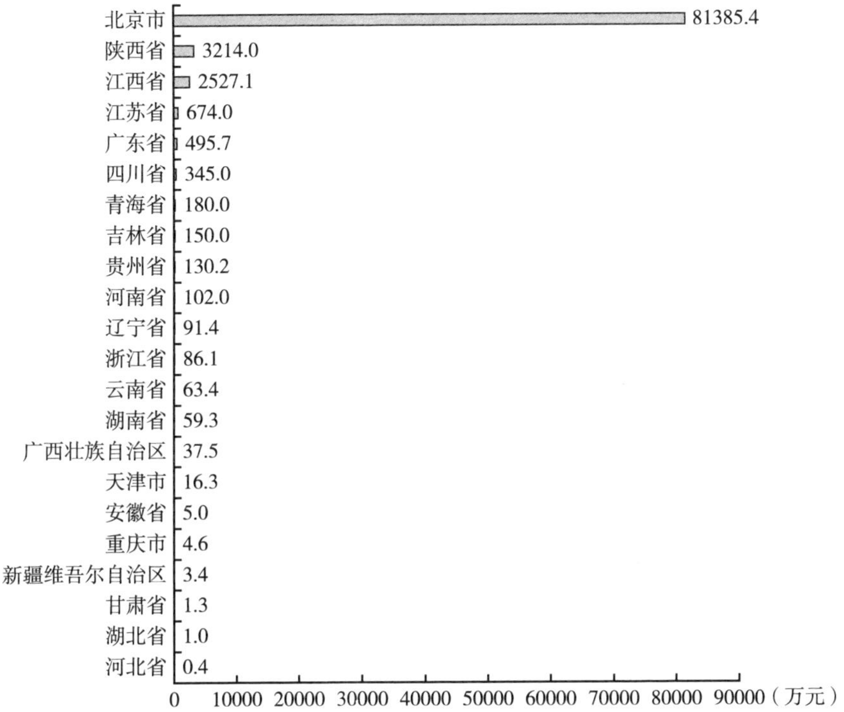

图10　2017年中国地方民政间接接收社会捐赠分布

二　2018年度中国慈善捐赠概况

由于政府统计数据和行业统计数据的滞后性，《慈善蓝皮书：中国慈善发展报告》慈善捐赠数据测算工作在编委会的指导下，从2014年开始，采用矫正前一年度数据、测算上一年度的做法来分析中国整体捐赠情况。其中2014年测算数据为1046亿元，年度实际矫正数据为1058亿元，2015年测算数据为992亿元，实际矫正数据为1215亿元，从这一年开始，为了保持蓝皮书数据的一致性，基金会捐赠数据采用时效性更强的基金会中心网统计数据，因此当年差额较大；2016年测算数据为1346亿元，实际矫正数据为1458亿元，2017年测算数据为1558亿元，实际矫正数据为1526亿元。

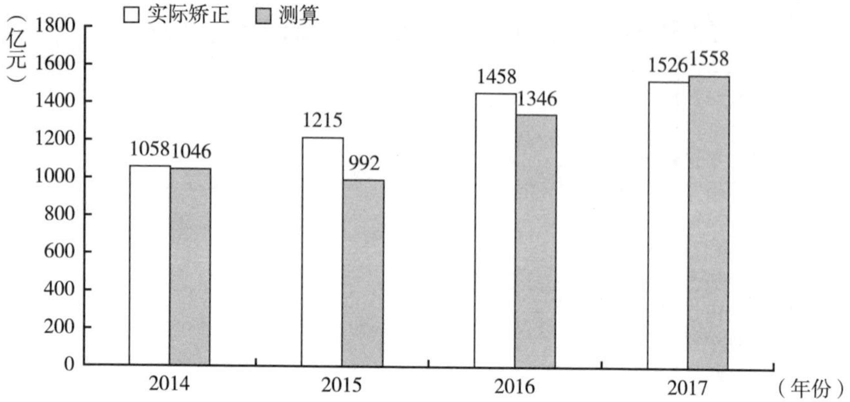

图 11　2014～2017 年中国社会捐赠总量矫正数据与测算数据对比

根据部分已统计数据和测算数据，结合公益慈善行业的发展环境和发展态势，预测 2018 年当年社会捐赠总量约为 1128 亿元。

而 2018 年彩票公益金募集量为 1313. 62 亿元，比上年度 1143. 26 亿元增加 170. 36 亿元，其中福利彩票筹集公益金 643. 59 亿元，体育彩票筹集公益金 670. 03 亿元①。

2018 年度 143. 3 万家志愿服务组织、总量约为 1. 98 亿人次志愿者共提供志愿服务时间 21. 97 亿小时，志愿者贡献总价值为 823. 64 亿元②。

如此，三者相加，2018 年中国社会公益资源总量约为 3265 亿元。与 2017 年的约 3217 亿元基本保持一致。

1. 2018年度捐赠测算

民政部门接收捐赠一直以来都是社会捐赠的重要阵地，但是近几年随着慈善组织认定工作的开展以及政府政策引导的结果，政府部门直接接收捐赠数量呈剧烈下滑趋势。2017 年民政系统直接接收社会各界捐款 25. 0 亿元，约占总捐赠额的 1. 6%。而民政系统的统计信息公开也干脆在 2018 年第一

① 财政部文告。

② 翟雁、辛华、张杨：《2018 年中国志愿服务发展指数报告》，载杨团主编《慈善蓝皮书：中国慈善发展报告（2019）》，社会科学文献出版社，2019，第 49～87 页。

季度末终止了对捐赠数据的公布，2017 年受捐额度低，2018 年更低，第一季度约为 2017 年第一季度受捐额的一半。据此趋势测算，民政系统在 2018 年度接收捐赠额在 8 亿元左右。

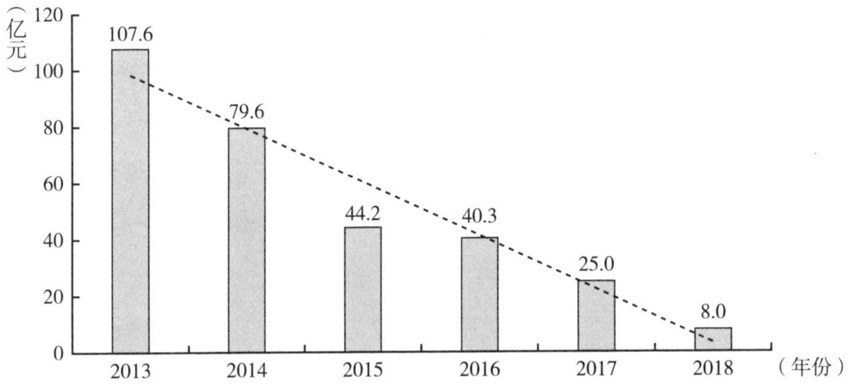

图 12　2013～2018 年中国民政系统直接接收社会捐赠金额

注：2018 年为估值。

在所有社会组织之中，慈善会系统是一个最为庞大、覆盖面及纵深度都十分强大的组织系统，在中央、省、县、乡、村以及企业实体中分布着数量众多的慈善会法人组织或者分会。但是能够被纳入统计视野的，只是其中的 200 余家。鉴于数据的可得和可及性，目前慈善会系统依然采用中华慈善总会《中华慈善年鉴》所统计的数据，并据其内容进行测算。2017 年，慈善会系统总的捐赠数据为 450. 03 亿元。其中中华慈善总会为 218. 05 亿元，约占半数。2018 年，中华慈善总会捐款收入为 4. 9 亿元，比上年度 7. 1 亿元减少 2. 2 亿元，物资捐赠收入为 100. 83 亿元，比上年度 211. 0 亿元减少一半有余。捐赠接收额度整体呈下降趋势，而物资捐赠降低还有另外一个重要原因，中国逐步建立了药价基准制度，医保药品支付价格调整机制日渐成型，2017 年，我国提出要全面取消以药养医，健全药品供应保障制度。这也意味着，在我国实行 60 多年的药品加成政策正式退出历史舞台，从此挤出药价虚高的“水分”。受此政策影响，物资捐赠接收主要以药品为主的慈善会系统必然受到影响。以中华慈善总会接收的部分药品捐赠为例，阿斯利康项目－泰瑞沙药品 2018 年单价调减，调减本年捐赠收入 7.59 亿元；瑞士诺华项目－达希纳药品 2018 年单价调减，调减本年捐赠收入 8.4 亿元；瑞士诺华项目－维全特药品 2018 年单价调减，调减本年捐赠收入 1.2 亿元；默克雪兰诺项目－爱必妥药品 2018 年单价调减，调减本年捐赠收入 2.2 亿元，合计调减 19.4 亿元。因此 2018 年慈善会系统的整体捐赠额度受到极大影响，测算其年度捐赠收入为 220 亿元。

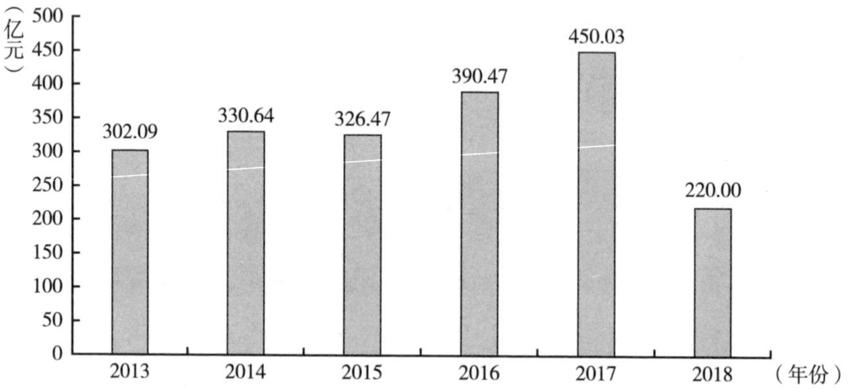

图 13　2013～2018 年中国慈善会系统捐赠收入

注：2018 年为估值。

中国社会组织公共服务平台显示，2018 年底，中国社会组织总数量超过 81.6 万个，其中社会团体 36.6 万个，社会服务机构 44.3 万个，基金会数量达到 7027 家。三类组织总增速在 7% 左右，其中社会团体基本处于缓慢增长状态，比上年增长 3.1%，社会服务机构保持同步增长，比上年度增长 10.8%，基金会增速在三类组织中依然最快，但总体呈下滑趋势，比上年度增长 11.4%。原因主要在于重监管严登记的政策设计，但是社会组织登记开放的总趋势不会发生改变，而且重点向基层倾斜。由于社会组织年检工作的滞后性，三类社会组织接收社会捐赠额整体采用测算的方式得出估计捐赠接收额。考虑到整体社会经济发展状况及社会组织发展情况，2018 年社会组织整体捐赠额预计为 700.0 亿元，其中基金会接收捐赠额约为 560.0 亿元。

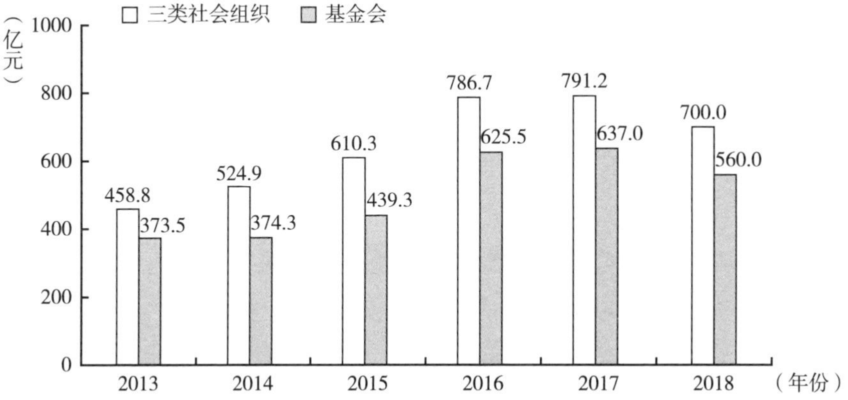

图 14　2013~2018 年中国三类社会组织捐赠收入

注：2018 年为估值。

按照目前的社会捐赠总量统计构成体系，除民政部门之外的政府捐赠、事业单位、宗教机构、人民团体等接收捐赠主体均是从网络监测数据抽样样本测算所得，根据中国慈善联合会历年监测测算的变动幅度和比例，可以测算这四类捐赠接收主体接收捐赠的数额大概为 200 亿元。

由于曾作为捐赠接收主体的民政系统接收捐赠额下滑到占比 1% 左右，其所建立的统计系统因为数额较小逐步忽略公示，其他主体的捐赠接收情况尚未建立一套科学完整公信力足的统计方法和系统，加之不确定性成为社会各要素的附着特征，因此测算社会捐赠总额也愈加艰难。根据上述因素保守测算，2018 年中国社会捐赠的总体额度为 1128 亿元。比 2017 年有较大幅度下滑。下滑原因包含药品捐赠折价腰斩所影响的整体物资捐赠情况，物资捐赠在历年捐赠统计总额中占三成左右，而药品、医疗设备和医疗器具捐赠在其中又占九成左右[①]，所以医疗捐赠折价下降是 2018 年度捐赠总量下降的最主要原因，另外社会组织政策整肃，新增基金会以小规模为主以及其他社会组织数量放缓，也间接影响了慈善捐赠资源的积累。

① 北京师范大学中国公益研究院物资捐赠研究报告。

2. 中国慈善捐赠状况分析及建议

（1）呼应政策走向成为社会捐赠的主要选择点

到2020年，中国计划使2010年标准下的农村贫困人口全部脱贫、贫困县全部摘帽，解决区域整体性贫困问题，在这一过程中，除了产业扶贫等方式作为支柱扶贫方式以外，社会力量参与也非常密集地见诸各种扶贫政策，体现在捐赠方向上，政策动员产生了良性影响，扶贫开发捐赠款互动式增加，从2012年占总捐赠额的22%上升到2018年的30%以上。

而这一政策的影响力逐步加强，虽然2020年实现脱贫任务，但并不意味着贫困问题届时将得到彻底解决。党的十九大报告明确了中国未来30年发展的“两阶段”目标，第一个阶段，从2020年到2035年，在全面建成小康社会的基础上，再奋斗15年，基本实现社会主义现代化。第二个阶段，从2035年到21世纪中叶，在基本实现现代化的基础上，再奋斗15年，把我国建成富强民主文明和谐美丽的社会主义现代化强国。这一内容为新扶贫政策的制定提供了依据。2018年中央“一号文件”提出“实施乡村振兴战略”，并提出到2035年“乡村振兴取得决定性进展，农业农村现代化基本实现”，而扶贫工作仍是乡村振兴的首要任务。

对贫穷的关照，是公益赖以存在的主要理由之一，在精准扶贫之中、在乡村振兴之中，在实现这两个任务的社会治理之中，公益慈善的角色前所未有地重要起来，在各种政策的动员和引领之下，慈善资源会向这一方向倾斜，而公益慈善机构也势必要做好精细化项目的设计工作、做好与之配套的社会募捐工作。

2019年4月2日在北京召开的第十四次全国民政会议上，传达了习近平的重要指示。其内容被形象地称为“三个聚焦”，聚焦脱贫攻坚，聚焦特殊群体，聚焦群众关切，这不仅是民政部门更好履行基本民生保障、基层社会治理、基本社会服务等职责的要求，而且也为社会组织参与社会治理、社会服务指明了方向。

（2）可持续发展思潮影响社会组织定位

慈善事业从社会功能定位上是政府公共服务的补充，其理想化的运行模式也必然包含四个要素：可持续，在财务、运营、管理等方面是可持续发展的；正向，宗旨和目标以及愿景实现的过程要具有激励性，对服务对象保持正向引导而非依赖；安全感，慈善事业是社会安全网的一部分，能够给社会提供安全感，从这一意义上说慈善包含一定的政治属性；与市场互动，慈善事业的发展与社会经济协同发展，不是被动等待第一部门和第二部门支持，而是主动与社会和市场形成良性互动。

正是因为如此，围绕公益与市场各执一词的“两光”之争没有谁对谁错，不过是持重一端而已。当然在经济唱主角的时代，公益慈善事业在量化考核的社会现实中由丰富的意义迅速变为单一化，“钱袋子”条件反射地应用于该领域的各个层面，社会企业、慈善信托、影响力投资、政府购买、数字化募捐这“五朵金花”应运而生，各自围绕的都是资金来源问题。

如何与市场良性互动？中国化的发展与彼时美国社会企业蜂拥而起有些相似，社会组织体量及募捐竞争的加剧，政府社会服务采购的游移不定，促使社会组织尝试在市场中开辟新的资金渠道，资本方也开始关注社会领域，将耐心资本的概念应用于慈善事业发展中的市场潜力组织或项目。非限定资金及可控资金本来有限，慈善机构的金融理念本身没有经过历练，也缺乏动力和允许试错的空间进行历练，资本的金融操作乏善可陈，慈善信托的产生尽管不是孤例所促，信托资金能否发起的原因却与社会组织的管制环境、慈善机构的公信力、理财机构的专业能力息息相关。此前津津乐道的欧美政府购买服务高比例，也在美国路径的印证下呈现降低趋势，中国的政府购买服务实践，必然随着“放管服”政策的深化理解以及财政供给的适度控制中体现出来，需要社会组织在社会治理参与中不断证明自身的有效性来促动。数字化募捐的前提是互联网技术改变了人与金钱的关系、人与交易的关系等，以阿里系为代表的电商平台公益体现的是电商的“道义经济”，以腾讯系为代表的社交平台公益体现的是人群之间的“人脉经济”，以新浪微公益为代表的明星或网红辐射链平台公益体现的是“娱乐经济”。

政府的财政可持续在追求一种均衡适度，市场中的企业也在追求自身的可持续，政府在总控社会经济发展过程中既要保护企业发展避免其过度捐赠，也要应用社会组织在社会治理中的积极作用。而公益慈善本身并不构成市场，公益慈善的滥用会使这些数字化手段失去吸引力和人性同理心的强度，让募捐面临被忽略的危险。互动于是变成了扎堆参与，社会组织在市场面前表现得惶恐不安，从而让自身营造可持续、正向、安全的初衷变得淡漠起来。面对这种困境，资源垄断化的部分组织尚可继续调整战略，多数供给不足的组织则需要创新自身的组织运行方式赢得存在。

（3）慈善也需要“公益性”回归

社会捐赠、彩票公益金、志愿价值共同构成了社会公益资源。彩票公益金曾因为种种管理漏洞产生了脱离彩票公益属性的行为，造成本应用于社会公益领域的资金流失。于是在不断修订的管理制度中，国家对彩票公益金使用做出了更具体的要求，要求彩票公益金使用必须充分彰显社会公益性，彩票公益金安排使用要重点向重大民生项目倾斜，向贫困地区和革命老区、困难行业和弱势群体倾斜，向补“短板”的社会公益事业倾斜。

慈善组织慈善募捐或者捐赠主体捐赠的善款同样属于公共资产，制度所赋予的相对松散的慈善组织成长空间形成了复杂的并不清晰的公益形象，尽管慈善领域的“公益性”并不十分明确，好在《慈善法》规定了统一的慈善活动内涵，包括扶贫、济困；扶老、救孤、恤病、助残、优抚；救助自然灾害、事故灾难和公共卫生事件等突发事件造成的损害；促进教育、科学、文化、卫生、体育等事业的发展；防治污染和其他公害，保护和改善生态环境等。这些内容与公众通常理解的社会公益能够达成共识。

慈善募捐的数字化考量容易让慈善机构陷入“数字 GDP”的泥淖，忽视自身章程规定的发展宗旨和愿景。而政府购买行为的不合理规定，也让志愿精神在金钱和物品的刺激下部分消散，回归“公益性”，是慈善领域持续真实地关注自身内在动力革新的要求，合理化的市场参与与互动，给社会组织提供了适度紧张的锤炼场，而志愿精神和服务精神，始终是社会组织得以存在的良性根基。

B.3

2018年中国志愿服务发展指数报告

翟雁　辛华　张杨*

摘　要： 中国志愿服务指数测量关注志愿者与志愿服务组织在志愿服务中的投入与产出情况，旨在呈现中国志愿服务发展的基础状况。通过6年数据对比分析发现，我国志愿者数量呈现出迅猛的增长状态，从2013年8535万人增长到2018年的19811万人，总增长率132%。报告显示2018年度共有6230万名志愿者通过143万家志愿服务组织参与了志愿服务活动，服务时间近22亿小时，志愿者贡献价值约824亿元。2018年中国志愿服务制度化建设进一步加强，上升为国家战略的一部分，志愿服务组织数量平稳增长，专业志愿服务崭露头角。

关键词： 活跃志愿者　志愿者参与率　志愿者贡献价值　专业志愿服务

中国志愿服务发展指数测量课题组①自2013年开展中国志愿服务指数调研以来，根据政府有关部委加强志愿服务制度化与信息化建设的实际情

---

* 翟雁，北京惠泽人公益发展中心创始人，北京博能志愿公益基金会理事长，北京志愿服务发展研究会志愿服务组织专委会主任，主要研究领域为中国志愿服务测量、志愿服务组织发展与实务应用性研究、国际志愿服务前沿研究；辛华，中央民族大学博士，固安幸福志愿服务会专家，主要研究领域为志愿服务与社会创新；张杨，北京大学光华管理学院硕士，北京惠泽人公益发展中心理事，高级经济师，主要研究领域为基金会管理与专业志愿服务。

① 中国志愿服务测量课题组由北京惠泽人公益发展中心组织开展调研，2018年课题调研助理黄舒清、李晓。

况，逐渐完善测量指标体系和研究方法。通过网络问卷、组织访谈和实地考察，调研全国志愿服务网和其他志愿者平台注册数据①进行交互分析。同时依据志愿服务发展指数指标与往年调研数据进行调整和比较，再结合本课题组主要研究人员通过参与观察等方式对志愿服务行业和区域性发展与管理的实践研究，以及问卷、访谈方式对志愿者和志愿服务组织进行动态调研，历经课题组顾问多次研讨与指导，进行综合的分析与比较，最终以志愿部门②视角继续对活跃志愿者及其贡献价值、志愿服务组织特征、中国制度化与组织化建设和专业化发展情况的分析与比较，以期本报告更加真实地反映 2018 年中国志愿服务发展的基础现状。

一 调研说明

（一）定义与范围

本调研依据国务院《志愿服务条例》和民政部《志愿服务记录办法》等政策法规要求，参考联合国志愿人员组织和国际劳工组织发布的《志愿服务测量指南》，对中国志愿服务指数调研对象进行如下定义。

（1）志愿服务：是指“志愿者、志愿服务组织和其他组织自愿、无偿向社会或者他人提供的公益服务”③。本调研特别对志愿者通过志愿服务组织所提供的 1 小时以上的公益服务，也就是正式的志愿服务进行分析。不包括志愿者个人所从事的临时性（1 小时以下）无偿服务以及邻里之间个体互助等非正式志愿服务。

（2）志愿者：是指“具有民事行为能力的、以自己的时间和知识、技

---

① 2018 年本课题组主要调研了中国志愿服务网、中国青年志愿者网、志愿汇等志愿服务信息平台，与中国红十字志愿者、文化志愿者、巾帼志愿者等数据。

② 志愿部门也称非营利部门，是指在政府部门、企业部门之外的第三部门，具有六个本质特征：公共利益性、合法性、非政府性、非营利性、志愿性、自我治理性。参考清华大学 NGO 研究所刘国翰：“第三部门界定”，《南京社会科学》2001 年第 5 期。

③ 定义来自《志愿服务条例》，2017 年 12 月 1 日。

能、体力等从事志愿服务的自然人。”① 本调研人群主要是18岁及以上的成年人。

（3）志愿服务组织：是指“依法成立，以开展志愿服务为宗旨的非营利组织。”② 本次调研中对于志愿服务组织的认定范围包括：一是在过去一年中使用了志愿者的社会组织，二是没有正式登记注册，但以组织名义开展了志愿服务的民间自组织和志愿团体。

本调研在对相关数据分析中采用了以下计算比率。

（1）志愿者注册率：是指在官方志愿服务信息管理平台上登记注册的志愿者人数占当年全国大陆地区全人口之比。

（2）志愿服务组织注册率：是指志愿服务组织在官方志愿服务信息管理平台上登记注册的数量占全国志愿服务组织总数之比。

（3）重叠率：志愿者同时在2个以上的官方志愿服务信息平台上进行登记注册，其重叠注册的数量与总量之比。2018年度志愿者注册重叠率为50.4%。

（4）记录率：在已经注册登记的志愿者中，只有部分人员进行了服务记录。对于有志愿服务记录的注册志愿者与全体注册志愿者之比。

（5）活跃率：是指实际参与了1小时以上正式志愿服务的志愿者数量与志愿者总数之比。

（二）中国志愿服务发展指数（CVDI）

本课题组基于中国志愿服务基础建设刚刚起步，基础研究与数据尚未互联互通形成体系的背景下，于2016年起研究开发了中国志愿服务发展指数（CVDI）。该指数的制定参考了国际劳工组织《志愿服务测量手册》③ 和全球志愿服务测量框架④，主要从志愿服务投入（志愿者数量及其服务时间）

① 定义来自《志愿服务条例》，2017年12月1日。

② 定义来自《志愿服务条例》，2017年12月1日。

③ 全球劳工组织官网，http：//www.ilo.org/wcmsp5/groups/public/---dgreports/---stat/documents/publication/wcms_162119.pdf

④ 张强：《全球志愿服务发展前沿研究：发展定位与价值测度》，杨团主编《慈善蓝皮书：中国慈善发展报告（2017）》，社会科学文献出版社，2017，第306~317页。

和产出（志愿者贡献价值）两个维度进行测量，主要测量五个指标。

（1）志愿者数量：指注册志愿者与非注册志愿者之和。在志愿者中重点对实际参与了当年志愿服务1小时以上的“活跃志愿者”进行报告。

（2）志愿服务参与率：指在国家全人口中参与了志愿服务的人数比率。志愿服务参与率 = 活跃志愿者数量/当年人口总数①。

（3）志愿服务组织数量：是指在过去一年中，组织过志愿者开展志愿服务活动的社会组织与志愿服务组织数量总和。其中，志愿服务组织包括在官方平台进行注册和备案的志愿团体，以及未注册的志愿服务自组织。

（4）志愿服务时间：指过去一年中志愿者从事正式志愿服务活动超过1小时的时间②，其测量单位为小时。

（5）志愿者贡献价值：反映提供志愿服务的劳动人口在社会服务行业中所贡献的经济价值。本报告采用国际劳工组织（ILO）推荐的“替代成本计算法”（The Replacement Cost Approach），即志愿者贡献价值 = 社会服务行业雇员平均工资（元/小时）×志愿服务小时数。

2018年志愿者贡献价值计量标准为43.24元/人均小时。志愿者贡献价值计量标准采用国家统计局发布的“公共管理、社会保障和社会组织的平均工资值”。按照2017年度为80372元（比上年提高13.27%）计算③，比上一年度工资增长每小时7.76元。

（三）调研方法

本课题组于2019年1月30日至3月12日，采用滚雪球等非概率抽样和网络调查方式对全国志愿者和志愿服务组织进行调查。本次调查采用了与

① 根据世界劳工组织对志愿服务参与率的定义，主要是指参与服务的志愿者与本国15周岁以上劳动人口数量之比。本文为了方便与往年比较，采用全国总人口数作为志愿服务参与率的比较数据。

② 志愿服务时间：不包括在途交通往返时间、培训学习时间。

③ 2017年度社会服务行业雇员人均为80372元，按照实际工作日232天计算，人均小时工资为43.24元。国家统计局，http://data.stats.gov.cn/easyquery.htm?cn = C01，2018年5月。

全国 8 个地区的志愿服务组织和社会组织合作①的方式进行问卷发放，共回收了来自中国大陆地区 27 个省份的有效问卷 9411 份，其中以志愿者和公众为调研对象的问卷 8477 份，以志愿服务组织为调研对象的问卷 934 份。考虑到网络问卷的局限性，课题组重点委托湖北、四川、河北、内蒙古、重庆、山西等多个省市志愿者组织和专业志愿者在当地进行发放问卷，并针对相关文献和志愿服务平台数据进行分析研究。根据国家民政部颁布的《志愿服务记录办法》和《关于推广使用全国志愿服务信息系统的通知》等政策文件的规定，自 2017 年正式上线后通过行政管理办法推动全国志愿者在“中国志愿服务网（www. chinavolutneer. cn）”注册登记，本课题组连续调查发现，该平台注册志愿者数量于 2018 年底过亿人，成为国家志愿服务信息数据比较全面的平台。同时，以青年志愿者为主的“志愿中国（www. zyz. org. cn）”信息平台（其数据尚未完全与中国志愿服务网联通）也加强了数据管理，其应用平台“志愿汇”于 2019 年 3 月首次发布了该平台的“2018 年度志愿服务大数据”②。因此，今年起课题组将“中国志愿服务网”作为官方注册志愿者数据的主要来源，将“志愿中国网”的平台数据作为补充。

本调研继续对志愿服务管理机构和组织访谈等多方调研与相互印证方法，分析研究全国志愿者与志愿服务组织的数量及其服务时间，调研对象聚焦于参与志愿服务的活跃志愿者。尽管本问卷调研采用滚雪球抽样方式，调研方法存在一定不足，并不能代表全国总体样本，也难以通过调研数据推论出全国志愿服务的准确数据。但是，随着全国志愿服务信息系统的建立与逐步完善，以及本调研组通过对志愿服务发展指数的关键指标进行连续六年跟踪调研与比较，本报告在相当程度上可以反映中国志愿服务的动态发展状况。

---

① 城市合作机构：志愿汇、四川省青年志愿者协会、包头市社会工作发展中心、湖北慈爱自强工厂、马鞍山市志愿者协会、张家口慈善义工联合会、固安幸福志愿服务会、国际志愿者协会中国代表处。

② 2018 年 3 月 2 日，“志愿汇”在长三角志愿服务一体化论坛上发布。

二　2018年度中国志愿服务发展指数报告

2018 年度中国志愿服务发展指数：

志愿者总数 19810.76万人	志愿服务参与率4.50%	志愿服务时间 21.97亿小时	志愿者贡献价值823.64亿元	志愿服务组织143.30万家
·注册志愿者：14877.88万人 ·非注册志愿者：4932.88万人 ·活跃志愿者：6230.02万人	·志愿者注册率10.66%	·注册志愿者服务时间：5.00亿小时 ·非注册志愿者服务时间：16.97亿小时	·注册志愿者贡献价值：187.51亿元 ·非注册志愿者贡献价值：636.38亿元	·注册志愿服务组织：114.64万家 ·非注册志愿服务组织：28.66万家

图 1　2018 年中国志愿服务发展指数总览

（一）志愿者数量19810.76万人

本报告的志愿者数量，包括在官方和志愿服务组织登记的注册志愿者与非注册志愿者。调查显示，2018 年度志愿者总量约为 1.98 亿人，占中国大陆人口的 14%。比 2017 年增加 4003 万人，增长率 25%。

1. 注册志愿者14877.88万人，注册率为10.66%

截至 2019 年 3 月 9 日，中国志愿服务网注册志愿者数量为 11405.88 万人，比 2017 年增加了 2861.10 万人（详见表 1）。根据中国志愿服务网①显示，来自全国 31 个省份的社区、青年、文化、医疗、文明、教育、助残、巾帼和消防等领域的注册志愿者人数、志愿团体、志愿项目、志愿服务时间等数据与 2017 年相比，均有不同程度增长。推测这种普遍性增长可能源于 2017 年 12 月 5 日《志愿服务条例》的正式颁布，以及由此引起的各地政府重视，加强了志愿者注册工作。同时，团中央的志愿中国网注册志愿者总数达到 7000 万人，考虑到这两个系统存在一定重合，扣除重

① 中国志愿服务网，http://www.chinavolunteer.cn/。

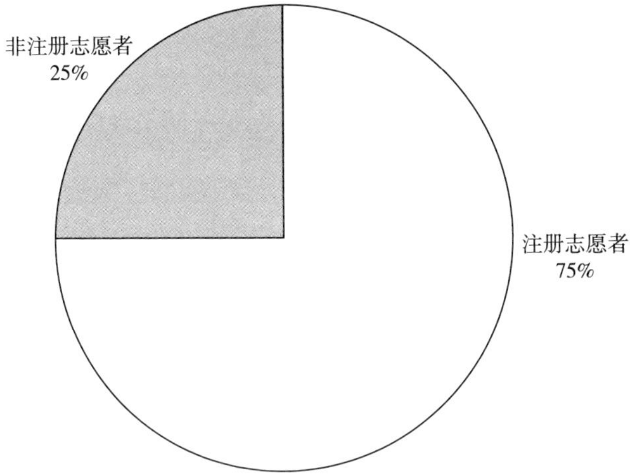

图2 2018年志愿者总量

叠率之后，注册志愿者合计数量为14877.88万人，占大陆人口总数[①]的10.66%。

表1 中国志愿服务网志愿服务数据比较（2017~2018）

信息来源	不同时间段数据(查询时间)		2018年新增	
中国志愿服务网	2019.03.09(表示2018年数据)	2018.03.16(表示2017年数据)	数据增长	增长率(%)
注册志愿者(万人)	11405.88	8544.78	2861.10	33.48
志愿团体(万家)	58.64	43.80	14.84	33.88
累计志愿项目(万个)	215.46	116.77	98.69	84.52
累计服务时间(万小时)	131673.19	87982.22	43690.98	49.66
累计记录时间人数(万人)	1745.25	1060.93	684.32	64.50

本课题组还调研了在该系统以外的志愿服务信息平台，主要包括中国红十字总会注册志愿者121.87万人[②]，全国妇联巾帼志愿者约1044万

① 根据《2018国民经济和社会发展统计公报》，2018年末全国内地总人口13.9538亿人。国家统计局官网，http：//www.stats.gov.cn/tjsj/zxfb/201902/t20190228_165 1265.html，2019-2-28。

② 资料来源：中国红十字会，2019年3月10日。

人[①]，中国文化志愿者注册人数接近百万人[②]，文艺志愿者约 31.56 万人[③]。调研发现，因中央文明办和民政部加强了针对各系统的志愿者登记注册工作的管理，这些数据可能已经被纳入中国志愿服务网平台中，故本课题不再重复计算。

2. 非注册类志愿者4932.88万人

本调研显示，有 24.9% 的活跃志愿者未在组织或平台上注册，较去年增加 1.6%。本调研在扣除重叠率之后得出非注册类志愿者约有 4932.88 万人[④]，比 2017 年度增加 1249.77 万人。

3. 活跃志愿者6230.02万人

在 2018 年度，活跃志愿者合计总数为 6230.02 万人，占全国志愿者总数的 31.45%，比去年增加了 137 万人，但是依然有 68.45% 的在册志愿者未参与 2018 年度的志愿服务。

在注册类志愿者中，中国志愿服务网的有活动记录的累计志愿者总数为 1745.25 万人，其活跃率为 15.3%，比 2017 年度增长 2.9%；志愿中国网的活跃志愿者为 481.13 万人，其有活动记录的志愿者只占注册志愿者的 6.87%，在扣除了重叠率之后，注册类活跃志愿者总数约为 1987.74 万人，其活跃率 13.36%，比去年减少了 1407.04 万人[⑤]。根据以上发现，本课题组推测随着官方志愿者信息平台的数据逐渐精确，本报告对于注册的活跃志愿者人数统计与往年相比将更加精确。

非注册志愿者的活跃率为 86%[⑥]，推算其活跃志愿者有 4242.28 万人，比去年增加了 1544.4 万人。

---

① 《全国妇联揭晓新时代“巾帼志愿者十大暖心故事”》，中国妇女报网，http：//news.gmw.cn/2018－06/14/content_ 29270212.htm，2018 年 6 月 14 日。

② 《全国文化志愿者接近百万》，人民网，2016 年 7 月 22 日。

③ 资料来源：中国文艺志愿者协会，2019 年 3 月 11 日。

④ 非注册志愿服务组织和志愿者数量推算公式 = 注册数量/（1 － 非注册率）－ 注册数量。

⑤ 编者注：2017 年度注册类活跃志愿者数为 3394.78 万人。

⑥ 本调研中的非注册志愿者活跃率来源于志愿者问卷调查。

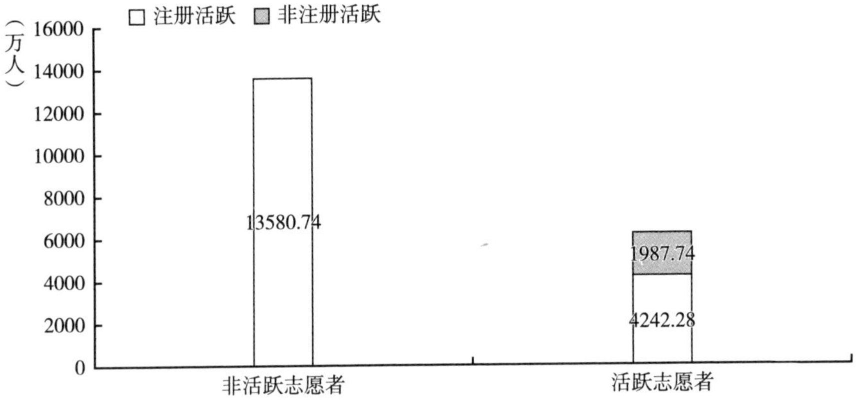

图3　2018年活跃与非活跃志愿者人数

4. 志愿服务参与率4.50%

活跃志愿者总数与全国人口总量之比，反映公众每年实际参与志愿服务的人口比例。2018年度我国从事有组织的志愿服务参与率为4.50%，比去年增长0.1%。

（二）志愿服务时间21.97亿小时

全国活跃志愿者在2018年度贡献志愿服务时间总计为21.97亿小时，比2017年度增加4亿小时，增长率22%。

1. 注册志愿者服务时间5亿小时

根据"中国志愿服务"与"志愿中国"信息平台上所记录的志愿服务时间核算，注册类活跃志愿者在2018年度贡献的志愿服务时间为5亿小时，其活跃志愿者人均贡献22.43小时。较去年人均25小时的核算标准略有下降。特别说明的是，因为中国官网志愿服务信息平台的数据不断更新，并且更加翔实和精确，本课题组今年开始采用其2018年度新增加的志愿服务时间43691万小时①，加上扣除了重叠率的志愿中国平台上的志愿服务时间

① 2018年度新增加志愿服务时间=2017年度131673万小时-2018年度87982万小时=43691万小时。

6243 万小时。

2. 非注册志愿者服务时间16. 97亿小时

根据 2018 年的调研显示，未注册的志愿者依然比注册的志愿者更加活跃，人均服务时间大约为 40 小时/年，贡献志愿服务时间为 16. 97 亿小时，较去年增加 7. 53 亿小时，增幅较大的原因一是非注册志愿者活跃率增加，二是人均志愿服务时间增长了 33%。

（三）志愿者贡献价值823. 64亿元

根据 2017 年度志愿者贡献价值计量单位（社会组织人均工资）43. 24 元/小时，在扣除了工资上涨率[①]之后，可以推算出 2018 年度志愿者贡献总价值为 823. 64 亿元。其中，注册志愿者贡献价值为 187. 51 亿元，非注册志愿者贡献价值为 636. 13 亿元。与 2017 年度的中国志愿服务指数报告相比，志愿者贡献价值增加了 50%，占全年国内生产总值 900309 亿元的万分之 9. 15，占第三产业增加值 469575 亿元的万分之 17. 54[②]，志愿者为社会服务行业提供了相当于 118. 33 万名全日制雇员，占到社会组织从业人员 864. 7 万人[③]的 13. 68%，比 2017 年增加 4%。

（四）志愿服务组织数量143. 30万家

2018 年共有 143. 30 万家志愿服务组织开展过志愿服务，比 2017 年度增加 12. 63 万家，增长率 9%。

1. 注册志愿服务组织114. 64万家

注册志愿服务组织来自三个官方平台：一是中国志愿服务网累计注册全国志愿团体 58. 64 万家，二是志愿中国网扣除重叠率 50% 之后约有 20 万家，

① 2017 年度社会组织人均工资比 2016 年增长 13. 27%。

② 2018 年第三产业增加值 469575 亿元，增长 7. 6%。国家统计局：《中华人民共和国 2018 年国民经济和社会发展统计公报》。

③ 社会组织吸纳社会各类人员就业 864. 7 万人，民政部官网，http：//www. mca. gov. cn/article/sj/tjgb/，2018 年 11 月 14 日。

三是在民政部门注册登记的社会组织中有 90% 使用了志愿者，在扣除重叠率之后约有 36 万家。三方合计共有 114.64 万家，比 2017 年注册志愿服务组织增加约 22 万家。

2. 非注册志愿服务组织28.66万家

调研发现，志愿服务组织未在官方正式注册或备案的有 20%，推算 2018 年度非注册志愿服务组织数为 28.66 万家，比 2017 年的 38.39 万家减少了 9.73 万家，下降率为 25%。与此相对的是，志愿服务组织在官方平台上正式注册率正在逐年升高。

三　2018年志愿服务发展指数比较

（一）2013～2018年指数比较

“中国志愿服务发展指数”课题组自 2013 年开始每年在全国开展指数测量，并且根据技术方法论的改善进行数据持续优化与年度比较。

（1）重点对注册与非注册志愿者进行比较，以反映中国志愿服务发展的整体状况和特征。

（2）2013～2018 年 CVDI 比较指标有五个：全国志愿者整体数量及活跃志愿者数量、志愿服务组织数量、我国志愿服务参与率、志愿服务时间、志愿者捐赠价值。

（3）国际比较聚焦于活跃志愿者数量及其参与率，选取 CAF 的《世界捐赠指数报告》（World Giving Index Report）历年数据进行比较。

通过 2013～2018 年的 CVDI 比较，可以看到中国志愿服务总体发展呈现快速增长势态，特别是志愿者数量、服务时间及其贡献价值翻番，显示出志愿者对中国经济社会发展的贡献不可小觑。与之相伴的是，志愿服务组织从 2013 年到 2018 年其数量接近翻番，志愿服务组织的逐年发展呈现出稳步增长状态。

1. 活跃志愿者增长率超70%

志愿者总量由注册志愿者与非注册志愿者组成，从 2013 年 8535 万人增

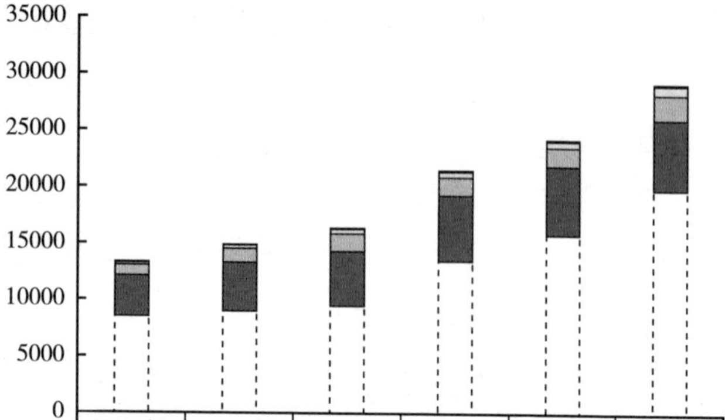

	2013年	2014年	2015年	2016年[1]	2017年	2018年
□ 志愿组织数量（万家）	73	53	85	116	131	143
■ 志愿者贡献价值（亿元）	215	301	414	496	548	824
■ 志愿者服务时间（百万小时）	932	1223	1559	1597	1658	2197
■ 志愿服务参与率（%）	2.62	3.00	3.49	4.23	4.38	4.50
■ 活跃志愿者（万人）	3569	4283	4800	5807	6093	6230
⬚ 志愿者数量（万人）	8535	9001	9488	13480	15807	19810

图 4　2013～2018 志愿服务发展指数比较

注：所有数值保留整数，采用四舍五入进制。

长到2018年的19810万人，总增长率132%，每年参与志愿服务的活跃志愿者数量增长75%，志愿服务参与率增长72%。值得注意的是，注册志愿者数量增长要高于活跃志愿者数量增长率，这显示我国政府相关部门加大了志愿者注册工作的管理力度，而尚需要在激发志愿者参与方面更下功夫（见图6）。

2. 志愿者贡献价值增长率翻番

（1）活跃志愿者每年参与志愿服务的时间有较明显的增长，从2013年的9.3亿小时到2018年的21.97亿小时，增长率达到1.4倍。其贡献价值增长更为迅猛，受到经济增长和工资水平提高等因素，6年增长率达到2.8倍。

（2）活跃志愿者的人均服务时间6年间增长1.3倍，从2013年人均26小时/年，到2018年人均35小时/年，这表明志愿服务趋向常态化，服务记

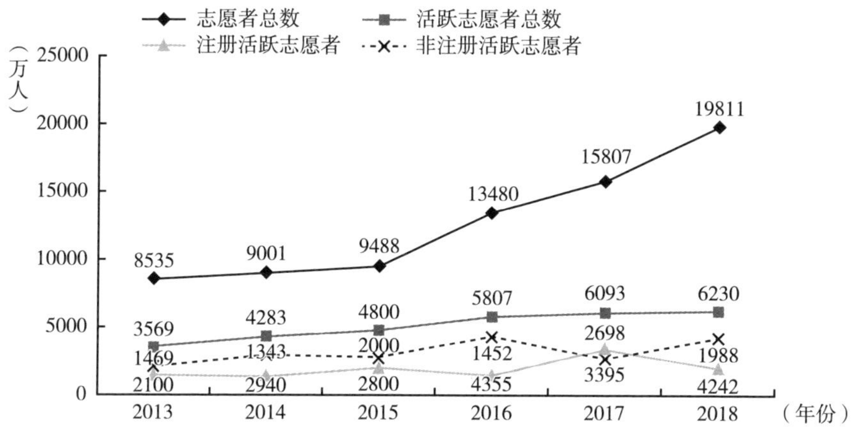

图5　志愿者总量发展比较

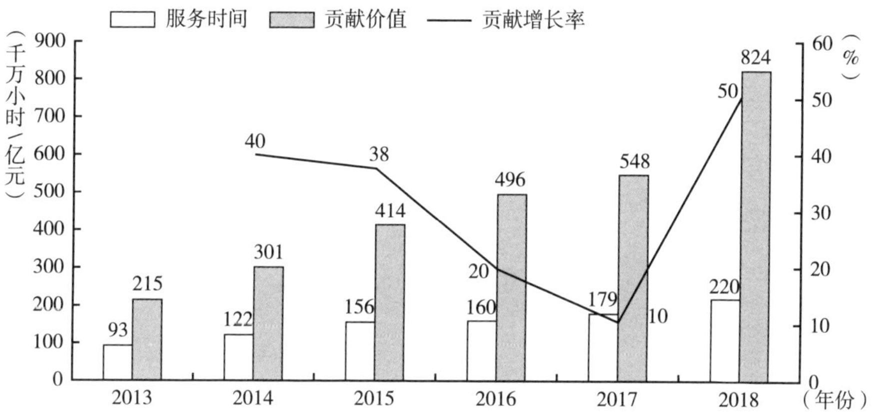

图6　志愿服务时间及其价值比较

录工作成效明显。值得注意的有两个特点：一是正式注册的活跃志愿者在志愿者总量中的比例并没有伴随总量的增长而同步提升，与之相反的是近两年有所下降。这反映了注册志愿者数量的增长高于活跃志愿者（见图7）；二是志愿者贡献价值的增长明显高于志愿服务时间的增长，这可能与国民生产总值每年有6%～7%的增长率提升了职工工资水平。此外，人均服务时间翻倍，也增加了志愿者贡献价值总额。

（3）志愿者贡献价值体现在对经济社会发展的贡献：一是对国内生产

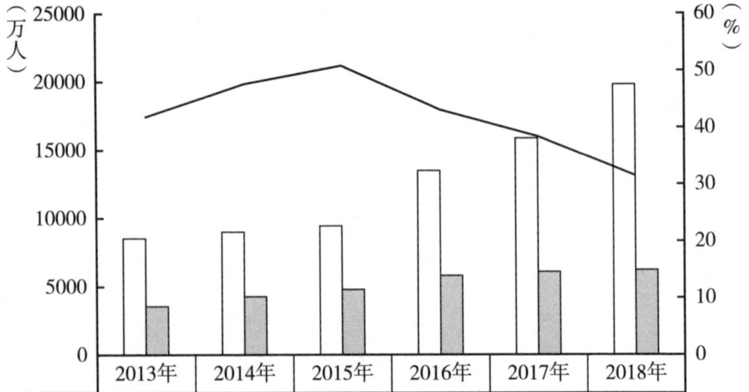

	2013年	2014年	2015年	2016年	2017年	2018年
志愿者总量	8535	9001	9448	13480	15807	19811
活跃志愿者	3569	4283	4800	5807	6093	6230
活跃志愿者率	42	48	51	43	39	31

图7　活跃志愿者与志愿者总量之比

总值（GDP）的贡献，从2013年的万分之3.6到2018年的万分之9.15，增长了1.54倍；二是对第三产业总产值的贡献，从2013年的万分之8.19到2018年的万分之17.54，增长了1倍；三是志愿者贡献的工作时相当于给社会部门提供的全日制雇员，从2013年的43.6万人，到2018年的118.32万人，增长了1.7倍。

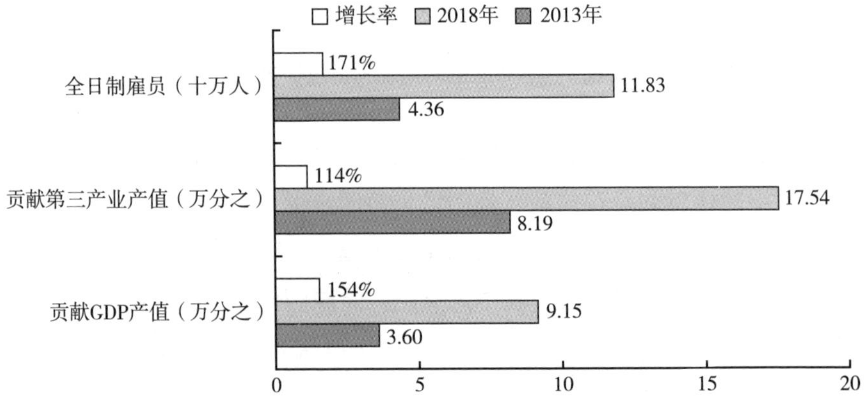

图8　志愿者贡献国民经济社会发展比率

3. 志愿者组织数量增长稳定

由于中国志愿服务组织尚未纳入社会组织管理体系，无论是官方还是民间都难以摸清具体数量及其发展变化。本课题组将志愿服务组织作为中国志愿服务发展指数的指标之一，每年调研三个官方数据①和上千家志愿服务组织，尽可能发现其发展规律。纵观6年中国志愿服务组织的发展呈现比较稳定的增长趋势，但增长速度与志愿者个体的数量相比存在一定差异。

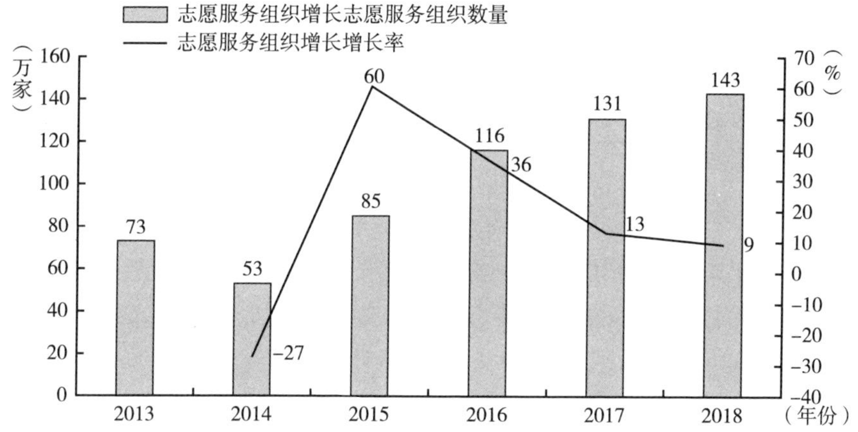

图9　志愿服务组织数量

（二）注册与非注册志愿服务比较

本调研从志愿部门视角观察中国志愿服务发展状况，体现了具有中国特色的以党政部委推动自上而下的注册类志愿服务，与民间自下而上的非注册类志愿服务的互动发展。其中，随着时间的推移，注册志愿者数量的增长速度远远高于非注册志愿者的数量增长速度。

1. 志愿者数量

我国自2015年起试行志愿服务记录管理办法以来，各地方和部委都加强了志愿者登记注册工作，统计发现注册志愿者数量6年来增长了102%，

① 三个官方数据是指中国志愿服务网、志愿中国网和民政部注册社会组织公报。

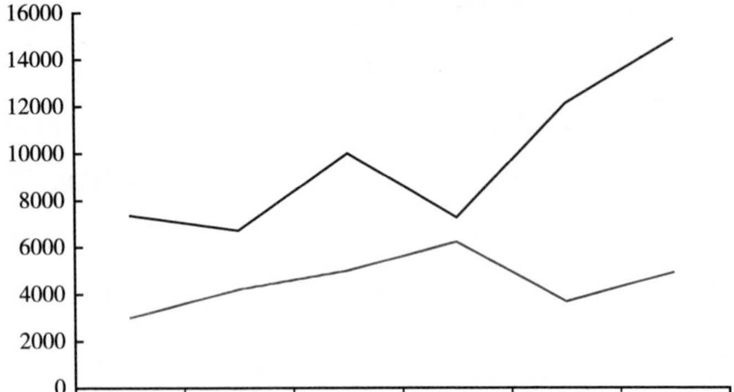

	2013年	2014年	2015年	2016年	2017年	2018年
—— 注册志愿者	7345	6710	10000	7259	12124	14878
—— 非注册志愿者	3000	4200	5000	6221	3683	4933

图 10　注册与非注册志愿者比较（万人）

注册率从 5.6% 上升到 10.66%，提高了近 1 倍。而非注册志愿者数量 6 年的增长率为 64%，显示出越来越多的志愿者逐渐被纳入注册系统中。

2. 志愿者贡献比较

注册与非注册志愿服务的差异主要表现在两个方面：一是志愿者的活跃程度不同，注册志愿者活跃率维持在 20% ~30%，而非注册类志愿者活跃率 70% ~80%，因此尽管注册志愿者总人数是非注册志愿者的 3 倍，但是每年在实际参与志愿服务的活跃志愿者、志愿服务时间和志愿者贡献价值方面，非注册志愿者的贡献接近于注册志愿者贡献的 2 倍。

（三）与中国人均公益服务时间比较

中国《2018 年全国时间利用调查公报》① 显示，2018 年中国大陆地区居民在无报酬劳动时间中，每人每天用于公益活动②的时间为 3 分钟，居民

① 国家统计局官网，http://www.stats.gov.cn/tjsj/zxfb/201901/t20190125_1646796.html，2019 年 1 月 25 日。

② 公益活动：指对家庭以外人员提供无偿帮助活动。包括参加单位、社区和慈善机构组织的社区服务、义务劳动、志愿服务等公益活动，以及公民履行义务参与选举投票活动。来源：国家统计局官网。

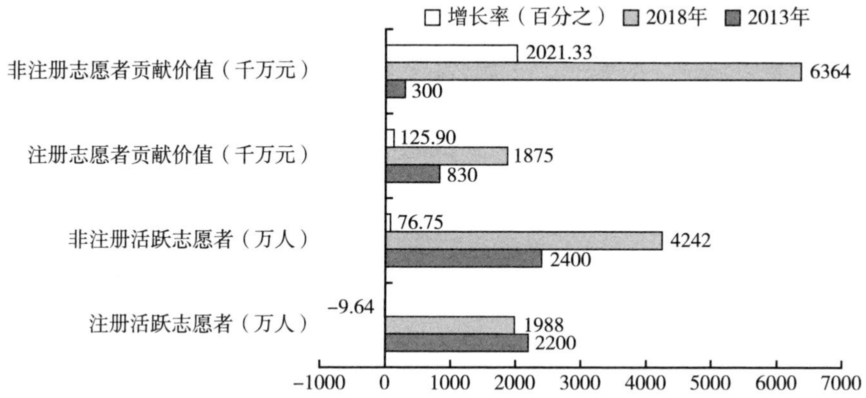

图11　注册与非注册志愿者比较

参加公益活动的参与率为4.1%，其中女性参与率为4.3%，男性为3.9%。以上研究与本报告的志愿服务参与率4.5%较为接近。

（四）与世界捐赠指数报告（WGI）比较

由英国慈善救助基金会（Charities Aid Foundation）于2018年11月发布的《2018世界捐赠指数报告(WGI)》[①]显示，中国在2018年度被调查的145个国家中，捐赠指数总排名第142名（倒数第三），其中参与服务的志愿者人数8400万人（比去年增加1700万人），志愿者捐赠时间率为7%，排名第133名（倒数第11名），比2017年提升5位（见图13）。

本课题组试图将近6年的CVDI与WGI进行比较，虽然两者调研方法不同，但在关键指标“志愿服务”方面的定义相近，均指“当年为组织提供服务的志愿服务”。通过比较发现，CVDI测量的活跃志愿者数量及其志愿服务参与率比较接近WGI，特别是本课题组在2016年根据ILO志愿服务测

① 注释：《世界捐赠指数报告World Giving Index》，是由全球慈善救助基金会（CAF）每年在全球140个左右国家开展慈善捐赠调研，关注三个核心问题：在过去一个月你是不是做过以下行为：捐钱给慈善组织？为慈善组织做志愿服务？帮助陌生人？2018年资料来源：https://www.cafonline.org/about-us/publications/，2018年11月20日。

国家	总排名	总指数	服务陌生人排名	服务陌生人指数	捐赠排名	捐赠指数	志愿服务排名	志愿服务指数
印度尼西亚	1	59%	97	46%	2	78%	1	53%
澳大利亚	2	59%	24	65%	3	71%	6	40%
新西兰	3	58%	21	66%	5	68%	5	40%
中国	142	17%	135	31%	113	14%	133	7%
希腊	143	17%	128	36%	137	7%	136	7%
也门	144	15%	126	36%	144	2%	138	6%

图 12　2018 年世界捐赠指数：前三与后三排名

量标准调整了相关指数，使得调研结果更为接近。通过比较发现，虽然中国志愿者每年参与服务的数量在全球排行中排名依然靠后，但近年来的上升趋势已经越发明显。6 年来 WGI 报告中国志愿者参与服务人数从 4500 万人增长到 8700 万人，志愿者捐赠率从 4% 增长到 7%，增长率达到 74%，这与 CVDI 显示活跃志愿者数量增长率为 75% 较为接近。

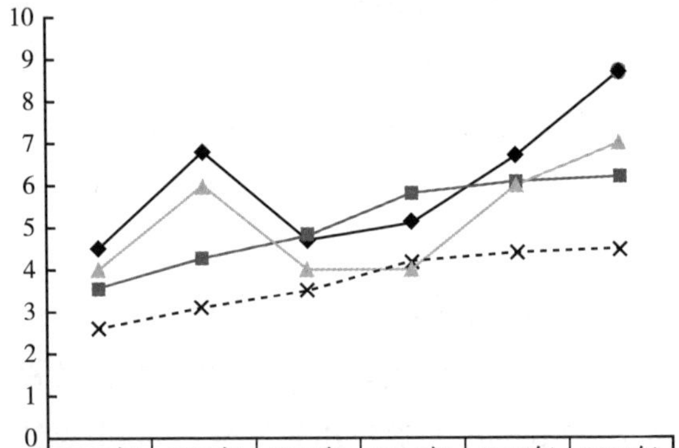

	2013年	2014年	2015年	2016年	2017年	2018年
志愿者数量WGI（千万人）	4.5	6.8	4.7	5.1	6.7	8.7
志愿者数量CVDI（千万人）	357	428	480	581	609	620
志愿者捐赠/参与率GWI（%）	4	6	4	4	6	7
志愿者捐赠/参与率CVDI（%）	2.6	3.1	3.5	4.2	4.4	4.5

图 13　2013 ~ 2018 年 CVDI 与 WGI 比较

四　志愿者与志愿服务组织调研数据分析

（一）2018年度志愿者情况分析

本报告主要从以志愿者的基本人口特征、活跃志愿者的参与情况，志愿服务的频率、类型、志愿服务领域、满意度与捐赠方式等六个方面进行分析。

1. 中国志愿者基本人口特征

中国志愿者以青年群体为主。18～34 岁的青年志愿者占 56.7%，较去年 58.45% 以上的青年志愿者有所下降，志愿者以 18～55 岁中青年人为主，大多数受过高等教育，无宗教信仰；志愿者女性略多于男性，以党团员居多；尽管学生和青年群体依然是我国志愿服务的主力军。较往年相比，学生占比逐年下降（见图 14、图 15）。

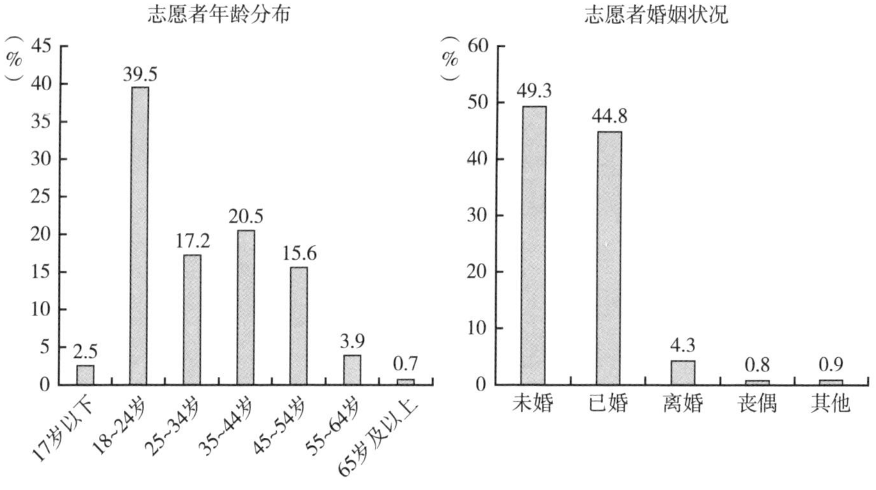

图 14　2018 年志愿者一般状况

2. 活跃志愿者情况

2018 年度活跃志愿者比例较 2017 年的活跃志愿者相比提升了 2 个百分

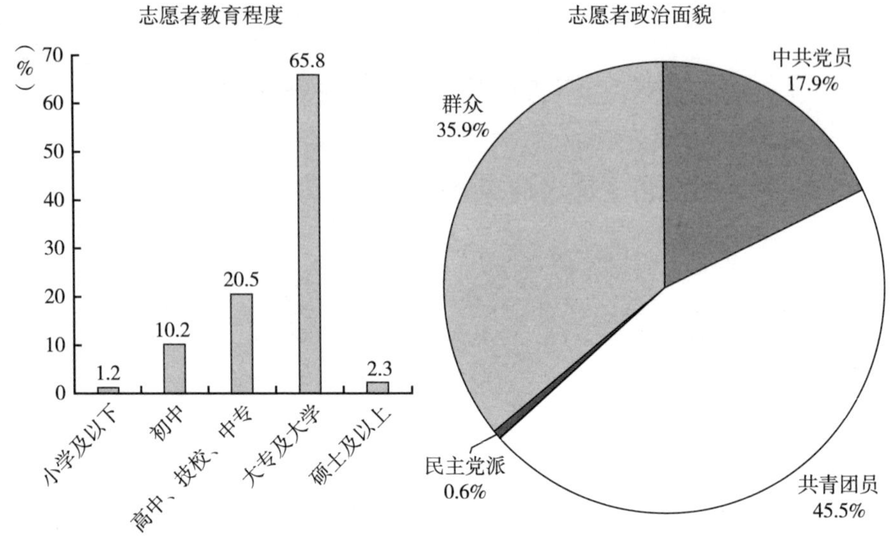

图 15　2018 年志愿者背景

点。调查显示，在过去一年中参与志愿服务的志愿者 7290 名，占调查总数的 86%，没有参与志愿服务的占比 14%。其中，与 2017 年 83.7% 的活跃志愿者相比，提升了 2 个百分点。活跃志愿者占比变化一定程度上说明了我国的活跃志愿者在持续增加。

本次调查显示，志愿者参与服务的频率中，志愿者一月一次占比最高，为 32%，其次是一季度一次占 26.7%，一周一次的占 23.1%，一年一次参加志愿服务占 12.8%，两天一次的占 3%，一天一次的占 2.4%（见图 16）。

此外，本次调查还显示，志愿者每次参加志愿服务活动的时间 49.3% 的为 4 小时及以上；每次一小时的占 6.5%，每次 2 小时占 24.8%，每次 3 小时的占 19.4%（见图 16）。

3. 志愿者参与志愿服务更加多样化

（1）志愿者参与志愿服务的类型中，呈现越来越多的专业志愿服务。2018 年中，体能型服务服务（75.79%）和为慈善捐助提供的捐助型服务（53.43%）依然是大多数志愿者的选择，而最近两年的调研显示，志愿者对智能型服务（25% ~30%）和技能型服务（19% ~22%）的占比都有明

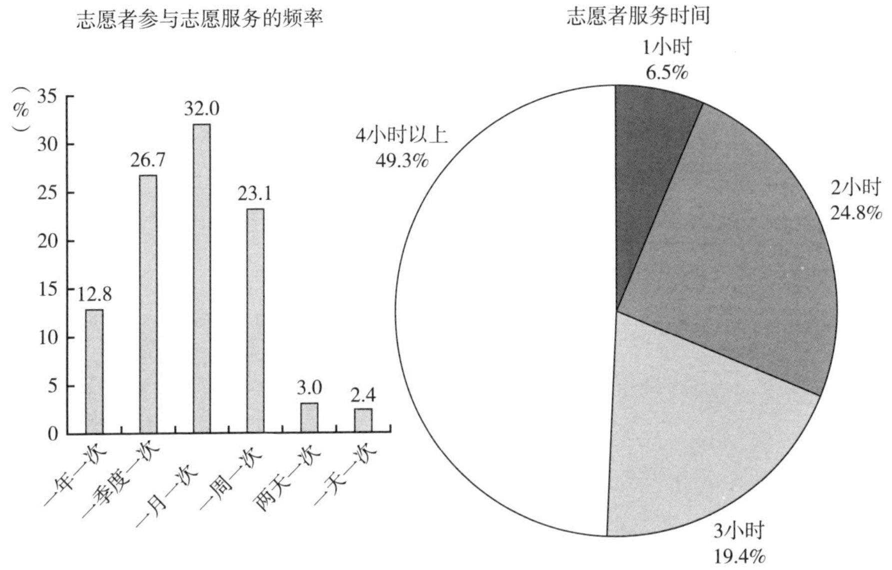

图 16　志愿者参与状况

显提升，由此显示出专业志愿服务在中国正在成为越来越多志愿者的选择（见图 17）。

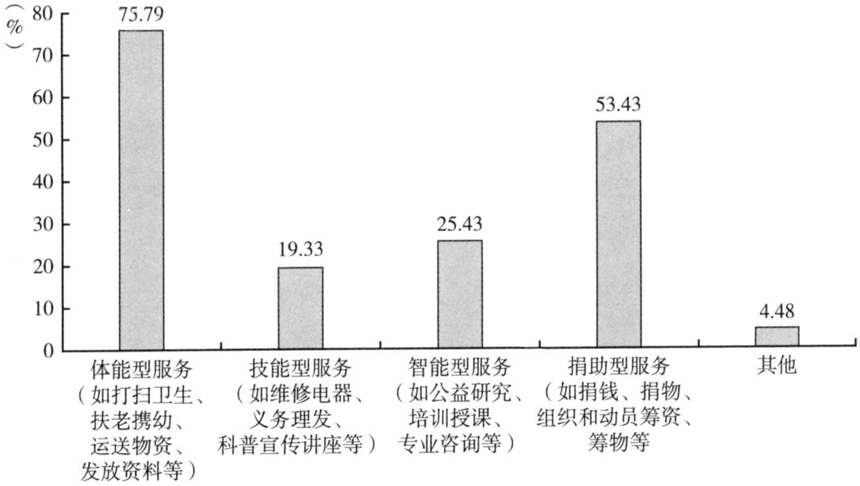

图 17　志愿者选择志愿服务类型

（2）志愿者服务领域偏好：志愿者最热衷的服务领域依然是帮老助残（61.05%）、扶贫济困（46.57%）和社区服务（44.81%），同时志愿者参与组织管理运营和互联网志愿服务的比率也有所增加（见图18）。

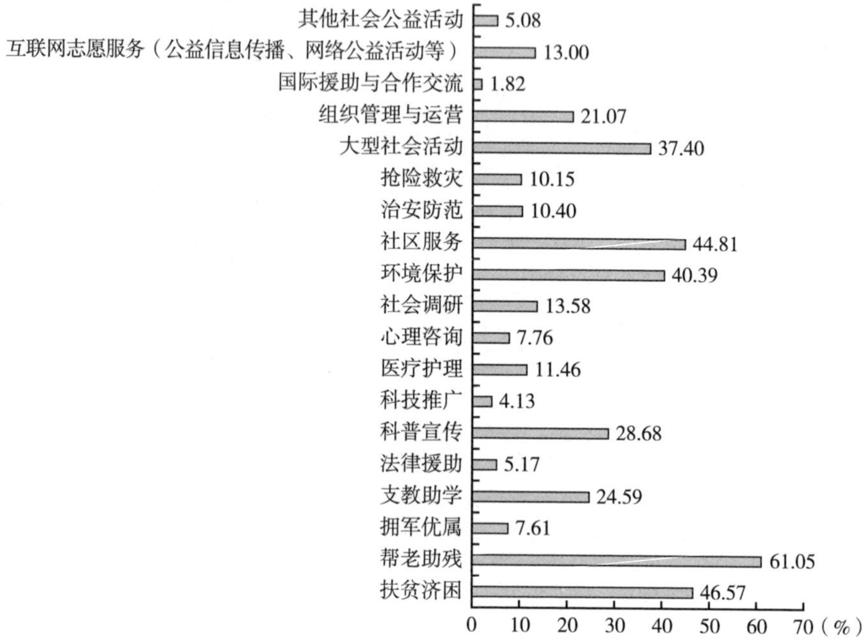

图18　志愿者参与志愿服务领域

（3）志愿者从事非正式志愿服务情况：根据调研数据，在2018年的生活中经常参与所在社区公益性活动（如打扫社区卫生、治安巡逻、文体或城市服务活动等）的人员占比35.6%，偶尔参与的人员占比51.2%。而经常无偿帮助本社区居民（如买菜、修电器、照看孩子等）的人员占比23.2%，偶尔参加的人占60.9%。由此可见，大部分的人都有参与社区活动和帮助其他人的行为（见图19）。

（4）志愿者承担服务成本情况：在2018年中，70%志愿者承担了参与志愿服务所支付的成本，如交通费、误餐费、通信费、服务物料费等。有1/3的志愿者为志愿服务支付了50元以下服务费，另外有29%的志愿者提到承担了

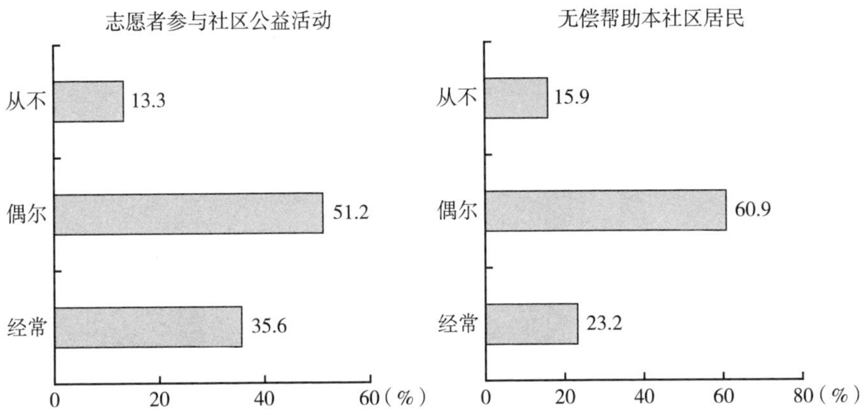

图 19　志愿者参与非正式志愿服务

50 元～500 元的服务费用，调研显示近 30% 的志愿者承担服务费用为零，推测应该是由相关组织承担服务成本，或发放服务津贴（见图 20）。

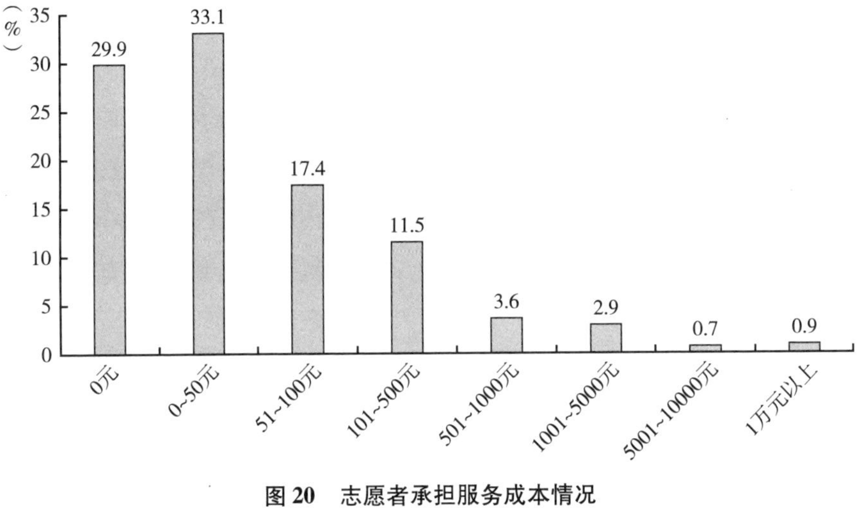

图 20　志愿者承担服务成本情况

4. 志愿者参与志愿服务的障碍

（1）本调查特别针对没有参加志愿服务的 1187 名人员进行了调研，发现影响志愿者参与的障碍主要有三个因素：不知道志愿服务信息（50. 13%）、没有时间参加（49. 37%）和不了解志愿服务（25. 11%）（见图 21）。

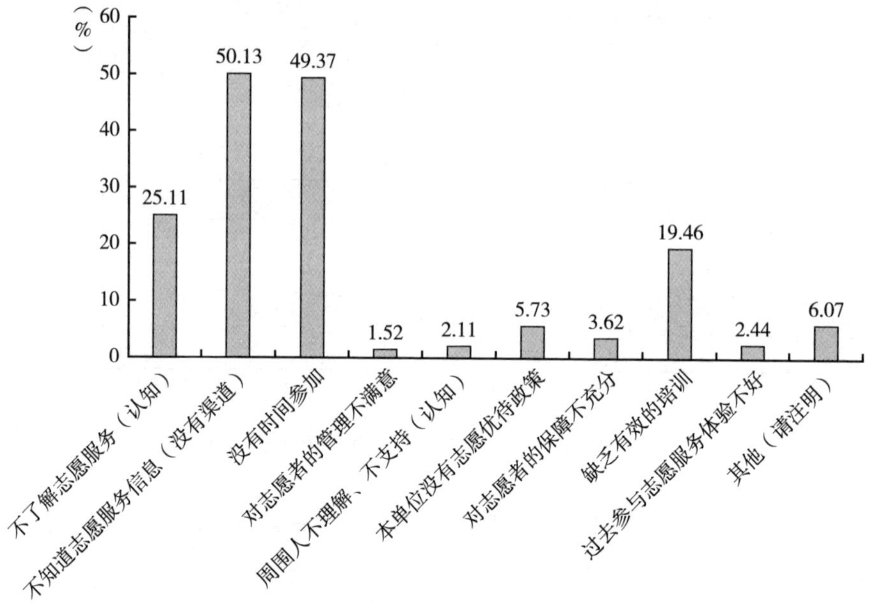

图 21　影响人们参与志愿服务的障碍

（2）而针对参与志愿服务的志愿者群体调研数据显示，志愿者在参与志愿服务中面临的主要障碍是：志愿服务管理运作不够规范化（39.44%）、缺少对志愿者必要的培训（38.65%）和缺少激励机制（33.91%）。由此可见，志愿服务管理过程中面临的规范化和激励机制建设是2018年调研中的主要问题（见图22）。

5. 志愿者对志愿服务的评价

（1）志愿者满意度

在2018年参与过志愿服务的被调研人群中，有87%的志愿者对志愿活动总体满意。根据服务群体的不同，其满意度体现出来的高低程度也不同。依次是志愿服务组织（45.94%）、志愿者同伴（27.72%）、志愿服务主办方（13.93%）和服务对象（11.60%）。事实上，志愿者的成就感很大一部分来自服务对象的认可和改善，然而志愿者与志愿服务组织的关系可能影响志愿者在该组织的可持续服务（见图23）。

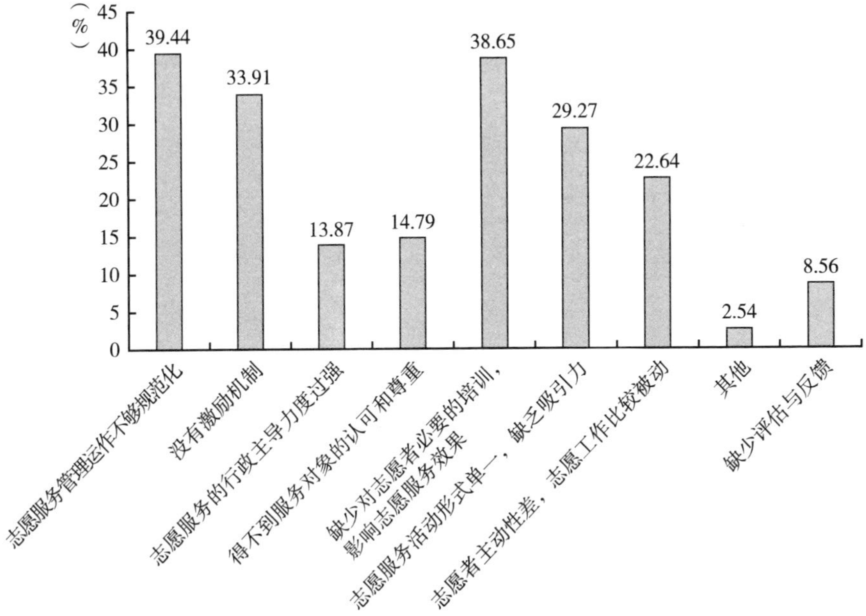

图 22　志愿者在服务中的障碍

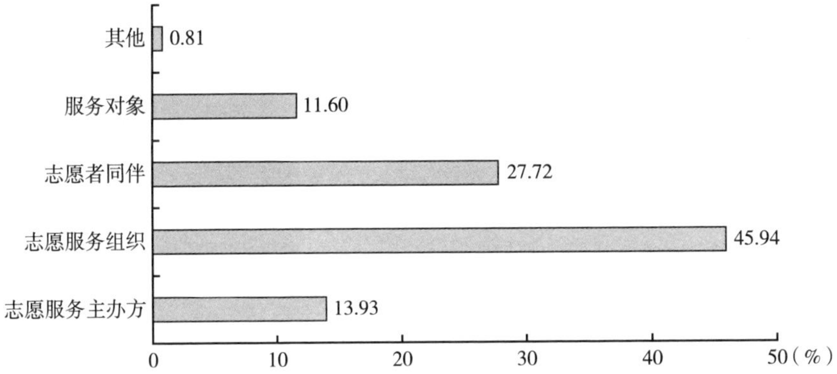

图 23　志愿者满意度

（2）志愿者管理激励措施建议（见图 24）

本次调研还针对志愿服务的管理激励措施进行调研。其中：

- 51.86%的调研对象建议制定完整的志愿者管理制度，25.89%的调研对象建议出台志愿服务专业化标准；

- 42.90%的调研对象建议提供志愿服务相关培训课程和知识，25.68%的调研对象建议设计就近、方便的服务岗位；
- 27.25%的调研对象希望增加志愿者的社会优待与优惠，23.11%的调研对象建议提高相应补贴或颁发荣誉证书；
- 24.32%的调研对象建议改善和扩大志愿服务宣传。

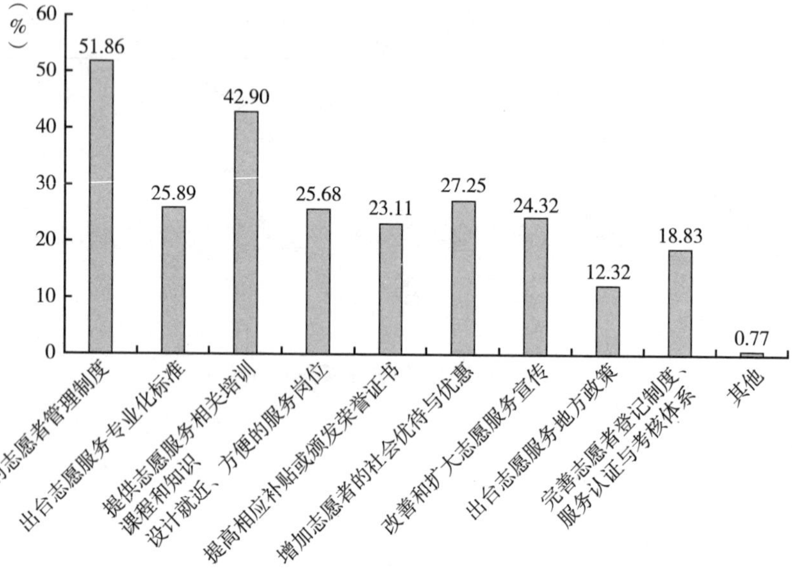

图24　志愿者管理激励措施建议

（二）2018年度志愿服务组织调研分析

对志愿服务组织的调查主要是通过问卷调查法和访谈法进行数据收集。本调查共回收934份志愿服务组织问卷，来自全国30多个省份，其中来自湖北、四川、河北、内蒙古等地数量较多，主要原因是课题组重点委托以上地区社会组织负责人协助调研。此外，调研也呈现出志愿服务组织发展以大中城市为核心。本调查关注志愿服务组织性质与规模、社会组织党建与评估、志愿服务的参与，以及组织管理所面临的困难和挑战、组织发展需求和建议等方面的内容。

1. 中国志愿服务组织发展趋于稳健

（1）志愿者组织成立期限增加。从成立时间来看，七成以上志愿服务组织成立的时间超过三年，成立时间一年以内的新组织占比 7.1%，相比 2017 年下降了 3 个百分点（见图 25）。

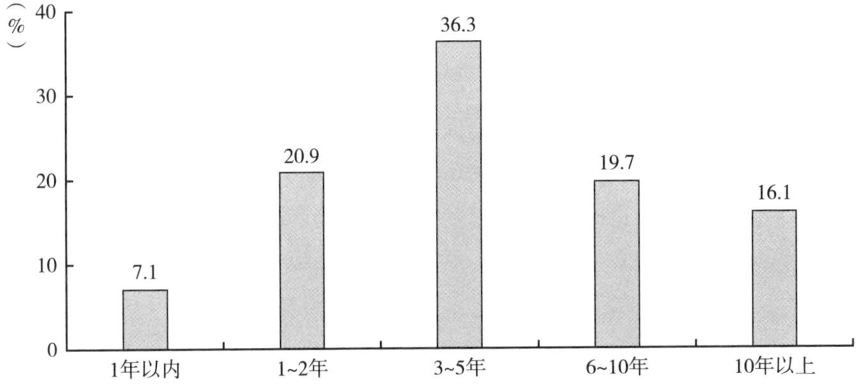

图 25　志愿服务组织成立时间

（2）志愿服务组织类型以社会服务机构和社团为主。在调研的志愿服务组织中，46.1% 的为社会团体，38.7% 的为社会服务机构（见图 26）。

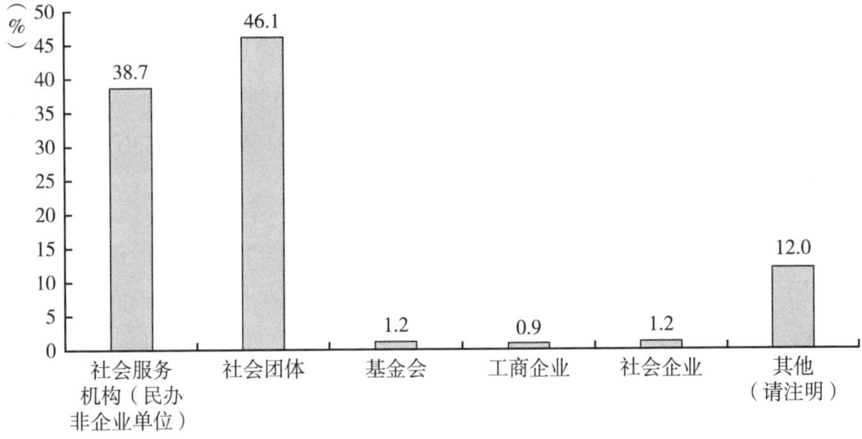

图 26　志愿服务组织类型

（3）志愿者组织的发展呈现出越来越规范化趋势。在所调研的志愿服务组织中，在相关机构正式注册或备案的约占 80%，其中 68.0% 是在民政部门正式注册的社会组织（见图 27）。有七成以上的志愿服务组织参加了社会组织评估（71.4%），其中获得 4A 级别以上的组织占 63.6%。2018 年未参加任何评估的志愿者组织为 28.6%，比 2017 年的 44.7% 下降了 16.1 个百分点（见图 27）。

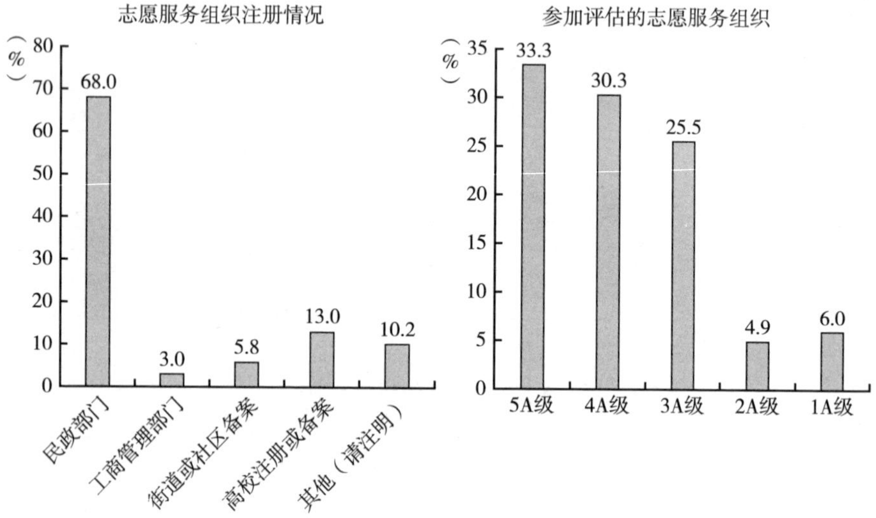

图 27　志愿服务组织注册与评估

2. 志愿服务组织党建工作得到加强

参与 2018 年调查的志愿服务组织中，有超过一半（54.6%）的组织成立了党组织并开展了党建工作，比 2017 年的 35.1% 提升了近 20 个百分点，这表明志愿服务组织的党建工作进展较快。

3. 组织中的志愿者参与情况

（1）在志愿服务组织中的注册志愿者数量以 101 ~ 500 人居多，占 37.3%。实际参与服务的志愿者占注册志愿者数量的百分比反映了组织内部志愿服务参与活跃度。调研显示，有 51% ~ 70% 的志愿者参与志愿服务的比例最高，占比 23.2%，其次是 31% ~ 50% 和 11% ~ 30%，显示出志愿者的活跃程度比较平稳（见图 28）。

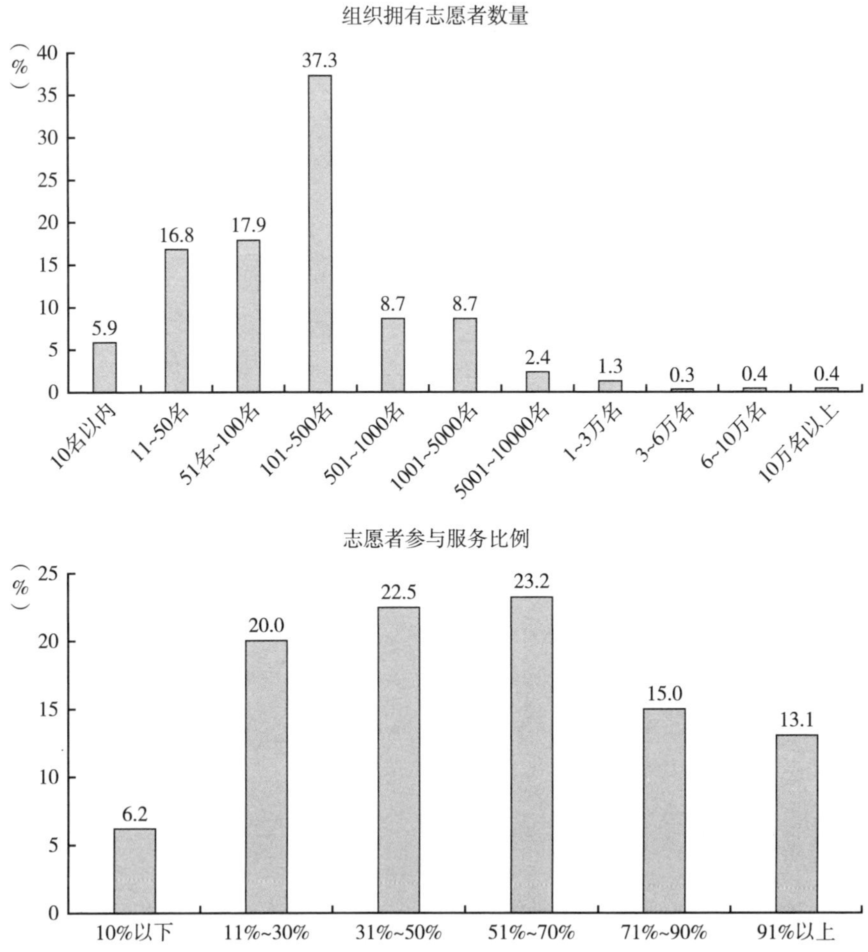

图28　组织中的志愿者参与情况

（2）专业志愿者情况。在参与调研的组织中，专业志愿者占该组织所有志愿者的比例有所提升，但总体依旧有待于提升。34.4%组织中的专业志愿者不到10%，有47%的组织中专业志愿者占比10%~50%，18.7%的组织中专业志愿者比例达到50%以上（见图29）。

4. 志愿服务情况

（1）志愿服务时长。在所调研的志愿服务组织中，36.6%的组织开展

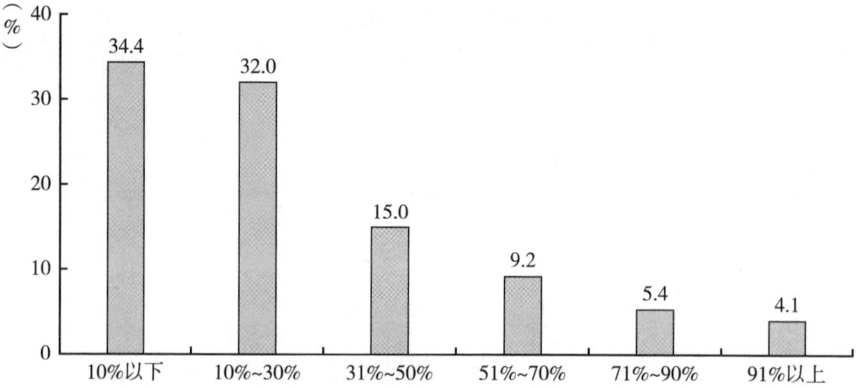

图 29　组织中的专业志愿者比例

志愿服务时长为 101 ~ 1000 小时，25. 7% 的组织服务时间在 1001 ~ 5000 小时，1 万小时以上的组织占 9. 7% （见图 30）。

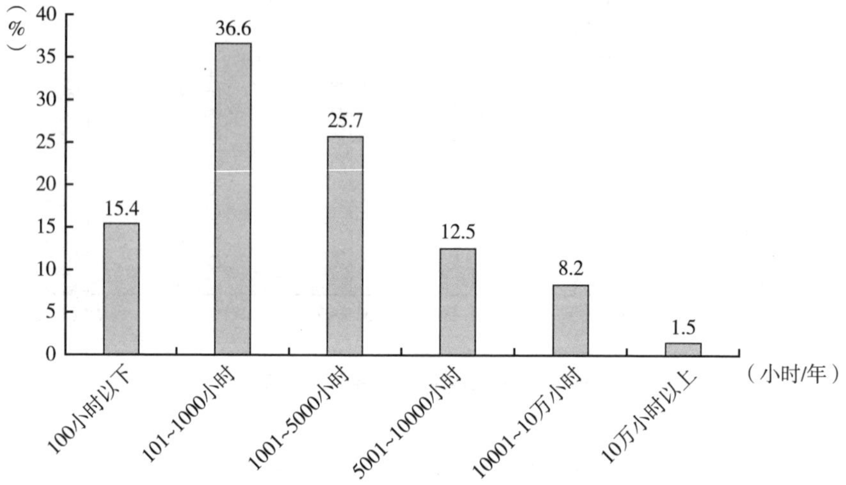

图 30　志愿服务组织的志愿服务时长

（2）志愿服务领域。志愿服务组织所开展的服务领域与志愿者参与的服务相同，主要围绕扶贫济困、帮老助残和社区服务等领域。

（3）志愿服务成效。志愿者组织通过志愿服务所取得的成效，占比最高的三项分别为：62.5%的志愿者形成了服务规范和流程、58.2%的志愿者数量增加及51.2%的志愿服务项目得到当地政府支持。员工与志愿者的专业技能得到明显提升的占47.5%；服务对象及其环境的状况得到明显且持续的改善的占46.7%（见图31）。可以发现有一半的志愿服务取得较明显的成效。由此可见，志愿组织在自评志愿服务成效时保持乐观态度。

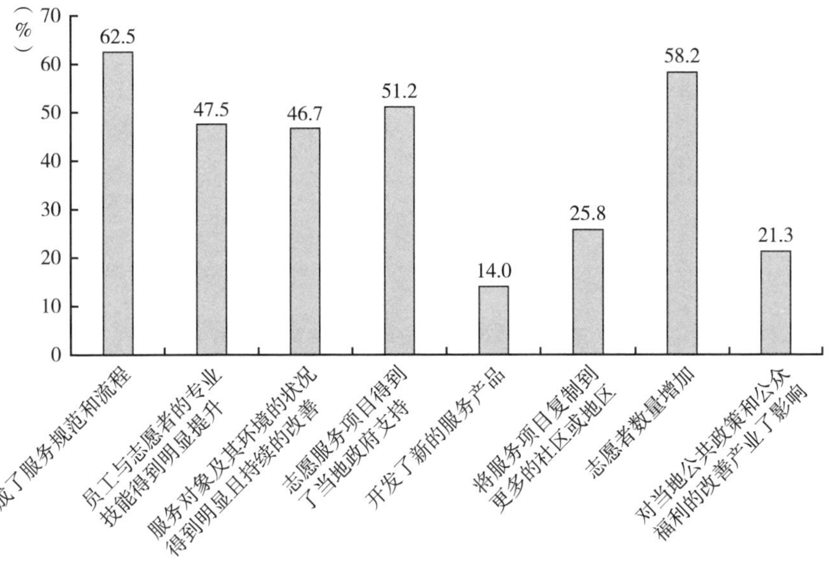

图31　志愿服务成效

5. 志愿者管理情况

（1）志愿者动员与招募渠道。志愿服务组织（64.3%）主要是通过社会动员招募志愿者，有48.6%通过亲友和志愿者相互介绍招募志愿者，各有约40%通过网上或学校招募志愿者（见图32）。

（2）志愿者支持。志愿服务组织在志愿者支持与服务方面，做得最多的是提供志愿服务基础知识培训（79.1%）和志愿服务所需要的专业技能培训（56.6%），有70.8%的机构提供志愿服务时间记录，提供志愿者人身意外伤害保险的组织有42.1%，30%～50%的机构为志愿者提供督导与辅导、志愿者、线上管理与认证等支持。在志愿者危机干预与赔偿、志愿者离职管理等方面做得比较少，只有不足6%的组织提供相关服务（见图33）。

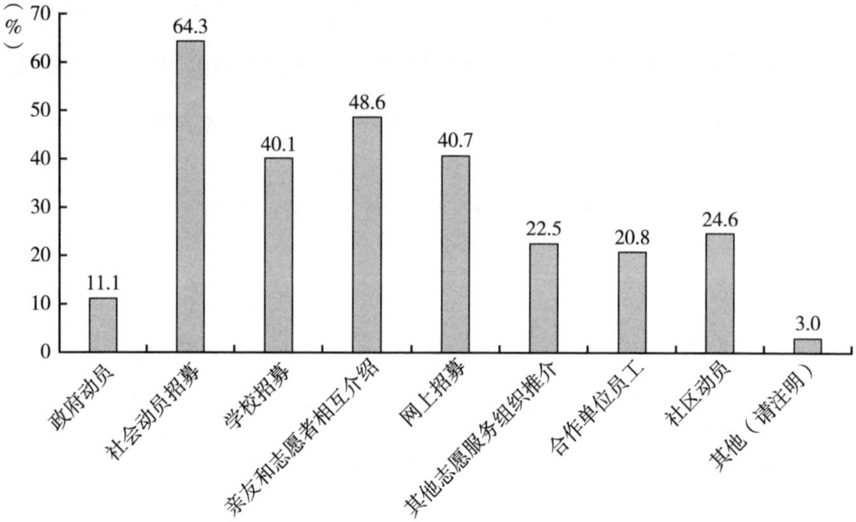

图 32　志愿服务组织招募志愿者渠道

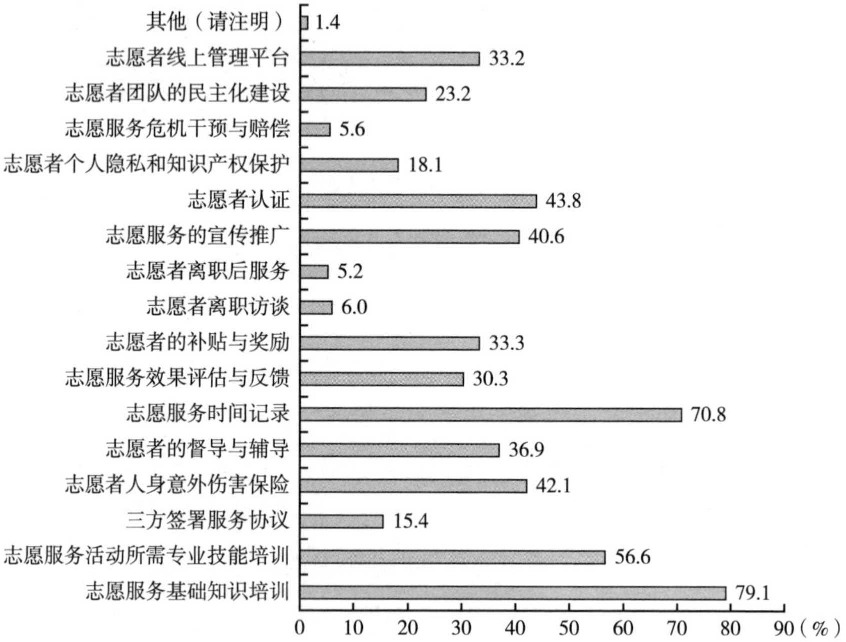

图 33　志愿者支持与保障情况

6. 志愿服务组织资金情况

（1）对组织开展志愿服务的资金来源调研发现，超过半数组织（55.57%）的志愿服务资金来自志愿者自行承担或捐赠，企业或其他单位赞助占34.15%，33.73%的资金来自社会个人捐助，有31.69%资金来自政府购买服务或财政支付，有8.24%的组织通过服务取得收入，只有6.64%的组织通过互联网众筹（见图34）。

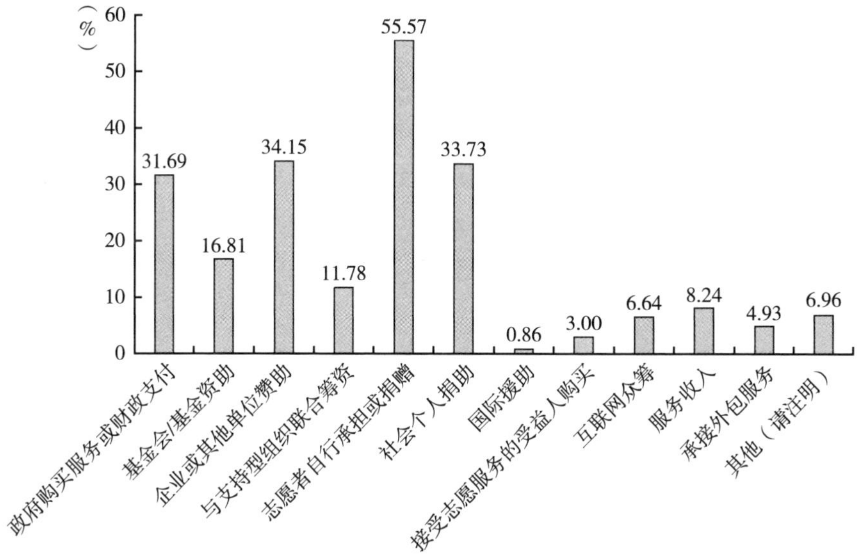

图34　志愿服务组织资金来源

（2）组织支出情况。组织在过去一年中为志愿者支出的管理成本，由志愿者个人承担全部服务成本的占39.7%，多数组织（39.4%）承担1万元以下的管理费用（见图35）。

7. 志愿服务组织面临的挑战（见图36）

调研显示，志愿服务组织主要面临三大挑战。

（1）志愿服务经费不足依然是志愿者组织遇到的最大挑战（43.5%），但与2017年经费不足的挑战相比（51.3%），下降了约8个百分点。

（2）有22.6%在开展志愿服务过程中遇到招募不到合适的志愿者的挑

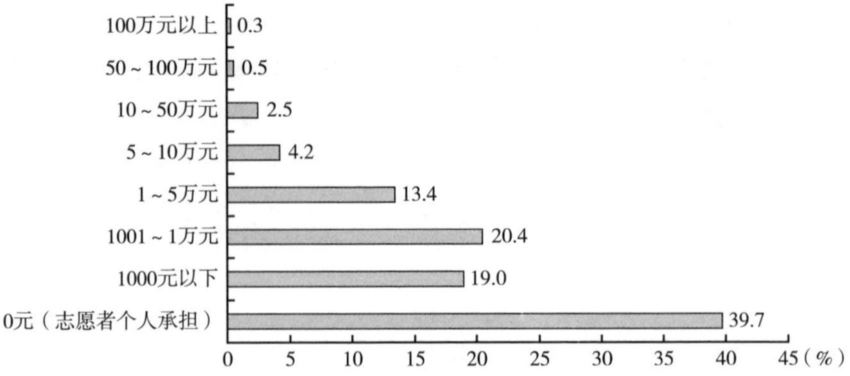

图 35　志愿服务组织支出管理费

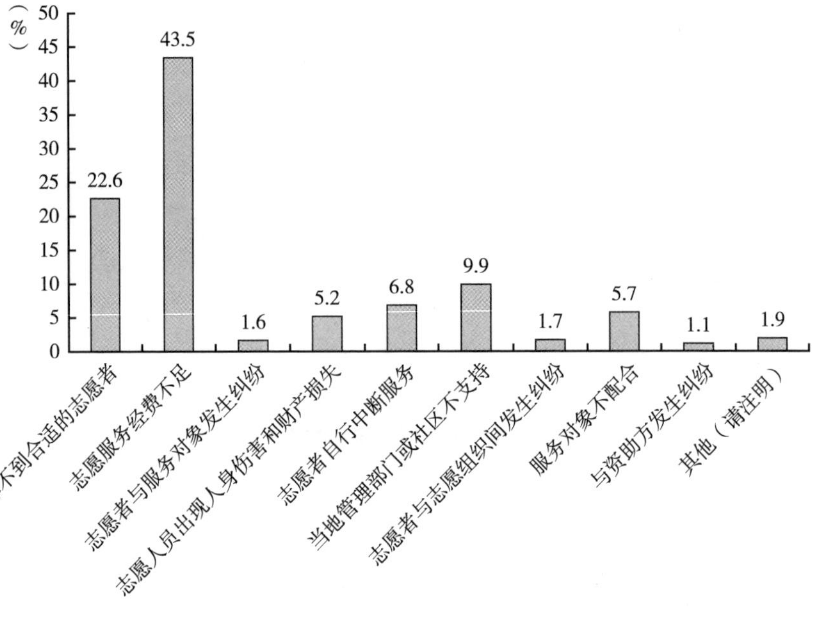

图 36　志愿服务组织的主要挑战

战，相比 2017 年（18.4%）组织在开展志愿服务过程中遇到招募不到合适的志愿者有所上升，说明志愿者组织招募合适的志愿者越来越困难。

（3）当地管理部门和社区对开展志愿服务活动的支持程度有待提高，成为志愿服务组织的第三大挑战（占比 9.9%）。

五　2018年度中国志愿服务发展特征

2018 年中国经济社会发展面临更多的挑战与不确定性，站在“中国志愿者元年”十周年的节点上回顾中国的志愿服务，2013～2018 年志愿服务向着“党委领导，政府主导，社会协同，公众参与，法治保障”的社会治理格局方向发展。基于本调研的测量数据以及志愿服务领域的大事纵览，总结 2018 年度志愿服务发展有三个主要特征：一是制度化建设全面加强，二是志愿服务组织稳定发展，三是专业志愿服务崭露头角。

1. 制度化建设全面加强

2018 年作为《志愿服务条例》正式颁布贯彻实施的开局之年，志愿服务制度化建设全面加强，新的宏观管理格局正在建构之中。具体体现为，中央层面出台了一系列战略性规划纲要，体现了国家在战略层面对志愿服务的重视与支持，也加强了志愿服务在社会治理与发展中的功能。中央一号文件《中共中央国务院关于实施乡村振兴战略的意见》① 倡导广大的志愿者特别是专业志愿者积极投身乡村建设事业；《乡村振兴战略规划（2018～2022年）》② 进一步将志愿服务纳入乡村社会组织治理机制；教育部也与团中央联合发文，将志愿服务逐渐融入学生综合素质培养机制。特别值得一提的是，2018 年 7 月中央办公厅发布《关于建设新时代文明实践中心试点工作的指导意见》③，在县、镇、村分层次布局建设新时代文明实践中心站点并已启动第一批试点，其主要活动方式是志愿服务，主体力量是志愿者。结合《志愿服务条例》已明确将志愿服务纳入中央文明委统筹协调管理的宏观导

① 《中共中央关于实施乡村振兴战略的意见》，国务院新闻办公室网站，http：//www. scio. gov. cn/34473/34515/Document/1623029/1623029. htm，2018 年 2 月 6 日。

② 《乡村振兴战略规划（2018～2022 年）》，人民网，http：//politics. people. com. cn/n1/2018/0926/c1001－30315263. html，2018 年 9 月 26 日。

③ 《关于建设新时代文明实践中心试点工作的指导意见》，中国文明网，http：//wemedia. ifeng. com/68174471/wemedia. shtml，2018 年 7 月 7 日

向，文明实践中心的这一战略性规划正在构建出党和政府对志愿服务从中央到地方到基层的宏观管理布局。

与此同时，2018年民政部发布《关于在社会组织章程增加党的建设和社会主义核心价值观有关内容的通知》①，要求章程中增加相应内容并确保表述统一规范。按照同年发布并生效的《社会组织信用信息管理办法》②，如果未按照规定设立党组织的社会组织将被列入活动异常名录乃至严重违法失信名单，该办法将党建情况作为衡量社会组织信用的一项标准；2018年各地还开展了“严打非法社会组织”的运动。以上要求均体现了对包括志愿服务组织在内的社会组织增加党建内容的要求以及强化管理的导向。

本年度的调研结果也佐证了这一制度化管理加强的趋势，在参与调查的志愿服务组织中，54.6%的组织成立了党组织，而在2017年这一数据仅有35.1%；并且，在设立了党组织的志愿服务组织中有超过一半（54.9%）开展了党建活动，其中有9.2%的组织一年内开展了10次以上的党建活动。2018年度，对志愿服务组织注册管理也有所加强，在参与调研的社会组织中，正式注册的比率从70.62%提高到80%，其中68%是在民政部门注册并纳入管理的社会组织，而非注册志愿服务组织比率下降至20%，根据样本测量推算，全国范围内非注册志愿服务组织数近29万家，比2017年减少了10万家，下降率为25%；在官方登记注册的志愿服务组织则增加到近115万家，增长率近22%。

结合调研数据以及政策导向，2018年度呈现出制度化管理全面加强和提升的态势，特别是顶层结构的战略性布局，将志愿服务纳入国民经济和社会发展总体规划之中，为志愿服务带来了巨大的发展机遇并且开辟了广阔的

---

① 《民政部关于在社会组织章程增加党的建设和社会主义核心价值观有关内容的通知》，民政部网站，http：//www.mca.gov.cn/article/xw/tzgg/201805/20180500009042.shtml，2018年5月14日。

② 《社会组织信用信息管理办法》，民政部网站，http：//www.mca.gov.cn/article/gk/fg/shzzgl/201801/20180115007671.shtml，2018年1月30日。

蓝海。相较于在探索方向和调整模式中负重前行的公益慈善行业总体而言，志愿服务这一领域已然隐约呈现出政策所引导的前方和路径。在此进程中，志愿服务组织所累积的志愿精神、服务理念和社会实践经验，需要在新的战略发展格局中找到定位并取得新的发展。

2. 志愿者组织从快速增长期进入平稳发展期

连续数年的组织调研显示了中国志愿服务组织发展的进程以及特征，主要体现在组织数量的动态增长、质量及管理专业性提升，以及持续面临的发展困境与挑战等方面。就数量而言，2018 年志愿服务组织相较于 2013 年的 73 万家增长到 143. 3 万家，数年累积增长率为 95%，但是从历年的情况来看，其增长率近年来开始放缓到 10% 以下，志愿服务组织的生存周期大多在五年以内（60% 以上）。

调研显示，志愿者组织使用志愿者的数量也在增长，平均每个组织每年管理的志愿者增加到 300 多名。访谈发现，志愿者与组织的黏性有所加强，即在组织中长期从事志愿服务的人数及其服务时间增长，这反映出志愿服务组织在志愿者管理与服务方面有所加强。数据显示，除了 79. 1% 的组织提供基础培训以及 70. 8% 的组织提供志愿服务时间记录外，有 56. 6% 的组织进一步提供了志愿服务活动所需专业技能培训，36. 9% 的组织为志愿者提供督导与辅导，30. 3% 的组织会提供志愿服务效果评估与反馈，有 23. 2% 志愿者团队开展了民主化建设。这些方面直接或间接地说明了志愿服务组织内部管理的提升。与此相关，2018 年度志愿服务组织的另一个特征就是规范化显著加强，在参与调研的社会组织中，71. 4% 的志愿服务组织参加了社会组织评估，并且，获得 4A 和 5A 级别评估的占 63. 6%，体现出组织的专业化提升。

对志愿服务组织调研中的另一项重要内容就是其所面临的问题与挑战，这些挑战历年来持续存在，排名前两位的依然是志愿服务经费不足（43. 5%），招募不到合适的志愿者（22. 6%），另有 9. 9% 在开展志愿服务过程中遇到当地管理部门或社区不支持。数年以来的持续关注以及跟踪调研结果显示，志愿服务组织受困于一些固有的挑战和监管加强，近年发展增速较为平缓。从志愿以及慈善的本源来看，“个人及民间自主组织起来的正式和非正式社会组织是慈善最为核心的力量来源”①，志愿服务组织的自愿性以及自发性应是其内化的基因，组织化特别是宏观管理层面应留有适度乃至足够的空间，以不损耗民间志愿服务组织的自主与活力。而志愿服务组织自身更应该加强自我发展，在秉持理念并保有民间特色的同时，提升志愿服务的有效性、提高志愿服务组织层面的专业化管理水平。

3. 专业志愿服务崭露头角

结合测量数据的指征再行回顾2018年度志愿服务领域的诸多重要事件，体现出专业性的提升以及专业志愿服务发展的脉络。2018年12月1日，中国青年志愿服务项目大赛暨2018年志愿服务交流会在四川举办②，作为第四届志交会，其专业性与影响力逐年提升和扩大。在2018年所颁布的《志愿服务条例》系列配套制度中，已面向社会公开征求意见的《志愿服务基本术语》③和《志愿服务组织基本规范》④则从管理层面体现出专业化的导向。此外，2018年度《中国专业志愿服务发展报告》梳理、回顾并展望了专业志愿服务的发展历程、现状与趋势。报告显示现阶段我国的专业志愿服务正处于快速发展的趋势当中，这一进程不仅体现在从基础志愿服务、技能志愿服务向专业化的提升，更体现在志愿者管理的专业化方面，还体现在志愿服务组织的专业能力提升，以及多元化的跨界跨领域创新等方面，并在可预见的未来我国的专业志愿服务将呈现更快速地增长。2018年12月5日国际志愿者日，全球专业志愿联盟第四届亚太区峰会在中国

① 徐会坛、杨团：《中国慈善在过渡期负重前行的一年》，载杨团主编《慈善蓝皮书：中国慈善发展报告（2018）》，社会科学文献出版社，2018，第12页。

② 《中国青年志愿服务项目大赛暨2018年志愿服务交流会在德阳开幕》，志交会网站，http：//zhijh. youth. cn/，2018年12月1日。

③ 《关于行业标准〈志愿服务基本术语〉公开征求意见的通知》，民政部网站，http：//www. mca. gov. cn/article/hd/zqyj/201901/20190100014695. shtml，2018年12月13日。

④ 《关于行业标准〈志愿服务组织基本规范〉公开征求意见的通知》，民政部网站，http：//yjzj. mca. gov. cn：8280/consult/noticedetail. do？noticeid＝53，2018年7月27日。

召开①，在其主题论坛上发布了《中国专业志愿服务基线标准》，并揭晓2018年度中国专业志愿服务最佳实践案例，特别是来自企业的专业志愿服务案例，呈现出企业战略公益、科技引领、主营业务支撑和员工利用职业技能服务社会的新范式，中国专业志愿服务经验在峰会亮相全球，并引发广泛关注。

在本年度的测量数据中，志愿者的学历以及职业资质、志愿服务项目化运营和专业化管理，均体现了专业志愿服务的基础特征。在所调研的志愿者中，大专及大学最多，占65.8%，硕士及以上文化程度占2.3%，高中、技校、中专占20.5%。在接受调研的人群中，除学生占比34.8%之外，企事业从业人员的占比提升到24%，国家机关、党群组织公务员的占比为3.3%，中介组织和社会组织从业人员占2.5%，其中包括了律师、会计师、评估师、税务师、专利代理人等提供知识性产品服务的专业机构从业人员，合计有将近70%的职业体现了专业性，这还未算自由职业者以及退休人员中的专业志愿者。在过去一年参与调研的组织中，切实参与提供服务的专业志愿者占注册志愿者数量则是更加精确的显示，其中10%以下占34.4%，11%～30%与31%～50%分别占32%和15%，百分比为51%～70%的占9.2%，百分比为71%～90%的占5.4%，更有4.1%的组织占比高达91%以上均为专业志愿者。在2018年度调研中，增加了志愿服务成效的测量，数据中占比最高的几项分别为：形成了服务规范和流程（62.5%）、志愿者数量增加（58.2%）及志愿服务项目得到当地政府支持（51.2%）、员工与志愿者的专业技能得到明显提升的成效占比为47.5%。

① 《“中国经验”亮相全球专业志愿联盟第四届亚太区峰会》，中国发展简报网，http://www.chinadevelopmentbrief.org.cn/news-22313.html，2018年12月6日。

B.4
2018年中国慈善法治发展观察报告

马剑银*

摘　要： 2018年，《慈善法》施行的制度配套数量增长很快，但重要的制度配套却依然缺失。在新的时代党的领导话语越来越重要，党建也成为社会治理的重要组成部分，成为有别于政府监管的新的社会治理模式。社会组织与慈善事业在党建过程中逐渐开展其机构、行业和整个社会的治理体系建设。慈善相关的领域继续获得政策与法律的支持，但慈善法治实践过程中问题依然很多，需要我们继续努力。

关键词： 慈善法　慈善法治　党建的治理　政府监管　组织治理

2019年1月25日，民政部官网转发当日中央编办官网一个名为《民政部职能配置、内设机构和人员编制规定》的文件，[①] 其中有一个机构叫作"慈善事业促进和社会工作司"，其职能为"拟订促进慈善事业发展政策和

---

* 马剑银，法学博士、公共管理学博士后，北京师范大学法学院副教授，公益慈善与非营利法治研究中心主任，主要研究领域为法理学、法社会理论与法哲学、立法学、比较法与法文化研究、法制与宪制研究、公益慈善与非营利法制研究。本文写作受到2018年度国家社科基金一般项目"我国慈善组织认定制度的实施困境及其对策研究"（项目号：18BZZ090）的支持，同时也是中国慈善联合会"竹林计划""法治视域中的慈善文化认同（项目号：2017ZLJH-98）的阶段性成果。

① 参见"民政部官网"，http：//www. mca. gov. cn/article/jg/zyzz/，最后访问时间：2019年4月5日；"中央编办官网"，http：//www. scopsr. gov. cn/bbyw/qwfb/201901/t20190125_ 359773. html，最后访问时间：2019年4月5日；该文件于2018年12月31日通过两办通知的方式印发，文号为厅字〔2018〕141号。

慈善信托、慈善组织及其活动管理办法。拟订福利彩票管理制度，监督福利彩票的开奖和销毁，管理监督福利彩票代销行为。拟订社会工作和志愿服务政策，组织推进社会工作人才队伍建设和志愿者队伍建设”。跟之前的“社会福利与慈善事业促进司”的职责[①]相比，明确了“慈善组织及其活动管理”的职能。从实践上来讲，该文件明确了慈善组织的日常管理工作从原先的社会组织管理局转移到“慈善事业促进与社会工作司”，改变了原先慈善事业主管机构职责不清的局面。而这种职责不清，是《慈善法》于2016年正式施行之后遇到困难的重要原因之一。[②] 期待新的慈善事业主管机构能够在统筹慈善事业的发展和全面、系统指导慈善法治事业上发挥应有的功能。

就过去的一年来看，2018 年十三届全国人大一次会议通过宪法修正案，将“健全社会主义法制”改为“健全社会主义法治”，将全国人大法律委员会改组为全国人大“宪法和法律委员会”，明确国家监察机关的地位，建立宪法宣誓制度，扩大地方立法权主体等，宪法作为法治建设的基础，其修改势必影响慈善法治的基本原则，例如全国人大宪法和法律委员会的设立，通过加强对法律与其他规范性文件的合宪性与合法性审查制度，改善慈善法治建设过程中各类规范性文件制定的质量。

本文也正是在这样的背景下对2018 年的慈善法治发展进行白描与评析，首先是对2018 年度出台的与公益慈善事业相关的法律法规、政策性文件进行扫描式梳理，然后重点在慈善组织的治理体系建设、慈善相关领域的法制支持等方面进行深描与剖析，最后对慈善法治的实践面向与未来趋势进行简单评论。

一　慈善法治发展概览

2018 年，对于公益慈善事业而言，是一个带有时间节点的年份。2018 年是中国改革开放战略实施 40 周年的纪念年份，同时也是改革开放后中国

---

① 该机构于2008 年9 月1 日正式成立，负责慈善与社会捐助相关工作。

② 可参见笔者之前两年所写的慈善法治观察报告，参见 2017 年和2018 年的《慈善蓝皮书：中国慈善发展报告》。

第一部有关公益慈善组织管理的行政法规《基金会管理办法》发布30周年的日子；10年前的2008年，因为汶川地震而引发的国内外捐赠热潮被称为“公益慈善元年”，2018年也出现了不少有关汶川地震十周年的纪念与反思的活动；2018年，也是中国非公募基金会发展论坛（2016年改名为中国基金会发展论坛）的第十届年会的日子，当年主题为“社会转型与中国基金会”。基金会的转型自然离不开制度保障与制度变迁，《慈善法》正式施行的第三年，慈善法治也在蹒跚前行。

《慈善法》施行的配套制度，在数量上一直持续增长。自2016年《慈善法》颁布以来，当年的十大慈善热点就有《慈善法》和《境外非政府组织境内活动管理法》两部法律出台的内容。2017年，《民法总则》出台并创设“非营利法人类别”、《志愿服务条例》的颁布实施以及《境外非政府组织境内活动管理法》的实施都进入十大热点，而且有概括性的“慈善法相关配套法规文件陆续出台，推动中国慈善法治进程”一条，十大热点，光涉及立法与政策出台的就是4条。然而，重要的配套制度却长期缺失，[①] 尤其是作为慈善事业组织基础规范的社会组织立法和作为慈善事业激励机制的慈善税收减免制度并无进展。2018年，慈善法律制度的创新整体而言乏善可陈，上述两个重要配套制度依然未曾有实质性突破。

首先，作为慈善组织的组织管理制度基础的社会组织立法并无实质进展。社会组织三个条例虽然在2016年《慈善法》正式施行前就已经向社会公众公开征求意见，但两年来毫无进展，《国务院2018年立法工作计划》将“社会组织登记管理条例（民政部起草）”列入其中，确实半年之后也发布了《社会组织登记管理条例（草案征求意见稿）》，但这个草案太过令人失望，条文粗糙，连2016年社会组织三个条例修订时各种反馈意见都没有回应，因此引起社会公众与公益慈善行业的普遍反对。党和政府这些年在重要文件中倡导的培育发展社会组织、促进社会组织健康发展的政策目标并未在这个文件中体现出来。

---

① 马剑银：《2017年中国慈善法治发展观察报告》，载杨团主编《慈善蓝皮书：中国慈善发展报告（2018）》，社科文献出版社，2018，第90～105页。

其次，有关慈善事业的税收优惠制度，2018 年也基本上没有创新。虽然 2018 年修订的《个人所得税法》因为《慈善法》的制定修改了一些措辞，但基本上是对原有个人所得税法实施条例的提升。例如“个人将其所得对公益慈善事业进行捐赠，捐赠额未超过应纳税所得额百分之三十的部分，可以从其应纳税所得额中扣除；国务院规定对公益慈善事业捐赠实行全额税前扣除的，从其规定”（第 6 条第 3 款），其修改之前的表述为“个人将其所得对教育事业和其他公益事业捐赠的部分，按照国务院有关规定从应纳税所得中扣除”（1993 年版《个人所得税法》第 6 条第 2 款，一直延续到 2011 年版《个人所得税法》），确实更为明确，但这并非新的规定，其规范渊源是个人所得税法实施条例的规定“税法第六条第二款所说的个人将其所得对教育事业和其他公益事业的捐赠，是指个人将其所得通过中国境内的社会团体、国家机关向教育和其他社会公益事业以及遭受严重自然灾害地区、贫困地区的捐赠。捐赠额未超过纳税义务人申报的应纳税所得额 30% 的部分，可以从其应纳税所得额中扣除”（该规定在 1993 年制定该实施条例时就如此表述，一直延续到 2011 年版的实施条例）。2018 年配套制定的个人所得税法实施条例，这个表述也随之有了改变“个人所得税法第六条第三款所称个人将其所得对教育、扶贫、济困等公益慈善事业进行捐赠，是指个人将其所得通过中国境内的公益性社会组织、国家机关向教育、扶贫、济困等公益慈善事业的捐赠；所称应纳税所得额，是指计算扣除捐赠额之前的应纳税所得额”（2018 年版个人所得税法实施条例第 19 条）

此外，对于条文中“国务院规定对公益慈善事业捐赠实行全额税前扣除的，从其规定”，这个规范渊源是2000 年之后财政部制定的一系列的政策性文件，个人通过中国红十字会、中国儿童少年基金会等多家社会组织用于公益救济性捐赠，都可以在缴纳个人所得税前全额扣除。但这些政策性文件比较零散，有的甚至是专项有时间限制的规定，例如奥运会、上海世博会和汶川地震时期的捐赠。这些政策性文件其实需要再进行明确。

2018 年，在《慈善法》的配套制度建设方面，除了上文所述《个人所得税法》及其实施条例的修改之外，并没有其他法律与行政法规方面实质性的进展，但在部门规章上有所突破，民政部制定了三个部门规章，分别是《社会组织信用信息管理办法》（民政部令第60号）、《慈善组织信息公开办法》（民政部令第61号）和《慈善组织保值增值投资活动管理暂行办法》（民政部令第62号），主要针对慈善组织/社会组织的内部治理进行规范。当然这三个部门规章2017年已经公开征求过意见，只是在2018年循例出台而已。

除了以上部门规章之外，从中央层面，国务院与民政部等部门在有关社会组织党建、社会组织登记管理、社会组织重大事项报告与信息公开、社会组织信用信息管理制度、公开募捐规范、公益慈善税收优惠政策落实、政府购买服务、社会工作、残疾人服务机构管理、志愿服务组织管理、慈善医疗救助以及彩票公益金管理等领域发布了一系列政策性文件，以监管与促进包括慈善组织在内的社会组织以及慈善事业的发展。① 在《境外非政府组织境

① 例如有《关于在社会组织章程增加党的建设和社会主义核心价值观有关内容的通知》（民函〔2018〕78号）；《关于进一步加强和改进社会服务机构登记管理工作的实施意见》（民发〔2018〕129号）；《民政部办公厅关于在社会组织登记管理工作中加强名称管理有关问题的通知》（民办发〔2018〕11号）；《关于加强非军队主管的社会团体涉军事项管理的通知》（民发〔2018〕78号）；《民政部直管社会组织重大事项报告管理暂行办法》（民发〔2018〕85号）；《国务院办公厅关于推进社会公益事业建设领域政府信息公开的意见》（国办发〔2018〕10号）；《国家发展改革委办公厅关于在办理相关业务中使用统一社会信用代码的通知》（发改办财金〔2018〕277号）；《关于对慈善捐赠领域相关主体实施守信联合激励和失信联合惩戒的合作备忘录》（发改财金〔2018〕331号）；《公开募捐违法案件管辖规定（试行）》（民发〔2018〕142号）；《“互联网+社会组织（社会工作、志愿服务）”行动方案（2018~2020年）》（民发〔2018〕115号）；《关于公益性捐赠支出企业所得税税前结转扣除有关政策的通知》（财税〔2018〕15号）；《关于非营利组织免税资格认定管理有关问题的通知》（财税〔2018〕13号）；《关于公益性捐赠税前扣除资格有关问题的补充通知》（财税〔2018〕110号）；《财政部关于推进政府购买服务第三方绩效评价工作的指导意见》（财综〔2018〕42号；《高级社会工作师评价办法》（人社部规〔2018〕2号）；《残疾人服务机构管理办法》（民发〔2018〕31号）；《关于建立残疾儿童康复救助制度的意见》（国发〔2018〕20号）；《民政部办公厅关于做好志愿服务组织身份标识工作的通知》（民办函〔2018〕50号）；《关于加强慈善医疗救助活动监管的通知》（民办函〔2018〕148号）；《民政部彩票公益金使用管理办法》《民政部彩票公益金民政部项目立项和评审办法》《民政部彩票公益金项目督查办法》《民政部彩票公益金使用管理信息公开办法》《民政部彩票公益金服务和其他类项目管理办法》《民政部彩票公益金培训项目管理办法》等六个办法（民办发〔2018〕8号）；《体育彩票公益金资助项目宣传管理办法》（体规字〔2018〕12号）。也参见本书附录部分。

内活动管理法》的配套制度上，民政部和国家体育总局也分别以通知形式印发了《民政部受理境外非政府组织设立代表机构业务主管单位申请工作办法（试行）》（民发〔2018〕79 号）和《境外非政府组织在境内开展体育活动管理办法》（体规字〔2018〕8 号），以规范境外非政府组织在境内的相关活动。

在地方层面，2018 年有关慈善法的配套力度非常大，各个地方都制定或准备制定整体性的配套文件。为配合《慈善法》的施行，《江苏省慈善条例》已于 2017 年 12 月 2 日由江苏省人大常委会通过，并于 2018 年 3 月 1 日正式施行，这是《慈善法》施行之后第一部专门规范慈善事业的地方性法规。紧随其后是浙江省的模式，同样是地方性法规，但却使用了《浙江省实施〈中华人民共和国慈善法〉办法》的名称，于 2018 年 11 月 30 日由浙江省人大常委会通过，并将于 2019 年 1 月 1 日起施行。虽然两者都是地方性法规，同样是对《慈善法》的整体性地方配套制度，但在名称上和举措上还是有所不同。《江苏省慈善条例》不仅是《慈善法》的配套制度，也是对 2010 年《江苏省慈善事业促进条例》的修订；浙江省制定的是新办法。两者都是慈善法的落实和细化，而且对于《慈善法》没有规定的个人求助等问题也进行了符合地方认知观念的规定。

安徽省比较特殊，安徽省民政厅和安徽省政府法制办分别于 2018 年 3 月 23 日至 4 月 15 日、2018 年 7 月 6 日至 8 月 7 日发布《安徽省慈善条例》（草案征求意见稿）和《安徽省实施〈中华人民共和国慈善法〉办法（草案征求意见稿）》，后者于 2018 年 12 月 21 日由安徽省人大常委会通过，并于 2019 年 2 月 1 日起施行。

《陕西省实施〈中华人民共和国慈善法〉办法（征求意见稿）》也由陕西省民政厅于 2018 年 6 月 22 日至 7 月 10 日发布；江西省人民政府法制办也公布《江西省实施〈中华人民共和国慈善法〉办法（草案征求意见稿）》，自 2018 年 8 月 28 日至 9 月 11 日公开征求社会各界意见；可惜的是，这两个省的系统性配套制度最终没有在 2018 年出台，只能期待 2019 年有所进展。

此外，北京市和广州市也分别正在修订《北京市促进慈善事业若干规定》和《广州市慈善条例》，在个人求助、慈善组织退出等问题上也会有新的制度落实。有望在不远的将来，会有越来越多的地方性慈善法配套法规规章出台。[①]

在司法领域，根据最高人民法院中国裁判文书网收录的裁判文书显示，截至2018年共有34个案件涉及《慈善法》，与上年度相比，增加了一倍还多，公益慈善组织进入司法领域直面慈善法的案件也越来越多，甚至出现了慈善组织因不服责令整改状告民政部的行政诉讼案件。[②] 而在这几年由公益慈善组织发起的公益诉讼，也时有发生，例如自然之友、江苏泰州环保联合会、中华环保联合会、中国生物多样性保护与绿色发展基金会、重庆市绿色志愿者联合会、江苏省镇江市生态环境公益保护协会等[③]，都是公益诉讼的发起者，这些公益诉讼大都发生在生态环保领域。

二 慈善组织治理体系的建设（一）：通过党建的治理观念

2018年，就慈善法治的发展而言，最集中反映的是慈善组织治理体系的建设，出现了新的态势。而最重要的态势是党在社会组织治理与慈善事业治理中扮演着越来越重要的角色。

长期以来，对于社会组织或慈善发展的研究，总是在国家与社会或者政府与社会的理论框架下进行，使用诸如公民社会、多元主义以及法

---

① 至于有关公益慈善相关及配套的专门性地方性法规、地方政府规章和地方各类规范性文件，参见本书附录。

② 参见北京市第二中级人民法院行政判决书（2017）京02行初325号。

③ 参见《最高人民法院发布环境公益诉讼十大典型案例》，新华网，http：//www. xinhuanet. com//legal/2017－03/07/c_ 129503245. htm，最后访问时间：2019年4月5日。《2018年度十大公益诉讼案例评选今日启动》，搜狐号“律媒百人会”，https：//www. sohu. com/a/291593075_ 120056197？sec＝wd&spm＝smpc. author. fd－d. 6. 1554479032698upeizER，最后访问时间：2019年4月5日。

团主义的概念来分析中国的国家社会关系，尤其是改革开放之后的国家社会关系。[①] 但这种西方理论直接使用的水土不服性也是非常明显的。因此，有学者就对这种二元对立的理论进行修正，使用国家法团主义与社会法团主义区分、[②] 分类控制与行政吸纳社会、[③] 调适性合作、[④] 利益契合、[⑤] 制度与生活[⑥]等等概念，试图提出更为本土化的观念与理论。但是这些观念与理论依然是二元论的，没有区分当代中国国家中党与政府之间的微妙区别。也有学者区分党政关系，提出“党政体制”，也就是意味着党是通过领导国家/政府，从而来领导社会，日常表述为“党和国家”、“党和政府”。[⑦] 也有学者用政治与行政来处理党与政府的关系，将党对社会组织或者慈善事业的领导定名为“政治治理”，以区别政府的“行政治理”，从而建立起党与社会之间的直接联系[⑧]，实现以党建促管理的执政模式[⑨]。

虽然以上的理论已经在国家与社会的框架之上，意识到党的独特性，但

① 关于中国国家与社会关系的研究述评，可参见罗兴佐《中国国家与社会关系研究述评》，《学术界》2006年第4期，第259~262页；范明林：《非政府组织与政府的互动关系——基于法团主义与市民社会视角的比较个案研究》，《社会学研究》，2010年第3期，第159~176、245页。章高荣：《类全能主义：对中国国家社会关系的一个整体性理解》，《经济社会体制比较研究》2018年第6期，第77~85页；几乎所有重要的论文，都会把公民社会（多元主义）和法团主义作为研究中国当代国家与社会关系的起点。

② 张长东、顾昕：《从国家法团主义到社会法团主义——中国市场转型过程中国家与行业协会关系的演变》，《东岳论丛》2015年第2期，第5~13页。

③ 康晓光、韩恒：《分类控制：当前中国大陆国家与社会关系研究》，《社会学研究》2005年第6期，第73~89页；康晓光等：《行政吸纳社会——当代中国大陆国家与社会关系研究》，新加坡八方文化创作室，2010。

④ 郁建兴、沈永东：《调适性合作：十八大以来中国政府与社会组织关系的策略性变革》，《政治学研究》2017年第3期，第34~41页。

⑤ 江华等：《利益契合：转型期中国国家与社会关系的一个分析框架——以行业组织政策参与为案例》，《社会学研究》2011年第3期，第136~152页。

⑥ 肖瑛：《从“国家与社会”到“制度与生活”：中国社会变迁研究的视角转换》，《中国社会科学》2014年第9期，第88~104页。

⑦ 景跃进等主编《当代中国政府与政治》，中国人民大学出版社，2016。

⑧ 吴新叶：《执政党与非政府组织：理论的超越与现实的路径——以超越“国家—社会”范式的视角》，《学术论坛》2006年第12期，第50~54、124页。

⑨ 吴新叶：《党对非政府组织的领导——以执政党的社会管理为视角》，《政治学研究》2008年第2期，第30~36页。

在某种意义上来说，这种独特性依然受制于国家与社会的两分，也就是说，这种理论认为党在领导国家和领导社会，可能采取了差异化的思路。尤其是改革开放之后出现的党政分开思潮，[①] 会让人误以为党与政府的关系就是政治与行政的关系，而社会领域不同于行政，因此党对社会的领导不同于对政府的领导。然而新时代以来，有学者敏锐地捕捉到政党统合的独特机制，认为无论从合法性视角还是资源视角来看，党建对社会组织的意义和党对政府的领导本质并无不同。[②] 而这一点恰恰是理解新时期社会组织党建和党领导的慈善治理的前提。

最新版的《中国共产党章程》，明确宣称党已经不仅仅是中国工人阶级的先锋队，同时还是中国人民和中华民族的先锋队；是党领导人民发展经济、政治、文化，构建和谐社会、建设生态文明。“党”在国家与社会关系框架上，是独立的，无论改革开放前，还是改革开放后，只有国家与社会关系的变迁，而党的领导方式并没有本质的改变（见图 1）。

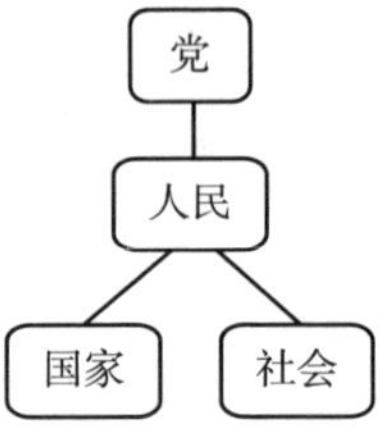

图 1　党领导人民管理国家示意

因此，《慈善法》立法的同时，《关于改革社会组织管理制度　促进社会组织健康有序发展的意见》也已经制定，该文件要求“按照应建尽建的原则，加大社会组织党组织组建力度，实现党的组织和工作全覆盖”，在《慈善法》施行前，通过两办正式公开印发。而在此之前，社会组织三个条

① 曾宁：《改革开放以来党政分开的历史考察及新型党政关系展望》，辽宁师范大学博士学位论文，2017。

② 李朔严：《政党统合的力量：党、政治资本与草根 NGO 的发展——基于 Z 省 H 市的多案例比较研究》，《社会》2018 年第 1 期。

例草案修改过程中，也已经体现出这个精神，要求社会组织设立党的组织，开展党的活动，并为党组织的活动提供必要条件。

《慈善法》正式施行后，民政部下发通知，[①] 要求社会组织在申请成立时，“按照应建尽建的原则，加大社会组织党组织组建力度，实现党的组织和工作全覆盖”。

党建工作全覆盖的历史基础是“支部建在连上”的观念传统，所谓党的组织和工作全覆盖也不仅仅针对社会组织和慈善事业，《中华人民共和国公司法》自2005年修订的条文中，就有“在公司中，根据中国共产党章程的规定，设立中国共产党的组织，开展党的活动。公司应当为党组织的活动提供必要条件”（第19条），这意味着包括私营企业和外资企业在内的公司，都需要进行党建工作；而律师事务所、注册会计师事务所等专业机构，同样被要求设立党组织，中国律协还特别制定了党建工作规则——《律师事务所党组织工作规则（试行）》（律党通〔2018〕8号）。2018年10月28日正式施行《中国共产党支部工作条例》，其中规定“企业、农村、机关、学校、科研院所、社区、社会组织、人民解放军和武警部队连（中）队以及其他基层单位，凡是有正式党员3人以上的，都应当成立党支部”。

2018年，民政部在社会组织党建工作上进行了实质性展开，下发了《关于在社会组织章程增加党的建设和社会主义核心价值观有关内容的通知》（民函〔2018〕78号），要求各地民政部门“及时要求”社会组织在章程中增加党建和社会主义核心价值观有关内容，并提供了章程修改的表述模板。

党建工作的全覆盖也体现在党的统战工作新思维的展开。2001年时任总书记胡锦涛就提出了高度重视“两新组织”党建的问题。[②] 所谓“两新组织”也就是新经济组织和新社会组织；其中新经济组织指的是非公有制经济组织，包括个体工商户，私营企业，外商经济控制企业，港澳台经济控制企业，非国有控股股份制企业，非国有控股混合所有制企业等；而新社会组

---

① 《民政部关于社会组织成立登记时同步开展党建工作有关问题的通知》（2016年9月18日）（民函〔2016〕257）。

② 许德明：《两新组织党建概论》，上海人民出版社，2007。

织是指在市场经济发展过程中出现的各类民间性社会组织，包括行业协会、学会、农村专业经济协会、民办非企业单位、社区社会组织、中介机构等[①]。2013 年之后习近平总书记又提出了新的社会阶层人士概念，2015 年《中国共产党统一战线工作条例（试行）》中正式将“新的社会阶层人士”列入统战工作 12 个方面的对象之一。“新的社会阶层人士”主要包括四大群体：私营企业和外资企业的管理人员和技术人员（指受聘于私企和外企，掌握企业核心技术和经营管理的专门知识者）、社会组织从业人员（包括律师、会计师、评估师、税务师、专利代理人等提供知识性产品服务的社会专业人士，以及社会团体、基金会、民办非企业单位从业者）、自由职业人员（指不供职于任何经济组织、事业单位或政府部门，在国家法律、法规、政策允许的范围内，凭借自己的知识、技能与专长，为社会提供某种服务并获取报酬者）、新媒体从业人员（指以新媒体为平台或对象，从事或代表特定机构从事投融资、技术研发、内容生产发布以及经营管理活动者）。[②] 之后各地纷纷成立了新的社会阶层人士联谊会，党直接通过联谊会来联系社会组织，实现对社会组织的治理。例如上海市通过统战部与新的社会阶层人士联谊会，组织该市几十家社会组织，制定“上海市社会组织自律公约”，[③] 这有别于通过政府主管部门对社会组织的监管体制，体现了党直接领导社会治理的理念。

在依法治国战略全面推进的新时代，党的领导和党建工作也需要法治保障。因此，在《公司法》、社会组织相关行政法规等领域都增加了党建条款，党建与统战并举，这体现了党领导“法治国家、法治政府与法治社会一体建设”的思维，这种思维也将成为当下与可见之未来社会组织治理与慈善事业治理的核心内容。

---

① 陈志卫等：《新社会组织：实践与研究》，中国社会出版社，2008。

② 《官方解读中国“新的社会阶层人士”》，中国新闻网，http：//www.chinanews. com/gn/2015/08－04/7447147. shtml，最后访问时间：2019 年 4 月 5 日。

③ 《“上海社会组织自律公约”在沪发布》，东方网，http：//shzw. eastday. com/shzw/G/20180913/u1ai11814720. html，最后访问时间：2019 年 4 月 5 日。

三　慈善组织治理体系的建设（二）：政府监管与组织治理

2018 年，随着《慈善法》施行的逐步深入，有关社会组织治理的重要配套措施也逐步制定，最主要的是民政部三个部门规章，分别从慈善组织信息公开、社会组织信用信息管理与慈善组织资产管理三个视角来完善社会组织与慈善事业的治理。这三个部门规章都是在 2017 年向社会公开征求意见，随后在 2018 年先后出台。在去年的慈善法治发展观察报告中也均有提及。

《社会组织信用信息管理办法》（民政部令第 60 号）于 2018 年 1 月 12 日经民政部部务会议通过，并于 1 月 24 日公布施行。此时离其向社会公开征求意见截止日期才一个月多，而且条文修改幅度非常小。该办法的制定是对《慈善法》第 95 条规定“县级以上人民政府民政部门应当建立慈善组织及其负责人信用记录制度，并向社会公布”这个条款的直接配套和落实，以《慈善法》、中央有关社会组织发展与监管的重要政策为依据，结合部分地方民政部门对社会组织信用监管的有益探索而制定，是立足构建全国统一的社会组织信用信息记录和管理的制度。这个制度通过建立社会组织的“活动异常名录”与“严重违法失信制度”，与有关部门加强协调联动，信息共享，是全社会加快信用体系建设的重要构成部分。该办法共 26 条，以建立信用约束为核心，主要内容分为五部分：一是明确社会组织信用信息范畴；二是规定社会组织信用信息管理的基本原则；三是规定活动异常名录和严重违法失信名单的具体情形；四是确定信用监管的程序要求，包括认定程序、移出程序、异议处理等；五是明确守信激励和失信惩戒措施。

《慈善法》施行之后，民政部从技术上推进社会组织统一社会信用代码制度建设和信息共建共享，与全国信用信息共享平台等平台实现数据对接，《社会组织信用信息管理办法》出台之后，国家发改委办公厅也出台了有关使用统一社会信用代码的政策，要求社会组织自 2018 年 6 月 30 日起使用统一社会信用代码的登记证照。[①]《社会组织信用信息管理办法》中要求民政部门依据“社会组织未依法履行义务或者存在违法违规行为的有关信用信息，建立社会组织活动异常名录和严重违法失信名单制度”；并于其他部门联合对失信社会组织进行联合惩戒，将社会组织的实际表现情况与社会组织享受税收优惠、承接政府授权委托事项、政府购买服务和政府资金支持和政策扶持等领域获得优先资格。与这一部门规章相配合，国家发改委、人民银行、民政部等 40 个部门联合签署了《关于对慈善捐赠领域相关主体实施守信联合激励和失信联合惩戒的合作备忘录》（发改财金〔2018〕331 号），备忘录中承诺“民政部和其他有关部门通过全国信用信息共享平台向签署本备忘录的相关部门提供守信联合激励与失信联合惩戒的名单及相关信息，并按照有关规定动态更新。同时，在‘信用中国’网站、‘慈善中国’网站、国家企业信用信息公示系统、民政部门户网站等向社会公布。各部门从全国信用信息共享平台中获取守信联合激励与失信联合惩戒信息，执行或协助执行本备忘录规定的激励和惩戒措施，定期将联合激励与惩戒实施情况通过该系统反馈给国家发展改革委和民政部”。备忘录还采用“守信慈善组织”“守信捐赠人”“失信慈善组织”“失信捐赠人”“失信受益人”等概念，分别给予 26 项激励措施和 24 项惩戒措施。

《慈善组织信息公开办法》（民政部令第 61 号）于 2018 年 7 月 27 日由民政部部务会议通过，8 月 6 日公布，9 月 1 日起施行。此时离该办法草案向社会公开征求意见结束已经半年有余，条文增删很少，但措辞修改不少。作为《慈善法》中信息公开专章 8 个条文的落实与细化，该办法旨在保护捐赠人、志愿者和受益人的合法权益，维护社会公众的知情权，促进慈善事业健康发展。慈善组织作为“花他人之钱”的机构，其信息公开的义务不亚于政府机关，因此，公开透明是慈善事业的天然要求，国家因此给予慈善组织各种优惠措施，社会公众也以捐赠人和志愿者的身份给予慈善组织的工

① 即《国家发展改革委办公厅关于在办理相关业务中使用统一社会信用代码的通知》（发改办财金〔2018〕277 号）。

作以各种便利和帮助。因此，这个办法是慈善法治建设的重要规范，在这个规范中，慈善组织是慈善信息公开的主体、第一责任人。《慈善法》将慈善信息公开的主要义务集中于慈善组织。《慈善组织信息公开办法》依据《慈善法》的规定，根据《慈善法》的授权，对慈善组织的信息公开义务进行细化，重点关注慈善组织公开募捐以及财产活动的信息，当然还包括慈善组织管理人员与工作人员及其相互关系的信息。这是对慈善事业进行行政监管、社会监督、司法监督、行业监督的基础。

当然，在慈善组织治理的意义上，光强调慈善组织的信息公开义务还是不够的，政府信息公开同样非常重要，《慈善法》规定民政部门应当在统一的信息平台，及时向社会公开慈善信息，并免费向慈善组织和慈善信托的受托人提供慈善信息发布服务。2018 年 2 月 9 日，国务院办公厅发布《关于推进社会公益事业建设领域政府信息公开的意见》（国办发〔2018〕10 号），该意见明确规定了政府部门信息公开的内容包括决策信息、管理和服务信息、执行和结果信息；且明确提出，要以社会高度关注、公益色彩浓厚的社会公益事业为重点，着力推进脱贫攻坚、社会救助和社会福利、教育、基本医疗卫生、环境保护、灾害事故救援、公共文化体育等领域政府信息公开。

与以上两个部门规章和一个国办通知相联系，2018 年 5 ~6 月，广东省民政厅办公室也先后发布了《广东省民政厅关于社会组织信用公开的办法（试行）》和《（广东省）关于加快推进社会公益事业建设领域政府信息公开工作的通知》。前一个试行办法明确了广东省内登记的社会组织信息公开的内容、渠道、方式和监督管理机制。

《慈善组织保值增值投资活动管理暂行办法》（民政部令第 62 号）于 2018 年 10 月 25 日由民政部部务会议通过，10 月 30 日公布，2019 年 1 月 1 日起施行。从该暂行办法征求意见截止日期 2018 年 1 月 6 日来看，经过了 10 个多月才公布，而且修改幅度也很大，瘦身 5 条，从 25 条删减到 20 条，也说明政府与社会公众对慈善组织的财产活动的关注度非常之高。2016 年颁布实施的《中华人民共和国慈善法》中，专门规定了慈善组织为实现财产保值增值进行投资的基本原则和相关要求，并授权国务院民政部门制定具体办法。该暂行办法就是慈善法的配套落地。《慈善法》之所以有这个规定，是因为这些年以来慈善组织的资产规模不断扩大，以基金会为代表的慈善组织开展保值增值活动的需求日益增长，现实中慈善组织已经在开展各类保值增值活动，但缺乏制度规范与保障。该暂行办法在广泛征求包括政府各个相关部门与社会各界的意见基础上，对慈善组织的保值增值行为提出了要求，明确了底线和红线，但因为这个领域相对较新，各种实践经验也不足，所以该暂行办法以“暂行”的名义公布，以期边实践边修订。

该暂行办法从慈善组织的宗旨和特点出发，按照合法、安全、有效的基本原则，对慈善组织的投资领域做了以下规定：首先，从正面规定了慈善组织可投资的三种情形：一是可以直接购买银行、信托、证券、基金、期货、保险资产管理机构、金融资产投资公司等金融机构发行的资产管理产品；二是可以通过发起设立、并购、参股等方式直接进行股权投资；三是允许将财产委托给受金融监督管理部门监管的机构进行投资。其次，对三类投资行为做了进一步的规定。一是慈善组织在直接投资资产管理产品时，应当审慎选择，购买与本组织风险识别能力和风险承担能力相匹配的产品。二是慈善组织直接进行股权投资的，被投资方的经营范围应当与慈善组织的宗旨和业务范围相关。三是慈善组织开展委托投资的，应当选择中国境内有资质从事投资管理业务，且管理审慎、信誉较高的机构。最后，办法还设定了慈善组织禁入的八个领域：直接买卖股票；直接购买商品及金融衍生品类产品；投资人身保险产品；以投资名义向个人、企业提供借款；不符合国家产业政策的投资；可能使本组织承担无限责任的投资；违背本组织宗旨、可能损害信誉的投资；非法集资等国家法律法规禁止的其他活动。

以上三个中央政府部门规章主要从慈善组织的内部治理和政府监管的视角配套《慈善法》的规定，使得《慈善法》的落地施行具有更为坚实的基础，但是就像去年的报告一样，《慈善法》最重要的配套制度——即社会组织三个条例的修改与整合仍然没有完成。这使得慈善组织的登记工作在执行中遇到不少问题，《慈善法》与社会组织三大条例之间存在的不和谐之处也没有通过法律修改得到调整，地方实践五花八门。2018 年国务院办公厅印发《国务院 2018 年立法工作计划》，其中“社会组织登记管理条例”（民政部起草）赫然在列，停滞了将近两年的社会组织行政法规立法工作以另一种方式重新开始。2018 年 8 月 3 日，民政部发布《社会组织登记管理条例（草案征求意见稿）》向全社会征求意见，希望通过行政法规的三合一，达致社会组织与政府监管的行政程序统一。

这个草案征求意见稿的条文相对粗糙，对两年前社会组织三大条例修订时获得的意见和建议反馈也不够，是一个匆忙上马的项目，因此，受到学界和行业界的普遍性反对，[①] 也没有在当年出台。2018 年，为了弥补社会组织相关行政法规修订与整合的滞后，民政部发布《关于进一步加强和改进社会服务机构登记管理工作的实施意见》（民发〔2018〕129 号），明确提出要强化社会服务机构的登记审查，要求在《社会组织登记管理条例》出台以及民政部关于直接登记社会组织分类标准和具体办法下发之前，各地要从严从紧把握社会服务机构直接登记申请，稳妥审慎探索；此外，要落实双重管理，强化综合监管。

同时，民政部发布或会同中央军委政治部联合发布三个文件：《民政部办公厅关于在社会组织登记管理工作中加强名称管理有关问题的通知》（民办发〔2018〕11 号）；《关于加强非军队主管的社会团体涉军事项管理的通知》（民发〔2018〕78 号）以及《民政部直管社会组织重大事项报告管理暂行办法》（民发〔2018〕85 号），强化对社会组织的政府监管。

因此，无论《社会组织登记管理条例》最后何时出台，从 2018 年出台

---

① 刘培峰、马剑银：《〈社会组织条例〉不宜仓促出台，建议延长立法周期》，南都观察博客，2018 年 8 月 21 日，http://nanduguancha.blog.caixin.com/archives/1866959，最后访问时间：2019 年 4 月 5 日；马剑银：《社会组织立法“三合一”：因何？何以？如何？——兼评〈社会组织登记管理条例（草案征求意见稿）〉》，公益慈善学园微信公众号 https://mp.weixin.qq.com/s/Q1ql5JRiprizRkuoXxxbBQ，最后访问时间：2019 年 4 月 5 日；常时：《八问〈社会组织登记管理条例（草案征求意见稿）〉》，公益资本论微信公众号，https://mp.weixin.qq.com/s/9-y4o-wnd1FSkt4pkT3gyA，最后访问时间：2019 年 4 月 5 日；刘素楠：《社会组织登记管理条例征求意见将结束　概念不清、登记门槛高存争议》，上线时间微信公众号，https://mp.weixin.qq.com/s/0yJG-EpThyEUw5jvknh-VQ，最后访问时间：2019 年 4 月 5 日，等等。

的各项有关社会组织和慈善事业的文件来看，政府对社会组织的监管是趋于收紧，尤其自2006年深圳试点工商经济类、社会服务类以及公益慈善类三类社会组织直接登记开始，逐渐在广东、浙江、上海、北京、安徽等地铺开，最后落实到《国务院机构改革与职能转变方案》之中的社会组织直接登记政策，自《慈善法》施行之后，并没有将试点经验予以法定化，反而日益收紧，甚至有些地方出现了让政策试点时期直接登记的社会组织重新寻找业务主管单位的现象。

虽然国家层面，社会组织规范的行政法规修改与整合停滞不前，但辽宁省制定了一个统一的地方政府规章《辽宁省社会组织管理办法》，于2018年2月1日起施行。不过这个办法只有20条，并没有特别的制度创新，但社会组织统一立法的思维已经有所体现。

四 慈善相关领域的法制支持

虽然在社会组织治理和慈善事业治理的整体思路上，监管的理念日趋收紧，双重管理体制不仅没有松动，反而更为强化，但是在慈善相关领域，也出台了一些支持性与促进性的措施，例如在社区社会组织、社会工作与志愿服务、互联网+社会组织建设、社会创新、政府购买服务、生态环保等领域上，出台了一些政策措施。

2017年12月27日，民政部发布《民政部关于大力培育发展社区社会组织的意见》（民发〔2017〕191号），2018年民政部也在切实推动这一意见的有效贯彻落实，积极宣传这一政策，强调要加强组织领导、加强督促指导和强化宣传引导，在全国各地设立“社区社会组织发展观察点”，不断总结经验、培育先进、完善政策。地方政府也纷纷跟进，2018年，福建、山东、贵州和湖北以及厦门分别发布了大力培育发展社区社会组织的实施意见。而此前，吉林、上海、北京、湖南、浙江等地都已经出台相关文件培育发展本地区的社区社会组织。因此，有关社区社会组织的发展是全国范围普遍的政策支持，例如福建近年出台多个社区社会组织培育文件。在登记管理问题上，民政部门也将对社区社会组织另眼看待，民政部的意见要求“民政部门要通过简化登记程序、提高审核效率、结合社区社会组织特点制定章程范本等方式优化登记服务。落实中央有关文件要求，对未达到登记条件的社区社会组织，按照不同规模、业务范围、成员构成和服务对象，由街道办事处（乡镇政府）实施管理，加强分类指导和业务指导；对规模较小、组织较为松散的社区社会组织，由社区党组织领导，基层群众性自治组织对其活动进行指导和管理”。

在社会工作的支持方面，民政部在贯彻落实《关于加强社会工作专业人才队伍建设的意见》和《社会工作专业人才队伍建设中长期规划（2011～2020）》这两个文件上比较积极。2018 年人社部与民政部联合印发《高级社会工作师评价办法》（人社部规〔2018〕2 号），以加强社会工作专业人才队伍建设，完善社会工作专业人才职业水平评价制度。同时在 2018 年 3 月组织开展了为期一周的社会工作主题宣传活动。从地方层面，2018 年 11 月 27 日，北京市公布《北京市高级社会工作师评价实施办法（征求意见稿）》向社会公开征求意见，湖南省制定《湖南省乡镇（街道）社会工作服务站项目实施方案（试行）》，黑龙江省制定了《关于加强社会工作专业岗位开发与人才激励保障的实施意见》以及《关于支持社会工作专业力量参与脱贫攻坚的实施意见》、重庆市民政局发布了《关于规范和发展民办社会工作服务机构的意见》，广州市出台了地方性法规《广州市社会工作服务条例》以及《广州市政府资金支持社会工作发展实施办法》。

在志愿服务领域，全国社会工作标准化技术委员会先后公布了两项国家标准《志愿服务组织基本规范》（征求意见稿）和《志愿服务基本术语》（征求意见稿），民政部在志愿服务组织身份标识工作方面发布了文件，要求志愿服务组织完成标识并公告。2018 年，浙江省修订了《浙江省志愿服务条例》，河南省制定了《河南省志愿服务条例》。

对于社会工作和志愿服务工作最大的制度支持，是民政部发布了《“互联网＋社会组织（社会工作、志愿服务）”行动方案（2018～2020 年）》（民发〔2018〕115 号），对互联网＋社会组织治理、互联网＋专业社会工作、互联网 + 志愿服务、互联网 + 慈善募捐领域加大力度进行制度保障，在思想武装、组织实施、资源配置、政企合作和安全防护上进行支持。

在社会创新方面，主要是地方政府部门各显神通。2018 年 4 月，成都市发布了《关于培育社会企业促进社区发展治理的意见》，成都市工商局也出台了《关于发挥工商行政管理职能培育社会企业发展的实施意见》《成都市社会企业评审认定管理工作试行办法》等配套文件，并于当年 6 月启动社会企业认证工作；北京紧随其后，2018 年北京社会企业发展促进会发布了《北京市社会企业认证办法（试行）》，与成都市的政府行为不同，北京市是通过行业协会出面进行认证。在其他领域，上海市民政局发布《上海市公益基地创建与管理办法》，广州市政府办公厅发布《广州市激发社会组织创新能力实施办法》，分别从不同的领域促进本区域的社会创新能力建设，这种对社会创新的法制保障，值得继续观察与推广。

在政府购买服务领域，2018 年 6 月 26 日，财政部发布《政府购买服务管理办法（征求意见稿）》，向社会公开征求意见，这个办法是对 2014 年制定的《政府购买服务管理办法（暂行）》（财综〔2014〕96 号）的替代，明确政府购买服务内容的负面清单，以下各项不得作为政府购买服务的内容并列入指导性目录：不属于政府职责范围的服务事项；应当由政府直接履职的行政管理性事项，包括但不限于行政决策、行政执行、行政监督等事项；服务与工程打包的项目；融资行为等等。同时，财政部也发布了《关于推进政府购买服务第三方绩效评价工作的指导意见》（财综〔2018〕42 号），促进政府购买服务评估的科学有效。在地方层面，2018 年 1 月 4 日，重庆市民政局发布《重庆市社会组织承接政府购买服务项目管理指引》；广东省财政厅出台了《省直机关政府购买服务信息公开管理暂行办法》；福建省、吉林省、黑龙江省、青海省、湖北省、陕西省、广东省与北京市分别出台了有关积极推行政府购买服务、加强基层社会救助经办服务能力的实施意见。这些都是有关支持政府购买服务体制的措施。

2018 年，国务院机构改革，组建了生态环境部，将原来分布在多个机构的环保相关职责进行整合。同时，年内多项环保类法律法规制度相继出台和修改，其中包括《中华人民共和国环境保护税法》《生态环境损害赔偿制度改革方案》《中华人民共和国核安全法》《排污许可管理办法（试行）》《工矿用地土壤环境管理办法（试行）》《环境影响评价公众参与办法》等。这使得作为大慈善的生态环保得到前所未有的重视。如前文所述，生态环保领域的公益诉讼也方兴未艾。

五　余论

法治除了制度与治理体系建设之外，制度实践同样非常重要，2018 年，在慈善法治实践方面同样值得关注，2018 年中国时代慈善热点事件中，由于公益领域知名人士遭受 MeToo 运动发酵引起的公益慈善界性别友好机制建设大讨论以及如何对性骚扰法治化的讨论；电影《我不是药神》引发的有关医疗和疾病救治领域开展公益创新倡导、完善有关法律制度的论题；冰花男孩事件引发的对互联网募捐以及善款使用的法治保障的论题、黑土麦田事件引发的对公益慈善组织治理能力的法治化论题这些都与慈善法治实践有密切的关系。其余还有如河北武安爱心村关停事件、“只需转发，无须捐款”的水滴筹网络谣言事件同样拷问着慈善法治的实践。这些问题到底指向制度完善还是执法落实，可以进行商榷，本文最后从执法、司法和行业自律三个方面各举一个例子，来进行简要分析。

从执法上来说，民政部在前几年持续打击非法社会组织、山寨社会组织的基础上，2018 年联合公安部在 4～12 月开展集中打击整治非法社会组织专项行动，共公布六批涉嫌非法社会组织名单 319 个，离岸山寨社团 1292 个。据 2018 年 8 月的新闻报道，有 1800 多个非法社会组织被取缔或者劝散。这些非法社会组织的存在，一方面是对公民正常结社活动的混淆，另一方面也为完善社会组织的合法性制度提出了更深层次的思考。

从司法上来说，《慈善法》的施行已经进入司法领域，从前文提及社会组织对民政部提起行政诉讼为例，民政部门在监管社会组织过程中，会面临更大的挑战，执法的合法性审查需要民政部门在理解法律、落实法律上更加精细，保持法律实施的融贯性。

从行业自律上来说，2018 年 10 月 19 日，爱心筹、轻松筹和水滴筹联合签署发布《个人大病求助互联网服务平台自律倡议书》和《个人大病求助互联网服务平台自律公约》，这两个文件旨在进一步加强平台自律管理、提升风险防范水平、健全社会监督机制以及促进大病救助行业健康有序发展，营造良好的社会诚信氛围。社会自治是法治社会的基础之一，推动公益慈善领域的行业自律和自治，对社会领域的法治建设而言，是重要的组成部分。

社会组织与慈善事业的法治化，同样需要思考这个行业的独特性。这个领域承担着公民结社权利行使、志愿精神的普及、社会服务的开展、公益慈善多元目标实现和非营利与市场的区分五个主要功能，这五个主要功能的实施需要法治保障，不可或缺。现在主流的公益慈善话语往往更倾向于社会服务的开展和非营利与市场的区分两个维度，而对于公民结社权利行使、公益慈善多元目标实现和志愿精神的普及，关注较少。因此公益慈善领域对于一些基本常识、概念都有诸多分歧，这种分歧并不利于公益慈善法治实践。

法治说到底就是文明共同体一种生活方式，而公益慈善领域的法治发展，任重道远，需要更加努力。

领域报告篇

Basic Reports

B.5
2018年中国基金会发展报告

程刚　王璐　路昆*

摘　要： 通过收集分析全国基金会相关数据，编纂本报告。报告充分体现了2018年全国基金会发展现状，并根据基金会的类型、项目领域、地域等特点，对企业基金会、个人背景基金会、社区基金会、北京市注册的基金会、涉及妇女类项目以及大病救助类项目的基金会展开了详尽分析。自《慈善法》实施以来，我国基金会呈现多元化发展趋势，报告还体现了影响力投资、公益行业规模化、基金会办大学、创新筹款等四项在2018年多元化创新发展的新型慈善模式与案例。

* 程刚，基金会中心网执行副理事长兼总裁，致力于基金会行业公信力和透明度建设，倡导和推动开放慈善数据；王璐，基金会中心网副总裁；路昆，基金会中心网基础数据部部长。

关键词： 公益慈善　基金会　发展　创新

一　2018年基金会总量变化情况

（一）2018年全国基金会数量超过7000家

1981 年以来中国基金会从无到有，不断发展。中国基金会发展经历了，1981～1995 年的发展缓慢期、1995～2004 年的平稳过渡期、2004 年以后的快速发展期。2004 年《基金会管理条例》颁布实施，我国基金会发展开始进入快车道。特别是 2013 年十八大以后，国务院发布通知，公益慈善类等四类社会组织年底直接登记，进一步降低门槛。2016 年《慈善法》颁布与实施，导致 2016 年新增基金会数量较大提升。根据基金会中心网数据统计，截至 2018 年 12 月 31 日，全国基金会总数突破 7000 家大关，达到 7015 家，较 2017 年 6384 家增加 631 家，年增长率为 9%（见图 1）。2016 年新增基金会数量最高，当年新增基金会数量为 817 家（见图 2）。

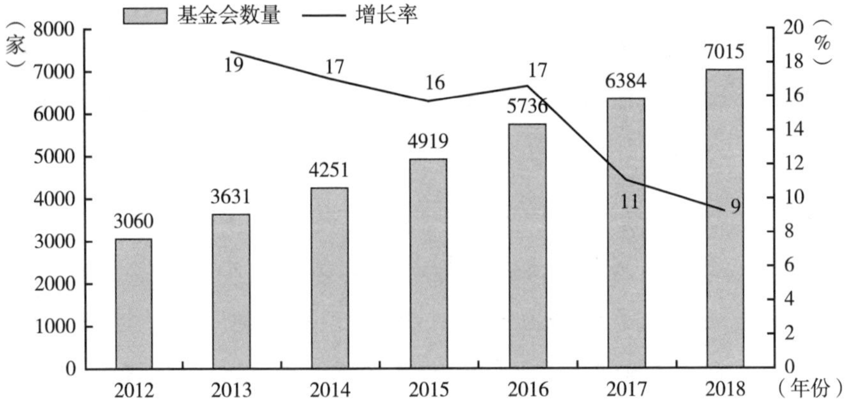

图 1　2012～2018 年基金会数量

注：由于数据采集时效等因素，数据实时变动，本章所采用数据为撰写本报告时所得数据。后各图亦是。

资料来源：基金会中心网，数据统计时间截至 2018 年 12 月 31 日。

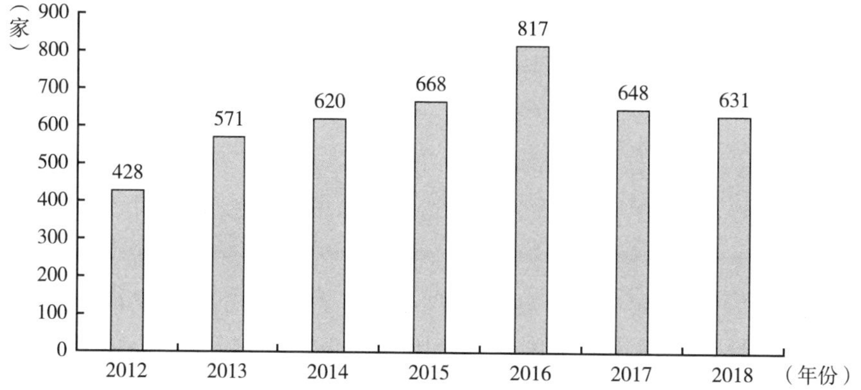

图2　2012～2018年新增基金会数量

资料来源：基金会中心网，数据统计时间截至2018年12月31日。

中基透明指数FTI自2012年推出以来，全国基金会透明度分数持续提高，满分基金会由最初的66家，增加到2018年151家（截至2018年中基透明指数FTI发布日12月12日）（见图3）。由此看出，基金会领导人对于基金会的自律与透明越来越重视。

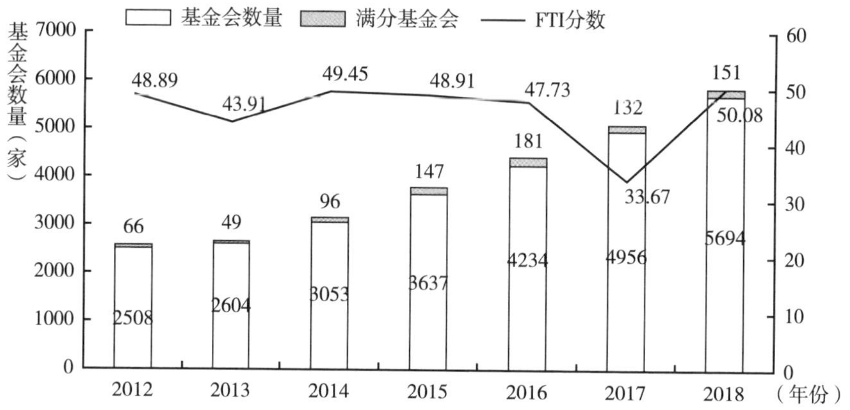

图3　2012～2018年中基透明指数FTI得分情况

资料来源：基金会中心网，数据统计时间截至2018年12月31日。

（二）北上广深及浙江、江苏五省市基金会数量排名前列

2018 年，我国基金会数量刚过 7000 家大关，全国各省基金会数量分布不均，主要集中在北京、上海、广州等一线城市。广东省 2018 年基金会超过 1000 家，达到 1080 家，领先于其他各省，占全国基金会数量的 15%；第二至五名分别是北京市 748 家，占全国基金会数量的 11%；江苏省 693 家，占全国基金会数量的 10%；浙江省 666 家，占全国基金会数量的 9%；上海市 458 家，占全国基金会数量的 7%。总体来看，东部地区基金会数量较多，西北地区基金会数量较少，与中国的经济发展呈正相关趋势。

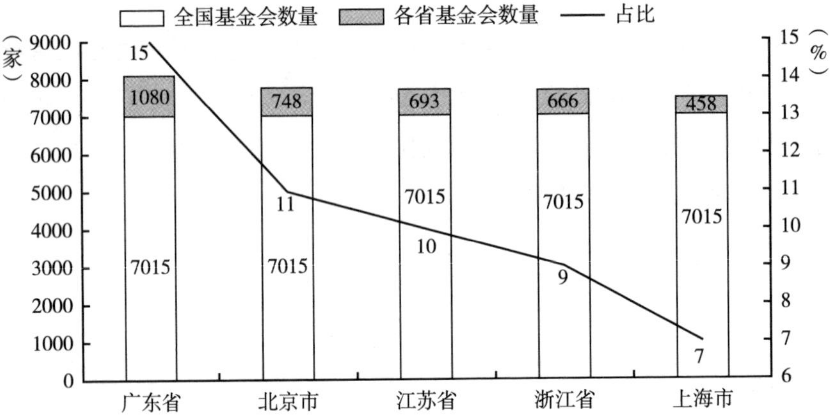

图 4　2018 年基金会数量前 5 名省市

资料来源：基金会中心网，数据统计时间截至 2018 年 12 月 31 日。

（三）净资产总量、收入、支出均稳步增长

近年来全国基金会净资产继续保持稳定增长，根据基金会中心网数据显示，全国基金会 2017 年年末净资产 1563 亿元，相比 2016 年增加了 178 亿元，提高了 13%。

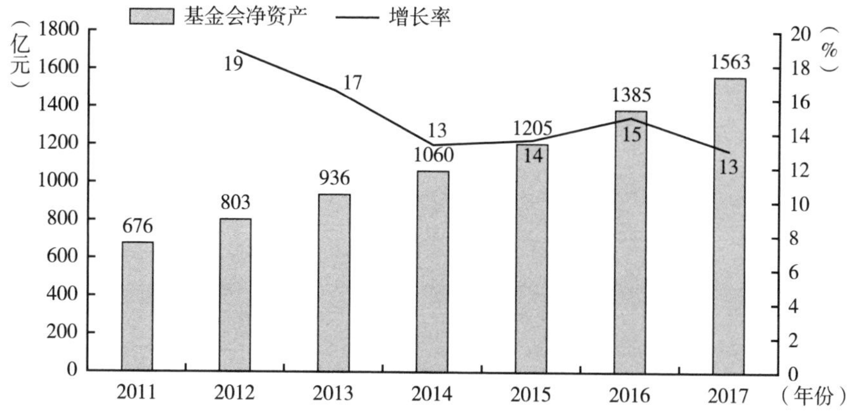

图5　2011～2017年基金会净资产变化

资料来源：基金会中心网，数据统计时间截至2018年12月31日。

近年来基金会的捐赠总收入也保持稳定增长，2017年全国基金会捐赠收入达637亿元，相比2016年增加158亿元，提高了33%。2015年后，基金会捐赠收入开始快速增长（见图6）。

公益支出与净资产、捐赠收入一样，也保持着稳定增长。2017年全国基金会公益支出高达543亿元，相比2016年增加120亿元，提高了28%。基金会公益支出在2015年后，也开始快速增长（见图7）。

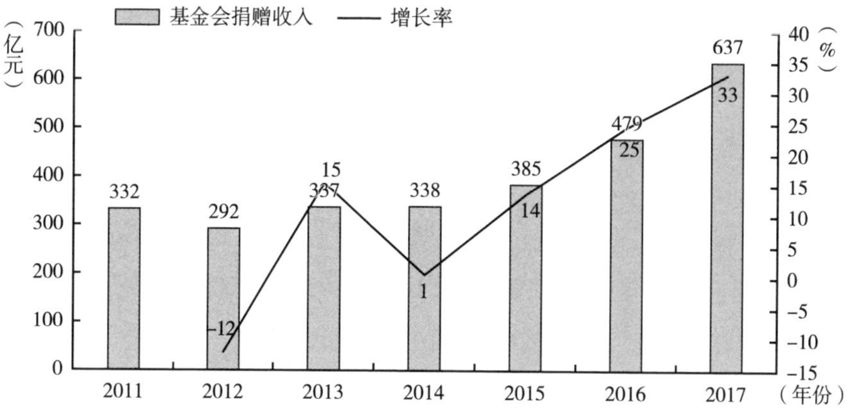

图6　2011～2017年基金会捐赠收入变化

资料来源：基金会中心网，数据统计时间截至2018年12月31日。

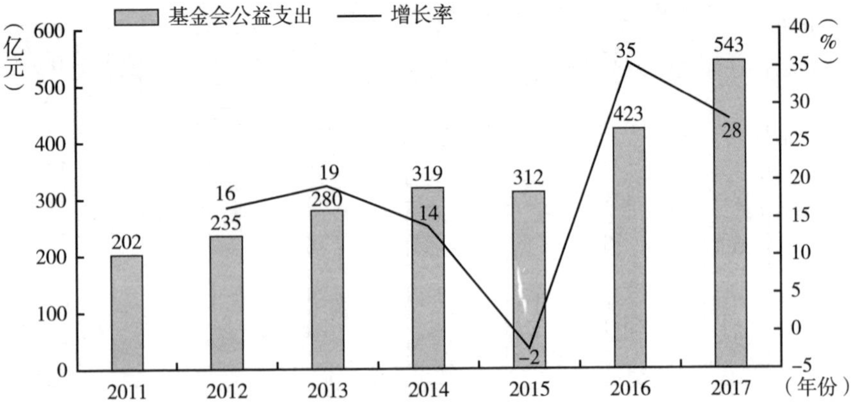

图7　2011～2017年基金会公益支出变化

资料来源：基金会中心网，数据统计时间截至2018年12月31日。

二　不同类型的基金会分类及各自发展情况

（一）个人背景基金会发展壮大

1. 个人背景基金会发展概况

根据基金会中心网的分类标准，个人基金会是指由个人出资发起，并且参与治理的基金会。

在美国，联邦税法将慈善组织分为公共慈善机构和私人基金会两类，美国基金会中心将美国的基金会分为以下几类：私人独立基金会、社区基金会、企业基金会和运作型基金会。根据美国基金会中心（Foundation Center）的数据，截至2016年底，美国共有超过10.3万家私人基金会，其不仅数量众多，而且规模也非常大。其中1900年的卡耐基基金会和洛克菲勒基金会是最早成立的一批基金会中比较知名的两家；1936年成立的福特基金会，由福特家族资助，拥有数十亿美元，项目遍布全球，影响范围很广；2000年，比尔和梅琳达·盖茨基金会成立，成为全球最大的慈善基金会之一，旨在促进全球卫生和教育领域的平等。

近年来，国内也涌现出很多优秀的个人基金会，例如内蒙古老牛慈善基金会、中国听力医学发展基金会，以及著名企业家陶欣伯先生的江苏陶欣伯助学基金会。中国个人基金会的发展，为中国的社会创新注入更多新鲜的活力。我国个人背景基金会起步较晚，2004 年《基金会管理条例》出台后，开始实现快速增长，2012 ~ 2018 年个人背景基金会呈逐年上升趋势，根据基金会中心网数据，截至 2018 年个人背景基金会已达到 2057 家（见图 8）。

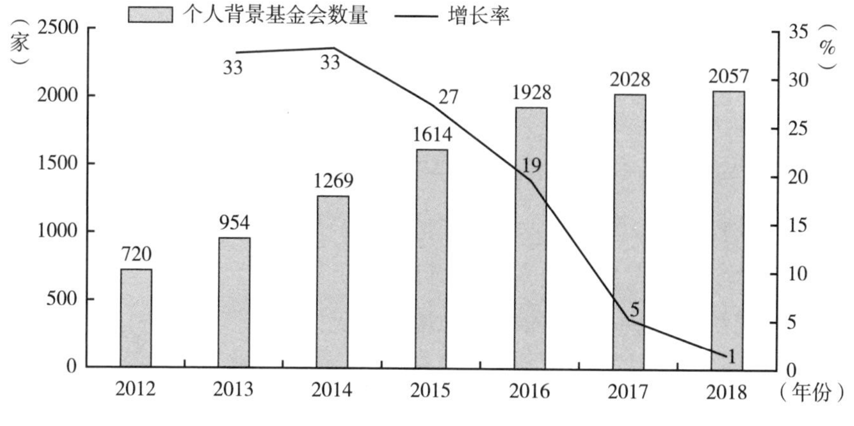

图 8　2012 ~ 2018 年个人基金会数量变化

资料来源：基金会中心网，数据统计时间截至 2018 年 12 月 31 日。

2. 个人背景基金会主要集中在北上广浙等经济发达地区

根据基金会中心网的数据，个人背景基金会主要集中在北京、上海、广东等经济发达地区，广东省与北京市均已超过 300 家，广东省个人背景基金会占广东省基金会的 35%，北京市个人背景基金会占北京市基金会的 41.7%。浙江省、上海市、福建省、江苏省个人背景基金会也超过 100 家。分别占当地注册基金会的 28%、36%、37% 和 17%。北京市注册的基金会中，个人背景基金会占比最高。个人慈善意愿更为强烈，北京市作为首善之都，继续发挥着重要作用（见图 9）。

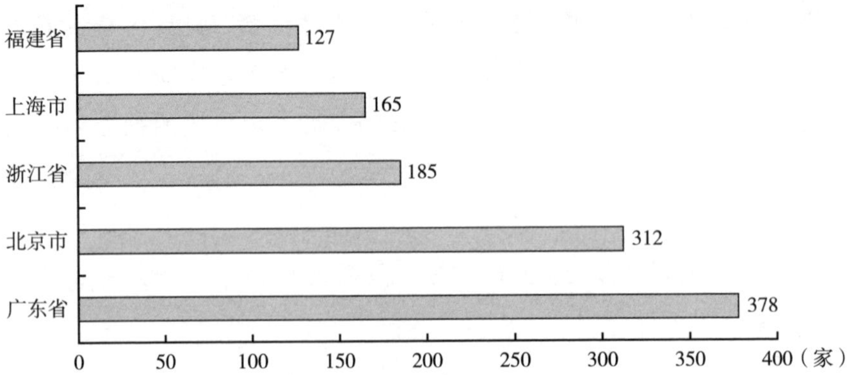

图9　个人背景基金会数量排名 TOP 5

资料来源：基金会中心网，数据统计时间截至2018年12月31日。

3. 教育与扶贫是个人背景基金会主要关注领域

根据基金会中心网数据，个人背景基金会主要关注领域依然为教育、扶贫。其中教育领域占全部个人背景基金会的41.9%，扶贫领域占29.6%。可以看出个人背景基金会更重视基础教育（见图10）。

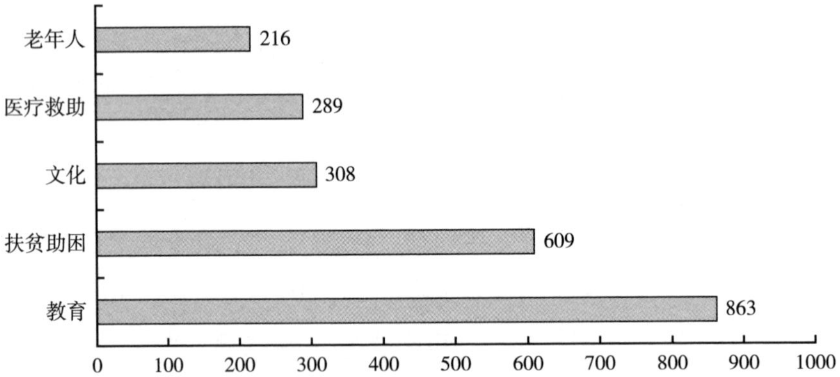

图10　个人背景基金会关注领域 TOP 5

资料来源：基金会中心网，数据统计时间截至2018年12月31日。

4. 个人背景基金会资产达273亿元，2017年相比2011年增加了206%

根据基金会中心网数据，从2011年个人背景基金会净资产89亿元到2017年净资产273亿元，个人背景基金会净资产增长近206.7%。个人背景基金会净资产在2015年首次突破200亿元，达到233亿元。2017年个人背景基金会净资产达到273亿元，个人背景基金会净资产稳定增长。2017年全国基金会净资产总额1563亿元，其中个人背景基金会净资产总额约占全国的17.4%，相比2016年、2015年变化不大。

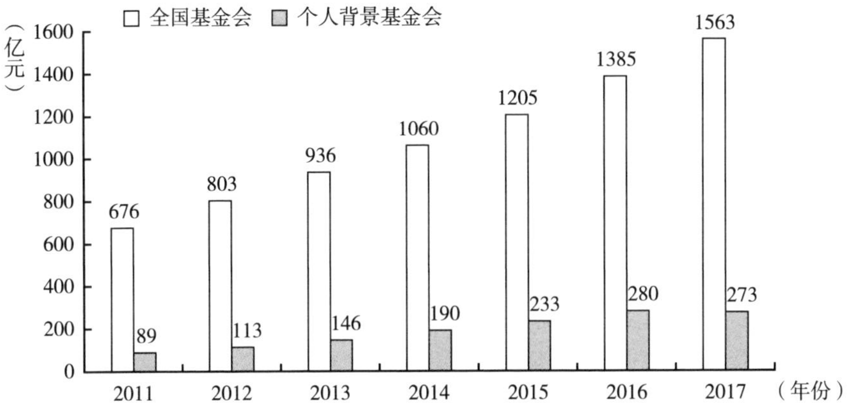

图11　2011～2017年个人基金会与全国基金会的净资产对比

资料来源：基金会中心网，数据统计时间截至2018年12月31日。

5. 个人背景基金会收入支出基本保持增长态势

根据基金会中心网数据，2011～2017年个人背景基金会捐赠收入呈现有序增长态势，从个人背景基金会捐赠收入历年变化来看，在2012年首次降低后，迎来持续增长。2017年个人背景基金会捐赠收入首次突破122亿元，但与系统型基金会314亿元的捐赠收入还有很大差距（见图12）。本文中系统型基金会是指由相关政府背景组织或个人发起，并且直接或间接参与管理的服务于特定领域的基金会。在公益支出方面，个人背景基金会也保持着稳定增长的趋势，2017年公益支出达到96亿元（见图13）。

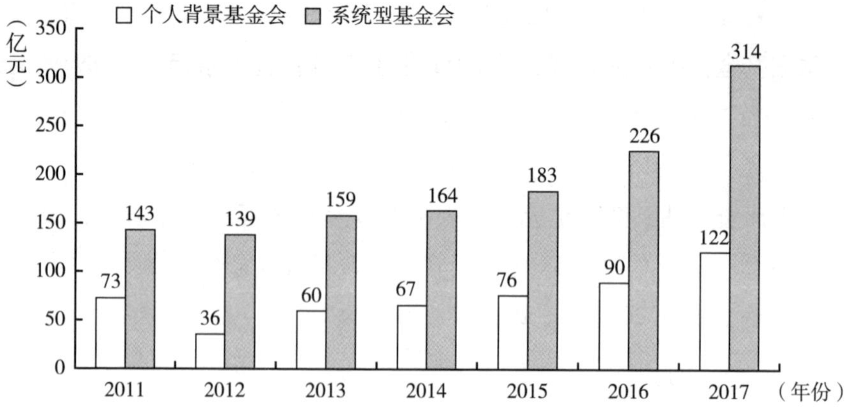

图 12　个人背景基金会与系统型基金会捐赠收入对比

资料来源：基金会中心网，数据统计时间截至 2018 年 12 月 31 日。

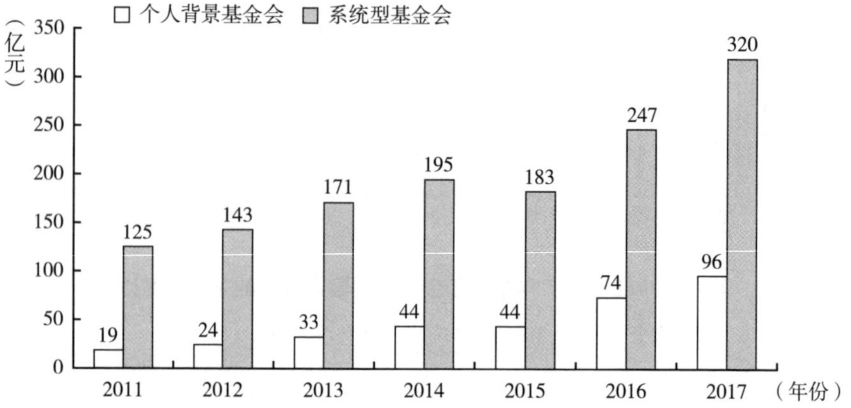

图 13　个人背景基金会与系统型基金会公益支出对比

资料来源：基金会中心网，数据统计时间截至 2018 年 12 月 31 日。

（二）企业基金会高速发展

1. 企业基金会数量快速增长

根据基金会中心网的分类标准，企业基金会是指由企业发起成立，同时资金来源主要来自企业的基金会。

中国企业类型基金会的发展呈良好态势。企业在注重提高企业品牌声誉的同时，也越来越关注和重视承担社会责任并掌握参与公益的主动权。而企业基金会其生存之道不仅在于能够处理好与企业的关系，更在于能够创造独立的社会价值。否则如何实现资源上依靠企业，治理上独立企业的最佳关系状态。全球企业基金会发展最为活跃的美国，其超过 30% 的企业基金会也是在过去 10 年建立的。中国企业基金会数量增长的速度可与之媲美，应可位列世界第二。

截至 2018 年底中国基金会数量已经达到 7015 家，其中企业基金会数量已经达到 1249 家，占全部基金会数量的 17.8%（见图 14）。企业类型基金会 2017 年净资产占全国基金会净资产的 12%，捐赠收入占 14%，公益支出占 11%。

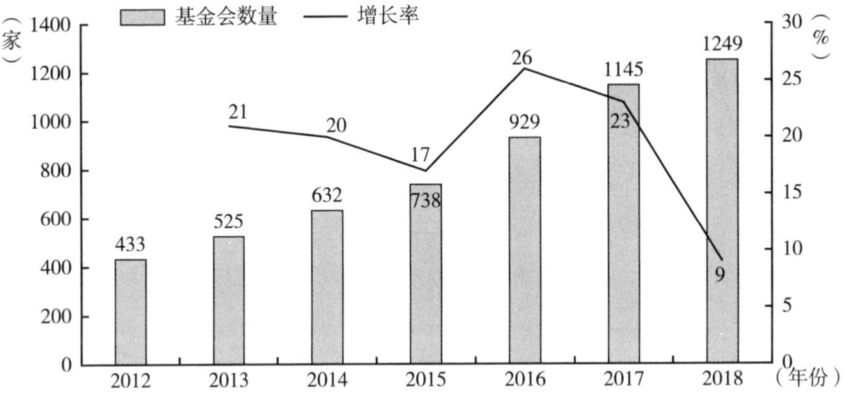

图 14　企业基金会数量变化

资料来源：基金会中心网，数据统计时间截至 2018 年 12 月 31 日。

2. 中小型企业基金会数量占比较大

根据基金会中心网的定义，根据基金会最新一年的净资产规模划分，净资产小于 3000 万元人民币的基金会为小型基金会，净资产大于 3000 万元人民币小于 1 亿元人民币的基金会为中型基金会，净资产大于 1 亿元的基金会为大型基金会。根据基金会中心网统计，2017 年基金会年检报告中企业基金会共有 907 家。其中 870 家为中小型企业基金会，占比 95.92%

（见图15、图16）。虽然大型企业基金会数量占比很小，但是大型企业基金会的净资产占比达到66%（见图17）。

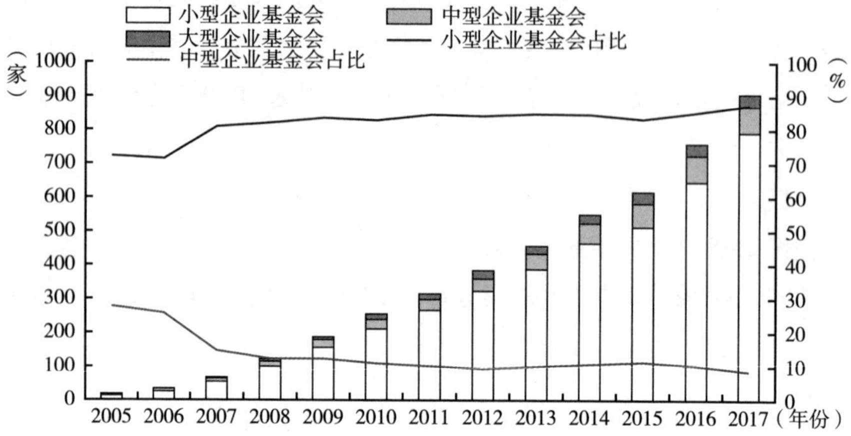

图15　大中小型企业基金会占比

资料来源：基金会中心网，数据统计时间截至2018年12月31日。

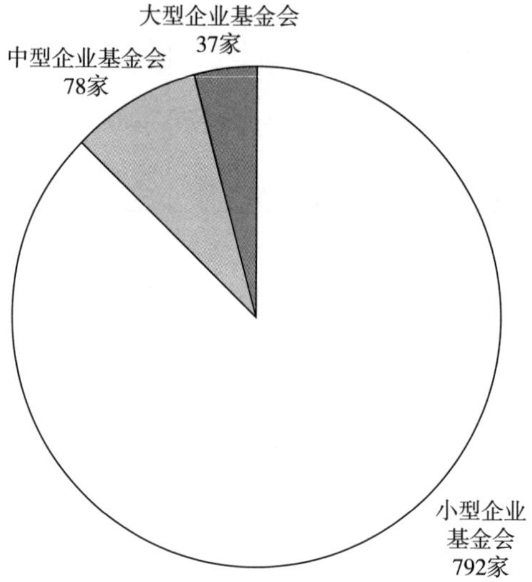

图16　2017年度大中小型企业基金会占比分布

资料来源：基金会中心网，数据统计时间截至2018年12月31日。

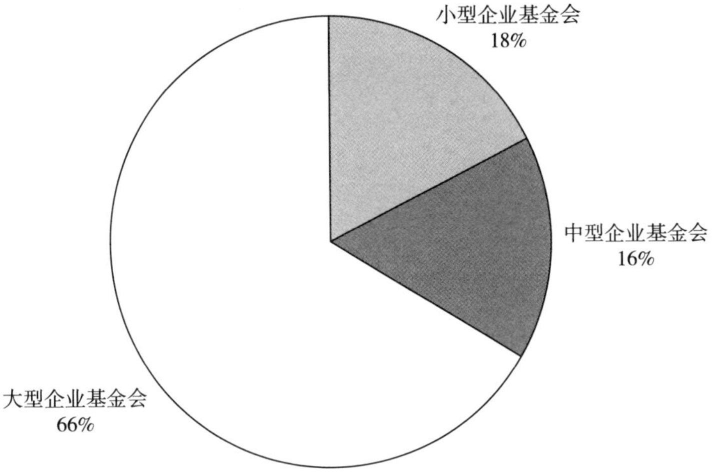

图 17　企业型基金会 2017 年净资产分布情况

资料来源：基金会中心网，数据统计时间截至 2018 年 12 月 31 日。

3. 大型企业基金会注册登记主要集中在民政部

根据基金会中心网统计，截至 2018 年 12 月 31 日，在民政部注册的企业类型基金会中，有 40% 的基金会为大型企业基金会。可以看出大型企业基金会注册登记机关主要集中在民政部（见图 18）。

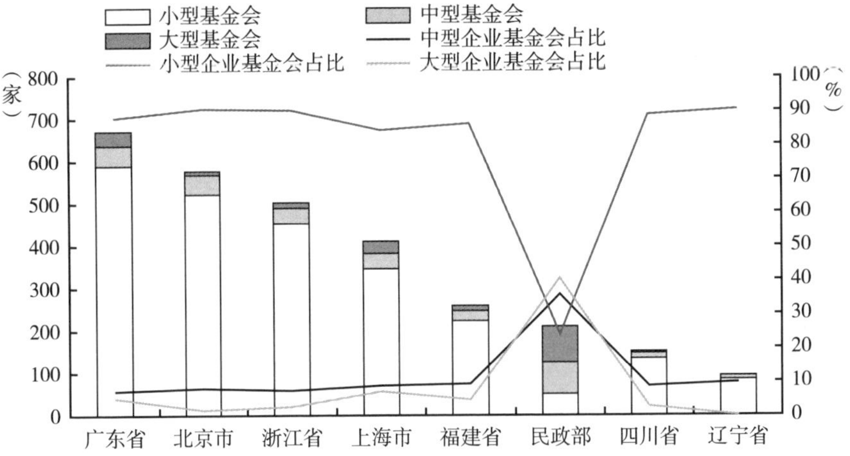

图 18　大中小型企业基金会注册地分布情况（部分）

资料来源：基金会中心网，数据统计时间截至 2018 年 12 月 31 日。

4. 租赁和商务服务业是建立企业基金会最多的行业

根据国家统计局的国民经济行业分类标准，大型企业基金会发起方主要集中在金融业、租赁和商务服务业、房地产业中（见图 19）。例如 2008 年由深圳航空城（东部）实业有限公司出资成立的桃源居公益事业发展基金会，负责培育社区公益组织，为其提供社区组织战略发展规划，内部制度建设及创建社区组织资本、资产、人力资源开发，由其培育的社会组织承担社区公益服务负责培育社区福利，从而实现社区公益服务转化为社区福利的良性循环、自我独立运营且可持续发展。

中型企业基金会的发起方主要集中在租赁和商务服务业、制造业、批发和零售业等三个主要行业（见图 19）。例如租赁和商务服务业为代表的浙江正泰集团股份有限公司，在 2009 年发起了浙江正泰公益基金会，参与扶贫济困、捐资助学、抗震救灾、生态环保、慈善捐助、光彩事业等社会公益活动；凭借在慈善领域的贡献，正泰集团被授予第十届“中华慈善奖”，这也是正泰集团再次获得该荣誉。

小型企业类型基金会主要分布在房地产、金融、批发零售、制造业（见图 19）。例如，广州市时代地产集团有限公司 2011 年发起成立的广东省时代公益基金会，是中国地产企业最早成立的慈善机构之一，以“让更多人有能力选择自己的人生”为使命，聚焦教育、艺术、医疗及扶贫救灾四大领域；成立至今，广东省时代公益基金会累计捐助款项超 8 亿元。

5. 小型企业基金会的发起方主要以民企为主

从企业基金会的背景来看，在全部企业型基金会中，有将近 90% 的小型企业基金会都是民企背景。民营企业做公益事业方面的积极性更高，机制更加灵活。大型企业基金会和中型企业基金会发起方主要集中在国企背景的企业中，分别占比 16% 与 24%（见图 20）。

6. 扶贫助困一直是企业基金会重点关注领域

根据基金会中心网的分类学指标，按照基金会的项目信息进行分类后发现，企业基金会关注领域最多的分别是扶贫助困、公共服务、教育等，公益

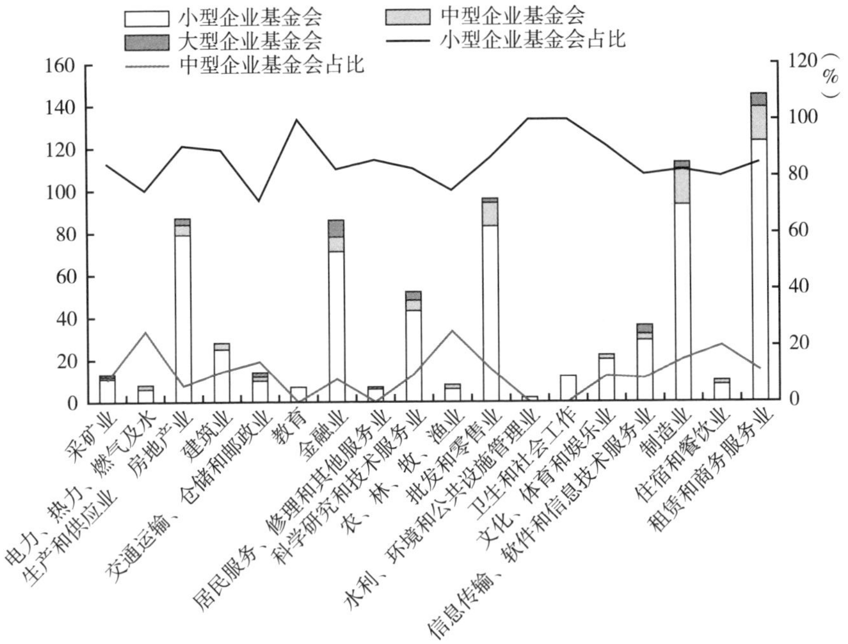

图 19　大中小型企业基金会行业分布

资料来源：基金会中心网，数据统计时间截至 2018 年 12 月 31 日。

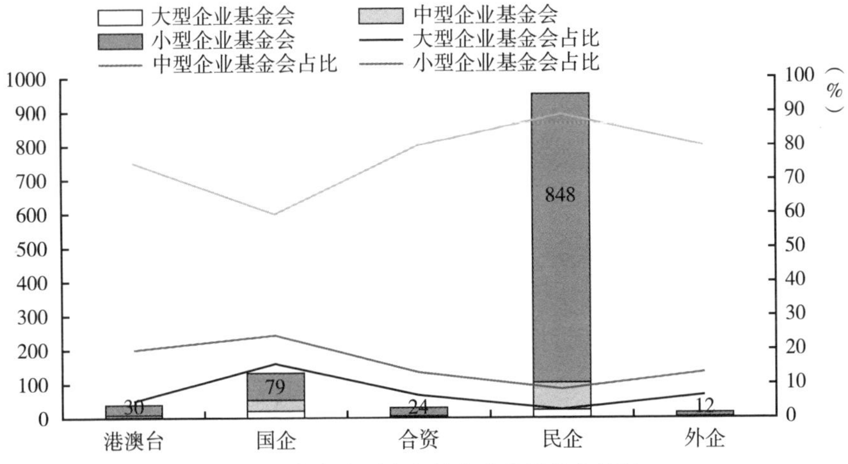

图 20　大中小型企业基金会背景分布情况

资料来源：基金会中心网，数据统计时间截至 2018 年 12 月 31 日。

支出在 2017 年分别达到 19.46 亿元，15.98 亿元和 15.05 亿元（见图 21、图 22、图 23、图 24）。

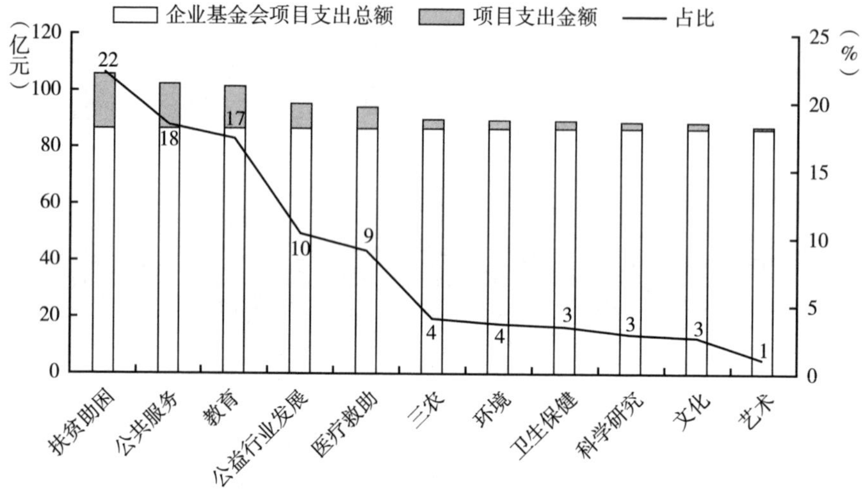

图 21　企业基金会 2017 年项目支出领域

资料来源：基金会中心网，数据统计时间截至 2018 年 12 月 31 日。

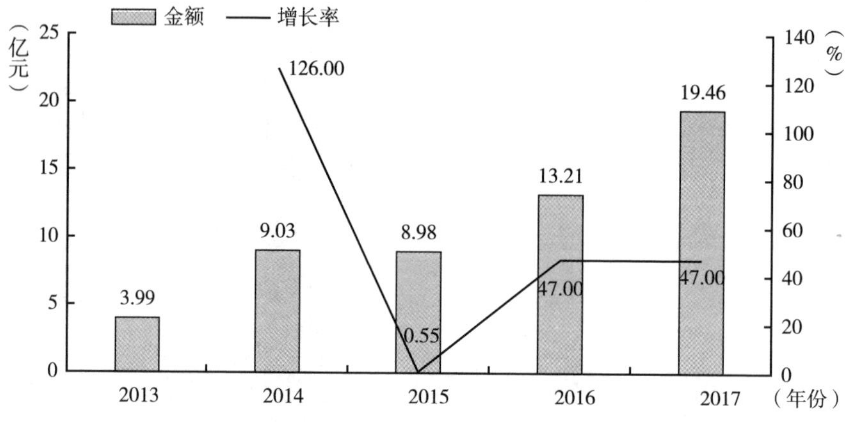

图 22　企业基金会项目支出领域为扶贫助困历年支出变化

资料来源：基金会中心网，数据统计时间截至 2018 年 12 月 31 日。

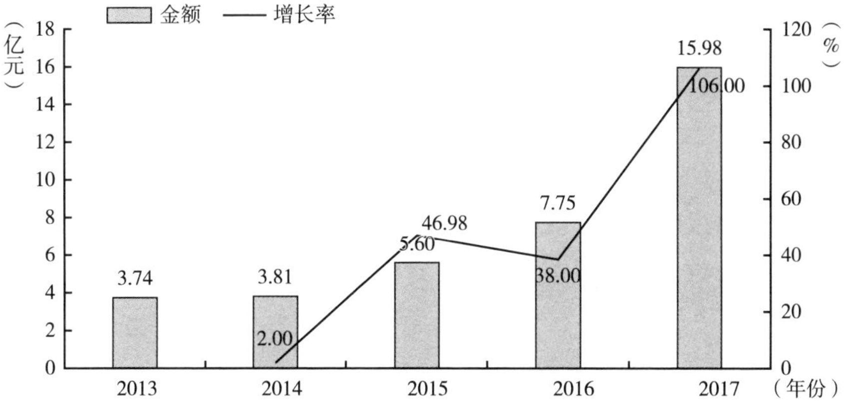

图 23　企业基金会项目支出领域为公共服务历年支出变化

资料来源：基金会中心网，数据统计时间截至 2018 年 12 月 31 日。

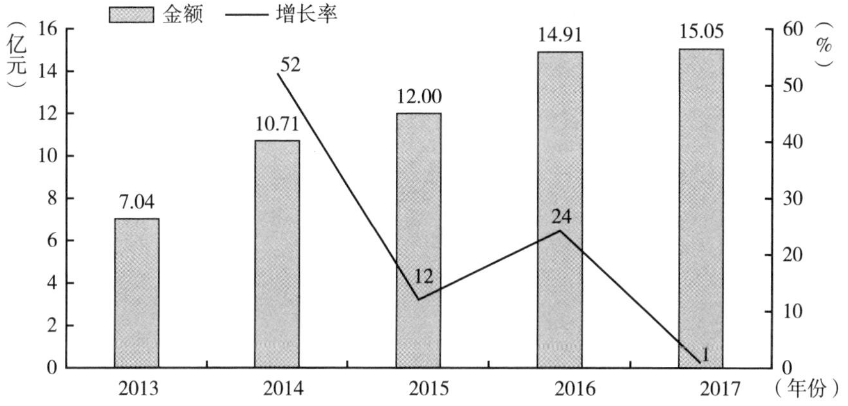

图 24　企业基金会项目支出领域为教育历年支出变化

资料来源：基金会中心网，数据统计时间截至 2018 年 12 月 31 日。

（三）中国社区基金会发展放缓

1. 社区基金会数量少、增长快

社区基金会，就是以“社区”作为主体，调动自身资源解决社区问题的公益组织。一般由所在社区成员发起成立，根植于社区、旨在解决社区问题的慈善团体。

在美国基金会百年发展的进程中，美国社区基金会不可或缺。社区基金会致力于募集善款，提升社区居民身心健康，改进社区治理情况。其关注项目领域主要集中在艺术与文化、社区健康、社区教育、社区环境、社区发展及社会服务、社会公平正义等多个方面。早在1914年，美国就成立了全球第一家社区基金会——克利夫兰社区基金会。2000年后，社区基金会得以迅速发展，其数量增长迅速，且扩展到美国之外的很多地区和国家。在中国，社区基金会还是一个新生事物，近年来我国社区基金会也开始迅速增长。例如2008年成立的桃源居公益事业发展基金会；2009年广东省千禾社区公益基金会注册登记。广东省千禾社区公益基金会作为一家立足珠三角的社区基金会，基于珠三角社区面临的生计、教育和环境问题，动员并联结基层政府、企业、基金会、慈善团体和研究机构等各界力量，持续开展社区服务、共建共享社区资源、打造社区文化，推动社区创新发展、合作与多元治理，进而建设公正、关爱和可持续发展的社会。2014年以来，深圳、上海、南京等城市相继出台促进社区基金会发展的政策，社区基金会开始快速发展。截至2018年12月31日，我国共有163家社区基金会，占全国基金会数量的2.3%。2013～2017年社区基金会进入快速发展期，2018年开始社区基金会进入缓慢发展期。

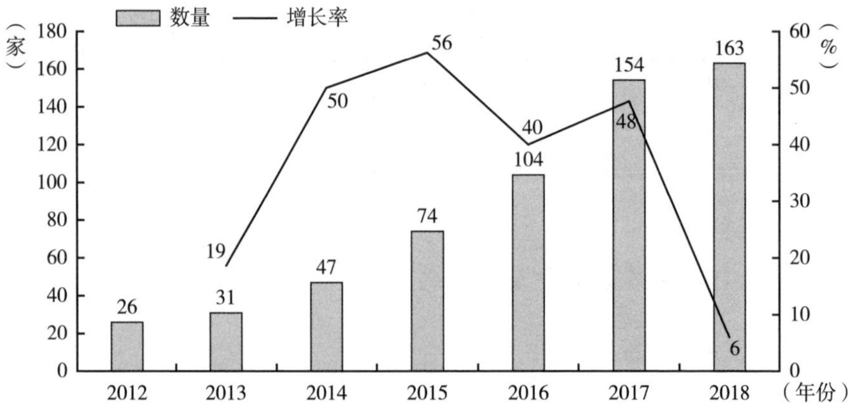

图25　社区基金会数量变化

资料来源：基金会中心网，数据统计时间截至2018年12月31日。

2. 社区基金会关注领域主要集中在社区发展与扶贫助困

根据基金会中心网数据，社区类基金会关注领域主要集中在社区发展与扶贫助困。其中关注社区发展的基金会数量为136家，占所有社区类基金会的83.4%。其他主要领域涉及“社区发展”中的具体问题，例如关注社区扶贫助困领域的有36家基金会，占总体的22.1%；关注老年人的有16家社区基金会，占总体的9.8%；关注教育领域，有13家社区基金会关注该领域，占总体的8.0%；关注残疾领域的有11家，占总体的6.7%。

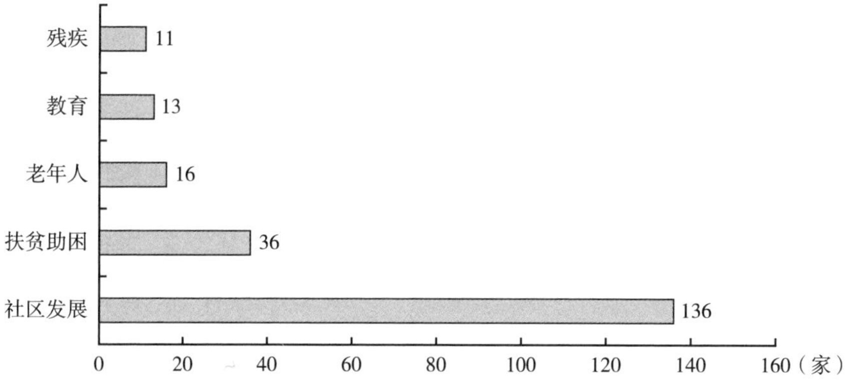

图26　社区基金会关注领域TOP5

资料来源：基金会中心网，数据统计时间截至2018年12月31日。

3. 净资产规模小，捐赠收入与公益支出逐年递增

根据基金会中心网数据，社区类基金会2017年净资产为5.60亿元，占全国基金会净资产的0.35%。社区类基金会在2015年开始进入快速增长期（见图27）。

捐赠收入方面，社区类基金会也保持着稳定增长。2017年社区类基金会捐赠收入为2.12亿元，占全国基金会捐赠收入的0.33%（见图28）。

在公益支出方面，2017年我国社区基金会的公益事业支出总额为1.09亿元，平均每家社区基金会的公益支出仅67万元。具体来看，支出总额排名前34家的社区基金会年支出总额均在67万以上，有129家社区基金会年度支出总额低于年度平均支出总额（见图29）。

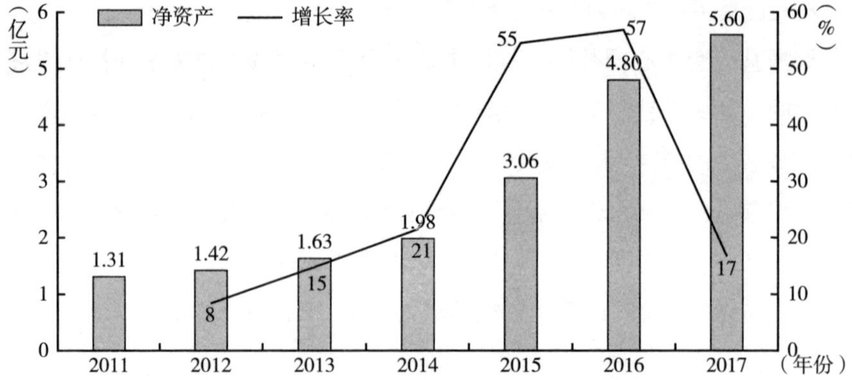

图 27　2011～2017 年社区类基金会净资产变化

资料来源：基金会中心网，数据统计时间截至 2018 年 12 月 31 日。

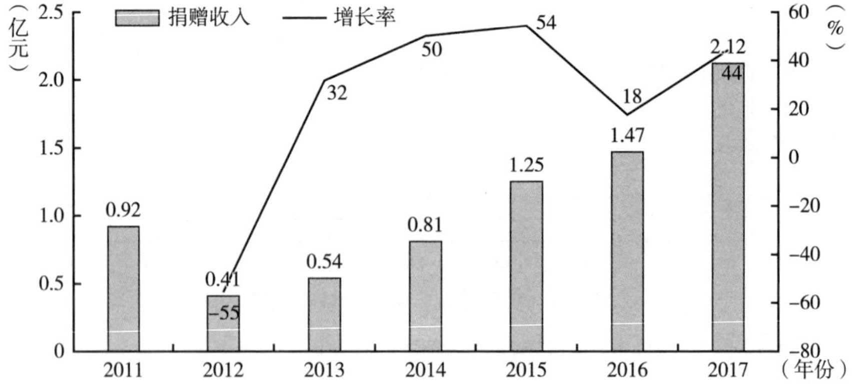

图 28　2011～2017 年社区类基金会捐赠收入变化

资料来源：基金会中心网，数据统计时间截至 2018 年 12 月 31 日。

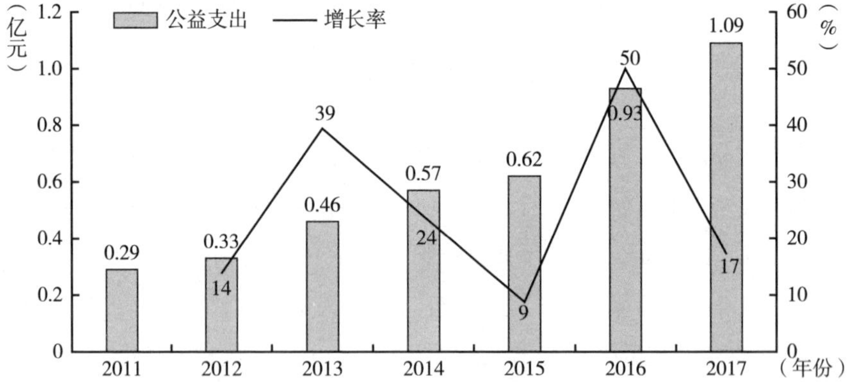

图 29　2011～2017 年社区类基金会公益支出变化

资料来源：基金会中心网，数据统计时间截至 2018 年 12 月 31 日。

4. 社区类基金会主要集中在上海市

从注册地数量来看，社区类基金会主要集中在上海市、广东省、江苏省，分别占到全部社区类基金会的46.0%，23.3%，16.0%，上海市社区类基金会占比最高。中国的社区类基金会起步较晚，2013 年，上海成立全国首家社区公募基金会——上海洋泾社区公益基金会。上海美丽心灵社区基金会成立于2012 年，是上海首家非公募社区类基金会。上海市浦东新区陆家嘴社区公益基金会于 2015 年成立。注册资金 100 万元，发起方是陆家嘴街道，注册在浦东的民政局。基金会全职人员 4 个，岗位包括秘书长、运营中心、研发中心、品牌中心。资金由街道直接进行劳务派遣，降低了基金会运营成本。基金会的服务范围是通过陆家嘴街道的行政区划来划定的。成立 3 年来，不仅改善了社区环境，而且加入了上海市城市设计联盟，开始参与到政策的制定。

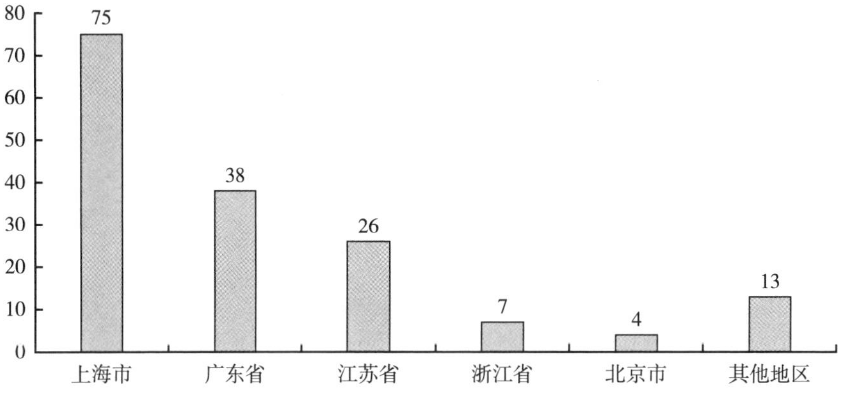

图 30　社区类基金会分布情况

资料来源：基金会中心网，数据统计时间截至 2018 年 12 月 31 日。

三　基金会发展比较突出的领域和地域

（一）北京市基金会基本情况概览

1. 北京市基金会数量

北京市基金会是指在北京市本级注册的基金会，在民政部登记注册，办公地址在北京市的基金会不在统计之中。1994 年北京市第一家基金会成立，到 2018 年，北京市基金会一直处于不断发展壮大中。根据基金会中心网数据，截至 2018 年 12 月 31 日，在北京市本级注册的基金会已有 748 家，占全国基金会数量的 10.7%，排名第二位。北京市基金会注册基金会每年保持稳定增长，年均增长率为 21%。2016 年《慈善法》公布，北京市基金会增长迎来高峰，当年增长率为 34%。

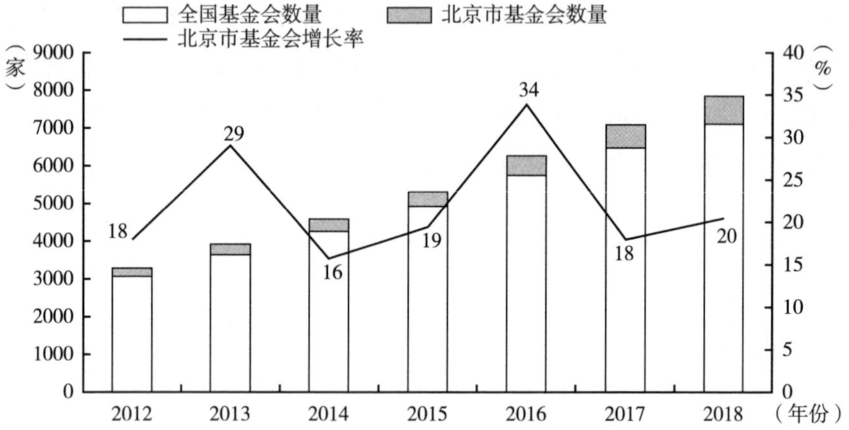

图 31　北京、全国基金会数量变化（2012 ~ 2018）

资料来源：基金会中心网，数据统计时间截至 2018 年 12 月 31 日。

2. 北京市大多数基金会净资产规模较大

根据基金会中心网数据，2017 年北京市本级注册基金会净资产为 80 亿元，占全国基金会净资产 5.1%；2017 年北京市本级基金会捐赠收入为 44 亿元，占全国基金会捐赠收入 6.9%；2017 年北京市本级基金会公益支出为 32 亿元，占全国基金会公益支出 5.9%（见图 32）。

北京市基金会从净资产规模来看，3000 万元以上是基金会主力军 56 家，占北京市基金会的 7.07%，占全国基金会数量的 0.86%。500 万 ~ 3000 万元基金会 153 家，占北京市基金会的 19.31%，占全国基金会数量的 2.35%。200 万 ~ 500 万元基金会 292 家，占北京市基金会的 9%，占全国基金会数量的 4.49%，200 万元以下基金会 47 家，占北京市基金会的 5.93%。占全国基金会数量的 0.72%（见图 33）。

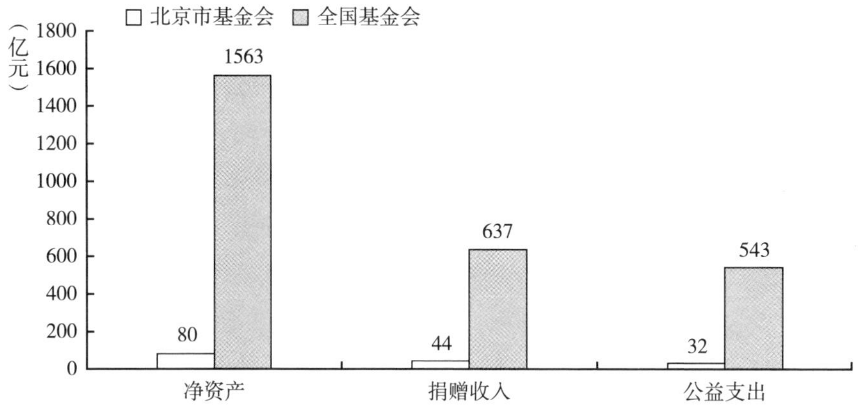

图 32　2017 年北京市基金会与全国基金会净资产，捐赠收入，公益支出对比

资料来源：基金会中心网，数据统计时间截至 2018 年 12 月 31 日。

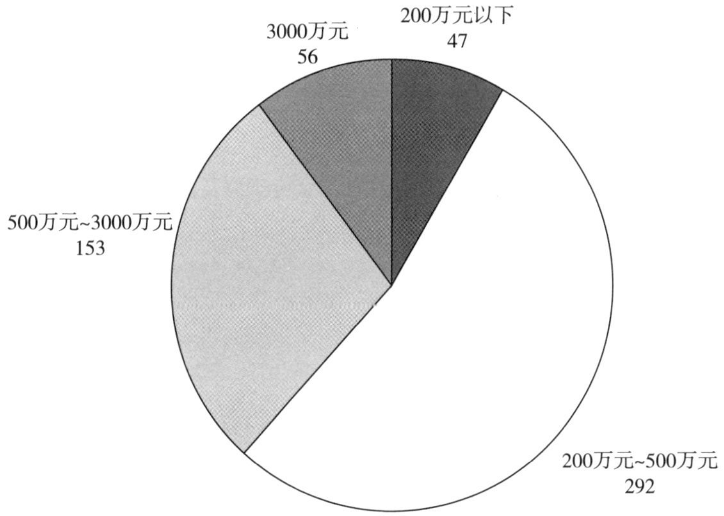

图 33　2017 年末北京市基金会净资产规模

资料来源：基金会中心网，数据统计时间截至 2018 年 12 月 31 日。

3. 北京市基金会类型分析

根据基金会中心网统计，截至 2018 年 12 月 31 日，北京市本级注册基金会共748家。其中，社区型基金会4家，占北京市注册基金会的0.53%；学校型基金会52家，占北京市注册基金会的6.95%；企业型基金会221家，占北京市注册基金会的29.55%；系统型基金会50家，占北京市注册基金会的6.68%；个人背景基金会312家，占北京市注册基金会的41.71%；其他类型基金会110家，占北京市注册基金会的14.71%（见图34）。

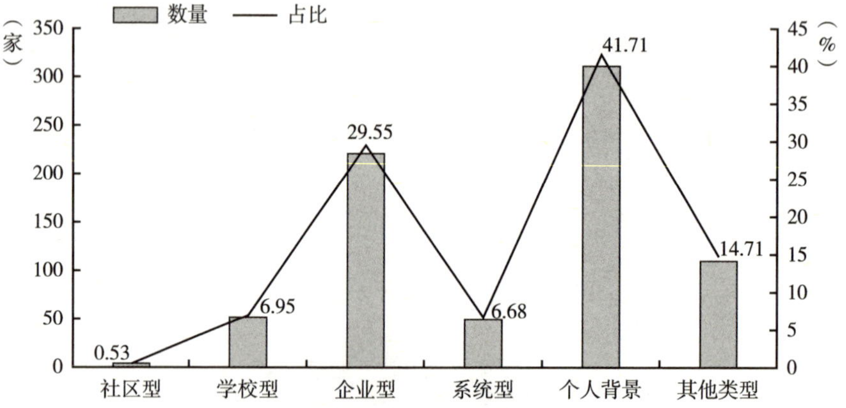

图34　北京市本级注册基金会类型及占比

资料来源：基金会中心网，数据统计时间截至2018年12月31日。

4. 北京市基金会透明度领先全国

根据中基透明指数FTI统计结果，截至2018年12月31日，在北京市注册的基金会透明度平均分为57.22分，在全国省级基金会中排名第一，仅次于在民政部注册的基金会。并连续五年北京市本级注册基金会FTI平均分高于全国基金会FTI平均分（见图35、图36）。

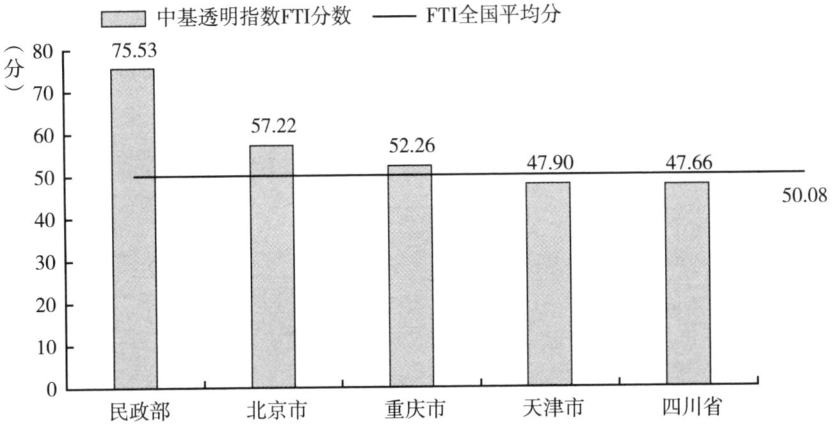

图 35　2018 年全国基金会透明度得分 TOP5

资料来源：基金会中心网，数据统计时间截至 2018 年 12 月 31 日。

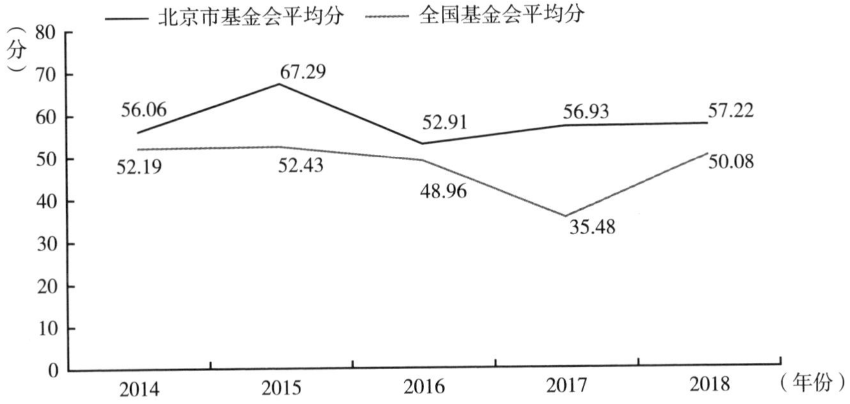

图 36　2014～2018 年北京市本级基金会与全国基金会 FTI 平均分

资料来源：基金会中心网，数据统计时间截至 2018 年 12 月 31 日。

中基透明指数 FTI 显示，截至 2018 年 12 月 31 日，满分基金会数量 190 家，其中在民政部注册的基金会有二成多的透明度达到满分，北京市基金会透明度为满分的基金会透明度占比 9%，排名第二（见图 37）。

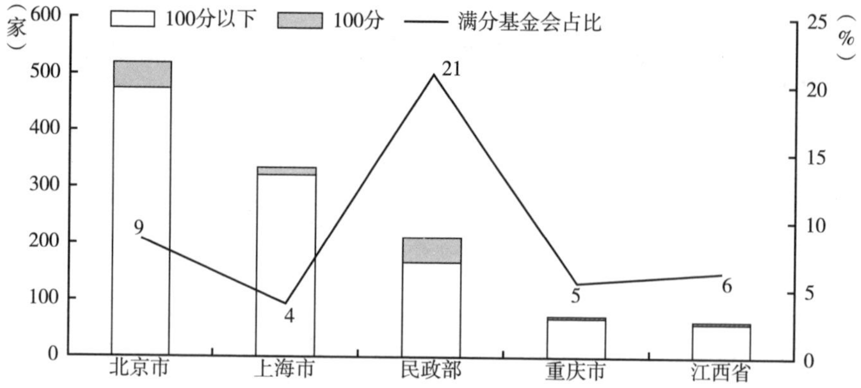

图 37　2018 年注册地满分基金会数量占比 TOP 5

资料来源：基金会中心网，数据统计时间截至 2018 年 12 月 31 日。

（二）涉及妇女项目的基金会发展迅速

1. 涉及妇女项目的基金会数量

根据基金会中心网数据，基金会涉及妇女的项目每年稳定增长，由 2013 年的 85 家增加到 2017 年的 164 家，年均增长率为 20%。

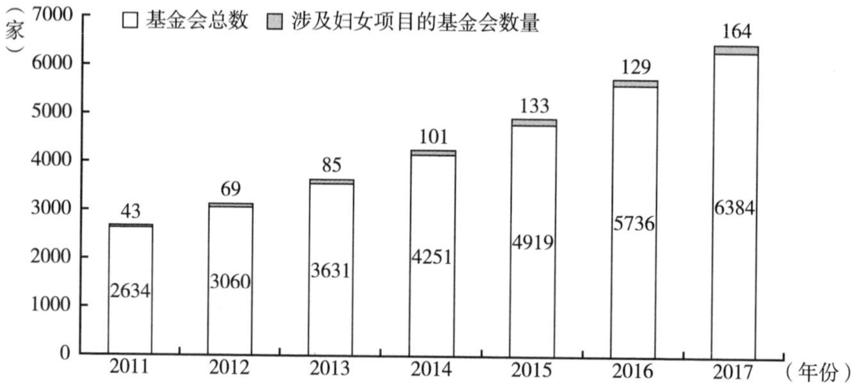

图 38　涉及妇女项目的基金会数量

资料来源：基金会中心网，数据统计时间截至 2018 年 12 月 31 日。

2. 涉及妇女项目收入在2015年后大幅增加

涉及妇女项目的基金会收入在 2014 年小幅降低，随后在 2015 年收入大幅增加。支出方面，2016 年支出小幅度降低，在 2017 年支出增加，与收入趋于接近（见图 39）。

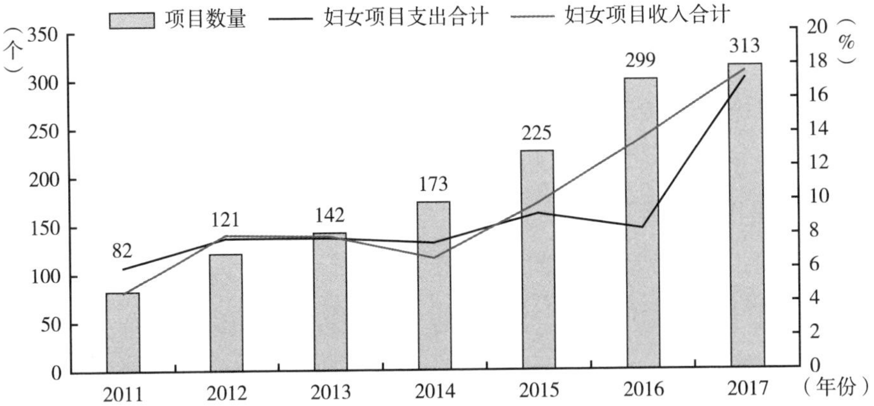

图 39　涉及妇女项目数量及收入支出变化

资料来源：基金会中心网，数据统计时间截至 2018 年 12 月 31 日。

3. 涉及妇女项目的基金会分布主要集中在北京市、广东省、重庆市

截至 2018 年 12 月 31 日，北京市共有 39 家基金会共开展了 82 个涉及妇女的项目，名列首位。广东省 44 家基金会开展了 63 个涉及妇女的项目，排名第二位。重庆市 11 家基金会开展了 19 个涉及妇女的项目排名第三位（见图 40）。

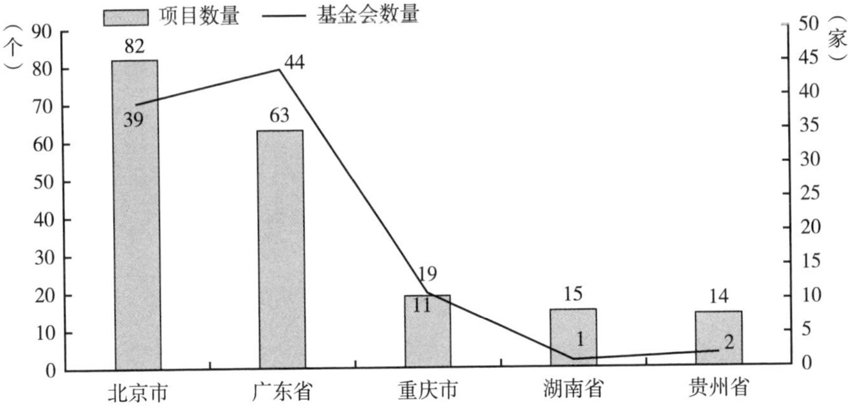

图 40　涉及妇女项目的基金会分布 TOP 5

资料来源：基金会中心网，数据统计时间截至 2018 年 12 月 31 日。

（三）涉及大病救助类项目的基金会发展快速

1. 业务范围包含大病救助类的基金会数量增幅较大

近年来大病救助类基金会发展快速，根据基金会中心网数据，2018 年医疗领域基金会突破 1000 家，达到 1019 家。2017 年开始，大病救助类基金会数量快速增加，2017 年相比 2016 年增长了 44%（见图 41）。原因是 2017 年，是医疗政策频发的一年，国务院、国家卫计委等部门相继发布多项政策法规，在医疗政策改革的推动下，医疗行业正步入规范的快车道。例如，2017 年 11 月 8 日国家卫计委颁布《关于印发康复医疗中心、护理中心基本标准和管理规范（试行）的通知》，鼓励社会力量举办康复医疗机构、护理机构，打通专业康复医疗服务、临床护理服务向社区和居家康复、护理延伸的“最后一公里”。

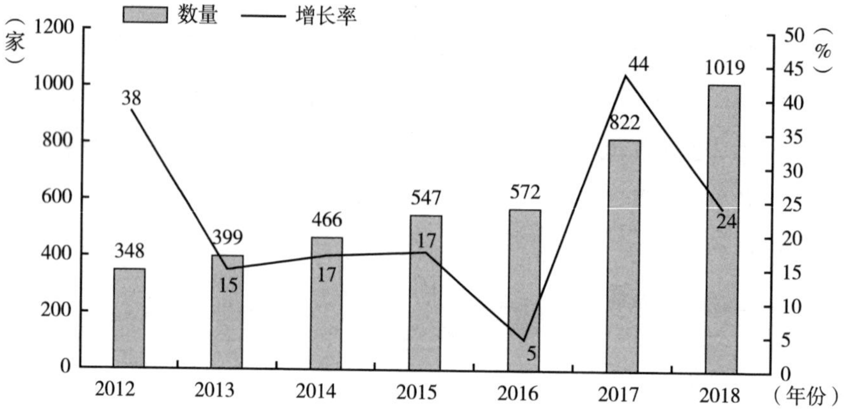

图 41　大病救助类基金会数量变化（2012～2018）

资料来源：基金会中心网，数据统计时间截至 2018 年 12 月 31 日。

2. 大病救助类基金会主要集中在经济发达地区

大病救助类的 1019 家基金会中，65% 的基金会来自经济发达地区，分别是：北京市、广东省、江苏省、浙江省、上海市。北京市共有 235 家大病救助类基金会，占北京市基金会总量的 31%。广东省共有 197 家大病救助类基金会，占广东省基金会总量的18%。江苏省共有114家大病救助类基金会，占江苏省基金会总量的16%。广东省基金会总量虽然大于北京市基金会总量，但是大病救助类基金会占比低于北京市（见图42、图43）。

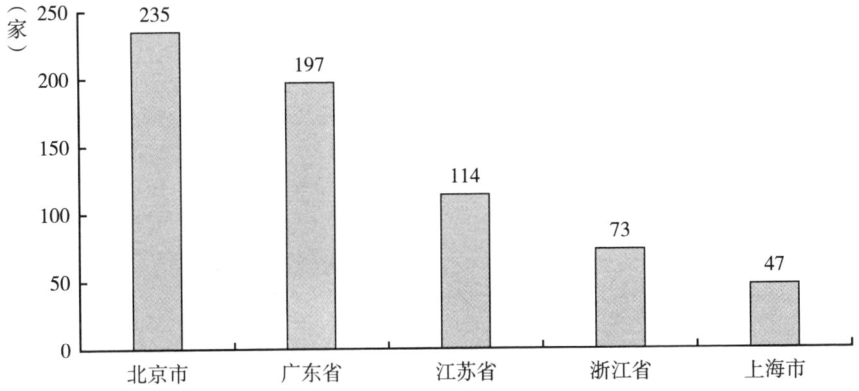

图42　大病救助类基金会分布TOP5

资料来源：基金会中心网，数据统计时间截至2018年12月31日。

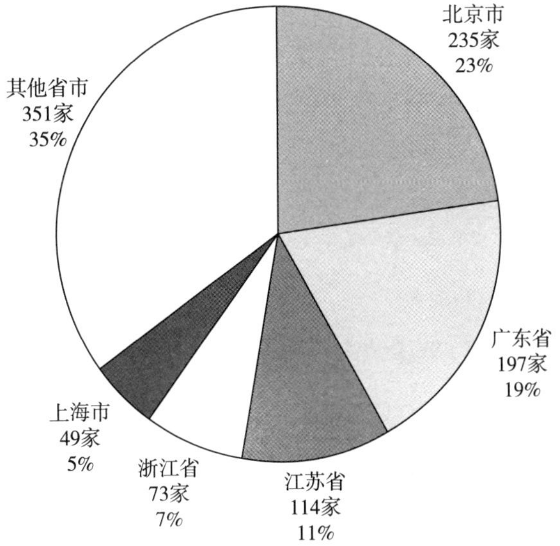

图43　大病救助类基金会占比

资料来源：基金会中心网，数据统计时间截至2018年12月31日。

3. 大病救助项目受益群体主要集中在弱势群体

大病救助项目主要受益群体为弱势群体，公益支出金额约为109亿元，占所有大病救助项目支出的95%。弱势群体进一步细分可以看出，在弱势群体中支出最高的为疾病患者，支出金额98.00亿元，占所有受益群体为弱势群体的92.45%。其次为妇女，支出金额为3.89亿元，占所有受益群体为弱势群体的3.67%。再次为残疾人，支出金额为2.95亿元，占所有受益群体为弱势群体的2.78%。大病救助类基金会把关注重点放在了重大疾病以及普通疾病患者中，另一弱势群体老年人，对基金会吸引力不大，所占比重最低。

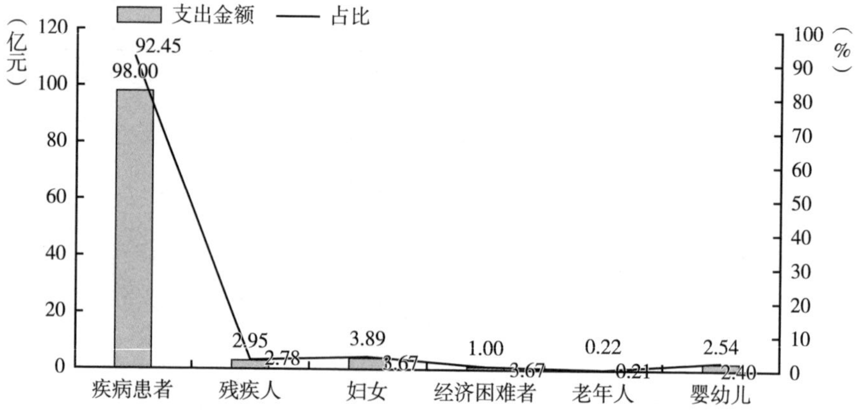

图44　受益群体为弱势群体的公益支出情况

资料来源：基金会中心网，数据统计时间截至2018年12月31日。

（四）我国慈善行业多元化发展

1. 影响力投资：推动创新的商业模式，实现经济和社会的可持续发展

影响力投资自2007年被引入中国，社会企业在中国的发展迅速，社会各领域出现一批有代表性的社会企业。随着社会企业发展，影响力投资也渐成规模。党的十九大在教育、健康、生态等领域要求补齐基础设施和公共服务短板、激发脱贫内在动力、打赢脱贫攻坚战的具体要求下，如何助力脱贫

攻坚，对影响力投资提出了挑战。在当前中国进入新时代、经济社会发展面临新矛盾的背景下，影响力投资更是迎来了新的历史发展机遇，谋求更大范围内社会问题的可持续解决。

2018 年 5 月底，中国社会企业与社会投资论坛 2018 年年会在深圳举行。中国扶贫基金会的代表副秘书长丁亚冬表示，社会企业致力于用创新的方式促进社会问题的解决，融合了现代企业制度和现代慈善机制的长处，有助于我们的社会更加美好。倡导并推动影响力投资，借助资本的力量帮助社会企业规模化发展，进而有效推进精准扶贫、精准脱贫，需要汇聚社会各界的共识。影响力投资和社会企业可以汇聚起社会各界力量，通过商业和公益的结合提供社会问题解决方案，并且可以将公共部门、私营部门结合在一起，通过金融创新，推动创新的商业模式，实现经济和社会的可持续发展。①

2. 规模化：公益行业发展的自然规律和必然趋势

为了促进公益产品进一步规模化，实现优质公益产品与社会需求形成有效对接，高效并大规模地解决社会问题，由南都公益基金会发起，多方共建了中国好公益平台。中国好公益平台作为一个开放共享的公益产品规模化平台，其意义在于可以通过与大量县一级公益组织的合作，把好公益带到更多老百姓身边，同时带动能力传递和资源下沉，促进基层公益组织更好更快地发展。并通过规模化让好项目好产品得以复制，使更多人从中受益。受益人增加是规模化发展最直接的成果和体现。

自 2017 年中国好公益平台启动以来，好公益平台已经签约公益产品 53 个，涵盖了教育、安全健康、环保、特需人群关爱等多个领域，签约各省市地区枢纽合作基地 40 家。好公益平台上已经涌现出一批规模化初见成效的优质公益产品。例如，彩虹村助学、女童保护、十方缘 – 老人心灵呵护、爷爷奶奶一堂课、公益小天使、义仓等。

① 丁亚东，中国社会企业与社会投资论坛 2018 年年会，深圳，2018 年 5 月 31 日至 6 月 1 日。

3. 教育：第一家由基金会举办的社会大学——西湖大学

西湖大学是中国历史上第一所由社会力量举办、国家重点支持的新型研究型大学。西湖大学借鉴美国加州理工大学的规模和斯坦福大学的办学理念，集社会力量办校，董事会领导下的校长负责制、非营利性的公助民办研究型大学。西湖大学的前身是浙江西湖高等研究院，由施一公、陈十一、潘建伟、饶毅、钱颖一、张辉、王坚七人倡议筹建。2018 年 2 月 14 日，教育部正式批复同意设立西湖大学。主要开展基础性、前沿科学技术研究，着重培养拔尖创新人才，秉承“高起点、小而精、研究型”的办学定位；聚焦理学、生命与健康、前沿技术等方向，设立一级学科，并注重学科交叉，力求在基础研究和前沿技术创新方面有所突破。

西湖大学是中国高等教育的一个全新探索，是科研力量由公立转向私立的新开端。

4. 创新筹款：把公益和公众的喜欢结合，创造“公益也是快乐的体验”

一个鸡蛋暴走是一项运动型公众筹款活动，是上海联劝公益基金会在 2011 年发起的公益活动，已经有 7 年历史，每年都有上千人参与。实现个人挑战和公益参与的双重价值，获得身体力行的公益实践和丰富的快乐公益体验。7 年间累积参与人数 19687 人，累积筹款 4345 万元，获得捐赠 25.6 万次。

上海联劝公益基金会成立以来始终致力于联合劝募，支持民间公益。并且以社会问题为导向，联合企业、公众、公益组织共同开展联合劝募活动。募用分离，通过专业透明、高度问责的方式将慈善资源统筹分配给公益组织。

B.6
2018年中国企业公益报告

李东瑶　熊祎伟　王　睿*

摘　要： 本报告选取150家样本企业，通过公开资料，梳理它们在中国的公益实践现状，包括公益资金投入、关注领域、公益模式、品牌项目、专业化程度、员工志愿者参与和公众参与情况等，分析各类别和行业的企业公益发展水平，以及中国企业海外公益实践的情况，指出其中呈现的新趋势，并着重对企业参与精准扶贫的模式转变进行探讨，提出分析与思考。

关键词： 企业公益　公益领域　公益模式　公益专业化　精准扶贫

据中国慈善联合会于2018年9月发布的《2017年度中国慈善捐助报告》，2017年，我国慈善捐赠总额达到1499.86亿元，较上年增长7.68%；其中来自企业的捐赠共计963.34亿元，占捐赠总额的64.23%。这一比例在过去十年间基本在50%～70%，2009年企业捐赠占比（60.3%）超越个人捐赠占比（26.5%），企业自此成为我国公益捐赠的第一主体。

2011年之后，企业捐赠所占比例呈稳中有升的态势，2015年达到峰值70.72%，此后便逐年缓慢下降。但企业捐赠额实际上一直保持增长，2016年，企业捐赠总额首次突破900亿元，同比增加15.86%，但占总体的比例

---

* 李东瑶，台湾政治大学哲学博士，北京瑞森德信息咨询有限公司高级咨询师；熊祎伟，苏州大学社会学学士，从事公益行业项目资助管理工作多年；王睿，中国人民大学社会学硕士，北京瑞森德信息咨询有限公司咨询总监。

却下降了5.5个百分点。与此同时，个人慈善捐赠占比自2014年起保持增长。2014年，恰好是腾讯推出“一起捐”的时间，互联网公益的发展可能促进了个人捐赠，逐渐影响着行业格局[①]（见图1）。

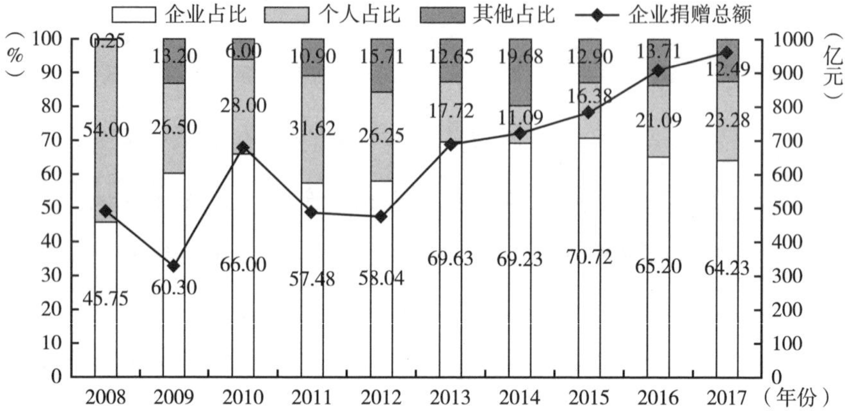

图1　2008～2017年中国不同捐赠主体捐赠额占比及企业捐赠总额

为了解企业这一重要的捐赠主体开展公益行动的现状，分析其特点、偏好、发展趋势等，本文选取了150家企业作为分析样本，其中国有及国有控股企业、民营企业、外资（含港澳台）企业各50家。国有企业和民营企业的样本以中国企业联合会、中国企业家协会联合发布的“2018年中国企业500强榜单”[②]为基础，对企业的所有制采用了二分法：国有及国有控股企业，民营企业。本文按照营业收入，分别从两类企业中依次选取前50家进行分析。

外资企业的样本以2018年《财富》世界500强企业榜单为来源[③]，从中甄选出50家在中国开展核心业务的外资企业，与国内企业一同进行比较分析。[④]

① 中国慈善联合会：《2017年度中国慈善捐助报告》，2018，第23～24页。

② 中国企业联合会、中国企业家协会：《关于公布2018中国企业500强的通知》，2018年9月4日，http://www.cec-ceda.org.cn/view_sy.php?id=37794。

③ 《2018年财富世界500强排行榜》，财富中文网，2018年7月19日，http://www.fortunechina.com/fortune500/c/2018-07/19/content_311046.htm。

④ 150家企业分析资料来源于企业官方网站、社会责任报告、媒体新闻等公开披露的信息。

一　企业公益总体现状

这150家企业分布在23个行业，各行业分布情况如下（见图2）。

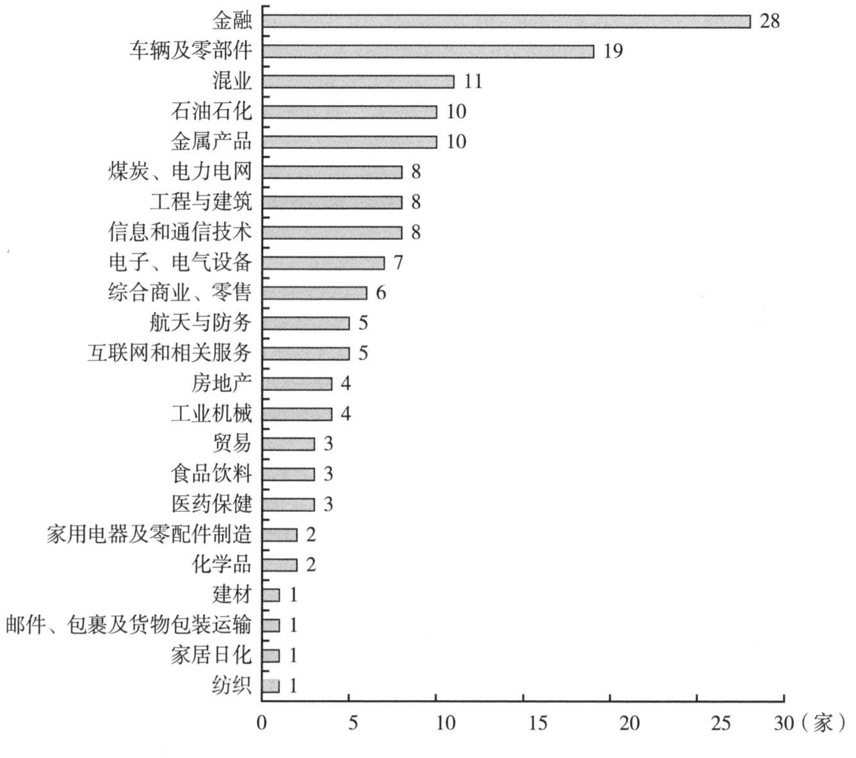

图2　150家企业的行业分布

这些企业中的绝大部分披露了不同程度的公益投入和实践，占到总体的94%，仅有9家企业未披露有效信息。其中国有及国有控股企业在国家政策指引下大都发布了企业社会责任报告，因此公益相关信息披露得相对规范、充分。民营企业有超过一半发布了相应报告。外资企业则大都在企业网站进行了社会责任或社会公益相关的信息披露，其中有不到1/3的企业专门发布了中国区或大中华区的企业社会责任报告。由信息披露情况可知，这些各行业领先的企业大都已具公益意识，从事公益已经是较为普遍的行为，绝大多数企业有所行动（见图3）。

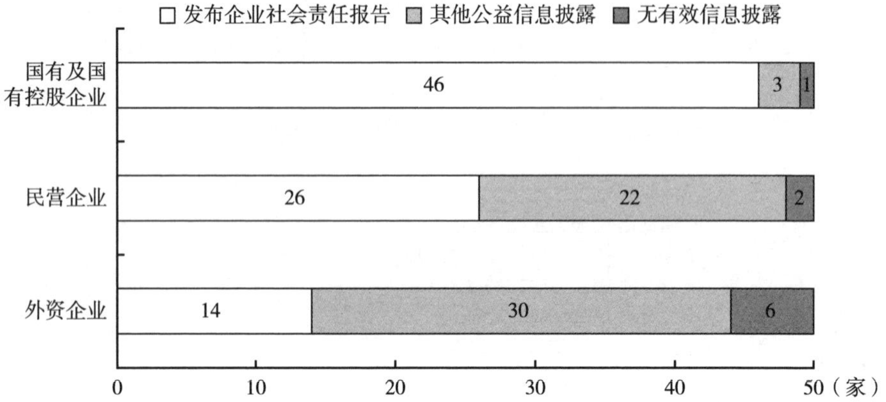

图3　150家企业公益信息披露情况

注："发布企业社会责任报告"即指企业发布了针对或内含2017年度相关数据和资讯的报告。其中外资企业有14家发布了中国区或大中华区相应年度的报告。

二　企业公益领域分析

延续上期报告[①]，本报告继续将企业公益实践纳入13个领域，其中传统的扶贫助困和教育助学仍是最受企业关注的公益领域，其次是环境保护和灾害救助。在扶贫助困领域中，有90家企业响应中央提出的精准扶贫战略，开展了以定点帮扶为主要形式的扶贫项目。与上一年相比，企业关注的公益领域更加多元，在支持就业创业创新、社区建设和服务、支持学术研究及推动行业发展、文化艺术、提供技术产品或平台等需要较深理解和投入的方向，参与企业明显增多。关注各公益领域的企业数量分布见图4。

大部分企业关注两个以上公益领域，呈现出多元尝试的特点。与上次报

① 王睿：《2017年中国企业公益报告》，载杨团主编《慈善蓝皮书：中国慈善发展报告（2018）》，社会科学文献出版社，2018，第146～168页。

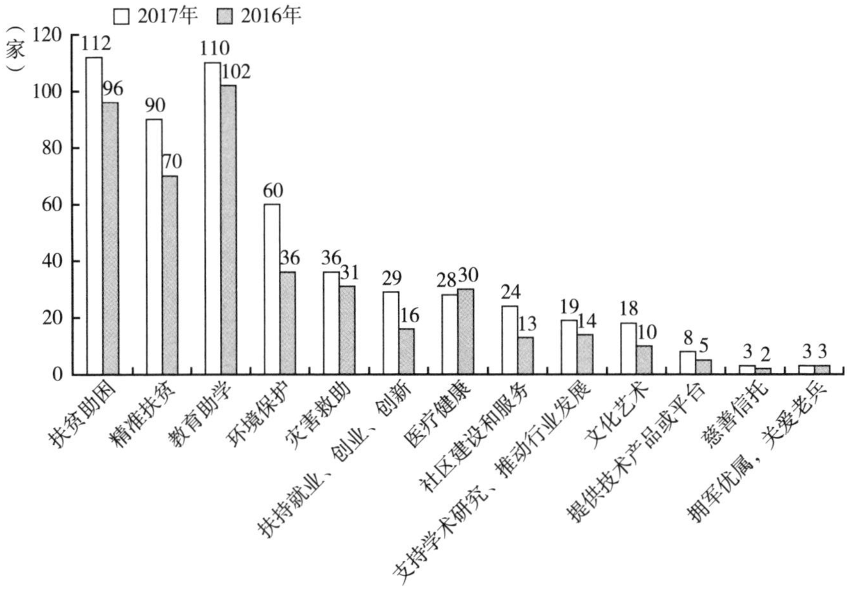

图4　2016 年、2017 年关注各公益领域的企业数量

告期①相比，国有及国有控股企业关注公益领域的数量变化不大，大部分（72%）关注 3 个及以上的公益领域；民营企业和外资企业关注公益领域的数量则有所增长，由之前集中于三个以内的公益领域，拓展为更为丰富多元的公益尝试（见图 5）。

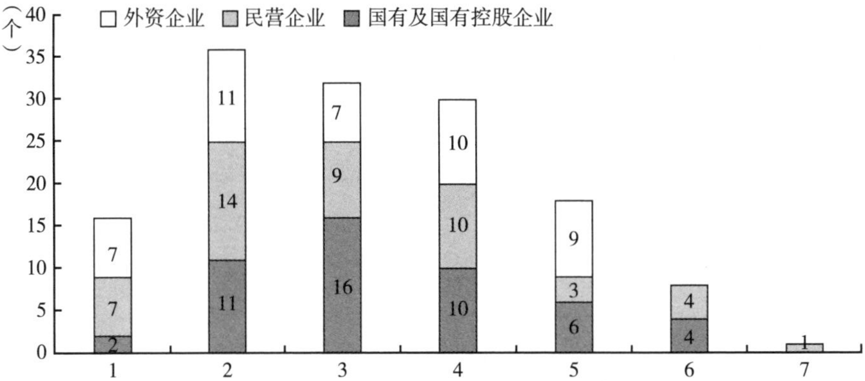

图5　企业关注公益领域的数量分布

① 王睿：《2017 年中国企业公益报告》，载杨团主编《慈善蓝皮书：中国慈善发展报告（2018）》，社会科学文献出版社，2018，第 150 页。

（1）两大领域最受关注

扶贫助困和教育助学长期以来一直是各类企业普遍关注的公益领域。在披露了有效公益信息的141家样本企业中，参与这两个领域的企业所占比例分别为79%和78%。

企业对扶贫领域的青睐与国家政策的倡导和要求有很大关系。2015～2016年，中共中央、国务院陆续发布《关于打赢脱贫攻坚战的决定》《“十三五”脱贫攻坚规划》系列减贫脱贫政策，明确以精准扶贫、精准脱贫为基本方略，“强化国有企业帮扶责任”“引导民营企业参与扶贫开发”等。在上述政策指引下，我国国有及国有控股企业、民营企业在为弱势群体送爱心等传统助困事业之外，积极参与、加大投入以精准扶贫为核心的扶贫助困工作。延续上一年的趋势，参与精准扶贫的国有及国有控股、民营企业数量进一步增长，从70家增加到89家。外资企业较少参与此类扶贫工作，仍主要集中于对残障人士、留守儿童、高龄老人等弱势群体的帮扶（见图6）。

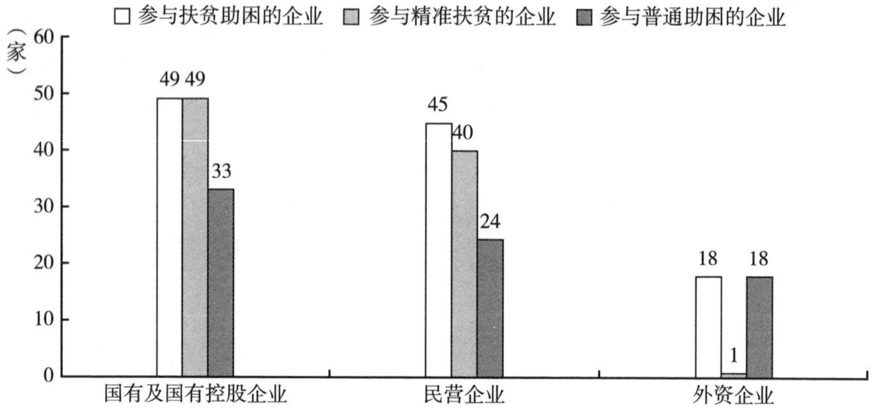

图6　参与扶贫助困的企业类别分布

可以看到，样本企业中的绝大部分国有及国有控股、民营企业都参与了精准扶贫工作。外资企业中的汇丰银行控股公司，也自2016年开始对中国扶贫工作做出了尝试。通过设立“汇丰－海惠广东贫困农村生态农业扶贫项目社区发展基金”，汇丰银行向项目地广东省恩平市那集镇捐赠150万美金（折合人民币约960万元），计划以6年为周期，通过“造血式扶贫”支持当地社区公益事业及产业发展。

教育公益同样吸引了众多企业的关注和投入。在参与教育公益的110家企业中，国有及国有控股企业39家，民营企业33家，外资企业38家，都在各自的企业类别中占有相当比例。有所不同的是，这三类企业在教育助学的内容和方式上各有侧重。扫描这些企业的教育公益实践，可大致归纳出两类典型的教育助学模式：一为“基础助学”，即通过设立奖学金、捐资捐物捐建、培训教师等方式进行扶贫式的助学；一为“成长拓展”，即通过夏令营、特设课堂、主题活动/项目等方式，为青少年提供包括艺术、科技、金融、安全、环保等多方面的素质拓展窗口。通过数据可明显看出，我国国有及国有控股和民营企业习惯采取“基础助学”模式，外资企业则更偏重开展科技创新、健康成长、全面发展的素质教育类项目（见图7）。

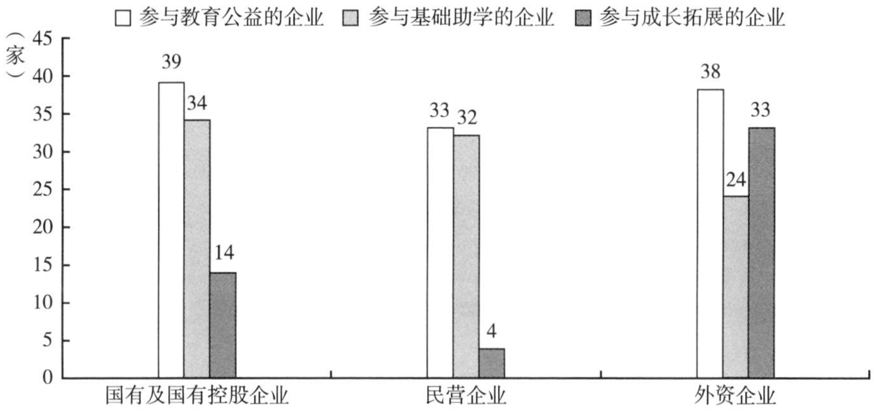

图7　关注教育领域的企业类别分布

（2）三类企业各有偏好

在扶贫助困和教育助学之外，国内企业相较外资企业更为关注灾害救助和医疗健康领域，这也是较容易唤起人们善心的“救急”类项目。此外，国有及国有控股企业的社区建设和服务类项目较多，这可能与国有及国有控股企业将志愿者活动纳入企业社会责任报告、积极披露相关信息有关。

在环境保护、扶持就业创业创新、支持学术研究及推动行业发展等更"重长远"的领域，外资企业占据优势。披露有效信息的44家外资企业样本中，有超过一半的企业参与环保公益。实际上，外资企业对环保公益的关注度，仅次于教育公益，并远超其他公益领域。此外，外资企业也更偏好创业创新类项目，以及推动行业发展的长期研究项目，这些项目大都重视青年、女性及高校的力量，通过赛事、培训、资金支持等，鼓励人才成长与科研成果转化为生产力。

民营企业在支持文化艺术公益，以及提供技术产品或平台方面有亮眼表现。在文化艺术公益领域，诸如中国民生银行股份有限公司通过在北京、上海捐资建设并成功运营美术馆而推进的"艺术公益"，万科企业股份有限公司围绕"文化遗产保护"而开展的多个项目，都逐步形成了差异化的企业公益特色、品牌和优势。此外，民营企业中的互联网企业如腾讯、阿里巴巴和京东，则能够依托自身平台和技术为公益事业提供服务（见图8）。

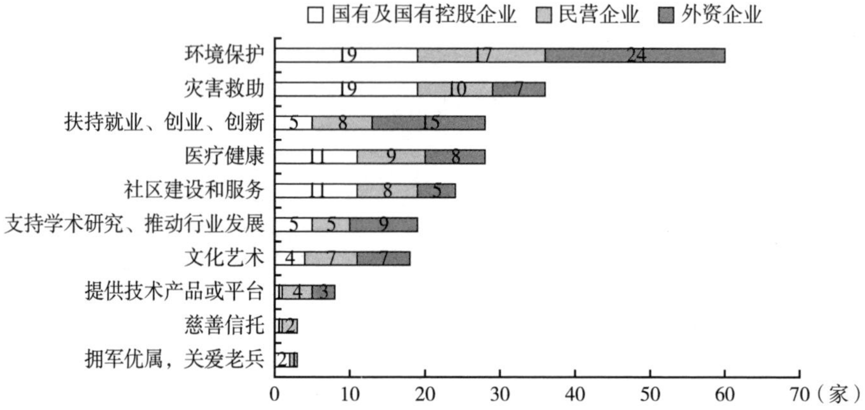

图8 各类别企业投入其他公益领域分布

（3）不同行业各擅胜场

分属不同行业的企业，所关注的公益领域也呈现出一定的行业特点。以下仅以企业数量排名前两位的两大行业为例进行说明。

金融行业重视金融科普教育，且积极助力文化艺术类公益项目。在基础助学项目之外，开展经济、金融相关的教育普及活动，是金融行业参与教育公益的特色。隶属金融行业的28家样本企业中，有22家参与了教育助学，其中8家开展了“金融教育”相关项目：国内企业大都面向公众进行单次、短期的宣讲式普及；外资企业则多面向老年人、大学生、青少年、劳务工人等特定群体，深入社区、高校、农村，通过相对长期、系统的课程或项目，推进金融知识普及。汇丰银行（中国）有限公司在此方面的工作非常典型，2005～2018年，汇丰中国面向不同年龄阶段、不同社会身份人群，启动了超过20个公众金融教育项目，其中还包括“‘一带一路’建设者金融知识普及计划”，为“一带一路”中国沿线6个重点省市的建设者普及金融知识。

此外，金融行业对于文化艺术公益领域的关注和投入，较其他行业更为突出。18家关注文化艺术的企业中，有1/3来自金融行业，它们长期支持音乐节、艺术馆、文化遗产保护等公益项目。

车辆与零部件行业则重视安全科普教育与环境保护。样本企业中有19家为车辆相关企业，其中外资企业12家。参与教育助学的16家车企当中，有一半企业均开展了与安全教育相关的项目或活动，尤以儿童交通安全教育为重。外资车企大都开展了此类活动，国内车企也在基础助学项目之外逐步跟上。

此外，车企行业也相当重视环保公益。始于1983年的“福特汽车环保奖”于2000年进入中国，宝马爱心基金携手山水自然保护中心助力三江源生态创新，大众汽车集团（中国）与中华环境保护基金会共同设立环境教育专项基金，都是外资车企对中国环保的重要参与。

三　企业公益模式分析

本文将企业参与公益的模式分为直接捐助、捐助专业机构、直接运作项目、产品公益四种。可以看到，各类别企业所偏好的公益模式差异明显：国有及国有控股企业和民营企业均热衷于直接捐助，外资企业则更偏好直接运作项目和捐助专业机构（见图9）。

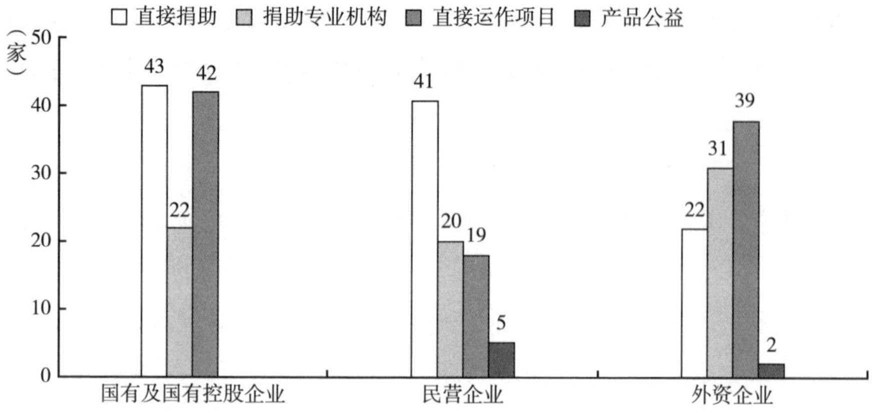

图 9　各类别企业所采公益模式分布

1. 直接捐助仍是国内多数企业的优先选择

直接捐助，即企业自发对受助对象进行捐赠或帮助，如定点扶贫、助学、直接帮助困难群体等。在披露有效信息的 141 家企业中，共有 106 家企业通过直接捐助支持公益，占比 75%，与上一个报告期基本一致。其中国有及国有控股企业 43 家，民营企业 41 家，外资企业 22 家。可以看到，直接捐助是大部分国有及国有控股企业和民营企业所青睐的公益方式；其中民营企业对直接捐助的偏好尤为明显，远超于对其他公益模式的选择。这在一定程度上体现出民营企业参与公益的方式仍较为简单。

2. 捐助专业机构的外资企业数量多

有 73 家企业采取了捐助基金会、公益组织等专业公益机构，或与其合作开展项目的方式从事公益活动。其中国有及国有控股企业 22 家（30%），民营企业 20 家（27%），外资企业 31 家（43%）。可以看出，相较于国有及国有控股和民营企业，外资企业更倾向于与专业公益机构合作。这体现出外资企业对公益专业化及公益成效的看重。

出于品牌传播和风险控制等考虑，许多企业选择参与大型基金会的成熟品牌项目，如中国青少年发展基金会的“希望小学”项目、中国扶贫基金会的“爱心包裹”项目、中国发展研究基金会的“山村幼儿园”

计划等。也有一些企业与相关机构合作开发了新的公益项目，如美的集团与 WWF 的“星空计划”、宝洁中国与中国教育发展基金会的“全国学校健康教育计划”等。此外，具有独特专长领域的公益机构，如实行全免费寄宿制的民间教育慈善机构光爱学校、关注公益创新的友成企业家扶贫基金会、地方性的慈善会等，也是企业开展相关专业项目所青睐的合作对象。

3. 直接运作公益项目的企业数量有所增长

共 100 家企业有自己直接设计和运作的公益项目，其中国有及国有控股企业 42 家，民营企业 19 家，外资企业 39 家。这种公益模式需要持续的时间和人力投入，通常是企业较为重视的品牌项目，或是员工志愿者参与的项目。其中，国有企业的数量相较于上一个报告期（33 家）有较大增长，这主要是因为越来越多的国有及国有控股企业承担了定点扶贫、结对帮扶任务，系统参与了对口扶贫地区的整体开发工作。此外，国有及国有控股企业也在环境保护、医疗健康、文化艺术等领域探索设计了更多公益项目。

外资企业则有较丰富的长期公益项目运作经验。例如，三星中国自 2005 年开始的“一心一村”行动、通用汽车公司于 2006 年启动的“雪佛兰·红粉笔乡村教育计划”、微软自 2012 年启动的“微软青年星火计划”等，都已开展多年并形成了广泛的社会影响力。

4. 产品公益集中于互联网行业

所谓产品公益，即企业将自有产品或技术向公益组织开放，以实现对公益事业的支持和提升。这种公益模式主要体现在互联网和信息技术行业。例如，京东开发的公益物资募捐平台实现了“一键捐赠、物资直送”模式，腾讯“人脸寻亲”利用人脸识别技术寻找失踪儿童，微软向偏远地区学校捐赠移动终端设备，可实现“异地同堂”的远程教育。互联网企业利用自身的技术和用户、渠道等优势，为公益活动提供技术支持和公共参与平台，有力地推动了信息传播和资源共享。“互联网 +”公益已经成为公益行业的显著趋势之一。

四 企业品牌公益项目分析

本报告延续上期报告对品牌公益项目的判断标准，根据有无特定名称、持续时间、资金和人员投入、社会影响力等指标，特别是持续时间的长短，将符合标准的公益项目纳入分析范围，以了解企业品牌公益项目的发展情况。

在150家样本企业中，共有100家企业开展了较为持续的公益项目，主要包括对某地区或学校的持续直接捐助，对公益伙伴项目的持续捐助，以及自己长期运作的项目等。其中，拥有品牌公益项目的国有及国有控股企业共32家、民营企业26家、外资企业42家。

1. 外资企业重视打造品牌公益项目

外资企业依然具有明显优势，公益项目数量多，持续时间长，能够专注特定领域，持续深耕并不断进行优化调整，以提升品牌效应和传播效果。例如，现代汽车集团自2008年开始运作"Green Move共护绿色"系列公益活动，包括内蒙古锡林郭勒盟查干诺尔盐碱干湖盆治理、保护碱蓬播种的防风固沙工程等。2008～2013年直接投资1191万元，有近2000余名志愿者参与其中，完成了5000多万平方米的植被种植。在此基础上，现代汽车决定扩大盐碱干湖盆治理的规模，又签署了2014～2018年的第二期项目。

外资企业也擅长与相关机构合作开展项目。例如，三菱电机从2006年9月以来，陆续与清华大学、浙江大学、华中科技大学以及合肥工业大学建立联合实验室、设立奖学金，至今已有近600位优秀学子被授予表彰奖励，同时不断加大对中国高校电力电子科研项目及人才培养的扶持力度，为中国电力电子产业的繁荣提供能量；上汽通用汽车雪佛兰品牌联合《21世纪经济报道》，于2006年开启雪佛兰·红粉笔乡村教育计划。截至2018年8月底，雪佛兰·红粉笔乡村教育计划共支教走访了全国29个省、自治区、直辖市的70多所偏远地区乡村小学，直接参与支教的各行各业社会志愿者超过700人，素质教育课程惠及乡村小学生3万余人。

2. 品牌公益项目与企业主营业务关联度更高

本报告沿用上期报告中对于关联性的界定，从企业所在行业、核心优势、主要利益相关方和地理位置四个角度判断关联度的高低。观察 2017 年的关联度情况可以发现（见图 10），在开展持续性品牌公益项目的 100 家企业中，82 家企业的公益项目与主营业务有一定关联，占比 82%，比去年的 74 家（74%）有所增长。无论国有及国有控股企业、民营企业还是外资企业，品牌公益项目与企业主营业务的关联度都有一定提高。

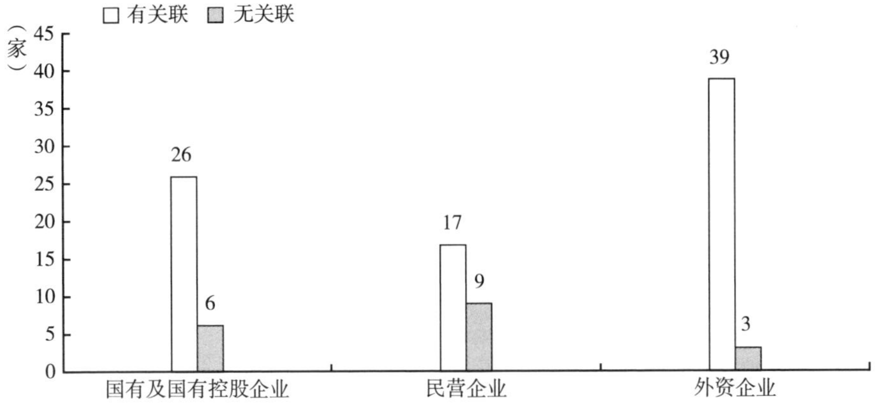

图 10　2017 年各类别企业公益项目和主营业务关联情况

开展与主营业务相关的公益项目，有利于企业整合相关资源，发挥专业优势。公益项目与主营业务关联度低的企业，所开展的公益活动通常较为零散，品牌公益项目数量少；个别企业可能拥有方向较为独立的基金会，如三胞集团参与发起的野生动物保护基金。

从企业性质来看，外资企业在设计公益项目时非常注重与主营业务的关联，善于结合自身行业优势和社会痛点开展公益行动。例如，丰田汽车公司通过微信公众号、动画、幼儿园主题绘画等多种方式开展交通安全教育，一年吸引 18000 户家庭参与，还向上海市民政局下属的养老机构无偿出借福祉车，用于接送行动不便人士；家乐福依托食品相关经验，捐赠 700 万元，和青基会联合发起“一店一校一农场”项目，通过“食品动手做”“农场体验”“小小专家组”等丰富的实践活动，填补青少年食品安全知识的空白；戴尔公司自2010年起与斯坦福大学农村教育行动计划（REAP）合作，将计算机辅助学习带给中国乡村学校的学生。

国有及国有控股企业公益项目与主营业务的关联度连续两年有显著提升，说明国企越来越意识到充分发挥自身优势可以最大限度调动资源，回应社会问题。例如，中国邮政联合中国扶贫基金会发起的爱心包裹项目，充分发挥了邮政网络体系健全、联系群众直接等优势，依托中国邮政的网点在全国开通3.6万个爱心包裹捐赠站，社会各界爱心人士只需要通过邮政网点捐购爱心包裹，就可以一对一地将自己的关爱送给需要帮助的人。

民营企业公益项目与其主营业务的关联度也有所提升，体现出民企对于参与社会公益更为重视，也在不断探索公益与企业发展结合的新路径。例如，2017年京东物流携手宝洁、雀巢、惠氏等九大品牌商共同发起“青流计划”，利用其自有物流优势，从减量包装、绿色物流技术创新和应用、节能减排等多个方面推动物流行业绿色化发展。预计到2020年，京东将减少供应链中一次性包装纸箱使用量100亿个。

从行业分布来看，在公益活动与主营业务关联度较高的44家企业中，有10家属于金融行业。这些企业可以通过金融产品吸引大众参与公益，例如中国农业银行把信用卡持卡人的爱心积分转换为公益善款，还可以利用专业优势开展金融知识普及、财经教育、创业和企业家精神等方面的公益活动。

此外，技术密集型的企业所开展的公益项目，也往往具有较高的主营业务关联度。如信息和通信技术行业的华为、微软，电子、电气设备行业的西门子、索尼，互联网行业的阿里巴巴、腾讯和京东等，这些企业的优势在于通过科技产品和平台支持公益。

五　企业公益的专业化发展

随着公益实践的深入，企业通常会设立基金会或专项基金，以更为专业的方式运作公益项目。在150家样本企业中，有66家成立了基金会或在公募基金会下设立了专项基金，其中国有及国有控股企业15家，民营企业24家，外资企业27家（见图11）。受政策所限，一些外企的基金会并不在中国本土开展项目，但设立基金会代表它们拥有相对专业的公益参与经验。

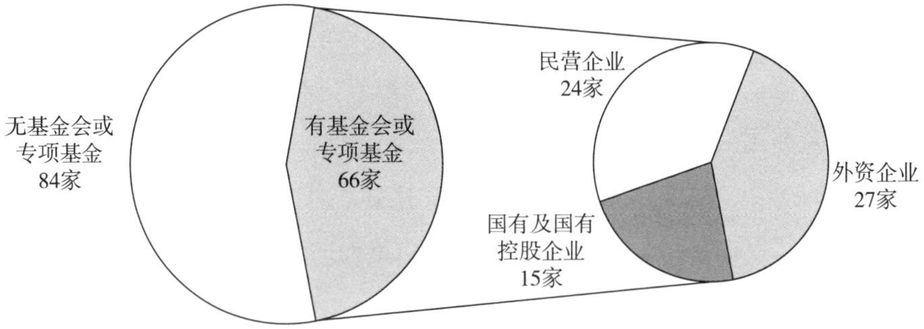

图11　企业成立基金会或专项基金的情况

2008年汶川震后，中国掀起了轰轰烈烈的公益慈善运动，2008年也因此被称为我国的“公益元年”，上述39家中国基金会中，有34家都成立于“元年”之后。国家对非公募基金会的鼓励支持，也为企业家参与慈善、企业履行社会责任增添了助力，中国企业发起设立的基金会呈逐年增长趋势。

66家企业中，52家企业有持续品牌项目，占比78.8%，远高于品牌项目占总体比例（63%），说明通过专业化方式运作公益项目更可能打造持续的公益品牌。

六　中国企业的海外公益实践

在全球化和“一带一路”背景下，“出海”的中国企业进行了海外公益探索。100家国内企业中有25家开展了海外公益实践，其中22家为国有及国有控股企业。

从行业分布看，工程与建筑行业在海外公益中一马当先，100家国内企业样本中有8家工程与建筑企业，其中6家都开展了海外公益行动。此外，信息和通信技术行业、石油石化行业各有3家企业参与海外公益，金融行业、车辆和零部件行业、航天与防务行业、煤炭和电力电网行业各有2家企业参与海外公益。其他企业则分布在工业机械、化学品、金属产品、食品饮料等行业。

从地区分布看，有13家企业在东南亚及南亚开展行动；9家企业在非洲开展行动；还有6家企业在美国、新西兰、日本、德国等发达国家融入当地的社区公益；其余分布在南美洲、中亚等地。14家企业的公益实践涉足两个以上大洲国家。

企业的海外公益实践领域主要集中在援建、扶贫、教育、医疗、救灾、社区建设等几方面，项目类型主要为物资设备捐助、投资建设基础设施、人才教育培训合作、组织社区文化活动等。

援建、捐助、技术人才培养等项目侧面反映了“走出去”的企业在基建、专业技术方面的行业特点和优势，如中国土木工程集团有限公司赞比亚公司向赞比亚“希望之泉”孤儿院捐款建造烘焙培训中心，捐赠合计14.9万克瓦查（约合人民币10万元）；中铁三局埃塞俄比亚AHF项目在还原项目周边生态环境的基础上，利用施工的弃方和剩余材料等对沿线四个乡镇的部分基础设施进行完善，先后帮助当地政府平整足球场3个、改拓建城镇道路3条；海螺集团缅甸分公司翻新佛教寺庙、改造移民局办公室、捐赠水泥修建学校、捐款修建绕城公路等，据不完全统计，2017年缅甸海螺共捐赠物资5.4亿缅币（约合270万元人民币）。

同时，从多个综合社区发展项目可以看出中国企业尊重业务所在国的文化习俗，致力于与东道国建立长期稳定的合作关系，将公司发展融入当地经济社会发展中，积极创造社会经济价值，共同促进当地社区的繁荣发展。例如，国家能源集团在建设、运营南非规模最大的风电项目时，积极承担社会责任，创造就业机会700余个，运营期每年提供长期岗位100多个；成立专门的社区基金，培养当地居民就业技能；向北开普省的项目所在地十所学校共捐赠100万兰特（约合50万元人民币）以支持当地的教育事业。

此外，中国企业也将推广公益事业与传播中国传统文化相结合，在海外刮起浓郁的“中国风”。如中行伦敦分行从中行定点扶贫地区陕西咸阳旬邑县采购具有民族特色的民俗手工艺品在伦敦金融城进行现场义卖，将筹集的近 1 万英镑善款捐赠给“公益中行”和伦敦金融城慈善机构。

七　企业志愿者参与情况

员工志愿者的参与对企业公益至为重要，对内可以增强员工对企业的认同，对外可以传递公益文化和企业的公益形象。在 150 家样本企业中，有 95 家在公开资料中提及了员工志愿者的参与情况或相应制度（见图 12）。

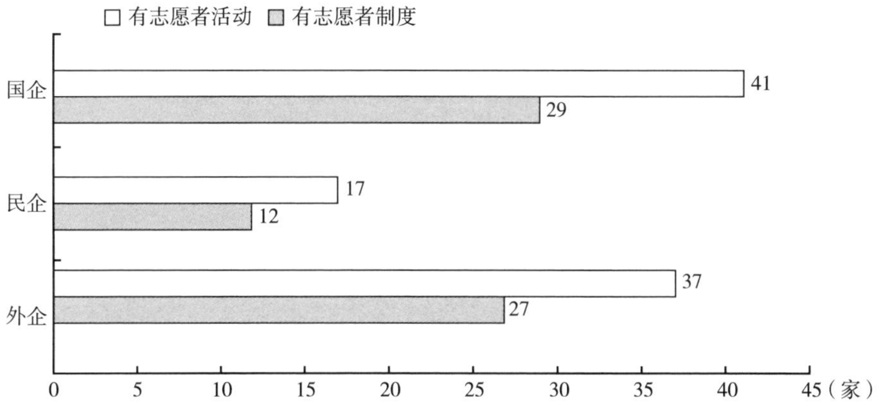

图 12　2017 年各类别企业志愿者参与情况分布

可以看到，国有企业大都开展了员工志愿者活动，相应制度也在逐步跟上；民营企业在此方面与国企和外企仍存在较大差距。在管理体系和制度建设方面，外资企业发展更为成熟，常以为员工服务的公益机构配捐、组织企业志愿日、实行公益假期等方式激励员工参与志愿活动。

八　公益营销和公益倡导

150 家样本企业中，共有 20 家企业探索了更多公众参与的公益行动，其中金融保险行业遥遥领先，共有 8 家尝试了公众参与的项目；另有互联网和相关服务行业4家，房地产行业、车辆与零部件行业各2家，其余分布在信息和通信技术、综合商业与零售、石油石化和混业等行业。

这些企业主要通过用户积分捐赠、互联网+公益和运动+公益三种方式带动公众了解公益项目并投身其中。

用户积分捐赠是通过搭建积分捐赠平台，汇聚信用卡持卡人或保单投保人的爱心积分，转换为公益善款，用于支持公益事业。金融保险行业倾向于采用这一方式，将公益行动与业务发展有机融合，搭建社会公众参与公益事业的平台。如中国农业银行宣传倡导“微公益”理念，从2015年起持续开展“小积分·大梦想”公益行动，搭建积分捐赠平台，汇聚农行信用卡持卡人的爱心积分，转换为公益善款，用于支持希望工程、关爱留守儿童和生态环保等公益事业。上海浦发银行信用卡中心践行“用积分助公益，以爱心筑梦想”的理念，搭建信用卡积分慈善公益平台，鼓励持卡人将积分转化为对公益的支持，已经帮助希望工程1+1、一校一梦想项目募款19万余元，2.8万人参与；2017年还上线“阳光专项基金”，捐助山村幼儿园计划，助力偏远地区儿童教育事业，已累计募款1.4万余元，1423人参与。

互联网和相关服务行业的企业则将公司技术、产品与公益结合，通过开发平台型产品，依托熟人社交网络，带动公众参与，推动公众捐赠，引领“互联网+公益”的发展新趋势。腾讯考量早期各个慈善领域的探索以及2008年汶川地震的公众网络捐赠效果，结合公司技术和资源优势，确定了做爱心人士、企业和慈善机构的连接器的发展方向。2017年9月7~9日，腾讯公益网络捐赠平台通过“99公益日”带动1268万人次捐赠了8.299亿元善款。此外，腾讯的“益行家”运动捐步活动截至2017年底，有超过5.04亿人次捐赠步数，关联企业捐赠共计人民币6.44亿元。阿里巴巴在2017年开发“小鱼治水”公益游戏，用互联网“养鱼”的方式吸引大家参与互动，传播生态保护和可持续发展的理念。京东2017年发布公益物资募捐平台，基于自营式电商优势，从商品供应、物流配送、技术运营、客户服务等方面为公益项目提供全方位支持。

此外，其他行业也看到“互联网+公益”的爆发力，纷纷寻求合作。招商局集团值145周年庆典之际，与米公益App合作，鼓励用户开启“招商公益大作战”，参与米知答题、米有氧走路、米早起积攒米粒、捐米解锁等15个公益项目。招商局按照项目标定金额如数捐出公益资金，捐款总额达145万元。此举既使参与用户获得成就与满足感，也提升了企业的品牌形象。一汽-大众也与腾讯共同发起了“迈向生态文明 向环保先锋致敬”活动，每位参与者只需日行1万步，一汽-大众就会通过腾讯公益向项目捐款。

近年来，马拉松广受青睐，“跑马”成了既时尚又健康的生活方式。运动+公益也成为众多企业带动公众参与的方式之一。中国银行推出“公益微跑”品牌项目，在全球范围内启动了公益接力跑活动，携手有公益热情、有意愿投身公益事业的中行客户及员工，以“你跑我捐”的公益微跑形式，将参加公益跑的行动转化为扶贫实践，向定点扶贫地区捐赠600余万元。小米公司的“橙色跑”活动从2016年起每年邀请小米手机用户参与，目前已在12个城市举办。在跑步过程中，小米公司宣传倡导“垃圾分类”和“垃圾减量”的理念，鼓励参与者用实际行动探索零废弃活动的可能性。

随着我国社会整体的公益慈善意识越来越强，企业和公众参与公益的需求、积极性也在稳步增长。如何撬动公众当中的公益能量，在更好地服务公益事业的同时，提升企业自身品牌的影响力和美誉度，也已成为不少企业进行公益投入时的重要考量之一。

九 观察：由输血走向造血，企业多维度支持精准扶贫

近年来，随着我国慈善法治建设的推进、互联网公益的发展、社会公益意识的提升等，社会公益力量持续增长。通过对样本企业近几年来的公益实践进行扫描，可以看到企业对公益的参与方式更加多元化、系统化、深度化。越来越多的企业尝试以“经营事业”的方式，践行社会责任和公益项目。在精准扶贫领域，这一趋势尤为明显。

在国家的精准扶贫大战略下，企业积极响应政策，投入大量资金和资源参与精准扶贫事业。2014年，披露精准扶贫行动的企业主要为国企，共21

家。2016 年参与精准扶贫的企业有 70 家，2017 年增长到 90 家，其中 40 家是民营企业。这些企业中的大多数都不再止步于早期的“输血”模式，而是响应政府号召，通过产业扶贫、教育扶贫、生态扶贫等方式为贫困地区“造血”，助力精准扶贫、精准脱贫。部分企业深入探索自身业务特点、行业优势等与扶贫事业的结合点，在资金投入之外，也积极调动企业内部的知识、技术、渠道、人才、管理等资源，以产品化、项目化的方式开展扶贫工作，不但提升公益效能，对业务发展也有助力。

部分企业依托自身平台、技术优势重点开展电商扶贫、科技扶贫。腾讯的乡村公益项目于 2015 年升级为“为村”，在早期相对孤立的教育帮扶、环境保护、少数民族非物质文化遗产保护与传承等公益项目之外，打造出一个包含“党务、村务、商务、服务、事务”五大功能板块的智慧乡村平台，致力于为乡村连接情感、信息和财富，用互联网助力党建、引领精准脱贫、服务乡村社会治理、助力乡村振兴。根据腾讯披露的信息，截至 2018 年 10 月，全国共有 24 个省份的 7316 个村庄上线“为村”平台，覆盖 16 个省份的 57 个国家建档立卡贫困县，464 个贫困村。中国邮政集团发布了《电商扶贫三年规划（2018～2020 年）》，计划利用三年时间帮助每个国家级贫困县打造 1 个标准地方馆、培育 1000 个年销售过万单的扶贫农特产品、培养 1 万名电商扶贫能手，通过电商扶贫帮助贫困户增收，助力脱贫攻坚。其中，《规划》所提出的“寄递保障”包括增开扶贫邮路、优化寄递流程、规范产品包装、保障寄递资费最优惠政策等，体现出了邮政系统所具备的扶贫优势和潜能。苏宁集团则利用自身线上线下资源，推动工业品下乡和农产品进城，持续改善农村消费环境，吸引大量人才返乡创业，推动乡村经济发展；此外，苏宁还在全国首创电商扶贫实训店模式，对建档立卡及低收入家庭进行定点定向实训，助力农村电商发展。截至 2018 年 10 月底，苏宁易购扶贫实训店已经落地全国近百个贫困县，上半年开展农村电商培训场次超 1.5 万，培训人次超 20 万，全年培训人次预计超过 40 万。

部分企业选择结对帮扶、定点帮扶方式，通过在某一贫困地区持续深耕，开展包括教育、医疗、产业等在内的一揽子扶贫工程，帮助当地减贫脱贫。恒大集团从2015年底开始结对帮扶贵州省毕节市大方县，无偿投入30亿元，通过产业扶贫、搬迁扶贫、就业扶贫、教育扶贫、保障扶贫等综合措施，帮助大方县18万贫困人口实现脱贫。此外，恒大集团还自2017年5月开始承担了毕节市纳雍县、威宁县、赫章县、织金县、黔西县、金沙县、七星关区、金海湖新区和百里杜鹃管理区共6县3区的帮扶工作，由整县帮扶大方扩展到整市帮扶毕节，计划再无偿投入80亿元扶贫资金。汇丰银行则是定点帮扶广东省恩平市那吉镇，捐资150万美金，以6年为周期，重点帮助那吉镇区800户贫困农户发展畜牧养殖业，以及支持社区发展。

另有一些企业着重开发可复制的扶贫产品或项目，打造系统化、流程化的扶贫模式，进而推广覆盖到全国多个贫困地区。中国平安保险集团即启动“三村建设工程”，计划投入100亿元，面向“村官”、“村医”和“村教”三个方向，在全国贫困地区实行产业扶贫、健康扶贫和教育扶贫。截至2018年12月底，平安“三村建设工程”已在内蒙古、江西、广西、重庆、甘肃、四川、河南、西藏、云南等省份落地实施。

我国当前的减贫事业，也可视为乡村振兴战略的重要基础。2018年9月，中共中央、国务院印发了《乡村振兴战略规划（2018～2022年）》，明确了近五年内的发展目标，也提出了“到2050年，乡村全面振兴”的远景谋划。而要实现这些目标，发掘乡村内生动力、确立可持续减贫脱贫机制才是根本。企业参与精准扶贫，大都以直接设计、执行公益项目的方式，推进落实旅游扶贫、电商扶贫、就业扶贫、教育扶贫等“造血式”扶贫机制。这既体现了企业对于公益效能的关注进一步提升，也体现了企业对于社会进步与财富生态之间的关联有所认知，企业与公益将有可能实现共赢。

B.7

2018年中国宗教公益慈善发展报告

丘仲辉　凌春香　朱艳伟　温方方*

摘　要： 宗教公益慈善事业是中国公益慈善事业的一部分，其发展既受宗教法规政策的影响，也受公益慈善法律法规的约束，相关法规政策的逐渐完善促进了宗教公益慈善活动的开展。近年来，宗教公益慈善活动借助互联网公益的众筹平台和公募资质基金会的平台，通过参与项目众筹和设立专项基金等活动，促进了资源的拓展和专业能力的提升。宗教界成立专门的基金会和社会服务机构开展公益慈善活动，使活动的形式和内容进一步规范化，逐渐走上专业化发展道路。在养老和困境儿童救助方面，宗教界利用自身优势，凸显了特色化。

关键词： 宗教公益慈善　专业化　模式化　特色化

一　概述

2018 年宗教公益慈善事业的发展，平稳有序，稳步推进。在宗教中国化思想的指导下，各地陆续开展了“四进”（国旗、宪法和法律法规、社会主义核心价值观、中华优秀传统文化）宗教场所的活动。随着活动的推进，

* 丘仲辉，爱德基金会理事长，江苏省宗教公益培训基地主任；凌春香，爱德基金会秘书长；朱艳伟，爱德基金会研究倡导总监；温方方，爱德基金会研究主管。

各宗教的教义教规与社会主义核心价值观及中华优秀传统文化的关系及结合途径的研究将是宗教中国化的应有之义，在此框架下，中华民族乐善好施、扶孤恤寡等传统美德与宗教公益慈善的价值理念的同行相伴应是宗教界阐释教义、以信证行的共同路径。宗教界广泛开展的各种公益慈善活动本身就带着传统文化和传统慈善的特点，鼓励宗教界开展各种社会服务活动以弥补公共服务和市场供给的不足，既是深化改革有效配置资源的方式，也是作为公民践行社会主义核心价值观的合理诉求。

在法律政策的鼓励和支持下，中国宗教界缘起于各自信仰的呼唤，积极回应社会转型和快速发展过程中凸显的对社会服务需求的挑战，紧密团结引领广大信众，结合各自宗教特点和优势，关切社会民生热点，在社会需要的领域，围绕扶贫济困、养老助残、助学支教、灾害救助等主题领域，开展了形式多样、内容丰富的公益慈善活动，努力探索服务社会的途径和方法，显示了宗教界积极回应社会发展需要，在参与社会建设过程中通过对社会的贡献彰显了其价值和理念。

宗教界开展的公益慈善活动因其身份的双重性，既受到宗教法规政策的规范，同时也要依据《慈善法》等法律条例调整其活动行为。2018 年 2 月 1 日正式实施的《宗教事务条例》进一步完善了有关宗教公益慈善的法规，在促进宗教慈善事业发展的同时，也进一步推动了宗教公益慈善活动的规范化发展。

宗教公益慈善有其特殊性，但是本质上它属于我国公益慈善事业的一部分。宗教公益慈善开展过程中面临的各种问题，如身份敏感、缺少资金、缺少专职人员、活动随意性较大等很多问题，只有通过专业化才能解决。宗教公益慈善活动首先要融入整个公益慈善行业的发展，才可能谈得上专业化发展。专业化发展的一个途径是成立专门从事公益慈善的社会组织；如果条件不允许，也有其他途径可以解决这方面的短板，如在具有公开募捐资质的慈善组织设立专项基金，或参与互联网公益平台的联合众筹活动。但是这需要宗教界厘清观念，能够真正认识到开展公益慈善活动是宗教界自身的需求，是宗教中国化的需要。

二 法律机制进一步完善

2018年，我国宗教公益慈善迈入了一个新的法治阶段。2018年2月1日正式实施的《宗教事务条例》，既是我国法治建设整体向前迈进的一个组成部分，也是促进和规范专业领域发展的一个重要节点。新修订的《宗教事务条例》（以下简称新《条例》）较之2005年的条例，对宗教界开展公益慈善活动的相关条款明显增多，在《慈善法》的大框架下，条例在具体内容上颇具立新和突破意义，是有利于促进宗教公益慈善事业发展的。首先，在提法上改“社会公益”为“公益慈善”，在界定上将活动主体原有的宗教团体和宗教活动场所的基础上增加了宗教院校和宗教教职人员，范围进一步扩大。相较旧有的“捐助法人资格”规定，新《条例》第二十三条更为明确地提出了登记办法，依法办理纳税申报的慈善公益主体能够按照规定享受税收优惠。其次，新《条例》亦对宗教界的财务管理做出了更为明晰的执行与监管要求，在财务、资产、会计制度等方面给出了国家统一的管理规定。

（一）主体身份和税收优惠的明确

新《条例》明确宗教团体、宗教院校、宗教活动场所是非营利性组织，在组织属性上与公益慈善组织列为一类，补充和丰富了《慈善法》对开展慈善活动的主体的规定，使宗教界开展公益慈善活动的身份进一步得到认可。新《条例》中第五十二条，“宗教团体、宗教院校、宗教活动场所是非营利性组织，其财产和收入应当用于与其宗旨相符的活动以及公益慈善事业，不得用于分配”，第五十六条：“宗教团体、宗教院校、宗教活动场所、宗教教职人员可以依法兴办公益慈善事业。任何组织或者个人不得利用公益慈善活动传教。”这两条首先明确了宗教团体、院校和场所属于非营利组织，与公益慈善事业的主体——各类社会组织在属性上是一致的。其次，我国对宗教公益慈善活动的定义一直比较模糊，根据第五十六条规定，宗教公益慈善活动有了比较明确的界定，它就是上述四类主体依照《慈善法》规定开展的公益慈善活动，或者上述四类主体成立专门的社会组织，如基金会、社会服务机构等开展的活动。

主体身份的确立是开展活动的前提条件。宗教界在开展公益慈善活动过程中涉及需要跟基层政府打交道的事项，由于基层工作人员对政策的学习掌握不够，从而容易造成宗教界被区别对待的问题，如注册登记社会服务机构，享受国家政策优惠和税收减免等方面。尽管《慈善法》第二条明确规定，从事慈善活动的主体包括自然人、法人和其他组织。宗教界个人虽然属于自然人，但是在活动过程中遇到的障碍要较一般自然人为多。新条例第五十六条的规定，等于是对《慈善法》第二条的补充，扩展了慈善活动主体的内涵，对宗教界从事公益慈善活动来说无疑是一件好事。但是，对于新《条例》，不仅是宗教管理部门和宗教界应该深入学习，民政、税务等与宗教公益慈善活动业务相关的政府部门也应该多了解，并在实践中予以推进。

长期以来，不具备民事主体资格是宗教活动场所开展公益慈善活动主要障碍之一。宗教活动场所如不具备法律主体资格，便无法以场所的名义设立专业化的社会组织，不便于在接收捐赠时签订捐赠合同，不能开具公益性捐赠税前抵扣发票，难以享受相关法律和政策中的税收优惠，捐赠人在相同条件下向宗教活动场所开展的公益慈善活动捐赠所付出的成本更高，一定程度上阻碍了宗教公益慈善事业的发展①。相较《民法总则》的“捐助法人资格”（第九十二条），新《条例》第二十三条更为明确地提出了登记办法，“宗教活动场所符合法人条件的，经所在地宗教团体同意，并报县级人民政府宗教事务部门审查同意后，可以到民政部门办理法人登记。”新《条例》第五十九条规定，“宗教团体、宗教院校、宗教活动场所和宗教教职人员应当依法办理纳税申报，按照国家有关规定享受税收优惠”，这表明宗教界能够合法享受公益捐款抵税的优惠政策。宗教活动场所捐助法人地位的确立以

① 冯玉军、薛敏惠：《中国宗教慈善法治研究》，《武汉大学学报》（社会科学版）2014年第5期。

及税收优惠政策的施行，对于进一步完善宗教活动场所法人治理结构，执行国家规定的财务制度，实行民主管理和我国宗教公益慈善转型具有重要意义，将极大促进宗教活动场所法人主体的管理规范化、制度化和长效化，并使宗教公益慈善活动的开展更加有理有据，积极促进宗教界“依法行善、依法治善、依法促善”。

（二）财务管理专业化的设计

公开透明是开展公益慈善活动的基本要求，也是公益慈善组织公信力建设的核心要素。透明公开的关键是，财务管理要符合法律对项目资金使用的管理规定及信息披露要求。在此基础上，公益慈善组织希望获得更高的美誉度，财务信息的公开透明要能满足公众的预期。现代社会信息公开的途径首先是要接受第三方审计，其次才是对外的公开。宗教界在财务管理和信息公开方面与公益慈善行业有着比较大的差距。新《条例》第五十二条明确规定了宗教慈善资金的用途，“宗教团体、宗教院校、宗教活动场所是非营利性组织，其财产和收入应当用于与其宗旨相符的活动以及公益慈善事业，不得用于分配”。在财务管理方面，《慈善法》的第五十三条规定对“慈善组织募集的财产要求登记造册，严格管理，专款专用”。新《条例》亦对宗教界的财务管理做出了规定，第五十八条，“宗教团体、宗教院校、宗教场所应当执行国家统一的财务、资产、会计制度”，“应当按照国家有关财务、会计制度，建立健全会计核算、财务报告、财务公开等制度，建立健全财务管理机构，配备必要的财务会计人员，加强财务管理”。这些财务管理制度进一步规范了宗教公益慈善的发展。不仅杜绝善款的商业化，也从主体和义务层面对善款进行“打包”式管理，真正做到善款“善”在社会，“款”至人心。第五十八条第三款，“政府有关部门可以组织对宗教团体、宗教院校、宗教活动场所进行财务、资产检查和审计”。如果上述条款能够在实践中落实并常规化，对于宗教界自身建设将发挥重要作用，使包括宗教公益慈善活动在内的宗教事业的发展进一步与现代社会管理接轨，提高宗教界的公信力。

三 年度发展概况

2018年宗教公益慈善事业的发展稳中微进。首先，以宗教团体、场所、教职人员及信徒个人为主开展的宗教公益慈善活动在各地持续开展。其次，随着公益慈善行业整体逐渐趋于成熟，宗教公益慈善活动也从随机、自发逐渐向常规化、专业化转变。部分地区依托团体、场所和个人开展的宗教公益慈善活动，开始逐步以成立基金会或社会服务机构等专门组织形式开展，并逐渐在人事、资金、组织架构等方面与发起机构剥离。从数量上来看，在《慈善法》实施后，宗教背景基金会以及社会服务机构于2018年略有回升。据可查的公开信息了解到，2018年新成立宗教背景基金会3家、社会组织9家。

（一）宗教背景基金会的发展情况

1. 发展规模和分布

据不完全统计，目前中国大陆地区具有宗教背景的基金会共有97家（见表9：2018年宗教背景基金会名录）。宗教背景基金会在民政部登记注册的有2家，分别是慈济慈善事业基金会和星云文化教育公益基金会，其余95家分布在大陆地区24个省份①。江苏省成立的宗教背景的基金会最多，达到19家，浙江以12家位居第二。如图1所示，宗教背景基金会在区域上主要分布在苏浙沪地区，这三省市基金会数量占大陆地区宗教背景基金会总量的37.1%。

从基金会历年数量变化来看，20世纪80年代，大陆地区成立的有宗教背景的基金会仅有1家，90年代成立了3家（佛教背景的1家，基督教背景的2家）。在进入21世纪后的十多年间，宗教背景基金会的数量持续小幅增长。2012年，国家宗教局等六部门联合发布《关于鼓励和规范宗教界从事公益慈善活动的意见》之后，次年宗教背景基金会数量新增15家，随后

① 除非另有说明，本文中关于基金会的数据均于2019年3月中旬通过查询基金会中心网而获得

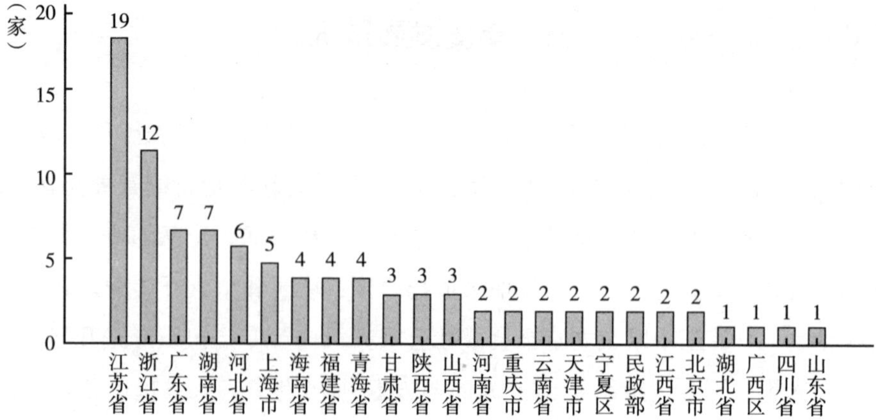

图1　大陆地区宗教背景的基金会注册地分布

增幅下降，2018 年，基金会的数量略有回升，新注册成立 3 家，其中江苏省 2 家，山西省 1 家，皆为佛教背景。

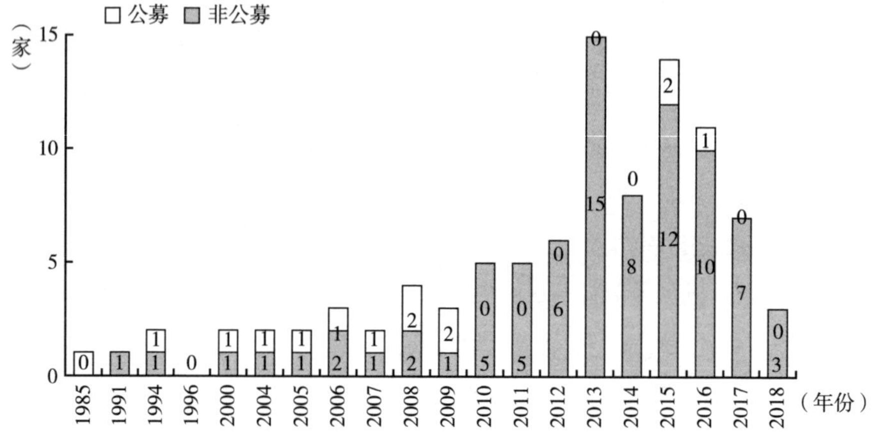

图2　宗教背景的基金会历年成立数量

注：1996 年成立的甘肃藏传佛教文化基金会在百度百科上的信息为公募基金会，但其目前状态未能查询到更详细资料。

从数量上看，具有佛教背景的基金会数量最多，达到 75 家，占比 77.3%；道教背景基金会 6 家，占比 6.2%；伊斯兰教背景为 2 家，占比

2.1%；天主教背景为4家，占比4.1%；基督教背景的9家，占比9.3%；民间信仰——妈祖背景的有1家，占1.0%（见图3）。

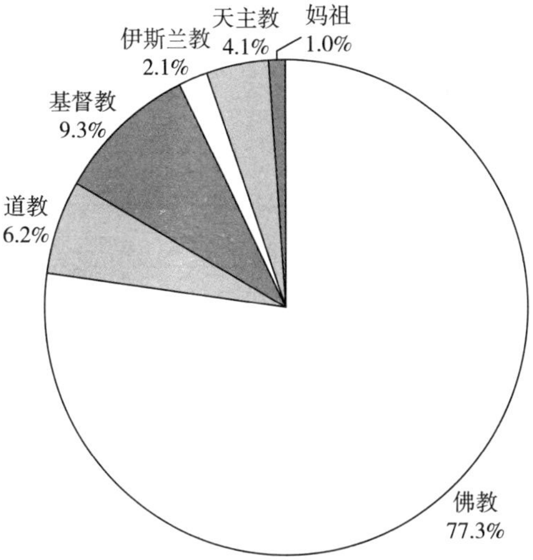

图3 各宗教背景基金会数量比例

2. 透明指数

“公开、公平、公正”是现代社会对公共服务机构最基本的要求，也是体现机构公信力的一般性原则。信息公开是社会公众对公益慈善组织最基本的要求，从基金会中心网公布的全国基金会的透明指数（Foundation Transparency Index，简称FTI）来看，宗教背景的基金会需要进一步加强信息披露工作，从而提高机构的公信力。基金会中心网全国基金会平均透明指数为50.08（2019年2月数据，满分100），97家宗教背景基金会的平均透明指数为39.8，低于全国平均水平；其中超过全国平均水平的有26家，占比27%，爱德基金会、北京市仁爱慈善基金会、慈济慈善事业基金会、福建省同心慈善基金会等4家获得满分100分，有2家为0，另外12家的透明指数为缺省值（其中有9家是2017年、2018年两年间新成立的）（见图4）。

3. 公募资质

《慈善法》正式实施之后，各地依照规定陆续开始进行慈善组织及公开

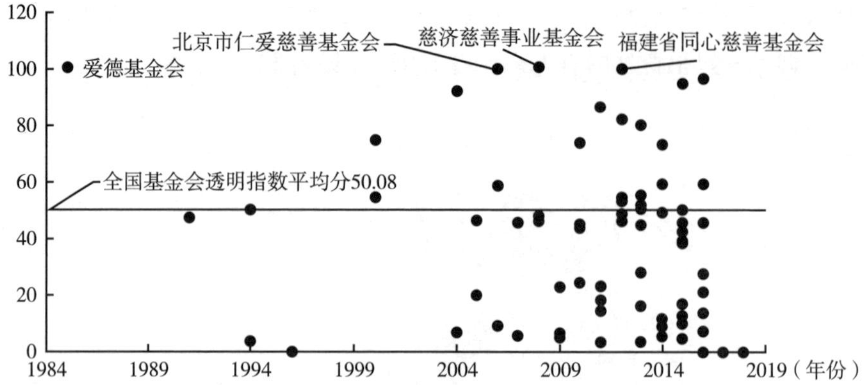

图4　宗教背景基金会透明指数分布

募捐资格的认定工作。由于地区化差异及配套的社团、基金会和社会服务机构的管理条例虽然向社会征求过意见、但目前仍未正式颁布等情况，从而造成目前这种过渡时期的旧情况和新问题并存的现状。

根据基金会中心网数据，2018 年大陆地区有宗教背景的公募基金会 14 家，非公募基金会 82 家（甘肃藏传佛教文化基金会状态不明）。另据全国慈善信息公开平台（简称慈善中国）数据，这 14 家公募基金会只有 6 家被认定为慈善组织，并获得了公开募捐资格。重庆市华岩文教基金会在基金会中心网上的信息为公募基金会，而慈善中国平台上的信息为慈善组织和定向募捐资格。河北进德公益基金会和河北省摩诃佛缘慈善基金会在基金会中心网上的信息都是非公募基金会，《慈善法》实施之后他们都申请认定成为慈善组织，并获得了公开募捐资质。其余的公募基金会目前状态不明。

（二）社会服务机构的发展情况[①]

1. 发展规模和分布

基金会成立门槛较高，因此更多的宗教团体和场所利用自身优势和当地

① 《慈善法》实施之后，“民办非企业单位”改称为“社会服务机构”，但目前民政部官网发布和中国社会组织公共服务平台仍沿用“民办非企业单位”一词，为避免混淆，文中仍然使用民政部官方说法。

的社会人文环境，注册成立社会服务机构，从事医疗关怀、戒毒、儿童康复、孤独助养、养老等多领域的服务工作。

根据民政部《2017 年社会服务发展统计公报》（2018 年的统计公报尚未公布，因此使用了 2017 年数据），全国民办非企业单位（以下简称民非）共 40 万家，其中宗教背景的民非 115 家，占总数的 0.03%。通过“中国社会组织公共服务平台”查询，结果显示：目前运营状态显示为“正常”（“注销”状态未计入）的宗教类民非数量为 135 家，2018 年新成立 9 家（见表 1）。

表 1　2018 年新成立的宗教背景民非名录

序号	名称	登记日期	地区	教派
1	福建省海峡佛教文化交流中心	2018 年 1 月	福建	佛教
2	福建省闾山道教文化研究院	2018 年 3 月	福建	道教
2	龙泉市茂荣青瓷佛教供具研究所	2018 年 4 月	浙江	佛教
4	龙虎山道教学院	2018 年 7 月	江西	道教
5	沈阳市苏家屯区红菱基督教会看顾中心	2018 年 7 月	辽宁	基督教
6	广州市六榕佛教文化研究院	2018 年 9 月	广东	佛教
7	山西五方佛教文化艺术博物馆	2018 年 10 月	山西	佛教
8	常熟市兴福佛教文化研创中心	2018 年 11 月	江苏	佛教
9	宁波市基督教永恩敬老院	2018 年 12 月	浙江	基督教

从宗教背景来看，这些民非以佛教、基督教背景为主，其中佛教背景的 58 家，占总数的 43.0%；基督教背景的 46 家，占总数的 34.1%；道教背景的 19 家，占总数的 14.1%；天主教背景的 10 家，占总数的 7.4%；伊斯兰教背景的 2 家，占总数的 1.5%。

从区域分布上来看，宗教背景的民非分布在大陆地区 27 个省、自治区、直辖市，主要集中在华东、华中地区，数量最多的是浙江省，达到 14 家，湖北省 12 家（见图 5）。

2. 服务范畴

从业务范围上来看，佛、道教和基督宗教背景的民非表现出明显的差异化。佛、道教背景的民非以文化、艺术交流类业务为主，医疗、养老等社会

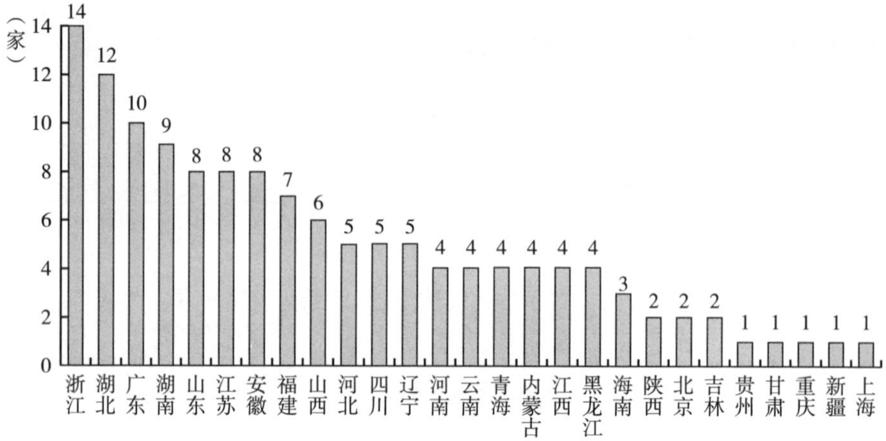

图5　宗教背景民非的区域分布

服务类占比少，服务类别单一，且养老以提供心理咨询、临终关怀等服务为主。从数据上看，58 家佛教类民非中有 47 家从事文化艺术交流，占比 81%，从事养老、医疗等社会服务的占比 19%。19 家道教类民非中有 16 家从事文化艺术交流，占比 84%，从事养老、医疗等社会服务的占比 15.7%。另一方面，基督教、天主教背景的民非主要提供养老、康复助养、日间照料、生活保健、医疗、临终关怀等社会服务，服务形式和内容比较多样化，文化、艺术交流类业务占比较少。46 家基督教背景的民非中有 35 家从事社会服务，占比 76%，文艺交流等占比 23%；10 家天主教背景的民非中有 8 家从事社会服务，占比 80%，文艺交流等业务占比 20%。

四　捐赠资源的模式化发展

随着公益慈善行业的发展，宗教公益慈善事业的内容和形式亦随之发生了相应的变化。当下，宗教公益慈善的发展趋于专业化，从旧有的依托于宗教团体、场所和信徒间的扶助慰问、访贫问苦、劳动帮助和少量捐款等零散的、随机的传统宗教公益慈善形式逐渐转向专业化的行动和实践，其资源的募集从平台渠道、可持续性维护发展等方面都迈向模式化的发展，既有依托互联网公益平台的资金筹措，也有针对具体专业事业开设的专项基金，还有以信仰为纽带构成的网络支持。捐赠资源模式化的发展，成就了宗教公益慈善活动的可持续性，使得宗教公益慈善主体在继承传统慈善文化网络的同时，又具有现代公益慈善专业发展的形式和内容。

（一）互联网公益众筹平台

近年来，随着互联网公益的快速发展，宗教公益慈善融合互联网思维，为宗教公益服务的传播与募款提供了创新便捷的途径。以腾讯公益“99 公益日”为例，2018 年 9 月 7 ~9 日，爱心网友 2800 多万人次及 200 多家企业通过腾讯公益平台为 5498 个公益项目捐出善款 10. 15 亿元，加上腾讯公益慈善基金会提供的配捐金额和慈善组织成长基金，善款总计超过 14. 14 亿元①。

腾讯公益的合作伙伴——各大公募基金会，每年在当年的“99 公益日”规则发布之后，除对通过其筹款的社会组织进行规则解读之外，也会辅之以项目设计、计划书撰写、财务管理及信息反馈等方面的培训以适应平台的要求。通过这样的活动参与和培训，宗教公益慈善活动逐渐融入整个社会公益事业的发展，专业化水平得到提高。2018 年“99 公益日”活动期间，基督教背景的宗教团体和社会服务机构仅通过爱德基金会就上线 19 个社会服务项目，筹款 337. 5 万元。

扬州文峰慈善基金会 2018 年“99 公益日”期间上线“孩子，想带你看世界”及“世遗雕版藏经院”（与苏州弘化社慈善基金会合作）两个项目，共筹款约 263 万元，取得很好传播和筹款效果。

（二）专项基金

随着互联网时代人人公益的不断发展，政府和社会公众对宗教公益慈善

① 《迈入“理性公益”时代　2018 年 99 公益日捐款人次超 2800 万创新高》，中国日报网，https：//baijiahao. baidu. com/s？ id = 1611190060284964624&wfr = spider&for = pc，2018 年 9 月 10 日。

活动的专业化操作要求越来越高。开展宗教公益慈善活动的机构，在缺少人员、技术和资金的情况下，可以选择与公募基金会合作，在其内部设立专项基金，利用基金会的公开募捐资格和它的人力、技术和资源，有效提高项目活动的公信力和项目活动的管理水平，从而促进自身专业能力提升和公益慈善活动的常规化和专业化发展。四川泸州基督教三自爱国运动委员会等7个基督教背景的社会组织近几年都陆续在爱德基金会设立了专项基金（见表1）。

表2　在爱德基金会设立的基督教背景的专项基金

序号	基金名称	合作机构	成立年份
1	江苏基督教爱心公益基金	江苏省基督教两会	2009年
2	爱基金	爱基金	2016年
3	尚爱基金	昆山市三自爱国运动委员会	2017年
4	玫瑰基金	泸州市基督教三自爱国委员会	2018年
5	甘霖基金	甘肃省基督教两会	2018年
6	崇善基金	常州市基督教两会	2018年
7	伯大尼专项基金	伯大尼儿少家园	2018年

无锡灵山慈善基金会依据自己的优势，目前共成立15项专项基金，涵盖弘扬中国传统文化、促进青少年成长和教育的发展和公益教育扶贫、关注弱势群体等方面，为其提供全方位的服务，并组建专门的社群进行交流。

（三）以信仰为纽带的网络支持

除了利用互联网公益平台和基金会公募资质平台，宗教背景的社会组织以宗教信仰纽带为联系，借助同一宗教内其他能力较强的专业社会组织，也能获得专业的发展和成长。通过将零散的慈善资源加以整合和优化，利用各自宗教内部的网络平台，针对具体的慈善项目进行筹款，发扬了宗教界互帮互助的优良传统。

河北进德公益基金会获得公募资格比较晚（2018年10月19日），但于此之前，进德公益通过其在天主教界的联系，也为其他天主教背景的社会组织开展定向募捐的支持工作。进德公益除了线下开展的“修女马拉松”项目之外，在进德的官网上，也展示了其他天主教背景的社会组织的项目。

江苏镇江茅山道院多次通过道教内部的联系在省外开展公益慈善活动，2018 年在湖北随县贫困地区捐建“茅山道院爱心图书馆”，全年举办各种公益慈善活动 135 次[①]，包括 2018 年冬天的青海玉树雪灾，西安广仁寺、西安广仁慈善功德会向青海省玉树州佛教协会伸出援助之手，通过组织募捐，向灾区人民筹备救灾资金[②]。

五　专业服务的特色化发展

宗教界在开展公益慈善活动的过程中，基于自身的优势和对于教义教规的践行，在某些领域发展出具有鲜明特色的社会服务活动。如养老事业的临终关怀、困境儿童救助中的儿童养育等。

（一）老人关怀与颐养

应对老龄化社会带来的困难和挑战，宗教界以其在养老服务领域的优势，成为社会养老服务供给中不可忽略的一股力量[③]。很多宗教背景的养老服务机构深耕农村，以其非营利性和信仰为基础的优质服务关怀，对农村地区老人，特别是对孤寡、贫困等弱势老人群体服务关怀发挥了重要的作用。

通过对江苏、河南、山东、山西、辽宁、安徽、福建、新疆等 8 个省份 40 个宗教背景养老服务机构（其中佛教 2 家，天主教 1 家，基督教 37 家）的问卷调研发现，尽管宗教背景的养老服务机构整体仍处于起步发展阶段，但其宗教伦理所提供的持续性慈善服务精神，很大程度上弥补了其在适老设计的软硬件发展方面的不足。根据调研，养老服务机构完成登记注册的共

① 杨世华：《大爱——我们一直在路上》，中国民族报网，http：//www. mzb. com. cn/zgmzb/html/2018 -12/25/content_ 7572. htm，2018 年 12 月 15 日。

② 《西安广仁寺为玉树受灾牧民捐赠草料》，中国民族报网，http：//www. mzb. com. cn/html/report/190333888 -1. htm，2019 年 3 月 19 日。

③ 《解读国家标准〈养老机构服务质量基本规范〉》，民政部官网，http：//www. mca. gov. cn/article/gk/jd/shflhcssy/201712/20171215007142. shtml。

28家，占71.8%；未登记注册的11家，占28.2%。这些机构多由宗教场所或者信徒个人发起，占70.2%（见表3）。

表3　机构发起成立者（N=37）

发起成立者	频率	百分比(%)
协会/团体	6	16.2
本宗教场所	18	48.6
宗教界人士	3	8.1
信徒	8	21.6
其他	2	5.4

宗教背景养老服务机构除服务收费之外，其运营资金除了教会机构的捐赠（76.9%）和政府补贴（30.8%）外，也有来自信徒的捐献（15.4%）（见表4）。

表4　资金来源（N=26）

资金来源	响应	百分比(%)
	个案数	
财政补贴	8	30.8
教会机构捐赠	20	76.9
信徒捐献	4	15.4
其　　他	1	3.8

宗教背景养老服务机构的床位数90%在200张床位以内，也有一些规模比较大的机构（见表5）。入住率在75%以上的占41.6%（见表6）。

表5　床位数（N=40）

床位数	频率	百分比(%)
50张以内(含50)	11	27.5
100张以内(含100)	9	22.5
200张以内(含200)	16	40.0
500张以内(含500)	3	7.5
500张以上	1	2.5

表6　床位入住率（N＝36）

床位入住率	频率	百分比(%)
30%以内	4	11.1
50%以内	11	30.6
70%以内	6	16.7
超过75%	7	19.4
全部住满,有等待入住者	8	22.2

养老服务机构对入住老人提供过精神、心灵方面需要服务的占97%。在为老人建立健康档案方面，63.2%的已经建立（见表7）。

表7　健康档案（N＝38）

是否建立健康档案	频率	百分比(%)
已建立完整档案	24	63.2
正准备建立	11	28.9
无	3	7.9

老人入住养老服务机构97.4%的依靠子女资助，其次是自己的退休金。

表8　入住老人养老费用来源（N＝38）

入住老人养老费用来源	响应	个案百分比(%)
	个案数	
退休金	31	81.6
出租原有住房	6	15.8
积蓄	11	28.9
子女资助	37	97.4
其他	1	2.6

宗教界创办的养老院与其他社会养老服务相比，尽管在建筑、设施以及专业护理人员等方面显得不足，但在服务方面也逐渐发展出一定特色，如生活起居的节律、修身养性的理论和操练、免费或低廉的费用等方面；其次，以信仰为纽带的规律性探访和志愿性服务，也为老人提供了交流与获得慰藉的渠道。

（二）困境儿童救助与养育

在国家的养育体系覆盖范围之外，孤儿、弃婴养育的服务领域仍有很大的缺口，需要社会力量的积极介入和应对。宗教界在从事收养弃婴、孤儿方面的工作具有特别的优势，他们全然投身于儿童养育工作，爱的关怀与投入对于孩子的健康成长和发展起到重要作用。2018 年 5 月，河北省武安市关停民间孤儿养育机构福利爱心村一事在网络上引发了大量争论。早在 2013 年河南兰考民间孤儿养育机构火灾事故发生后，民政部通过排查统计发现，全国共有收留孤儿、弃婴的个人和民办机构 878 家，宗教背景的收留机构 649 家，占 74%。民政部、国家宗教事务局于次年发布《关于规范宗教界收留孤儿、弃婴活动的通知》，要求宗教界申请设立收留孤儿、弃婴的机构，必须与当地县级以上人民政府民政部门共同举办。这进一步规范了民间儿童养育的健康发展，保障了收养儿童的合法权益。

很多宗教背景儿童养育机构在项目管理、专业化机构发展层面都有良好表现，其服务目标从简单的物质、资金救助逐渐转变到潜能发掘、价值实现，服务内容逐渐丰富，并以全人关怀理念指导实践，除儿童本身外，还将解决问题、应对危机的着力点放到家庭、社区、学校等环境中。项目惠及的服务对象不断扩大，以残障人士服务为例，一些机构除了为 18 岁以下的残障儿童提供康复、教育服务外，还为成年后的残障人士提供职业技能培训、创造就业机会等，在一定程度上弥补了政策覆盖的薄弱环节。

通过对 40 家宗教背景的民间儿童养育机构的问卷调研，发现这些机构主要分为四种类型（见图 6）。

- 机构类型
  - 非公募基金会
    - 项目覆盖面广，筹资能力强，团队较为专业化
  - 教育康复机构
    - 脑瘫、唐氏征、智障、自闭症等患儿的教育康复服务
    - 残障青年职业技能培训等
  - 儿童养育机构
    - 小家庭模式——收养孤残弃婴，农村地区较多
    - 院舍化模式——往往兼备康复教育功能
    - 模拟家庭——城市社区较多，家庭化的相处模式
  - 个案援助机构
    - 物品、资金、法律、医疗等方面的援助服务

图6　儿童养育机构类型

宗教背景儿童养育机构的发展也面临很多困难和挑战。总体来看，这些机构规模都不大，收养儿童数量多数在20人以下。

机构在资金募集方面压力较大，大部分缺少固定收入来源，只能依靠爱心企业和个人的捐赠，行政经费等机构日常开支更难筹集。大部分机构在寻找长期、稳定的捐赠方的同时，又要避免未成年人的权益受到损害。

六　结语

中国特色社会主义进入了新时期，坚持宗教“中国化”的发展方向，是中国宗教在现实处境中生存和发展的必然要求，中国宗教要和谐发展，发挥宗教的积极作用，不断提高与社会主义相适应的广度和深度，就必须坚持中国化这一方向毫不动摇。鼓励和规范宗教界积极开展社会服务活动，为中国经济社会建设贡献力量，是宗教中国化进程中的一条有效途径，也是使社会各界了解宗教界对社会的积极贡献，弥补和消除信教和不信教群众之间的张力和误解的有效方式。

随着国家经济发展和社会进步，以政府主导、社会参与促进我国公益慈善事业发展已成为共识。宗教界在开展公益慈善活动的实践中，取得了一定的成绩，但也在行为规范和提高社会成效等方面存在一定的问题和不足。这些问题和不足的产生，既有宗教界在实践方面的思想认识和经验不足问题，也有相关政策法规的建设问题。长期来看，宗教公益慈善活动的正常健康发

展，首先需要在认识上对宗教公益慈善活动的脱敏，要正确认识到宗教公益慈善活动是中国公益慈善事业的一部分，宗教界机构和个人开展的慈善活动，依然符合《慈善法》的要求并受其约束，宗教公益慈善活动是整体社会事业发展的一部分而不是另类；其次，对宗教界自身来说，开展公益慈善活动要依据相关法律法规的要求进行，活动的开展要从满足社会服务供给不足的角度来设计和执行；最后，宗教公益慈善活动的正常化发展和社会脱敏，最终要在活动形式上走向组织化发展，成立专门的基金会、社会服务机构等，唯有如此，才能解决宗教活动的人才培养和专业化发展问题，并进一步融入整体社会公益慈善事业的发展当中。

表 9　2018 年宗教背景基金会名录

序号	机构名称	成立时间	CFC透明指数	CFC指数排名	注册地	宗教类型	CFC	慈善中国	
							是否公募	慈善组织认定	公募资格认定
1	爱德基金会	1985	100	1	江苏省	基督教	是	是	是
2	湖南省基督教信德基金会	1991	47.2	2030	湖南省	基督教	否	是	否
3	山西省佛教文化基金会	1994	3.2	5094	山西省	佛教	是	—	—
4	四川圣爱特殊儿童援助基金会	1994	50.4	1591	四川省	基督教	否	—	—
5	甘肃藏传佛教文化基金会	1996	—	—	甘肃省	佛教	—	—	—
6	深圳市弘法寺慈善功德基金会	2000	54.4	1146	广东省	佛教	否	—	—
7	湖南省佛慈基金会	2000	74.4	406	湖南省	佛教	是	是	是
8	青海省格萨尔公益基金会	2004	6.4	4758	青海省	佛教	否	—	—
9	无锡灵山慈善基金会	2004	92.1	262	江苏省	佛教	是	是	是
10	天津市佛教慈善功德基金会	2005	46.4	2123	天津市	佛教	是	是	是
11	海南三亚南山功德基金会	2005	19.6	4122	海南省	佛教	否	—	—
12	江西省庐山东林净土文化基金会	2006	8.8	4668	江西省	佛教	否	是	否
13	重庆市华岩文教基金会	2006	58	855	重庆市	佛教	是	是	否
14	北京市仁爱慈善基金会	2006	100	1	北京市	佛教	否	是	否
15	南京大报恩文化发展基金会	2007	5.6	4784	江苏省	佛教	是	—	—
16	重庆缙云山养生慈爱基金会	2007	45.6	2393	重庆市	佛教	否	是	否
17	慈济慈善事业基金会	2008	100	1	民政部	佛教	否	是	否
18	浙江省华福慈善基金会	2008	47.35	2028	浙江省	基督教	否	—	—
19	河南中原大佛基金会	2008	48	1956	河南省	佛教	是	—	—
20	青海省雪域仁济慈善基金会	2008	45.6	2393	青海省	佛教	是	是	是

续表

序号	机构名称	成立时间	CFC透明指数	CFC指数排名	注册地	宗教类型	CFC	慈善中国	
							是否公募	慈善组织认定	公募资格认定
21	海南省宗教慈善基金会	2009	6.4	4758	海南省	佛教	是	—	—
22	陕西法门寺慈善基金会	2009	4.8	4854	陕西省	佛教	是	—	—
23	甘肃省世恩慈善基金会	2009	23.2	3861	甘肃省	佛教	否	是	否
24	青海心行慈善基金会（原青海苏曼竹巴慈善基金会）	2010	45.6	2393	青海省	佛教	否	是	否
25	宁夏回族自治区维宗博爱基金会	2010	24	3770	宁夏	伊斯兰教	否	—	—
26	厦门观音寺慈善基金会	2010	43.2	3080	福建省	佛教	否	是	是
27	河北慈氏基金会	2010	45.6	2393	河北省	佛教	否	是	否
28	浙江光盐爱心基金会	2010	73.6	419	浙江省	基督教	否	是	否
29	北京云居寺慈善基金会	2011	14.8	4437	北京市	佛教	否	是	否
30	河北进德公益基金会	2011	85.6	299	河北省	天主教	否	是	是
31	苏州和合文化基金会	2011	22.8	3960	江苏省	佛教	否	是	否
32	常州宝林慈善基金会	2011	17.6	4208	江苏省	佛教	否	—	—
33	青海佛教慈善基金会	2011	3.2	5094	青海省	佛教	否	—	—
34	陕西福智慈善基金会	2012	48	1956	陕西省	佛教	否	是	否
35	河北省佛教慈善基金会	2012	54.4	1146	河北省	佛教	否	—	—
36	浙江雪窦慈光慈善基金会	2012	45.6	2393	浙江省	佛教	否	是	否
37	广东省广济慈善基金会	2012	53.2	1342	广东省	佛教	否	—	—
38	湖南省长沙洗心禅寺慈善基金会	2012	82.14	336	湖南省	佛教	否	是	否
39	福建省同心慈善基金会	2012	100	1	福建省	佛教	否	是	否
40	湖南省大药王寺安养基金会	2013	16	4352	湖南省	佛教	否	是	否
41	广东省佛教协会慈善基金会	2013	50.4	1591	广东省	佛教	否	—	—
42	苏州弘化社慈善基金会	2013	3.2	5094	江苏省	佛教	否	是	否
43	山东省普觉公益基金会	2013	79.6	355	山东省	佛教	否	是	否
44	云南宝华福田慈善基金会	2013	27.2	3627	云南省	佛教	否	—	—
45	兰州报恩寺慈善基金会	2013	52	1439	甘肃省	佛教	否	是	否
46	湖南省益阳市白鹿寺慈善基金会	2013	45.6	2393	湖南省	佛教	否	—	—
47	灵山县准提慈善基金会	2013	3.2	5094	广西	佛教	否	—	—
48	河南大相国寺慈善基金会	2013	50.8	1559	河南省	佛教	否	—	—
49	广东省慈光慈善基金会	2013	44.8	2894	广东省	佛教	否	是	否
50	石家庄市佛教慈善基金会	2013	54.4	1146	河北省	佛教	否	—	—
51	河北省摩诃佛缘慈善基金会	2013	45.6	2393	河北省	佛教	否	是	是
52	温州基督教会柳市堂慈善基金会	2013	55.6	1041	浙江省	基督教	否	—	—

续表

序号	机构名称	成立时间	CFC透明指数	CFC指数排名	注册地	宗教类型	CFC	慈善中国	
							是否公募	慈善组织认定	公募资格认定
53	扬州文峰慈善基金会	2013	55.98	1037	江苏省	佛教	否	是	否
54	湖北省佛教慈善基金会	2013	49.6	1717	湖北省	佛教	否	—	—
55	汕头市天爱公益慈善基金会	2014	8	4724	广东省	天主教	否	—	—
56	杭州云林公益基金会	2014	49.6	1717	浙江省	佛教	否	是	否
57	无锡仁济佛教慈善基金会	2014	4.8	4854	江苏省	佛教	否	是	否
58	上海华爱公益基金会	2014	73.37	424	上海市	基督教	否	—	—
59	江苏省同泰慈善基金会	2014	12	4593	江苏省	佛教	否	—	—
60	星云文化教育公益基金会	2014	58.91	811	民政部	佛教	否	是	否
61	上海大慈公益基金会	2014	48.8	1881	上海市	佛教	否	—	—
62	太仓市海天慈善基金会	2014	9.2	4661	江苏省	佛教	否	是	否
63	南天情慈善基金会	2015	16.8	4321	海南省	道教	否	—	—
64	莆田市湄洲妈祖慈善基金会	2015	4.8	4854	福建省	妈祖	否	是	否
65	上海天爱公益基金会	2015	41.85	3205	上海市	基督教	否	—	—
66	上海觉群文教基金会	2015	94.82	250	上海市	佛教	否	—	—
67	浙江省宏德慈善基金会	2015	37.87	3363	浙江省	佛教	是	是	是
68	海南南海慈爱基金会（原海南南山寺慈善基金会）	2015	10.4	4622	海南省	佛教	是	—	—
69	山西省莲友慈善基金会	2015	39.46	3319	山西省	佛教	否	是	否
70	广东省基督教协会慈善基金会	2015	45.6	2393	广东省	基督教	否	—	—
71	嘉兴市圆通大悲慈善基金会	2015	49.6	1717	浙江省	佛教	否	—	—
72	无锡市滨湖区横山慈善基金会	2015	12.8	4550	江苏省	佛教	否	是	否
73	南京方舟慈善基金会	2015	8.8	4668	江苏省	天主教	否	是	否
74	河北省三宝佛教慈善基金会	2015	49.18	1878	河北省	佛教	否	—	—
75	上海慈爱公益基金会	2015	43.1	3125	上海市	道教	否	—	—
76	无锡市锡山区祥云慈善基金会	2015	9.6	4642	江苏省	佛教	否	—	—
77	景洪市南传佛学文化交流基金会	2016	6.4	4758	云南省	佛教	是	—	—
78	南京市江宁区牛首山佛教文化发展基金会	2016	13.6	4504	江苏省	佛教	否	—	—
79	湖南省虚云文教基金会	2016	45.6	2393	湖南省	佛教	否	是	否
80	宁夏吉庆公益基金会	2016	96.4	235	宁夏	伊斯兰教	否	是	否
81	珠海市普济慈善基金会	2016	0	5453	广东省	佛教	否	—	—
82	海盐县天宁佛教文化基金会	2016	20.8	4038	浙江省	佛教	否	是	否
83	江西慈爱公益基金会	2016	7.2	4735	江西省	道教	否	是	否

续表

序号	机构名称	成立时间	CFC透明指数	CFC指数排名	注册地	宗教类型	CFC	慈善中国	
							是否公募	慈善组织认定	公募资格认定
84	南通狼山大圣爱心慈善基金会	2016	—	—	江苏省	佛教	否	是	否
85	道缘慈善基金会	2016	0	5453	湖南省	道教	否	—	—
86	江阴江南弥陀慈爱基金会	2016	27	3655	江苏省	佛教	否	是	否
87	陕西慈爱林基金会	2016	59	808	陕西省	道教	否	是	否
88	瑞安市佛教慈善基金会	2017	—	—	浙江省	佛教	否	是	否
89	兰溪市普济基金会	2017	—	—	浙江省	道教	否	是	否
90	浙江白云慈善基金会	2017	—	—	浙江省	佛教	否	是	否
91	浙江安福利生慈善基金会	2017	—	—	浙江省	佛教	否	是	否
92	天津市圣言爱心帮扶基金会	2017	—	—	天津市	天主教	否	是	否
93	福建省南天普门慈善基金会	2017	—	—	福建省	佛教	否	—	—
94	无锡市梁溪区汉慈永兴嗣慈善基金会	2017	—	—	江苏省	佛教	否	—	—
95	无锡市祥符慈善基金会	2018	—	—	江苏省	佛教	否	是	否
96	苏州市兴福公益基金会	2018	—	—	江苏省	佛教	否	是	否
97	山西省善缘慈善基金会	2018	—	—	山西省	佛教	否	是	否

注：

1. 所谓宗教背景一般是指由宗教团体、宗教活动场所、宗教院校或宗教界个人发起成立的社会组织，其理念价值、资金来源、业务活动等与原宗教背景有着千丝万缕联系；

2. 本表中所列大陆地区宗教背景的97基金会，其中62家参照2018年《中国慈善发展报告》的数据，其余35家基金会的搜索及确定方法为：

（1）在基金会中心网及全国慈善信息公开平台上，以教派名称，如“佛教”和“基金会”为关键词，对检索出的基金会与已有的62家比对，初步筛选出疑似宗教背景的基金会；

（2）以上述疑似宗教背景基金会名称为关键词，百度逐一搜索，通过检索结果进入基金会官网或有关基金会动态信息的链接，以基金会的“宗教信仰基础”、“发起方的宗教性”、“使命宗旨”、“组织架构”、“资金来源”、“业务范围”等维度来确定基金会的宗教背景；

因资料来源为二手资料，所有新增宗教背景基金会均未向其求证，若产生误判，敬请谅解，我们将在后续报告中予以更正。

B.8
2018年中国彩票与慈善发展报告

宋宗合*

摘　要： 2018年中国彩票销售总量达到5114.72亿元，筹集彩票公益金1313.62亿元，其中福利彩票稳中企进，体育彩票则销量猛增，增幅达36.8%。彩票业上行发展的态势在筹集更多公益金的同时，也引来更多社会目光关注，法治护航、回归公益成为彩票业健康发展的共同呼声。彩票法制也确如公众期望，朝着更加安全细密的监管方向发展，而阳光彩票、责任彩票的公益属性尚需要更合理的运行机制来保障。

关键词： 高速增长　公益支柱　阳光法治

一　2018年彩票业发展综述

彩票业在2018年继续以高速增长的销售量呈现出生机勃勃的形象，两彩销量增幅为19.9%。这样一种成果不仅表明彩票作为一种文化需求所蕴含的顽强生命力，同时也在国家的宏观调控下为公益事业提供了刚性的资金保障、为社会保障基金的战略储备提供了有力支撑。

1. 2018年两彩销量及公益金筹集总体情况

2018年彩票业持续稳健增长，全年两彩销量达到5114.72亿元，比上

* 宋宗合，中民社会救助研究院执行院长，主要研究领域为社会救助、公益慈善、社会组织等。

年度增加了848.03亿元，增幅达19.9%。其中福利彩票依然处于提振过程中，但小有增幅，2018年福利彩票销量为2245.56亿元，比上年度增长75.79亿元，增幅3.5%；而体育彩票自2017年首度超越福利彩票后，2018年可以用快跑超速形容，销量达2869.16亿元，比上年度增长772.24亿元，增幅达36.8%（见图1）。

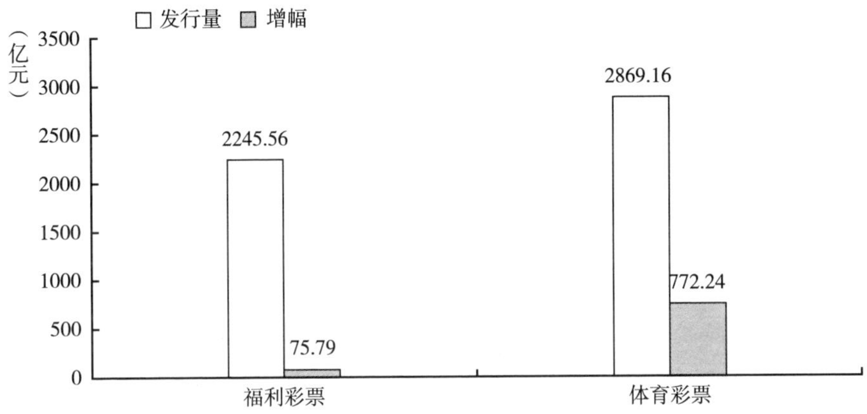

图1　2018年中国彩票销售量及增幅

但是从彩票公益金的筹集来看，总体呈下降趋势。2018年两彩共筹集彩票公益金1313.62亿元，其中福利彩票筹集公益金643.59亿元，体育彩票筹集公益金670.03亿元（见图2）。对比一下2017年彩票公益金筹集比例，2017年福彩公益金占福彩总销量比为28.6%，2018年为28.7%，2017年体育彩票公益金占体彩总销量25.0%，2018年则为23.4%；两者相加，2017年两彩公益金筹集比占彩票总销量的比例为26.8%，2018年则为25.7%。体彩公益金的筹集比拉低了公益金筹集总比。[①]

① 引自财政部数据。

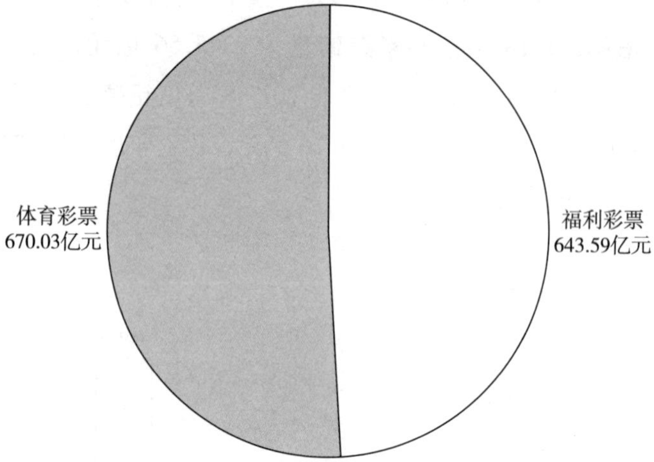

图 2　2018 年公益金筹集量

从五种彩票类型①的销售情况来看，除即开型和基诺型呈下降趋势，其他三种玩法都持续上升。具体情况为：乐透数字型彩票销售 2758.69 亿元，同比增加 130.55 亿元，增长 5.0%；竞猜型彩票销售 1655.05 亿元，同比增加 726.53 亿元，增长 78.2%；即开型彩票销售 225.26 亿元，同比减少 20.79 亿元，下降 8.5%；视频型彩票销售 474.42 亿元，同比增加 12.27 亿元，增长 2.7%；基诺型彩票销售 1.30 亿元，同比减少 0.53 亿元，下降 28.9%。2018 年 1～12 月乐透数字型、竞猜型、即开型、视频型和基诺型彩票销售量分别占彩票销售总量的 53.9%、32.3%、4.4%、9.3%、0.1%

① 目前在售的体育彩票和福利彩票的玩法分为五种类型，其公益金提取比例的相关规定如下：一是以双色球、超级大乐透等为主的全国性乐透数字型彩票，彩票公益金提取比例约为 36%，彩票奖金和彩票发行费提取比例约为 51% 和 13%；以快速开奖等为主的地方性乐透数字型彩票，大部分彩票游戏的彩票公益金提取比例为 28%，彩票奖金和彩票发行费提取比例为 59% 和 13%；二是以竞彩为主的竞猜型彩票，大部分彩票游戏的彩票公益金提取比例为 18%，彩票奖金和彩票发行费提取比例为 73% 和 9%；三是以中福在线为主的视频型彩票，彩票公益金提取比例为 22%，彩票奖金和彩票发行费提取比例为 65% 和 13%；四是即开型彩票，大部分彩票游戏的彩票公益金提取比例为 20%，彩票奖金和彩票发行费提取比例为 65% 和 15%；五是以快乐 8、开乐彩等为主的基诺型彩票，彩票公益金提取比例为 37%，彩票奖金和彩票发行费提取比例为 50% 和 13%。

（见图3）。而从地域来看，全国30个省份的彩票销量都处于增长状态，江苏、浙江、山东、广东和河南销量增幅最快，同比分别增加89.96亿元、80.55亿元、71.87亿元、67.11亿元和50.37亿元。

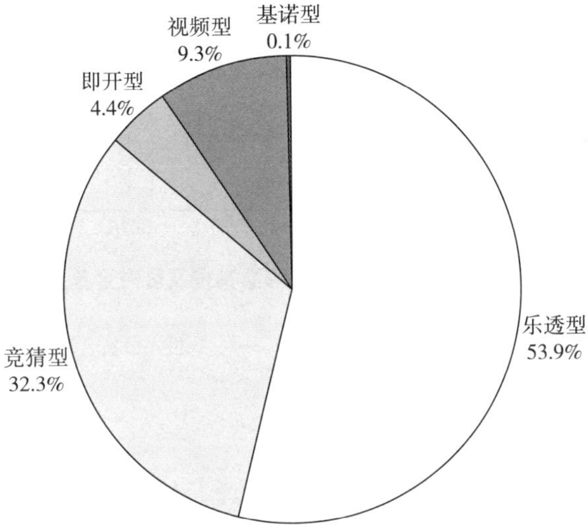

图3　2018年五种彩票类型销量占比

自彩票诞生至2018年底，中国两种类型彩票累计发行37490.41亿元，共筹集彩票公益金10558.88亿元。其中自1987年至2018年，全国福利彩票累计销量达到20197.33亿元，筹集公益金约6018.59亿元；自1994年到2018年，全国体育彩票累计发行达到17293.08亿元，筹集公益金超过4540.29亿元。

2. 2018年彩票业发展情况简析

福利彩票和体育彩票的销量成为社会日益瞩目的焦点，近20%的销量增速跑赢了其他社会发展指标。体彩更是以36.8%的销售增幅令人咋舌，实际上两彩之间在历史上形成了此起彼伏的表现。在现代彩票诞生初期，两彩增长速度缓慢，福彩甚至略低于体彩，而2003年和2004年的扬州彩世塔案及西安体彩宝马案的恶性冲击，对体育彩票冲击较大，连续两年负增长，福彩逐步领跑并一直处于领先地位。2015年的审计行动，集中曝光了福彩

图4　2010～2018年福利彩票销量及公益金筹集

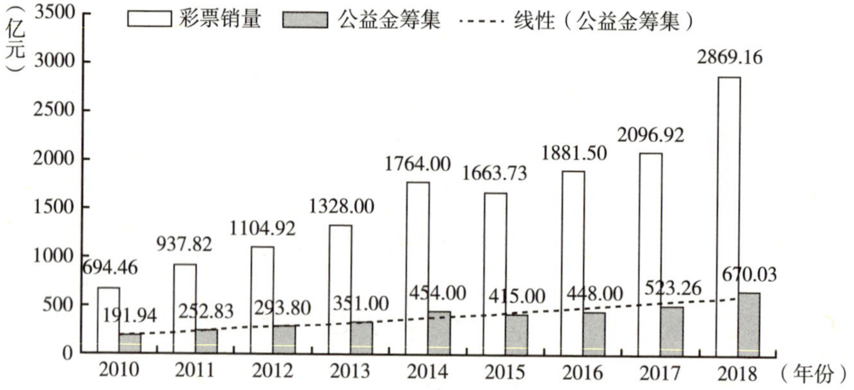

图5　2010～2018年体育彩票销量及公益金筹集

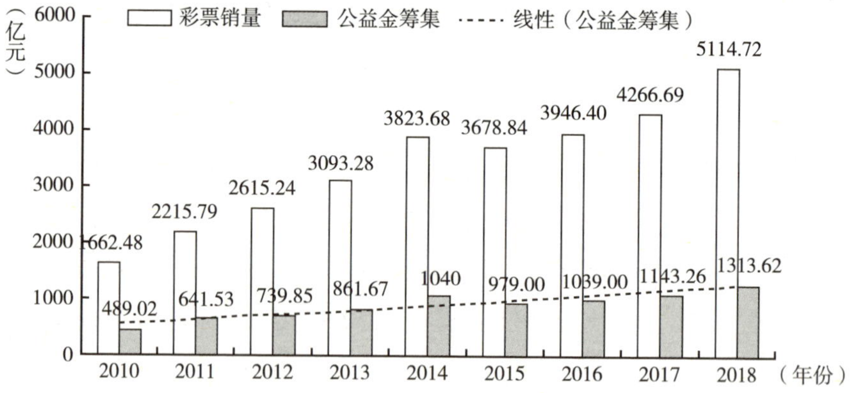

图6　2010～2018年中国彩票销量及公益金筹集

领域所存在的弊病，造成2015年福利彩票发行负增长，此后小幅增长，体育彩票顺势提速，实现反超，2018年增幅比福彩高33.3%。

正是因为彩票市场如此高扬，追逐利润的潜在想象和实际行为层出不穷，不仅彩票销售管理等行政治理方面存在铤而走险的违法行为，销售层面也存在擅自利用互联网销售彩票、大额投注等非理性购彩现象。而彩票所坚持的国家属性、公益属性一直未变，因此在如此高聚焦、高形态的彩票业发展形势下，正确加强彩票管理和监督，让彩票健康运行，一直是主管部门的着力点。

2018年是彩票行政规则调整的大年份，多部重要制度进行了修订。2018年9月5日，财政部发布了关于彩票机构执行《政府会计制度——行政事业单位会计科目和报表》的补充规定和衔接规定的通知（财会〔2018〕26号），规定自2019年1月1日起，彩票机构应当严格按照新制度及补充规定进行会计核算、编制财务报表和预算会计报表，并及时调整会计信息系统。彩票机构应当按照新制度及补充规定要求对原有会计信息系统进行及时更新和调试，实现数据正确转换，确保新旧账套的有序衔接。

新修订的《彩票管理条例实施细则》于2018年10月1日实施，新细则除了对一些操作性的技术细则重新设计，还新增了第六十二条，专门用于警示和归口涉彩行政行为违纪违法行为。

2018年12月13日，财政部发布了《关于修订〈彩票发行销售管理办法〉的通知》，是为贯彻落实党中央、国务院推进简政放权、放管结合、优化服务改革部署，加强彩票监督管理责任追究，新办法自2019年1月1日实施。

“收支两条线”的运行规则要求彩票业运行不仅仅要盯紧销售关，适度的增量控制、严格的发行管理与符合公益宗旨的分配支出必须协调发展。2019年3月，中央财政提前下达2019年中央专项彩票公益金预算指标488750万元，支持地方社会公益事业发展。

实际上在规划“十三五”彩票公益发展战略时，财政部已经制定了关于“十三五”时期中央专项彩票公益金支持地方社会公益事业发展安排，国务院已批准“十三五”时期中央专项彩票公益金补助地方社会公益事业项目资金分配意见，2017～2020年，中央财政将安排200亿元支持地方社会公益事业发展。

相关制度对“十三五”时期彩票公益金使用做出了更具体的要求，要求彩票公益金使用必须充分彰显社会公益性，彩票公益金安排使用要重点向重大民生项目倾斜，向贫困地区和革命老区、困难行业和弱势群体倾斜，向补“短板”的社会公益事业倾斜。

要求项目安排要统筹规划、因地制宜、突出重点。按照“补齐短板”的思路，本着“缺什么补什么”的原则，集中精力重点解决好突出问题、首要问题，防止“撒胡椒面”，提升资金使用的经济效益和社会效益。要严格管理、规范运作。既要建立部门统筹协调机制，又要明确部门间职责划分，科学合理组织实施项目，杜绝重复申报、多头给钱的现象。

对于地方使用福彩公益金的情形，也做出了详细规定，要求省级财政部门应当注重彩票公益金的提质增效。健全资金、项目监督责任制和责任追究制，对弄虚作假或挤占、截留、挪用资金和不作为、乱作为等行为，要严肃追责。应当以提高中央专项彩票公益金使用效益为目标，引导和撬动社会资金投入，积极推广运用政府购买服务、政府和社会资本合作等模式，整合社会资源，激发民间投资活力，加大对社会公益事业的投入力度。

二 2017年度彩票公益金使用情况

按照《彩票管理条例》及其实施细则和《财政部关于印发〈彩票公益金管理办法〉的通知》明确规定了彩票公益金分配办法①，将来源于彩票发

① 中央和地方之间按1∶1的比例分配。中央集中彩票公益金在全国社会保障基金、中央专项彩票公益金、民政部和体育总局之间分别按60%、30%、5%和5%的比例分配。地方留成彩票公益金，由省级财政部门商民政、体育等有关部门研究确定分配原则。

行销售收入和逾期未兑奖的奖金的彩票公益金进行分配，专项用于社会福利、体育等社会公益事业。

由于彩票公益资金使用信息公开受制于统计方法，往往延迟至次年年中公告。此处对2017年的中央专项彩票公益金进行分析。2017年中央彩票公益金收入566.74亿元，加上上年度结转收入45.22亿元，共计611.96亿元。经过全国人大审议批准，2017年除分配给全国社会保障基金318.24亿元，分别分配给民政部和国家体育总局26.50亿元，中央专项彩票公益金分配额为162.37亿元，用于国务院批准的社会公益事业项目（见图7）。

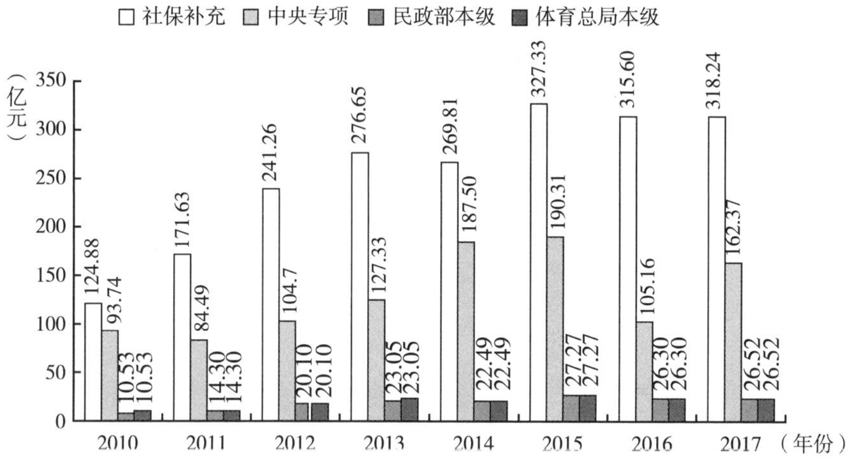

图7　2010～2017年中央彩票公益金分配使用

1. 全国社会保障基金储备金

中国的养老金制度起源于一种应急制度安排，采用的是一种代际互济实现模式。在人口老龄化浪潮的冲击下，必须用一种战略储备模式来应对和化解老龄高峰的支付压力。2000年8月，作为国家战略储备基金，全国社会保障基金应运而生，专门用于公民养老、医疗、工伤、失业保险支出的补充和调剂，其资金来源于财政拨款、国有资本划转、基金投资收益，以及国务院批准的其他方式筹集的资金。而彩票公益金正是属于国务院批准的其他方式筹集的资金来源之一，同时也被按照政府性基金纳入财政预算。

截至 2018 年，几种资金来源陆续向全国社会保障基金拨款 9149 亿元，其中预算拨款 3298 亿元，国有股减转持资金和股份 2844 亿元，彩票公益金划转 3010 亿元①。如果以彩票发行以来总筹集彩票公益金 10558.88 亿元来计，占比 29%。其中仅以中央彩票公益金为例，2010 ~ 2017 年累计向全国社会保障基金拨付资金 2045.4 亿元。彩票公益金已经成为全国社会保障基金的重要资金支柱，同时也占全国总划转资金的 1/3，不可谓不居功甚伟（见图 8）。

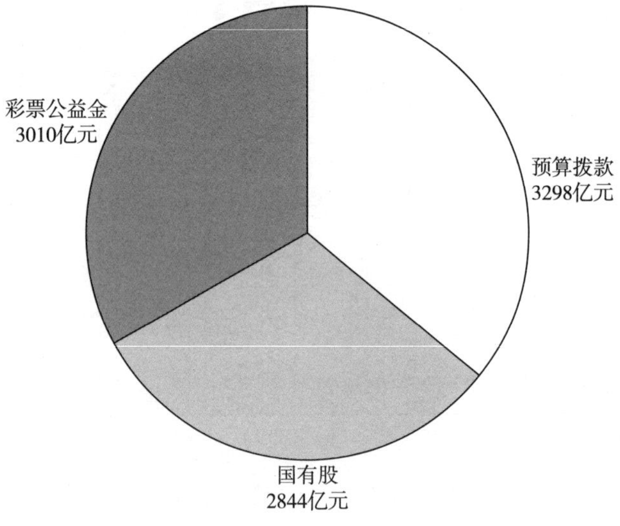

图 8　全国社保基金拨款来源

2. 中央专项彩票公益金使用

按照政策规定，中央彩票公益金专项主要就是用于社会公益，其使用主体政府部门落实社会公益项目为主，同时采用项目制的方法资助人

---

① 财政部社会保障司司长符金陵在 2018 年 12 月 28 日中国社会科学院社会保障论坛暨《中国养老金发展报告 2018》发布会上公布。

民团体和基金会等。2017 年中央专项彩票公益金金额为 162. 37 亿元。其中 45. 19 亿元交由人民团体和社会组织来实施，其余由政府部门实施（见图 9）。

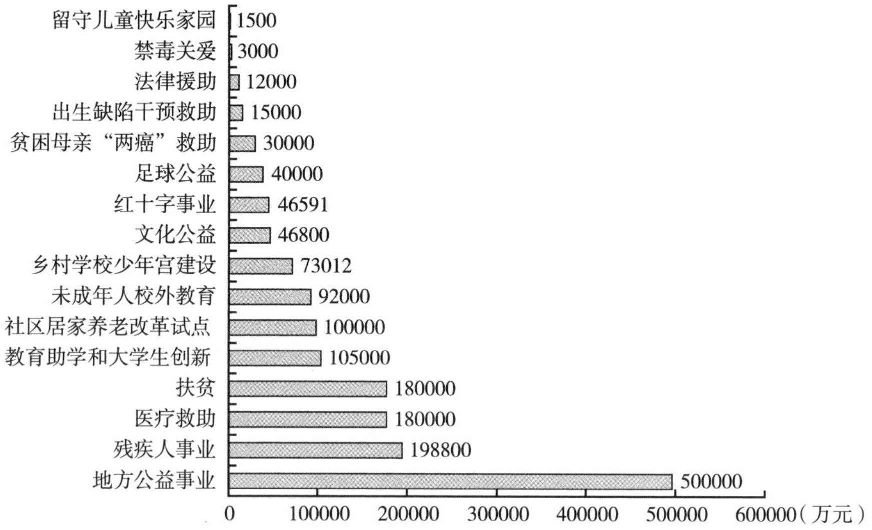

图 9　2017 年中央专项彩票公益金分配

政府部门组织实施方向和领域为：50 亿元转移支付地方政府主要是中西部地区结合实际情况统筹用于当地养老、扶贫等社会公益事业发展薄弱环节（见图 10）；18 亿元交由国家医疗保障局实施，用于资助困难群众参保参合，按照标准对困难群众难以自付的基本医疗费用进行补助；18 亿元交由国务院扶贫办用于支持贫困革命老区开展脱贫工作；10 亿元交由民政部开展居家和社区养老服务改革试点工作；9. 2 亿元交由教育部组织实施校外活动保障和能力提升等；7. 3 亿元交由中央文明办新建乡村学校少年宫；4. 68 亿元由原文化部组织支持艺术创作生产、传播交流推广和人才培养等。

人民团体和社会组织实施方向和领域为：中国残疾人联合会使用公益金 19. 88 亿元，主要用于残疾人体育、文化、康复、救助等方面的支出；中国

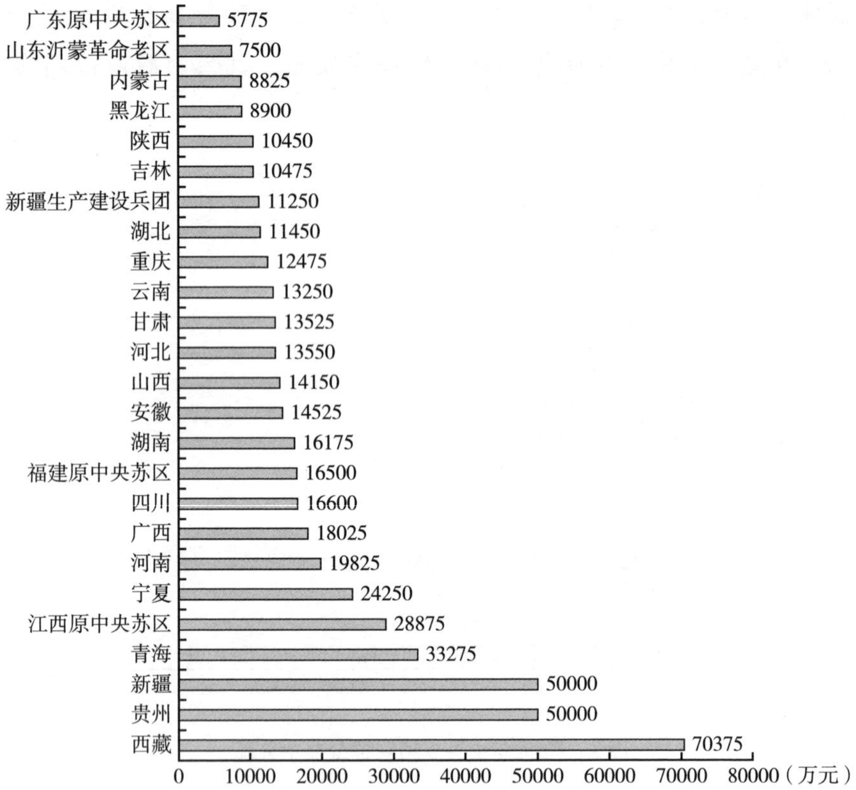

图 10　2017 年中央专项彩票公益金补助地方社会公益配额

教育发展基金会使用公益金 10.5 亿元，用于奖励普通高中优秀贫困生、资助困难教师、学校灾害应急、高校创新创业教育发展等；中国红十字会总会使用公益金 4.66 亿元，用于贫困大病儿童救助、造血干细胞捐献者资料库、人道救助救援、失能老人服务、人体器官捐献等；中国足球发展基金会使用公益金 4 亿元，用于资助青少年足球人才培养等足球公益项目；中国妇女发展基金会使用公益金 3 亿元，用于救助患有乳腺癌和宫颈癌的农村贫困妇女；中国出生缺陷干预救助基金会使用公益金 1.5 亿元，用于出生缺陷救助及防治宣传和教育；中国法律援助基金会使用公益金 1.2 亿元，用于农民工、残疾人、老年人、妇女家庭权益保障和未成年人法律援助项目；中国禁毒基金会使用公益金 3000 万元，用于支持受毒品危害严重的校园进行图书角建设；中国儿童少年基金会使用公益金1500万元，主要用于在农村开办留守儿童快乐家园，改善农村留守儿童生存状况。

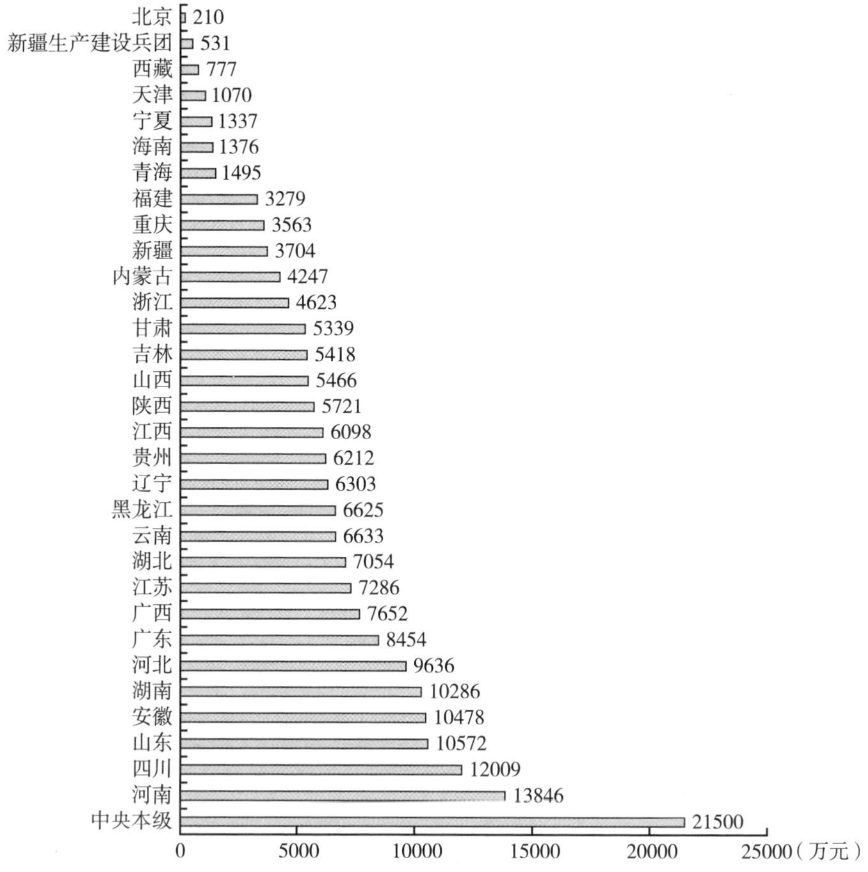

图11　2017年中残联福彩公益金使用分配

3. 两部委本级彩票公益金使用

民政部及国家体育总局按照2017年配额分别使用彩票公益金26.52亿元。其中民政部遵循“扶老、助残、救孤、济困”的福彩公益金使用宗旨进行细化分配使用。重点支持养老服务领域，优先支持社会福利设施建设及残疾人、孤儿、困难群众等受益项目，适当支持符合规定的其他社会公益项目，补助困难地区发展公益事业。国家体育总局则遵循体育彩票“来之于民、用之于民”的宗旨，支持开展群众体育工作，资助竞技体育工作，同时积极参与社会公益事业建设。

民政部本级福彩公益金大部分金额都用于补助地方，部本级留存使用较少。其中补助地方 25.62 亿元，部本级使用约 0.9 亿元，创近年新低。补助地方项目除了残疾孤儿手术康复项目“明天计划”采用项目法分配外，其余资金采用因素法①分配给各地。部本级资金 8952 万元主要用于民政部直接实施项目或者采取社会力量购买服务形式开展社会公益项目（见图 12）。

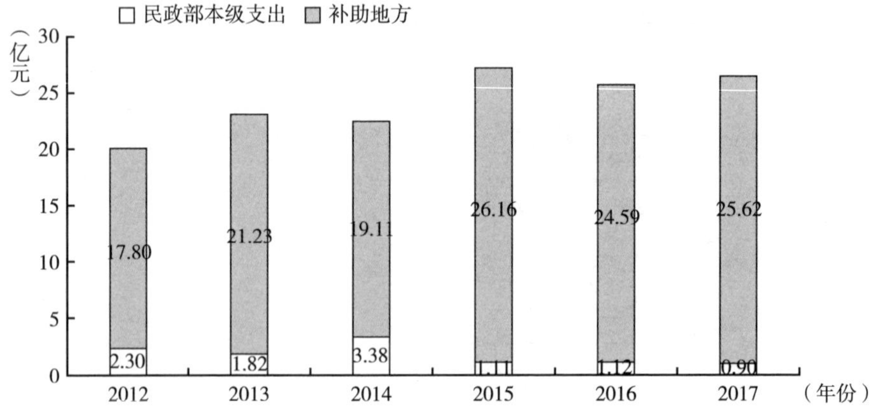

图 12　2012－2017 年民政部本级福彩公益金配额

补助地方资金中，老年人福利类项目占据资金半数，为 131613 万元，主要服务于养老体系建设，比如新建和改扩建城乡养老机构以及光荣院、优抚医院等，服务对象主要是困难群众，同时开展养老服务信息化建设支持项目。残疾人福利类项目 49264 万元，用于开展精神卫生福利机构、康复辅具机构及设备配置等。儿童福利类项目 49264 万元，其中 13000 万元用于“明天计划”，其余资金用于儿童福利机构新建改建及设施设备支持等。社会公益类项目 26107 万元，其中用于慈善超市建设和废旧纺织品综合利用项目

① 主要因素包括财政困难系数、工作任务数量及工作绩效等。

5000 万元；未成年人保护中心建设 10554 万元；殡葬基础设施更新改造项目 7387 万元；社会工作和志愿服务项目 3166 万元（见图 13）。

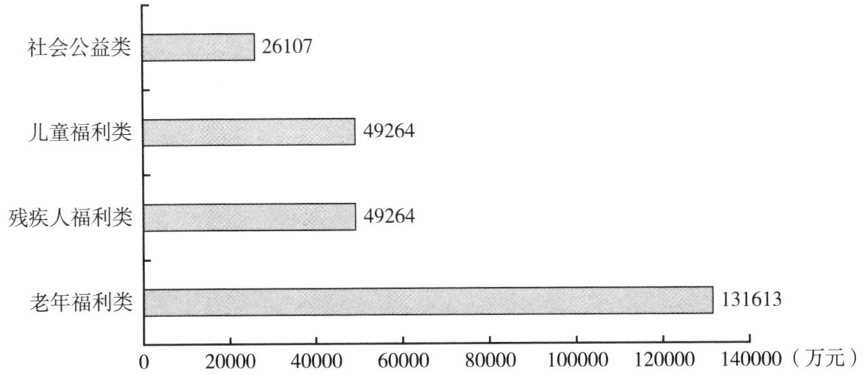

图 13　2017 年民政部本级彩票公益金补助地方资金使用情况

民政部部本级余留资金较少，不足 1 亿元资金同样用于开展老年人、残疾人、儿童以及其他社会公益领域，共包含 9 个项目。分别是：福康工程、大龄孤儿学历教育、孤残儿童助学工程、“寻根计划”、儿童福利机构培训、儿童福利机构社工项目、“夕阳红”救助服务、社会福利和社会工作人才培训、福彩公益金第三方绩效评价项目（见图 14）。

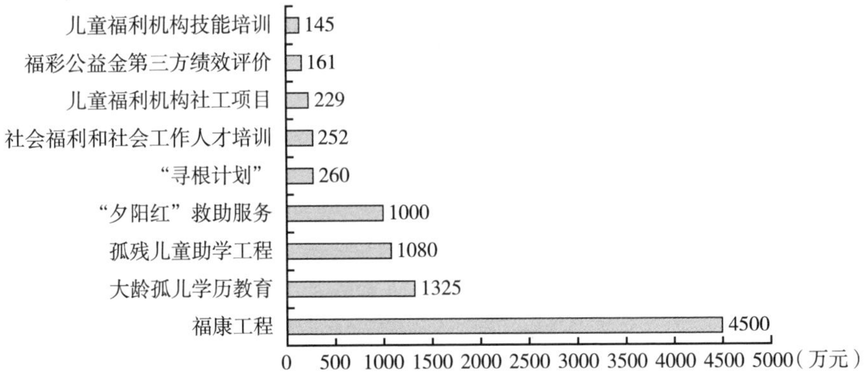

图 14　2017 年民政部本级直接实施或购买服务项目

2017 年国家体育总局被分配彩票公益金与民政部等同，为 265240 万元。按照惯例，分别用于群众体育和竞技体育的支持工作，其中群众体育使用金额占比 76.88%，下滑幅度较大，竞技体育占比 23.12%（见图 15）。

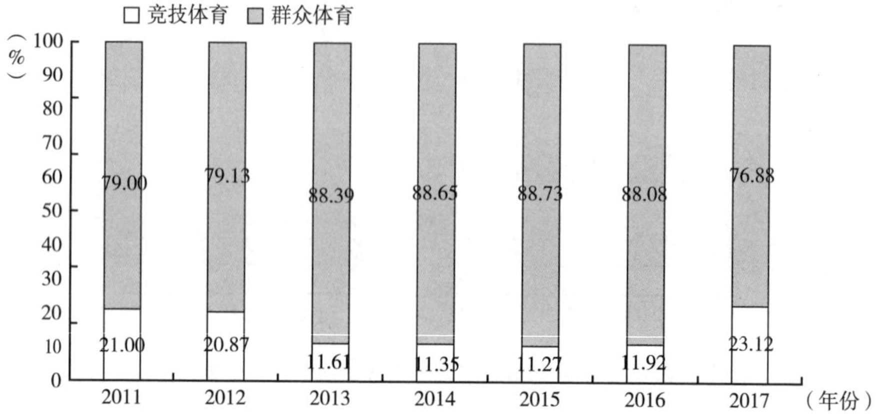

图 15　2011～2017 年体育总局本级公益金分配比例

2017 年国家体育总局在本级体育彩票公益金使用情况公告里格外详细披露了各子项目资金的使用情况，让公众得以细致了解单项资金的流向。其中群众体育共投入资金 203904.39 万元，用于援建场地捐赠设备、资助全民健身活动、资助群众体育组织和队伍发展、对全民健身活动进行指导和宣传等（见图 16）。

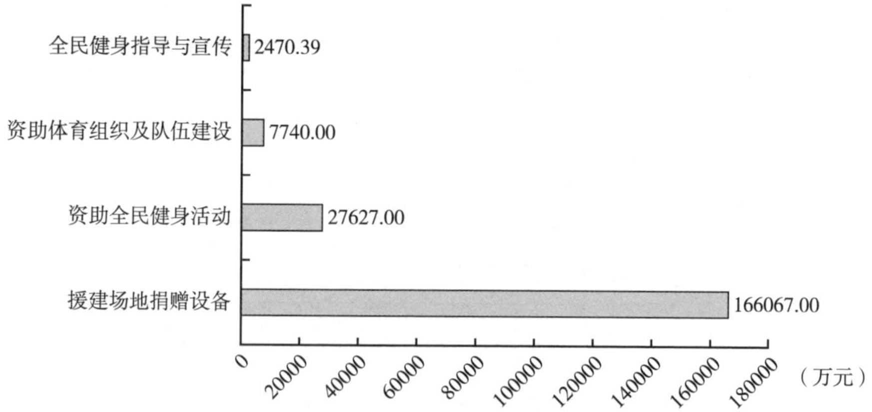

图 16　2017 年彩票公益金投入群众体育配额

从援建场地和捐赠设备的具体落地情况来看，实施农民体育健身工程投入 39815 万元，社区健身设施 31996 万元，资助运动休闲特色小镇建设 18600 万元，全国体育设施改善投入 63496 万元，资助公园配建 10300 万元，向残疾人、解放军、老年人捐赠健身器材 1200 万元，资助青少年营地建设 660 万元，体现了多元资助的特色。在资助体育组织方面，大量资金应用于体育人才培训工作，青少年体育俱乐部成为重点资助对象，其中中国足协等体育组织承接了购买服务工作。

竞技体育的经费使用则包含全国综合性运动会办赛经费、资助高水平体育后备人才培养、支持国家队备战和支持西部省区竞技体育发展（见图 17）。

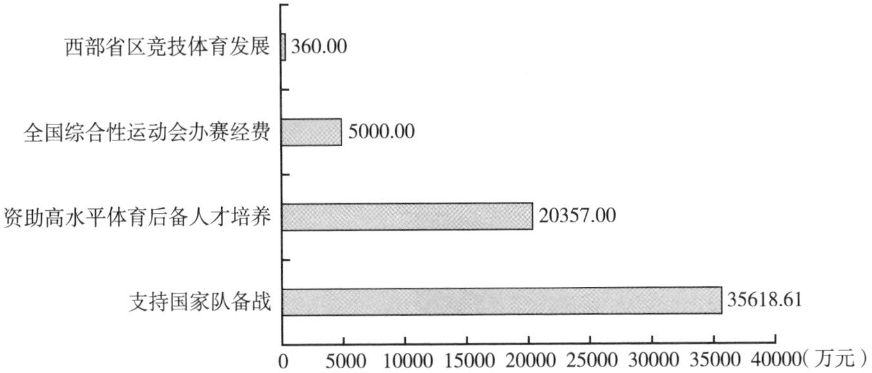

图 17　2017 年彩票公益金投入竞技体育配额

4. 地方彩票公益金使用

2017 年，全国各省市彩票公益金从销售量中实际提取公益金为 1161. 95 亿元，其中弃奖量 17 亿元。根据彩票公益金管理规定，中央和地方按五五比例分配，那么也就意味着地方可以支配的彩票公益金量为 580. 98 亿元，这笔资金应当专项用于社会福利、体育等社会公益事业，按照政府性基金纳入预算，专款专用，结余结转下年继续使用。

实际上，地方使用的彩票公益金远不止于此，中央专项彩票公益金、民政部本级彩票公益金、国家体育总局本级彩票公益金都按照倾斜法、项目法、因素法等手段补助或转移支付。其中中央专项彩票公益金162.37亿元中有50亿元直接补助地方，占比31%，用于支持地方社会公益事业；民政部本级彩票公益金26.52亿元之中25.62亿元转移支付地方，占比97%；国家体育总局本级彩票公益金获分配26.524亿元，比民政部多出40万元，其中国家体育总局本级自用资金3.24亿元，转移地方22.33亿元，转移占比88%。四项相加，地方使用彩票公益金量为678.93亿元。当然事实使用资金还要更多，执行主体即便不是地方政府，一些中央部门或者人民团体、社会组织执行的项目，都还要落地地方。

地方资金使用，对于以项目法或因素法补助或转移支付的款项，必须做到专款专用，有严格的审计督查而地方留成公益金则按照彩票公益金管理办法，由省级财政部门会商民政、体育等有关部门研究确定分配原则，各省在规则设置上不尽相同，还需要细化研究方能看到资金分配方式和精细化走向。

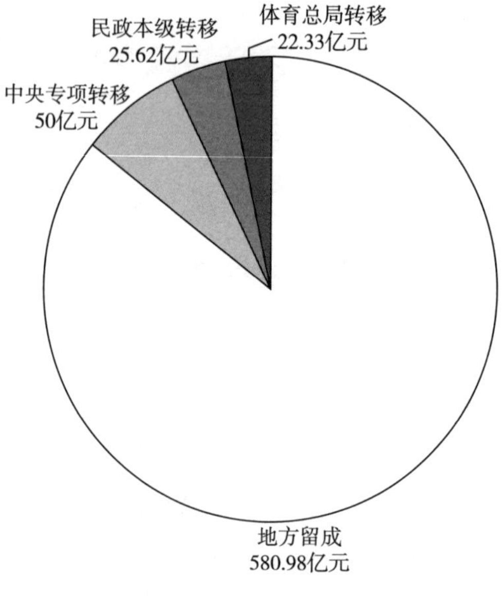

图18　2017年地方使用彩票公益金总量

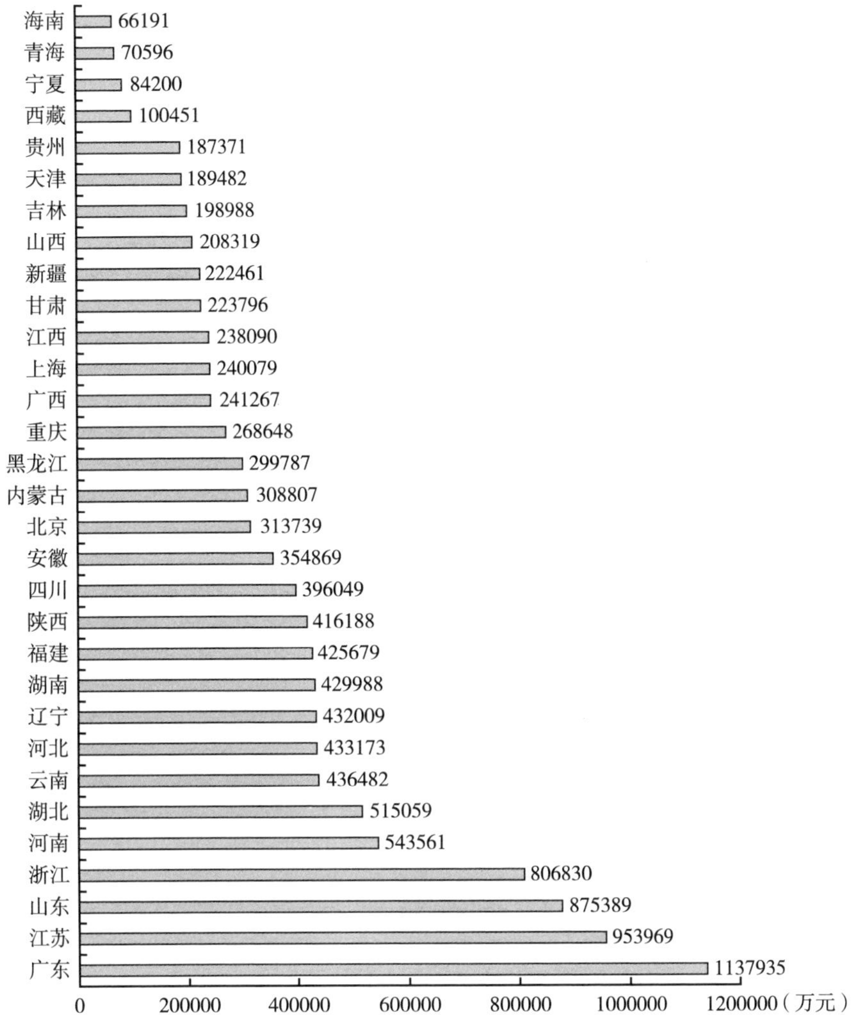

图 19　2017 年地方筹集彩票公益金数量

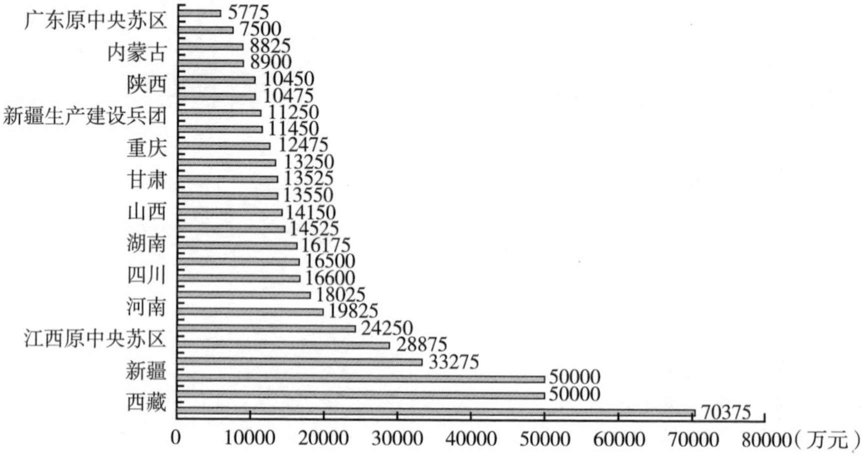

图 20　2017 年中央专项彩票公益金补助地方社会公益事业分配金额

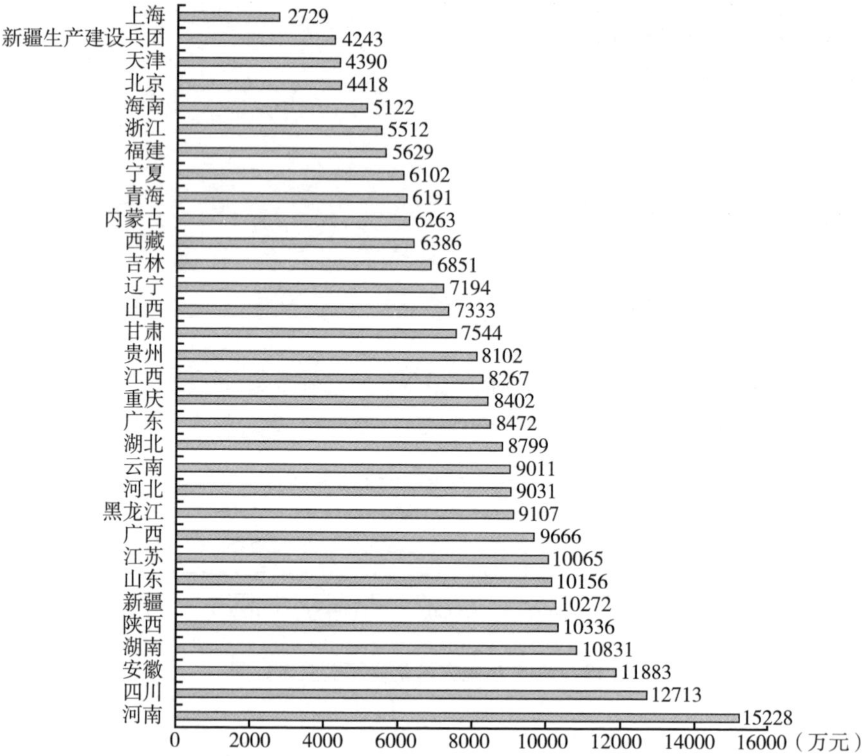

图 21　2017 年民政部本级公益金转移地方情况

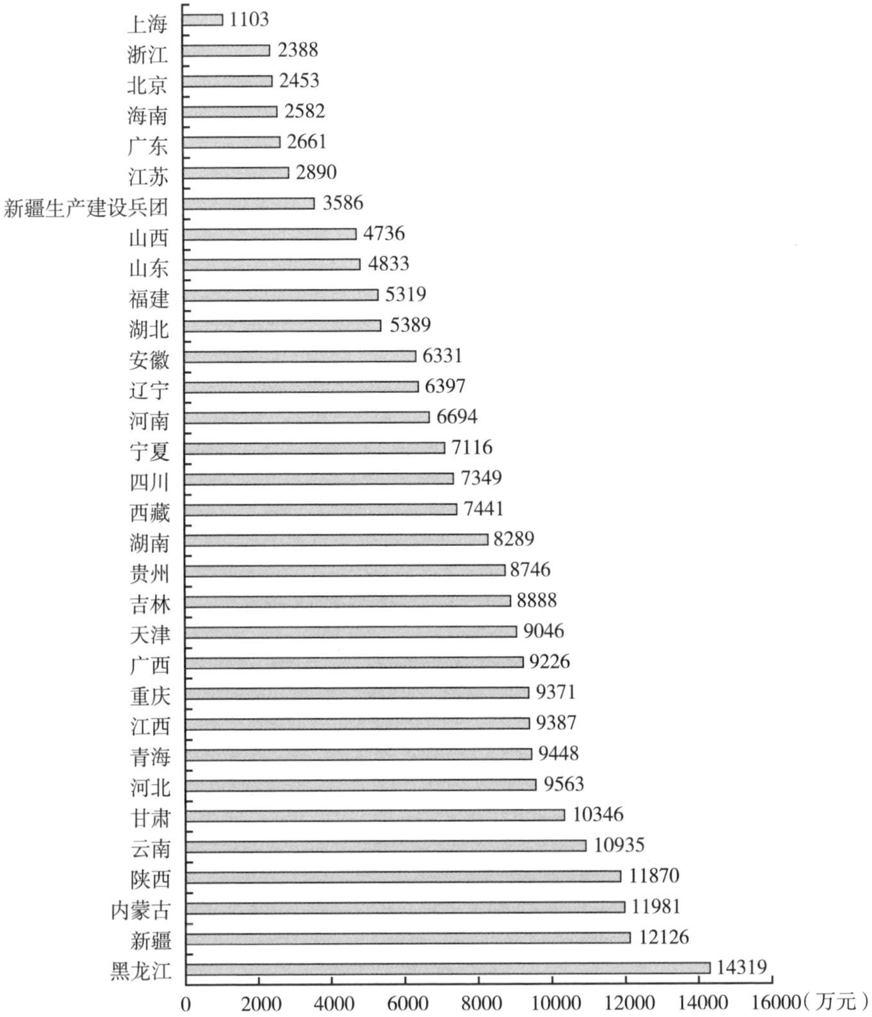

图 22　2017 年国家体育总局本级公益金转移地方情况

三　彩票公益发展趋势

彩票公益发展，取决于彩票业的市场本身需求以及宏观政策的调整方向。博彩娱乐作为一种文化娱乐途径，有着潜在发展规模，而因其同时具备潜在沉溺的灰色属性，必须通过法治手段进行调控，欲望释放形成市场，安全和谐与公益责任又要求必须适度疏导，法治护航成为彩票业理性健康发展的必然路径。

彩票业发展的历程就是法制化不断完善的过程。除了历年来对相关规则进行修订和新增制度外，还需要对行业基本法尽心调整。表现在社会各界对《彩票法》立法呼声日隆。

2019年3月20日，财政部发布2019年立法工作安排，将以加快建立现代财政制度为目标，增强财政立法的系统性、及时性和有效性，将在年内完成彩票管理条例（修订）的部内起草工作，及时上报国务院。同时对政府采购法（修订）、政府非税收条例等法律行政法规进行立法研究。期待更为健全的彩票业管理法律为业态健康发展提供保障。

1. 加速推进彩票法立法进程

《彩票管理条例》修订在即，中国彩票业发展30年来，有许多经验教训可以总结，体现在彩票业的基础法律体系中，补缺需求分外明显。比如说对彩票公益金的界定、公众的参与权表述阙如或者表述模糊，对监管体系的设计缺乏社会监督和各监管部门、管理部门的标准不详、相互穿越等。事实上，公益金的分配、管理、使用权限形成了主管、监管协商的局面。致使公益金的具体使用中，部门依权各行其是的时候居多，公益金在很大程度上沦为了部门权利。在公益金管理中，部门协商、各自为政成为时下主导，彩票公益形象受到贬损，公众对彩票的公益认可度大为降低。

秩序感和法理依据理应经过征集社会意见进一步凝聚。法制与公益，是彩票国家形象得以维系的两大要素，公益是彩票业发展的结果，而法制是确保秩序健康、运行安全的保障。2019年两会期间，乃至之前，有识之士已经提议将《彩票管理条例》完善上升成为《彩票法》，喜见财政部门已经在2019年将完成《彩票管理条例》草稿作为年度立法任务，期待在起草过程中充分吸纳社会各界的意见，查漏补缺，形成一部进一步完备的彩票业基本法。

2. 注重重大民生问题的公益投入成效

彩票的公益属性不是回归问题，而是保障彩票业顺利运行的伦理基础和法制基础。体彩与福彩在发展进程的不同历史节点上暴露出来的问题，是影响彩票公益属性的严重污点，对国家信用也造成一定程度损失。因此如何提振彩票的公益形象，事关彩票业发展的生命线。

“十三五”期间，国家已经提出要求，彩票公益金使用必须充分彰显社会公益性，彩票公益金安排使用要重点向重大民生项目倾斜，向贫困地区和革命老区、困难行业和弱势群体倾斜，向补“短板”的社会公益事业倾斜。而且项目要体现精准效应，防止“撒胡椒面”，提升资金使用的经济效益和社会效益。杜绝重复申报、多头给钱的现象。

相关法规对地方留成彩票公益金只是做了原则性规定，一直以来，地方彩票公益金使用部分存在随意分配、不符合彩票公益金宗旨使用挪用等现象。财政部行文要求省级财政部门应当注重彩票公益金的提质增效。对弄虚作假或挤占、截留、挪用资金和不作为、乱作为等行为，要严肃追责。但是刚性规则不足，尚需要进一步明确，以避免恶性事件再次发生。

相关文件也规定要提高中央专项彩票公益金使用效益，引导和撬动社会资金投入，积极推广运用政府购买服务、政府和社会资本合作等模式，整合社会资源，激发民间投资活力，加大对社会公益事业的投入力度。但是政府采购社会组织服务的相关程序并不清晰，符合社会组织生存发展、健康提供服务的行业运行规律并未在政府购买服务中形成标准，具体成效督查评估仅仅通过信息公开尚不能达到目标，这些问题都还需要进一步探索完善。

B.9

2018年中国教育公益领域现状报告

韩嘉玲　宝丽格*

摘　要：本文通过梳理教育公益领域的历史、现状，并围绕保证教育资源公平、提升教学质量、教育体制改革的三个维度分析近几年教育公益领域发展中的问题以及未来发展的方向。从发展趋势上看，教育公益领域从学校辅助性工作，逐步加深了其对教育的认知与思考，近年在教育创新领域也有所贡献，部分领域起着引领性功能。但仍存在资本牵制、专业性欠缺等问题。

关键词：教育　公益　公平　教学质量　体制改革

一　教育公益领域发展概览

（一）教育公益领域定义

教育作为获得知识和技能的一种前提，对于解决诸如贫困和环境问题等全球性挑战起着不可或缺的作用，其中政府以及社会力量均是推动教育发展的重要力量。本文所列举的教育公益组织符合慈善法的慈善组织定位①，就

* 韩嘉玲，北京社会科学院研究员，21世纪教育研究院副院长，主要研究领域为教育公平、人口流动、社会发展等；宝丽格，21世纪教育研究院副研究员，主要研究领域为社会化办学，多元文化教育。

① 慈善法中对于慈善组织的定位为“依法成立、符合本法规定，以面向社会开展慈善活动为宗旨的非营利性组织。慈善组织可以采取基金会、社会团体、社会服务机构等组织形式”。

类型而言，既包括“民政部民间组织管理条例界定的三大组织，即社会团体、民办非企业单位和基金会，也包括不够资格、没有注册的草根团体。”①本文研究仅限于民间教育公益，并没有包括政府组织的教育类公益组织。同时随着民间教育公益形态的多样化发展，本文所指的教育公益形态也包括企业 CSR 项目、高校社团活动以及集群化的教育公益网络如互联网社群等。

较为容易混淆的是“教育组织”与“教育公益组织”的概念，两者基本区别在于教育公益组织限定使用公共资源做教育工作，教育组织则更为泛化，开展包括商业性行为的教育活动。当然部分教育组织与公益组织合作带有一定教育公益成分，但本文将不作为重点论述。除此之外，因为教育类公益组织其中一部分“和社区发展、生计改善、继续教育、特殊教育、性别与儿童发展等领域内的公益组织有相关性和兼容性。”②，以上方面的公益机构是教育公益生态的重要部分，但介于时间所限，本文也不作为重点讨论，在未来的教育公益领域报告应该纳入讨论。

本文定义的教育公益组织的工作内涵主要对应中国教育领域存在的诸种问题，从小切口处以较少的资源，在政府以及市场无法或者无力顾及的问题上协助解决，有些尝试在教育创新层面承担着“倡导/探索/试错”的使命。这些表现形态均是作为“促进教育公平、改善教育质量”③ 的重要民间力量。

现阶段，教育公益领域工作内涵主要对应解决中国基础教育中三个不同发展阶段的问题：（1）入学机会：重点推进义务教育阶段教育公平，包括就学机会，特殊儿童教育和关爱、少数民族学生接受本民族语言、文化教育机会提供等，同时也包括教育经费均衡化，以及相应辅助的营养改善、医疗

① 何珊云：《社会转型与民间教育公益团体的兴起》，《北京大学教育评论》2012 年第 4 期，第 71 页。

② 梁晓燕：《教育公益组织的发展和成长》，载杨东平主编《中国教育发展报告（2010）》，社会科学文献出版社，2010，第 139 页。

③ 刘胡权、刘叶：《我国教育公益组织的新变化及未来发展（2009 ~ 2013）》，《中国教师》2014 年第 5 期，第 46 页。

卫生保障。此外，随着城市化的进程以及撤点并校政策影响，出现大规模流动、留守儿童以及偏远乡村儿童就学机会问题，针对这个群体也提供相关的教育项目保证其教育机会均等；（2）教育质量：升学竞争与应试教育造成中国整体教育环境重智育，轻德育、体育、美育。大多数学校授课只是传授和应试技巧培养，轻综合能力和创新精神培养，而且学校重视少数升学有望的学生而忽视大多数学生的发展。这一点在中西部、农村地区表现更为明显。因此需要为更多的学生提供音体美以及其他包括环境教育、生命教育、科学教育、理财教育等多元的教育资源；（3）教育体制改革：从面向未来教育的角度出发，需要促进中国教育中以人为本的教育和多元化的新格局。只是在学校框架内思考如何减轻应试压力以及提供多样化教育课程，只能起到辅助性作用，进而需要思考如何从教育体制的深层次改革来促进中国教育的改革与发展。

经过上文教育现状的梳理，可以发现教育公益领域在当今社会具有三种主要工作内涵，详见表1。当然并不可认为每个教育公益领域的机构只投身到其中一个类型，很大程度上存在着交叉现象。而且随着国家免费教育的开展及在义务教育领域的大量投入，教育公益机构从一开始多半致力于“教育机会”的投入，开始思考转型，不再满足于只是关注儿童受教育机会，也慢慢地注重延展提升，注重儿童教育质量，从弥补教育资源短缺转向到改善教育质量。

表1　教育公益领域关注领域

	特点	关注的教育问题	主要内容	发展方式
类型一	基础底线－教育机会	关注就学机会，以及特殊儿童群体的教育和关爱。也包括儿童成长相关的其他辅助性服务	助学、建校等以物资及基建为主要服务内容；行动领域以基础教育阶段为主	弥补教育部门投入不足的补充投入，发挥辅助的功能
类型二	延展提升－教育质量	在现有学校框架下，思考不同教育方式、教育内容带来的差异	关注教育质量和教育品质提升，公益行动覆盖到学前、高中、职业教育等	政府与民间合作性增强

续表

	特点	关注的教育问题	主要内容	发展方式
类型三	系统性变革－教育体制改革	跳出现有学校框架，关注教育对于人的整体发展的作用，促进中国教育体制改革	在教育深度变革的时代背景下，增强学生沟通、合作能力、创造性等；行动更加多样，跨界发展；打破边界，学校、家庭、社区联系更加紧密	合作关系更加成熟，民间行动更加主动，具有更多引领性、前瞻性

（二）教育公益领域发展历史[①]

作为有组织、有资源投入的社会化的教育公益实践，大致始于1980年代末与1990年代初期，此前为零星的教育公益行为。[②] 最开始的发展阶段并未形成成熟的教育公益的概念，主要从“扶贫济困”、“儿童保护/关怀”等传统的公益活动角度开展，基本的工作内容中助奖学金占主体地位，除此之外还包括修建校舍，图书室，捐教学设备、用具，赠书等以物资及基建为主的服务内容。除了“希望工程”、“春蕾计划”等官方支持的项目，早期的公益组织，海外及境外组织也很重要，包括“滋根基金会”、“西部阳光行动”以及联合国儿童基金会、乐施会等等。主要的参与形态以志愿行动为主，组织人员不固定，形态不稳定。这期间教育公益经历了从无到有的过程，也是初期教育公益组织机构转型的改革期。

随着工作的开展，因为发现仅仅是物质的捐助远远不能解决农村教育的问题，已经开展相关工作的机构开始关注到人员的作用，逐渐增加了教师培训以及支教活动。支教活动从最初的短期支教，不断拓展中长期支教、冬夏令营模式。支教活动从早期的以大学生社团为主逐渐发展到专业的志愿者组织。后期随着互联网的出现，迅速传播、大众参与等特征也不断改变教育公

① 历史部分梳理参考桥畔计划历史梳理文稿，以及2018年10月26日21世纪教育研究院教育公益组织研究报告开题会录音资料。

② 梁晓燕：《教育公益组织的发展和成长》，载杨东平主编《中国教育发展报告（2010）》，社会科学文献出版社，2010，第139页。

益领域资源传递方式和组织人力的方式，例如项目方能够更方便地链接志愿者、受助者、捐赠方，建立广泛社群、地区联盟等，出现了如童年一课、少年派助学计划等互联网支教的模式。

2004 年 2 月，《基金会管理条例》出台，私人资本得以注册基金会，更多专业资源进入了教育公益领域，教育公益组织注册数量稳定增加。很多机构最初的资助理念更关注儿童进入学校的教育机会。

认可通过学校的应试教育能够促进社会流动。但随着机构工作的深入开展，面对应试教育的负面影响，越来越多的机构开始反思不发展地区的儿童到底需要怎样的教育，部分组织的理念从保证教育机会转化到提升教育质量，拓展了更多领域的课程建设，包括健康、卫生、性教育、职业教育等教育内容，其中最有代表性的就是阅读领域的迅速发展。机构对教育本身的认知和思考也在不断加深，由最初的资源导向逐渐转为教育导向。

同时，为了更好地实现儿童的全面成长，教育公益的场景从学校延伸到社区、家庭等。此期间不同地域间也开始了区域性合作，面向的年龄段也逐渐从中小学拓展到学前领域，逐渐推动“大教育圈”的发展。

最早出现推动教育政策与制度创新的机构代表是成立于 2002 年的 21 世纪教育研究院。从 2003 年开始以民间立场审视中国教育改革，出版年度报告《中国教育发展报告》，并通过各界认识的广泛参与探索面向未来的中国教育制度改革和设计。同时越来越多的公益组织加强研究，通过政策倡导参与到对教育系统的推动与改革。近年来更直接加入办学的行动，从课程、教学、管理、评价等系统性框架重新定义学校，在此过程中注意与当地政府、公立学校合作，不断影响所在地的原有教育环境。

最近几年，更多的创新教育机构加入，商业教育资源也开始与公益机构合作，例如洋葱数学、VIPKID 等机构进入了教育公益领域。与互联网结合的互联网社群也让教育公益领域不断泛机构化、规模化。

（三）2018年教育公益领域现状

为了获得教育公益组织的详细现状，本文根据 2018 年教育公益组织年会名录联系方式，通过邮件邀请以及电话访问，获得 129 家机构的详细回复。[①] 根据上述的调查数据粗略观察到教育公益组织机构主要开展工作区域分布、组织的形式、人员数量（全薪人员、兼职人员）、资金总量、资金来源，开展工作的重心。本文也将该数据与 2013 年 21 世纪教育研究院发布的《中国教育公益组织现状及发展趋势研究》[②] 进行对比。

由图 1 可知，以“民间公益元年”的 2008 年作为划分标准，教育公益领域组织成立于 2008 年及以前占比为 31.02%，2009～2013 年占比为 31.02%，2014～2018 年占比为 38%，可见教育公益组织呈现一定的发展态势。

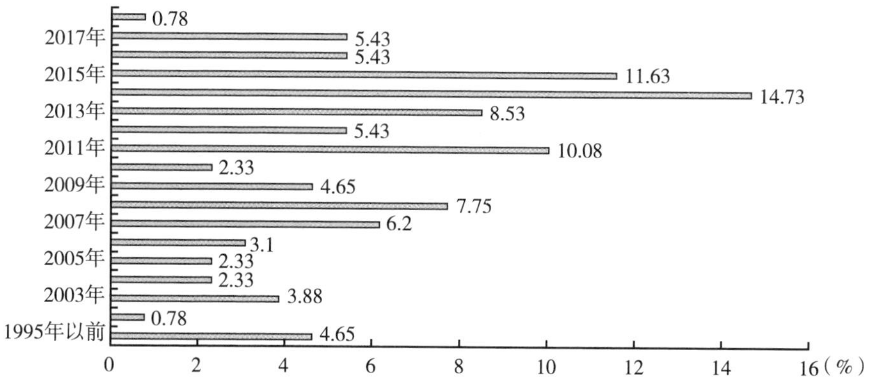

图 1　机构创立时间

由图 2 可知，教育公益机构在东中西的空间分布上仍然存在东部及西部较多，中部地区的机构较少的“两头多、中间少”的特点。除此之外，教育公益组织主要集中在东部沿海地区包括北京、广东、上海等经济发达的地区。值得注意的是西部省份的四川省教育公益组织最多，此次调查数据显示四川的教育公益组织除两家机构外，创办时间均是在汶川地震之后。

① 2018 年教育公益组织年会名录中包括 NGO（439 家）、基金会（158 家）、企业 CSR（70 家）、教育类社会企业（62 家）、国际组织（24 家）、教师自组织（17 家）。

② 《中国教育公益组织现状及发展趋势研究》的数据来自 2013 年教育公益组织年会参会中的 223 家机构。

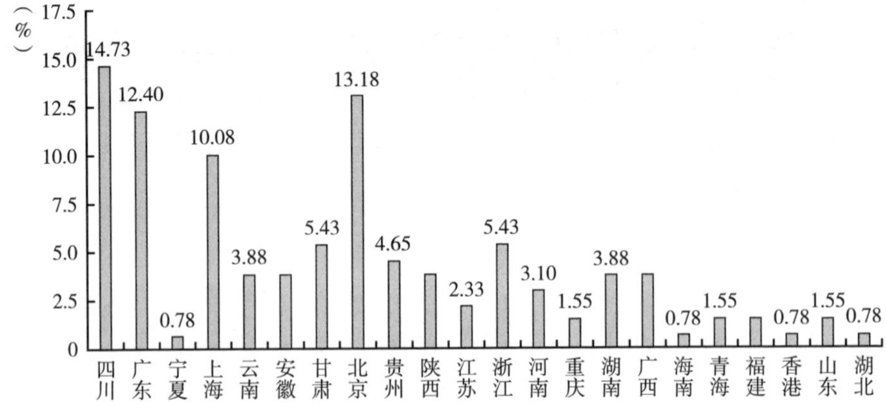

图2　机构所在地

由图3可知，教育公益组织开展工作省份最多的前三位是四川、贵州、甘肃，均为西部地区，反映了教育公益组织致力于将资源倾斜在不发展地区，致力于教育公平议题。相对西部地区以及东部地区，中部地区的教育公益服务比率仍较低。同时东北地区（辽宁、吉林、黑龙江）的比率也较低，反映了东北地区教育公益服务发展迟缓的现状。

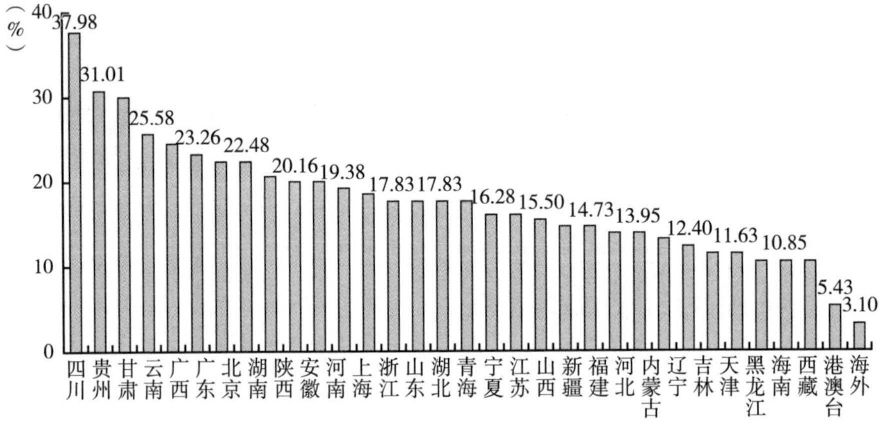

图3　机构开展工作和服务的地点

结合图4分析数据，民非注册成为教育公益组织的主要注册形式，其次为社团、基金会。尚未注册的比例为5%。与2013年的数据①对比分析，可以发现民非占比增多，未注册的机构占比明显减少。

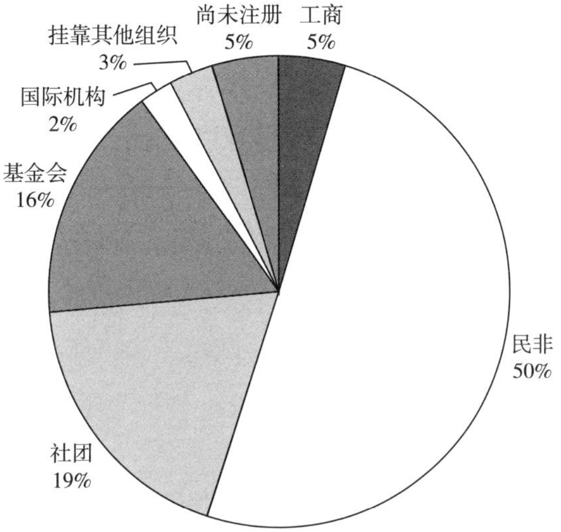

图4　机构的形式

由图5可知，机构全职人员主要为2～5人（44.19%），其次为6～10人（20.93%），5人及以下的机构占比为62.02%，可见，教育公益组织全职工作人员较少仍是普遍现状。与2013年数据②对比，全职人员的所占比率变化不大。

图6显示机构内兼职领薪人数在1～5人以内占比51.16%。与全职工作人员现状相比，机构人数仍偏少，这与资金总量以及行政管理经费情况有关。

① 2013年数据显示，民非占39%，工商占10%，社团/协会占7%，未注册24%，基金会15%

② 2013年数据显示，0～5人占52%，6～10人占21%，11～20人占10%，21人以上占9%

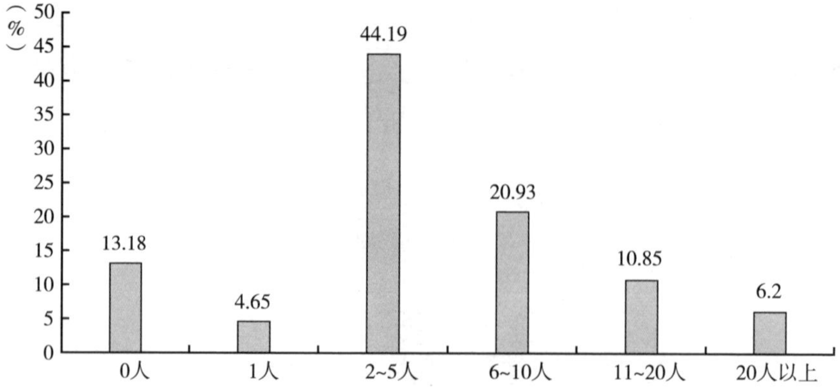

图5　组织内全职领薪工作人员人数

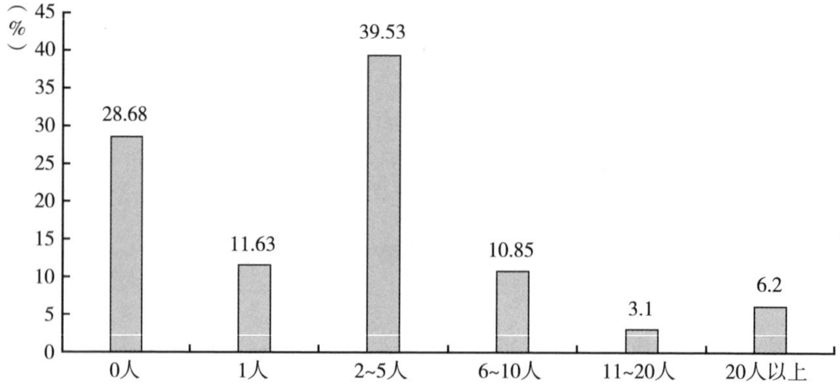

图6　组织内兼职领薪工作人员人数

根据《2016～2017年度慈善捐赠报告》①，2015年在社会捐赠中教育救助超过医疗健康，在2016年教育救助在总量中占比最多（其他领域为医疗健康/扶贫/减灾救灾/文化生态），达到总样本量30.44%。当然其中“大多数捐赠资源流入了少数特定高校，其他教育机构并没有获得额外的捐赠。”②

① 宋宗合：《2016～2017年度中国慈善捐赠报告》，载杨团主编《中国慈善发展报告（2018）》，社会科学文献出版社，2018。

② 宋宗合：《2015～2016年度中国慈善捐赠报告》，载杨团主编《中国慈善发展报告（2017）》，社会科学文献出版社，2017。

根据本次调查的数据，图 7 显示，个人捐助（包括网上筹款）为最多（65.12%），其次为基金会及公司。与 2010 年教育公益组织报告[①]中数据对比，2009 年教育公益组织运作资金主要来自基金会、个人和企业。个人捐助占比增多与互联网公益平台的搭建有关，例如 2015 年开始的腾讯“99 公益日”，比较显著地提高了公众的捐赠力度。

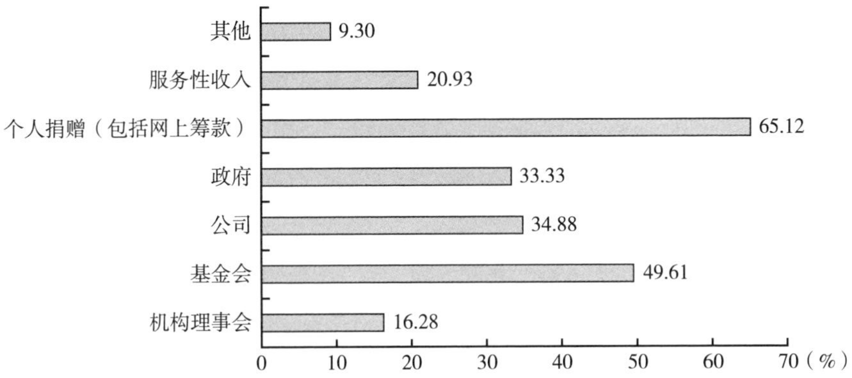

图 7　机构的资金来源主要来源

图 8 所示，去掉未回答的 25 个机构，组织资金总量占比较多的是 200 万元以上（33%）、50 万元及以下的机构占比 35%，资金获得的总量上存在两极化。从数据方面可以看出 200 万元以上的机构多为资助和支持型的基金会以及少量社会工作服务中心，操作层面机构的资金量较小。但与 2013 年数据[②]对比，机构资金总量有所提升。

由图 9 可知，教育公益组织服务实施对象主要为学龄前儿童，面向小学生群体最多（82.95%），其次为中学生（68.22%），中小学生主要包括偏远农村儿童、城市流动儿童以及困境儿童/学生。现阶段面向社会组织以及工作人员开展的服务能力建设等服务较少。

① 梁晓燕：《教育公益组织的发展和成长》，载杨东平主编《中国教育发展报告（2010）》，社会科学文献出版社，2010，第 134 页。

② 2013 年数据显示，资金总量 10 万元以下占比 22%，10 万 ~50 万元占比 32%，50 万 ~200 万元占比 29%，200 万元以上占比 17%

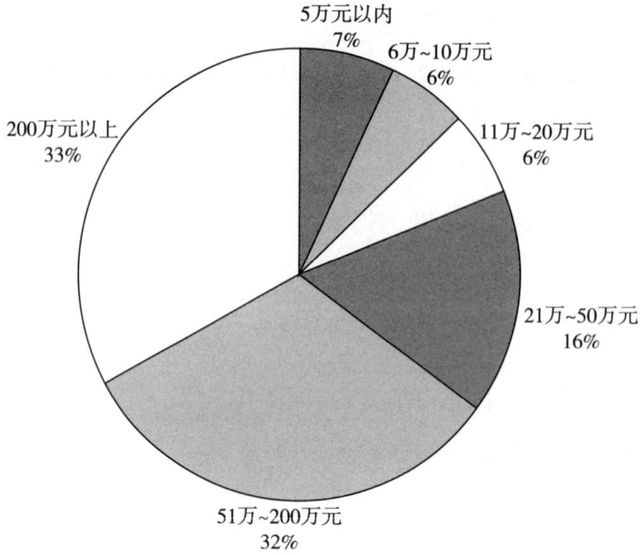

图8　组织过去一年获得资金总量（非必选项）

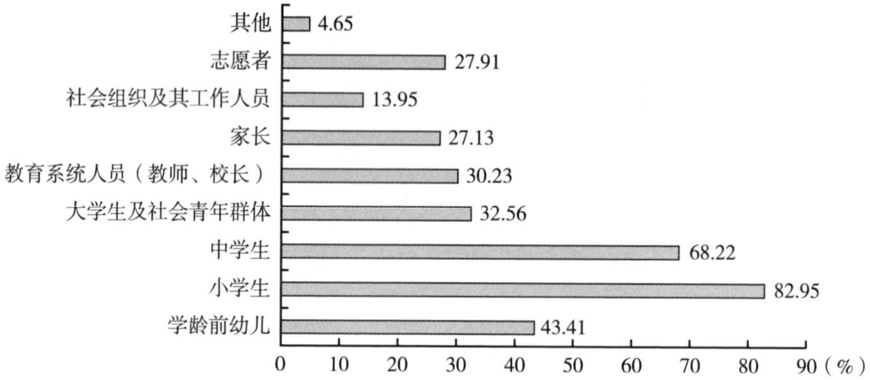

图9　组织面向的服务实施对象

由图10可知，机构开展服务中最多的三种形式为课程/产品/活动设计研发（68.22%），招募志愿者/专业人士提供服务（支教、康复、心理咨询等）（65.89%），助学金、奖学金（50.39%）。可以发现教育公益领域中支教、助学仍占最大比例，但是近年来专业的教育课程/产品开发的比例也有所提升，可见开展的项目已经从过去以教育公平领域所关心的助学、支教两大类逐渐向提升教育质量的教育内涵发展。

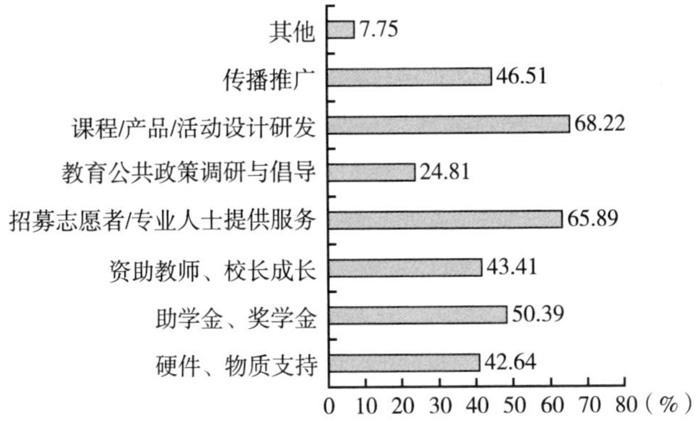

图10　机构开展的工作以及服务类型

由图11可知，机构提供的课程中占比最多的前三位为阅读教育（56.82%）、安全教育（38.64%）以及传统文化教育（37.50%）。其中阅读领域发展时间较早占比较多，安全教育与防灾、安全保护等与早期公益组织方向相关，开办传统文化教育课程的机构主要为致力于传统经典文化以及实践乡土文化与地方性知识传承的机构。教育公益组织发展逐渐关注全人教育理念与教育内容多元化。包括对儿童文化、生活技能、阅读能力、健康教育，财商、科技素养等多方面的关注。

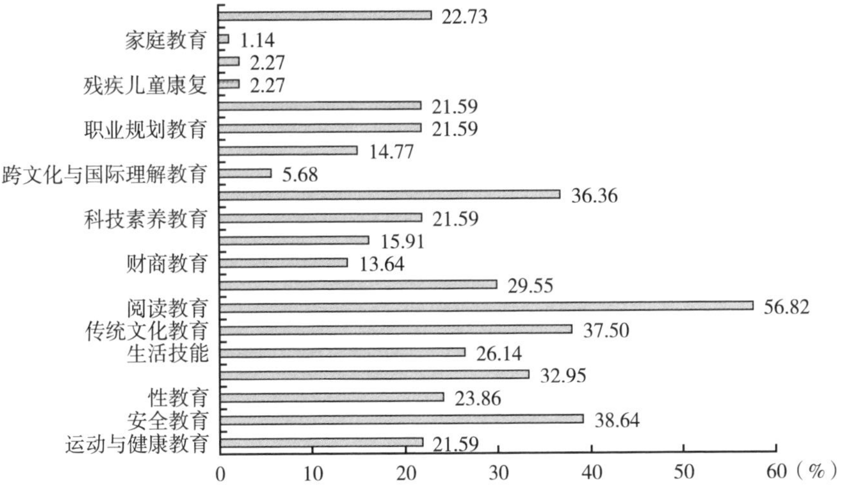

图11　其中机构提供过具体领域的课程/产品/活动设计

二　2016 ~2018年教育公益领域最新进展

此部分将从致力于教育公平、教育质量及教育体制三个领域，论述教育公益领域的最新发展现状。

（一）促进教育资源公平：互联网支教

随着互联网成为现代生活中不可或缺的一部分，2015 年国务院发布了关于积极推进“互联网”行动指导意见，“鼓励互联网企业与社会教育机构根据市场需求开发数字教育资源，提供网络化教育服务。鼓励学校利用数字教育资源及教育服务平台，逐步探索网络化教育新模式，扩大优质教育资源覆盖面，促进教育公平。”[①] 互联网支教形式是互联网助力解决教育公平问题的一个范例，近几年受到普遍关注。因其较好地弥补了短期支教以及长期支教中安全性低、持续性差、支教成本高等的弱点，有助于弥补乡村资源的不足，使教育过程更为公平、多样。

互联网支教在 2014 年已经出现了众多的教育实践方式，例如童年一课、U 来公益、支教中国 2.0、少年派助学计划、智行视频教室等。2016 年出现了更多的支教平台如沪江互加计划、有教无类等，作为平台链接支教组织、课程、学校以及出资方。支教的机构也逐渐与课程开发的机构（夏加儿的美术课、彩虹花的晨读课、酷思熊的阅读课等）以及商业公司（新东方、VIPKID 等）合作，提供更多样选择的课程。互联网支教课程中较多开设美术、音乐课程，其他还包括汉语语言（语文）、英语、科学、财商、心理健康、网络素养、写作等课程，同时也提供基础常识，时事的科普及财商的培养。除此之外，互联网支教内容也包括对受教育者的课外辅导和心理咨询。部分解决了支教缺乏专业性层面的缺陷。据民间支教报告，互联网支教按照表现形式、志愿者人群、主要面向群体，可以划分出以下不同的形态，详见表 2。

---

① 国务院：《关于积极推进“互联网 +”行动的指导意见》，中华人民共和国中央人民政府官网，2015 年 7 月 4 日，http：//www. gov. cn/zhengce/content/2015 －07/04/content_ 10002. htm。

表 2　互联网支教现状表*

表现形式	“一对一”（一位志愿者老师给一个班级上课）	童年一课、U 来公益、支教中国 2.0
	“一对多”（一位志愿者老师给多个班级上课）	沪江互加计划，“美好成长 · 百县少儿美术教室”[①]“尚师计划 · 喜德班”[②]毕业后公益图书室[③]
志愿者人群	在校大学生	童年一课，“宕寻津喜 · 智慧空间站”云课堂[④]，毕业后公益图书室
	海外留学生	中华社会救助基金会 SPARK 网络公益支教项目[⑤]
	县级小学老师	U 来公益
	社会人士	支教中国 2.0
	专业教育机构老师	互加计划，“美好成长 · 百县少儿美术教室”，“尚师计划 · 喜德班”
主要面向群体	小学学生	互联网支教主要针对小学学生，相对开课空间更大，也对非专业教师人群授课方式较为包容
	特困儿童群体，如留守儿童群体，乡村中小学生	主要目标重在科普，而非互联网支教内容上传统的课程传授。其科普知识丰富多样。如途梦的“星光计划”，通过在线视频方式，向中学生分享各行业优秀职业者的成长经历和职业故事等
	少数民族群体	以“尚师计划 · 喜德班”为例，深入四川彝族少数民族聚居地，提供“一村一幼”普通话训练及教师资格证考前培训等教学辅导
	大学生群体	以毕业后公益图书室为例，培训内容包括公益服务、专业知识、职业规划、定向发展、成长计划、精英计划、领袖计划等提升大学生能力的公益培训
	乡村教师群体	以“青椒计划”为例，致力于构建互联网学习时代大规模社群学习、低成本易复制、教师参与度高、社会影响力大的乡村教师培训成长新路径

注：互联网支教发展现状分析，搜狐网，2018 年 2 月 13 日，http：//www. sohu. com/a/259269425_ 99920744。

①美术帮互联网美术支教，新浪教育，2018 年 11 月 10 日，http：//edu. sina. com. cn/l/2018 - 11 - 10/doc - ihmutuea8942109. shtml。

②“互联网 + 教育”精准扶贫新模式，青年网，2019 年 1 月 10 日，http：//finance. youth. cn/csr/201901/t20190110_ 11839555. htm。

③毕业后公益图书室，百度百科，2019 年 3 月 10 日，https：//baike. baidu. com/item/% E6% AF% 95% E4% B8% 9A% E5% 90% 8E% E5% 85% AC% E7% 9B% 8A% E5% 9B% BE% E4% B9% A6% E5% AE% A4/19327731？ fr = aladdin。

④互联网 + 教育：创新支教模式“云课堂”，天外天新闻网，2019 年 2 月 19 日，https：//news. twt. edu. cn/pernews/55141。

⑤中华社会救助基金会 SPARK 线上支教项目，搜狐网，2017 年 10 月 10 日，http：//www. sohu. com/a/197297464_ 99926254。

互联网支教反映出信息化技术具有的巨大教育潜能，但是它在多大程度以及以怎样的方式可以更好地促进教育公平？以21世纪教育研究院为例，机构于2014年11月联合多家公益机构成立了农村小规模学校联盟（以下简称“联盟”）。2015年开始利用直播的网络平台，一方面推荐给课程开设不齐的联盟学校参与平台上网络直播课程，特别是音乐/美术/科学/阅读等课程；另一方面做联盟学校教师的线上培训。最初联盟校兴奋于可以接受由发达地区的教师或者比较成熟的课程方提供的课程。但与此同时，课程适恰性的问题也随之而来，21世纪教育研究院原农村教育部门负责人王丽伟在观看网络课程后评论“我在村小听过一堂这样的音乐直播课，屏幕中是一所一线城市重点小学的音乐课堂，老师所用的乐器（村小）课堂没有，老师教得很认真，也很努力地照顾村小课堂的孩子，但很明显，课堂上所用的一些乐理知识村小的孩子没有学过，他们很勉强地隔着屏幕模仿和跟唱，一堂课下来，村小的孩子们很颓丧，很难想象他们能够获得精神的愉悦和知识的收获。”①

就如科技史专家大卫·艾杰顿所强调的我们不能忽略科技使用的社会条件，科技本身是如何在怎样的环境下被使用的，以及技术使用背后的教育根本理念到底是什么，这需要教育公益组织在接下去的工作中继续探索。正如2018年被广泛讨论的“这块屏幕可能改变命运”②，部分文章引发网络教学“温度”的探讨，认为不要神化直播教学。现阶段互联网支教的模式仍然需要匹配更为专业的教师培训，教师角色的转变，授课教师与网络课程教师之间的配合，以及增加课程研制的力度，注意引入网络课程的内容与农村地区的契合度，避免一门课程走天下的扩张策略。

除此之外，“一块屏幕”的讨论也引起了另一个争论点，如果信息化应用是一种教育方法，最终它要为哪种教育理念服务？科技使用在教育中的最

---

① 21世纪教育研究院：《共建“小而美”乡村学校》，2018，第20页。

② 程盟超：《这块屏幕可能改变命运》，中国青年报冰点周刊微信公众号，2018年12月13日，（中国青年报冰点周刊12月12日发表，原题为《教育的水平线》），讲述贫困地区的学生和成都七中的学生同步上课，十几年来共有88人考上清华北大的报道，引起了各方的高度关注。

终目的是否为要实现提高学生的应试能力？如果在没有“意义”的指导下盲目发展科技追求“效率”，这是否为最好的选择？特别是大量资本在推动技术导向的教育时，这些讨论与思考更是迫切需要重视。

（二）专业资源引入提升教学质量：阅读领域

在提升教学内容方面，解决“上好学”问题的教育公益组织中表现较为突出、运作相对成熟的是阅读领域，而且在上文的数据中可见现有机构提供的课程/产品/活动中最多的是阅读。阅读领域中的机构形态有以资助为主的公益机构如心平公益基金会、春桃基金会，也包括直接开展阅读项目的担当者行动、泉蒙等机构。项目开展的地点有学校、社区、家庭，包括传统图书馆模式（乡村图书馆、图书室、流动图书等）民间读书会模式（亲子阅读会、普通民间读书会等）①，除了线下也包括利用新媒体、网络平台实现网络捐书，阅读推广的公益机构，如汇集全国知名的语文教师在线上开展整本书阅读活动（教师共读、学生共读以及创意写作等）的百班千人模式。

经过近年来的发展，阅读领域的活动逐渐摸索出了适合的路径，部分代表性机构的发展不断走向专业化，具体可分为以下三点。

（1）增强其专业性。利用更多的专业研究资源，从活动到课程的研发。在阅读项目开展过程中结合儿童成长规律，设定更为长远的阅读推广规划。例如阅读领域积累的适合儿童不同年龄段的阅读书目，如担当者发布的《中国乡村基础教育分级阅读课程指导手册》，亲近母语的《中国小学生分级阅读书目（2018 年版）》等。以及阅读领域的教师和志愿者的培育、阅读效果评估方式等让阅读推广的效果有所提高，在此基础上积累哪些干预手段有效、哪些领域仍存在问题。

（2）引导教师/校长、家长具备阅读的能力以及与学生探讨的能力，调动教师、家长主体性，带动其社群的活跃。这一点也得益于互联网的发展，

① 周田田：《面向儿童的民间公益阅读推广组织研究》，河北大学硕士学位论文，2013。

如百班千人在互联网时代构建阅读共同体，该模式从2016年发展至今，聚合了全国知名的阅读名师团队。每期由老师带领学生以班级的形式报名参加，并有国内外华语教师展开教师共读、学生共读以及创意写作活动，现已覆盖31个省份，上万名教师以及百万名学生。互联网的使用方便更多的教师/校长、家长群体跨区域的交流，连接城乡，提升其阅读能力。

（3）协助公益机构间合作，发展机构所在地区的公益生态。其中包括资助在地阅读机构，协助其发展更为接地气、成本低、使用频率高的阅读推广模式。“越来越多的在地阅读公益组织在萌芽与发展，虽然现在还非常微小，但是因其在地性而激动人心。”[①] 以泉蒙为例，其寻找本地的公益盟友，以在乡村地区的学校建立泉蒙图书馆群为主要工作方式，引入了其他合适的公益项目如歌路营、麦田、蒲公英、益微等，借助图书馆等公共设施改良当地的文化生态与土壤。同时也包括行业内讨论平台的搭建，例如由亲近母语举办的中国儿童阅读论坛、心和基金会的第六届乡村儿童阅读暨书香校园发展论坛。

阅读领域的发展方向与早期的实践经验有很大的关系。阅读领域最初是在偏远地区开展教育援助的时候，发现了乡村学校图书匮乏的问题。[②] 最初的推广主要从农村小学入手，因为“相比学业繁重的中学阶段，小学阶段时间更充裕，体制教学压力要轻不少，做阅读的空间就比较大。”[③]

最初采用的点对点图书捐赠以及图书馆建设的方式，但没有得到较好的效果。“那些书到乡村学校大多被锁起来，作为上级考核达标的道具，与教

① 张守礼：《从“书本扶贫”到“服务在地”——致春桃十年》，广东省春桃慈善基金会微信公众号，2018年12月31日，https://mp.weixin.qq.com/s?src=11&timestamp=1554865628&ver=1537&signature=h90UbW25vsvl-X5MOWyxzEC7z*Hgt8*HSQCIbBvcaHTxKjwxD0qH3OiDR6O8aRTXTX4B2o4w*dqDamW1iHoGYsq5TCMVNtmn010mbjtQGRl4g5Vr5IYY*OmNuOQp5hny&new=1。

② 徐冬梅：《2008年以来大陆民间阅读公益组织发展报告》，载杨东平主编《中国教育发展报告（2014）》，社会科学文献出版社，2014。

③ 谢涛：《泉蒙从班级图书角到区域阅读推广》，泉蒙公益微信公众号，2018年7月17日，https://mp.weixin.qq.com/s?src=11&timestamp=1554865764&ver=1537&signature=OEzeUJ1uF15pXJeovpFWW1TK5AK3Mk4yyizaYgIc1xKVO3kxCf5pUDUkryNLXYDO-ob-JWz2Af9lKswAlfVUvXhEWCxoKsyqG30hlAIcIJgxclYbM7vY3S8F5xWSrCa1&new=1。

师、孩子无缘。”① 其中原因除了学生们本身的学习负担较重，不能有空余时间来阅读之外，还包括教师没有意识到阅读能力的重要性，甚至受应试教育思维影响认为阅读课外书影响学习成绩。同时阅读类机构最初进入乡村地区时，教师们因为繁重的教学任务以及照顾学生生活的任务，没有时间管理图书室以及剩余余力尝试阅读这种“新”事物。种种原因，机构引入的图书并不能够被学生及老师有效利用。

随着图书捐赠以及图书室的建设，公益项目的人员发现有些班级读书角反映较好，有的反馈一般，调查发现其中起着重要作用的是教师。他们是否认同阅读的重要性，以及是否能够做阅读引导是影响项目效果的关键因素。阅读领域公益组织逐渐将注意力投注在了教师培训层面。梁瑞妍曾说“优质的童书、便利的借阅制度和充足的阅读时间可以保障阅读推广的下限。但只有创造良好的阅读氛围，老师、家长都热爱阅读童书，才能提高推广的上限”②

最近，随着教师、校长流动的不断加快，学校的阅读生态变得更为脆弱，刚刚积累好的阅读氛围可能随着推广阅读的教师、管理者的流失而快速改变。阅读领域再一次转变，将关注重点放在了学校所在的整个区域。

阅读开展的重点和方式，在几十年中不断地更新迭代。第一阶段采用阅读书目推荐、图书捐赠、递送；第二阶段则开始班级读书角以及图书馆的建设；第三阶段是整本书阅读等阅读课程、教师成长相结合，重视与其他机构合作。其对于人的主动性、发展的在地性、家庭与社区等方面的重视，值得

---

① 张守礼：《从“书本扶贫”到“服务在地”——致春桃十年》，广东省春桃慈善基金会微信公众号，2018 年 12 月 31 日，https：//mp. weixin. qq. com/s？ src = 11&timestamp = 1554865811&ver = 1537&signature = h90UbW25vsvl - X5MOWyxzEC7z * Hgt8 * HSQCIbBv caHTxKjwxD0qH3OiDR 6O8aRTXpouWH5BMo1veNUWZVil57QybJ82otdrBDApV0WYK * 3Zcta87 - qIDRyy9KKg0V7J5 &new = 1。

② 梁瑞妍：《春桃资助笔记之三——为什么我们选择先人后事》，广东省春桃慈善基金会微信公众号，2019 年 1 月 15 日，https：//mp. weixin. qq. com/s？ src = 11&timestamp = 1554865871&ver = 1537&signature = 283WlFLyjq 61ex6Z7qfsRHrSVN2BHeynEiiRGZvK - ft5zGYPPlkXFzZlg85S GwxmAoRivVW0qJ3TNvjXnSaBpdke hqThx2xfhwPnnpf6rkZbj5LBXENxsjxDej4kM - Pe&new = 1。

其他公益机构在不断专业化的过程中借鉴。除阅读领域之外，教育公益领域也存在其他专业的发展方向，可参见附录的教育公益组织图录。

（三）促进教育体制变革：公益组织自主办学

公益组织办学最开始是从解决城市流动儿童上学难问题以及学校撤并之后为了解决教育短缺的问题而出现。现在它用创新的教育理念，系统性的进行教育革新，在管理运作过程中保持自主性，为地方提供可复制的教学管理经验。较为著名的案例包括解决城市流动儿童上学难问题的蒲公英中学，提供职业教育的百年职业学校，解决学校撤并后续问题的凉善公益，以及以促进教育改革为目标的美丽小学①、富文小学②、田字格小学③等。

公益组织自主办学近年来在进一步探索委托管理办学模式。委托管理是指通过契约方式，教育管理部门把学校的办学管理事务委托给具有较强能力的专业机构承担。公益组织自主办学对办学经费、教学资源的要求较高，公益组织如果具备的活动经费较少则很难兴办学校，而公办民助、获得政府购买服务等办学模式则能够提供办学资质、经费、场地、人员，能够有效减少公益组织办学的阻碍。委托管理的模式多样，目前国内较多采用名校集团化办学的模式，委托城市学校管理乡村学校，以城市学校的优质资源带动相对薄弱的乡村教育，但是这存在两个弊端：一是实践中许多农村学校的学生纳入被委托的城市学校招生范围，挑战“就近入学”的政策，存在生源争夺

---

① 美丽小学是“美丽中国”所在基金会北京立德未来助学公益基金会通过派团队和教师以及办学标准以及教学实践，在保持公立学校办学性质不变的前提下承办农村小学试行教育创新的模式。2016 年，受云南楚雄州、市教育局委托，第一所“美丽小学”落地云南楚雄东瓜镇兴隆完小，项目计划在 6 年间实践。美丽中国员工李国飞受委托为工作部主任，并兼任东瓜镇中心小学副校长。

② 富文中心小学由 21 世纪教育研究院委托管理的方式开展教育改革，现有教学班 7 个，学生 122 人，教职工 22 人。委托期间（2018～2024 年）教育局下放自主设计办学路径权、自主安排工作时间权、自主分配办学资源权。

③ 贵州省正安县人民政府、教育局于 2017 年年初以书面协议的形式，正式委托田字格在正安县格林镇兴隆村办学，所办小学为“田字格兴隆实验小学”。田字格 2017 年年初开始进入学校，派了 6 名专职员工。现阶段学校有 92 个学生，田字格老师为 10 位。兴隆实验小学需要承担的责任是要保证学生 6 年级不低于镇上中等以上的成绩。

的问题；而且城市教育的话语体系，与乡村的本地生活存在差异，资源的输送不能准确地满足需求。本文将主要以美丽小学、富文小学、田字格小学等为例详细描述其委托管理的形式，并分析其在教育系统变革层面的优势。

委托管理需要当地教育管理部门与公益组织达成一定协议，教育局所做的放权内容包括：（1）经费：例如富文小学所在地通过对往年的经费梳理算出年度总开支，实施总额承包让学校去自主办学，将总额承包然后财政按月将钱拨到学校。教育局则按照年度审计。田字格小学的资金除了购地款为当地政府支付，其余部分为募款。（2）管理机制：包括学校章程、发展规划等的管理机制自主设置，例如对于教师的岗位设置和工作任务中对于绩效考核方案部分。例如21世纪教育研究院在富文小学所做的是为学校设定边界，设定机制，而不是全部管理。校长在理事会的领导下依照学校章程治理学校、实践学校的五年发展规划、学校的经费，并优化学校管理机制，建立相对完善的教师聘任、管理、绩效考核机制。田字格小学与当地政府协商7～8条要求，其中包括教室改造、教师招聘途径、1～5年级不考试等内容，除了因为正安县指标超标，没有办法实现全县招聘途径以及外部调聘教师之外，其他均被批准。

相应的每个学校也需要最终达成一定的指标。富文小学在与教育局签署的合约中需要承接两个指标，一个指标是生源5年内上浮10%，另外一个指标是包括学习能力、人际关系能力、情感调剂能力三方面的针对学生的测试合格。田字格小学需要承担的责任是要保证学生6年级不低于镇上中等以上的成绩。

通过这样的协商机制，公益组织委托办学能够凸显更多的优势（1）系统性：相对项目式开展，公益办学便于系统贯彻教育理念。西部阳光农村发展基金会的赵宏智说“我在做项目的过程中发现，我们单一的公益组织去支持比如说阅读项目，比如说卫生项目，它很零散，我就想整合一个比较好的项目。它包括我们生活习惯养成、学习习惯养成等加入学校里面中来。”①（2）资金来源多样性及使用的有效性：社会资本的吸收为教育改革提供充足资金保障。当然考虑到其推广目的，外部资金的有效利用也是学校有效运

① 赵宏智：《第四届教博会访谈》，2018年11月13日。

转的核心，如西部阳光最终希望在每校每年不超过30万元的投入下进行复制。(3) 社会多方参与：社会组织的开放性能够吸引更多群体（包括学生、志愿者、老师、政府、家长、捐赠方等）加入教育改革中，弥补已有的地方教育人力资源缺乏的现状。(4) 跨越行政的边界，实现自主性：因为委托办学后机构最初与当地政府、教育局达成协议，能够实现部分自主权，便利实现“学校为中心”“学生为中心”的目标实现教育改革。

公益组织利用以上的优势可以实现的教育变革包括以下几点。

(1) 支持儿童自由全面发展的创新模式，提升儿童照顾自己、关爱他人、倾听、表达、审美、探索未知与未来的能力。对于教育理念的贯彻（如对于应试等事情的管控），强调知识和能力的平衡。例如打工子弟学校蒲公英中学为学生提供众多的兴趣小组如舞蹈、摄影、编程、航模制作与飞行表演、鼓乐队等。美丽小学在项目过程中持续反思、迭代，对教育中的很多细节进行反思。例如“吃饭是否可以说话”“起床是否一定要把被子叠成豆腐块”等问题上经过师生讨论，尊重学生的需求和选择。

(2) 强调在地性及家庭与社区的重要性。不仅课程内容重视本地资源的使用，考虑后续推广的问题，注重培育当地的教育资源。比较有代表性的有四川的达祖小学以及西部阳光农村发展基金会筹办的磴子坝乡村实验小学。达祖小学在建设之初，白天学生上课、晚上扫盲班，周六日辅导班和技能教育班。并且达祖小学建造了森林农场，为村民提供生态农业的示范与经验，学生与家人透过系列课程与活动，联结学生与土地，认知乡土。学校也成为村落传统文化传承与保护的公共空间。而且森林农场也为学校独立运营提供经费来源。达祖小学也作为一个公益平台将社会资源，辐射到周边村落。磴子坝小学也认为办学探索的价值在于不停留在关注农村教学，而着重乡村儿童发展环境的转变，改善乡村儿童的家庭和社区。负责人赵宏志表示“过去在做农村项目的时候，最多关注农村的教学，但是忽视两个更重要的儿童环境，第一个是我们儿童的家庭，第二个是我们的社区。”①

① 赵宏智：《第四届教博会访谈》，2018年11月13日。

（3）普适性推广，通过试点影响其他体制内学校。学校未来的规划中较为重视未来工作的规范以及普及，例如开发小规模学校的建设手册及工具包，周边学校共同体课程实验推广等。美丽小学的王珂表示“政府将乡村全日制公立小学由公益组织进行委托办学的实践和探索，不仅可以带领当地学校共同迈向教育的优质均衡，还有希望在农村探索出一套办学标准，影响包括支教学校在内的广大乡村学校。”①

在办学体制改革的大背景下，通过委托管理的方式落实学校的办学自主权，为学校赋能，使学校能够自主发展。自主办学不同于课程方面的探索，更多集中在对于教育管理机制本身的探索。这些学校就如美国的特许学校一样对于探索怎样是好的教育展开了极有价值的探索。蒋莉表示，“体制创新，是践行国家倡导的社会治理体系建设、政府治理能力提升的必然要求，而服务型政府在教育领域的建设则需要改变原有自上而下的、管控式的管理方式，思考如何服务与赋能。2010 年教育体制内就有了‘管办评’分离的试点，希望通过委托管理，赋予学校真正的办学自主权，从而提升学校的办学品质。”②

2016 年新修订的《民办教育促进法》，其中第十九条规定③，非营利性民办学校将享有与公办学校同等的税收优惠政策，且有可能获得政府补贴、基金奖励、捐资激励等扶持措施，这为开办非营利性学校提供了法律保障和指引。如贾西津所述“在教育、医疗、社会服务、文化发展等主导性服务领域，民间组织可以提供多元化的选择。例如，政府对基本义务教育负有责任，仅指能使每个适龄儿童有学上，但教学质量、课程思路、创新能力、孩子个性的发育等诸多方面，靠统一性的模式和服务提供方式将受到严重制约；构成教育领域更广的非义务教育部分更不能依靠政府统一提供。如果由民办的非营利

① 王珂：《第四届教博会建设“小而美”乡村学校论坛演讲内容》，2018 年 11 月 13 日。

② 蒋莉：《第四届教博会建设“小而美”乡村学校论坛演讲内容》，2018 年 11 月 13 日。

③ “民办学校的举办者可以自主选择设立非营利性或者营利性民办学校。但是，不得设立实施义务教育的营利性民办学校。非营利性民办学校的举办者不得取得办学收益，学校的办学结余全部用于办学。营利性民办学校的举办者可以取得办学收益，学校的办学结余依照公司法等有关法律、行政法规的规定处理。”

学校提供多元化的教育模式，以及各种非义务教育，则能更好满足社会需求。”①未来通过引入公益组织自主办学的路径，正视公益组织在教育改革中所能起到的积极作用与功能，可以让教育公益组织为中国未来的教育多元化起到更大的贡献，探索多元的办学模式能够提高对社会资源的整合效率，同时能够为弱势群体提供更多的教育服务。也将完善多元治理主体共同参与的教育改革公共治理机制，使中国的教育生态更为健全与健康。

三　2018年教育公益领域未来发展

专业性仍是影响教育公益组织成长的关键点，需要机构对项目目标、执行方案以及成效评估等，不断思考、总结和改进。例如公益组织自主办学未来的发展一方面需要官方完善相应制度，机构自身也需要不断探索，特别是做教育创新的学校对老师的要求其实比普通学校要高，需要教师对学生心理发展有透彻的研究，也需要学校具有清晰的教学目标以及评测方式。另一方面，还需要厘清建设适当的制度，例如志愿者管理制度、校园管理制度、物资管理制度、督导制度等。

除此之外，影响教育公益组织未来发展的趋势还包括全球化，互联网时代的大趋势，也包括中国国内教育市场化，教育普及和大众化以及城市化等小趋势带来的影响。

2015 年是全球教育具有里程碑意义的一年。国际社会评估“全民教育(EFA：Education for All)”以及“千年发展目标（MDGs：Millennium Development Goals)”两个项目的成果，并设立预计 2030 年可达成的“可持续开发(SDGs)”这一教育目标（SDG4）。“确保所有人能得到公平包容且高品质的教育，增进个人的终身学习机会”。越来越多的国家采用了以培养解决问题能力为基础的课程，希望学生不仅能够获得知识和技能，而且能够应用这些知识和技能来解决复杂的问题。

① 贾西津：《民间组织与政府的关系》，载王名主编《中国民间组织 30 年——走向公民社会》，社会科学文献出版社，2008，第 204 页。

教育公益组织在未来仍需要关注的包括怎么让一线教师以及家长理解教育创新的理念，让其从应试思维转为全人发展的思维。教育公益领域发展需要始终以教育为核心，并逐渐打破学校、课程等限制引领中国教育的改革，帮助“大教育”理念的发展。

同时也正如我们在上文的互联网支教中看到的，互联网对我们的影响越来越大，它让我们看到突破时间与空间维度之后，很多教育内容与形式的突破，提高了个性化教育以及深度学习的可能性。随着移动互联网出现之后工作方式和形态也发生变化，老师更有可能打破学校的行政隔绝组建教师自组织活动，教育公益的参与者更为多元，互相的互动也更为紧密。

但是就如“一块屏幕”的讨论，虽然教师应该具备认识技术，使用技术的能力。但也需要明确不是必须有技术素养和能力，才能做好学科教学设计与实施。教育创新并不是高科技技术在教育领域的表现。我们需要不断反思技术与教育之间的关系，我们正在用哪些技术手段？有什么样的老师在经常用？哪些人不用？学生对此的态度是什么？技术手段会打开老师怎样的思维？如何利用技术促成教师更加开阔自己的学科教学方式或者提升自己学科的认知？同时这些信息化手段的使用是否真的帮助我们平衡了家长与教师，家长与学生，教师与学生之间的关系我们最终怎样避免被技术而控制呢？这些都需要在未来的探索中仔细考量。

在教育市场化的影响下，我们看到教育公益领域“规模化”的讨论，随着机构筹款逐渐从单一的政府出现多种不同的渠道，2016 年后境外资金受到限制，部分机构的资金结构开始发生变化，特别是在 2015 年腾讯“99 公益日”以来，资金来源的变化在促进机构透明化、提高工作效率的同时，也让机构更容易卷入到资金的追逐中。公益组织出现追求数量化、规模化，对资金体量的追逐现象，给教育公益领域带来很大的冲击。

在全社会主流话语围绕着市场化的大环境下，机构的生存与发展成为第一要务，大家关心的问题是如何将活动搞得轰轰烈烈，“创新”只为了成为媒体的关注，而无目的和追求的方向。现在公益组织的传播都不是以政策倡导导向，而是打造品牌营销型导向。如何将自己的项目规模化，产品化，如何得到更多资金的投入等问题，成为当前慈善组织会议中的主流话语。其本质上来说跟很多商业行为没有区别。

与此同时，商业思维、资本权势也在不断影响着公益思潮和行业话语，过往的发展话语和工作日渐边缘化，NGO 的存在中心和目标似乎已经从服务人群本身，从怎么把事情做好，偏向了机构如何更好地筹款和传播，如何与资源捆绑，做大做强，把大众对贫困人群的猎奇和好奇心作为筹款卖点。在这样的发展下，早期社会组织/民间组织更强调关注弱势群体，扎根于农村社区，强调发展理念所倡导的公平、平等，现在很少被提及和讨论。在热闹的活动之余应该思考 NGO/民间组织、慈善公益组织存在的意义和价值，需要坚守的价值和底线是什么。

教育公平与效率的讨论不能简单等同于经济上的公平与效率。教育的过程是一个长期、漫长的过程，需要长线的投入以及计划，专注于筹款、扩大影响导向的追求并不能为教育公益发展带来正面的支持，在未来需要探索出一条公益组织具有自主性的前路，发挥教育公益组织自身优势与政府以及商业界开展合作。公益组织应该主动承担其天然的属性和使命，在政府、商业机构不敢做不愿做的区域和事情，进一步推动整个教育生态良性发展。

例如阅读领域在未来大规模推广层面需要回答相应的问题，如何平衡处理好城市与乡村阅读推广？随着市场的增大，需要谨慎面对“指定阅读书目”的价值观导向，避免有些书目缺少儿童性，存在片面性以及功利性。如何让政府赋权于民间机构？如何尽可能地善用政府资源并为自己的工作带来方便，让更多的区域接受阅读教育？现在阅读领域由课外补充逐渐发展进入学校课程，但在推广过程中有可能忽略了教师能力及素养提升的问题，教师本身能力不提高、积累不够，自身没有阅读习惯、学习习惯，阅读课程化很容易变成形式化。在这个过程中，公益组织需要尽可能地增强集合影响力（collective impact）——即增强与其他公益领域的机构合作，提高其影响的有效性和可持续性。

虽然中国教育普及工作越发完善，但是随着城市化的推进，我们发现仍有教育基础底线的问题需要社会各界关注，例如未来对于留守、流动儿童问题解决的办法，可以更多地挖掘利用社区及家庭的作用，这是一种挑战也是未来教育公益领域需要扫描的一个重点内容。

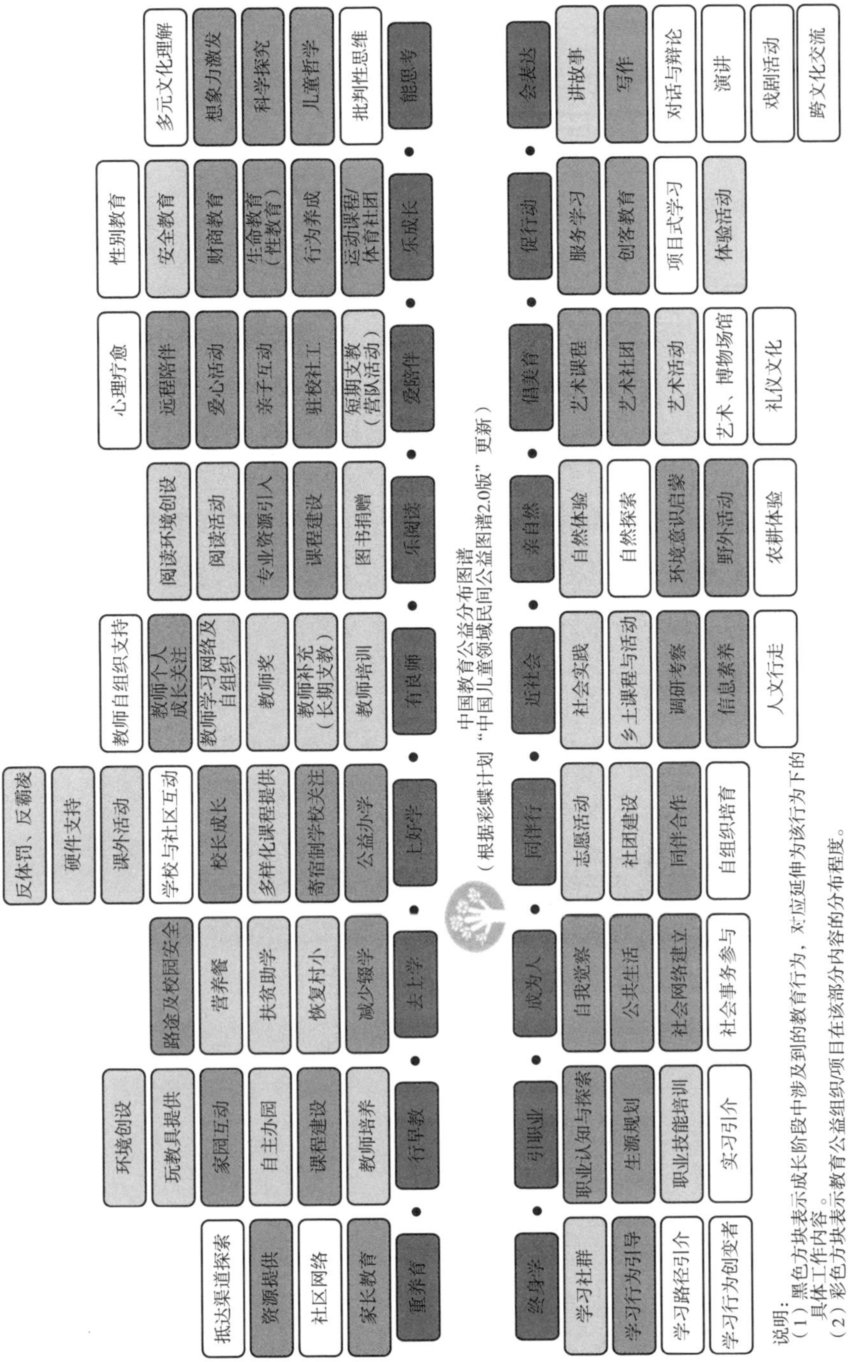

说明：
（1）黑色方块表示成长阶段中涉及到的教育行为，对应延伸为该行为下的具体工作内容。
（2）彩色方块表示教育公益组织项目在该部分内容的分布程度。
非常密集　次密集　较少　很少或空白

图 12　教育公益组织示意

B.10

防灾减灾救灾中的慈善参与

——2018年中国防灾减灾救灾慈善报告

张强　张元　林琳*

摘　要： 防灾减灾救灾是全球可持续发展的关键命题之一，也是我国国家治理能力建设的基础内容，更是慈善事业发展的重要场域。近年来慈善行业的广泛参与已经成为推进灾害治理的重要方式，慈善组织也日益成为抵御灾害风险的重要主体之一。本报告致力于：（1）回顾2018年慈善力量在防灾减灾救灾领域的发展现状，概述我国慈善力量参与防灾减灾救灾的相关法律和政策体系、发展规模以及国际化发展情况；（2）从内在链接、重要议题、参与方式和手段等方面梳理慈善力量参与防灾减灾救灾的热点问题；（3）展望中国慈善事业参与灾害治理的未来趋势，并剖析社会慈善力量在防灾减灾救灾领域发挥作用的挑战因素，为推动慈善行业更为有序、有效、有力地参与灾害治理提供参考。

关键词： 防灾减灾救灾　慈善参与　发展现状　热点分析　趋势展望

---

* 张强，北京师范大学风险治理创新研究中心主任、教授/博士生导师，主要研究领域为灾害治理、人道援助和志愿服务；张元，北京师范大学风险治理创新研究中心硕士研究生；林琳，北京师范大学风险治理创新研究中心硕士研究生。

前 言

在全球气候变化的背景下，人类经济社会日益发展，世界财富和人口不断聚集，气候变化的多样性和持续发展的人类社会不断交织，使得灾害愈来愈呈现复杂性。在过去的 10 年里，全球发生自然灾害 3751 起，受到自然灾害影响的人口达到 20 亿，共造成 16580 亿美元的损失。[①] 仅 2018 年，全球有约 6177 万人遭受到极端天气的影响，死亡人数达 10733 人。[②] 中国是受灾害影响较大的国家之一，不仅灾害种类多，分布地域广，而且发生频率高，造成损失重（如图 1）。据统计，2018 年中国由气候和地理引起的灾害影响人数约 642 万人，仅次于印度和菲律宾，2018 年全国各种自然灾害造成直接经济损失达 2644.6 亿元[③]。此外，全年各类生产安全事故共死亡 34046 人[④]。总体来说，2018 年受灾情况有所改善，全国自然灾害因灾死亡失踪人口、倒塌房屋数量和直接经济损失同比近 5 年来平均值分别下降 60%、78% 和 34%，安全生产事故总量、较大事故、重特大事故同比也实现了“三个下降”[⑤]。但是，在这个决胜全面建成小康社会与全面建成社会主义现代化强国的重要历史交汇期，面对全球不断增长的传统的和新型的灾害风险，加之我国自然灾害类型复杂多

① International Federation of Red Cross and Red Crescent Societies: *2018 World Disasters Report-Leaving No One Behind*, *International Federation*, 2018, https: //media. ifrc. org/ifrc/wp - content/uploads/sites/5/2018/10/B - WDR - 2018 - EXECSUM - EN. pdf.

② Guha-Sapir: *2018 REVIEW OF DISASTER EVENTS-Supplementary Information*, EM-DAT, January 24, 2019, https: //www. emdat. be/publications.

③ 应急管理部、国家减灾委办公室发布 2018 年全国自然灾害基本情况，中华人民共和国应急管理部微信公众号，2019 年 1 月 8 日，https: //mp. weixin. qq. com/s/Re69R5MrMbHXnjS5tQ64gw。

④《2018 年国民经济和社会发展统计公报》，国家统计局官网，2019 年 2 月 28 日，http: //www. stats. gov. cn/tjsj/zxfb/201902/t20190228_ 1651265. html。

⑤《最新消息：2018 年中国安全生产事故总量、较大事故、重特大事故同比实现“三个下降”》，搜狐网，2019 年 1 月 22 日，http: //www. sohu. com/a/291031497_ 1200 57152。

样和现代社会发展高风险的特点，深化防灾减灾救灾工作①，提升救灾抗灾能力刻不容缓。

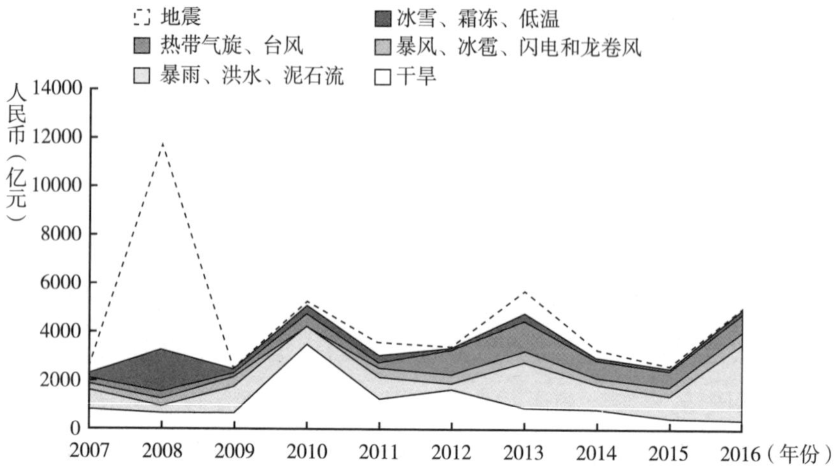

图1　2007～2016年中国自然灾害直接经济损失

资料来源：邱忠东，中国自然灾害直接经济损失十年数据分析：未来要如何应对，GenRe，2017年，http：//media. genre. com/documents/pmint1709 - 2 - cn. pdf。其原始数据来源于 China Statistic Year Book，2007 to 2015；China Meteorological Disaster Statistic Year Book，2007 to 2016；China Insurance Statistic Year Books 2007 to 2015；Data for EQ 2014 - 15 D. E. L：www. docin. com/p - 1715470412. html；2016 CAT D. E. L：Baidu News 2016 China Direct Economic Loss from Various Types。

抵御灾害风险、加强灾害治理已成为关乎人类发展的关键举措和全世界各国人民共同关注的重要议题。联合国2030可持续发展目标与防灾减灾救

① 根据联合国减灾办公室（UN Office for Disaster Risk Reduction，UNDRR）的定义，“防灾”（Prevention）是指全面防止致灾因子和相关灾害的不利影响，通过预先采取行动完全避免可能发生的不利影响。“减灾”（Mitigation）是指减轻或限制致灾因子和相关灾害的不利影响，减灾的措施通常包含工程技术、抗御致灾因子的建筑以及改进的环境政策和公众意识。通常来说，防灾减灾的任务可以互相转化，因此也常常会被交替使用。“救灾”（Response）主要关注紧急和短期的需求，是指在灾害发生期间或之后，为了抢救生命，减轻灾害对健康的影响，保证公共安全，立即提供紧急服务和公共援助，满足受灾人员的基本物质需求。其中有些响应行动，如提供临时居所和水很可能延续到灾后恢复阶段。（资料来源：联合国减灾办公室：2009 UNDRR 减轻灾害风险术语，UNDRR，2009年5月，https：//www. unisdr. org/files/7817_ UNISDRTerminologyChinese. pdf。）

灾工作密切相关，2015 年世界减灾大会发布的《2015～2030 年仙台减少灾害风险框架》也大力推动要在地方、国家、区域和全球等各层面开展集中行动，以减轻灾害风险，提升抗灾能力。聚焦我国，2018 年 4 月中国应急管理部正式挂牌运行，成为中国综合减灾与应急管理事业的重要里程碑。《2019 年国务院政府工作报告》也进一步强调要合理扩大对灾害防治等基础设施的投资力度，加强安全生产，防范遏制重特大事故，健全国家应急体系，提高防灾减灾救灾能力。① 大力推进灾害风险的综合防范工作、加强灾害治理也是我国国家治理能力建设和社会发展的重要内容。

灾害治理是慈善事业②发展的重要场域，是社会组织发展的重要窗口，更是社会治理创新格局的重要示范。《2015～2030 年仙台减少灾害风险框架》指出“公共和私营部门、民间社会组织以及学术界和科研机构需要更加密切合作，创造协作机会……减少灾害风险需要全社会的参与和伙伴关系。减少和管理灾害风险取决于各部门内部和所有部门之间以及与利益相关方建立的各级协调机制。”③ 社会力量参与已经成为全球灾害风险治理的经验与共识。习总书记也指出防灾减灾救灾事关人民生命财产安全，事关社会和谐稳定，强调引导社会力量有序参与，全面提升综合减灾能力④。慈善力量⑤作为社会力量中的重要组成部分，能够在灾害治理中发挥自身的独特优势，凭借其强大的动员力、独立性以及专业性来推动我国防灾减灾救灾工作的开展。

---

① 《2019 年国务院政府工作报告》，中华人民共和国中央人民政府官网，2019 年 3 月 5 日，http：//www. gov. cn/premier/2019 －03/16/content_ 5374314. htm。

② 《慈善法》中将“慈善活动”定义为自然人、法人和其他组织以捐赠财产或者提供服务等方式，自愿开展的公益活动，“慈善组织”是指依法成立、符合慈善法规定，以面向社会开展慈善活动为宗旨的非营利性组织，无论是基金会、社会团体、还是社会服务机构都可以申请认定为慈善组织。

③ United Nations：Sendai Framework for Disaster Risk Reduction 2015 －2030，UNISDR，2015，https：//www. unisdr. org/we/inform/publications/43291.

④ 《全面提高国家综合防灾减灾救灾能力》，人民网，http：//paper. people. com. cn/rmrbhwb/html/2016 －07/29/content_ 1699443. htm，2019 年 7 月 29 日。

⑤ 本报告中的“慈善力量”泛指社会组织、社会工作者、志愿者、爱心企业等开展慈善活动的主体。

防灾减灾救灾工作是我国慈善参与的重要领域。首先，慈善力量在其中发挥着举足轻重的作用。当社会或项目议题与灾害相关时，慈善资源往往容易受到激发，如社会捐赠的物资或款项明显增加等，这些慈善资源的集中便于慈善组织进行调动，以此预防和减轻灾害带来的损失。其次，部分社会组织以灾害治理领域为平台，推动和加强社会组织自身能力建设。在灾害议题中，为满足不同的多样性需求，社会组织的能力也得到系统性发展，“住房重建”、“生计发展”、“医疗卫生”、“能力建设”、“减灾备灾”等主题成为社会组织的优势领域。再者，防灾减灾救灾成为政府与慈善力量及慈善力量之间协同合作的纽带。经过防灾减灾救灾的具体实践探索，社会组织之间或慈善力量与政府间的多元协同得到进一步强化，合作参与模式持续改进，协同机制不断创新，防灾减灾救灾事业成为中国社会组织创新发展的机会窗口。最后，灾害事件作为重要的社会议题，具有极高的公众关注度和社会敏感度，这进一步倒逼着社会组织尤其是慈善组织的透明度发展，加强自身公信力建设，也为慈善领域的生态建设创造了重要契机。

本报告将从以下研究内容展开：（1）回顾2018年慈善力量在防灾减灾救灾领域的发展现状，概述我国慈善力量参与防灾减灾救灾的相关法律和政策体系、发展规模以及国际化发展情况；（2）从内在链接、重要议题、参与方式和手段等方面梳理慈善力量参与防灾减灾救灾的热点问题；（3）展望中国慈善事业参与灾害治理的未来趋势，并剖析慈善力量在防灾减灾救灾领域发挥作用的挑战因素，为推动慈善行业更为有序、有效、有力地参与灾害治理提供参考。

一 慈善参与防灾减灾救灾的发展现状

在我国，慈善参与灾害治理领域的发展势头越来越强劲。本报告将从政策体制、发展规模和国际发展三个维度对当下慈善参与防灾减灾救灾的现状进行系统刻画和深入分析。

（一）政策体制

习近平总书记指出，“防灾减灾救灾是衡量执政党领导力、检验政府执行力、评判国家动员力、体现民族凝聚力的一个重要方面”[①]，为此，做好防灾减灾救灾，保障城市公共安全，已成为我国推进国家治理体系和治理能力现代化的重要内容之一。与此同时，作为一个灾害治理大国，中国五千年的历史几乎是无年不灾、无年不荒[②]，其频繁性、复杂性、严重性和广泛性，在世界上可以说是颇为少见的[③]。中华人民共和国成立以来，我国经历了1954年江淮大水、1976年唐山大地震、1998年特大洪灾、2003年抗击非典、2008年汶川地震、2013年玉树地震等一系列巨灾的侵袭。在长期的探索和实践中，我国逐步建立了以“一案三制”（即应急预案和应急体制、机制与法制）为核心内容的“统一领导、综合协调、分类管理、分级负责、属地为主”的应急管理体系[④]。目前，这一体系仍处在逐步完善中。2018年3月十三届全国人大一次会议通过了国务院机构改革方案，正式成立应急管理部，全力推动形成“统一指挥、专常兼备、反应灵敏、上下联动、平战结合”的中国特色应急管理体制，打破了以往灾种分离、条块分割、资源分散的局面，形成协同参与灾害治理的巨大合力。

在新时代的应急管理体系下，我国的防灾减灾救灾事业进入新的发展格局。2019年3月，《2019年国务院政府工作报告》在回顾2018年工作时提及“改革和加强应急管理，及时有效应对重大自然灾害，生产安全事故总量和重特大事故数量继续下降”，肯定了2018年我国应急管理事业的工作成果。同时公布了2019年政府工作任务，其中强调合理扩大有效投资，包括对灾害防治等基础设施的投资力度。《报告》还指出要加快社会事业的发

① 宋雄伟：《习总书记考察唐山漫评：提高防灾减灾救灾能力》，中华网，2016年7月29日，https：//news. china. com/domestic/945/20160729/23181248. html。

② 邓云特：《中国救荒史》，商务印书馆，2011。

③ 李文海：《灾害锤炼了我们民族的意志》，胶东在线网，2008年6月24日，http：//www. jiaodong. net/news/system/2008/06/24/010279657. shtml。

④ 闪淳昌：《中国应急管理大事记》，社会科学文献出版社，2012。

展，“健全国家应急体系，提高防灾减灾救灾能力。加强安全生产，防范遏制重特大事故。做好地震、气象、水文、地质、测绘等工作……坚决守护好人民群众的平安生活。”[①] 因此，大力推进灾害风险综合防范工作，加强应急管理事业建设，是国家发展和政府工作的重要内容。

在习近平总书记防灾减灾救灾新思想的指导下，应急管理部大力整合和优化应急资源，推动社会动员、灾害预警、信息共享等项机制不断完善。习总书记2016年在唐山考察调研时，强调要“坚持以防为主、防抗救相结合的工作方针”，并要求“着力引导社会力量有序参与”，配合政府在防灾减灾救灾工作中共同消解和应对风险。[②] 2019年1月17～18日召开的全国应急管理工作会议也指出，要“支持专业和社会救援力量发展”，在灾害事故或险情发生后，“协调调动各方力量投入抢险救援”。社会力量因具有属地优势、资源丰富、服务多样、专业性强等特点，所以在防灾减灾、救灾重建等阶段能发挥出独特优势，为政府工作提供有效补充，愈发成为应急管理队伍中不可或缺的力量。

在法律层面，关于支持和引导社会慈善力量参与防灾减灾救灾事业已有不少明确表述和制度保障。《中华人民共和国突发事件应对法》第六条指出“国家建立有效的社会动员机制，增强全民的公共安全和防范风险的意识，提高全社会的避险救助能力”；第三十四条明确“国家鼓励公民、法人和其他组织为人民政府应对突发事件工作提供物资、资金、技术支持和捐赠。”这些条款为慈善力量参与灾害治理工作提供了法律依据。另外，《中华人民共和国慈善法》第三条提及“自然人、法人和其他组织可通过捐赠财产或者提供服务等方式，自愿开展救助自然灾害、事故灾难和公共卫生事件等突发事件”，表明《慈善法》管辖并保护慈善力量参与应急管理工作。

---

① 《2019年国务院政府工作报告》，中华人民共和国中央人民政府官网，2019年3月5日，http：//www. gov. cn/premier/2019－03/16/content_ 5374314. htm。

② 《全面提高国家综合防灾减灾救灾能力》，人民网，http：//paper. people. com. cn/rmrbhwb/html/2016－07/29/content_ 1699443. htm，2019年7月29日。

在政策层面，我国近几年陆续出台相关法规文件以支持和引导慈善力量参与防灾减灾救灾事业。《国家自然灾害救助应急预案》中强调要充分发挥公益性社会团体在灾后救助中的作用；2012 年，民政部发布《民政部关于完善救灾捐赠导向机制的通知》，鼓励和引导具有公益组织、爱心企业、社会公众等慈善力量，根据灾区需求参与救灾捐赠活动；2015 年 10 月，民政部印发《关于支持引导社会力量参与救灾工作的指导意见》，明确了社会力量参与救灾工作的基本原则、工作重点及主要任务等；2016 年发布的《中共中央、国务院关于推进防灾减灾救灾体制机制改革的意见》中，要求“健全社会力量参与机制。研究制定和完善社会力量参与防灾减灾救灾的相关政策法规、行业标准、行为准则，落实业务培训、政府购买服务等支持措施……有效对接社会资源，引导志愿者、社会组织等社会力量依法有序参与灾后恢复重建”。《国家综合防灾减灾规划（2016～2020 年）》中提及要“加强对社会力量参与防灾减灾救灾工作的引导和支持，完善社会力量参与防灾减灾救灾的政策”，再一次肯定并明确了慈善力量参与防灾减灾救灾工作的重要性。

除了自上而下的纲领性政策，还有部分文件为慈善力量提供了自下而上的可行参与路径。《全国综合减灾示范社区创建管理暂行办法》的提出，为慈善力量参与防灾减灾明确了重点领域，支持和发展基层防灾减灾工作。2017 年 12 月，在民政部的指导下，多家社会组织共同编制了《社会力量参与一线救灾行动指南》，规范了慈善力量参与防灾减灾救灾工作的原则和流程。自上而下与自下而上的政策文件相结合，推动中央与地方的应急管理事业共同发展。在法律和政策的制度基础上，慈善力量介入防灾减灾救灾的工作程度日益深入，形式日趋多元化，并有效促进了慈善事业的进一步发展。

（二）发展规模

为更好地展示慈善力量的发展规模，本报告将分别从组织和个体的视角描述慈善力量参与防灾减灾救灾的现状。

1. 社会组织

社会组织无疑是推动慈善发展的重要载体。自2009年以来，各类社会组织捐赠款占社会总体捐赠款物的绝大部分。① 截至2019年3月13日，全国社会组织数量已达到801867个，其中民办非企业单位438226（占比54.65%），社会团体356664个（占比44.48%），基金会6977个（占比0.87%），并且2010～2019年各类社会组织数量均呈现逐年增加的态势（见图2）。

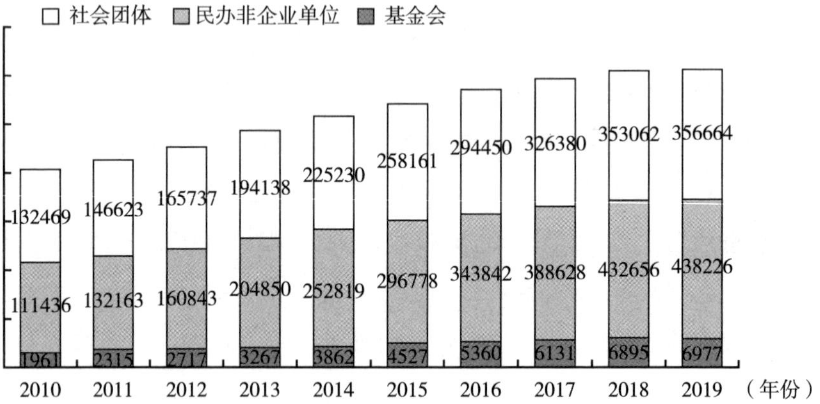

图2　2010～2019年社会组织数量分类变动趋势

资料来源：中国社会组织公共服务平台，大数据运行（试运行）－分类变动趋势，2019年3月12日读取，http：//www. chinanpo. gov. cn/index. html。

（1）社会救援组织

社会救援组织是社会组织参与防灾减灾救灾的集中体现，在防灾减灾救灾工作中也发挥着越来越重要的作用。在2008年之前，全国仅有少数以山地搜救为主的民间救援队伍，开展救灾的主要是基金会下属的救援组织。5·12汶川地震不仅使得社会组织如雨后春笋般涌现，也成为社会救援力量发展的机会窗口，此后的每一次大型自然灾害或事故的发生，都会促动一批自发成立的社会救援组织的出现。伴随着我国经济社会的快速发展和公益文

① 《国家数据－年度数据》，国家统计局官网，2019年3月12日，http：//data. stats. gov. cn/easyquery. htm？ cn＝C01&zb＝A0P0A&sj＝2018。

化的成熟，社会救援力量不断发展壮大。据不完全统计，截至 2018 年 6 月，全国以独立登记、挂靠社会组织以及企事业单位自行组建等形式开展工作的社会救援组织约 4000 个，其中在民政部门正式登记注册的各类防灾减灾救灾和应急救援社会组织共有 1300 余个。[①] 总体上，大部分社会救援组织还处于发展的初级阶段，只有一些灾害多发、易发地区和经济相对发达地区的社会救援组织起步较早，发展较为成熟。

目前，社会救援组织越来越得到国内政社学界的重视，正逐步走向规范化、专业化。2018 年 12 月，应急管理部发布了关于开展全国首届社会救援力量技能竞赛的通知，于 2019 年 3 ~5 月组织开展全国首届社会救援力量技能竞赛，这是进一步落实支持引导社会救援力量参与应急工作的重要举措，有利于推动社会救援力量技能和水平的提升，培育高素质的社会救援队伍，同时营造全社会学习应急知识、锻炼应急本领、增强应急技能的氛围。[②] 报名截止后，共 280 支队伍参赛，其中山东、江西、广东的参赛队伍数量位居前列（如图 3 所示）。

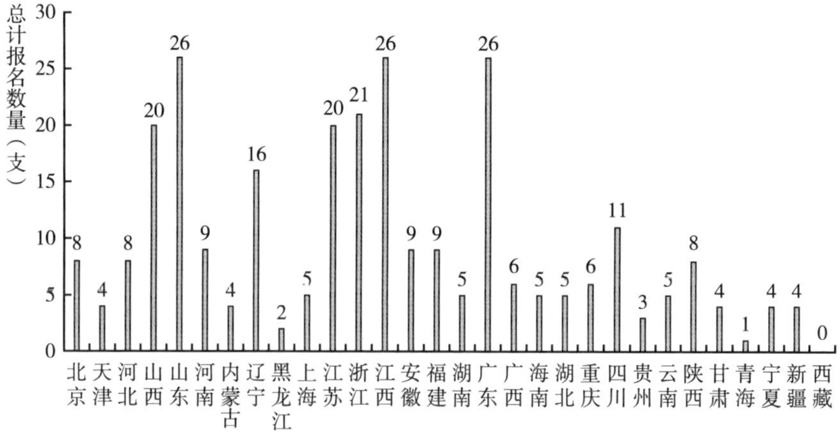

图 3　全国首届社会救援力量技能竞赛各省市队伍报名情况

资料来源：全国首届社会救援力量技能竞赛参赛报名情况统计资料。

---

① 根据相关部门开展的行业调查内部资料整理。

② 《应急管理部关于开展全国首届社会救援力量技能竞赛的通知》，中华人民共和国应急管理部官网，2018 年 12 月 27 日，http：//www. chinasafety. gov. cn/gk/xxgk/201812/t20181227_223494. shtml。

本次社会救援力量技能竞赛共分为破拆、绳索、水域等3项技能。如图4所示，这三项技能的参赛队伍比例分别为40%、31%和29%，分布较为均匀。

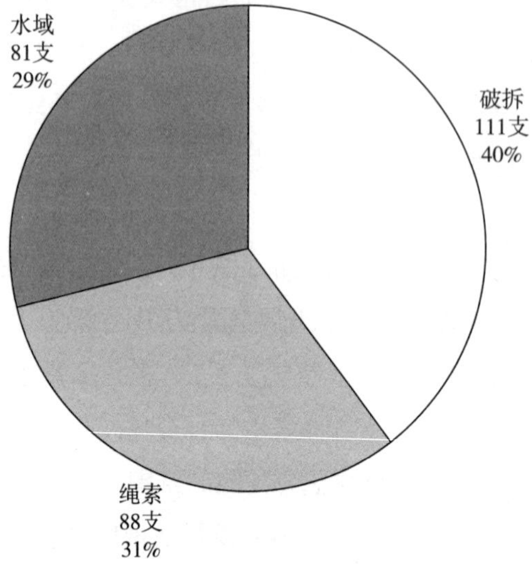

图4 全国首届社会救援力量技能竞赛3项技能竞赛参赛队伍比例

资料来源：全国首届社会救援力量技能竞赛参赛报名情况统计资料。

（2）慈善组织

慈善组织是慈善事业的支柱性力量。截至2019年1月31日，全国慈善组织（包括红十字会在内）共计5285个[①]，不同类别的分布情况如图5所示。

安全救灾是慈善组织的主要服务领域之一。基金会是慈善组织的重要组成部分，截至2015年12月31日，全国关注安全救灾领域的基金会数量为161家，全国关注安全救灾的基金会在安全救灾领域开展的项目支出已达7.37亿元，其中救灾和灾后重建总支出达6.98亿元，约占总支出的95%，灾后预防与安全教育支出约0.3万元，约占总支出的4%。[②] 可见，基金会

① 慈善中国网：2019年3月17日，http：//charitychina. foundation center. org. cn/home/cszz。

② 数说基金会——安全救灾领域基金会概览，基金会中心网，2017年10月13日，http：//www. foundationcenter. org. cn/guanli/dt/content. aspx? cid = 201701013175222。

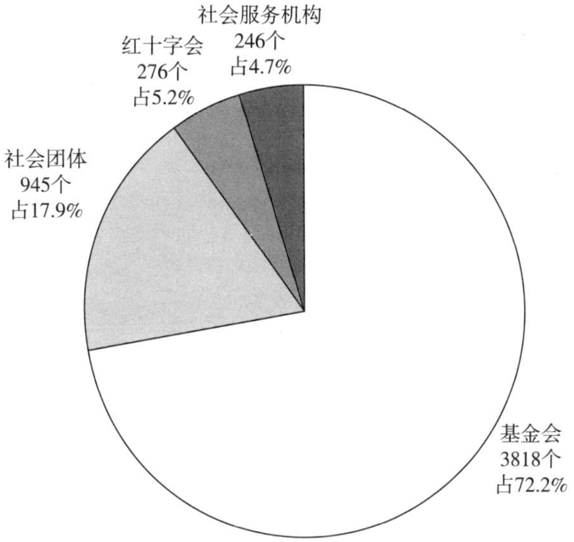

图 5　全国慈善组织的类别分布

资料来源：慈善中国，慈善数据统计，2019 年 3 月 17 日读取，http://charitychina.foundationcenter.org.cn/home/cszz。

在项目支出上“重救轻防”的特征较为凸显，但目前已有越来越多的基金会开始将重点转向防灾减灾。以中国扶贫基金会和壹基金为例，2018 年中国扶贫基金会的减防灾领域项目支出约 401.86 万元，共在 20 个省（直辖市/自治区）开展减防灾工作。[①] 截至 2017 年底，中国扶贫基金会开展的“向灾害 SAY NO”——5·12 全国减防灾社区公益活动共覆盖了全国 28 个省份的 31 个城市，累计开展 471 场减灾体验活动，直接参与活动人数达 39.39 万人，防灾减灾科普知识累计传播量达 3000 万人次。[②] 壹基金在灾害救助工作中的重点之一就是“儿童平安计划”，通过在学校和社区运用体验、参与及流动教学的教育方法开展安全教育，提升儿童应对风险的能力。

① 中国扶贫基金会灾害救援项目第四季度工作报告，中国扶贫基金官网，2019 年 1 月，http://m.cfpa.org.cn/information/information.html。

② 《2018“向灾害 SAY NO”暨小小减灾官招募仪式在京举行》，中国扶贫基金会官网，2018 年 7 月 23 日，http://www.fupin.org.cn/news/news_detail.aspx?articleid=810。

2017年“儿童平安计划”共开展了三大项目，其中“儿童平安小课堂”共在65所学校开展安全教育课7074节，参与学生达109382人次；“减灾示范校园”项目共开展应急疏散演练58场，开展风险排查活动29次；“儿童安全训练营”共开展27场，累计服务5807人次。[①] 此外，在减灾与救灾慈善项目的受益人群方面，灾民、儿童、老人、青年、妇女、残疾人、农民为主要的受益者（如图6所示），这一定程度上体现慈善组织在防减灾和救灾中对弱势群体给予了一定的关注。

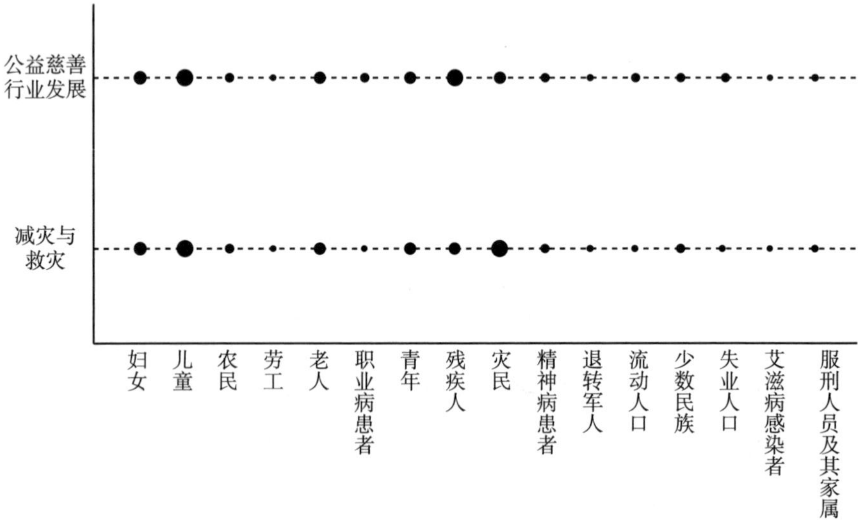

图6　减灾与救灾领域项目的受益人群分布

资料来源：2018《中国慈善公益发展报告》，国双数据中心，2018年9月，http://www.gridsum.com/static/2018Chinasphilanthropicactivitydevelopment report.pdf。

注：点的大小代表该人群受到该领域项目的关注程度，点越大，受到的项目关注度越高；点越小，受到的项目关注度越低。

总体来说，社会组织在参与防灾减灾救灾工作中，从捐款捐物逐步扩展到全方位参与防灾减灾、应急救援、恢复重建等各个阶段；从传统的生活救

① 《深圳壹基金公益基金会2017年报》，壹基金官网，2018年5月3日，http://www.onefoundation.cn/index.php? m=info&a=show&id=953。

助逐步延伸到心理援助、情绪抚慰、生计恢复等各个领域；从分散参与逐步提升到常态化、组织化、规范化、专业化、信息化协同参与等各个方面，社会组织已成为防灾减灾救灾的重要主体。①

2. 志愿者

志愿者是开展防灾减灾救灾慈善服务与活动的中坚力量。截至 2019 年 6 月 25 日，全国实名注册志愿者总数约为 1. 19 亿人。② 其中，服务于防灾减灾救灾的志愿者人数目前还没有规范的统计方法，一方面是由于一个组织所开展的服务领域较为多元，难以判断其内部专门从事防灾减灾救灾的志愿者数量；另一方面，在灾害发生后，从事心理援助、医疗救助、扶贫、养老、教育等领域的慈善组织均会投入到救灾工作中，因此也难以定义哪些志愿者属于防灾减灾救灾志愿者。

相比之下，社会救援与应急志愿者的边界则相对清晰，综合各方面数据估测，目前国内相对活跃的社会救援组织的志愿者总数约为 40 万人，遍及在全国所有省份，其中北京、浙江、四川、广东、山东、福建等省市较为集中。③ 以北京市为例，截至 2018 年底，北京市实名注册志愿者共 427. 9 万人，其中应急志愿者约 14. 8 万人，约占志愿者总数的 3. 5%④，并且应急志愿者数目也在逐年增长（如图 7 所示）。可见，越来越多的志愿者投身于防灾减灾救灾领域，这在一定程度上意味着慈善参与防灾减灾救灾工作的基层主体力量正在不断壮大。

（三）国际发展

近年来，慈善参与防灾减灾救灾的国际化趋势越来越凸显，既有我国的慈善力量“走出去”，也有国际慈善力量的“引进来”，二者共同发展，推

① 根据行业内部调查资料整理。

② 《全国志愿服务数据统计》，全国志愿服务信息系统，2019 年 3 月 29 日，http：//www.chinavolunteer.cn。

③ 根据相关内部调研统计资料整理。

④ 根据北京市志愿服务联合会统计数据整理。另外，北京市“14. 8 万应急志愿者”的数据与“国内社会救援组织的志愿者总数 40 万”的资料来源不一致，在此仅提供参考。

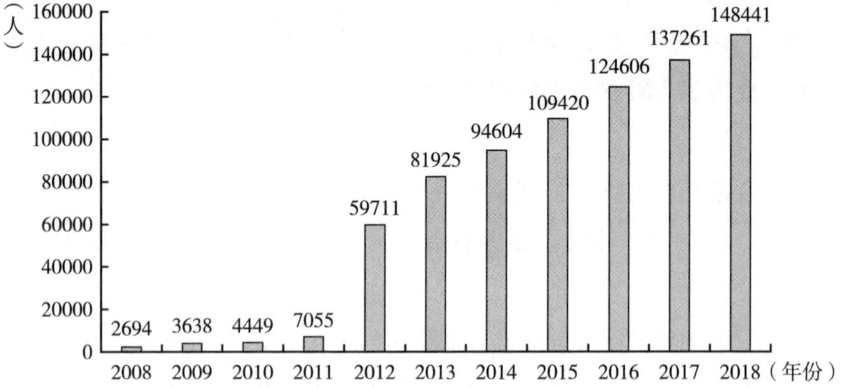

图7　北京市应急志愿者数量历年变动趋势

资料来源：根据北京市志愿服务联合会相关统计数据整理。

动慈善力量的国际化进程。

1. “走出去”

随着全球化程度的日益加深，国际社会越来越联结为一个整体，“走出去”已成为中国发展的必经之路。2018 年全球面临的大部分风险集中在环境类问题，如极端天气事件、自然灾害、气候变化问题等，[①] 防灾减灾救灾已成为全球人道援助的重点议题，也成为助力慈善力量走向国际化的重要领域，慈善力量的专业性、中立性、创新性以及灵活性使其在“走出去”参与国际援助时发挥着不可替代的作用。2015 年尼泊尔地震后，中国社会力量首次成规模地出现在国际灾害应对舞台。截至 2018 年，中国民间社会组织已经参与了缅甸、菲律宾、尼泊尔、肯尼亚、厄瓜多尔、意大利、海地、朝鲜、埃塞俄比亚、斯里兰卡、伊朗、泰国、老挝、印尼等多个国家的超过 20 场重大灾害等国际应急行动，除了尼泊尔地震、泰国清莱受困足球队救援、泰国普吉岛沉船事故救援等，也有没受到足够关注的肯尼亚旱灾、意大

① The World Economic Forum：*The Global Risks Report* 2018（13*th Edition*），The World Economic Forum，January 8，2018，http：//59. 80. 44. 98/www3. weforum. org/docs/WEF _ GRR18 _ Report. pdf.

利中部地震、朝鲜洪灾等的救援。[①] 以泰国清莱受困足球队救援为例，2018年6月23日，泰国一支少年足球队共13名成员被困泰国北部清莱府的一处洞穴之中，多支国际救援队前往泰国展开救援。中国两支民间救援队也携带设备飞往泰国参与此次救援行动，北京平澜公益基金会的洞穴救援专家和北京绿舟应急救援促进中心的救援人员与泰国方面密切配合，全力投入搜救行动，最终13名受困队员全部生还。[②]

整体来说，中国慈善力量“走出去”还处于相对早期的阶段，在救灾能力以及合作机制等方面有待完善。2018年4月，国家国际发展合作署正式成立，11月，《对外援助管理办法（征求意见稿）》公开征求意见。[③] 国家国际发展合作署的成立和参与国际人道援助相关政策规章的出台，为中国慈善组织参与对外援助营造了良好的环境，将进一步推动中国慈善发展的国际化。在这一利好政策下，中国慈善力量“走出去”将呈现更强劲的势头。

2. “引进来”

除了中国慈善力量走向境外，也有境外非政府组织在中国开展服务。截至2018年12月31日，已有441个境外非政府组织代表机构依法登记。[④] 其中，组织所在国家或地区为美国、香港、日本、韩国和德国的代表机构登记数量较多；代表机构注册地主要集中于北京、上海、云南、广东和四川。在临时活动备案方面，境外非政府组织代表机构临时活动备案数量，且呈现波动式上升的态势（见图8）。

---

① 《参与超过20场重大灾害的国际救援　中国民间社会组织是这样做》，凤凰网公益，2019年1月17日，https：//gongyi. ifeng. com/a/20190117/45293062_ 0. shtml。

② 中国发展合作研究：《2018年中国民间组织走出去十大事件盘点》，中国发展简报网，2018年12月28日，http：//www. chinadevelopmentbrief. org. cn/news－22408. html。

③ 国家国际合作发展署：《国家国际发展合作署关于〈对外援助管理办法（征求意见稿）〉公开征求意见的通知》，中华人民共和国商务部官网，2018年12月12日，http：//www. mofcom. gov. cn/article/b/g/201812/20181202815849. shtml。

④ 境外非政府组织在中国：《境外非政府组织在中国丨年度报告发布》，中国发展简报网，2019年1月11日，http：//www. chinadevelopmentbrief. org. cn/news－22460. html。

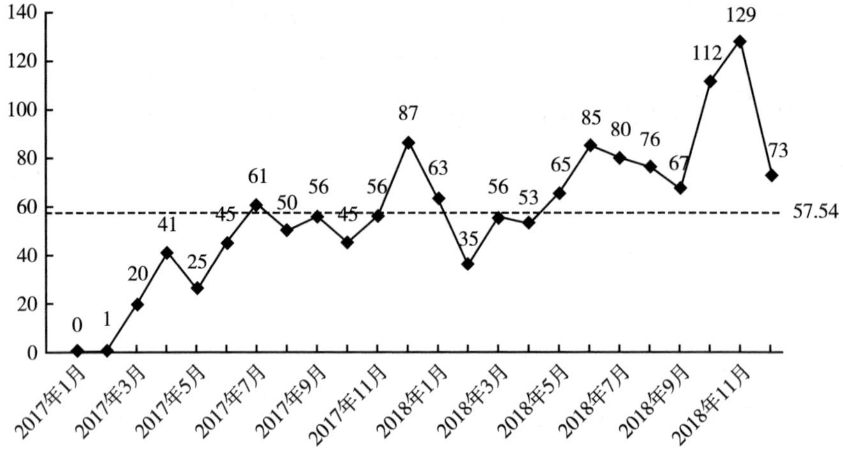

图8　2018 年临时备案活动数量变化趋势

资料来源：《境外非政府组织在中国，境外非政府组织在中国丨年度报告发布》，中国发展简报网，2019 年 1 月 11 日，http：//www. chinadevelopmentbrief. org. cn/news - 22460. html。

救灾是境外非政府组织代表机构的重点议题。如表 1 所示，“济困救灾”为国外非政府组织代表机构的主要服务领域之一，仅次于“经济”。

表 1　已登记国外非政府组织的业务领域

序号	业务领域及范围	注册机构数量
1	经济领域	220
2	济困救灾领域	49
3	教育领域	49
4	卫生领域	27
5	环保领域	22
6	文化领域	19
7	科技领域	10
8	体育领域	3
9	其他领域	42
合　计		441

资料来源：《境外非政府组织在中国，境外非政府组织在中国丨年度报告发布》，中国发展简报网，2019 年 1 月 11 日，http：//www. chinadevelopmentbrief. org. cn/news - 22460. html。

综上所述，防灾减灾救灾领域已经成为社会慈善力量国际化的重要平台和渠道，一方面是“走出去”，积极参与国际灾害援助，在国际舞台上展现中国社会力量；另一方面是“引进来”，吸引境外非政府组织的代表机构走入境内，我国的社会力量可以学习先进的境外发展经验，同时发展国际网络伙伴关系。这不仅有助于提升中国国际形象和国际影响力，还有利于增强业务能力并进一步拓展国际伙伴关系网络，与国际对标，推动我国慈善力量的国际化进程。

二　慈善参与防灾减灾救灾的热点分析

防灾减灾救灾与慈善看似是两个不同的领域，但其发展理念的本质却具有共通性。可持续发展作为全球治理的重要目标在防灾减灾救灾与慈善之间建立了重要链接，韧性建设也是二者共同关注的热点议题。此外，新兴技术的创造性应用以及慈善信托等创新形式的融入也为慈善参与防灾减灾救灾的实践注入了新的活力。

（一）可持续发展目标成为慈善与防灾减灾救灾的重要链接

为实现全球经济、社会和环境的可持续发展，联合国提出了全球可持续发展的 17 项目标（SDGs），涉及消除贫困、优质教育、水和环境卫生、保护生态等方面，这与慈善的公益目的高度一致。近年来，慈善行业积极为全球发展贡献力量，不仅为可持续发展提供了新的筹资机会，还为可持续发展领域带来新的专业知识和视角。[①]

防灾减灾救灾正是联合国可持续发展目标的重心之一，[②] 这为慈善参与

① 《慈善与可持续发展——中国行动》，联合国国际开发署官网，2017 年 9 月 3 日，http：//www. cn. undp. org/content/china/zh/home/library/poverty/philanthropy - for - sustainable - development - in - china. html。

② 防灾减灾救灾是可持续发展目标的重要内涵。在 17 项可持续发展目标中，有 5 项目标与防灾减灾密切相关，到 2030 年，要消除一切形式的贫困（目标 1），包括增强穷人和弱势群体的抵御灾害的能力，降低其遭受灾害的概率和受影响的程度；为所有人提供（转下页注）

防灾减灾救灾工作提供了重要方向，建立了重要链接。以可持续发展目标13为例，[①] 可持续发展目标13是采取紧急行动应对气候变化及其影响，以加强各国地域和适应气候相关的灾害和自然灾害的能力。如图9和图10所示，截至2018年底，服务于目标13的基金会124个，占总数的0.51%，公益项目支出约13亿。但与其他可持续发展目标相比，服务于气候行动的基金会无论在数目上还是资金投入上均处于较低水平。在气候变化多样复杂的今天，气候作为重要的致灾因子需要慈善力量给予更多关注。

（二）"韧性"成为慈善与防灾减灾救灾的共同议题

在当前全球面临的环境、社会经济以及政治发展层面存在高度的不确定性和风险的情境下[②]，韧性（resilience）已超越"脆弱性"成为灾害和风险研究领域内最为流行的术语之一，甚至有人指出人类已进入了"韧性文化复兴"时期[③]。在我国，各地政府也越来越关注韧性城市的建设。我国北京市[④]

（接上页注②）水和环境卫生并对其进行可持续管理（目标6），洪涝灾害作为重要的致灾因子，将阻碍经济和社会发展，有必要加强水资源管理，保护生态系统；建造具备抵御灾害能力的基础设施，促进具有包容性的可持续的工业化，推动创新（目标9），抵御灾害是基础设施建设的关键要求，不仅要建设区域性还要建设跨境基础设施；建设包容、安全、有抵御灾害能力和可持续的城市和人类住区（目标11），通过建设韧性城市和社区，预防或者减轻各类灾害造成的影响；采取紧急行动应对气候变化及其影响（目标13），以加强各国地域和适应气候相关的灾害和自然灾害的能力。因此，防灾减灾已成为实现全球可持续发展的重要议程，也是世界人民追求美好生活的重要保障。

① 联合国开发计划署（UNDP）驻华代表处与中国基金会中心网（CFC）发起了"慈善与可持续发展—中国行动"合作项目，根据其统计方法，SDG13的关键词包括"气候变化"、"全球变暖"、"绿色气候"、"环境"、"自然灾害"、"预警"等关键词，因此更能够反映灾害治理的相关情况。（慈善与可持续发展——中国行动，联合国国际开发署官网，2017年9月3日，http：//www. cn. undp. org/content/china/zh/home/library/poverty/philanthropy - for - sustainable - development - in - china. html。）

② Meerow，Sara，Newell，Joshua P.，& Stults，Melissa：*Defining urban resilience*：*A review*，Landscape & Urban Planning，2016，147：38 - 49.

③ Bahadur，Aditya：*The Resilience Renaissance*? *Unpacking of Resilience for Tackling Climate Change and Disasters*，*Brighton*：*IDS SCR Working Paper*，Institute of Development Studies，2010.

④ 《北京城市总体规划（2016～2035年）》，北京市规划和国土资源管理委员会官网，2017年9月29日，http：//www. bjghw. gov. cn/web/ztgh/ztgh100. html。

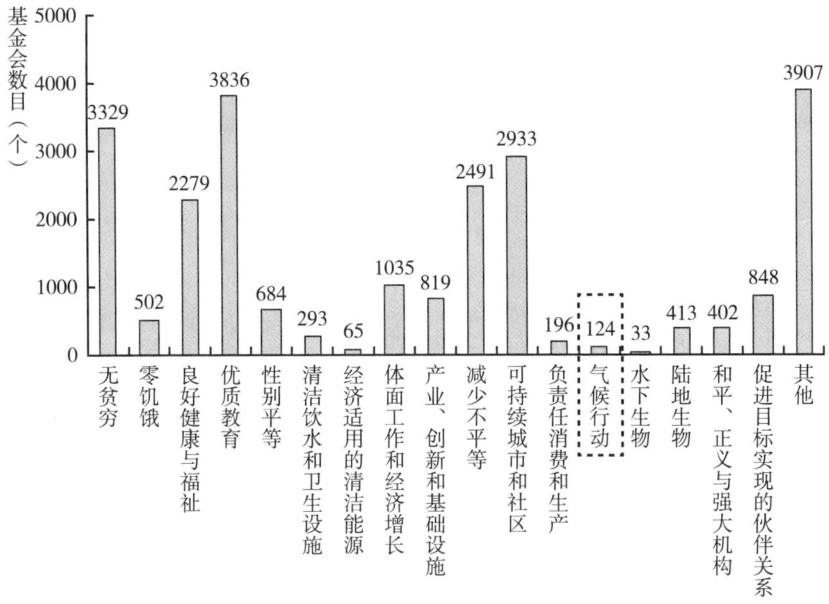

图 9　联合国 2030 可持续发展目标的中国基金会数量分布

资料来源：《慈善与可持续发展中国行动——发展进程》，基金会中心网，2019 年 3 月 17 日，http：//sdg. foundationcenter. org. cn/SDG/DevelopCourse. html。

和上海市[①]的最新城市总体规划均强调要“提高城市韧性”。湖北黄石、四川德阳、浙江海盐、浙江义乌四座城市也获得了美国洛克菲勒基金会发起的“全球 100 韧性城市”项目的支持。

建设韧性城市离不开防灾减灾救灾事业的有效开展。防灾减灾是韧性城市建设的基础，只有综合运用多种科技手段和资源，全方位、多维度、立体化减低灾害风险、增强城市抗灾能力、提升救灾水平，才能实现城市的可持续发展；[②] 韧性城市是开展防灾减灾的保障，现代城市系统减灾及保障救助能力的获得绝不能单靠硬技术，还必须有效地启动城市人文、经济、生

① 《上海市城市总体规划（2017 ~ 2035 年）》，上海市人民政府官网，2018 年 1 月，http：//www. shanghai. gov. cn/newshanghai/xxgkfj/2035002. pdf。

② 郭君、孔锋、王品、吕丽莉：《区域综合防灾减灾救灾的前沿与展望——基于 2018 年三次减灾大会的综述与思考》，《灾害学》2019 年第 34 卷第 1 期，第 152 ~ 156 页。

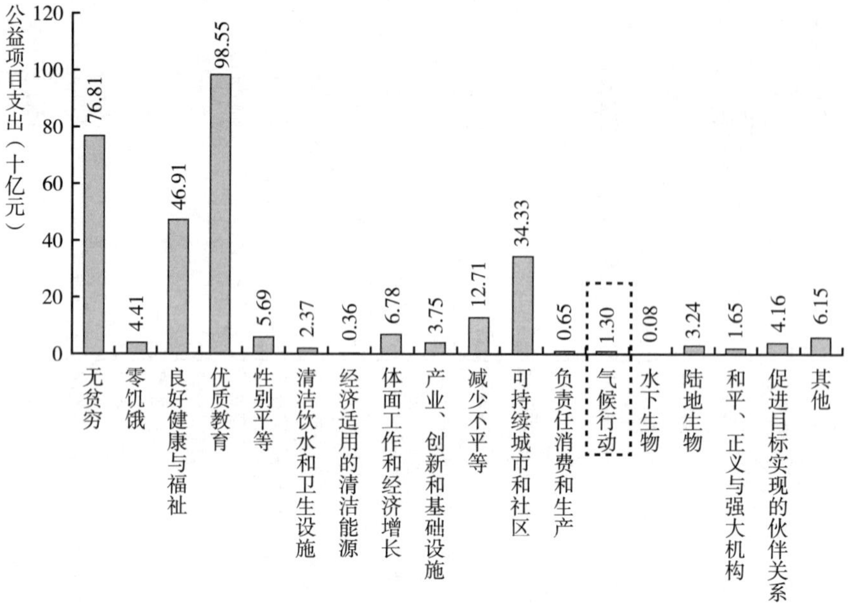

图 10　联合国 2030 可持续发展目标的中国基金会公益项目支出分布

资料来源：《慈善与可持续发展中国行动——发展进程》，基金会中心网，2019 年 3 月 17 日读取，http://sdg.foundationcenter.org.cn/SDG/DevelopCourse.html。

态、地理等诸多因素的系统工程体系及方法，开展城市综合减灾，打造韧性城市。

“韧性”已成为慈善与防灾减灾救灾的共同议题，推进防灾减灾救灾事业需要慈善力量的全面投入，以充实并完善社会服务体系，推动社会治理创新格局。

（三）新兴技术成为慈善参与防灾减灾救灾的重要助力

2017 年，互联网、大数据、区块链、无人机、卫星定位等科技创新逐步应用于慈善行业，对公益慈善事业产生了巨大的影响，公益慈善因此而被注入新的活力，变得更加高效。[①] 其中，互联网技术仍然是对公益慈善影响

① 中国慈善联合会研究部：《2017 年度中国慈善捐助报告》，2018 年 9 月。

最大的科技。随着互联网的普及和大数据技术的应用，“互联网+慈善”这种新兴的公益慈善发展模式应运而生，凭借互联网技术与第三方电子支付平台，网络募捐、信息反馈、网络慈善监管以及慈善文化宣传等环节都以更为高效的方式得以实现，不仅创新了捐赠方式，提升了捐赠效率，更有助于慈善事业的透明化程度的提高和公众信任度的增强。2018年9月11日，民政部发布了《“互联网+社会组织（社会工作、志愿服务）”行动方案（2018~2020年）》[①]，强调要推动“互联网+慈善募捐”，推动互联网募捐信息规范发布，推动慈善组织信息统一公开与透明查询以及推动慈善捐赠联合激励与惩戒，进而营造“人人公益、随手公益”的网络公益环境。截至2019年3月，我国的民政部指定的慈善组织互联网募捐信息平台[②]已达20个[③]，互联网公益正在蓬勃发展。

互联网公益为防灾减灾救灾事业发展带来了新的机遇。首先，防灾减灾救灾的效率大幅提升。互联网技术使得资源流动更加迅速，无论是捐赠还是筹款都得以在网络环境下更加高效、更加透明的进行。此外，网络信息发布的简易性与即时性，防灾减灾救灾的信息传播也更加便捷，这使得灾情信息能够在最短的时间内得到递送，有助于救援力量之间更好地进行信息沟通与协调。其次，慈善信息的透明度大大提高。《“互联网+社会组织（社会工作、志愿服务）”行动方案（2018~2020年）》中提出要推动慈善组织信息统一公开与透明查询，2018年9月1日，《慈善组织信息公开办法》正式实施。[④] 借助互联网，公众能够更方便地获取和追踪其为防灾减灾救灾事业所捐助的款物信息，这不仅有助于维护社会公众的知情权，提高慈善组织的公

---

① 《民政部关于印发〈“互联网+社会组织（社会工作、志愿服务）”行动方案（2018~2020年）〉的通知》，中华人民共和国中央人民政府官网，2018年9月11日，http://www.gov.cn/xinwen/2018-09/11/content_5321054.htm。

② 根据《慈善法》，慈善组织要想通过互联网开展公开募捐应当在国务院民政部门统一或者指定的慈善信息平台发布募捐信息。

③ 慈善中国网，http://cishan.chinanpo.gov.cn/biz/ma/csmh/h/csmhhindex.html，最后访问时间：2019年3月17日。

④ 《慈善组织信息公开办法》，中华人民共和国民政部官网，2018年8月7日，http://www.mca.gov.cn/article/gk/fg/shzzgl/201808/20180800010515.shtml。

信力，更倒逼慈善组织进一步加强信息公开，营造健康透明的慈善环境。最后，知识传播的有效性得到增强。防灾减灾文化宣传和知识传播不再囿于时间和空间，而成为公众随时随地都可获取的内容，这不仅有助于普及防灾减灾救灾的相关知识和技能，还有利于深化公众对防灾减灾的认知，培育公众的防灾减灾文化。

值得一提的是，在2018年，互联网慈善还发展出新的表现形式。2018年8月，第14号台风“摩羯”和18号台风“温比亚”叠加影响，寿光遭遇洪涝灾害。在寿光发布公开捐赠信息后，网友们纷纷通过电商平台和物流向寿光捐赠生活必需品等各类物资，为灾区人民的生活保障提供支持。截至8月30日17时，寿光市民政局共接收包括网友通过电商网购渠道捐赠在内的全国各地、社会各界捐赠物资595254件。① 据了解，在这次网络捐赠主体中，除了零散的网友外，粉丝团、微商等具有较大的组织力和动员力的非正式组织也成为重要的捐赠力量，通过与这类组织的关键成员建立联系，能够更为迅速地动员广大网友参与到救灾的大潮中来。②

（四）慈善信托成为慈善参与防灾减灾救灾的重要方式

截至2019年3月17日，全国共有163单慈善信托登记备案，慈善信托财产总规模超过20亿元，③ 涉及扶贫、医疗、教育、救灾、环保等多个领域，慈善信托对于慈善事业的推动作用及其蕴含的社会价值已不可忽视。慈善信托也成为慈善力量参与防灾减灾救灾的重要方式之一。2008年6月，全国发布首只标准公益信托计划即“5.12抗震救灾公益信托计划”④；2018

---

① 《截至8月30日17时 寿光市接受物资、救灾款情况》，潍坊大众网，2018年8月30日，http：//news. sina. com. cn/o/2018－08－30/doc－ihinpmnq2625625. shtml。

② 北师大风险治理创新研究中心：《蒙泰正见丨案例空间：潍坊水灾后的网购捐赠热潮漫谈（一）》，北师大风险治理创新研究中心微信公众号，2018年12月20日，https：//new. qq. com/omn/20181220/20181220G0A1MM00。

③ 慈善中国网，2019年3月17日，http：//cishan. chinanpo. gov. cn/biz/ma/csmh/e/csmheindex. html。

④ 李明珠：《独家丨公益信托案例研究》，小小乐坊百家号，2017年6月23日，https：//baijiahao. baidu. com/s？id＝1570982743563666&wfr＝spider&for＝pc。

年 3 月，成都－壹基金青少年与未来防灾体验馆设备设施维护与更换基金慈善信托备案，通过对成都－壹基金青少年与未来防灾体验馆的设备设施维护、更换和添置的资助，支持地震、防灾和自救等方面的教育事业。[①]

慈善信托是慈善参与防灾减灾的重要方式。一方面，慈善信托的多方面优势使其具有较高的现实需求。慈善信托凭借其慈善与信托的双重属性，与传统的基金会与慈善捐助相比具备不限规模、保值增值等制度优势，具有较高的经济效益。对于委托人来说，信托公司和慈善组织等都可以根据其要求打造特定的信托产品，具有较大的灵活性。对于企业来说，企业可以通过慈善信托的方式落实企业的社会责任，提升企业的影响力。因此，慈善信托将越来越得到个人、企业以及基金会的认可。另一方面，如上所述，互联网已经成为慈善参与防灾减灾的重要路径，与此同时“互联网＋慈善信托”也成为一种新的慈善信托发展模式，通过互联网可以进一步加强慈善信托运行的透明化，提升慈善信托的公信力；扩大慈善信托的参与人群、捐助规模并提高募集效率，增强慈善信托的影响力。防灾减灾救灾作为关系人民生命和财产安全的领域，需要吸引更多的资金、人力和物力投入进来，需要更多的慈善力量通过各种创新方式参与其中，因此慈善信托将为防灾减灾救灾事业发展带来新的发展机遇。

三　慈善参与防灾减灾救灾的发展趋势与未来挑战

慈善力量越来越成为灾害治理的重要主体，今后也将在防灾减灾救灾工作中继续发挥其不可替代的作用。因此，慈善力量需要牢牢把握慈善事业参与防灾减灾救灾领域的发展趋势，迎接未来挑战。

（一）发展趋势

慈善力量在参与灾害治理的过程中需要进一步明确其服务单元并优化服

① 慈善中国网，2019 年 3 月 17 日，http：//cishan. chinanpo. gov. cn/biz/ma/csmh/e/csmheindex. html。

务过程，把握其未来的发展趋势。

1. 慈善参与防灾减灾救灾的服务单元

社区是落实防灾减灾救灾的重要场域，是慈善参与防灾减灾救灾的主要服务单元。联合国开发计划署（UNDP）的服务重心之一就是开展以社区为基础的灾害预防，推动社区和跨部门参与以社区为基础的降低灾害风险及宣传教育工作，以更有效地应对灾害。① 2018 年 1 月，为加强统筹减灾资源和力量，切实做好城乡社区综合减灾工作，《全国综合减灾示范社区创建管理暂行办法》修订。2019 年 1 月 16 日，2018 年度全国综合减灾示范社区评定结果公布，评定全国综合减灾示范社区共 1488 个，其中江苏、广东、浙江数量位居前列（如图 11 所示）。

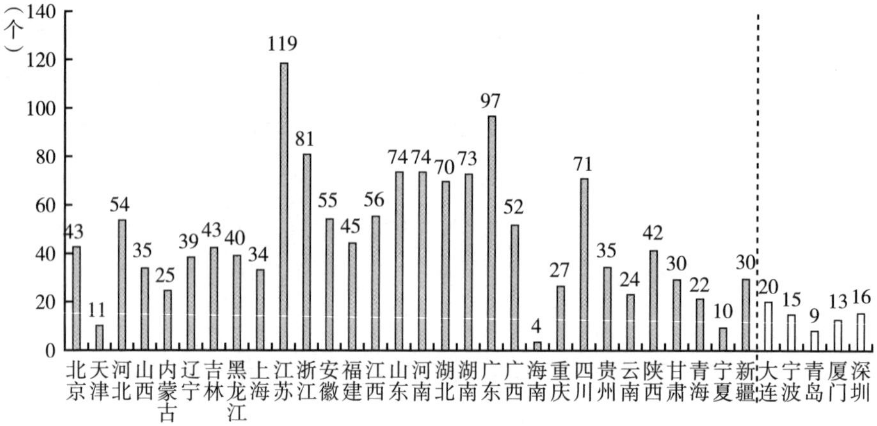

图 11　2018 年度全国综合减灾示范社区地理分布（含计划单列市）

资料来源：中华人民共和国应急管理部：《2018 年度全国综合减灾示范社区公示公告》，2019 年 1 月 16 日，http：//www. chinasafety. gov. cn/gk/xxgk/201901/t20190116_ 223885. shtml。

慈善参与防灾减灾救灾须以社区为基础，一是要在主体上动员社区参与到防灾减灾救灾的工作中来，自下而上地防范灾害风险，打通灾害治理的

① 《我们的重心——灾害管理》，联合国开发计划署驻华代表处官网，2019 年 3 月 31 日，http：//www. cn. undp. org/content/china/zh/home/development－impact. html。

"最后一公里"；二是在目标上以社区发展为最终目的，通过提升社区防灾意识和抗灾能力，建立社区综合风险防范体系，培育扎根社区的"第一响应人"队伍，使之成为保护自己免受灾害损失的第一道"防线"；三是在方法上要立足社区需求，从社区居民的防灾减灾救灾的需求出发，供给并递送最具针对性、动员性和有效性的捐助和服务。

以壹基金为例，壹基金作为中国慈善力量的重要代表平台，其开展的安全农家项目在雅安地区支持了10家公益组织，并在32个社区开展实施。他们通过资助当地社会组织驻村服务，协助社区组建救援队，提供配套设施、培训教程，帮助制订社区应急预案，协助社区建立了自己的安全网络，为社区"留下了一支队伍，一批装备和一些制度"[①]，促进从社区到家庭构建一套安全防灾体系，强化居民防灾意识，增强抗灾能力，提升救灾技能水平。

2. 慈善参与防灾减灾救灾的服务过程

伴随应急管理部的成立，我国的应急管理实践将呈现新的趋势，慈善力量参与防灾减灾救灾事业也将迎来新的机遇。在其具体的服务过程中，慈善力量将逐渐向行为标准化、职能结构化、管理体系化和参与国际化的服务体系靠拢，并从中获得成长和自我突破。

行为标准化是指推动慈善力量在参与防灾减灾救灾的过程中，提高其参与行为的专业化和规范化。实践表明，当前慈善力量的能力参差不齐，部分慈善力量缺乏标准化的流程，使得参与灾害治理的过程中出现行为不规范的情况，导致服务低效。[②] 因此只有推动社会组织的行为标准化，才能促进其自身建设发展，并推动防灾减灾救灾工作高效协同参与。首届社会救援力量技能竞赛的举办，就是倡导推进慈善力量行为标准化建设的重要举措。

职能结构化主要强调慈善力量间的职能分工。借鉴联合国人道援助的Cluster体系（如图12所示），我国的慈善力量在参与灾害治理时也需逐步

① 张玥晗：《芦山地震5周年，壹基金的4亿捐款怎么花的》，南方周末网，2018年4月27日，http：//www. infzm. com/content/135299。

② 庞陈敏：《支持引导社会力量在减灾救灾中发挥重要作用》，《科学社会主义》2016年第2期，第86~91页。

明确各自的专业领域，根据其各自的特长和优势，分工协作，构建有序、有效的慈善力量参与防灾减灾救灾的生态体系，加强协调和沟通机制建设，推动慈善力量专业化发展。

图 12　联合国国际人道响应集群（Cluster）

资料来源：IASC，IASC Reference Module for Cluster Coordination at the Country Level，Humanitarian Response，August 13，2015，https：//www. humanitarianresponse. info/sites/www. humanitarianresponse. info/files/documents/files/cluster_ coordination_ reference_ module_ 2015_ final. pdf.

联合国人道主义事务协调厅，UN-CMcoord 联合国人道主义军民协调·军队规范（V1.0）101 系列，2014 年 12 月。

管理体系化旨在加强慈善力量之间的协调和管理。首先，建立慈善力量间的协调平台，采集、收录慈善力量参与防灾减灾救灾的相关资料并建立数据库，为统一协调和规范管理提供信息支持。其次，构建对慈善力量的监督和考核管理体系，完善社会力量参与防灾减灾救灾事业监督管理制度，以消除监管的灰色地带，推进慈善力量专业化、规范化发展，提升慈善行业的透明度。

参与国际化强调推动慈善力量积极开展防灾减灾救灾的国际合作。我国的慈善力量正不断为全国的灾害治理工作贡献智慧。例如，中国扶贫基金会先后在 20 多个国家和地区开展了国际项目，累计投入超过 1.6 亿元人民币，惠及了 245 万人次，同时与当地 NGO 在物资捐赠、NGO 能力建设培训、公益论坛等各方面展开了良好的合作①；2018 年成立的北京平澜公益基金会也积极走向国际化，开展国际援助等相关活动，目前已在全球 14 个国家推动人道主义危机与环境危机应对的有关项目②。在“南南合作”和“一带一路”的历史机遇下，慈善力量更要进一步加强与国际主体在防灾减灾救灾领域的合作，推动我国慈善事业走向国际化。

（二）未来挑战

伴随着我国经济社会的快速发展以及新的应急管理体系的不断完善，慈善力量深入防灾减灾救灾事业的各个领域并在其中发挥着重要作用，成为国家灾害治理工作中的重要队伍和核心力量。在参与灾害治理的具体实践中，慈善力量的参与规模、参与途径和参与机制都有了显著改进和提升，但面对多样化的灾害风险和不断变迁的经济社会和政策环境，面对国际社会和行业对社会力量参与防灾减灾救灾的规范化、专业化、体系化、结构化建设要求，慈善力量还需克服诸多难题，迎接诸多挑战。

1. 防灾减灾救灾中慈善组织的透明度

与其他领域的慈善公益事业一样，慈善力量尤其是慈善组织参与防灾减灾救灾也面临透明度的挑战。

透明度是慈善组织的制度基础，公信力是慈善组织的立身根本。公众有权利被告知自身捐助资源的流向与用途，了解慈善项目的进展及效果。尤其是与灾害相关时，公众对慈善资源的使用状况更加敏感，对于其滥用和使用不当的现象容忍度较低。2008 年以来，南方雪灾、汶川地震、玉树地震、雅安地震等诸多灾害激发了公众的公益热情和公益组织的积极性，物资、捐

---

① 中国扶贫基金会：《2019 年（第一季度）国际发展项目信息披露报告》，file：///C：/Users/86153/Downloads/20190425150124_ 1256. pdf，2019 年。

② 《一起走进 Peaceland》，平澜基金会微信公众号，https：//mp. weixin. qq. com/s/Qtcos55r72bEGwaGlRCLXw，2019 年 4 月 10 日。

款等各类慈善资源从各地源源不断地汇聚至灾区。起初，慈善资源主要由政府进行统筹分配，与政府的官方物资和资金一起被混合使用，因此在技术上很难将慈善资源从源头剥离开来，也就导致无法向捐赠人反馈明确的资源流向和实施效果。2013 年雅安地震后，政府不再统筹社会力量募集的慈善资金，给予了慈善组织更多的自主空间，[①] 慈善组织能够监测每一笔慈善资源的来源和流向并进行信息公开，提升慈善组织参与防灾减灾救灾过程的透明度成为可能。与此同时，“郭美美”事件等相关事件的曝光也进一步引发了公众对慈善组织的质疑，社会对慈善组织信息公开的要求也愈来愈高。因此，慈善组织要想更好地在防灾减灾救灾事业中发挥作用，必须加强信息公开，提升组织的透明度。

提升透明度仍然是慈善组织亟待攻克的重点内容。中基透明指数 FIT2018 显示，截至 2018 年 1 月 15 日，全国纳入指数的 4960 家基金会的 FTI 均值为 33. 55，其中满分基金会数量仅 110 家，FTI 得分低于 1 分的基金会有 182 家，较之 2016 年增长了三倍多。[②] 因此，慈善行业的透明度仍然亟待提升。目前，由民政部开发的全国慈善信息公开平台已于 2017 年 9 月 1 日正式对外提供信息服务。通过该平台可以了解各慈善组织的基本信息，以及相关慈善信托、慈善项目等及时的进展情况。这一平台的正式使用，对我国慈善组织的透明度建设将起到极大的促进作用。与此同时，慈善组织自身更要提高和完善相关信息的披露，尽力满足公众对慈善信息的获取需求，以实现透明慈善并进一步提升组织的公信力。

此外，慈善数据的公开获取权限有待进一步开放。“全国慈善信息公开平台”整理并提供了相关的信息服务，但目前的信息资料统计内容和数据模块设置还有待完善，例如尚未提供慈善组织服务领域筛选等功能设置，使得慈善相关主体难以获取参与灾害治理的相关慈善组织的信息。因此我国需

① 邓国胜：《震后十年一些慈善系统的透明度还有待提高》，中国应急管理研究基地官网，2018 年 5 月 12 日，http：//ccmr. sppm. tsinghua. edu. cn/cnews/742. jhtml。

② 《中基透明指数 FTI2018 发布　揭晓中国最透明基金会名单》，中国日报网，2018 年 1 月 26 日，https：//baijiahao. baidu. com/s？ id = 1590627764624183760&wfr = spider&for = pc。

要加快慈善信息平台的建设，提高统计资料的开放程度，并确保相关数据信息的完整性和准确性，在此基础上推动慈善参与防灾减灾救灾等领域的政策发展和学科研究。

2. 防灾减灾救灾中慈善捐赠的绩效

灾害情境对慈善捐赠具有相对强烈的激发性和动员力，如何最优化地动员、分配并使用资源也成为慈善参与灾害治理的关键问题。

灾害造成的生命财产损失较为直接，加之媒体等主体对灾害信息的传播使得灾害对公众具有更强的冲击性。因此当灾害发生后，社会慈善力量会积极参与应急响应，除了大量具有资质的社会组织和志愿者积极前往灾区，还有其他社会力量期望将资金和物资等各类资源运送至灾区。由于受到时间、空间或技能等条件的限制，慈善捐赠则成为社会力量参与救灾的重要方式。社会慈善力量可以通过政府等官方渠道进行捐赠或者通过基金会等具有公募资格的慈善组织进行捐赠，也可以借助网络途径和物流运输自发捐赠。

大量的慈善资源的确解决了灾区的燃眉之急，与此同时，慈善资源的涌入一旦陷入无序状态或者与救灾及灾后重建需求不符，也会为灾害治理带来难题。一方面，公众捐赠与灾区需求可能存在差异。灾害类型多种多样，不同的经济社会文化环境或者不同的地理区位都会产生极为复杂的灾害情境，由此产生的灾害需求也将具有较大的特殊性和差异性。当公众在极短的时间内获知灾害信息后，会受到自身的知识体系和认知的影响选择捐赠物资或资金，但是其捐赠不一定完全符合灾区需求。寿光水灾为我们提供了一个正向案例，灾区政府及相关负责人借助网络媒介及时向外界通报急缺物资并发布捐赠账户，慈善力量即针对性地进行捐赠而非盲目递送，确保了慈善捐赠的有效性。值得注意的是，在这次寿光救灾中电商平台和物流运输系统的介入成为一种新型的捐赠方式，在今后的救灾中这种方式能否被大力提倡或者如何引导其更好地为救灾助力，还需要有关部门及学界进一步探讨，以保证救灾工作有序进行，提升资源募集、分配和使用的有效性，避免资源浪费。另一方面，许多慈善捐赠者对慈善组织的认知存在误区，认为其捐赠的物资和资金应该在短时间内使用完毕，这导致其对所捐赠机构的公信力下降或对其产生一定程度的质疑。然而在具体实践中，救灾乃至灾后重建是一个漫长的过程，资源统筹者将根据捐赠资金的规模、参与重建的规划等情况，合理安排慈善捐赠资金的使用，甚至将部分资源保留到恢复重建后的防灾减灾阶段。因此慈善组织在合理分配资源的同时，还应该与公众及时沟通并对资源使用的过程进行详细说明，避免对组织的公信力造成不良影响。

因此，慈善力量参与防灾减灾救灾的捐赠绩效仍然面临诸多难题。慈善力量在参与灾害治理过程中需要与当地应急管理等相关政府部门以及利益相关者充分沟通服务对象需求，同时与公众进行充分的信息沟通，正确引导公众的捐赠认知和捐赠行为，以提升慈善力量参与灾害治理的效率和效益。

3. 防灾减灾救灾中实践参与的定位

慈善参与防灾减灾救灾的阶段定位认知还有待进一步深化。目前，慈善力量参与灾害治理的阶段较为固化。在防灾减灾救灾事业中，慈善力量根据其自身的使命宗旨和业务特长，有针对性地参与灾害治理的相关环节，但大部分还是集中于救灾阶段。国际上通过对灾害实践的长期探索，认为每投入1美元的防灾资金，就可以为今后节约4～7美元的恢复重建费用。① 因此，目前我国慈善力量集中投入在救灾阶段并非最为优化路径，在防灾减灾阶段，慈善力量也具有广阔的参与空间。社会组织参与防灾减灾可诉诸诸多途径，一是帮助社区建设综合减灾示范社区，例如协助绘制社区风险地图，引导社区第一响应人队伍建设，加强社区层面备灾物资的储备等；二是帮助学校进行安全学校建设；三是鼓励家庭开展家庭减灾计划。这三大示范路径分别在社区、家庭和学校三大终端进行发力，有助于“关口前移”，在灾害发生之前防范并减轻灾害风险。

另外，近几年来我国慈善力量主要关注的是大规模的灾害事故，对于中小规模的灾害关注较少，这也造成了大灾害慈善资源过剩而中小灾害资源匮乏的局面。长期以来，大型灾害通常能够吸引并整合大量救灾资源，中小型

① 李永祥：《论防灾减灾的概念、理论化和应用展望》，《思想战线》2015年第41卷第4期，第16～22页。

灾害则相对缺乏社会关注。因此社会慈善力量可以在其中更好地发挥自身优势，作为政府的补充力量参与灾害救助，例如壹基金就以关注区域性中小型灾害作为业务重心之一，对发展中地区的灾害治理助益良多。①

防灾减灾救灾是全球可持续发展的关键命题之一，也是我国国家治理能力建设的基础内容，更是慈善事业发展的重要场域。慈善力量作为灾害治理的重要主体之一将在未来继续为推进防灾减灾救灾工作发挥重要作用，进一步推进我国国家治理能力的提升，助力中国乃至全球可持续发展目标的实现。

① 张强、陆奇斌：《深圳壹基金公益基金会以战略伙伴依托模式启动灾害应对体系》，《中国社会组织》2016 年，第 45～46 页。

专题报告篇

Special Reports

B.11
基于案例的中国慈善会发展观察报告

胡小军　张 伟　陆小慧*

摘　要： 慈善会作为中国发展历史较长、组织数量众多、持有资金体量较大的公益慈善类社会团体，其改革转型进程及发展方向将对中国公益慈善事业的整体发展产生深刻而巨大的影响。基于对国内部分慈善会组织个案的初步观察与分析，中国慈善会在当前的发展中有七个方面值得关注：慈善会在基层慈善组织网络建设中发挥积极作用；慈善会参与脱贫攻坚；互联网公益助推慈善会社会化转型加快；慈善会积极参与和实践慈善信托；冠名基金成为慈善会资金募集新的增长点；慈

* 胡小军，广州社会组织研究院执行院长，主要研究领域为公益慈善、社会组织；张伟，广州市慈善会执行副会长兼秘书长；陆小慧，广州公益慈善书院研究专员。

善款物募用分离模式在慈善会中的应用实践增多；慈善会的行业平台及区域慈善枢纽功能增强。最后，报告认为，随着社会组织管理制度及相应政策的变化，在社会组织数量增长放缓的趋势下，应特别关注“存量”社会组织的改革和高质量发展。鉴于慈善会在中国公益慈善行业中的历史地位和独特作用，慈善会系统的创新发展对于现代公益慈善事业体系的建设具有重要意义，其未来发展方向值得持续关注。

关键词： 慈善会　发展态势　《慈善法》

2018 年是中国改革开放 40 周年，也是“5. 12”汶川地震 10 周年。对中国公益慈善行业发展而言，亦是极具战略意义的一年。在这一年，随着《慈善法》的稳步实施以及社会组织管理制度及相应政策的变化，无论是学术界还是慈善实务界都在积极思考下一个十年中国现代公益慈善事业的发展之路。在此过程中，互联网公益、社会企业与社会投资、基金会、慈善信托等仍是各方讨论和关注的热点。与此同时，在中国公益慈善体系中，各级慈善会作为发展历史较长、组织数量众多、资金体量较大的公益慈善类社会团体，其改革转型进程及发展方向将对中国公益慈善事业的整体发展产生深刻而巨大的影响，也值得特别关注。因此，对慈善会的发展现状及发展趋势等进行分析和研究，对于深入理解和促进中国公益慈善生态建设具有重要的理论和现实意义。

略显遗憾的是，由于国内不同地区慈善信息化建设水平及信息公开程度的差异，当前缺乏能够全面反映中国各级慈善会发展情况的基础统计数据，因此难以对慈善会整体发展现状进行量化描述和分析。考虑到这一实际问题，本报告定位为观察报告，尝试对中国不同地区有代表性的慈善会组织个案进行观察分析，并从中提取出中国慈善会在当前发展中值得关注的一些特点。2018 年 11 月 5 ~6 日，由中国慈善联合会、广州市民政局主办的“中国善城大会”在广州举办[①]。笔者有机会近距离地对全国23家省（直辖市）、市、区（县）等不同层级的慈善会基本发展情况及工作实践进行了解。在此基础上，结合国内已有慈善会相关研究文献和资料，力图一窥中国慈善会的发展现状与趋势。

一 慈善会在基层慈善组织网络建设中发挥积极作用

近年来，随着基层社会治理体系建设的深入推进，基层慈善组织网络建设也得到快速发展。例如，自2014年以来，作为社区慈善的一种新模式，社区基金会的发展曾得到政府和业界的广泛关注。但是，当前社区基金会在地域分布上仍主要集中于深圳、上海及江苏等相对发达的城市地区，并且国内总体数量不足200家，在推动基层慈善事业发展中的作用和功能仍有待拓展。与此相对应，国内诸多地区所推动的基层慈善组织建设取得了较大进展，一些地区已形成市、县（区）、乡镇（街道）、村居（社区）“四级联动”、覆盖城乡的慈善组织网络，慈善会是其中的主要驱动力量。

例如，江苏省南通市通过加强基层慈善组织网络建设，畅通基层社会救助通道，扩大救助覆盖面。从2015年开始，南通在各镇街、园区推进建立慈善分会，在村居推进慈善工作站建设，当前已建成镇（街道）、村（居）基层慈善组织2004个，包括镇（街道）慈善分会103个，村（居）慈善工作站1901个[②]。基本形成了以各县（市）区慈善总会为龙头、各镇（街道）慈善分会为依托、各村（居）慈善工作站为延伸的三级慈善组织网络，一定程度上解决了帮扶困难群体和全民参与慈善“最后一公里”的问题。

① 首届中国善城大会由中国慈善联合会、广州市民政局主办，首都公益慈善联合会、浙江省慈善联合总会、陕西省慈善联合会、深圳市慈善事业联合会、广州市公益慈善联合会、广州市慈善会等24家单位联合主办。在会上，中国慈善联合会发布了第五届中国城市公益慈善指数。此外，大会联合主办方共同发布了《创建慈善城市·广州行动》。详细资料参见中国慈善联合会官网，http://www.charityalliance.org.cn。

② 王德忠:《织密慈善网络　助力脱贫攻坚：南通基层慈善组织建设换发生机和活力》，中国善城大会，广州白云国际会议中心，2018年11月5日。

2018 年度，南通市慈善总会共募集善款到账 2118.68 万元，救助支出 1477.18 万元；基层慈善组织募集善款 8928.56 万元，救助支出善款 2242.7 万元，全市基层慈善组织结存慈善基金达 24754.11 万元[①]，逐步实现“慈善进基层、帮困不出村”。

在中国基层慈善组织网络建设中，各级慈善会无疑扮演着关键角色。这一方面由于慈善会在中国各地区的高覆盖度，具备向基层延伸的基础条件；另一方面也有赖于慈善会相对独特的体制动员能力。例如南通市民政局、南通市慈善总会通过联合下发《关于大力推进全市基层慈善组织建设的意见》，促进基层慈善组织建设。但是，在此过程中，也提出了几个值得思考的问题：第一，通过“自上而下”的推动，基层慈善组织在实现“全覆盖”的同时，如何实现内在的持续发展；第二，面对基层困难社群需求的变化，以慈善救助为重点的多级慈善网络如何提供更具多样性的慈善服务，相应的服务能力如何构建；第三，在营造共建共治共享的社会治理格局背景下，由各级政府、慈善会系统主导的基层慈善组织建设如何向社会多元参与共建转变。对上述问题的探索和实践仍有待进一步观察。

二　慈善会参与脱贫攻坚

2017 年 12 月，国务院扶贫开发领导小组发布《关于广泛引导和动员社会组织参与脱贫攻坚的通知》（国开发〔2017〕12 号），明确了社会组织参与脱贫攻坚的三大定位：其一，社会组织是联系爱心企业、爱心人士等社会帮扶资源与农村贫困人口的重要纽带；其二，社会组织是动员组织社会力量参与脱贫攻坚的重要载体；其三，社会组织是构建专项扶贫、行业扶贫、社会扶贫“三位一体”大扶贫格局的重要组成部分[②]。在参与精准扶贫的社

① 龚丹：《2018 南通市慈善年度账单发布　支出善款 1.22 亿　救助 12 万余人次》，《江海晚报》2019 年 3 月 15 日。

② 《国务院扶贫开发领导小组关于广泛引导和动员社会组织参与脱贫攻坚的通知》，国务院扶贫办官网，http：//www.cpad.gov.cn。

会组织体系中，慈善会系统基于自身的网络优势以及在助学、助医、助困、助老、助残、赈灾等领域的长期工作积累，成为一支不可或缺的重要力量。其中，值得关注的是，慈善会除了开展传统的物质和资金救助帮扶外，在参与脱贫攻坚过程中，更加注重“造血式”精准扶贫项目及模式的开发。

例如，浙江省慈善联合总会的探索在全国具有一定的示范意义。2011年9月，浙江省农村信用社联合社向原浙江省慈善总会捐资1亿元设立“浙江农信慈善基金”。该基金主要用于支持慈善创投、农村公共服务、义工服务等项目。其中，“造血型扶贫基地项目”是慈善创投项目的一部分[①]。浙江省慈善联合总会每年投入资金260万元，在全省范围内建立一批慈善“造血型”扶贫基地，对有一定劳动能力的困难家庭给予生产扶持，引导和支持困难群众脱贫致富。截至2018年底，浙江省慈善联合总会已实施两轮造血型扶贫基地项目，共支持28个项目的开展，覆盖浙江11个市、17个县（市、区），涉及种植、养殖、林果及农副产品加工等多种产业，带动2746户贫困户进入“造血型”脱贫行列[②]。

农村贫困问题一直是国内社会组织关注的重要议题，参与脱贫攻坚也是社会组织的时代责任。已有实践表明，各级慈善会在行动上一直走在前列。随着国家精准扶贫战略目标的逐步实现，慈善会系统也需要进一步思考如下两个问题：第一，精准脱贫是乡村振兴的前提基础，在参与精准扶贫工作基础上，如何在乡村振兴战略指导下，巩固脱贫成果，提升脱贫质量；第二，从精准扶贫到乡村振兴，需要慈善会在发展战略、项目模式、资源募集策略等方面进行新的调整，慈善会如何适应这种新的变化。毫无疑问，2020年之后，广大农村地区仍是慈善组织工作的重点区域，对上述两个问题的前瞻性思考，有助于慈善会系统长远发展方向的确定。

---

① 陈泽瑞：《浙江农信慈善基金》，浙江省慈善联合总会官网，http：//www.zcf.org.cn/news/view？id=322，2011年9月15日。

② 陈小德：《“精准扶贫　振兴乡村”——慈善造血型扶贫基地项目介绍》，中国善城大会，广州白云国际会议中心，2018年11月5日。

三 互联网公益助推慈善会社会化转型加快

随着移动互联网技术在公益慈善领域中的应用，以及《慈善法》实施后慈善组织互联网募捐信息平台的建设加快，对整个公益慈善行业带来变革性影响。在此过程中，较公募基金会而言，整个慈善会系统的反应略显缓慢。这一点最为明显地体现在“99 公益日”筹款活动上。在 2018 年“99 公益日”期间，捐赠人次超过百万的慈善组织共有 8 家：中华少年儿童慈善救助基金会、深圳市慈善会、中国社会福利基金会、中华思源工程扶贫基金会、深圳壹基金公益基金会、爱德基金会、上海市华侨事业发展基金会、河北慈善联合基金会[①]。其中，仅有 1 家慈善会——深圳市慈善会位列其中。此外，在筹款金额上，排名前 100 位的慈善组织中仅有 16 家慈善会[②]，所占比例为 16%，与全国各级慈善会的总体规模仍不相匹配。

上述仅仅提供了一个观察角度。若从另一个角度来看，互联网公益的快速发展在不同程度上推动了慈善会系统的社会化转型。这种转型又表现在三个层面：第一，虽然各级慈善会在网络募捐方面的表现并不突出，但其面向公众主动发起的慈善募捐活动近年来逐渐增多。慈善捐赠结构的变化一定程度上会促进慈善会信息化建设水平的提升以及组织管理模式的变化。第二，慈善会系统的整体透明度水平不断提升，这与国内慈善行业整体透明度提升的趋势相一致；第三，慈善会的内部治理结构开始变化，特别是理事会的成员构成从政府部门代表为主向成员的多元化转变。

在互联网公益发展方面，广州市慈善会的实践颇具典型性。2014 年 6 月 24 日，广州市慈善会慈善信息平台正式上线，广州市慈善会迈入在线筹

① 张明敏：《99 公益日：2800 万人次捐赠 8.3 亿元》，公益时报网，http：//www.gongyishibao.com/html/yaowen/，2018 年 9 月 11 日。

② 这 16 家慈善会分别是：深圳市慈善会、重庆市慈善总会、陕西省慈善协会、河南省慈善总会、山东省慈善总会、成都市慈善总会、湖北省慈善总会、郴州市慈善总会（湖南省）、湖南省慈善总会、温州市慈善总会、广州市慈善会、深圳市龙华区慈善会、海南省慈善总会、宁乡市慈善会（湖南省）、江苏省慈善总会、四川省慈善总会。

款时代；2016 年 6 月 24 日，平台月捐计划功能正式上线，实现个人每月小额捐赠善款的新型捐赠模式，开启月捐时代；2016 年 8 月 31 日，广州市慈善会慈善信息平台（后更名为“广益联募”）作为全国唯一慈善会信息平台成为民政部指定的首批 13 家全国慈善组织互联网公开募捐信息平台之一；2017 年 9 月 1 日，成立广州市广益联合募捐发展中心，专门负责广益联募的运营。广益联募平台规划建设了“善捐、善助、善品、善行、善知”五大板块内容，核心功能分别是为慈善项目在线公开募捐、个案求助、慈善义卖、慈善活动开展以及慈善行业能力建设提供在线支持。截至 2018 年 12 月 31 日，平台累计筹款 3.97 亿元。其中，2018 年度平台筹款达 5277.98 万元[①]。

四　慈善会积极参与和实践慈善信托

慈善信托是指委托人基于慈善目的，依法将其财产委托给受托人，由受托人按照委托人意愿以受托人名义进行管理和处分，开展慈善活动的行为[②]。在《慈善法》中专章对“慈善信托”予以规定。2017 年 7 月，中国银行业监督管理委员会、民政部联合印发《慈善信托管理办法》，对慈善信托的设立、慈善信托的备案、慈善信托财产的管理和处分、慈善信托的变更和终止、慈善信托的监督管理和信息公开等进行了更为详细的规定。自《慈善法》正式实施以来，慈善会系统较其他社会组织而言，对慈善信托表现出更大的兴趣，成为慈善信托的积极探索者和实践者。

通过对“全国慈善信息公开平台”发布的数据进行检索[③]，在民政部门备案的全部 170 单慈善信托中，由各级慈善会担任独立或共同委托人及受托人的慈善信托共有 24 单，财产总规模为 6046.13 万元。其中，南京市慈善

① 《2018 年度广益联募平台运营报告》，广益联募官网，https：//www.gyufc.org，2019 年 4 月 11 日。

② 《中华人民共和国慈善法》第四十四条。

③ 全国慈善信息公开平台，http：//cishan.chinanpo.gov.cn，最后访问时间：2019 年 4 月 12 日。

总会和成都市慈善总会作为委托人设立慈善信托均达4单，在数量上居于全国慈善会系统首位（见表1）。此外，由南京市慈善总会担任独立受托人的“吴毅文慈善信托”是江苏省首个由慈善组织担任受托人的资金类慈善信托。此外，重庆市慈善总会、四川省慈善总会、东莞市慈善会（广东省）、陕西省慈善协会、内蒙古自治区慈善总会、杨凌示范区慈善协会（陕西省）、山西省慈善总会、河南省慈善总会、温州市瓯海区慈善总会、广州市慈善会、天津市慈善协会、西安市慈善会在慈善信托领域也有相应尝试。虽然慈善信托对慈善会发展的实质意义还有待进一步观察，但慈善会的先行先试对于慈善组织应用金融手段开展慈善财产管理产生了积极的示范价值。

表1　南京市和成都市慈善总会所设立的慈善信托

组织名称	慈善信托名称	信托目的	财产总规模（万元）	备注
南京市慈善总会	紫金信托·厚德6号慈善信托计划	为捐助、救助困难家庭中罹患大病的儿童和残障儿童等慈善用途	100	委托人
	紫金信托·厚德7号慈善信托		100	委托人
	紫金信托 * 厚德8号		100	委托人
	紫金信托　小银星女童助学2号	向老少边穷地区和城市困难家庭弱势女童提供求学方面的求学生活资金、所需物资、助学服务等慈善目的	20	委托人
	吴毅文慈善信托	用于捐助、救助贫困学生及患重大疾病的贫困少年儿童等慈善用途	904.84	受托人
成都市慈善总会	川信·锦绣未来慈善信托计划	儿童及其相关的助学、医疗、助残、恤病等慈善项目	10	委托人
	川信·尊悦豪生慈善信托计划1号	各类企业贫困职工、贫困家庭以及相关慈善救助、教育、医疗、文化、体育、环保和社会服务等领域	190	委托人
	川信·尊悦豪生慈善信托2号		100	委托人
	川信—临洮定向扶贫慈善信托	甘肃省临洮县需要援助的群体	40	委托人之一

五　冠名基金成为慈善会资金募集新的增长点

“官办”慈善机构在资源募集过程中的体制依赖问题一直为人所诟病。但是，近年来随着慈善体制改革的向前推进，特别是公募权的逐步开放以及慈善捐赠模式和捐赠选择渠道的多元化，各级慈善会的资金募集方式、捐赠来源及收入结构也在发生不小的变化。最为凸显的是众多慈善会都将冠名基金的设立作为资金募集新的增长点，更加注重对捐赠人的服务。在此方面，深圳市慈善会的做法很具代表性。深圳市慈善会将冠名基金定义为自然人、法人或者其他组织（捐赠人）在慈善会的基本账户下设立专项冠名基金科目，按照捐赠人意愿，专款专用，用于社会创新、社区共建共享的倡导或实践、教育创新以及安老扶孤、助学助医、扶贫赈灾、助残济困、文体艺术、科研环保、社会工作等公益慈善领域，并接受深圳市慈善会监督和管理的专项资金[①]。

截至2018年底，深圳市慈善会的冠名基金数量达到241个。2018年度，来自冠名基金的捐赠收入占慈善会全年社会捐赠收入的61.5%，占慈善会全年总收入的54.5%，其已构成慈善会收入的主要来源。值得关注的是，从2018年开始，深圳市慈善会在冠名基金快速发展的基础上，探索和推动“捐赠人建议基金”（Donor-Advised Funds，DAF）这一模式在中国的推广和应用，并与建设银行合作启动“善行公益”DAF捐赠人建议基金平台[②]。该平台以捐赠者需求为核心，通过金融慈善顾问等核心服务团队的建立，为慈善组织及个人、企业、家族等捐赠人提供财产捐赠、慈善资金保值增值、慈善资助机构或项目的选择等全面而专业的服务。深圳市慈善会推行的DAF模式的实际成效有待进一步跟踪，但“金融+慈善”的理念毫无疑问正在对整个慈善行业的创新发展产生深刻影响，也值得慈善会系统持续关注。

---

① 《冠名基金：让善款价值最大化》，深圳市慈善会官网，https：//www.szcharity.org/News/Detail/17751，2019年5月14日。

② 《深圳首届捐赠人大会召开：如何让“公益+金融+产业”赋能捐赠》，深圳市慈善会官网，https：//www.szcharity.org/News/Detail/17727，2019年3月28日。

六　慈善款物募用分离模式在慈善会中的应用实践增多

2015 年 10 月，民政部下发《关于鼓励实施慈善款物募用分离　充分发挥不同类型慈善组织积极作用的指导意见》。该《意见》将“募用分离”定义为在款物募集方面有优势的慈善组织负责慈善资源的募集和管理，并以一定方式分配给有服务专长的慈善组织运作项目、开展活动，促进不同慈善组织之间的分工协作，提升慈善款物使用效率。《意见》也提出实施募用分离的四种方式，包括协议委托、公益招投标、联合劝募、公益创投。珠三角地区是国内最早开展政府购买社会组织服务的区域之一，受此影响，一些慈善会也较早地开始推进实施慈善款物募用分离工作。

例如，佛山市慈善会从 2013 年开始，连续三年参与主办“佛山公益慈善项目大赛”，以佛山当地公益慈善类社会组织为对象，累计资助实施 23 个项目，资助金额 265 万元。2015 年，佛山市慈善会与佛山市民政局共同启动“创益合伙人计划”，持续资助和扶持佛山优秀公益慈善项目。以“2019 创益合伙人计划”为例，共资助 38 个公益慈善项目，总资助金额达 742 万元[①]。与此相类似，深圳市宝安区慈善会发起的“公益慈善项目大赛”、佛山市顺德区慈善会发起的“同行善计划”、广州市番禺区慈善会发起的“公益慈善创投项目大赛”等均是慈善款物募用分离的有效探索与实践。

进一步考察和分析上述慈善会的项目资助实践，可以发现，在具体操作方式上虽有不同，但在本质上是一致的，主要表现为如下三个方面：首先，慈善会通过多年连续的项目资助，不同程度上促进了当地民间公益组织的成长，发挥了组织培育作用和功能；其次，通过项目资助，支持多元领域专业慈善服务的开展，拓展了慈善会的服务广度和深度，推动了当地慈善服务的

① 《资助金额约 742 万元！38 个项目入选为 2019 创益合伙人计划项目》，佛山市慈善会官网，https：//www.fsscsh.org.cn/WebSite/newslist.aspx？partid＝11，2019 年 3 月 11 日。

专业化发展；第三，通过公益创投等多种方式，在优化慈善资源配置、提高慈善资源使用效率的同时，增进了慈善会与其他公益慈善类社会组织之间的互动与合作，共同打造区域公益生态链，实现了资源共享和优势互补。

七　慈善会的行业平台及区域慈善枢纽功能增强

中国不同地区公益慈善事业的发展水平存在很大差异，发展不充分、不平衡的问题在慈善行业中同样非常突出。就北京、上海、广州、深圳等地区而言，除了各级慈善会外，还聚集了众多基金会及公益支持型机构。在《慈善法》出台后，慈善行业组织的成立速度也在加快。例如，北京、深圳、广州、佛山等地均成立了慈善联合会，通过搭建行业协作平台，促进慈善行业建设。加之这些地区政府在社会建设领域的资金投入较多，慈善法规和政策体系也相对完善，慈善工作的基础较好。但是，在国内很多地区，慈善组织的发育非常不足，表现为数量少、资源缺乏和能力不足。慈善会在其所在地区一般都是最具规模和影响的慈善组织。因此，慈善会能否发挥支持、辐射和带动作用，对于慈善会所在地区整个慈善行业的发展具有关键性的影响。

对此，山东省慈善总会的探索具有很好的示范价值。2018 年 7 月，山东省慈善总会发起“慈善山东”伙伴计划。该计划致力于打造四个平台，包括社会组织协力发展伙伴圈、企业社会责任发展伙伴圈、社会倡导与传播协作网络、支持性社会组织协作网络①。山东省慈善总会在自身投入资金的同时，还有效链接壹基金、南都公益基金会等外部资源。同时，积极动员山东本地慈善资源，发挥了慈善枢纽功能。山东省慈善总会整合多元资源，发起首届“慈山东·益齐鲁”公益创投大赛，与单纯项目资金资助不同，该公益创投大赛在腾讯“99 公益日”活动期间，为入围项目提供 300 万元网

① 张彦龙：《伙伴同行系统推进公益慈善生态建设》，中国善城大会，广州白云国际会议中心，2018 年 11 月 5 日。

络筹款配捐资金，并在项目执行完成后，根据筹款量、财务规范、服务质量等标准，为优秀项目执行机构提供总额为100万元的非限定性资金支持。山东省社会创新与发展研究中心还为入围项目提供全程技术支持和督导陪伴，构建行业赋能平台，提升社会服务力和社会影响力，全面促进公益慈善组织的发展[①]。虽然类似山东省慈善总会的做法在国内慈善会系统还不多见，但各级慈善会作为所在区域的重要慈善组织之一，推动所在地区慈善行业的发展也应成为组织的使命和责任。

综上所述，由于慈善会系统相关基础数据的缺乏，本报告通过对部分慈善会组织个案的初步观察和分析，仅就2018年度国内慈善会发展态势进行粗线条的描述，期望为慈善会系统发展战略的思考提供一定参考。报告认为，随着社会组织管理及登记注册制度的变化，在社会组织数量增长逐渐放缓的趋势下，应特别关注“存量型”社会组织的改革创新与高质量发展。鉴于慈善会在中国慈善行业中的历史地位和独特作用，慈善会系统的改革创新对于现代公益慈善事业体系的建设具有重要意义，其发展方向值得继续关注。

① 《“慈山东·益齐鲁”公益创投大赛启动》，慈善公益报官网，http：//csgyb. com. cn/news/yaowen/20180710/19238. html，2018年7月10日。

B.12
中国社区基金会十年：本土探索和能力建设

朱健刚　胡小军*

摘　要： 从2008年中国的行动者们开始探索社区基金会的道路，到2018年中国第二届社区基金会论坛的召开，中国的社区基金会已经走过了十个年头。这十年，中国的社区基金会经历了民间有益的探索，也经历了地方政府的大力推动，到2018年，一种政府、企业和社区多方推动的多元探索机制逐渐形成。这十年可以被称为"探索的十年"。在2018年，我们看到2014年以来那种运动化的发展模式逐渐退潮，代之而起的是各地的基于本地情境的本土化的渐进探索。在2018年我们也观察到社区基金会的能力建设的学习热潮，国际经验和相关理论正成为实践者更想了解和参照的他山之石。这种国际参照的能力建设和立足本地的本土实践正是中国经济改革开放的成功经验，从这个意义上看，2018年，中国的社区基金会发展开始走上了渐进而持续的"正道"。本报告试图对这十年的社区基金会做一个全景式的描述和分析，我们先描述社区基金会的发展态势和特征，然后分析社区基金会在政策环境方面的主要问题和挑战，进而对社区基金会的未来提供策略建议。

关键词： 社区基金会　发展态势　策略建议

---

* 朱健刚，南开大学社会学系教授，主要研究领域为社会组织、城乡社区、社会运动等；胡小军，广州社会组织研究院执行院长，主要研究领域为公益慈善、社会组织。

一　发展态势与特征

社区基金会这一概念被看作是西方引入的舶来品，但是实际上中国的社区基金会却一开始就秉承了社区基金会这一西方概念内在蕴含的“本土化”精神，非常强调本土模式的创造。正如美国最大的硅谷社区基金会前 CEO 艾米特·卡尔森所认为：社区基金会不是类似麦当劳的连锁店，它不生产标准化的产品，没有标准化的流程，它更像大学，每所大学都有自己的特色和架构[①]。因此，每家社区基金会也因自己的服务对象、社区环境、领导风格的不同，而区别于其他社区基金会。

目前，中国慈善界对什么是社区基金会尚无共识，中国的《基金会管理条例》及其他相关法律框架内其实并没有社区基金会的类别。但相比于其他类型的基金会，社区基金会更聚焦于社区发展（而非专注于社区发展的某一领域，如教育、卫生），它更强调资金来源和服务人群的本地化。实际上中国社区基金会的实践是受到全球性的社区基金会理念深刻影响下的社会自我建构的理念和实践过程。不过，虽然社区基金会各地的模式迥异，但从大方向来说，其服务社区的使命仍是和国际同步的，“本地资源、本地利益相关者、本地解决方案”是国际社区基金会的核心特征[②]。本报告也大体沿用此定义来选取相关的社区基金会进行研究，尤其是那些已经用社区基金会命名的中国基金会。

（一）社区基金会的缘起、数量和地域分布

与美国的社区基金会类似，中国的社区基金会也起源于城市社区。中国对社区基金会的关注起于 2008 ~ 2009 年，2008 年，深圳桃源居地产开始建

① Carson, E. 2013. The future of community foundations. In T. Mazany& D. Perry (Eds.), Here for good: Community foundations and the challenges of the 21st century. Armonk, NY: M. E. Sharpe.

② Walkenhorst, P. 2002. Building Philanthropic and Social Capital: The Work of Community Foundations. Bertelsmann Foundation.

立桃源居公益基金会，关注自身地产社区的公益发展。2009 年第一家按照国际标准建设的社区基金会——广东省千禾社区公益基金会注册于广州，它主要聚焦于珠三角地区的社区发展。2014 年，深圳市政府开始以桃源居基金会的经验为基础，在全市进行社区基金会试点，一时，社区基金会成为公益行业关注的焦点。2014 年被称为中国的“社区基金会元年”，2014 年也正是美国社区基金会一百周年诞辰。

进一步考察社区基金会在中国的发展历程，根据驱动力的不同，可划分为两个阶段：民间探索阶段和政府主导驱动阶段。在 2008 年“5. 12”汶川地震后，中国公益慈善事业转型加快。其中，非公募基金会的增长尤为明显，2010 年底非公募基金会的数量已超过公募基金会[①]。在此过程中，社区资助的理念和模式开始得到一些非公募基金会的关注和实践。例如，2008 年 11 月成立的桃源居公益事业发展基金会，将“专责培育社区公益组织”作为基金会的使命，支持社区社会组织开展教育、文化、环保、养老等多样化的服务；2009 年 9 月成立的广东省千禾社区公益基金会，将珠三角作为重点区域，为扎根社区的公益组织提供项目资助和能力建设等支持。在这一阶段，社区基金会的整体数量较少，以民间自主发起的基金会为主，资助型的非公募基金会是重要的驱动力量。

从 2013 年开始，以上海洋泾社区公益基金会的发起成立为标志，中国社区基金会的发展进入政府驱动为主导的阶段。其中，深圳市和上海市是中国社区基金会增长最快的两个地区，当地政府相继出台了一系列旨在促进社区基金会培育发展的政策。2014 年 3 月，深圳市民政局出台《深圳市社区基金会培育发展工作暂行办法》，作为深圳首批社区基金会试点的光明新区也制定了《光明新区社区基金会管理办法（试行）》。2015 年 6 月，上海市民政局和社会团体管理局出台《上海市社区基金会建设指引（试行）》，普陀区在此之后也跟进出台了《普陀区社区基金会管理办法（试行）》。

---

① 根据《基金会管理条例》规定，基金会分为面向公众募捐的基金会和不得面向公众募捐的基金会，分别简称为公募基金会和非公募基金会。

由于受到来自市、区或街道等各级政府的推动，2014～2018年成立的社区基金会占到总数的近80%。在这一阶段，社区基金会数量增加的同时，在地域上也有所拓展，除了深圳、上海两地政府大力推动外，南京、广州、成都等地也开始鼓励和支持社区基金会的发展。例如，南京市民政局在这一时期制定出台了《关于推动南京市社区型基金（会）发展的实施方案（试行）》，并提出具体的工作目标；广州市政府在《关于促进慈善事业健康发展的实施意见》中也将社区基金会纳入慈善组织培育工作；成都则鼓励设立“社区微基金”或“社区慈善基金”，搭建社区慈善捐赠平台，在2018年也成立了第一家社区基金会：武侯区社区基金会。社区基金会这一模式正在被更多地方所接受，社区基金会的发展进入增长期。

（二）社区基金会的发展特征①

由于驱动力的不同，中国社区基金会发展呈现出多元化的特征，在具体实践过程中不同基金会的发展模式也存在不小差异。本研究重点从组织定位、治理结构、资源筹集、项目运作四个维度出发，对中国社区基金会的发展特征进行考察和分析。

1. 组织定位

从国际经验来看，社区基金会一般发挥社区资助者、慈善资源管理者、社区问题回应者、社区议题倡导者以及跨界合作推动者的作用和功能。但是，社区基金会又深嵌于其所在地区慈善传统与社会文化之中。因此，推进社区基金会在中国的发展首先需要回答的问题是：作为社会组织的一种类型，在参与基层社区治理过程中，社区基金会的特有功能与价值定位是什么？通过对各社区基金会章程中的业务范围表述进行分析。本研究发现，“社区困难群体慈善救助”、“社区公益项目及活动资助”、“社区公共服务设

① 胡小军、朱健刚：《社区慈善资源的本土化——对中国社区基金会的多案例研究》，《学海》2017年第6期。

施改善”以及“社区社会组织培育和资助”是社区基金会当前所确定的主要工作内容（见表1）。

表1　社区基金会组织定位与典型实践

组织定位	具体描述	典型实践
社区项目执行	根据社区需求，自主发起并实施困难群体救助、社区服务、社区公共设施建设等项目	深圳桃源社区基金会为支持“品质社区”创建，解决社区脏乱差现象，实施社区“重大民生工程”，对社区公园进行翻新和改造
社区项目资助	资助社会组织开展与社区发展相关的公益项目，促进社区自组织的成长	上海洋泾基金会“一日捐”社区公益项目资助计划；深圳蛇口基金会成立“项目自主评审委员会”，资助所在区域社区公益项目的实施
资源匹配平台	搭建资源对接平台，为社区公益项目链接资源	广东千禾基金会连续4年在广东省佛山市举办“公益慈善项目大赛”，实现当地企业资源与社会组织公益项目的对接
联合募捐平台	开放基金会平台，支持社会组织及其社区公益项目募集资源	广东千禾社区基金会发起的“益动”系列公益健行团队赛，联合社会组织，为社区公益项目筹集资金
专业公益服务	为大型基金会、政府、企业、个人等捐助或公益项目提供财务代管及项目管理等专业服务	深圳凤凰社区基金会连续两年接受某企业定向捐赠和委托，向社区退休老人及残障人士发放春节慰问金

通过上述分析发现，社区基金会当前在社区治理中的功能主要集中于社区服务的直接提供，包括慈善救助、困难群体帮扶、社区公共设施修缮和建设、组织文娱活动等。虽有社区基金会开始实施社区项目资助，但更多是从服务购买者及服务资金提供者的视角出发，对于推动社区弱势人群参与、社区领袖和社区自组织力量培育等缺乏相应的资助机制和体系。整体而言，社区基金会处于社区公益生态链的“下游”，其对接社区需求与服务辖区内外社会资源的媒介功能以及社区培力功能相对较弱，与同样在社区开展服务的其他类型的慈善团体（如区、镇街慈善会）、社会服务机构（如社工机构所承接的社区服务中心）等相比，社区基金会的比较优势还未有效显现。

2. 治理结构

本研究对社区基金会的理事会构成及其运作情况进行了初步考察。结果显示，由于社区基金会发起机制的不同，在理事会构成、运作及功能发挥等方面均存在很大差异。首先，关于理事会人员的构成，研究对上海市在2010～2015年成立的19家社区基金会2015年度的理事会结构进行了分析①。结果显示，基金会理事会规模介于5～21人。其中，来自街道（乡镇）机关单位及由居民区党支部书记或居委会主任担任理事所占比例平均为43.6%，来自企业的理事占39.3%，两者之和达82.9%，而理事会成员中来自社区居民及其他社会组织、社会人士（如学者、律师等）的数量相对较少。进一步对19家社区基金会的理事长和秘书长的构成情况进行分析。结果显示，理事长和秘书长由街道（乡镇）机关单位人员、居民区党支部书记或居委会主任担任的比例分别为52.6%和63.2%，由企业人士担任的比例分别为26.3%和21.1%。这与上海社区基金会当前大多由政府推动并以街道（乡镇）政府、企业作为出资主体这一特征相一致。深圳的社区基金会由于大多建立在社区工作站这一服务地域，理事会的结构与上海有所不同，但显示了相似的逻辑，即基金会的发起方和出资方在理事会治理结构中具有主导性。例如，深圳N基金会由社区股份合作公司出资100万元成立，理事均由来自股份合作公司的人员担任。社区基金会这一治理现状也导致组织决策、筹资等依赖于理事长个人或政府街道办等发起方的影响。

此外，在研究中也发现有的社区基金会与当前大多数基金会理事会构成及运作机制不同，特别强调理事会的制度建设与运行规则。例如，深圳蛇口社区基金会第一届理事会的7位理事和1位监事由89位捐款人直接选举产生。随后，基金会制订了《捐赠人公约》，规定捐赠人代表大会是基金会的最高权力机构，承担理事和监事选举、章程通过和修改等重要职责。基金会第二届理事会成员与第一届相比，包括理事长在内，新当选的理事占57.1%。虽然类似蛇口社区基金会内部治理的探索仍属个案，对社区基金会发展的实质影响也有待观察，但这也为中国社区基金会思考如何实现有效治

① 2010～2015年，上海市以社区命名的基金会共有22家。其中，3家基金会是在2015年12月29日和30日成立，研究期间未获得它们2015年度基金会年度检查报告书及相应的理事会成员数据，故只对19家进行了分析。

理提供了本土经验。

3. 资源筹集

多样化的资源来源是社区基金会区别于企业基金会、私人基金会等其他类型基金会的重要特征之一。其中，本地资源的动员又是社区基金会的核心。本研究从原始基金和筹资模式两个方面出发，对中国社区基金会的资源筹集现状进行了调查。关于原始基金的规模及其来源，按照《基金会管理条例》规定，原始基金必须为到账货币资金，并且非公募基金会不得低于200万元。但在地方实践中，为了鼓励社区基金会的设立，深圳市将原始基金门槛降低到100万元，上海市也有以100万元登记注册的社区基金会。调查显示，深圳、上海和北京三地社区基金会的原始基金总额达到1.4亿元，平均规模分别为200.3万元、268.1万元和250万元（见图1）。

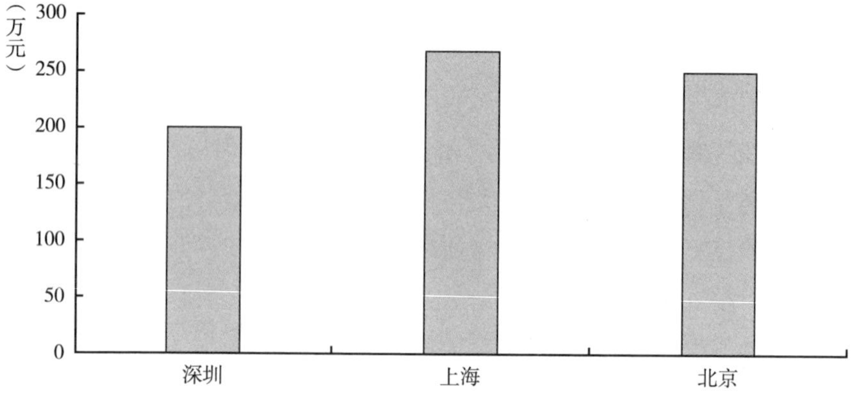

图1　深圳、北京和上海社区基金会原始基金平均规模

进一步分析社区基金会原始基金来源，在上海，街道政府和企业是最主要的出资方，例如，2017年1~2月，新近成立的15家社区基金会原始注册资金中，所在街道办事处直接出资金额所占比例平均为74%。在深圳，社区基金会原始基金由政府直接出资的比例虽然不高，但是区或街道政府前期面向企业、社区（如社区股份合作公司、社区工作站等）进行“动员”，在原始基金筹集过程中发挥着关键作用。与此同时，研究也发现两种值得关注的原始基金筹集方式：其一，深圳蛇口基金会的原始基金通过向社区居民公开筹集予以解决，共有360位居民进行捐赠，居民捐款占总募集资金的比例达55%；其二，桃源居公益事业发展基金会通过定向捐赠方式，在深圳、重庆、北京、上海先后支持成立了6家社区基金会，资助金额占到社区基金会原始基金总额的42.8%。

关于社区基金会的筹资模式，由于发展历史整体较短，大部分社区基金会还未形成清晰的筹资战略。不过，对于那些发展历史相对较长的社区基金会，筹资体系初步建立。例如千禾社区基金会基本形成了多元化的筹资模式（见图2）。其中，项目资金配捐、永久性捐赠基金、专项基金、公众小额劝募是基金会2016年度主要资金来源，占全年总收入的92.8%。

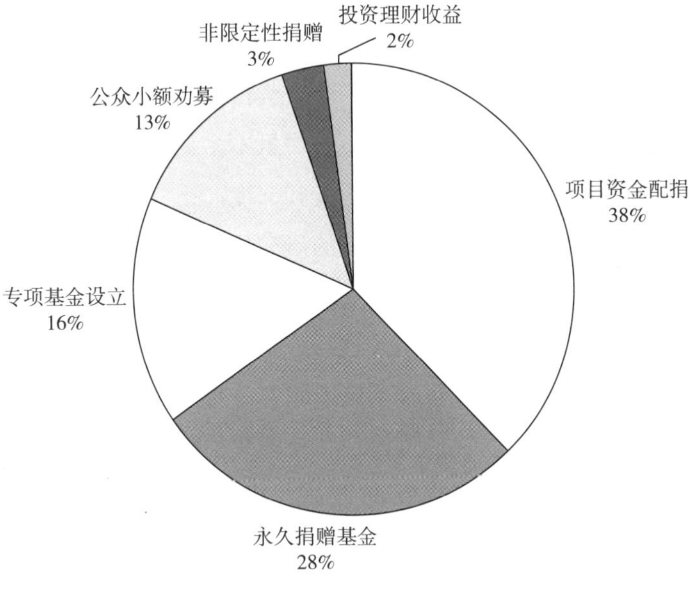

图2　千禾社区基金会2016年度收入结构

整体而言，中国社区基金会资源筹集呈现出三个方面的特点：首先，资源的筹集主要面向本地企业，面向社区居民的资源动员较少；其次，所募集的资金以项目资金为主，缺乏“非限定性资金”和“永久性捐赠基金”；最后，房屋、股权等非货币捐赠以及慈善信托等新型慈善捐赠方式还未出现。

4. 项目运作

服务于特定地理区域，改善居民生活质量是社区基金会的最终使命。通过对社区基金会所开展项目及活动的初步分析，有如下发现：首先，社区基金会当前所开展的项目集中于短期的困难群体帮扶和相对长期的面向不同群体的社区服务提供，主要回应和满足社区居民的即时性需求，对社区自治等战略性需求的回应度相对较低。以深圳市首批社区基金会试点之一的深圳凤凰基金会为例，考察其2014～2018年所开展的项目，助学金、慰问金等帮扶活动以及社区教育项目的资金支出所占比例最高。

与此同时，有的社区基金会也探索性地开展了一些旨在促进社区居民公共事务参与的项目。例如，深圳蛇口社区基金会将发动所在区域各居民小区进行社区自治作为一个长远目标，通过小额资助等方式，支持社区互助会等自组织力量的发育；上海陆家嘴社区基金会尝试搭建平台，推动居民参与城市街道规划。这些实践当前在社区基金会中虽不多见，并且刚刚起步，但在一定程度上拓展了社区基金会工作的广度和深度。

其次，对社区基金会项目运作机制的研究显示，社区基金会当前以操作型基金会为主体，但兼具操作型和资助型的社区基金会数量正在增多。研究进一步对社区基金会当前的资助模式进行分析，结果显示：社区基金会以具体服务项目的资助为主，而社区社会组织培育等类型的项目资助较少；基金会以项目资金的提供为主，在能力建设、社区领袖培养等其他方面的支持有限；基金会的资助链条较短，在资助过程中与社区其他组织之间的协作和联动机制不成熟。不过，综合中国社区基金会已有资助模式，仍旧可以勾绘出一个基本轮廓（见表2），为社区基金会资助实践的深化提供一定参照。

表2　社区基金会资助模式

资助模式	资助特点	典型实践
服务项目购买	以社会服务机构为主要对象，通过服务购买方式提供资金，支持具体服务项目的实施	深圳凤凰社区基金会连续三年购买一社会工作机构服务，针对社区青少年开展课外学业辅导、兴趣拓展、家庭亲子教育等服务

续表

资助模式	资助特点	典型实践
公益项目资助	以社区社会组织为主要对象，通过项目征集、公开遴选和评审等方式，资助组织基于各自使命展开项目	深圳蛇口基金会资助当地摄影协会、业主委员会、志愿者协会、老年大学等实施类型多样的社区项目
战略性资助	以社会组织培育为主要目的，通过给予非限定性资助，并在组织建设、人才培养、学习网络搭建、资源链接等方面提供多元、持续的支持，促进组织成长及社区系列工作，立体支持社会组织发展及创新发展	广东千禾社区基金会为推动流动人口社区公益服务发展，设立专项资助计划，在为该领域开展服务的社会组织提供项目资金支持的同时，还启动专业人才培养计划、组织能力建设

（三）社区基金会的作用与功能[①]

1. 社区资源动员

在珠三角和长三角地区，政府依然是资源投入的主体。例如，深圳市政府通过购买社工服务向社区输入资源，从 2010 年开始推行的社区服务中心，已在深圳实现全覆盖，每个中心由市、区两级财政每年投入资金 50 万元。此外，深圳市还从 2015 年开始全面推广“民生微实事”，每个社区每年可申请 200 万元经费用于实施惠民项目，社区居委会、社区服务中心和社区社会组织等均可作为项目申报主体。与政府财政投入资金规模相比，社区基金会当前所拥有的资源相对较少。深圳市在 2017 年之前成立的 25 家社区基金会的原始基金总额仅为 5007 万元，上海市 30 家社区基金会的原始基金总额为 8044 万元。虽然社区基金会在资源总量上不具优势，但是在社区资源动员与供给中具有独特功能。具体而言，政府财政资金等进入社区的外部资源往往“刚性”较强，而社区基金会作为慈善组织，慈善财产的属性加之以社区成员为主体的治理架构与决策机制，决定了社区基金会的资源“活性”较强，具体表现为如下三个方面。

① 胡小军、朱健刚：《“三社联动”机制下社区基金会的功能与运行逻辑》，《华东理工大学学报》（社会科学版）2018 年第 1 期。

第一，社区基金会能够快速响应社区需求信号，灵活性和时效性强。调研显示，一些社区基金会在重疾救助、灾害紧急援助等社区即时性需求回应中展现出贴近民众、灵活快速的在地优势。

第二，社区基金会能够基于社区实际，回应居民个性化需求。社区需求具有多样性和层次性，政府购买服务资金以及社区外部资源的投向及使用一般都有着较为严格的限定。因此，社区仅依赖外部资源难以回应日趋多样化的需求。社区基金会则可通过协议委托、项目资助等方式，支持个性化服务的提供。

第三，社区基金会通过发展永久捐赠基金，能够持续回应事关社区长远发展的战略性需求。政府购买服务等社区外部资源一般倾向于支持直接服务类或慈善救助类项目，并有一定的时限要求。而诸如社区组织培育、社区人才培养、社区居民公共事务参与等关系社区长远发展的工作则需要更加长期、稳定的资源支持。社区基金会的资源来源于当地并属于社区，通过不断积累永久性捐赠基金，在社区战略性需求回应中能够予以持续的支持。

2. 社区公民培力

社区自我管理和自我服务能力的提升是社区有效治理的基础。而这一目标的实现有赖于社区内成员作为主体的广泛参与和积极行动，这也是社区公益得以生长和发展的根本所在。朱健刚（2015）将这一过程描述为社区积极公民的生成和培力。具体而言，社区工作者应针对社区需求和社区问题，与社区成员共同讨论和分析，制定可行的解决方案并付诸实施，而这些社区集体行动也在生产和塑造着新的社区公共空间。在这个公共空间里，通过各类公益活动的持续开展，发掘社区中的公益骨干和积极力量，并为他们的成长创造支持性的发展环境。与此同时，在社区工作者的协助下，与这些社区骨干和领袖一起促进社区公共事务的集体讨论，寻求共识，共同完善和建立各种公共生活的制度与规则。在此基础上，逐步培育和发展各类社区自治组织及志愿团体，并支持这些组织与地方政府、企业及相关团体建立有效的合作伙伴关系及相应的制衡机制，共同应对和解决社区中的关键问题，进而推动社区公共权力结构的转变，实现社区善治。

考察中国社区基金会的已有探索和实践，两个层面的工作值得关注：第一，在社区基金会内部治理层面，与企业、高校、家族等其他类型基金会相同，最高决策机构是理事会，但是不同之处在于社区基金会理事成员的构成。在《深圳市社区基金会培育发展工作暂行办法》以及《上海市社区基金会建设指引（试行）》中均提出社区基金会理事的构成要体现社区代表性，原则上由捐赠人、居民代表、基层群众性自治组织（居委会或村委会）代表、社区社会组织代表以及街（镇）代表等组成。因此，在一定程度上，社区基金会也是社区多元合作治理的基层实验。在社区基金会这一平台上，各方学习如何达成共识以及协调社区利益相关方，进而有效动员社区资源，回应社区多元需求。第二，一些社区基金会将资助和扶持社区自组织发展纳入业务范围，通过小额项目资助、培训等支持社区自组织的成长，发挥社区培力功能。对此，深圳蛇口社区基金会的实践具有一定的典型性。2014 年，89 名社区居民每人捐赠 1000 元发起成立了“社区公益基金”。2015 年，在 270 多位捐款人和两家企业的进一步捐赠支持下，正式注册为社区基金会。其中，第一届 7 名理事和 1 名监事由最初的 89 位捐赠人直接选举产生。随后，基金会又制定了《捐赠人公约》，规定捐赠人代表大会是基金会的最高权力机构，理事在捐赠人代表中选举产生。可以看出，基金会在内部治理架构与决策机制设计中，非常注重捐赠人的参与，并讨论制定大家共同遵守的议事规则。虽然这一过程局限在组织层面，但基金会本身成为培养具有公民素养和公共精神居民的有效平台。此外，蛇口社区基金会将孵化社区社会组织、资助社区公益项目以及支持社区居民参与社区公共事务作为三大核心功能，并在理事会下设“项目资助评审委员会”。在 2016 年度，基金会资助业主互助会、老年大学、摄影协会等 8 家社区社会组织实施公益项目，促进社区自组织培育。

3. 社区合作媒介

社区治理的有效实现需要社区不同组织、团体以及社群之间建立伙伴关系与持续合作机制。社区基金会通过社区公益价值链的打造，能够发挥重要的社区合作媒介功能，具体体现在三个方面：第一，社区基金会通过提供多样化的捐赠人服务，搭建社区慈善捐赠平台，为本地居民、企业等“回馈”社区，重新建立与社区的连接提供新的渠道与载体；第二，社区基金会通过公益项目资助，支持社区自组织、慈善服务组织等参与社区问题的解决，回应社区居民多元服务需求，特别是支持社区互助与自助服务工作的开展，增进社区的信任与融合；第三，当今社区所面对的很多问题已超出社区所能控制的范围，不能仅依靠社区自身来解决，因此，社区治理本身是一个开放的过程，在强调社区主体性的同时，也需要不同尺度利益相关方的参与，社区基金会也是社区与外部交流合作的枢纽平台之一，包括链接外部慈善资源、引进专业服务项目或组织等，保持社区内外的连接与合作。

上海市第一家社区基金会——洋泾社区基金会于2015年发起的“一日捐资助计划”在打造社区公益价值链、促进社区合作方面具有积极的示范价值。以首届资助计划为例，整个过程可划分为三个阶段：第一阶段，慈善公开募捐。洋泾社区基金会登记注册为公募基金会，在基金会所在街道党工委、办事处的支持下，基金会参与年度“慈善联合捐”活动，面向社区居民、居委会、学校、企事业单位等，开展线上和线下募捐活动，搭建慈善资源与社区公益项目匹配平台。例如，在基金会2013年成立后首次参与的联合募捐活动中，募捐资金总额为69.4万元，其中来自社区居委会筹集的资金所占比例达到58.4%。

第二阶段，项目公开评审。基金会邀请了30位居民捐款人代表以及9位来自政府、企业、学界和公益界的人士担任特邀评审，共同组成评审委员会。通过公开征集，共有来自社区内外的9家社会组织申报的10个社区公益项目参加现场答辩。最终，通过居民捐款人代表举手表决和特邀评审评分，5个项目共获得35.8万元资助，服务对象包括长者、流动儿童以及社区困难家庭等。研究进一步对2015~2017年基金会资助的项目进行分析，结果显示，三年共资助了16家社会组织实施了26个社区公益项目。其中，长者服务类项目占46.2%，青少年服务占30.8%，困难家庭帮扶类占19.2%，助残服务占3.8%。

第三阶段，项目管理与监测评估。基金会除了提供项目资金外，还发挥在地网络优势，为社会组织链接场地等社区资源、协调社区公共关系以及邀请第三方专业机构开展项目评估等，为项目在社区的落地实施提供“一站式服务”和立体化的支持。

由此可见，社区基金会通过慈善募捐与项目资助等方式，正在成为促进捐赠人与社区、居民与社区自组织、社区与外部之间互动与合作的重要媒介。从长远来看，社区基金会作为慈善组织，长期扎根社区，加之多元合作与公开透明的运作模式，能够更好地获得来自社区居民、基层政府、社会组织以及企业的信任，发展社区伙伴关系，进而营造人人参与的社区慈善文化，增强社区内在凝聚力和居民归属感，为社区合作体系的形成和发展构建文化基础。

二　主要问题与挑战①

十年以来，中国社区基金会的数量在不断增长，在此过程中，各社区基金会在不断累积经验、探寻有效发展道路的同时，制约基金会可持续发展的一些问题也随之凸显出来。特别是，在中国当下的政治和社会文化环境下，政府政策极大增加了社区基金会的数量，有力地推动了社区基金会这一概念在中国的传播。政府的关注，也吸引了媒体、学界和社区的关注，这些关注，给新成立的社区基金会带来了资源。但是，如果政府过于追求政绩，则不利于社区基金会的长远发展。第一，大量政府资源的注入，使社区基金会对政府形成资源依赖；第二，政府可能替代社区居民成为基金会的主要发起人和管理者，一旦政府退出，社区基金会就无法继续生存；第三，政府关注可衡量的指标，例如筹资数额、项目服务人数和活动场次，但社区基金会的长远发展依赖于居民信任、社区关系等难以衡量的指标，过于追求短期效果，使基金会没有精力进行深入社区调研，开展的项目也难以满足

① 胡小军、朱健刚：《社区慈善资源的本土化——对中国社区基金会的多案例研究》，《学海》2017 年第 6 期。

居民真正的需求。

当前，社区基金会发展中存在的问题可初步归结为四个方面：内部治理“失灵”、资源“活性”不足、战略资助能力缺乏、财务管理“瓶颈”。

（一）内部治理“失灵”

以深圳和上海两地为主要分布区域，特别是由各级政府引导或驱动成立的社区基金会占据主体地位，这是中国社区基金会区别于其他国家和地区的显著特征，也是其数量在短期内实现快速增长的重要原因。但是，街道等通过直接出资或动员等方式发起的社区基金会，成立之初就面临与“官办”慈善机构相类似的问题，包括对政府权力的依赖性强、社会化程度低、内在发展动力缺失等，加之基层政府的资源动员限制和能力限度，社区基金会将出现“空壳”现象，这也是“政府办社会”的弊病所在，表现在社会组织治理层面即内部治理的“失灵”。社区基金会的决策一定程度上服从于基层政府领导的意志，创新动力限制在正式行政权力以内，资源动员只能在行政划定的街区界线以内，机构的负责人也由来自基层政府机关单位人员或基层政府领导认可的人士担任。

因此，社区基金会内部治理“失灵”使它本来被期待作为一支推动基层原有治理体制改革与社区服务创新力量的角色和功能大为弱化。此外，由企业主导发起的社区基金会虽然拥有最多的资源和更大的影响力，但也同样容易存在治理“失灵”的问题，表现为由于公益基金会产权属性、产权关系的复杂性和不明晰，在实际运作中仍由企业资本控制，进而逐渐失去社区的信任。

（二）资源“活性”不足

随着中国基层社会建设与社区治理创新工作的推进，各级政府购买社会服务资金投入不断加大，而社区基金会拥有的资产与政府投入及其他类型基金会相比，整体规模相对较小。因此，在参与社区建设过程中，相对于政府购买等较具“刚性”的资源，社区基金会的资源应更具“活性”。但是，当前社区基金会在资产规模较小的同时，资源的“活性”也显著不足，这极大制约了基金会优势的发挥。具体体现为三个方面的问题：其一，资金的多样化程度低，特别是来自社区居民的捐赠较少，通过社区基金会动员地方资源，进而回应和解决地方社会问题的机制尚未形成；其二，社区基金会的原始基金规模普遍较小，这也决定了基金会投资等保值增值收益处于较低水平，而单纯依靠社会募捐的筹资模式，在慈善募捐市场发育不成熟，并受社区基金会自身服务地域特定性的限制，资源的稳定性较弱，难以形成有效的自主资金积累；其三，资金的灵活性有限，特别是当前社区基金会的资金以项目定向捐赠为主，非限定性捐赠收入少，对社区需求回应的时效性以及资源匹配的精准性不强。

（三）战略资助能力缺乏

中国社区基金会当前仍以操作型基金会为主体，在社区公益生态营造中的枢纽功能和引擎作用还未有效发挥，社区基金会的“社区领导力”显著不足。这一现状背后实质上反映的是基金会战略资助能力的缺乏，具体包括对社区战略性需求回应不足、资源整合与跨界协作能力弱、项目资助体系与机制缺乏创新性。

首先，在社区需求回应层面，社区基金会当前实施或资助的项目大都以回应社区“实用性需求”为主，更侧重于提供直接的服务，项目周期一般较短，而旨在推动居民参与社区公共事务、社区组织建设和促进社区社会资本培育的长期项目数量非常有限。

其次，社区基金会的资源撬动与整合能力不足，特别是与工作地域内外其他组织之间的联动和合作较少，并且在政府出资或驱动成立的社区基金会为主体这一背景下，基金会的发展极易受到街道（乡镇）等基层政府官员频繁更替的影响，其社会协作网络不仅多样性低，而且不确定性高，导致基金会难以形成稳定且持续的组织战略。

最后，社区基金会面向社会组织所开展的资助以提供项目资金为主，并采取类似服务购买的方式，在社区人才培养、组织能力建设等方面的配套支持缺乏，在社区社会组织发育程度普遍较低的现实情况下，当前资助模式的有效性和针对性不足。

（四）财务管理“瓶颈”

中国社区基金会的登记注册以非公募基金会为主体类型。按照《基金会管理条例》规定，非公募基金会每年用于从事章程规定的公益事业支出，不得低于上一年基金余额的8%。同时，基金会工作人员工资福利和行政办公支出不得超过当年总支出的10%。由于社区基金会公益支出规模普遍较小，基金会实质上难有足够资金支持和聘用专职工作人员和秘书处执行团队。以深圳市首批五家试点社区基金会为例，在2015年度，每家基金会的总支出规模平均为45万元，按照10%的比例规定，平均每家基金会可用于工作人员工资福利和行政办公支出的最高费用仅为4.5万元。其中，一些基金会的专职工作人员费用由政府部门通过补贴或岗位购买等其他方式支付，这种做法虽在基金会发展初期能够帮助维持基本运行，但从长远来看，基金会自我发展能力难以生成。因此，在社区基金会实际运作过程中，受财务管理等因素影响，秘书处专职员工数量少，职业化和专业化程度低，这与社区基金会在社区治理中的定位和期待发挥的功能有着明显差距，极大制约了基金会的专业化建设。

三　策略建议[①]

中国当前所面临的是一个转型社区，社区本身正在经历重大的变迁。受房屋市场化、基层政府改革以及移动互联网技术等多重力量驱动，社区从一个高度行政化的单位开始走向有限的社会化过程，虽然这一过程仍旧有着

① 胡小军、朱健刚：《社区慈善资源的本土化——对中国社区基金会的多案例研究》，《学海》2017年第6期。

“强国家”的界限限制，即社会化的边界在于不得挑战现有正式的行政权力体制，但随着十八届三中全会《关于全面深化改革若干重大问题的决定》中社会治理创新这一理念的提出，也为社区共治这一新的治理机制提供了一定的探索空间。

研究认为，社区建设需要社区资源的动员者、社区创新的引领者以及社区组织的协作者，社区基金会的介入以及针对社区内部自组织有意识地培育会加速社区转型这一进程。但是社区基金会在中国独特的政治情境下，要真正产生活力，避免形式大于内容，需要突破社区行政区划的自我限制，也需要超越基层政府的治理水平；不能只是依赖政府资源或单一企业的投入，它需要发展出自己独立的治理结构，吸纳社区更广泛人群的参与；需要不断积累自己的永久捐赠基金和发展社区慈善信托，同时需要培育能够扎根社区的专业化人才团队，能够熟练地处理与基层政府、社区居民、捐助人等利益相关方的关系。基于前述研究结果及主要发现，针对社区基金会下一阶段的发展策略与可行路径，研究特别提出如下四点策略建议。

（一）以社区资源动员为核心，构建多元化的筹资体系

社区基金会作为社区慈善的重要表现形式，来自本地的捐赠应在基金会收入结构中占据重要地位，在地性也是社区基金会区别于其他类型基金会的重要特征之一。其意义不仅在于资金的筹措，更为重要的是培养社区居民捐赠意识，促进社区捐赠文化的生成，这也是社区基金会持续发展的根本。对此，建议社区基金会制定更为多元化的筹资战略，并优先建立和完善三大筹资机制与体系：第一，基于公民慈善理念，利用移动互联网技术及慈善募捐信息平台，建立社区居民小额捐赠机制，为居民日常捐款、捐物提供便捷的渠道；第二，发挥基金会的媒介功能与平台优势，建立社区公益项目与企业等社会捐助方之间的动态匹配机制；第三，探索股权捐赠、社区慈善信托等新型捐赠模式，为社区累积永久性资产，增强社区基金会资源的“活性”和持续性。

（二）以促进社区自我服务为切入，培力社区社会组织

完善社区服务体系、增强社区服务功能仍是当下中国社区治理的重点，也是当前社区基金会主要的工作内容。但是与社工机构等直接提供一线服务的社会服务机构不同，社区基金会应基于资金等比较优势，定位于社区服务体系的中游或上游，通过资助其他社会组织实现服务创新。对此，建议社区基金会在促进社区多元服务体系建设过程中，优先以公益慈善类社会组织为切入，支持它们基于社区需求，开展形式和内容多元的自助、互助及志愿服务。这是因为在当下的社区，公益慈善是一个官民容易达成共识的新兴社会领域，虽然很多社区问题不能经由社区公益来解决，但是社区公益有助于在不易受到外力强势影响的前提下形成一个小的社会生态，促进社区社会组织培力和成长。

（三）建立战略资助体系和模式，支持社区公益生态营造

借鉴产业集群理论，公益组织的生态建设需要依靠不同功能的公益组织之间在一个地域空间内的密切合作和联盟，形成一种规模集聚效应。其中，基金会通过提供资金、技术及理念等全方位的支持，可以促进公益行业内部以联合之势共同面对和解决社会问题。在社区公益生态营造过程中，那些群众自发成立的“弱组织”，能够得到专业性强的社会组织的协作和陪伴，而这些社会组织和群众自组织又可以得到资源的支持，这个资源的支持来自对社区给予认同的捐助人，他们通过对社区有专门了解的专业组织来进行支持，这个所谓专业组织就是社区基金会（见图3）。

有鉴于此，研究建议社区基金会基于生态视角，不断优化自身资助战略。为此，本研究提出“社区资助 +”模式，具体内容包括：第一，立体资助：基金会除了提供项目资金支持外，还开展专业能力建设、行动研究等相关工作，多层面地支持社会组织的成长与发展；第二，联合资助：基金会有效整合社区内外资源，应用参与式资助方法，与枢纽型组织、社区组织、捐助人等建立长期的伙伴关系；第三，战略资助：社区基金会立足长远，参

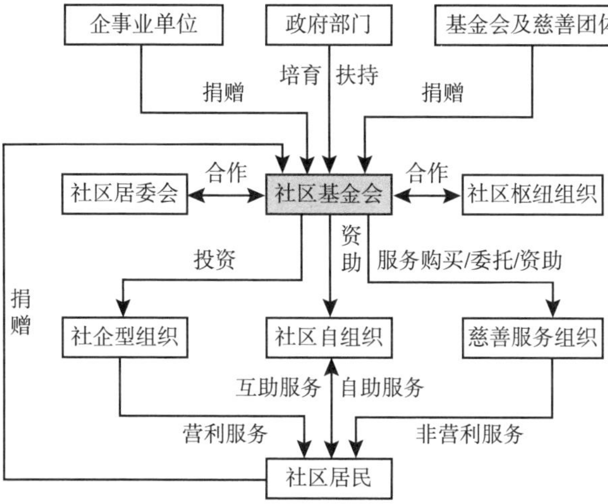

图 3　社区基金会战略资助体系

与规划整个社区的发展，其中特别注重挖掘和培养社区人才，这些人才就是社区中的“积极公民”，他们热心公共事务，愿意自我组织，在社区中有较高威信，而这些社区人才和领袖则直接关系社区建设的成效。

（四）优化内部治理结构与决策机制，实现多元合作治理

社区基金会最终成败的核心还是在于其理事会是否能够充分发挥作用。长远来看，民间兴办的社区基金会将成为主流，但是在转型社区这一情景中，由民间自主发起的社区基金会如果没有来自基层政府的认可及政策的支持，影响力将受到很大的局限。因此，建议社区基金会在治理层面，需要有政府的参与（秉持“参与但不主导”之原则），需要有本地慈善家、捐助者和专业人士，需要有社区居民代表，也需要有社会组织领导人。更为重要的是，这些人能够团结在一起，达成有效的共识，进而动员本地资源，协调本地的利益相关方，找到本地的解决方案。形成这样的理事会，需要长时间的坚守和在跨界各方之间的妥协，这也是社区基金会的本质。对于地方政府来说，培力和推动这样的多元合作治理的基金会形成，本身就是社区治理的改革。

四 结语

2017 年 6 月，中共中央、国务院出台《关于加强和完善城乡社区治理的意见》，鼓励通过慈善捐赠、设立社区基金会等方式，引导社会资金投向城乡社区治理领域。这意味着社区基金会这一新的社区慈善模式从深圳、上海等地的实践逐步向全国推行。在全球范围内，中国正在成为社区基金会增长最快的地区之一。社区基金会究竟是昙花一现，还是有着强劲而持续的生命力，现在看来还是不确定的。我们可以看到中国社区基金会的出现受到全球化的强烈影响，但也表现出地方性的不断地重新建构。在我们的观察中，正如同在公益慈善领域发生的其他议题一样，这些概念大都是承接全球化的跨国影响，承担者因为自身的位置和愿景目标不同，所以呈现不同的路径。

由民间公益自发的社区基金会在运作上更接近于国际的社区的基金会，但是却资金往往不足，发展需要漫长的时间。而商业发起的社区基金会有相对稳定的资金，但是由于产权难以完全隔离，公信力会常常受到质疑，而影响未来的长期发展。政府主导的社区基金会发展迅速，也最具有政策和制度创新的影响力，但是由于政府自身的官僚体制效应，基层往往是应对上级，而难以对民间有真正的动员力，不过它的意义也是不可缺少的，就是它形成政府认可的大势以后，有助于更多的慈善家敢于试水，组建更多的民间意义的社区基金会。未来的中国社区基金会，可能如同志愿者、社会企业、NGO这些概念一样，在全球化的影响下，形成不同的版本，也呈现出多元复杂、相互交融的局面。

社区基金会的发展和民间公益力量的成长，需要时间和自由包容的空间。可以预见，基金会在社区治理中的功能将进一步拓展和深化，运作模式也会更加多样，需要在下一阶段的研究中继续予以关注和跟进。

B.13

公益自律及落实责信的发展

——基于台湾地区的公益团体自律联盟的案例研究

冯 燕 陈琬惠*

摘 要： 责信与公信力是非营利组织欲达成其使命的关键条件，对外必须遵守外部的他律规范，获得非营利组织存在于社会的合法地位，对内则须以较高道德标准加以自律规范；换言之，在应有的合法行为之上，还必须重视组织治理与运作，提升组织绩效，积极回应社会大众给予的信任和资源，以达成组织的愿景和使命。而“台湾公益团体自律联盟”就是在这样公益自律的需求中催生的，期望借由推动自发性的公开揭露平台，提升台湾非营利部门的绩效与专业，并因而创造出更大的社会影响力。十多年来台湾公益团体自律联盟的专业投入与成长，已然建立公益团体的自律机制，透过众多专业人士投入联盟的运作，促成非营利部门内外的互动交流和成长，落实责信理念、达成公益使命；另一方面亦深化社会大众、企业及政府对公益组织的认识和信任，创造台湾公益慈善大环境的良性循环。

关键词： 公益自律 责信 台湾公益团体自律联盟

* 冯燕，台湾大学社会工作系教授、台湾大学儿童少年暨家庭研究中心主任，主要研究领域为儿童福利、非营利组织、家庭福利服务、社会企业与社会创新；陈琬惠，台湾公益团体自律联盟秘书长。

一　公益组织的他律与自律

非营利组织具有服务大众的公共使命，同时又仰赖社会大众的捐输营运，并享有“社会公器”（Public Goods）的免税地位，因此公信力与责信是非营利组织的基石。而责信度与公信力不只要依靠外来力量的要求，同时也需要个别组织内部的自觉；一方面健全法律环境以获得法律的合法地位（他律），另一方面透过建立组织公信力以维系公共性（自律），才得以健全第三部门的长期发展（冯燕，2000）。然而，他律是消极的外在规范，唯有组织自觉并自行做高水平的道德要求，才是积极及长久因应之道。制定较高标准的自律规范，实在已触及道德领域的发展，用拟人化的角度来看，第三部门道德观发展的成熟度，似乎仍需借用 Kohlberg（1958）提出的道德发展理论的阶段来预测，亦即将“自律”当作是循序渐进的最后阶段，需经过服从与处罚期，形成规范与秩序之后，才可能出现的状况。而且，Dimaggio 与 Powell（1983）也观察到强制性机制与模仿性机制，对形成自动自发遵守的规范性机制，确实有其无法取代的重要性；因此，建立自律机制不容忽视他律效用，也就是力求法规环境的合理良善，实亦为发展自律规范的重要课题（喜马拉雅研究发展基金会译，2004；冯燕，2004）。

（一）非营利组织的他律规范

他律规范就是法律，亦即强制性机制，而最大的规范权力是来自于国家政府，所以苏力等学者（1999）称他律为必当由法律赋予的合法地位。目前台湾的非营利组织他律法规，除了法源具于民法总则中的法人规定外，大致可以归为四类：人民团体法（规范社团法人），各部会之财团法人设立标准与监督准则，免税法规，捐募法规（冯燕，2000），以及最近刚通过的财团法人法；而攸关组织存续财源的捐募法规，一向最受大众关注。1999 年的九二一大地震时出现的大量捐募，和随后而来的诸多水灾、台风，乃至南亚海啸事件引发的社会捐募，都曾促使社会大众关心捐募规范的议题，觉知到捐募法规的年久失修，但直到2006年才在“立法院”修订通过“公益劝募条例”。

综合而言，非营利组织之规范法规的主要功能，在于允许和鼓励民间志愿组织的存在，并提供其法律保护，期盼非营利组织能遵守一般适用的合理且合法的行为标准（喜玛拉雅研究发展基金会译，2000）。在管理法规方面，多年来各界对财团法人管理的令出多头迭有检讨（陈美伶，1991；陈惠馨，1994；冯燕，2000；徐小波、江明修、冯燕、官有垣、许崇源、刘静淳，2001），初步共识为：设定高密度管理公设财团法人（GONGO），低密度管理民间财团法人（NGO）的基调，例如对公设财团法人遴聘“中央”或“地方政府机关”相关业务主管，担任董事之人数比例及初任年龄有所限制；同时规定该类董事之任期必须依职务进退，以避免成为退休人员酬庸之用。其中亦明定主管机关的规定，民间财团法人在“法院”登记之财产总额或年度收入达一定金额以上者，其财务报告应委托经“财政部”核准为税务代理人之会计师签核签证。另外，财团法人不得为政党、政治团体及公职人员收受政治献金或从事政治活动；财团法人对所获捐助财产、孳息及其他各项所得，也不得有分配盈余之行为；捐助人为捐助行为后，不得以诈欺或其他迂回不正手段将捐助财产移转于自己、关系人或他人名下。直至2018年“立法院”才通过“财团法人法”，但观其内容，上述内容虽然大至入法，但在其他条款中实乃消极的防弊监督功能，远大于积极的促成绩效或鼓励发展功能，因此在促使公益使命践行方面，仍需公益团体以组织及部门自律的实务经验，推动修订更合理的规范法规。

（二）公益团体的使命与绩效要求

非营利组织成立的目的是为了公众的利益，然而，由于组织面对的是复杂且广泛的利益关系者：他们从一方（捐助者）获得资源援助，提供的服务却是在满足另一方（受益者）的需求，而在过程中，又要完成该组织自行制定的愿景和使命，所以产生多种利益关系人（stakeholders），包括外界其他同质性机构、政府主管单位、志愿者、资源捐助者、服务对象及内部员工等等。这些利益关系人的期待，都会或多或少影响非营利组织的整体目标制定与内部活动的运作。所以一个非营利组织的领导者为了完成组织制定的最终使命，在运作过程中必须面对外部及内部的责信需求。透过外部责信除可取得组织合法地位外，也可获得外部的相关资源及利益关系人的支持，领导者亦从中了解他们的需求与期待为何（外部责信）；另外，组织也必须同时考量组织内部的责信需求，亦即掌握组织内部的运作绩效，像是组织内的运作流程、硬件软件的资源支持、活动及计划方案等等（内部责信）。

因此，一个非营利组织的责信基石，即是对外部及内部都能展现及落实他们被期望的绩效要求。外部绩效要求可以说是他律，内部绩效要求即是自律的展现，组织秉持对外部及内部展现绩效，然后才能形成正确的组织策略，追求达成组织制定的最终目标，进而完成社会大众赋予的期待，并且创造其社会价值，这就是哈佛大学 Moore 等学者（Moore, Brown, & Honan, 2001）在组织绩效管理中所谓的组织策略三角（见图 1）。

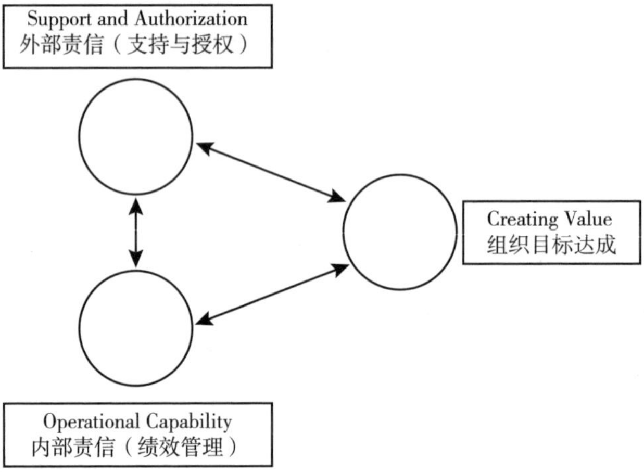

图 1　策略三角

资料来源：Moore, Brown & Honan, 2001。

（三）非营利组织的自律规范

非营利组织责信要求来自贡献资源的社会大众，他们授权组织存在营运，而组织则帮助大众完成期望的社会目标，所以组织达成目标成效即是大众所获得的利益和期望，反应在组织内部即是内部责信及组织绩效，即所谓的组织自律。自律规范是专业伦理中很重要的一环，当非营利组织发展到专业化的程度时，建立自律规范是一项形成非营利部门或称志愿部门、独立部门的里程碑。然而，专业内的自律规范并不意味着可以取代正式的法律；事实上，遵循适用的法律，是专业基本精神之一。自律规范是由专业人员相互约定，自愿遵循的守则，因此事实往往是，政府制定的法规，是在制定非营利组织最低的行为规范标准，而自律规范则是非营利部门在发展渐趋成熟后，基于有向社会大众证明其效率的需要，和政府法规日渐繁复或变成不切实际时，或在意识到需有更高的行为标准以取得社会公信时，而自行制定之较高标准的自我要求规范（冯燕，2000，2005）。

就非营利组织的自律规范范围而言，可以区分为三个层次（喜玛拉雅研究发展基金会译，2000；冯燕，2012）：个别组织、结盟组织和整个部门内的自律规范。其中个别组织层次是指除了遵循主管机关设立许可及监督准则的要求，以及其他适用法令（如劳基法、税法等）之外，每一个非营利组织可以视其状况，制定组织本身的自律规范。而结盟组织规范是指几个性质或目标相近的非营利组织间形成暂时性或永久性的策略联盟，为达到某些共同目标，以增强其联盟的组织效率，往往需在联盟时即达成共识，制定盟员之间的自律规范。此外，整个部门内的自律规范则是指非营利部门内成立特别的专门组织，专责发展并制定一套适用于非营利组织运作的自律规范，并用以检查所有非营利组织，而后公布结果，让社会大众、捐款人知悉各受款组织在所列各种自律规范项目方面的表现，以维持部门秩序。

周志忍、陈庆云（1999）界定第三部门的监督机制，可以用三个自律层次来解释：最低层次的自律，是靠法律的约束和公权力的监督，第二层次的自律，是社会道德规范约束与舆论的结果，高层次的自律，则是由行为人内化成人格的一部分，可以超越一切的监督，而达到“随心所欲不逾矩”之完全自律境界。因此，虽然亦反对过度依赖政府监督控制，江明修等

(2001) 仍主张，内化规范形成最高层次的自律，有一个复杂而困难的过程，不是容易达成的境界，对多数人和团体而言，自律行为的形成仍有赖于外部力量的监督与约束，而且需在自律与他律之间，找出均衡点并维持一个合理的程度。冯燕（2002）执行的“自律与他律—非营利组织与资源捐募规范”研究，获得相当宝贵的质化与量化资料，了解台湾社会当时的非营利组织对建立自律规范已有高度共识，并认知到大众对促成专责机构，或形成联盟来实现部门自律有很深的期许。

二　台湾公益团体自律联盟的发展

台湾公益自律联盟的发展起源应始于 2001 年，当时联合劝募协会在推动修订“公益劝募法”的过程中，为民间版法案寻求公益团体共识而召开的公听会。会中对政府法规烦琐但执行无力的现象，有诸多讨论，因而开始听见“恶法不如无法”的声音。联合劝募协会常理冯燕教授主持会议时，提出民间团体应以自律规范取得社会公信力的策略方向，当场获得与会组织代表们的支持，故于 2003 年展开一项以历年来曾申请联劝方案补助的社福机构以及曾接受联劝物资捐赠之环保、教育等公益团体（N = 844）为对象之调查，进一步搜集公益组织实务运作现况，及公益团体对于成立自发性的公益自律组织，在理念、意愿以及运作上的意见。在 235 份有效问卷中显示有四成（40.8%）的公益团体赞成以常设性的组织专责运作，三成（31.2%）团体则认为制订一份自律公约，让愿意参与的组织立约签署，是切合实务的方法。整体而言，高达九成七（N = 219）的公益团体认为台湾需要一个“公益团体自律联盟”，其中表示非常愿意及愿意参加公益自律联盟的公益团体各占 41.2% 及 50.6%，由此显示绝大多数非营利组织承认自律的重要，并且期望借由成立及参与自律联盟的方式以展现自我规范的决心。在公益团体的答案中呈现的自律联盟，应具备的功能主要有三项。

（1）提供有关募款诚信、财务透明、服务效率、机构治理等辅导咨询与教育训练（83.9%）。

（2）提供募款诚信、财务透明、服务效率、机构治理等自律标准，给各组织用以自评（77.9%）。

（3）定期利用网际网络及出版刊物，公布参与联盟的公益团体相关资料，供社会大众参考（69.2%）。

其他更进一步的作为，像是核发认证证书及标章（33.4%）、制作参加该联盟公益团体的数据库（22.4%），亦被期待是公益自律联盟该做的事。另外，在开放性问题中填答出对公益团体自律联盟的其他期待部分，大致可分为促进公益责信、组织交流、资源募集与分配等项，同时更有若干填答者明确指出，公益团体对于组织经营与绩效要求的辅导需求迫切，也希望有明确的自评指标提供进步的方向，方能以良好的组织运作与服务绩效，争取捐款大众的信心。

（一）推动成立台湾公益团体自律联盟的过程

自律联盟在台湾的发展主要可以分为以下几个阶段进程。

1. 自律联盟萌发期（2001～2004年）

如前文所述，台湾公益团体自律概念的萌发，起于2001年的民间公益捐募法修法联盟。在之后的三年，虽然主要的共同努力放在推动公益法规的修订，同时，非营利部门内亦开始在倡导公益自律的重要性，且有相关调查研究产生（联合劝募协会，2003；冯燕，2002，2006）。

2. 自律联盟形塑期（2004年4～12月）

实际的行动是在2004年度开始的推展自律联盟的行动研究（冯燕，2005），期望借由行动研究的方式，邀请具代表性的公益团体深入参与，并详细记录推动台湾公益团体自律联盟的发展。在2004年4月第一次自律联盟形成启动会议中，取得与会成员的许可，共同加入以成立自律联盟为目标的行动研究。起动会议中有10个组织代表与会，加入自律联盟规划的行列（联合劝募协会、喜玛拉雅基金会、台湾亚洲基金会、儿童福利联盟基金会、荒野保护协会、励馨基金会、洪建全基金会、残障联盟、医疗改革协会及台湾艺术推广协会），成为原始发起单位；会中共识由联合劝募协会承担临时秘书处的工作，得到喜马拉雅基金会的允诺，担任信息交流的平台，此外，更申请到亚太公益慈善联盟（APPC）补助的3000美元作为初始运作费用。一个全新的概念就在这样各方资源仍缺乏的情势下，由各个发起单位及伙伴们，凭着对非营利组织能达到真正自律的使命感，志愿参与各种讨论及工作，半年内完成公益团体自律联盟的组织形态和自律公约，使愿意加入自律联盟的组织，可清楚知道需遵守的相关规范。“自律公约”中包含董监事责任、财报资料、营运信息揭露等共十大项十九小标，并且完成“公约宣言”以作为联盟成员加入时宣誓之用。

3. 自律联盟共识期（2005年1～3月）

自律联盟筹备组除平均两个月举行一次自律联盟筹组大会外，平时各小组分别召开专题会议，以完成各项规划事宜，再提请大会做决议，期望能使联盟相关制度渐臻完善，并讨论联盟成员的设定与邀约。在2005年3月17日于喜马拉雅基金会举行的自律联盟发起人大会中，确定发起单位共有30个来自各领域的非营利组织，包含教育、社福、艺术、环境、医疗等领域的公益团体，会中再次通过联盟组织章程草案，并准备30个组织的代表人相关资料，以正式向“内政部社会司”申请立案设立社团法人，成为迈向正式设立自律联盟的一大步。3月29日于非营利组织会馆举办的“台湾公益团体自律联盟”筹组呼吁记者会，以“走出迷雾”的口号，揭露联盟成员期望以更高的道德责信标准来约束自己，承诺不负捐款人对非营利组织的信任，并且落实社会公益的最终目标。

4. 自律联盟立案期（2005年4～10月）

而在5月的筹组规划会议中，确认相关资源的投入，包括：已结案的APPC 3000美元，政大EMBA联谊会赞助40万台币，喜马拉雅基金会赞助网络平台，及联劝理事会通过赞助三年秘书长的薪资；同时估算出一年运作经费约需80万台币，且提出第一年经费由发起单位筹措分摊的原则。同时，在8月17日及18日两天，透过励馨基金会代表参加与The Synergos Institute会议的机会，争取菲律宾的非政府认证协会（PCNC）代表来台，办理传授相关自律机制运作认证工作的经验。当自律联盟在10月21日于客家文化会馆，举行正式成立大会及第一次理监事会议时，已有 81 个公益组织会员，成为台湾公益团体自律联盟的自律公约签署组织。

（二）台湾公益组织自律联盟的组织

台湾公益组织自律联盟，是一个常设性的社团法人组织，是由台湾非营利组织自愿集合的联合团体，主要的宗旨为提升非营利组织之公益绩效及社会形象，增进社会大众对公益团体的认识及信任，其中联盟主要任务共分为以下六项。

（1）建立自律机制，促成非营利组织信息公开。

（2）推广捐款人的权益。

（3）推动建立适合非营利组织生存之法令环境。

（4）推动非营利组织之交流。

（5）促进非营利组织发展相关研究。

（6）其他有利于公益团体发展之工作。

自律联盟是以公益组织为单位申请加入，经由会员资格审查委员会推荐给理监事会通过成为会员，专职的人员在秘书处执行会务，另设功能委员会，由理监事组织与专业顾问依专长和志愿偕同完成功能；“会计师工会”加入自律辅导委员会，成为联盟第一个专业顾问团体。

加入自律联盟的条件资格设定为已立案之法人组织，签署自律公约、缴交会费及遵守联盟的自律规范为进场原则。加入自律联盟的团体，代表其愿意遵从自律精神，可以做到每年定期公开财务报表、工作报告，并定期做绩效评估，使社会大众认知自律联盟成员即是好的非营利组织。在退场机制部分，整体而言以重视自律的精神为主轴，大至以四点为退场条件。

（1）提出声明自愿退出者。

（2）经主管机关撤销其法人资格者。

（3）违反公约规定，要求限期改善，未见改善者。

（4）其他经理事会认定有重大违规情事者。

每个会员组织均有担任公职、缴交年费、出席会议、遵守公约的义务，享有免费专业顾问咨询、（将来如有）免费认证及选举与被选举的权利。

观诸世界各国，英国的公益认证机制，是由专业会计师发起推动；美国的国家慈善信息局（NCIB）或优良企业智慧捐赠联盟（BBB），是由企业或赞助型基金会发起；菲律宾的非政府认证协会（PCNC），则是由民间联盟型组织结合政府的授权，又有国际非营利组织提供基金创办；而台湾的公益自律机制，则是在 2005 年完全由民间（中型与小型）非营利组织自动发起，自筹资金成立的自律联盟；一些大型慈善组织在形塑期时均曾派员应邀参与会议，且很客气的表达“愿意学习”，然对担任发起人均有所保留，但在后续的数年间陆续加入。

三　公益自律的落实与深化

公益团体自律联盟透过日常会务运作，持续稳定地协助盟员落实自律。自律联盟成立之初即以签订自律公约作为公益组织入会承诺，2014 年起为落实自律，依公约条文延伸制订在地化的公益团体责信标准，使台湾所有公益组织都能借由此标准自我检核，并确实了解自律精神。此外，自律联盟自成立日开始，每年收取并公布盟员的财务及工作报告，达到责信最基本的透明公开。自 2009 年起，每年开办“用专业做公益”培力课程，在透明公开的基础上，协助盟员落实责信自律的另一元素：展现服务绩效。以上方案的落实，经过逐次优化的成果，并随着自律联盟盟员数逐年上升，扩大影响范围，更深化了台湾公益自律的成效。

（一）从自律公约到责信标准之优化

自律联盟成立之初，欲加入自律联盟之组织即需签订“自律公约”。公约含七大条，再细分为 15 项。七大条分别为：组织的非营利原则、组织治理与监督、募款诚信、服务绩效、财务透明、信息公开、利益回避。自律公约以原则性质为主，为使公益组织能进一步检核自身营运是否符合公约，2012 年第三届理事会共识以落实自律为目标，决议发展责信标准，将七条自律公约中的15个项目，个别发展更明确的组织行为指标，以形成组织自律行为规范。责信标准发展之过程分为以下四阶段：（1）内部盘点；（2）外部扫描；（3）取得盟员共识；（4）发展并推广符合台湾在地脉络之责信标准。

1. 内部盘点

截至2013年为止，自律联盟是台湾唯一以NPO的自律为核心目标的组织。因此欲了解台湾公益团体在自律方面的发展，可以由自律联盟内部盟员着手。

联盟秘书处于2013年进行盟员“自律”资料搜集、调查与分析，一窥台湾公益自律现况。为了对所有盟员的自律状况作初探性的调查，自律联盟设计“单位自我检查表”，将其填答结果对照该组织当年度缴交的财务及工作报表一同分析，作为制定务实的责信标准的参考基线。

2. 外部扫描

了解盟友公益团体发展责信的自律情形外，欲发展在地化之责信标准，尚须掌握本地区背景环境及需求。自律联盟为了解不同关系人对台湾公共责信之认知，以及台湾公益团体他律法遵现况，自2010年起展开系列调查，同时放眼国际，盘点台湾内外既有的公益责信、评鉴指标等相关资料以佐拟稿参考。

2010年“非营利组织责信机制调查”，以问卷方式深入了解台湾公益团体（N＝402）对于公共责信的认识，和有关自律、他律规范之态度，以及制定非营利组织认证机制之可行性。此次调查收回142份有效问卷，受访组织认为NPO应公开责信相关报告，且其揭露管道可更加多元。2011年“公民对建立公益团体透明化机制的看法问卷调查”呈现民众（N＝1076）对建立公益团体透明化机制的看法。调查结果指出，台湾社会大众最关切的是NPO的募款金额及运用，并认为NPO应对社会大众公开信息。

2013年初，为深化责信标准之意涵，自律联盟广泛搜集欧美共13国责信机制的评估指标，以及相关主管机关之评鉴指标，从中归纳出“组织治理、募款、服务、财务、信息公开、公共利益、沟通、组织原则、利益回避、社会变革”共10大面向进行对应分析，完成一份各国公益团体责信指标比较整理，作为日后责信指标草案发展的重要参考资料。

3. 取得盟员共识

经过内外部环境扫描，自律联盟大致掌握公益责信的各界现状后，于2013 年着手起草责信指标。这期间经过文献探讨、专家会议讨论，并透过盟员聚会及不同版本指标试测凝聚共识，以质化及量化方式致力于将责信标准修改为符合台湾公益环境的版本。

2013 年初，自律联盟成立“责信标准制订专家小组”，多方邀请学者、财务专家、资深 NPO 管理者召开四次专家小组会议共同讨论，以涵盖自律公约七条内容，及上述责信标准的十大面向。专家小组综观比较“中央”和“地方”主管机关对非营利组织监管要求，及他国责信标准，作为责信指标拟定之基础，并草拟责信标准大纲。

责信标准制订初期，自律联盟为要广纳盟员组织之意见，于同年 2 月之会员大会上，由朝邦文教基金会专业引导师带领，以“焦点讨论法”（ORID）进行“台湾公益团体责信标准”草案的讨论，将责信标准融入台湾在地 NPO 的实务经验，也凝聚盟员对自律标准的推动共识。会后专家工作小组纳入盟员提出的建议，产出“台湾公益团体责信标准”第一版。

2013 年 7 月举办“公益劝募之责信与创新对话研讨会”，邀请与会的公益团体试测第一版责信标准并提供受测心得，此次会后专家小组召开第五次会议融合不同组织的建议，产出“台湾公益团体责信标准”第二版。

责信标准第二版于 2014 年 3 月的会员大会共识营上，再次进行优化讨论。由台湾外展教育发展基金会之训练员，采用“引导讨论技术”（Facilitation Skill）汇聚盟员意见，会后专家工作小组根据会员共识调整部分指标，产出“台湾公益团体责信标准”第三版。

2014 年 4 月起进入责信标准修订最后阶段，以全体盟员普查方式进行第二次责信标准施测。盟员接受责信标准第三版评量，并填答自律联盟设计之意见回复表，交由专家小组进行编码与统计分析，再依填答内容及组织营运状况，挑选数家组织前往拜访，针对责信标准之填答进行沟通访谈。对于“完全符合”填答率较低之题目以及意见回复表所提出之反馈，其题意是否不易理解、或有盟员组织必然无法做到之因素，加以删修或提供清楚说明，使责信标准能更加精确落实于公益团体的日常实务中。至此完成“责信标准自我检核表”第四版，包含7面向，共有15项55点，当年开始推行并沿用至今。

4. 发展并推广符合台湾在地脉络之责信标准

2014年12月，为推广责信指标，历经七次专家定稿会议，自律联盟依照“台湾公益团体责信标准”第四版，纳入盟员填答之建议与想法，辅以取自美国、荷兰、法国、加拿大、卢森堡、德国、西班牙、日本、瑞典的相关国际经验，将之整理成册，出版《迈向优质公益团体——责信标准自我检核手册》，手册中涵括国际经验及常见问答，常见问答即是以盟员于前几次自评试作填答时的疑问为基础。该手册共有七章，包含七大面向、15项及55点的自我检核项目说明，其中检核项目区分为一般及进阶项目，组织可依组织发展阶段参考使用；尔后透过印制纸本推广及公开在线阅览下载，提供全台湾非营利组织作为检视自身责信透明之依据，乃至与之相关之利害关系人，包含政府机关、大专院校及企业等等，皆可参考并采用作为政策发展、教学或合作的基础。

自律联盟推广落实责信的同时，亦持续深化盟员的责信服务。2014年起，自律联盟要求盟员组织每年利用责信标准进行机构自我检核，据此掌握台湾公益组织责信发展情形，并分析自评结果以理解盟员组织有待发展之需求，并开设培力课程协助其成长，强化盟友服务。而组织在自我检核的过程中，透过进入理事会、董事会的讨论，充分实践组织内部沟通与检视，确保组织使命及精神不偏离责信原则。此一责信指标检核行动之落实，可谓自律联盟落实公益自律的一大里程碑。

（二）盟员责信义务：公开年度财务及工作报表

公益组织将信息透明公开，是责信的第一步。自律联盟自成立以来，每年收取盟员之财务及工作报告，协助确认无误，公开披露于自律联盟官网上，供社会大众参阅；依收取报表内容建立数据库，了解盟员整体年度变化，并以此数据库内容，挑选标杆范例盟员，作为培力课程之分享单位。自律联盟责信服务流程（见图2）。

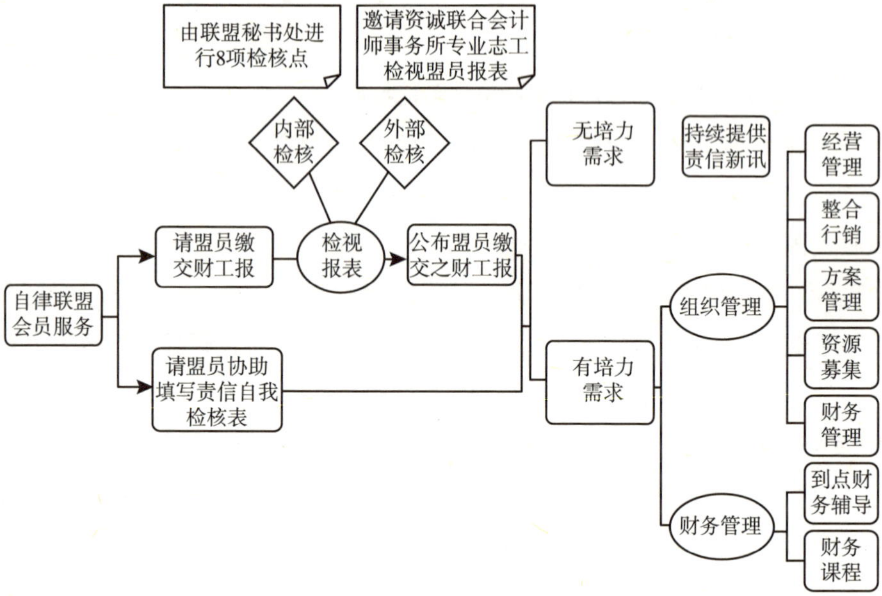

图2　台湾公益团体自律联盟盟员财务及工作报表检核流程（2014～2017）

自律联盟成立于2005年10月，于2006年始每年度年中皆发函要求盟员缴交上一年度的财务报告与工作报告，由联盟秘书处整理经机构认可的文件（盖印大小章），并上传至联盟官网供社会大众浏览，以达成公开透明的责信目的。

对于财务报告的要求也随着联盟历年的责信推动与相关研究资料的搜集、整理与分析，越趋严谨。秘书处于2012年3月20日第三届第一次会员大会正式提案：除了目前联盟要求盟员缴交之财务报表为与主管机关同式，为提升盟员自律程度，建议财产总额或当年度收入总额达新台币1亿元以上之会员缴交之年度财务报表，应随附会计师签证报告；获得大会决议通过。这也是联盟首次以“自律”高于“他律”的高规格标准要求盟员缴交财报。

2013年自律联盟进行“他律责信扫描：NPO组织设立及运作相关法规

汇整”，产出各公益组织主管机关要求辖下组织缴交之文件清单。次年起，自律联盟即根据此清单落实查核盟员是否完整缴交主管机关要求文件，在责信的要求上更进一步。

另外，自律联盟也联结企业专业人力，协助公益团体责信的落实。自2014年起，每年度与资诚联合会计师事务所合作，由专业会计师志工协助与自律联盟秘书处共同确认财务报表内容。检核内容包含：基础项目（8项检核点），主要在检视报表的完整性及全面性，如报表缴交是否齐全、是否完整用印、法登是否更新等项目；四大报表检核，包含各报表数据是否正确、是否有异常的财务变动、会计项目是否正确等等；收支余绌表（8项检核点）、资产负债表（11项检核点）、现金出纳表（3项检核点）、基金及余绌变动表（2项检核点）。秘书处负责检核基础项目，其余四大报表则交由资诚专业会计师志工协助确认，并对有需求之盟员提供会计辅导。

大部分的自律联盟盟员经专业辅导后，财务工作报表之披露质量已趋完整，2018年起，报表检核由联盟秘书处进行。秘书处除对报表做基础查核外，对四大报表检核和检核点如原资诚联合会计师事务所检核内容，盟友财务管理有待加强者，则转介至资诚会计师事务所之会计志工辅导。

自律联盟秉持责信自律的理念，依各主管机关要求为基本标准，敦促盟员缴交财报及工报，检阅并公开盟员组织财务及工作报表，逐年来责信落实愈趋成熟，盟员达到基本他律之要求外，积极展现自律精神。在自律联盟每年度精进报表与呈现方式符合一般公认会计原则之检核项目的推广下，盟员持续累积财会知识，并将其内化为组织的基本能力。盟员组织责信能力的提升，有助于其组织自身的稳定发展，亦为台湾公益界带来一定的影响力，展现落实责信透明之重要性，完善公益责信环境。

除了有效提升盟员组织之专业度，增进公信力外，自律联盟亦同步于此过程中学习成长，也透过检核服务与盟员组织建立更深一层的关系，并得以充分整合过去所累积之经验，产出责信服务流程标准，此一专业形象不但有助于深化盟员对于自律机制之信赖与认同，也更易于凝聚共识推广责信概念，健全整体责信环境。

此外，自律联盟自成立开始每年收取的报表，可说是台湾公益界丰富的数据库，自律联盟盟员年度责信总规模约占台湾捐款市场之四成，亦为全台湾唯一披露非营利组织年度财务及工作报告的平台，此数据库更显其指标性与重要性。报表信息的披露不仅实际展示了非营利组织责信的落实程度，深化捐款人及社会大众的责信概念，更为政府、学术单位等提供丰富的研究素材。而透过数据库的积累，自律联盟亦可掌握盟员组织的变化趋势，充分描绘非营利组织发展现况。

（三）“用专业做公益”培力活动

自律联盟于2009年起，每年开办“用专业做公益”培训盟员团体，协助其落实责信中的七大面向。培训活动重视盟员反馈，办理后皆透过问卷了解盟员之收获与需求，且于次年做出相应调整；2014年起，自律联盟透过分析盟员每年填写“台湾公益团体责信标准”结果，针对盟员组织发展的实际需求设计培训活动。“用专业做公益”培训活动依公益组织不同发展进程，提供一般课程、在线课程、工作坊及走读观摩等四种形式的培训。

1. 一般课程

“用专业做公益”课程开办之初，因应盟员有精进非营利组织管理、营运知识之需求，透过单堂课程，邀请专业讲师授课。一般课程亦适用于颁布公益界新法规政策时，扮演传递新讯的重要角色。自律联盟曾开办的一般课程主题如下。

A. 财务会计：2009年自律联盟与“财瑞会计师事务所”合作，共同办理“会计天使”课程。财会课程主要内容为剖析财务报表、协助NPO建立会计制度、税务规范讲解等，为每年度固定举办之一般课程（其后亦发展工作坊）。

B. 营销：2009年因应网络营销大趋势与“香港商雅虎信息股份有限公司台湾分公司”合作“网络营销达人”课程，从寻求外部资源到组织内部项目及理念的推广，让NPO在数位时代稳固扎根。自律联盟历年开办之营销相关课程，内容包含：传统媒体之应用、社群媒体之应用、组织与媒体的沟通、照片与影像的使用等。

C. 社会企业：2010 年，因应世界“社会企业”潮流，开办系列课程，内容从社会企业的缘起谈到财务、产品/服务设计等方面。课程讨论公益团体创设社会企业之前，应有之准备与考量。

D. 企业社会责任：2011 年，除前述财务、营销与社会企业等课程外，开办企业社会责任（CSR）相关课程。此系列课程分析台湾企业发展 CSR 情形，并邀请企业方现身说法，使盟员组织更了解企业观点，提升未来合作可能性。

E. 服务创新：2012 年新增服务创新相关课程。非营利组织开发更有效益的服务，是为责信概念中，组织绩效的一环。

2. 在线课程

一般课程获得良好回响的同时，部分盟员亦反应因时空限制而无法到场参与，于是自律联盟运用数位学习无地域限制的特点建立“自律联盟享学网”，将相关学习资源上传至享学网。自律联盟除了录制不同主题之一般课程外，如方案计划、整合营销等，也曾针对盟员于培力活动中所提出之需求，企划“NPO 会计捐物处理实务”及“NPO 会计折旧处理实务”课程，建置套装数位课程，佐以动画及专业会计师讲解，推出系列在线课程，内容言简意赅且易于使用，受到盟员肯定。

3. 工作坊

“用专业做公益”一般与在线课程经过数年耕耘，自律联盟盟员已累积非营利组织营运相关知识，在一般课程以单向授课为主的架构之外，需要更进一步的实作练习与共同讨论机会。联盟因应盟员需求，自 2014 年起每年推出工作坊形式之系列课程。工作坊主要采“行动学习法（action learning）”，在四至六堂课程的架构下做中学，学中做，在每堂课前课后，皆须预备整理相关学习内容，并缴交实务操作之工作成果。历届举办之工作坊主题及内容如下，其中财务与会计管理、绩效管理与评估及影响力工作坊皆为（曾）开办三年度以上之常态性工作坊。

A. 财务与会计管理

财会主题工作坊开设之初，以资诚教育基金会出版之“公益理想实践之路－非营利组织设立与管理实务”作为教材，其后工作坊因应历届学员课后反馈及需求反应，进一步扩大财会管理之面向，多角涵盖 NPO 财务、报表披露、税务、公益劝募实务，以及公益法规因应等相关主题，并导入自国际责信会议中习得的模拟课题演练模式。随时间进展，亦引进协同教学法，邀请 NPO 组织财务主管分享实务经验，增加实务讨论时间比例，透过讲师带领各组讨论，让参与盟员能够从彼此的讨论中，找出实务问题处理的解决方式。

B. 绩效管理与评估

绩效主题之工作坊旨在于实务中发展出一套可供评估各团体服务效益的方法，着重参与团体彼此间实务经验的交流与分享，以各组织实际的状态、需求为例，相互讨论与实作练习，完成隔年的年度计划与成效评估规划，共同研究方案计划或改善组织现行状况。

C. 影响力评估

影响力评估可谓绩效管理之进阶课程。在组织责信展现的面向中，除了财务责信之外，服务绩效的展现，亦即社会影响力，更是对公众社会沟通的重要媒介，让社会大众清楚理解投入的资源所产生之效益，同时也正是责信的具体体现。而影响力的评估方式，对于报告的呈现内涵及深度有深刻的影响。自律联盟以社会影响力为主题开设工作坊，除了介绍社会影响力评估方式，如社会投资报酬（Social Return on Investment）、社会报告标准（Social Reporting Standards）及价值展示（Demonstrating Value）等，也透过课堂中之实际应用练习，协助参与盟员组织评量其社会影响力及其呈现方式。

D. 其他多元主题

因应年度盟友需求、公益趋势或资源要求，自律联盟亦曾开设多元主题之工作坊，例如“网络暨策略规划”工作坊课程与香港大学刘康慧教授合作，协助台湾身障组织盘点网络定位和伙伴关系，因而能对复杂的环境改变与服务对象的新问题做出愈趋创新及灵活的回应；同时透过竞合策略与伙伴关系的评估，组织可以营造双赢的策略模式。“服务设计”工作坊则为自律联盟观察到台湾公益环境中社区营造以及区域整合之潮流下，非营利组织须思考的课题而发展之活动，协助盟员深入了解彼此的服务，进一步激发盟员产生创新的思维、整合资源，发展出未来区域合作的可能性。

4. 走读观摩

走读观摩为自律联盟近两年来增加之新的学习元素，运用“行万里路胜过读万卷书”之实境体验概念，结合工作坊、讨论及体验等环节，设计出整日的学习活动。走读观摩带领参加学员走出办公室、换个角色重新走入现场，了解其他组织正在做的事及服务对象之需求；同时透过工作场域的转换，运用现场实务思考方向，掌握真实的状况，并得以从本身忙碌的工作事务中，再次与现实环境趋势联结。自律联盟于 2018 年举行之走读观摩，除了参访具有创新精神之非营利组织外，更带领盟员至长期积极投入企业社会责任之企业参访，吸收不同领域之专业思维，学习跨界成功经验。

“用专业作公益”培力活动 2009 年起开办至今，年年依盟友反馈及其发展调整，并参考台湾内外创新学习模式、主题趋势持续优化，提升盟员专业知能以及服务绩效与效能，使组织发展更上一层楼，进一步落实责信自律。为了最大化培力活动效益，自律联盟于规划活动时即针对不同类型参与者设计。例如考量盟员财会人员资历深浅，以及非财务背景之主管所需的财务培力内涵不同，办理进阶、初阶财会管理培力课程，提升盟员不同面向之财务或管理能力。另外，亦于培力活动中，建立起非营利组织人员之间的横向连接，利用通信软件建立社群，让学员在活动后持续有交流精进、解惑之互动网络。

上述社群作为盟员相互交流新知作法之管道，“自律联盟享学网”此一公开之在线平台，则提供了基础知能之累积，其在线数位课程由线下实体课程开展，透过网络可近、实时、便利等特性进行有效传播，提供组织责信提升所需之相关知能及检核工具，提升非营利组织从业人员能力，在线线下课程相互搭配，落实责信概念效果加倍。除了自律联盟盟员外，此免费平台亦同样适用于所有公益团体，甚至是对于公益领域有兴趣之一般民众。数字化课程减少了自律联盟的行政成本，并提升了联盟的服务效率。盟员透过便捷之管道提升知识含量后，对于相关问题的需求频率降低，如此一来，自律联盟则有余裕发展、深化其他类型服务。

自律联盟以协助盟员落实、深化责信之出发点开设不同形态之组织培力活动，同时也提升本身的绩效和影响力。对于自律联盟而言，办理培力课程的同时也可累积实务知识、提升专业知能，规划走读观摩不仅使盟员透过非营利组织间的楷模，或企业的创新模式得到启发，亦为自律联盟建立跨域网络、促进未来第二及第三部门之间资源整合及跨域合作的最好机会。除此之外，开设课程有培养、维系盟员关系，及树立专业形象之效；透过办理工作坊，自律联盟能更直接地观察盟员组织发展的优势与困境，更深入掌握非营利组织现况，并以此为基础更有效地实践、深化公益自律。

四　社会公信力提升之评估

自律联盟自2005年成立至今，以自律、透明之责信精神，持续致力于提升公益团体之社会公信力，建立良善公益生态圈。纵观全球，由民间非营利组织自动发起、自筹资金成立自律联盟，为世界首见。秉持着打造善循环社会，建立非营利部门公信力，回应社会大众给予的信任和资源的贡献，自律联盟提升社会公信力之成果效益，可从以下方面说明。

（一）最值得企业信任的非营利伙伴

自律联盟身为台湾发展最早、最具规模之公益团体责信平台，非营利组织自愿加入自律行列，透过严谨的入会审查流程，以及每年度财务、工作报告披露，已建立起社会大众对于责信平台之信任。

以往企业发展企业社会责任，寻找合作的非营利组织时，多固定选择较具知名度之中大型组织。然而近年来台湾社会大众对于企业社会责任实践的期待已逐渐成形，是以有意进一步发展 CSR 之企业，对于合作对象之多样性及深入度之需求提升，故连接两百多家良善治理、透明自律的非营利组织的自律联盟，即成为各企业在选择合作单位时最佳的中介伙伴。例如台湾大哥大基金会“5180 实时捐”募款活动及全家便利商店“FamiPort 捐款平台”，皆以自律联盟盟员为参与资格之必要条件；或如陈永泰公益信托，将自律联盟盟员身份列入其基金投注的加分项目。

近年来，自律联盟与企业的合作关系，在中介平台角色的基础上，有更进一步的拓展。如陈永泰公益信托委托自律联盟承办传善奖系列活动，协助筛选、分配持续三年、每年四百万（新）台币的补助奖金；亦有企业委托推广扩及全台湾之志工媒合平台，显见企业信任自律联盟之专业能力，亦认同非营利组织自律精神。

（二）民间公益团体中介组织角色受到肯定

责信乃公益团体发展之根基，唯有落实责信才能让各界信任，自律联盟持续推动公益团体财务透明、募款诚信、服务效率、良善治理，已成为透明责信之代言人，成为众公益团体的中介组织代表角色，例如受邀担任赈灾基金会所组成的民间组织救灾服务平台之行政组召集人。赈灾基金会于2002年成立，其设立之主要目的系以运用社会资源，统合民间力量，协助因天然灾害受灾地区之赈灾，弥补政府在防救灾体系中不足之处，除创立基金新台币3000万元是由政府捐助外，其余基金皆来自民间善款捐赠。自律联盟于2015年起，受邀加入赈灾基金会，担任行政组召集人，承担灾害发生时救灾与平时备灾的联系工作。

（三）自律精神受到“政府”认同

自律联盟推动透明责信有成，自律披露之精神受到广泛认同，除企业的支持外，亦获得“政府”肯定，于推动台湾社会企业发展生态系统初期，即未发展认证机制，而采纳自律联盟所推行之自律机制。由于自律联盟高度掌握社会议题，并具有建立信息披露平台机制之经验，2015～2017年受到“经济部中小企业处”委托，试行推动社会企业登录机制，协助辨识台湾社会企业，建置社会企业登录平台，打造社会企业与社会大众的沟通平台。

于此基础上，2017年自律联盟为深化社会企业责信，成立民间版“社会企业自律平台”。此平台致力于协助通过审查之自律社企，以社会影响力国际认证为方向，透过自主披露的力量，协助社企产出展现社会影响力之报告书，同时媒合企业 CSR 资源及社会影响力投资的可能，持续以自律精神完善社会企业生态圈。

（四）成为法规政策发展之重要咨询对象

自律联盟作为连接公益团体的中介组织，掌握公益团体发展，亦有能力凝聚公益团体之意见，故在公益相关法规政策研拟、修订时，经常扮演着民间的重要咨询角色。除了接受“政府”各单位邀请参与相关会议、担任咨询委员，提供建议作法，并协助推广新法规，对于有争议性、或需深入讨论之议题，自律联盟亦主动汇整盟员意见、举办座谈会、去函相关“政府”单位请求法条释疑等，深入参与相关法规政策的发展建立过程。

自律联盟积极为慈善公益的相关法规政策发声，例如 2006 年公布并施行之“公益劝募条例”，由于许多公益团体反应有其窒碍难行之处，因此自律联盟于 2008 年召开劝募条例周年建议座谈会，汇整与会人员相关意见，提出修正建议，并参与之后的修法工作。此外，自律联盟亦接受“政府”相关单位多方咨询，包含社会团体法草案，以及首次将社会企业概念入法的公司法修订等。

2019 年 2 月开始施行之财团法人法，由于仍有许多未明之处，且部分法条对于公益团体的日常作为有诸多不当钳制，故自律联盟主动办理《“财团法人法”施行后对 NPO 之影响与调适》座谈会，邀请对法规熟稔之专家学者以及公益团体代表参与，会后整理出与会组织提出之待释疑法条，去函主管机关惠请函释并了解后续相关做法。

五　结语

秉持着责信透明的核心价值，推动自发性的公开披露，建立公益团体的自律机制，十多年来自律联盟的专业投入与成长，建立起第三部门的自律共识，并已将影响力扩展至第一、第二部门，受到企业界与政府各部门的广泛认同，进而树立并提升台湾整体对于公益生态的信任。未来自律联盟希望持续扩大社会影响力，一方面推动相关法规合理化的修法工作，改善他律的法规环境，并在他律的基础上达成自律，另一方面亦要提升民间公益组织的自律责信规模，厚植公益组织实力、落实成效取向的自律精神，透过自律的实践完成他律法规的目标，最终达成台湾公益慈善大环境的良性循环。

参考文献

DiMaggio，P. J. & Powell，W. W.（1983）The iron cage revisited：institutional isomorphism and collective rationality in organization fields. American Sociological Review，48，147 – 160.

Kohlberg，L.（1958）The development of modes of moral thinking and choice in the year ten to sixteen. Unpublished doctoral dissertation，University of Chicago.

Moore，M. H.，Brown，L. D.，& Honan，J. P.（2001）Toward a public value framework for accountability and performance management for international Non-Governmental Organization. Hauser Center/Keio University Workshop on Accountability for International Nongovernmental Foundation.

江明修、梅高文：《自律乎？他律乎？财团法人监督机制之省思》，《财团法人功能与监督研讨会论文集》，益思科技法律事务所，2001。

江明修、冯燕、官有垣、刘维公、陆宛苹、邱瑜瑾、高永兴：《2001 年台湾的基金会调查研究报告》，政大第三部门研究中心筹备处，2003。

周志忍、陈庆云编：《自律与他律——第三部门监督机制个案研究》，浙江人民出版社，1999。

徐小波、江明修、冯燕、官有垣、许崇源、刘静淳：《国内非营利组织法规之研究》，行政院研究考核委员会编印，2001。

陈美伶：《统一财团法人主管机关之可行性研究》，法务部，1991。

陈惠馨：《财团法人监督问题之探讨》，行政院研究考核委员会编印，1994。

喜玛拉雅研究发展基金会译：《非政府组织法的立法原则》，喜玛拉雅研究发展基金会，2000。

冯燕（2000），《非营利组织之定义、功能与发展》，载于萧新煌编《非营利部门组织与运作》，巨流，2000，第 1 ~42 页。

冯燕:《自律与他律——非营利组织与资源捐募规范》,《国科会报告》,2002。

冯燕:《台湾非营利组织公益自律机制的建立》,《第三部门学刊》2004 年创刊号,第 97~126 页。

冯燕:《推动台湾“第三部门公益自律机制”建立之行动研究》,《国科会报告》,2005。

联合劝募协会:《2003 年联合劝募协会推动公益劝法草案调查报告》,内部资料,2003。

苏力、葛云松、张守文、高丙中:《规制与发展:第三部门的法律环境》,浙江人民出版社,1999。

B.14
2018年中国慈善信用指数报告

陶泽　何立晗*

摘　要： 中国公益慈善事业正面临信用时代。中国慈善组织信用指数与中国慈善信用榜作为评估工具应时而生。基于科学性、系统性、适度性原则，从信息公开、财务和团队能力、合作伙伴背景、合作风险、品牌知名度和美誉度五个维度对慈善组织信用指数进行评估，并应用人工智能AI技术完成评估数据的采集和分析。基于慈善组织信用指数，"2018年中国慈善信用榜"发布。研究发现，上榜组织成立时间以6~10年居多，且多为北京注册的慈善组织，上榜组织在组织发展、筹款、公益事业投入等方面整体表现较好。慈善信用建设与评估将有力推动慈善组织的发展，开创新局面。

关键词： 中国慈善信用指数　慈善信用榜　信息公开

一　慈善信用新时代到来

清华大学公益慈善研究院院长王名教授提出，时下我们已进入"慈善信用新时代"。这是一个全新的时代，其最本质的特点是信息公开。信息公开意味着慈善组织的运营、管理和治理结构都要发生根本性的改变，给慈善

---

* 陶泽，北京易善信用管理有限公司创始人、总裁；何立晗，北京易善信用管理有限公司研究助理。

组织提出了新的挑战。在新环境下，慈善组织信息公开呈现从被动透明到主动透明、从机构本位到公众本位、从主观透明到客观透明、从结果透明到过程透明、从感性透明到理性透明的新特征。① 社会信用体系是经济社会发展的基础，是社会主义市场经济体制和社会治理体制的重要组成部分。而慈善组织的信用建设则是中国社会信用体系的关键部分。公信力对于慈善组织的发展举足轻重，公众对慈善组织的信任和认同是慈善组织安身立命的根本，也是未来发展的前提条件。在新时代下，政府部门的政策实践、市场领域的信用建设、社会大众的关注、慈善行业自身的发展以及科学技术的日新月异，从各个方面推动着慈善领域加快信息公开步伐，加强自身信用建设。一言以蔽之，中国公益慈善事业正加速进入信用时代。

（一）政府层面：社会信用体系建设大力推进

构建良好的社会信用环境，弘扬诚信传统美德，提高社会成员诚信意识，有利于社会主义和谐社会的构建和社会主义市场经济体系的完善。近年来，党中央、国务院高度重视社会信用体系，有关地区、部门和单位进行了深入探索。2014 年国务院印发了《社会信用体系建设规划纲要（2014 ~ 2020)》，提出要加快社会信用体系建设，构建诚实守信的社会环境，提高全社会的诚信意识和信用水平，并对开展社会组织诚信建设提出了明确要求。随后，国家发改委牵头建立了全国信用信息共享平台，开通了“信用中国”网站。2015 年 6 月，国务院印发《法人和其他组织统一社会信用代码制度建设总体方案》。2016 年 9 月，《慈善法》出台。《慈善法》第八章第六十九条中明确指出：县级以上人民政府建立健全慈善信息统计和发布制度。县级以上人民政府民政部门应当在统一的信息平台，及时向社会公开慈善信息，并免费提供慈善信息发布服务。《慈善法》第十章第九十七条规定：任何单位和个人发现慈善组织、慈善信托有违法行为的，可以向民政部

① 党生翠：《慈善组织信息公开的新特征：政策研究的视角》，《中国行政管理》2015 年第 2 期，第 98 ~ 102 页。

门、其他有关部门或者慈善行业组织投诉、举报。民政部门、其他有关部门或者慈善行业组织接到投诉、举报后，应当及时调查处理。同时也明确规定，应当建立慈善组织及其负责人信用记录制度。北京、上海等地率先发布了社会组织信用信息管理办法，随后，民政部于2018年1月发布《社会组织信用信息管理办法》，要求全国社会组织信用信息登记管理机关依据社会组织未依法履行义务或者存在违法违规行为的有关信用信息，建立社会组织活动异常名录和严重违法失信名单制度。目前，地方社会组织信用管理工作正逐步铺开。《社会组织信用信息管理办法》的出台标志着民政部门开始探索由个案管理向痕迹管理的转变，同时实现信息公开主体从基金会拓展到社会组织，透明度拓展到诚信度探索。① 2018年2月民政部会同国家发改委等40个部门和单位联合签署了《关于对慈善捐赠领域相关主体实施守信联合激励和失信联合惩戒的合作备忘录》，明确了对慈善捐赠领域守信主体的26条激励措施和失信主体的24条惩戒措施。备忘录的实施标志着我国慈善领域被纳入了社会信用管理体系范畴。

由中共中央宣传部主持的“诚信建设万里行”主题宣传活动启动仪式于2018年6月29日下午在国家公共信用信息中心举行。此次主题宣传采取正面宣传与舆论监督相结合的方式，既围绕我国诚信建设整体情况大力宣传正能量、弘扬主旋律，又激浊扬清、惩恶扬善，聚焦群众反映集中的突出问题开展监督报道，大力营造“知信、用信、守信”的良好氛围，推动全社会共同参与，为经济社会发展提供有力道德支撑和信用体系保障②。在全面建设社会主义现代化强国的伟大征程中，诚信中国正在崛起。社会组织的诚信建设是重要的一环。慈善组织是社会组织中相关立法更为成熟，透明度也更好的一个群体，其信用水平和信息公开更为社会各方关注。促进慈善组织信用建设，推动整个慈善行业信用水平的提升和完善，是全面推进中国社会信用体系建设的重要一步。

---

① 陶泽：《从透明度拓展到诚信度：社会组织发展进入“新时代”》，《中国社会组织》2018年第4期，第15页。

② 《诚信建设万里行》，人民网，http://society.people.com.cn/GB/369130/420378/index.html，2019年。

（二）市场层面：企业征信业快速成熟

在商业领域，征信业得到迅速发展，对于企业及个人信用的提升做出了重要贡献。征信一词源于《左传·昭公八年》中的“君子之言，信而有征，故怨远于其身”，强调依法采集、整理、保存、加工个体或组织的信用信息，帮助授信方判断、控制信用风险，进行信用管理。市场经济是信用经济。企业征信专指征信机构采用合法的方式对存续中的企业的信用信息进行采集，采用一定的理论和标准予以分析、整合或者评价，使信用信息有序化、价值化，并能够为交易主体授信、受信而用的活动。这种活动是一个系统化的过程，包括征信主体的设立、信用信息的开放、征信活动的运作、征信主体的监管几个相辅相成的环节。[①] 2013 年 3 月 15 日，征信业法规《征信业管理条例》实施，征信业作为新兴行业在中国确立了法律地位，征信业发展中无法可依的问题得以解决，标志着中国的征信业进入了法制化、规范化的快速发展阶段。《征信业管理条例》明确要求对企业征信业务全部放开、全面支持，授权中国人民银行对征信业市场进行管理，并提出了征信机构、征信业务的相关规范，从而引导、促进征信业健康发展，推进社会信用体系建设。目前市场领域已经成立了大量征信公司，企业征信业的运行机制逐步成熟。企业征信成为企业对外联系的重要纽带。

然而，清华大学公益慈善研究院副院长、社会创新与乡村振兴研究中心主任邓国胜教授指出，在我国的社会组织领域，尽管政府一直在倡导诚信建设，但由于缺乏实际的征信工作，社会组织信用体系建设尚浮在表面，这极大阻碍了我国社会组织信用体系的建设。因此，有必要构建中国的社会组织信用指数，通过指数构建，真正推动我国社会组织的征信工作，从而完善社会组织的信用体系建设，提升我国社会组织的信用。

---

① 中国市场协会信用工作委员会：《世界各国信用相关法律译丛》（北美卷），中国方正出版社，2006。

（三）社会层面：诚信文化转型发展

在中国，诚信伦理的文化价值信念与实践追求源远流长。我国传统文化和儒家思想中丰富深厚的诚信思想，在相当长的历史进程中塑造着中国人的道德修养与为人处世。在传统的诚信美德得到继承和弘扬的同时，随着中国由传统“礼俗社会”向现代“法理社会”转型，社会诚信建设的主导模式由“德性诚信”转向“制度诚信”。“制度诚信”的统合性和结构化，有利于社会诚信道德价值观念整合，有利于惩治虚假失信的恶行，有利于社会成员诚实守信品行的养成。[①] 法律制度的完善、市场经济的发展和社会流动的加快，让人们逐渐习惯于契约关系并形成对法律的信任。社会诚信文化和信用环境逐步发展，慈善组织的诚信也愈发受到社会关注。作为弘扬公共精神、促进社会治理现代化的重要力量，人们期待慈善组织能够高效、透明地运作，有效凝聚社会资源，提供公共服务。

但是，近年来慈善组织却频频面临诚信危机。从“郭美美炫富”事件、“施乐会”的“置顶费”丑闻，到腾讯99公益日“套捐”“骗捐”行为、“同一天生日”涉嫌诈骗事件，一次次将社会组织的信用问题推上舆论的风口浪尖，社会组织尤其是慈善组织的自律性、透明度和公信力受到人们的质疑。

《中华人民共和国慈善法》第二章第八条明确将慈善组织定义为“依法成立、以面向社会开展慈善活动为宗旨的非营利性组织”，它承担着凝聚社会爱心，弘扬社会正气的使命，是一个社会文明进步和公民整体素质的体现。公信力是慈善组织的生存之本，只有慈善组织实行严格的自律和他律，有效提升自身的公信力，获得社会公众的认可、信任，慈善事业才能蓬勃发展，社会情感纽带才能正常维系，社会协同治理才能有效开展。

---

① 王淑芹：《社会诚信建设的现代转型——由传统德性诚信到现代制度诚信》，《哲学动态》2015年第12期，第77~82页。

加强慈善组织的透明度与信用建设，有利于修复中国公益慈善的诚信生态[①]，有利于推动慈善组织自身的成熟发展，也有利于诚信理念的倡导和社会诚信文化的培育。

（四）技术层面：互联网时代创新变革

随着科学技术的迅速发展和互联网的逐步普及，科技、网络正深刻塑造着每个社会成员的日常生活、行为方式乃至思想理念。近年来大数据、区块链的发展，推动着一批新兴行业出现，也促进着传统行业与时俱进、创新发展。王名教授曾将公益划分为四个阶段。随着互联网技术的发展，具有高度通达性、透明度和使用友好性的新媒体时代到来，为我国公益由企业支持慈善组织的2.0阶段进入3.0阶段，打破了技术障碍。而作为分布式数据存储、点对点传输、共识机制、加密算法等计算机技术在非信任环境中建构的信任服务基础设施，区块链技术将有效解决慈善组织信息披露和善款透明化的问题，改变慈善领域的信息披露机制、善款追踪机制、政府的信息监管机制和对慈善组织的审计机制，推动慈善组织进入区块链慈善的公益4.0阶段[②]。

同时，在慈善行业的价值链中，随着大数据时代的到来，数据的重要性会逐步上升。数据开放、数据利用、数据合作，将长远地助推慈善组织发展。慈善组织有效的数据披露能够便利资助关系的搭建和资金来源的开拓。例如当美国的汇聚基金会寻找做近海保护的基金会，以及美国的强生公司寻找专门支持精神健康领域的项目时，都表达了对于了解慈善组织信息和信用的需求。同时，数据还能满足慈善组织联合发声的需求。例如北京的慈善组织曾经探讨能不能通过发布行业白皮书和报告做活动和交流，从而让整体的形象被公众所熟知。2018年，老牛基金会和阿拉善SEE基金会等十家中国

---

① 余玉花、李敏：《论公益组织的诚信生态》，《伦理学研究》2016年第5期，第126～132页。

② 张楠、王名：《公益4.0：中国公益慈善的区块链时代》，《中国非营利评论》2018年第22期，第79～94页。

环保基金会联合成立中国环境资助者网络，促进不同地域的环保慈善组织的合作，而这一网络的构建也离不开数据的支持和推动。数字化的慈善行业，更方便测量，也就更方便改进，行业自身将有机会自动完成自我修正和完善，最终实现“让更多的来自捐赠者的慈善资源，被透明有效地分配到最有能力带来社会价值的慈善组织”的规则和机制。用技术促进慈善行业信用建设，用数据推动慈善行业的发展，是时代变迁也是行业演进的必然选择。

大数据时代的来临，法律的健全，市场的发展，公众的参与，共同推动了公益慈善信用的发展。对于整个社会信用体系建设而言，慈善行业信用建设是关键组成；企业征信的逐步成熟，为慈善行业征信发展提供借鉴；社会诚信文化的发展，突出了化解慈善组织信用危机的急迫性；新兴技术的变革则进一步推动了慈善行业的数据化、透明化，并提供了基本的技术保障。慈善信用正面临一个崭新的图景，而“中国慈善信用指数”的出现则标志着我国的慈善事业正式进入信用时代。

二　中国慈善组织信用指数应运而生

慈善组织正在拥抱信用时代，信用时代离不开良好的信息披露和信用评估。“中国慈善组织信用指数”和中国慈善信用榜就在这样的信用需求中应运而生。信用指数是对于慈善组织信用评估的体系化、定量化建设，信用榜是基于信用指数的一次信用评估。推动落实慈善信用体系的建设，是中国慈善组织信用指数研究的初衷。它采用慈善组织外独立第三方的信用评价方法，是《慈善法》等慈善政策的落实和跟进。此指数的评估体系设计、数据采集分析由易善完成，同时由清华大学公益慈善研究院进行学术支持。前者是专业的信用管理公司，创始团队在慈善数据领域有超过十年的经验，负责数据采集及计算。后者是国内最权威的慈善行业研究团队之一，提供了算法等学术支持。两者都属于独立的第三方，保证了设计与评估的科学性和可信度。接下来就指数的相关概念、样本范围选择、指标体系设计、数据采集分析几个方面进行介绍。

（一）相关概念

1. 社会组织信用

根据百度搜索，所谓信用，是指依附在人之间、单位之间和商品交易之间形成的一种相互信任的生产关系和社会关系。信用的意思是能够履行诺言而取得的信任，信用是长时间积累的信任和诚信度。社会组织的信用是一个仁者见仁、智者见智的概念。从伦理角度看，社会组织的信用是指社会组织在参与社会和经济活动中建立起来的、以诚实守信为道德基础的践约行为；从法律层面来看，是指社会组织能够按照《民法通则》中规定“民事活动应当遵守自愿、公平、等价有偿、诚实守信的原则”开展活动。能够按照《合同法》中要求“对他人诚实不欺，讲求信用、恪守诺言，并且在合同的内容、意义及适用等方面产生纠纷时要依据诚实信用原则来解释合同”；从经济学角度看，社会组织的信用是指在商品交换或者其他经济活动中授信人在充分信任社会组织能够实现其承诺的基础上，用契约关系向社会组织借贷，并保障自己的本金能够回流和增值的价值运动。①

2. 社会组织信用指数

社会组织的信用指数是综合反映社会组织信用程度的相对数。按所反映的现象范围不同，分为个体社会组织的信用指数和整体社会组织信用的总指数。中国慈善信用指数的得分范围在 0 ~ 100 分，信用指数的得分越高，表明该组织的信用程度越好；得分越低，表明该组织信用程度越差。

（二）样本范围选择

我国社会组织数量庞大、类型繁多，社会组织信用体系的建设有一个过程，需要多阶段稳步推进。根据社会的迫切需要和现有资源，第一阶段的社会组织信用指数拟从募捐型基金会的信用指数入手，而不包括企业基金会、

① 百度百科，https：//baike. baidu. com/item/信用/986088？fr = aladdin。

家族基金会、社会团体和社会服务机构等社会组织。一方面，“慈善组织”在《慈善法》中有明确定义，可以便捷地从全国慈善信息公开平台——慈善中国网站上查到完整名单，随后可以根据过去十几年的行业经验滤出筹款型的最终样本名单；另一方面，筹款型的慈善组织受到公众的广泛关注，同时其信息披露符合《慈善组织信息公开办法》的要求。因而团队从民政部“慈善中国”网站上获取了4000余家面向社会募捐的慈善组织，以2015～2017年为时间单位，收集并分析这些组织在民政部门慈善组织信息公开平台、互联网媒体平台、中基透明指数平台上的数据。

图1　“慈善中国”网站首页

2017年9月4日，在第二个“中华慈善日”来临之际，民政部启动了全国慈善信息公开平台——“慈善中国”。全国慈善信息公开平台是依据《慈善法》“信息公开”要求而建设的统一信息平台，用于慈善组织、慈善信托受托人等参与主体面向社会公开慈善信息。[①] 目前分为七大模块，分别为慈善组织查询、慈善信托查询、募捐方案备案、慈善项目进展、慈善组织年报、募捐信息平台、慈善数据统计（试运行）。《民政部办公厅关于全国慈善信息公开平台上线运行的通知》指出，全国慈善信息公开平台立足

① 《民政部开通全国慈善信息公开平台方便社会公众查询和监督慈善活动》，民政部官网，http：//www.gov.cn/xinwen/2017－09/04/content_5222661.htm，2017年9月4日。

《慈善法》规定，把握慈善信息全国“一张网”、“一个库”的定位，为各级民政部门和慈善组织提供基本服务：基于慈善组织登记信息公开、公开募捐资格管理、公开募捐活动备案，为各级民政部门提供信息录入、审核、发布、查询服务，开发相关证书打印功能，方便在线办公；基于公开组织治理信息、申请公开募捐资格、开展公开募捐备案、发布慈善项目进展情况，为慈善组织提供信息录入、提交、发布服务，凡开展公开募捐活动，应通过该平台获得“一号一源”、可追溯识别查询的募捐备案编号；基于公开慈善信托事务处理情况及财务状况，为慈善信托受托人提供信息报送、发布服务；与民政部指定的慈善组织互联网公开募捐信息平台相衔接，便于互联网慈善募捐信息校验。

图 2　“慈善中国”慈善组织查询页面

民政部副部长、社会组织管理局局长詹成付表示，全国慈善信息公开平台的开通使用，是履行《慈善法》信息公开要求的一项实在举措，是推进慈善组织信息公开行稳致远的基础性工程，承载着社会各方对公益慈善透明化、法治化发展的美好愿景。通过信息公开等手段，让社会公众真实地了解公益慈善、便捷地参与公益慈善、动态地监督公益慈善，是呵护慈善事业发展的关键所在。建设“一张网”、“一个库”的全国慈善信息公开平台，目的就是为了方便社会公众查验慈善信息、便捷慈善活动监督，让整个公益慈善界都“举头三尺有神明”。[1] 同时他强调要以人民群众为信息公开的服务对象，以提高人民群众对公益慈善事业的信任感与满意度为目标，把握好“权威、透明、开放、友好、创新”的原则，扎实推进慈善信息公开平台的建设与使用。[2] 截至 2019 年 3 月 5 日上午 10 时，该平台实时公布了全国 5519 家慈善组织信息、159 条慈善信托备案信息，慈善信托合同规模超过 20 亿元。其中 1493 家慈善组织具有公开募捐资格，在平台上备案发布了 8622 项公开募捐活动信息，展示了 7267 项慈善项目信息。“慈善中国”平台大大促进了慈善组织信息公开和社会监督，对加强和改进慈善管理工作以及慈善组织自身长远发展都具有积极的意义。

（三）指标体系设计

1. 设计原则

第一，科学性原则。本指数在参考国内外各种信用指数的基础上，根据中国社会组织发展的阶段、特征等实际情况遴选评价指标，其间，多次征求了业内专家、媒体、各类社会组织代表的意见，并严格按照德尔菲方法确定指标权重，具有较高的科学性。

第二，系统性原则。本指数从我国社会组织的透明指数、能力指数、伙伴指数、风险指数、品牌指数等最核心的五个维度设计了信用指数。

第三，适度性原则。本指数充分考虑了中国社会组织发展的阶段性特征和信用信息的可获得性。

2. 主要参考指数

慈善组织信用指数的设计重点参考借鉴了中国企业综合信用指数、企业信用指数等几个相关指数的设计体系，并结合慈善组织的情况进行调整创新。其中，中国企业综合信用指数重点选取了企业面临的信用环境、企业所

---

① 张晶晶：《民政部开通全国慈善信息公开平台》，《中国社会组织》2017 年第 17 期，第 56 页。

② 詹成付：《坚持以人民满意为目标　扎实推进慈善信息公开工作》，《中国社会组织》2017 年第 18 期，第 11～12 页。

表现出的信用能力以及企业的信用行为三个角度。中国企业联合会发布的企业信用指数分为企业信用总指数、指数分类、分项指标三个层级，在具体指标上从基础信用、信用实践、信用记录类进行划分。腾讯信用指数主要通过“履约、安全、财富、消费、社交”五大指数，基于用户的历史行为，用科学统计方法综合评估的结果，最低300分，最高850分。芝麻信用指数从用户信用历史、行为偏好、履约能力、身份特质、人脉关系五个维度对用户信用状况进行综合评分，分值区间为350～950分。

（四）慈善组织信用评估模型

基于以上原则，慈善组织信用评估模型的设计主要包括信息公开、财务和团队能力、合作伙伴背景、合作风险、品牌知名度和美誉度五个一级指标。每个一级指标下又包含若干二级指标和三级指标，共五十多个指标，从而对慈善组织信用进行综合评价。综合信用得分在0～100分，最低分为0分，满分为100分。该评估模型是在数据可获得的前提下，尽可能对不同维度进行细致评分，最大限度地包含能够影响一家慈善组织信用的方方面面。譬如平时容易被忽视的员工离职率、理事理事会的出席率、捐赠人的忠诚度、资金充足率、是否为全国先进社会组织、媒体报道关注度等。

表1　慈善组织信用指数指标体系

慈善组织信用指数(Charity Credit Index,简称CCI)指标体系	
透明指数	基本信息、捐赠及内部建设信息、财务信息、项目信息
能力指数	管治能力、财务能力、团队能力、绩效与影响
伙伴指数	政府合作、企业合作、社会组织合作、公众参与
风险指数	失信记录、机构负责人信用、媒体负面报道
品牌指数	荣誉与奖励、口碑、项目品牌

在算法设计过程中，易善负责相应参数数据的采集，在算法设计完成后，所有打分都根据公开数据，由电脑自动计算完成，最大限度地避免人为主观评价。

表 2　慈善组织信用指数算法

慈善组织信用指数(Charity Credit Index,简称 CCI)算法
$CCI = \sum(Xi \times Wi)$ i:代表指标序号; Xi:代表 i 个指标的得分; Wi:代表第 i 个指标的权重。

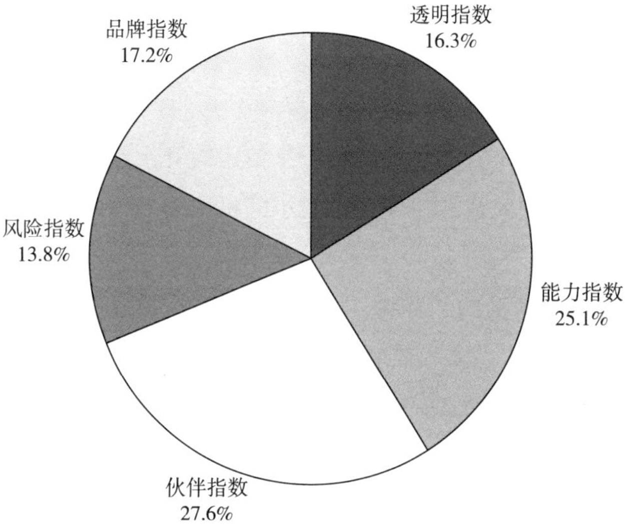

图 3　慈善组织信用指数一级指标及权重

（五）数据采集分析

在数据采集分析上，易善团队通过登录各级民政部门的慈善组织信息公开平台，采集 2015 ~ 2017 年的年报信息、风险和品牌信息，通过媒体平台采集慈善组织的舆情信息，参考中基透明指数上透明度的评价标准和结果信息，完成评估数据的采集。然后人工结合机器自动分类技术对所采集的内容进行分类和打上关键字标签，用于后续的数据分析与计算。最后将整理好的数据输入到信用评估模型后，输出每家慈善组织的信用分数。整个评估模型在科学性、系统性、适度性等原则指导下，基于客观数据，采用人工智能技术，对于五十多个指标进行评价，保证了评价的客观公正。

三　中国慈善信用榜及慈善组织信用分析

2018 年 9 月 3 日，易善发布“2018 中国慈善信用榜”，榜单由清华大学公益慈善研究院提供学术支持。该榜单基于慈善信用组织指数，从 4000 余家慈善组织中最终选出 60 家“筹款型”慈善组织。在发布会上，王名教授说：“随着大数据技术的发展、法律完善和公众的参与，国家和社会的关系正悄然发生变化。未来政府监管的核心是信用监管，慈善组织的核心竞争力是信用。在信用管理时代，一个规模很小的机构如果信用管理的好，也能获得社会很大的支持。”邓国胜教授表示：“随着《社会组织信用信息管理办法》、《关于对慈善捐赠领域相关主体实施守信联合激励和失信联合惩戒的合作备忘录》等出台，随之而来的问题是如何落实？如何提升社会组织，特别是慈善组织的信用信息？谁来评判社会组织、慈善组织的信用？从国内外经验看，独立第三方是企业征信、社会组织征信的重要主体之一。”

榜单的发布受到慈善行业和媒体的广泛关注，CCTV12 社会与法频道评价“该榜单的发布标志着慈善信用时代正式到来”。人民网、央广网、新浪网、搜狐网、新京报等众多媒体进行了报道，信用中国网站也于发布会当日刊登了相关新闻，反映了中国慈善信用榜对于公益慈善行业信用建设的重要影响。

2018 年中国慈善信用榜由易善设计完成，清华大学公益慈善研究院提供学术支撑，南都公益基金会和老牛兄妹公益基金会给予有力支持。慈善组织主要分为两类：一类是由企业和企业家发起的对外捐赠的资助型基金会；另一类是已认定成为慈善组织的筹款型基金会、社会服务机构和社会团体，社会更关注后者的信用。本次榜单的研究对象为筹款型基金会，而南都基金会和老牛兄妹公益基金会则属于资助型基金会。在慈善行业中，资助型基金会是非常重要的资助方，也十分关注行业信用建设和透明度提

图4　CCTV12 社会与法频道报道

图5　信用中国网站报道

升。南都基金会秘书长彭艳妮表示"希望能够在所有慈善组织的共同努力下，把榜单建设得越来越完善，希望榜单能够帮助捐赠人用脚投票，支持慈善行业良性发展。"老牛兄妹基金会创始人、理事长牛犇谈到，"中国慈善信用榜不仅帮助我们家族基金会更好地筛选受助机构，也是中国慈善行业在全球范围内的一次创新。"除了捐赠方，中国慈善信用榜的发布，也能够让其他投身于公益慈善的群体受惠，促进公益活动以及相关工作的开展。中央电视台《社区英雄》节目总导演、制片人吴卉肯定了中国慈善信用榜对于媒体宣传优秀慈善组织的作用。新浪微博微公益总监杨光指出，信用指数可以帮助互联网公开募捐平台更加客观、高效地审批慈善组织的申请。

作为我国国内第一次把“信用”作为慈善组织的衡量标准而发布的榜单，中国慈善信用榜能为社会组织的信用建设提供一个规范的标准，有助于提升公益慈善行业的透明度，更多地降低不同慈善组织之间、慈善组织与捐赠者之间的信息不对称，促进更多公益合作的落地，并推动社会组织的健康发展和社会资本的积累。

基于榜单，可以得出以下几个重要发现。

（一）慈善信用时代开启，基金会是慈善组织信用建设的重要领跑者

如图 6 所示在评估过程中，团队先从起初的 4000 余家慈善组织过滤出 2550 家基金会、809 家社会团体和 217 家社会服务机构，又用信用指数评估模型筛选出来了 30 家民间筹款型慈善组织和 30 家公办的筹款型慈善组织，且这 60 家组织均为基金会。而在过去的 9 年里，基金会行业的整体透明度已经稳定在 80% 以上，这也一定程度上说明透明度的大幅提升，促进了基金会行业的整体信用的提升。

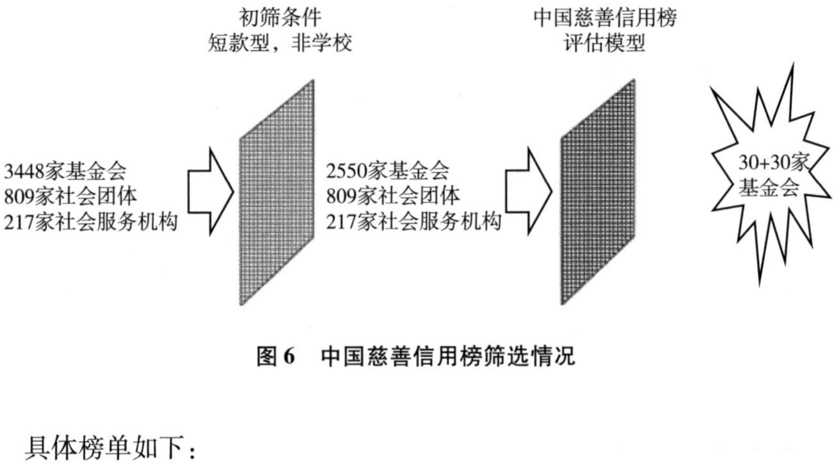

图 6　中国慈善信用榜筛选情况

具体榜单如下：

表3　中国慈善信用榜上榜慈善组织名单

排名	公办筹款型慈善组织	民间筹款型慈善组织
1	中国儿童少年基金会	中华少年儿童慈善救助基金会
2	中国扶贫基金会(并列第一)	爱德基金会
3	中国发展研究基金会	深圳壹基金公益基金会
4	中国青少年发展基金会	上海真爱梦想公益基金会
5	中华思源工程扶贫基金会	北京市企业家环保基金会
6	中国人口福利基金会	北京桂馨慈善基金会
7	中国妇女发展基金会	北京春苗儿童救助基金会
8	中国残疾人福利基金会	北京新阳光慈善基金会
9	中国华侨公益基金会	上海联劝公益基金会
10	中华环境保护基金会	中华社会救助基金会
11	云南省青少年发展基金会	爱佑慈善基金会
12	江苏省儿童少年福利基金会	无锡灵山慈善基金会
13	上海市慈善基金会	北京乐平公益基金会
14	中国绿色碳汇基金会	上海仁德基金会
15	中国教育发展基金会	海南成美慈善基金会
16	浙江省青少年发展基金会	北京市西部阳光农村发展基金会
17	中国社会福利基金会	广东省千禾社区公益基金会
18	上海宋庆龄基金会	湖南弘慧教育发展基金会
19	深圳市关爱行动公益基金会	北京春晖博爱儿童救助公益基金会
20	中国西部人才开发基金会	北京联益慈善基金会
21	北京妇女儿童发展基金会	深圳市红树林湿地保护基金会
22	海南省残疾人基金会	深圳市龙越慈善基金会
23	中国初级卫生保健基金会	浙江省新华爱心教育基金会
24	山西省残疾人福利基金会	广东省绿芽乡村妇女发展基金会
25	中国友好和平发展基金会	深圳市桃花源生态保护基金会
26	浙江省体育基金会	宁波市善园公益基金会
27	中国绿化基金会	北京韩红爱心慈善基金会
28	中国光华科技基金会	北京市永源公益基金会
29	四川省科技扶贫基金会	北京永真公益基金会
30	成都市残疾人福利基金会	浙江省爱心事业基金会

（二）中国慈善信用榜上榜慈善组织一半以上来自北京

从图7可以看出，上榜的60家组织里，有21家登记注册在民政部，位列分布第一；有12家在北京市民政局，位列第二；第三名是上海民政局和深圳民政局。

对于公办慈善组织而言，民政部注册组织占了大部分。但是对于民间慈善组织而言，北京市民政局注册的慈善组织较多，且深圳市民政局、上海市民政局注册组织数量也超过3家，说明信用较好的慈善组织中，民间慈善组织在各地的分布更加均衡，而公办慈善组织更加集中于北京（见图8、图9）。

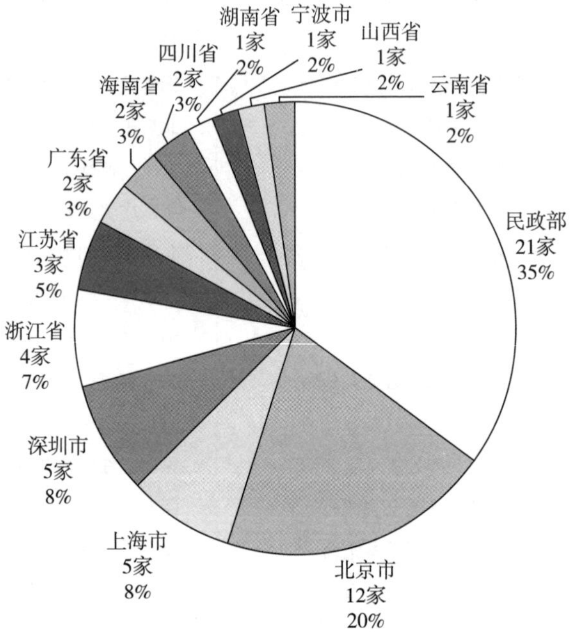

图7　中国慈善信用榜上榜慈善组织注册地分布

（三）重点关注领域与互联网筹款热门领域一致

对于上榜慈善组织关注领域划分后，发现在所有上榜筹款型慈善组

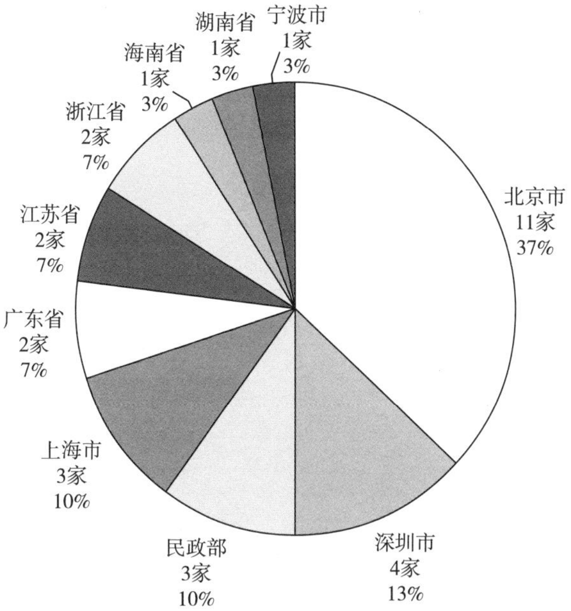

图 8　中国慈善信用榜上榜民间慈善组织注册地分布

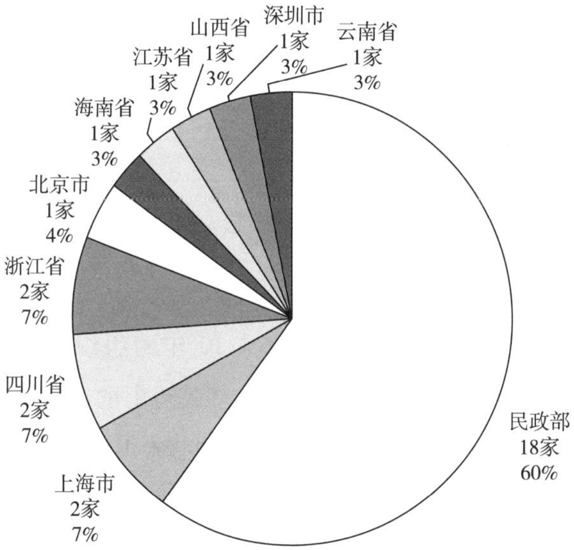

图 9　中国慈善信用榜上榜公办慈善组织注册地分布

织中一半以上关注教育。排名第二和第三的领域分别是医疗救助和救灾，这都是互联网筹款最热门的领域。扶贫、环境等紧随其后，同样契合时代热点，体现上榜慈善组织能够较好地跟随、回应政策和民生诉求（见图10）。

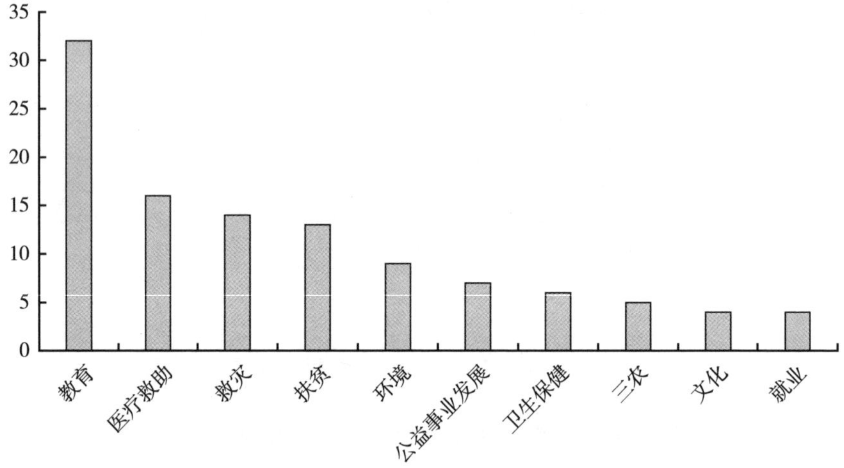

图10　中国慈善信用榜上榜慈善组织关注领域分布

（四）十年磨一剑，成立6～10年的新兴募捐型慈善组织蓬勃发展

在基金会的成立年份上，以5年为一周期进行划分，60家慈善组织中上榜最多的是6～10年的阶段（见图11）。但是在区分具体类型后，可以发现，在民间慈善组织中，成立时间为6～10年的组织表现突出，体现出“十年磨一剑”的成果。而21～25年，有悠久历史的老牌组织，则是公办慈善组织的主力。可以推测，成立6～10年的慈善组织，正处于稳步向上发展趋势中，在经验丰富的同时，具有更好的与时俱进能力。同时那些具有丰富经验和知名度，在相关领域具备了一定资源的成熟公办慈善组织，也同样注重品牌形象和组织信用建设。

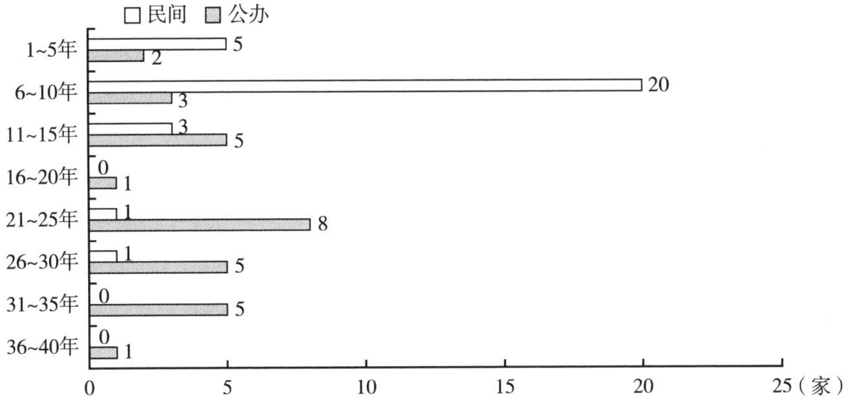

图11　中国慈善信用榜上榜慈善组织成立时间分布

（五）上榜慈善组织的透明度、组织发展和影响力表现优异

2011年3月，《社会组织评估管理办法》开始施行，民政部门对各级人民政府民政部门登记注册的社会团体、基金会、民办非企业单位进行评估，分为5个等级。中国慈善信用榜上榜的60家慈善组织中，共有29家慈善组织在2015~2017年获得5A，14家慈善组织获得4A，4家慈善组织获得3A。60%的上榜民间慈善组织与67%的上榜公办慈善组织获得了5A评价，且均有超过30%的组织获得中华慈善奖，说明2018年中国慈善信用榜上榜组织整体表现优异。

在透明度方面，如果以100分为满分衡量，上榜的筹款型慈善组织的透明度评分上，民间筹款型的平均分是98.03分，公办筹款型的是99.26分，上榜组织几乎达到全透明的程度。就员工数量而言，上榜民间慈善组织中员工数量增速的中位数是21%，说明整体呈高速发展趋势。而公办慈善组织相对历史悠久，团队发展较为稳定，员工数量增速的中位数为4%。可以看出整体而言，信用榜上榜组织有着优秀的表现。

表4　中国慈善信用榜上榜慈善组织发展情况

	上榜民间筹款型慈善组织	上榜公办筹款型慈善组织
5A 级社会组织	60%	67%
中华慈善奖	30%	40%
透明度	98.03	99.26
员工数量增速	21%	4%

（六）整体资产总量较大，公办慈善组织优势明显

在2017年的组织总资产统计上，总资产超过10亿元的基金会有3家，超过5亿元的有13家，平均资产总量超过3亿元。总资产排名前十的上榜慈善组织中，前9家均为公办慈善组织，它们分别为：上海市慈善基金会、中国扶贫基金会、中国青少年发展基金会、中国残疾人福利基金会、中国光华科技基金会、上海宋庆龄基金会、中国妇女发展基金会、中国儿童少年基金会、中国教育发展基金会。民间慈善组织中仅有爱佑慈善基金会上榜，排在第十位。排名前二十的慈善组织中，也仅有4家民间基金会。在公办慈善组织中，总资产排名前十的慈善组织中有5家慈善组织信用指数排名前十；在民间慈善组织中，有6家慈善组织同时位于总资产和慈善组织信用指数排名的前十位。

表5　中国慈善信用榜上榜民间慈善组织2017年总资产排名

单位：万元

排名	民间筹款型慈善组织	2017 年总资产
1	爱佑慈善基金会	55672.01
2	爱德基金会	52673.23
3	中华少年儿童慈善救助基金会	51907.13
4	深圳壹基金公益基金会	37120.15
5	上海真爱梦想公益基金会	19409.91
6	中华社会救助基金会	18731.82
7	北京市企业家环保基金会	16706.28
8	浙江省新华爱心教育基金会	11476.34
9	上海联劝公益基金会	5999.74
10	北京桂馨慈善基金会	5255.23

表6　中国慈善信用榜上榜公办慈善组织2017年总资产排名

单位：万元

排名	公办筹款型慈善组织	2017年总资产
1	上海市慈善基金会	281012.46
2	中国扶贫基金会	246385.68
3	中国青少年发展基金会	131116.23
4	中国残疾人福利基金会	85141.81
5	中国光华科技基金会	72320.74
6	上海宋庆龄基金会	70382.16
7	中国妇女发展基金会	64593.46
8	中国儿童少年基金会	59252.11
9	中国教育发展基金会	55496.64
10	中国社会福利基金会	52846.29

（七）上榜慈善组织收入增长势头正好

在组织收入方面，公办慈善组织同样展现出较大优势。以2017年为例，总收入排名前十的慈善组织中仅有中华少年儿童慈善救助基金会进入，其他均为公办慈善组织。在总收入上民间慈善组织与公办慈善组织还有一定差距，中华少年儿童慈善救助基金会与中国教育发展基金会分别为2017年年度总收入排名第一的民间与公办慈善组织，但是后者数量为前者的4.5倍。在2015～2017年总收入增长率的排名上，排名前十的慈善组织中民间慈善组织数量超过一半，上海仁德基金会、深圳市桃花源生态保护基金会、宁波市善园公益基金会3家民间慈善组织占据前三，且总收入增长率均超过200%。在捐赠收入上，全部上榜组织中排名前十的慈善组织中有5家组织分别位于本类型慈善组织信用指数的前十位，且3家在中国慈善信用榜排名第一的慈善组织均进入捐赠收入排名前十。在2015～2017年捐赠收入增长率上，中华少年儿童慈善救助基金会达到71%，远远超过另外两家公办基金会。过去三年间上榜民间慈善组织筹款年增速的中位数为22%，公办慈善组织筹款年增速的中位数为20%，代表着上榜慈善组织整体处在高速发展的过程。

表7　中国慈善信用榜上榜民间慈善组织2017年总收入排名

单位：万元

排名	民间筹款型慈善组织	2017 年总收入
1	中华少年儿童慈善救助基金会	56956. 79
2	爱佑慈善基金会	44688. 73
3	爱德基金会	27731. 19
4	中华社会救助基金会	24037. 74
5	深圳壹基金公益基金会	23599. 34
6	北京市企业家环保基金会	20106. 12
7	上海真爱梦想公益基金会	15374. 16
8	无锡灵山慈善基金会	11786. 14
9	上海仁德基金会	9175. 91
10	上海联劝公益基金会	7831. 60

表8　中国慈善信用榜上榜公办慈善组织2017年总收入排名

单位：万元

排名	公办筹款型慈善组织	2017 年总收入
1	中国教育发展基金会	255014. 85
2	中国初级卫生保健基金会	169865. 76
3	中国妇女发展基金会	93709. 92
4	上海市慈善基金会	85916. 61
5	中国光华科技基金会	65359. 89
6	中国扶贫基金会	64285. 78
7	中国社会福利基金会	57268. 25
8	中国儿童少年基金会	51251. 83
9	中国青少年发展基金会	50010. 41
10	中国残疾人福利基金会	48151. 31

（八）支出与信用指数排名前二十总体接近

在全部上榜的60家慈善组织中，有20家慈善组织2017年年度总支出超过了1亿元，且其中超过90%的慈善组织在中国慈善信用榜上位列前二十。在2017年公益支出排名上，中国教育发展基金会、中国初级卫生保健基金会、中国妇女发展基金会、上海市慈善基金会、中国光华科技基金会5家公办慈善组织位列60家慈善组织排名的前五，且公益事业支出均超过了5000万元。中华少年儿童慈善救助基金会、爱佑慈善基金会、中华社会救助基金会、爱德基金会、深圳壹基金公益基金会2017年公益事业支出均超过了1000万元，在民间慈善组织中排名前五，且其中中华少年儿童慈善救助基金会、爱德基金会、深圳壹基金公益基金会在中国慈善信用榜上排名前三位。对于公益事业支出在总支出的占比上，排名进入前十的公办与民间慈善组织各有5家，且信用指数排在10～20位的慈善组织整体排名靠前，在公益事业支出的投入上相对较大。

表9　中国慈善信用榜上榜民间慈善组织2017年总支出排名

单位：万元

排名	民间筹款型慈善组织	2017年总支出
1	中华少年儿童慈善救助基金会	33955.37
2	爱佑慈善基金会	33123.99
3	深圳壹基金公益基金会	22746.97
4	中华社会救助基金会	20782.88
5	爱德基金会	20143.74
6	上海真爱梦想公益基金会	11346.18
7	北京市企业家环保基金会	8816.81
8	无锡灵山慈善基金会	8327.80
9	上海联劝公益基金会	6922.65
10	北京新阳光慈善基金会	6720.97

表10　中国慈善信用榜上榜公办慈善组织2017年总支出排名

单位：万元

排名	公办筹款型慈善组织	2017年总支出
1	中国教育发展基金会	254121.75
2	中国初级卫生保健基金会	170906.35
3	中国妇女发展基金会	84129.16
4	上海市慈善基金会	71866.00
5	中国光华科技基金会	62746.20
6	中国扶贫基金会	50261.94

续表

排名	公办筹款型慈善组织	2017 年总支出
7	中国残疾人福利基金会	45380. 15
8	中国社会福利基金会	42013. 58
9	中国儿童少年基金会	41627. 91
10	中国青少年发展基金会	39636. 28

四　慈善信用促进慈善组织良性发展

综上所述，2018 年中国慈善信用榜上榜的 60 家慈善组织整体较为年轻，在组织发展、公益事业投入等方面表现较好，且筹款能力较强，整体表现良好。公办与民间筹款型慈善组织各具特色，又有许多共性。评选出来的组织平均有着优秀的表现并在某些特点上较为统一。这不仅能在一定程度上表现结果的合理性，也为如何提高慈善信用指明了方向。

社会组织面临的信用时代，是“互联网 + 信用信息”的时代。中国慈善信用榜是这个时代的产品，也推动了社会组织更快地进入这个时代，更懂互联网时代的生存之道。政府对社会组织 360 度的信息公开，直接推动了中国慈善信用榜等社会组织行业信息产品的出现。有关信息推送需求方，将对社会组织的信用程度有更好的判断，在市场机制上优胜劣汰。社会组织要进一步认识到《社会组织信用信息管理办法》出台、互联网技术的变革与第三方评估的发展，将进一步改变行业生存和发展的规则，需要社会组织提升外部环境适应力，自我改革。

公信力就是慈善组织的生命线。慈善信用评估，有助于促进慈善组织信用体系建设与发展，为慈善行业发展描绘蓝图。通过客观数据与透明评估，让公众用脚投票，有助于实现优胜劣汰，促进慈善行业加快信用建设，创新发展，与时俱进。

热点事件篇

Hot Topics

B.15

性骚扰丑闻引发公益慈善行业性别文化与伦理建设反思

徐会坛*

摘　要： 2018 年 7 月，公益慈善界密集曝光出性骚扰丑闻。丑闻在社交媒体上引起了强烈的关注和激烈的争议。在一些倡导性别平等的草根公益机构、公益人和行业意见领袖的推动下，关注和争议扩大为具有一定行业属性的公共讨论和行动。讨论的议题主要集中在慈善伦理、性别文化等方面，行动的内容则主要包括表态与处置、机制建设与联动培训等方面。这些发声和行动在一定程度上促使丑闻转化成一次公益慈善行业就性别平等、慈善伦理等问题进行整体审视、反思、教育与建构的契机。

* 徐会坛，自媒体“公益资本论”特约撰稿。

关键词： 公益慈善　丑闻　公信力　性别平等　慈善伦理

2018 年 7 月，多位知名公益人相继陷入性骚扰丑闻。这些丑闻通过社交媒体，以被骚扰当事人实名或匿名指控的方式曝光和传播开来，并呈现短时间内连环式爆发、运动式发展的态势。丑闻在社交媒体上引起了强烈的关注和激烈的争议。随后，在一些倡导性别平等的草根公益机构、公益人和行业意见领袖的推动下，关注和争议扩大为具有一定行业属性的公共讨论和行动。讨论的议题主要集中在慈善伦理、性别文化等方面，行动的内容则主要包括表态与处置、机制建设与联动培训等方面。

公益慈善界爆发性骚扰丑闻①

2018 年 7 月 20 日，社交媒体曝光了第一起公益慈善界性骚扰丑闻。当晚，一位自称曾在“广州市恭明社会组织发展中心”工作过的女性在微信朋友圈发布自述，称曾于“2012 年或者 2013 年左右”的一场培训中遭到某知名议事规则专家的性骚扰。这一指控发出后，被指控的专家和涉及的公益慈善机构都没有第一时间公开回应，事件的传播也主要局限在个别圈子里，谈资性质明显。

2018 年公益慈善界性骚扰丑闻的真正发酵、从谈资逐渐转化为公共议题，是从 7 月 23 日某知名乙肝患者平权机构的创办人被指控开始的。当天早上，一名该机构的前女实习生发表匿名长文，指控该机构创办人在 2015 年的一次徒步公益活动中对自己进行了性侵犯，而她如今决定公开举报，是因为新近得知还有更多与她一样的受害者。指控长文发出后即在社交媒体引起比较广泛的传播。数小时后，该创办人在朋友圈“承认（指控）文章中

① 以下对事件的回顾与梳理所依据的资料绝来源于由志愿者协作编辑的《2017 ~ 2018 年曝光的性骚扰/性侵 MeToo 曝光事件表》，https：//ngometoo. github. io/ngometoo - lists/，最后访问时间：2019 年 3 月 5 日。

的事实”，并称“考虑向警方自首”，并不再担任该机构的负责人。然而，在当天下午发给主流媒体的新闻通稿中，他又称与指控者在事发当时是恋人关系，企图辩护；这一说法在当晚即被事件指控者公开否认，与此同时，2015 年参与徒步公益活动的另一位女性也发表了针对该创办人的匿名指控自述。该创办人的朋友圈回应、面对媒体的说辞和新指控者的出现，直接推动了事件传播的升级，引发了更多主流媒体的关注和跟进报道，在互联网上甚至出现了“公益人××涉性侵”的专题新闻页面，北京市警方也表示对事件重视并开展核实工作。

前述公益机构创办人涉性侵丑闻曝光当天午间，又有全国知名公益项目的发起人等几位男性知名公益人在一微信群中就事件的讨论流出，其中关于赞赏前述公益机构创办人“承担责任”、支持他“勇敢面对，重新开启”等言论引发了舆论场的强烈反弹，被指责“展示了强烈的兄弟会气味”，是“公益圈中的腐朽和衰败”的表现。当天稍晚，社交媒体开始广传一则新的性骚扰指控，而指控的矛头所直指的正是前述参与讨论的男性知名公益人之一；该指控称，2015 年 7 月在浙江举办的一次论坛活动上，该知名公益人曾性骚扰一位女性活动参与者，“同时承诺可让她成为新项目负责人”。同一天晚上，社交媒体又爆出了当天第三则公益慈善界性骚扰指控。在该指控中，一环保公益人士称某知名民间环保公益组织发起人曾性骚扰与性侵其所在机构的女实习生和女员工。

至此，关于公益慈善界性骚扰丑闻讨论正式突破小范围传播，成为舆论场中大范围关注和讨论的热门事件。在接下来的 7 月 24、25、26、27 日，又陆续曝光了多起相关丑闻。一时之间，公益慈善界性骚扰指控呈现陆续有来之势。在此期间，性骚扰指控还延伸到媒体、公共知识分子圈、体育界和娱乐界，被举报者包括中央电视台著名主持人、历任《中国新闻周刊》及新华社等媒体要职的知名媒体人、前羽毛球国家队队员等，并引起了更大范围、更深层次的舆论反响。

媒体人覃里雯对“微信指数”的搜索观测显示，“性骚扰”一词在 7 月 24 日高峰期关注度超过 3000 万，7 月 26 日的高峰期关注度超过 2500 万。

如此关注度虽然远低于同期“疫苗事件”顶峰时3亿多的关注度，但已经是中国性骚扰议题十分罕见的关注高潮。[①] 据不完全统计，2018年7月，在中国社交媒体、主流媒体上曝光的性骚扰丑闻共21起，其中，公益慈善界占了10起。

性骚扰丑闻曝光后，公益慈善界的发声与行动

相对于此前在高校的情况，接连曝光的性骚扰丑闻在公益慈善界得到更加快速、更加积极的关注和回应。首先，普遍认为这与公益慈善行业的特殊性有关，即公益慈善行业本身就以追求社会公平正义美好为目标，其从业者、支持者和关注者一般怀有比较强烈的正义感；其次，社会公信力是公益慈善行业赖以生存和发展的根本，对危及这一社会公信力的丑闻及时进行止损、反思和遏制，是公益慈善行业的基本共识；再次，在现代社会，倡导和推动性别平等本就是社会公平正义美好的题中之义，已播种在不少公益慈善行业从业者、支持者和关注者的意识里；此外，公益慈善事业的本质是“民间”“自愿”“自主”[②]，这使得公益慈善作为一个行业来说权力结构相对松散，个人和机构，尤其是草根公益人和草根公益组织，在其中具有较高的自主性和自发性，其发声和行动比较不容易受到大机构和意见领袖的牵制。

对这一轮性骚扰丑闻反应、发声和采取行动最迅速、最积极的正是一批草根公益人和草根公益组织。从第一起丑闻流出起，在微博、微信等社交媒体上就迅速组建起了一些以反性骚扰为主题的讨论小组或行动小组，其中“一些以妇女组织为核心、专门为处理性侵害事件而建立的微信群一天滚动上千条信息”[③]。一些熟悉互联网技术的志愿者还自发利用互联网开源软件

---

① 覃里雯：《中国“米兔”何以创造历史》，纽约时报中文网，https：//cn. nytimes. com/opinion/20180815/how - metoo - matters - in - china/，最后访问时间：2019年3月5日。

② 资中筠：《财富的责任与资本主义演变》，上海三联书店出版，2015，第1版，第525页。

③ 李思磐：《公益领域反骚扰：改变世界要从自己做起》，腾讯大家网，http：//dajia. qq. com/original/category/lsp20180725. html，最后访问时间：2019年3月7日。

建立起了“咪兔”网站（NGOMeToo），通过网络众包的形式，不但系统收录、整理曝光出来的丑闻相关文章、图片、报道、各方回应等，还为受害者提供媒体支持及法律/心理援助对接等志愿服务。[①] 为了应对网络言论审查，一些志愿者借助区块链技术在一些技术平台上建立社群，并写入与丑闻有关的文章、图片资料等，使之能够永久储存和无法篡改。这些都彰显了社交媒体赋权下民间社会力量的灵活性和创新性。

与此同时，一些持续深度关注和致力于促进性别平等的民间公益组织也第一时间行动起来。7 月 23 日，在第二起丑闻曝光后，广东省绿芽乡村妇女发展基金会就通过官方微信公众号发出了“设立行业反性骚扰机制”的倡议及《绿芽基金会反性骚扰机制（草案版）》，并宣布“将首先启动机构内部的反性骚扰机制”[②]；7 月 27 日，该基金会还发起了一场线上“公益行业反性骚扰机制建立讨论会”，共有超过 250 名来自全国各地的个人或机构代表参与了讨论，并纷纷表达了对性骚扰事件的零容忍态度和行动的承诺与计划[③]。此外，广州性别教育中心[④]也积极通过官方微信公众号持续推送关于如何识别和预防性骚扰的普及性文章，在群情汹涌之中，为人们提供了理性审视和讨论有关事件的重要知识参考。

在线下活动方面，广东、云南、北京等多地都从 7 月 23 日起就计划筹备研讨会。其中，能够查到的最早的线下研讨会是 7 月 29 日由云南 6 名公益人发起的“云南公益人反性侵犯交流会”，其议程包括性健康与性侵犯知识普及、行业规范及自律和关于如何给受害者提供身心支持的讨论。[⑤] 8 月 4 日，广东省绿芽乡村妇女发展基金会和广州性别教育中心也组织发起了讨

---

① https：//ngometoo. github. io/，咪兔（NGOMeToo）网站，最后访问时间：2019 年 3 月 7 日。

② 《袁、雷事件丨公益机构反性骚扰机制不能再等》，绿芽基金会微信公众号，https：//mp. weixin. qq. com/s/fa6GmcpBiJlze6XTWXJ4Pw，最后访问时间：2019 年 3 月 7 日。

③ 《百家公益机构参与公益行业反性骚扰机制建立讨论会》，绿芽基金会微信公众号，https：//mp. weixin. qq. com/s/l2VmiSi17JGtxuEPn5uA5w，最后访问时间：2019 年 3 月 7 日。

④ 迫于压力，该中心于 2018 年 12 月 6 日宣布从当天起停止运营，微信公号也停止更新。

⑤ 《云南公益人反性侵事件交流会》，NGO 传播微信公众号，https：//mp. weixin. qq. com/s/dqQwMbpTo_ I3rXt_ JTQlRg，最后访问时间：2019 年 3 月 7 日。

论会，邀请高校、法律界与公益行业的代表就两机构共同拟定的《反性骚扰机制草案》提出建议。①

更加具备行业性的一场线下讨论会举办于 8 月 8 日。该讨论会由爱德基金会传一慈善文化基金发起，11 家知名公益慈善机构联合主办。在不得不局限在小范围的情况下，仍有超过 40 家公益慈善机构的代表现场参与了讨论。讨论会后，这 40 多家公益慈善机构都签署了经多次征求意见和修改的《公益慈善界反性骚扰承诺书》。这次讨论会的意义虽然从现场来看参与的公益慈善机构数量仍过少、在类别上也有很多缺失、讨论本身的深入也还不够，但它确实是“体现公益慈善行业伦理担当与道义责任的一次集体发声”，“体现了公益慈善行业在社会行动浪潮中提出追问、进行不断审视与思考的意志”，并且“彰显了对于建设者的立场的选择，共同探讨建设的手段、建设的机制、建设性的反思”。②

这些广泛而正面的发声和行动显示出公益慈善作为一个行业在反性骚扰问题上的基本共识与决心。这种共识和决心不仅体现在行业的自我反省和自我清查方面，还体现在压倒性同情遭遇性骚扰者上。肯定遭遇性骚扰者打破舆论与权力桎梏的勇气，为倾诉与指控者提供安全、友好、尊重的环境与支持，成为主流意见和行动前提。性骚扰是一个长期较为严峻却得不到足够重视的问题，而这和相关案例的鲜被揭发有直接关系。例如，据广州性别教育中心发起的高校性骚扰调查报告显示，接近 70% 的大学生和毕业生遭受过不同程度的性骚扰，但是这些骚扰和侵害只有不到 4% 被报告到学校和警方。③ 一般认为，导致这种情况的核心原因之一，是在父权文化仍占据主流的社会舆论环境中，性骚扰受害者一方面容易自我归罪，另一方面普遍诉讼难和面临“荡妇羞辱”④ 的风险。鼓励受害者说出经历、指控施害者，以释

① 《公益机构需要一个反性骚扰机制》，NGOCN 网 http：//www. ngocn. net/news/2018 – 08 – 06 – c48595ffd74761fc. html，最后访问时间：2019 年 3 月 7 日。

② 公益慈善界性别友好机制建设研讨会现场发言，此前未经公开发表。

③ 《百家公益机构参与公益行业反性骚扰机制建立讨论会》，绿芽基金会微信公众号，https：//mp. weixin. qq. com/s/l2VmiSi17JGtxuEPn5uA5w，最后访问时间：2019 年 3 月 7 日。

④ 荡妇羞辱，指把性骚扰、性侵犯的发生归咎于女性自身的不检点，例如穿着过于性感等。

放负面情绪、促使施害者受到道义谴责或法律惩罚，并起到一定的预防和社会教育作用，是全球 MeToo 运动的基本模式。[①] 但是，在中国，2018 年 7 月公益慈善界针对陆续曝光的性骚扰丑闻予以积极回应之前，倾诉者普遍处于遭受质疑或得不到太多关注的境地。

然而，在这一波性骚扰丑闻的回应中，公益慈善行业的发声与行动也有饱受诟病之处。被较多指出的主要有如下三点：其一，被指控的涉性骚扰男性公益人的回应哪怕是在承认被指控事实的情况下，仍然公关性明显、反思性不足，避重就轻、趋利避害；其二，一些素日里在公益慈善行业比较活跃和有影响力的公益人或专家学者，尤其是男性，因为朋友、所属机构受相关指控的牵连，片面地以阴谋论来定性丑闻的曝光；其三，公益慈善行业里公开对丑闻表示关切和呼吁行业在性别友好方面自查与自律的意见领袖，绝大多数是女性，例如谢丽华、杨团、高小贤、郭虹、刘小钢、陈一梅、翟雁、金锦萍等，鲜闻男性的声音。

性骚扰丑闻对公益慈善界的影响与启示

性骚扰丑闻密集曝光过程中，乃至丑闻逐渐平息之后，有关报道的评论区中，有不少诸如“公益圈真乱”“公益行业比商业领域更加肮脏”“公益行业是不可信的”等这样的网友留言。不少报道以“地震”形容丑闻带给公益慈善界的负面影响，认为这些丑闻对公益慈善行业的公信力造成了重创；更有论者指出，它们带给公益慈善行业的负面影响可能会甚于当年的“郭美美事件”。[②]

---

① 蓝方：《MeToo 正在扩大化？对，还要来得更猛烈一些》，C 计划微信公众号，https：//mp. weixin. qq. com/s/6VFAQ59v3XazJt_ kWuJ－AQ，最后访问时间：2019 年 3 月 7 日。

② 王婷：《关于公益圈性骚扰，她们有话说!》，中国发展简报网，http：//www. chinadevelopmentbrief. org. cn/news－21695. html，最后访问事件 2019 年 3 月 9 日。关于郭美美，2011 年 6 月，一名为郭美玲的年轻女性在网上炫耀其奢华生活，并称自己是中国红十字会商业总经理，在网络上引起轩然大波，此事件后来被称作“郭美美事件”；事件曝光后，民政部统计数据显示，2011 年 7 月，全国社会捐款数为 5 亿元，和 6 月相比降幅超过 50%；2014 年 8 月，“郭美美事件”的政府调查结果出炉，结果显示，郭美美及其资金来源与中国红十字会毫无关系，但这并未消除网民对中国红十字会的负面印象，直至今日，人们一提起红十字会，仍会想起郭美美。

但是，公益慈善行业公开、正面的主流发声和行动在一定程度上促使此事件成为一次行业整体审视、反思、教育与建构的契机。这种审视、反思、教育与建构主要表现在如下几个方面。

第一，为公益慈善行业敲响了一记在快速发展中审视与反思自我的警钟。这种审视和反思突出表现在对丑闻发生原因和症结的深层分析与讨论中。这些分析和讨论中比较具代表性的有如下三点。

（1）公益慈善行业是社会的一个缩影，公益慈善从业者也是社会人，社会上诱发性骚扰的种种意识、机制与现实等因素在公益慈善界同样存在。例如“江湖习气”“‘大佬’文化”“山头文化”“男权意识”“酒桌文化”“权威崇拜”“个人膨胀”“组织内部权力监督与制约不足”，等等。但是，这些因素往往被公益慈善的道德光环所遮蔽，以至于未能及时或普遍地引起应有重视和防微杜渐。（2）在公益慈善机构数量快速增长、公众筹款额度明显提高、市场化探讨热情更加高涨的同时，慈善文化、慈善伦理发展滞后。使命和愿景的审视与重申在公益慈善机构内部和公益慈善行业的各种对话中附带化，公益慈善机构内部文化建设被有意无意地忽略，项目设计的功利化考量超越倡导性追求。这些在不同程度上导致了公益慈善价值观模糊甚至偏移，削弱了遏制丑闻发生的内在约束力量。（3）中国 NGO 的发展与赋权女性、推动性别平等密切相关。NGO 这个概念本身就是从 1995 年北京世界妇女大会之后才逐渐为中国人所知的；此外，早期大力支持和推动了中国 NGO 发展的一些占主导地位的国际基金会在资助政策中大都把促进妇女主动参与、注重社会性别分析等作为重要准则，并且推动或资助了不少社会性别培训。在此背景下，中国第一乃至第二代 NGO 的目标追求中或多或少都带有倡导与推动性别平等的因子，而性别平等领域的 NGO 也曾一度扮演了中国 NGO 开路先锋的角色。但是，近年来由于政府管控、国际基金会退出、国内基金会兴起而筹资与资助伦理尚不成熟等原因，社会性别议题和相关领域的 NGO 大都日渐边缘化，没有得到相应的、足够的支持，社会组织也普遍缺乏对员工的社会性别意识培训和预防与干预性骚扰的机制。长而久之，社会性别意识在公益慈善界出现了整体性的弱化，为性骚扰现象的滋生和恶化提供了土壤。[①]

第二，对公益慈善行业客观上起到一次社会性别意识教育的作用。社会性别视角的重申以及相关专业知识的普及，对密切关注事件发展的公益慈善从业者来说，不但有助于更加理性、客观地分析事件中的各方声音，还是一次基于鲜活场景体验与专业知识汲取的社会性别教育巩固。尤其是在对性骚扰的界定上，“具有性含义的不受欢迎的直接的或暗示性的言语或行为均为性骚扰”，[②] 这已基本上植入了每一位密切关注事件发展的公益慈善从业者的知识和观念体系之中。对于个人来说，起到了识别性骚扰以在生活和工作中自我保护或自我审视的作用；对于机构和行业来说，对于制定规范、原则及机制以提升整体预防和回应性骚扰的意识和专业能力，具有基础性共识的价值。

值得一提的是，在性骚扰丑闻出现后，一份男性公益人版反性骚扰倡议书出现在了互联网上，并呼吁联署，其主要内容包括：支持性别平等，尊重每一个个体，反对一切物化他人特别是物化女性和任何其他的性别歧视行为；加强自律，管住肢体；纠正周围性别歧视和性别暴力的不良观念、不良人物和不良言行；教育身边的男孩和成年男性，将性别平等这一天赋人权播种进人心；理解、关心并支持遭遇性别暴力的同胞；在力所能及的范围，支持女性和性少数群体的经济赋权，让性别平等在经济、文化、科学、社会、法律等所有领域逐一实现。[③]

第三，推动了公益慈善行业相应的一些机制建设。其中，最直接的当数反性骚扰机制的建设。在性骚扰丑闻陆续曝光的过程中，一些牵涉其中的公益慈善机构，纷纷表态会将社会性别议题纳入机构内部培训中，并把建立内部预防与应对性骚扰机制列作机构的长期工作。此外，一些有影响力的资助

---

① 王婷：《关于公益圈性骚扰，她们有话说！》，中国发展简报网，http：//www.chinadevelopmentbrief.org.cn/news-21695.html，最后访问事件2019年3月9日。

② 《公益慈善机构防治性骚扰机制建设操作指南》，墨德瑞特微信公众号，https：//mp.weixin.qq.com/s/o1bqeeBnM-bJ4PkK6m7qPQ，最后访问时间：2019年3月9日。

③ 郭兆凡：《“性侵？恋爱醉酒而已”》，C计划微信公众号，https：//mp.weixin.qq.com/s/Bp_vx4SD85PjAKFpm9F7xg，最后访问时间：2019年3月9日。

型基金会也开始在促进公益慈善行业社会性别意识提升方面着手作为。其中，南都基金会对广州性别教育中心的项目进行了立项，核心目标之一就是促进公益机构建立与性别平等和预防性骚扰有关的机制，在机构的管理工作中加入反性骚扰的流程和规范内容[①]；北京三一公益基金会资助出品了一份可供公益慈善行业免费下载与使用的《公益机构防治性骚扰机制建设操作指南》。敦和基金会则明确表态会在所资助的旨在帮助公益慈善机构建立筹资能力的实操手册中，加入防治性骚扰的内容。

在反性骚扰机制之外，这波性骚扰丑闻也一定程度上搅动了公益慈善行业资助机制的建设。这主要表现在性骚扰丑闻曝光后，对于性骚扰丑闻中的被指控者所创办或所在的公益慈善机构，是否应该立即停止资助的问题的讨论上。在一些公益慈善机构的负责人涉性骚扰的丑闻曝光后，即有曾资助这些机构的基金会发表公开声明，停止对这些机构的资助，并重申对所资助的公益慈善机构及其负责人的价值观和个人行为操守的重视。对于这些基金会的表态和处置，公益慈善行业意见不一，其中不乏保留意见。这些保留意见主要包括负面事件发生后进行资助终止，应该也有明确的程序依据，而更加重要的是需要重新审视基金会资助的程序、资助条件和尽职调查义务，反思在资助机制中是否有把反性骚扰等伦理因素也作为重要考量因素。[②]

总体而言，公益慈善行业在一系列性骚扰丑闻曝光后的发声和行动是聚焦而正面的，显示出了公益慈善行业把伦理建设问题提上今后议程的基本共识与决心。但是，是否真的能够从这波性骚扰丑闻的爆发中切实吸取教训、总结经验、反思路径？还有待实践进一步检验。此外，在吸取教训、总结经验、反思路径之后，如何具体开展有关机制的可持续建设、重建价值？也还是一个尚待解决的问题。

---

① 该立项后因压力而终止。

② 金锦萍：《金锦萍：法律有漏洞，良知根本没有漏洞，良知让社会更良善》，凤凰网公益，https：//gongyi. ifeng. com/a/20181227/45273458_ 0. shtml，最后访问时间：2019 年 3 月 9 日。

B.16

慈善业界积极回应《社会组织登记管理条例（草案征求意见稿）》

马剑银*

摘　要： 2018 年 8 月 3 日，民政部发布将社会组织三大条例合而为一的《社会组织登记管理条例（草案征求意见稿）》，公开征求意见。慈善业界实践者、专家、学者等纷纷围绕该草案征求意见稿组织讨论、发表意见。一些专家指出，草案征求意见稿从宏观立法依据、指导思想、框架到具体制度建构、条文表述，都存在许多问题，建议有关部门充分听取社会各界的意见，适当延长立法周期，不宜匆忙出台。

关键词： 《社会组织登记管理条例》　慈善法治　直接登记

2019 年 2 月 21 日，国务院新闻办公室举行新闻发布会，民政部部长黄树贤介绍 2019 年度的十项惠民措施时提到，民政部将“推进社会组织登记管理条例的立法，完善社会组织管理法规政策，依法做好社会组织的管理，

* 马剑银，法学博士、公共管理学博士后，北京师范大学法学院副教授，公益慈善与非营利法治研究中心主任，主要研究领域为法理学、法社会理论与法哲学、立法学、比较法与法文化研究、法制与宪制研究、公益慈善与非营制法制研究。本文写作受到 2018 年度国家社科基金一般项目“我国慈善组织认定制度的实施困境及其对策研究”（项目号：18BZZ090）的支持，同时也是中国慈善联合会“竹林计划”“法治视域中的慈善文化认同（项目号：2017ZLJH－98）的阶段性成果。

更好地发挥社会组织的积极作用”。[①] 这是2018年9月1日民政部向社会公开征求《社会组织登记管理条例（草案征求意见稿）》的反馈意见和修改意见截止日之后有关部门首次公开对这个行政法规的立法发声。2018年，这个行政法规从纳入国务院当年的立法计划到公开征求意见，时间非常短暂，而引发的社会关注与反对的声音却不小，不少社会回馈的意见就是希望适当延长立法周期，不宜匆忙出台。

一　社会组织登记管理体制改革的前世今生

作为慈善事业发展的组织基础，慈善组织的政府监管是我国公益慈善政策的重要组成部分，《慈善法》第8条规定，慈善组织可以采取基金会、社会团体、社会服务机构等组织形式。而从历史发展来看，有关慈善组织所采取的组织形式的政府监管在我国属于社会组织管理体制范畴。

改革开放以来，我国社会组织管理体制基本上沿着从分散管理到归口管理，再到分类管理的路线演进，大致经历了三个阶段。[②] 其中，1988年9月和1989年10月分别颁布了两部行政法规《基金会管理办法》（1988）和《社会团体登记管理条例》（1989），确立了以双重管理体制为核心的归口管理模式，也就是说，社会组织的管理权限统一归口到特定的管理机关，而登记审批和日常管理分别由不同的政府部门负责，共同把关，各负其责。若干年后，根据社会组织的性质、功能与结构，被管理部门分为社会团体、基金会与民办非企业单位（《慈善法》改称为“社会服务机构”），分别于1998年和2004年先后制定《社会团体登记管理条例》（1998）、《民办非企业单位登记管理暂行条例》（1998）和《基金会管理条例》（2004）。自此，以双重管理为核心的社会组织分类管理体制正式

① 《国新办举行2018年民政事业改革发展有关情况发布会》，载国新办官网，http：//www.scio.gov.cn/xwfbh/xwbfbh/wqfbh/39595/39869/index.htm，最后访问时间：2019年4月13日。

② 王名、孙伟林：《社会组织管理体制：内在逻辑与发展趋势》，《中国行政管理》2011年第7期，第16～19页。

建立起来。

社会组织的双重管理体制的制度依据是三个行政法规，而缺乏全国人大及其常委会制定的法律作为合法性基础，甚至在社会组织的法人制度、组织类型等方面，也缺乏法律基础，双重管理体制缺乏专业化困境，因为历史原因，能够担任社会组织主管机关的相关部门非常多样化，不仅仅是政府部门，还包括事业单位、群团组织等，据不完全统计，目前担任社会组织主管部门的有82家（种）之多。[①] 另外，大量社会组织因为找不到业务主管单位而无法合法登记注册，有的因为与政府部门关系好而顺畅运作，有的却胆战心惊，生怕哪一天被清理整顿。

2003年之后，广东、深圳、上海等地从行业协会商会管理体制的改革入手，尝试突破双重管理体制，2006年自深圳率先实现行业协会的无业务主管单位登记，2008年深圳进一步将直接登记的范围扩大至工商经济、社会福利与公益慈善三类社会组织，之后越来越多的省市跟进，终于在2013年由第十二届全国人大一次会议通过《国务院机构改革和职能转变方案》中明确“行业协会商会类、科技类、公益慈善类、城乡社区服务类社会组织”成立时可以直接登记。2014年9月24日，民政部副部长顾朝曦在做客中国政府网与网友在线交流时提及全国直接登记的社会组织约3万个。[②] 此时，《慈善法》正在如火如荼地起草过程中，慈善组织的登记注册将实行何种制度，是否会将地方创新的经验固定到《慈善法》中，也成为当时立法过程中备受关注的话题。

二　作为慈善法配套的社会组织登记管理制度改革

2016年3月《慈善法》正式由全国人大通过，采取了“大慈善”的观念，也就是说，条文中只字未提慈善组织的“业务主管部门”，甚至起草者

① 王名：《社会组织论纲》，社会科学文献出版社，2013，第304～305页。

② 《民政部副部长顾朝曦：全国直接登记的社会组织约3万个》，《今日科苑》2014年第9期，第8～10页。

也认为《慈善法》已经解决了慈善组织直接登记的问题。[①] 但是，2016 年 8 月 21 日中共中央办公厅与国务院办公厅联合发布的《关于改革社会组织管理制度促进社会组织健康有序发展的意见》（中办发〔2016〕46 号）中，对公益慈善类社会组织进行了界定，即“提供扶贫、济困、扶老、救孤、恤病、助残、救灾、助医、助学服务”，这与《慈善法》第 3 条所列举的慈善组织的范围差距非常大。而这一“公益慈善类社会组织”的定义也已经写入了 2016 年 5 ~8 月发布的社会组织三大条例修订草案的征求意见稿。这意味着并非依照《慈善法》设立的慈善组织都可以直接登记，依然有很大一部分慈善组织登记成立时需要寻找业务主管部门。

社会组织三大条例原本计划于《慈善法》正式施行前修订完毕出台，但因为修订难度较大，社会与业界反馈意见较多，因此并未按时修订完成，随着 2016 年 8 月 30 日民政部发布《关于慈善组织登记等有关问题的通知》（民函〔2016〕240 号）的发布，社会组织三大条例的修订工作也出现了停滞。该通知有关社会组织直接登记的行政程序要求是如此表述的“各地可以根据实际情况，按照《关于改革社会组织管理制度　促进社会组织健康有序发展的意见》（以下简称《意见》）关于直接登记的有关规定，在有关登记管理条例修订完成前，稳妥开展慈善组织直接登记试点”，在实践中也否定了慈善组织都可以直接登记的观念。

---

① 时任十二届全国人大四次会议秘书处法案组副组长、全国人大法工委原副主任阚珂在 2016 年 3 月 10 日接受《新京报》专访时就认为“目前对慈善组织实行的是双重管理模式，一个是业务主管机关，另外一个是登记机关。依照草案，慈善组织可以直接依法登记，这是贯彻简政放权、改革行政审批制度的要求”，参见《独家权威解读慈善法草案丨阚珂：慈善活动是自愿的不能搞摊派》，载新京报网，http：//www. bjnews. com. cn/news/2016/03/10/396526. html，最后访问时间：2019 年 4 月 13 日；《慈善法》起草领导小组成员兼办公室主任，时任全国人大内司委内务室主任于建伟就这么认为，他在 2016 年 3 月 24 日参与由新华网公益频道与新华善举基金联合打造的大型多媒体互动公益栏目“公益中国九人行”第三期活动时也说“根据《慈善法》规定，现在再设一个慈善组织就不用像过去那样先找一个主管部门来批准，之后再到民政部门登记，现在是直接到民政部门登记，所以设立慈善组织就更加方便了”。参见《于建伟：落实〈慈善法〉需要配套规定出台》，载中国青年网，http：//gy. youth. cn/lyb/201603/t20160325_ 7778433. htm，最后访问时间：2019 年 4 月 13 日。

一直到2018年3月，国务院办公厅印发《国务院2018年立法工作计划》，《社会组织登记管理条例》列入该计划，社会组织管理体制的改革才又一次进入社会公众的视野。而这一次，有关社会组织三大条例的修订思路出现了重大改变，国务院采取了三合一的立法模式，将社会组织三大条例整合成一个统一的《社会组织登记管理条例》。

社会组织统一立法的思路并不新颖，只是以前的思路均是在法律层面制定一部非营利组织法/社会组织法，而在此统一的社会组织基本法之下不同类型的社会组织各自修订作为行政程序的登记管理条例，[①] 就如《公司法》与《公司登记管理条例》的分工。但2018年的三合一版《社会组织登记管理条例》则只是对现有三个行政法规的简单整合，甚至条文丰富性尚不如社会组织三大条例。2018年8月3日，民政部在其官网公布了《社会组织登记管理条例（草案征求意见稿）》向社会公开征求意见。

三　慈善业界对社会组织三合一立法的积极回应

三合一版本的《社会组织登记管理条例（草案征求意见稿）》作为《慈善法》施行最重要的配套制度以及我国社会组织管理体制改革的风向标，一公布就受到公益慈善与社会组织业界的关注，各地召开了不少次有关该条例草案征求意见稿的研讨会与座谈会，社会组织、研究机构与专家学者都纷纷发表意见，并将意见与建议通过各种渠道寄送给民政部。

8月14日，中国法学会在京召开《社会组织登记管理条例（草案征求意见稿）》专家咨询会，民政部与司法部（与国务院法制办合并之后的新司法部）官员出席，与会法律专家数十人，认为该条例草案征求意见稿的立法内容和立法技术尚不够成熟，建议从行政法规的名称、立法宗旨、章节的

① 2013年清华大学NGO研究所、明德公益研究中心与《中国非营利评论》曾共同举办系列沙龙讨论“结社权法律化与社会组织立法”，共分三个部分，即《社会组织三大条例如何修改》、《社会组织基本法的立法思路》以及《结社权法律化的现实路径》，系列沙龙全文刊登于《中国非营利评论》2013年第2卷，第1~93页。

框架结构、双重管理体制、业务主管部门的权责、设立条件、党组织建设、法律责任和立法技术等方面做进一步的修改和完善。①

中国基金会发展论坛于8月15日上午举办《社会组织登记管理条例（草案征求意见稿）》研讨会，邀请来自高校的学者、基金会、社会团体、企业等相关机构代表参与此次会议，围绕“征求意见稿”进行讨论。与会专家认为，该条例最大的困境是上位法的缺失。②

中国灵山公益慈善促进会与北京恩派在北京联合组织了“《社会组织登记管理条例》草案”专题研讨会，其中有专家认为，目前这部《管理条例》草案是不成熟的，有很多地方需要调整甚至重写，不宜匆忙出台。③

8月24日，由北京沃启公益基金会、凤凰网公益、中国基金会发展论坛联合主办的《社会组织登记管理条例（草案征求意见稿）》（以下简称《条例》草案）研讨会在北京阿里巴巴中心举行，来自政府部门、学界和业界的二十多位专家齐聚一堂，围绕《条例》草案进行了深入的讨论，尤其是围绕行业普遍关注的一些问题，如：三类社会组织的共性与特性、《条例（草案）》与现行法律的衔接、降低社会组织准入门槛、直接登记的范围的突破、基金会注册资金的提高、非营利性的界定、监督管理与退出机制等，并在多个方面达成了共识。④

除了北京之外，上海、广州、西安、成都等地也召开了条例草案座谈会。各地专家学者、公益慈善与社会组织行业实践者在以上的各类讨论会上发言或者接受媒体采访或者直接撰写文章，纷纷对《条例》草案提出各类意见与建议。问题集中于没有基本法律作为合法性基础的社会组织行政法规

① 《张文显副会长主持召开〈社会组织登记管理条例（草案征求意见稿）〉专家咨询会》，中国法学会官网，https：//www.chinalaw.org.cn/Column/Column_ View.aspx？ColumnID = 922&InfoID = 29101，最后访问时间：2019年4月13日。

② 《金锦萍：条例制定的最大困境是上位法缺失》，凤凰网公益，https：//gongyi.ifeng.com/a/20180821/45132751_ 0.shtml，最后访问时间：2019年4月13日。

③ 《杨团：〈社会组织登记管理条例〉不宜匆忙出台，目前草案有很多地方需要调整甚至重写》，《南方都市报》2018年8月19日，AA13版。

④ 《专家齐聚“光明顶”，共议社会组织“新条例”》，凤凰网公益，https：//gongyi.ifeng.com/a/20180825/45139047_ 0.shtml，最后访问时间：2019年4月13日。

不足以统领中国社会组织的制度建构、“社会组织”尚不是法律概念，使用非营利组织/法人可以和现行法律相衔接、草案尚不曾体现原有三大条例的丰富性，忽略了社团条例原有的公民结社问题，社会组织登记缺乏救济措施，社会组织退出机制不完善，对于之前直接登记的地方经验吸收不足，对于基金会登记管辖权的回收并无合理理由等方面。普遍性的意见就是该条例过于粗糙，建议延后出台。[①]

在很大程度上，正是因为《慈善法》的立法过程树立了开门立法与民主立法的好榜样，因此，在公益慈善与社会组织领域，实践者与专家学者就特别积极、正面地回应政府的立法与制度建设，《社会组织登记管理条例》草案的征求意见过程，同样体现了这一点。

余论　尚未完成的使命：未来期待

《社会组织登记管理条例》虽然没有在2018年出台，但为了能够推动社会组织登记管理工作的开展，民政部门还是进行了不少努力，例如民政部发布《关于进一步加强和改进社会服务机构登记管理工作的实施意见》（民发〔2018〕129号），《民政部办公厅关于在社会组织登记管理工作中加强名称管理有关问题的通知》（民办发〔2018〕11号）等等，从这些文件中来看，民政部门对于社会组织的登记管理的基本态度是强化登记审查和综合监管，强化双重管理。甚至在各地基层民政部门的行政管理过程中还出现了原本直接登记的社会组织被要求重新寻找业务主管单位的现象。这与《慈

① 刘培峰、马剑银：《〈社会组织条例〉不宜仓促出台，建议延长立法周期》，“南都观察”博客，2018年8月21日，http://nanduguancha.blog.caixin.com/archives/1866959（最后访问时间：2019年4月5日）；马剑银：《社会组织立法“三合一”：因何？何以？如何？——兼评〈社会组织登记管理条例（草案征求意见稿）〉》，公益慈善学园微信公众号，https://mp.weixin.qq.com/s/Q1ql5JRiprizRkuoXxxbBQ（最后访问时间：2019年4月5日）；《社会组织登记管理条例征求意见将结束　概念不清、登记门槛高存争议》，载界面新闻百家号，https://baijiahao.baidu.com/s?id=1610241936479228183&wfr=spider&for=pc，最后访问时间：2019年4月13日；等等。

善法》出台前十年政府对社会组织登记管理进行宽松型试点以及推出社区社会组织备案制等政策来积极为社会组织取得合法身份进行各类社会创新的做法已经大相径庭，可以判断，自 1989 年和 1998 年两次社会组织清理整顿之后，目前，以清理整顿非法社会组织和山寨社会组织、离岸社会组织等运动相结合，政府对合法的社会组织也加强了监管。

在某种意义上，现在并不是出台《社会组织登记管理条例》的好时机。但不管怎样，希望总是还要期待的，2018 年公益慈善与社会组织业界的积极回应和大量的反馈意见和建议，也许能起点作用呢？

B.17
电影《我不是药神》：推动政府公益　助力民间公益

徐会坛*

摘　要： 2018年7月5日，改编自真实事件、聚焦我国癌症患者用药难、用药贵等现实困境的电影《我不是药神》公映。公映后，该电影获得了极大的社会关注，并引发了一场连锁式舆论热议，推动了政府相关政策的加快落实，启发了公益慈善界的倡导新思路。现象级的社会关注和社会反响共同促使该电影成为我国社会力量推动政府公益、助力民间公益的新典型。

关键词： 电影　民生痛点　社会反响　政策推动　公益慈善

2018年7月5日，改编自真实事件，聚焦我国癌症患者用药难、用药贵等现实困境的电影《我不是药神》公映首日，票房即报收1.57亿元。[①] 其后，该电影的票房继续快速增长，最后突破了30亿元，在我国电影票房总排行榜中位列第六。[②] 与此同时，由该电影引发的连锁式讨论也持续发酵，其间，国家总理李克强专门就该电影引发的舆论热议做出批示，要求有

* 徐会坛，自媒体“公益资本论”特约撰稿。

① 《超强开画！〈我不是药神〉首日票房1.57亿》，时光网，http：//news.mtime.com/2018/07/06/1582155.html，最后访问时间：2019年3月14日。

② 《内地电影票房总排行榜》，电影票房网，http：//58921.com/alltime，最后访问时间：2019年3月14日。

关部门加快落实抗癌药降价保供等相关措施。[①] 此外，该电影的投资人公开承诺为白血病救治机构捐款的数额也超过了1000万元。现象级的社会关注和社会反响共同促使《我不是药神》成为我国社会力量推动政府公益、助力民间公益的新典型。

改编真实事件

《我不是药神》是一部现实主义题材电影，改编自慢粒白血病患者陆勇代购抗癌药的真实事件，戏剧化反映了我国慢粒白血病患者用药难、用药贵的救治困境，以及由之衍生的尖锐社会问题。

电影中涉及的慢粒白血病患者“救命药”“格列宁”在现实中是一种叫“格列卫”的“明星抗癌药”。这种抗癌药由瑞士诺华公司研发，是治疗慢粒白血病等癌症的第一代靶向药，能帮助绝大多数患者抑制相关癌症，且副作用相对良性；数据显示，它使慢粒白血病患者的十年生存率从1993年的不到50%，增加到现在的90%左右，并且绝大多数患者可以正常工作和生活。[②]

格列卫2001年由美国食品药品监督管理局FDA批准，2002年进入中国。当时，它在国内的售价是每盒人民币2.3万~2.5万元，按每月服用一盒来推算，慢粒白血病患者每年单是在这一种药物上就要花费约28万元。它在我国的专利有效期要到2013年4月1日，这使得它长期价格昂贵，而且在国内没有价格低廉疗效显著的仿制药。[③]

电影《我不是药神》的主人公原型陆勇在2002年即被查出患有慢粒白血病。然而，直到2015年左右，格列卫才逐渐被纳入我国的医疗保险报销

---

① 《李克强就电影〈我不是药神〉引热议作批示》，中国政府网，http://www.gov.cn/guowuyuan/2018-07/18/content_5307223.htm，最后访问时间：2019年3月14日。

② 伊马替尼，维基百科网，https://zh.wikipedia.org/wiki/%E4%BC%8A%E9%A9%AC%E6%9B%BF%E5%B0%BC，最后访问时间：2019年3月14日。

③ 劳东燕：《价值判断与刑法解释：对陆勇案的刑法困境与出路的思考》，原载《清华法律评论》第9卷第1辑，第138~158页。

范围。[①] 在长期药价高昂而医疗保险报销未覆盖的情况下，陆勇及其病友们陷入要么因病情恶化而失去生命、要么为维持生命而使整个家庭倾家荡产的无望境遇。

2004 年，陆勇偶然发现印度药企生产的格列卫仿制药，价格每盒才 4000 元，药效还基本相同。于是，他在自己服用的同时，也向病友们介绍，并利用懂英语的特长无偿帮助他们购买。此外，他还组织病友们一起与仿制药厂家协商降低药品价格，最终，促使这款仿制药的价格降至每盒 200 元。其间，由于境外汇款手续麻烦，为方便病友们支付购药款，陆勇从网上买了 3 张银行借记卡用以帮助病友们付款。[②]

2013 年，湖南沅江公安局在查办一网络银行卡贩卖团伙时，发现使用银行卡进行交易的陆勇。2014 年 7 月 22 日，沅江人民检察院以涉嫌妨害信用卡管理罪和涉嫌销售假药罪对陆勇提起公诉。2015 年 1 月 10 日，陆勇被警察以妨害信用卡管理犯罪、销售假药罪逮捕。陆勇被捕后，数百名患者联名上书，请求免除对陆勇的起诉。同年 1 月 27 日，沅江人民检察院向沅江人民法院申请撤销起诉，并获批准；1 月 29 日，陆勇获释。[③]

以上便是 2015 年引发舆论热议的“陆勇案”始末，也是电影《我不是药神》的故事原型。这一故事无论是当其作为热点新闻曝光于媒体，还是当其作为现实素材被改编成为电影，都戳中了我国老百姓看病治病难又贵的社会民生痛点：“正版药吃不起，吃仿制的活命都不行吗？”[④]

经过电影艺术化改编和呈现之后，这一社会民生痛点更是随着人物命运

① 《国产“格列卫”价格再降 24%，报销后比印度仿制药还便宜》，健康时报网，http：//www. jksb. com. cn/index. php? m = wap&a = show&catid = 22&id = 131052，最后访问时间：2019 年 3 月 15 日。

② 《关于对陆勇妨害信用卡管理和销售假药案决定不起诉的释法说理书》，湖南检察微信公众号，https：//mp. weixin. qq. com/s/w6S5 - mlcJSCDwTDGp - K_ Kw，最后访问时间：2019 年 3 月 15 日。

③ 陆勇案，维基百科网，https：//zh. wikipedia. org/wiki/% E9% 99% 86% E5% 8B% 87% E6% A1% 88，最后访问时间：2019 年 3 月 15 日。

④ 《多地已将抗癌药格列卫纳入医保 最高可报销 80%》，人民网，http：//finance. people. com. cn/n/2015/0209/c66323 - 26528981. html，最后访问时间：2019 年 3 月 16 日。

的波折、人物关系的矛盾、故事情节的发展激起了更加强烈的情感共振。“4万块1瓶，我病了3年，吃了3年。为了买药，房子没了，家人也拖垮了。谁家还没个病人？你能保证一辈子不生病吗？我不想死，我想活着。”“他才二十岁，他就是想活命，他有什么罪！”改编真实事件，聚焦医药这一具有广泛社会覆盖性的尖锐民生难题，并张弛有度地探究其中绕不过的生与死、情与理与法的复杂关系，被认为是电影《我不是药神》广受关注，并成为我国“近年口碑最好的现实题材影片”① 的重要原因。

引发连锁热议

电影《我不是药神》公映后，除了获得广泛好评，还引发了一系列连锁热议。热议焦点主要集中在以下三个方面。

首先，进口的格列卫原研药为什么这么贵？质优价廉的仿制格列卫为什么在印度可以生产销售，在我国却被称为“违禁药”，既遭警方打击，又遭医生拒用？这些问题在电影中都有直接呈现。例如，电影中，一位病友诉说，进口抗癌药4万块1瓶，她病了3年，吃了3年，为了买药，房子没了，家人也拖垮了；再如，病友们群情汹涌地集体抗议进口抗癌药药价比天，药企却依然理直气壮，声称“药价合理合法”，且能向警方施压促其打击仿制药；又如，主人公的父亲病危，主人公询问医生是否知道印度格列卫（即电影中的“格列宁”，下同），医生的答复却是，别问药效怎样，这种药是违禁药，如果私自服用，很多医生会拒绝治疗。然而，这些问题的答案电影却并未给出。于是，电影公映后，有不少媒体围绕这些问题进行了解读或评议。其中，包括对原研药研发周期、投入、风险的一般性普及；包括对药品专利的强化保护和强制许可的双刃性，以及我国与美国、印度等其他国家在药品专利制度方面的异同介绍；也包括对我国仿制药发展历史、面临的主

① 张安华：《从〈我不是药神〉谈现实主义电影的特征》，http://www.ncpssd.org/Literature/readurl.aspx?id=7000885397&type=1，最后访问时间：2019年3月15日。

要问题以及未来出路的分析；等等。

以格列卫为例，公开报道显示，这款药从发现靶点到2001年获批上市，耗费五十年，投资超过50亿美元[①]。而由于原研药在专利保护到期后，普遍会因药效相近而平均价格只有原研药的20%～40%的仿制药的上市而失去竞争优势，所以，从药企的角度，如果在专利期内不能收回研发成本，且赚取足够的利润，则很难有动力去继续研发新药。[②] 我国在加入WTO前修订的《专利法》中，也有对于药品专利的强制许可，即在无须专利权人同意的情况下也可进行药品仿制，但严格规定只有在“未实施”“反垄断”“紧急状态”“公共利益”这四种状态下，才能考虑是否启动。[③] 这意味着，在我国，只要原研药还在专利保护期内，而国家又没有启动对该药品的强制许可，生产或销售该药品的仿制药就都是非法的，这也是印度格列卫在电影中被称为“假药”“违禁药”的法律依据。而现实是，我国虽然是仿制药大国，全国4000多家制药企业的90%以上都是仿制药企业，但在仿制药生产领域长期缺少高水平的质量标准和质量控制体系，全行业普遍低成本运行，导致获批上市的仿制药与原研药相比质量普遍不高，而且重复开发现象严重，存在严重的恶性竞争状况。[④]

其次，我国老百姓看病就医难又贵的社会民生难题如何破解？自己或亲人朋友如果不幸患了危及生命的癌症或其他大病，怎么办？这些问题的提出意味着，公众的热议焦点已经从特定弱势群体单一疾病的医治和单一药品的供应，延伸到我国的整体医药体制上。

电影《我不是药神》结束后出现的字幕中，有“2002年，慢粒白血病

---

① 《解码“格列卫争议”》，原载《成都商报》，新华网，http：//www. xinhuanet. com/fortune/2018－07/11/c_ 1123108279. htm，最后访问时间：2019年3月16日。

② 唐亚华：《〈我不是药神〉刷屏，但你们骂错人了》，新京报网，http：//www. bjnews. com. cn/invest/2018/07/06/494111. html，最后访问时间：2019年3月16日。

③ 《解码“格列卫争议”》，原载《成都商报》，新华网，http：//www. xinhuanet. com/fortune/2018－07/11/c_ 1123108279. htm，最后访问时间：2019年3月16日。

④ 《我国仿制药发展现状情况分析》，原载华商网，中研网，http：//www. chinairn. com/scfx/20180710/163926102. shtml，最后访问时间：2019年3月16日。

存活率约为百分之三十”“2018 年，中国已有 19 个省市相继将瑞士诺瓦公司生产的格列宁纳入医保”“2018 年，慢粒白血病存活率为百分之八十五”等内容。这意味着，电影聚焦的慢粒白血病患者因吃不起“天价药”而挣扎在生死、情法之间的困境，得到一定的纾解。但是，特定弱势群体处境的改善并不能使观众因此就大宽其心。尽管在电影结束后的字幕中，也有“2014 年 11 月，国家发改委下发《推进药品价格改革方案（征求意见稿)》，对药品价格形成机制进行改革”“2015 年 5 月，国家发改委、食品药品监管总局等七部委制定了《推进药品价格改革意见》”“2015 年 8 月，国务院印发《关于改革药品医疗器械审批制度的意见》”“2016 年，工信部、国家卫计委等六部门联合印发《医药工业发展规划指南》”“2018 年，中国开始对进口抗癌药实施零关税”等内容，显示了政府对完善我国医药制度的重视，但是，从公众在网上发出的评论来看，对现状感到焦虑、对改革感到不满仍是主流声音。

最后，在制度化困境之中，个人的健康权与生命权如何保障？在电影中，一边是众多买不起专利抗癌药患者的活命需求，一边是走私仿制抗癌药面临的刑罚风险。一个售卖保健品的草根商贩，在人性救赎与违法犯罪的矛盾中，会如何选择？一边是违反法律走私“假药”的事实犯罪，一边是对弱势群体健康和生命的客观惠及。一个以维护秩序执法为民作信念的普通警察，在法律的形式逻辑与实质的价值判断的冲突中，该如何抉择？在现实中，陆勇涉嫌销售假药和妨害信用卡管理，但却在主观和客观上都无偿为其他慢粒白血病患者提供了帮助，使他们因获得必需的药品而延续了生命，这从司法的角度该如何认定呢？无论是在电影中，还是现实中，事件结果都偏向了人性、伦理的一侧，而非法律、法理的一侧。电影和现实都因此而画上了看起来“大团圆”的句号。但是，它们所涉及的情与法的关系问题却没有终结。

生命在人的所有权利之中排在首要位置，[①] 但是，个人在追求生命时不

① 《世界人权宣言》第三条规定：“人人有权享有生命、自由和人身安全。”《亚洲人权宪章》第 3 条第 2 款规定：“在所有权利之中，首要是生命权利，从中再衍生其他权利和自由。”

能违反法律和道德也是人类普遍共识，当个人生命与法律、道德以极端、尖锐的方式发生冲突之时，个人何去何从？司法何去何从？社会何去何从？无论是电影中主人公的获得减刑和提前释放，还是现实中法院对陆勇做出不起诉的最终决定，都仍使人难免疑虑，他们的好结局是否只是一个意外个案、只是商业电影迎合观众观影体验的设计、只是法律屈从于民意所向的结果？哪怕电影有现实案例的依据、现实有检方和法院的强调与释法，疑虑也并没有真正打消。同样的，在专家之中、在普通公众之中，对前述问题的不同角度的争论也至今没有停止。

助力公益事业

电影《我不是药神》还在一定程度上同时助力了政府公益与民间公益。

在政府公益方面，2018 年 7 月 18 日，中国政府网发出报道，称国务院总理李克强就电影《我不是药神》引发的舆论热议专门做出批示，要求有关部门加快落实抗癌药降价保供等相关政策。这在舆论中引起了巨大积极反响，被认为是文化、艺术、新闻事件可以倒逼政策改变的力量印证。①

在批示中，李克强强调，癌症等重病患者关于进口“救命药”买不起、拖不起、买不到等诉求，突出反映了推进解决药品降价保供问题的紧迫性，并要求国务院常务会确定的相关措施要抓紧落实，能加快的要尽可能加快。据报道，2018 年 4 月和 6 月，李克强先后主持召开了两次国务院常务会议，决定除了对进口抗癌药实施零关税并鼓励创新药进口，还将加快已在境外上市新药审批、落实抗癌药降价措施、强化短缺药供应保障；此外，会议还决定，较大幅度降低抗癌药生产、进口环节增值税税负，采取政府集中采购、将进口创新药特别是急需的抗癌药及时纳入医保报销目录等方式，并研究利用跨境电商渠道，多措并举消除流通环节各种不合理加价，对创新化学药加

---

① 《2018 中国慈善文化年度十大事件出炉》，敦和基金会微信公众号，https：//mp. weixin. qq. com/s/5QsG6KzWynncoLCXHXPGSQ，最后访问时间：2019 年 3 月 16 日。

强知识产权保护，强化质量监管。①

在民间公益方面，2018 年 7 月 6 日晚，电影《我不是药神》官方微博发布了一则公告，称所有投资方一致决定一次性捐赠 200 万元给故事主人公原型陆勇指定的白血病相关救治机构，并向全社会公开用途明细；同时，也决定，票房总收入每达到 1 亿元，就追加 30 万元，捐赠给以白血病资助为主的公益慈善机构北京新阳光慈善基金会，用于白血病患者的治疗及术后恢复。② 这则公告发出后，褒贬不一，既有评论说是“开创了电影公益的另一种方式，在公众贡献票房的时候为社会做贡献”，也有评论说“更多的还是炒作成分在里面”；但总体来说，还是肯定和认可的声音更占多数。根据票房粗略测算，电影《我不是药神》投资方承诺的慈善捐赠总额超过了 1000 万元。

民间公益从《我不是药神》这部电影中所受益的不只是捐款，围绕它展开的讨论也超越了捐款。2018 年 7 月 18 日，《我不是药神》公映才三天，中国灵山公益慈善促进会就与凤凰网公益一起，联合了北京新阳光慈善基金会、北京病痛挑战公益基金会、南都观察等民间公益机构，以“病有所药，不靠药神”为题，组织了一次行业性沙龙，邀请来自医药卫生、社会保障、慈善公益、媒体、政府等领域的代表展开对话，共同探讨我国药品供应保障的历史、现状与改革难点，以及民间公益倡导介入的角色、长效机制与价值等议题。同一天，前世界卫生组织总干事、博鳌亚洲论坛全球健康论坛大会主席陈冯富珍在新闻发布会中说，要通过看电影《我不是药神》学习“通过不同的工作领域来跟政府沟通”。③

透过《我不是药神》这部现象级电影所引发的社会反响，尤其是它对政府有关政策落实的积极推动，不少民间公益人士看到公益传播与公益倡导

① 《李克强就电影〈我不是药神〉引热议作批示》，中国政府网，http://www.gov.cn/guowuyuan/2018-07/18/content_5307223.htm，最后访问时间：2019 年 3 月 16 日。

② 《“我不是药神”片方将向白血病基金捐款》，时光网，http://news.mtime.com/2018/07/07/1582181.html#p13，最后访问时间：2019 年 3 月 17 日。

③ 《陈冯富珍：明天就要去看〈我不是药神〉》，广州日报人物在线微信公众号，https://mp.weixin.qq.com/s/pvt9J0Rmxh5RY4AkAZW7Cw，最后访问时间：2019 年 3 月 16 日。

的新可能与新前景。在此之前，我国也已出现了一些传播公益慈善理念、关注社会问题与弱势群体的公益电影，例如呼吁公众关注身边特殊儿童的《有一天》、展示何为社会工作以及社会工作价值的《米花之味》等等，但是，从事实上获得了的社会关注度和客观上实现了的社会影响力来说，《我不是药神》的成就都无疑是标杆性的。由此，有媒体在评论时提出，“希望能够多一些这样的影片，通过老少皆宜的方式，反映社会问题，传播公益理念，进而影响更多人关注公益事业，参与公益事业，一起推动社会进步。”① 然而，这个希望如何能够成为现实？电影这种公众喜闻乐见的现代艺术形式如何能够更普遍地成为民间公益界与社会、与政府之间的桥梁，促进更广泛、更深刻的社会变革的发生？这些都仍有待更多机构和个人更进一步、更持续的探索与实践。而对于这些后来的探索与实践者来说，电影《我不是药神》显然具有典型意义，值得深入研究与分析。

① 皮磊：《〈我不是药神〉火了，但电影能成为推动公益事业发展的利器吗？》，公益时报网，https：//mp. weixin. qq. com/s/pvt9J0Rmxh5RY4AkAZW7Cw，最后访问时间：2019 年 3 月 16 日。

B.18
社会力量举办西湖大学

王会贤*

摘　要： 2018年4月，经教育部批准，西湖大学正式设立。当年10月，西湖大学成立大会在浙江杭州举办，中华人民共和国成立以来第一所由社会力量举办、国家重点支持的新型研究型大学从此诞生。西湖大学以“高起点、小而精、研究型”为办学定位，西湖教育基金会是学校的举办者和主要经费支持者。“基金会办大学”模式的落地，在教育界和公益慈善界都极具开创意义。

关键词： 大学　研究型　基金会　教育　公益　慈善

2018年4月，经教育部批准，西湖大学正式设立。当年10月，西湖大学成立大会在浙江杭州举办，中华人民共和国成立以来第一所由社会力量举办、国家重点支持的新型研究型大学从此诞生。

早在2015年3月，施一公就与饶毅、陈十一、潘建伟、钱颖一等来自各大高校的教育界同仁，向国家领导人提交《关于试点创建新型民办研究型大学的建议》，建议很快得到积极批示。2015年10月，西湖大学前身、申办阶段的建设依托主体浙江西湖高等研究院在浙江省民政厅注册，同年，西湖大学的举办方及捐赠基金的筹资主体杭州市西湖教育基金会成立。2016年12月浙江西湖高等研究院举办成立仪式，并成为当年浙江省第一批非营

* 王会贤，自媒体“公益资本论”特约撰稿。

利组织免税资格名单中唯一一家科研教学机构。

教育部在发给浙江省政府的《教育部关于同意设立西湖大学的函》里指出，“西湖大学系社会力量举办、国家重点支持的新型高等学校，为非营利法人，由你省统筹管理和指导。”① “突出公益办学导向”，并要求浙江省政府加大对西湖大学的指导和支持力度。

因此，在西湖大学的校区建设以及科研平台、人才引进和办学经费等方面，浙江省、杭州市、西湖区等各级政府给予了充分支持和重点保障。同时，对于西湖大学的支持方西湖教育基金会，浙江省政府也帮助其拓宽筹资渠道，并给予相应服务和监管，确保其良性运行。

西湖大学以“高起点、小而精、研究型”为办学定位，这个理念源于2011年欧美同学会上的一次谈话。韩启德提出“取东西所长，在中国办一所小型大学”的想法，让施一公激动不已，这击中了他心中一直以来对“近现代我们对世界科学的贡献太小”的心理不平衡。

科教兴国的梦想在中国人的历史上从未停止。全国政协副主席韩启德在2016年的西湖高研院成立时说：“我多次想到西南联大，是中国的历史丰碑……我相信施一公教授办的大学不是美国的普林斯顿而是中国新形势下的西南联大，这将是一所伟大的大学。”从西南联大走出来的诺贝尔物理学奖获得者杨振宁说：“假如我是年轻的话，我想我一定会参加他们的队伍。”

将西湖大学比做新时代的“民办西南联大”，因为它开始了社会力量举办研究型大学的积极探索，也点燃了中国高等教育办学体制改革创新的星星之火。

定位：高起点、小而精、研究型

西湖大学给自己设定了四个目标：做中国高等教育改革的探索者；成为拔尖创新人才培养的摇篮；成为世界前沿科学技术的引领者；成为国际化的

① 《浙江省人民政府关于商请设立西湖大学的函》（浙政函〔2017〕95号）。

高等学府。

西湖大学的诞生，不仅是应时势之变，更是应教育之需。当前，我国科学技术发展虽然已经有了长足进步，但是在基础科学领域还是缺少尖端性突破。原始创新能力仍然跟不上社会发展的步伐。尖端核心技术是无法通用“拿来主义”的，只能是我们自己来创造。西湖大学真正的使命与目标，是培养更多优秀的、具有社会责任感的创新人才。

高起点：西湖大学以博士研究生培养为起点，将来会适时开展本科生教育。

小而精：西湖大学以理学、前沿技术、生物学、基础医学等4个研究所为基础。在学科设置和师资选聘上都重质不重量。

研究型：从前身西湖高等研究院到西湖大学，都致力于基础学术研究和科技转化应用，并致力于在这些方面做出对国际有影响的重大贡献。

西湖大学招收的前几批学生全部为博士研究生，没有本科生。这一点与国外某些研究型大学的办学模式相似。澳大利亚国立大学工学院就是先招博士研究生，时机成熟后才招收少量本科生。这样有利于学校引进的教师有足够的时间和精力去建设自己的实验平台和人才队伍，为“研究”打好基础。

在西湖大学成立大会上，校长施一公说：大学之大，不在大楼之大，而在大师之大。

截至2018年9月，西湖大学共收到5000多份申请，共有来自13个国家的68位科学家加入西湖大学理学院、工学院和生命科学学院，成为奠基教师。

此外，施一公还担任海外高层次人才引进计划（即“千人计划”）专家联谊会的会长。该计划也由此成为西湖大学的真正“后台”与核心竞争力。

管理：董事会领导下的校长负责制、创新学术评价体系

西湖大学实行的是董事会领导下的校长负责制，学校设立了监事会、顾问委员会、校务委员会以及学位委员会，建立了教师治学、民主管理、社会

参与的治理体系。同时设立了中国共产党西湖大学委员会，充分发挥党组织在学校办学治校中的政治核心作用。

西湖大学创校校董会成员包括 David Baltimore、陈佳洱、陈十一、陈一丹、陈越光、程纯、董建岳、董清源、郭禾阳、郭孔丞、韩启德、李尖、李伊頔、潘建伟、钱颖一、秦英林、饶毅、施一公、徐益明、叶庆均、张磊，来自教育、企业、金融、公益等多个领域，保证校董会决策的准确与平衡。

“以制度为基础按规则办事；给校长最大的治校空间；给教师最大的治学自由。”是钱颖一提出的三条治校建议，在西湖大学的治理体系里都实现了：用职业的行政服务，让教师摆脱烦琐的事务性工作；用高效的科研平台，保障尖端科研的顺利开展；教师治学，西湖大学的各项规章制度由教师制定。

这样与国际接轨的治理方式是新鲜的，不仅如此，在人才培养模式、现代大学管理、科研评价标准等方面，西湖大学也将进一步探索。

学术评价指标具有强烈的引导作用，它“指挥”着一所大学的科学研究方向。施一公认为，目前的学术领域过于看重数字，数字指标并非没有意义，但过于重视和强调，会让科学的路变窄，而缺少了注意力放在真正的解决科学问题上。

因此，西湖大学希望开发创新的学术评价指标，论文的数量、引用率和发布期刊的级别都不会是这所大学的主要学术评价指标，是否关注所在领域的最前沿问题、是否有实质性进展，才是西湖大学看重的。西湖大学希望凭借这样的评价机制，培养成良好的学术气氛，这也将成为该大学校园文化的重要元素。

校长施一公说：“我们会有足够的耐心，只要方向对，宁愿让他花五年、十年时间孕育一个对人类社会有影响的研究成果，而不希望他花一两年时间就出一系列的文章。”

“教授治学”是世界一流大学的通用法则，但在国内绝大部分高校都未得到真正实行。西湖大学作为一所全新的大学，在建校之初就将这种治学模式植入“体内”，这将为其今后快速发展奠定基础。外界也期待这种办学模式对国内其他大学产生影响，形成“鲇鱼效应”，促进高等教育改革。

在国际上，民办大学因为其灵活性、多样性，呈现出举足轻重的实力。以美国的哈佛大学、耶鲁大学、普林斯顿大学、麻省理工学院等知名民办学校，在学术上培养了非常多的诺贝尔奖得主，并对科技创新型经济发展起到重要推动作用。

国内首次由基金会创办大学

西湖大学之所以被大家热议，是因为基金会创办大学。杭州市西湖教育基金会作为西湖大学的举办者，这种基金会办学的模式在全世界并不鲜见，在国内也是第一例。在此前，中国的高校以政府举办为主，性质是事业单位；市场力量办学为辅，性质为营利机构。西湖大学所走的是第三条路，是社会力量创办的非营利机构。

从高校发展的历史来看，在中华人民共和国刚成立时，全国一共有 69 所私立高校，在 50 年代初逐渐全部转为公立高校。此后一直到改革开放的 30 年里，我国都没有民办高校。80 年代以来，民办高校逐渐发展，并逐渐成为我国高等教育体系中的重要部分，但是相比于公立高校，民办高校规模还是比较小，仍处在初期发展阶段，以职业技术教育为主，偏重就业导向，并且相当一部分是营利性的。高等教育发展的这个空白需要有人迈出第一步去填补。

2017 年新修订的《中华人民共和国民办教育促进法》正式施行，其中规定，对于非营利民办学校，国家给予同公办学校同等的土地、税收等支持和优惠政策。政策的改变对民办教育来说是重要利好消息。

西湖大学是在浙江省民政厅注册的民办非企业单位，学校的日常运营由杭州市西湖教育基金会提供经费维持，办学经费则主要来源于举办者出资、办学收入、竞争性科研项目经费、人才政策支持经费以及政府扶持资金等。

在 2016 年 12 月 10 日西湖高等研究院的成立大会上，西湖教育基金会宣布西湖大学暨西湖高研院创始捐赠人分别是：北京荣之联科技股份董事长王东辉、万达集团董事长王健林、北极光投资董事长邓锋、杭州创业软件总经理葛航、深圳金信诺公司董事长黄昌华和腾讯董事会主席马化腾。

改革开放至今40年，我国的经济水平、科学技术都有了长足发展，对于在这种发展中取得成功的企业家来说，一方面，他们希望以商业之外的方式回馈社会，再帮助国家的科技、教育更进一步；另一方面，对于科学家们来说，他们的工作让我国的科学技术从原来的“跟跑”发展到“并跑”，并希望在未来成为“领跑”。这两个群体在教育领域有了天然的交集。

截至2018年12月31日，西湖教育基金会共获得协议捐赠总额超过43亿元。这些捐赠人中不只有那些知名的企业家，还有捐出所有压岁钱的中学生，也有远在南美洲法属圭亚那的华侨们。为支持西湖大学持续发展，西湖基金会希望用5~10年时间募集200亿~300亿元的留本基金，以便能依靠留本基金的收益来支撑学校的基本运营费用。

有人曾拿南方科技大学与之相比。南科大为广东省主管的公办大学，2011年成立后，即以“去行政化”、“教授治校”等理念，备受舆论关注。2014年南方科技大学创校校长朱清时在离任前曾坦言，“（南科大筹办中）自主权太少了，因为政府持钱，政府抑制钱，南科大按照自己的教学规律来办的自主权不大。①”

相较于南科大在筹建上以政府力量为主体，西湖大学创建的主体力量在民间，以基金会的模式筹措资金建校。作为社会组织以及社会力量的代言人，西湖教育基金会能够保障西湖大学的非营利属性，董事会成员的社会属性、专业性和多元化，形成比较严谨的治理结构。

西湖教育基金会和西湖大学是两个独立的法人，从法律关系上看，基金会不仅是学校的举办者，也是大学捐赠的筹资方。基金会更像是社会和学校之间的一个桥梁。西湖教育基金会主要承担西湖大学的运营费用，但是它不会直接参与学校的行政运营。至于科研资助、奖助学金等的管理，是由学

① 刘科、罗海娇：《朱清时南科大最后一课》，原载时代周报网，http://news.sciencenet.cn/htmlnews/2014/9/304356.shtm，2014年9月28日。

校、基金会和大额捐赠方三方共同协商、制定的。这样既保障了捐赠人意愿的实现，也不会违背学校的办学和科研安排，基金会则在中间负责协调。

同时，西湖大学作为民办非营利性大学，所有收入都将按照新修订的《民办教育促进法》，用于西湖大学自身发展和建设。

基金会自身也要做好内部治理，包括规范基金会与学校的关系、费用的预算与审计等，同时在资金募集方面做到信息的公开透明和严格管理，由此才能实现学校发展的良性循环。

但同时，基金会对筹资很有紧迫感。西湖大学是一所研究型大学，科研有一定周期性，也许不是那么快可以看到具体的成果。在这个过程中，会不会影响到捐赠情况？这让基金会工作人员很有紧迫感。

公益办大学是超越国别、超越时间的，能为人类留下福祉。西湖大学借鉴了哈佛大学、耶鲁大学等美国顶尖私立大学的筹资模式。这些私立大学一般由基金会提供资金支持，而以校友捐赠为主的社会捐赠是这些基金会重要的资金来源。同时，政府也会给予支持为这些私立大学提供大量科研经费。著名的慈善家族洛克菲勒家族创办了三所名校：一所是洛克菲勒大学，这所大学很小，而且只专注于生命科学一个领域，但它是生物医学领域拥有诺贝尔奖数量前三的机构。第二所是芝加哥大学，另外一个是 1917 年成立的协和医学院。我们希望西湖大学也能做成这样，成为留给后人的珍贵礼物。

B.19

《慈善法》配套体系进一步完善

王　勇*

摘　要： 2018年，国家层面，《社会组织信用信息管理办法》发布实施，40个部门和单位联合签署《关于对慈善捐赠领域相关主体实施守信联合激励和失信联合惩戒的合作备忘录》，《慈善组织信息公开办法》实施，《慈善组织保值增值投资活动管理暂行办法》出台；地方层面，江苏、浙江、江西、安徽、陕西、北京、广州等地方制定政策法规以促进《慈善法》实施的进程也在加速。可以预见的是，《慈善法》实施中的制度配套将继续是中国慈善法治的重要内容。

关键词： 慈善法　配套法规文件　社会组织

2018年，在国家层面，配套《慈善法》的信用管理、信息公开、保值增值等相关条例陆续出台；地方层面，多省制订了《慈善法》的实施办法。结合2016年民政部等相关政府部门集中出台的一批文件，加上2017年在慈善税制改革、慈善信托、慈善募捐信息平台建设等方面出台的法规、规章与政策文件，《慈善法》实施之初摸着石头过河的状态已经得到全面的改善。可以说，我国的慈善实践已经进入全面有法可依的阶段。

---

* 王勇，自媒体“公益资本论”特约撰稿。

加强慈善事业信用管理

信用是社会组织的“生命线”。近年来，全社会对社会组织、慈善事业诚信度“更上一层楼”有着殷切的期待。《慈善法》也规定“应当建立慈善组织及其负责人信用记录制度”。2018 年，《社会组织信用信息管理办法》发布实施，构建了全国统一的社会组织信用信息记录和管理制度；守信联合激励和失信联合惩戒备忘录的签署，则标志着我国慈善领域纳入了社会信用管理体系范畴。

在 2017 年底征求意见的基础上，2018 年 1 月 12 日民政部部务会议通过了《社会组织信用信息管理办法》（以下简称《管理办法》），2 月 24 日对外公布并施行。

《管理办法》共 26 条，以建立信用约束为核心，主要分为五部分内容：一是明确社会组织信用信息范畴；二是规定社会组织信用信息管理的基本原则；三是规定活动异常名录和严重违法失信名单的具体情形；四是确定信用监管的程序要求，包括认定程序、移出程序、异议处理等；五是明确守信激励和失信惩戒措施。

《管理办法》规定，社会组织信用信息包括基础信息、年报信息、行政检查信息、行政处罚信息和其他信息。

作为社会组织信用信息管理工作的负责部门，民政部门需履行以下职责：信息采集与记录、失信管理、信息公开、动态管理、信用修复、异议处理、实施奖惩。

《管理办法》通过守信激励、失信惩戒，增加了违法成本和惩处力度，强化了信用约束，倒逼社会组织加强诚信自律建设。

信用良好的社会组织，将在承接政府授权和委托事项、获得政府购买社会组织服务项目、获得资金资助和政策扶持、获得各类表彰和奖励等方面享有优先权。

《管理办法》对失信社会组织设置了“活动异常名录”和“严重违法失

信名单”两个梯次的信用管理制度。

具体来说，以下情形将被列入活动异常名录：一是未按照规定报送年度工作报告的。二是未按规定设立党组织的。三是未按期完成整改的。四是具有公开募捐资格的慈善组织不再符合公开募捐资格条件或者6个月以上不开展公开募捐活动的。五是受到较轻行政处罚的。六是住所无法联系的。七是法律、行政法规规定的其他情形。

以下情形将被列入严重违法失信名单：一是被列入活动异常名录满2年的。二是被撤销登记的。三是受到较重行政处罚的。四是三年内多次受到较轻行政处罚的。五是被司法机关纳入“失信被执行人”名单的。六是法律、行政法规规定的其他情形。

被列入严重违法失信名单的社会组织还将被列入重点监督管理对象，同时，在获取资金资助、购买服务、授予荣誉、等级评估等方面受到资格限制或影响。

如果说《管理办法》主要是登记管理机关在自身权限内对社会组织进行信用管理的话，40个部门和单位联合签署的《关于对慈善捐赠领域相关主体实施守信联合激励和失信联合惩戒的合作备忘录》（以下简称《备忘录》），则使慈善领域被纳入了社会信用管理的总体范畴。

备忘录主要有三方面的内容。

一是建立慈善捐赠领域的信用信息共享。

二是明确了2类激励对象和5类惩戒对象。激励对象包括慈善组织、捐赠人。惩戒对象中不仅包括民政部门在日常管理中列入严重违法失信名单的慈善组织，还包括这些慈善组织的法定代表人和直接负责的主管人员，也包括在慈善捐赠相关活动中被人民法院依法判定承担责任的捐赠人、受益人，以及被公安机关依法查处的假借慈善名义或假冒慈善组织骗取财产的自然人、法人和非法人组织。

三是明确了对慈善捐赠领域守信主体的26条激励措施和对失信主体的24条惩戒措施，涉及民生、科教、国民经济的各个领域以及工商、税务、海关、质检、公安等各市场监督领域。既有对守信主体的各种优惠、诚信记录，以及优先或者便利获得相关资格和服务的激励，又有对失信主体限制准入、重点监管、取消待遇等方面的惩戒。

《备忘录》的签署，使得对慈善捐赠和慈善组织的鼓励有了新手段，对规范慈善活动、惩处慈善领域的违法违规行为有了新抓手。

民政部还建立了“信用中国”网站，网站向社会公众提供一站式的信用信息的查询服务，联合惩戒和联合激励的对象名单的信息都可以在“信用中国”网站上进行查询。

在民政部社会组织管理局召开的慈善信用联合激励惩戒合作备忘录座谈会上，与会专家认为，备忘录建立的三个清单和四种机制，是《慈善法》实施以来全面提升慈善事业整体发展的重要制度安排；基金会代表认为，信用激励和惩戒是税收优惠之外又一项激励慈善事业发展的重要手段，对引导和规范慈善行为、营造积极向上的慈善环境影响深远。[①]

慈善组织信息公开制度取得进展

公开透明是慈善事业的基本要求。《慈善法》以一章的篇幅对慈善事业的信息公开进行了规定，完成了慈善组织信息公开制度的顶层设计。

作为慈善信息公开的主体、第一责任人，慈善组织具体应如何进行信息公开？2018 年，民政部出台了《慈善组织信息公开办法》（以下简称《公开办法》），对慈善组织的信息公开义务进行细化，回答了慈善组织为何公开、谁来公开、怎么公开、公开什么以及如何落实互联网募捐信息公开等问题。

《公开办法》自 2018 年 9 月 1 日起施行，慈善组织信息公开制度取得重大进展。

《公开办法》共 26 条，主要内容包括：一是明确信息公开的目的和原则。二是明确信息公开的内容和渠道。三是明确信息公开的监管措施。

慈善组织应当公开哪些信息？从慈善组织和慈善活动的特点出发，《公

① 《慈善信用联合激励惩戒合作备忘录座谈会在京召开》，中国社会组织网，http：//www.chinanpo.gov.cn/1938/109386/index.html，最后访问时间：2019 年 3 月 20 日。

开办法》突出了对慈善组织财产活动和公开募捐的信息公开。

关于财产活动的信息公开，《公开办法》主要从重要性和关联性两个角度明确了慈善组织财产活动的信息公开要求。

从重要性角度来说，《公开办法》抓住三个重大环节，即：重大资产变动，重大投资，重大交易及资金往来要向社会公开。有关“重大”财产活动的标准由慈善组织自我决策并向社会公开，让组织自律和社会监督共同发挥作用（第三条、第十二条）。

从关联性角度来说，抓住慈善组织的发起人、主要捐赠人、管理人员、被投资方等重要关联方，将慈善组织与关联方之间的交易、捐赠、资助、共同投资、委托投资、资金往来通通纳入公开范畴（第四条、第十三条）。

关于公开募捐的信息公开，《公开办法》从三个方面对具有公开募捐的慈善组织做出特别要求：一是要求公布领取报酬最高的前五位人员的报酬金额，公布各类“公务”活动的费用标准（第五条）。据民政部解释，这是为了监督慈善组织是否按照慈善法要求“遵循管理费用最必要原则，厉行节约，减少不必要的开支”。二是要求公开募捐活动全过程对外公开，即事前、事中、事后都要公开相应的内容，满足社会监督的需要（第七条、第八条）。三是要求慈善项目至少每三个月公布一次进展情况，项目结束后还要做全面公开（第十条）。

北京市京师律师事务所主任、慈善经济法律事务部主任张凌霄在接受《人民政协报》采访时表示，《公开办法》的实施，将使慈善组织进一步实现阳光、透明化管理，有效地保障慈善事业的生命力，实现可持续发展。首先是信息公开将为慈善组织获取更多社会支持和捐赠资源。其次，信息公开或将成为抵制流言、谣言的重要手段。此外，信息公开将为慈善组织扩大影响力提供更大的空间。[①]

“从长期看，法律强制规定信息披露有利于慈善组织公信力的提升，对

---

① 《〈慈善组织信息公开办法〉：对慈善组织是约束更是机遇》，原载《人民政协报》，新华网，http：//www. xinhuanet. com/gongyi/2018 –08/22/c_ 129937570. htm，2018 年 8 月 22 日。

于重拾公众信心，构建风朗气清的慈善环境将发挥重要作用。”清华大学公益慈善研究院副院长邓国胜在接受《中国社会报》采访时也表示。[①]

慈善组织保值增值投资有了明确规范

随着社会组织资产规模的不断扩大，社会组织特别是以基金会为代表的慈善组织开展保值增值活动的需求日益增长。

据界面新闻报道，2017 年，清华大学教育基金会委托明星投资经理王亚伟旗下 9 家金融机构管理资产 117.88 亿元，当年实现收益 3.15 亿元。[②]

此前，这方面一直没有明确的法律制度安排，使社会组织陷入困境。为此，《慈善法》中专门规定了慈善组织为实现财产保值增值进行投资的基本原则和相关要求，并授权国务院民政部门制定具体办法。

2017 年，民政部起草了《慈善组织保值增值投资活动管理暂行办法（征求意见稿）》，面向社会征求意见。在广泛听取社会各界意见，特别是在征求了财政部、人民银行、银保监会、证监会等金融监管部门意见的基础上，2018 年 10 月底，《慈善组织保值增值投资活动管理暂行办法》（以下简称《暂行办法》）正式出台，并于 2019 年 1 月 1 日起施行。

《暂行办法》的出台，为慈善组织的保值增值行为划定了范围、提出了要求、明确了底线和红线，使得慈善组织可以依照《暂行办法》的规定进行保值增值投资活动，而没有了后顾之忧。

投资领域的确定是《暂行办法》的核心内容之一。办法从慈善组织的宗旨和特点出发，按照合法、安全、有效的基本原则，对慈善组织的投资领域做了以下规定。

首先，《暂行办法》从正面规定了慈善组织可投资的三种情形：一是可

---

① 《慈善组织信息公开　还公众一本明白账》，原载《中国社会报》，民政部官网，http：//www.mca.gov.cn/article/xw/mtbd/201810/20181000011654.shtml，最后访问时间：2019 年 3 月 20 日。

② 《慈善组织被允许做三类投资能否破解“造血”之困?》，界面新闻网，https：//www.jiemian.com/article/2612750_qq.html，最后访问时间：2019 年 3 月 20 日。

以直接购买银行、信托、证券、基金、期货、保险资产管理机构、金融资产投资公司等金融机构发行的资产管理产品；二是可以通过发起设立、并购、参股等方式直接进行股权投资；三是允许将财产委托给受金融监督管理部门监管的机构进行投资。

其次，办法对这三类情形的投资行为做了进一步的规定。一是慈善组织在投资资产管理产品时，应当审慎选择，购买与本组织风险识别能力和风险承担能力相匹配的产品。二是慈善组织直接进行股权投资的，被投资方的经营范围应当与慈善组织的宗旨和业务范围相关。三是慈善组织开展委托投资的，应当选择中国境内有资质从事投资管理业务，且管理审慎、信誉较高的机构。

最后，办法还设定了慈善组织禁入的八个领域，包括直接买卖股票、直接购买商品及金融衍生品类产品等。在这八个禁入领域中，股票、商品及金融衍生品类产品是有限禁止，即只是禁止慈善组织直接购买，慈善组织可以委托有资质的机构来进行相关领域的投资。

对于慈善组织工作人员十分关心的责任问题，《暂行办法》给出了回应。

如第十条规定，慈善组织的发起人、主要捐赠人、负责人、理事、理事来源单位以及其他与慈善组织之间存在控制、共同控制或者重大影响关系的个人或者组织，当其利益与慈善组织投资行为关联时，不得利用关联关系损害慈善组织利益。

《暂行办法》的出台，受到慈善、基金等行业的支持。

中国证券投资基金业协会党委书记、会长洪磊撰文表示，第一，有利于慈善财产长期增值保值，让慈善组织专注公益，促进慈善事业可持续发展。第二，为基金行业提供了重要的长期资金来源，有利于丰富资本形成路径。第三，慈善行业与基金行业之间的良性互动，有利于助推中国经济转型升级，形成良好的社会治理体系。他强调，中国基金行业将大力支持慈善事业，发挥专业理财能力，为慈善资金保值增值贡献力量。[①]

---

① 《发挥基金行业专业优势　助力慈善财产长期保值增值》，中国社会组织动态微信公众号，https：//mp. weixin. qq. com/s? _ _ biz = MzUzMjMxNTE3Ng% 3D% 3D&idx = 1&mid = 2247500582&sn = 85c4de90ea85a370abac4a1a9ba8f0ac，最后访问时间：2019 年 3 月 20 日。

2018 年 11 月 23 日，中国基金会发展论坛 2018 年会举办了“基金会投资平行论坛”，邀请金融与慈善专家面对面探讨基金会投资。会议还倡议发起了“中国慈善资产管理论坛”，以推动慈善组织增强投资管理能力和风险控制能力，提升投资业绩，促进慈善组织和慈善事业可持续发展。

地方出台相关配套条例

地方相关配套条例也在 2018 年密集出台。

2018 年 3 月 1 日，《江苏省慈善条例》正式实施。条例率先立法规范“个人求助”，在国家不禁止个人求助的基础上，进一步对个人求助的范围、义务和媒体的义务进行法律规范；条例明确“省人民政府民政部门建立统一的慈善信息共享平台，提供法规政策宣传、慈善组织培育、慈善需求发布、慈善项目推介等综合性服务”。

2018 年 11 月，《浙江省实施〈中华人民共和国慈善法〉办法》出炉，办法于 2019 年 1 月 1 日起施行。办法突出改革导向，降低准入门槛，整合办理材料，缩短办理时限，优化办理流程，减少办理环节，实行网上办理；办法首次以法律的形式明确省人民政府设立“浙江慈善奖”，每三年评选表彰一次；鼓励慈善组织、互联网公开募捐平台运用大数据、云计算等技术创新公开募捐活动的载体和形式……

2018 年 12 月，安徽省出台《慈善法》实施办法，于 2019 年 2 月 1 日起施行。办法按照“严管”慈善募捐和“方便”慈善捐赠的总体思路，对慈善募捐和慈善捐赠进行了规范；规定了民政部门和其他有关部门要及时向社会公开慈善信息的义务和具体内容要求；对扶贫济困的慈善活动实行特殊优惠政策；加强慈善专业人才培养……

此外，江西省慈善法实施办法在 2018 年进行了公开征求意见；《陕西省实施〈中华人民共和国慈善法〉办法（草案）》提交了初审。

结　语

2018 年底，《慈善法》正式实施已经近三年了，在实践的基础上，重要的配套制度陆续出台。作为新生事物，不完善是难免的，但只要这一进程继续下去，慈善事业必将越来越规范化、可持续化。

B.20 汶川救灾十年后，公益慈善行业集体反思

卢喜兰*

摘　要： 2008年汶川地震救灾开启了中国慈善的新纪元。2018年，社会各界纷纷围绕这一事件展开了纪念活动。这些纪念活动从多个纬度对中国慈善过去十年的发展经验和教训进行了总结与反思。其中，中国灵山公益慈善促进会在《中国慈善发展报告》出版十周年之际，组织评选了“2008～2018中国公益慈善十年十大热点事件”，为历史留下了一份重要的参考底本。

关键词： 公益慈善　救灾　纪念　反思

十年前的2008年，震惊中外的汶川大地震，顷刻间波及国内10个省（市），让4000多万同胞深陷危难之中。这场大灾难的惨烈，激发了无数国民的恻隐之心，在当年的中国大地上演了一场史无前例的举国救灾大行动：民间捐款捐物达762.14亿元、491万志愿者、300多家民间组织赶赴一线。救灾和灾后重建的实战催生了一大批民间公益组织。同时也让政府和社会看见这些扎根社区、灵活性高、协作性强、跨界多元的组织在重大公共事件处理中的巨大能量。这使得2008年被称为“中国现代民间公益元年”。自此，中国的公益慈善从官办慈善、富人慈善、边缘化的小圈子公益实践走向平民

* 卢喜兰，自媒体“公益资本论”特约撰稿。

化、主流化。志愿精神、民间参与、官民互动、企业公益等词汇频繁出现在公众视野。

在随后十年里，国内民间参与灾害救援，无论是组织数量、还是动员和投入的资源规模都呈现快速增长趋势。与此同时，中国公益慈善事业从井喷式发展到组织化专业化发展、法治化建设。社会组织数量增多、公益捐赠规模扩大、公益项目多样、公益活动影响范围更广……据统计，2008 年全国社会组织大概约 30 万家，而截至 2018 年 5 月，国内社会组织已经达到 816410 家。① 这个多元化快速发展的过程也伴随着行业深刻的自我批判和建设。这无疑是转型期中国的一大历史印记。北京师范大学中国公益研究院王振耀院长在接受记者采访中曾表示，现在回看汶川地震对中国慈善水平的影响，不仅提升了十年。

2018 年，在汶川地震的十周年纪念，公益慈善领域通过举办研讨、评选等方式，总结民间参与抗灾社会救灾的经验，追溯由救灾开启的现代民间公益十年发展的得与失。

民间救灾组织的回顾与经验总结

在 2008 年以前，几乎所有的灾害救助，都由政府主导和实施。而汶川地震彻底打破这种局面。几十万志愿者短期内赶赴灾难现场，在紧迫的时间点自发形成合力，筹集和调度物资、安置安抚受难者、开展灾后社区重建、实施助学与生计等服务，和地方政府官员既相互独立，又相互配合。华南师范大学副教授唐昊曾这样论述：“2008 年之后救灾权的垄断被逐步打破，具有深远的政治意义。在中国的治理结构中，第三部门正式登上历史舞台。此后‘社会治理’的概念出现于十八大和十八届三中全会报告中。”② 在随后

① 《汶川地震十周年系列：中国公益十年数据观察》，凤凰网公益，2018 年 5 月 13 日，https：//gongyi. ifeng. com/a/20180514/44990609_ 0. shtml。

② 唐昊：《“救灾权”的垄断与打破》，2014 年 9 月 6 日，http：//www. m4. cn/opinion/2014 - 09/1244918. shtml。

的地震、水灾、台风等自然灾害中，民间参与救灾越来越活跃和训练有术，从个人到组织化，从民间自发到官民协同，从单打独斗到平台共建，逐步走向专业化之路，并形成基金会筹款和资助、在地组织服务、平台网络支持等格局，成为政府所重视的力量，被嵌入中国社会的防灾救灾体系。

在汶川地震救灾十周年之际，诸多民间救灾组织或平台开展纪念活动，回顾社会力量参与防灾减灾救灾的十年，梳理和总结经验，为未来的参与寻找方向。

2018 年 4 月 26 ~28 日，“灾后社区重建行动学习网络”在四川省绵阳市北川县召开“纪念 5 · 12 十周年：铭记同行重生”研讨会。该网络是由南都公益基金会、福建省正荣公益基金会和深圳壹基金公益基金会联合资助，由广东绿耕社会工作发展中心于 2014 年 11 月启动。作为灾后社会服务人才支持项目，旨在形成本土的行动学习网络，联合灾后社区服务的一线行动者和学者，分享、梳理、研习过往汶川地震、芦山地震、鲁甸地震等灾后服务中的本土经验，提升中国本土灾害社会服务水平。2017 年 5 月，该网络出版了集体书写成果“灾害启示录系列丛书” 《现场：生命激荡的 2008》、《凝视：生命与公益交融之旅》、《坚守：从“映秀母亲”到“山里码头客栈”》3 本著作。① 这些著作既有记录历史、总结救灾经验之价值，也讲述了网络成员参与救灾的生命故事，鲜活呈现了时代底色下，在大灾难面前，行动者的个人道路选择所造就的不同际遇。

研讨会邀请了灾害社工和农村社工领域的专家，灾后重建中的基层政府代表、社区民众，扎根灾后社区重建的社会组织、行动者、青年志愿者等不同利益相关方的代表，除了邀请与会者重回地震现场，以物理空间的体验与生命故事分享的方式回顾历史，更重要的是不同方代表围绕灾害应对进行对话。透过不同灾害亲历者、一线服务者的回顾，重现灾后社区实践场景，梳理和反思灾后重建的成果及经验，探讨面向未来的防灾减灾救灾议题，为今后救灾领域的行动提供借鉴。

---

① 该信息来源于灾后社区重建行动学习网络公众号。

比如，在芦山地震后创设的“雅安抗震救灾社会组织和志愿者服务中心”，通过在雅安各个县（区）建立其分中心、在重灾乡镇建立服务站的方式，迅速搭建起了一个省市县乡四级扁平化服务平台体系，成为社会组织与灾区群众的信息对接桥梁。这个社会力量参与救灾机制的探索，为党委政府与社会力量“跨界合作”提供有效的衔接，发挥更好统筹协调社会力量有序参与抗震救灾与灾后重建的作用。这一模式在此后的茂县“6·24”山体滑坡、“8·8”九寨沟地震等灾害救助中起到积极影响。

2018 年 5 月 7 日，中国扶贫基金会联合北京师范大学风险治理创新研究中心、共青团四川省委及多家社会组织在北京共同举办“灾害风险管理助力脱贫攻坚——5·12 汶川地震十周年研讨会。会议强调了社会力量是参与救灾减灾的重要力量，特别回顾了民间组织在参与灾害风险管理的创新对乡村灾后在产业、人才、文化、生态等全面发展的推动。

2018 年 5 月 11 日，中国慈善联合会携手爱德基金会、中国扶贫基金会、中国红十字基金会、深圳壹基金公益基金会、南都公益基金会、中国妇女发展基金会、北京蓝蝶公益基金会、中国华侨公益基金会等 14 家慈善机构在四川成都举办社会力量救灾论坛。论坛主要目的在于探讨在减灾防灾救灾工作中如何建立政社协作机制、加强社会组织能力建设、促进企业参与救灾协同等议题。参加者有来自政府、社会组织、企业、学界的 200 多位代表。

论坛回顾了 2008 ~2018 年灾害管理体制十年变迁，回顾从汶川经验到雅安模式的救灾体制变化，还梳理减灾防灾救灾中的政社关系，探讨政社合作机制的国际经验与中国启示、推动社会参与减灾救灾中如何开展资助、应急救援中志愿者参与及管理模式的变化等议题。

2018 年 11 月 24 ~26 日，中国基金会发展论坛借 2017 年会在成都举办之际发起“汶川十年，重走救灾公益之路——因灾诞生的中国公益力量及其发展演变”活动，组织 15 名参会者奔赴汶川、雅安等曾经的地震灾区一线走访学习，与观察学者、一线组织、社区居民以及相关部门进行互动交流，探寻 2008 年汶川、2013 年雅安地震以来，基金会在灾害领域扮演的角色作用，以及民间公益发展的历程和脉络。

微信公众号“益生信”研究了2010年完成的南都公益基金会“5·12灾后重建资助项目”评估报告和2012年完成的中国红十字基金会“‘5·12’灾后重建项目”评估报告，追溯报告中的灾区重建项目，通过了解这些项目如今的活跃程度，讨论地震救灾的历练和基金会的资助对民间组织的发展产生的深远且积极的影响。报告发现，当年被资助的机构中，至今仍活跃的占65.57%。这些处于活跃状态的机构，其项目价值得到很好的延续。

除了对汶川地震后十年民间参与救灾的发展和经验进行梳理，行业中也有从失败的一面进行反思。中山大学政治与公共事务管理学院王雨副教授等人在四川灾后重建的案例研究结果指出，基金会、一线组织和受灾人群之间由于目标和价值理念不同而在实际项目操作中存在分歧，加之一线组织经验不足等问题，项目无法产生令人满意的效果。但也不可否认，这个分歧和博弈的过程，也促使公益人反思，持续推动从救灾、重建到防灾减灾的专业化。

中国公益慈善十年十大热点评选

汶川地震的纪念也伴随着行业对中国现代公益十年的总结与反思，其中，最受瞩目的事件是中国灵山公益慈善促进会在2018年6月8日首先发起的“2008～2018中国公益慈善十年十大热点评选”。活动以评选的方式，借此推动社会系统回顾中国公益慈善领域十年发展的经验、教训、共识和趋势。22个提名备选热点中，有的是极大促进行业发展的新思想、新技术或新政策上，有的则是反映行业深刻检讨或挑战的重大事件，有的甚至开启了整个行业的新局面。

投票于6月15日23:59结束。73名专家、3445名公众参与投票。6月20日，在“2008～2018中国公益十年高峰会暨2018年《中国慈善发展报告》发布会”上，“2008～2018中国公益慈善十年十大热点评选”结果出炉。十大热点以2008年的汶川地震为序幕，以2016年《慈善法》出台为终章，回顾了中国公益慈善领域高速发展，而又充满争议的十年。[①] 它们记录着中国公益慈善十年里极具历史意义的里程碑，也是民间参与推动社会进步的重要记载。深圳国际公益学院副院长、教授黄浩明在发布评选结果时对“十大热点”的特点进行总结，他认为这些事件体现了“社会治理体系重构、透明度与责信提升、企业与民间的制衡、法制化规范化专业化、全民参与度提高、互联网与公益创新”的特点。

而在行业中扮演议题引领、开展社会价值投资和支持行业发展的基金会，在十年中成长以及未来的走向也深受关注。2018 年 11 月 22 ~ 23 日，中国基金会发展论坛 · 2018 年会在苏州举办。这是基金会论坛的第十次年会，612 家机构与会，其中，莅临现场的基金会有 252 家。大会回顾十年来中国基金会的发展，认为基金会已经成为国内公益慈善领域的基石力量，在解决社会问题、引领社会创新、带动行业发展方面发挥着独有作用。[②] 南都基金会理事长徐永光、林文镜慈善基金会秘书长刘洲鸿、上海联劝公益基金会秘书长王志云等人则表示，中国公益行业还很小，大多数民间草根公益组织生存艰困，而资助型基金会太少，不利于行业发展。他呼吁，“基金会的资源要更多地流向民间，只有这样才能够建立起公益慈善的公信力，这对于构建中国公益慈善系统的良性生态非常重要。”

此外，《公益时报》等公益类媒体也从捐赠渠道、透明度、志愿者体系等多个角度进行采访和报道，呈现十年来公益慈善的发展与挑战。

汶川救灾十周年纪念的价值

2008 年，中国民间组织和志愿者团体以前所未有的态势登场。历经十年的成长和实践，这个不断壮大的组织群体，已经与社会转型的方方面面紧密联系在一起。由上述活动可见，在汶川救灾十周年之际，从纪念到回顾再

① 《觉醒的十年：2008 ~ 2018 中国公益慈善十年十大热点出炉》，“公益资本论”搜狐号，2018 年 6 月 22 日，http：//www. sohu. com/a/237181146_ 465387。

② 内容来源于基金会论坛官方微信公众号。

到总结和展望，民间组织又再次集体登场，从民间参与救灾到公益慈善行业成长，进行一次深刻的集体反思，为行业下一步发展奠定基础。

北京师范大学风险治理与创新研究中心主任张强从民间救灾对中国的应急管理体系影响的角度，认为汶川地震后中国全面进入社会力量多元参与的灾害治理阶段，随着灾害应对“四川经验”的形成，实现可持续的灾害应对“中国模式”也应运而生。他指出：十年来，我国应急管理预案、体制、机制和能力有了跨越式的进展，逐步形成参与式、赋能型。

北京师范大学中国公益研究院院长王振耀在接受媒体专访时多次肯定了当下的救灾行动比十年前更丰富和成体系化①，曾用“人类历史最精彩的一幕”来形容中国民间组织在汶川救灾后的发展。

社会力量救灾论坛从多个角度总结民间救援的发展，认为十年来，社会力量逐渐深入参与到各项救灾活动中，呈现出积极的变化：政社企合作从制度化到生态化演进；社会力量的应对从专业化走向精细化、从注重效率走向效率与风险兼顾。

5·12汶川地震周年研讨会则总结道：我国参与自然灾害救援的公益组织数量、投入救灾款物规模不断递增，涉足的救援领域、救援方式和服务方式呈现出多元化发展态势，救灾模式从属地救灾逐渐转向联合救灾，从单纯的紧急救援转向防灾减灾、备灾、救灾以及灾后重建全领域灾害风险管理，救援项目从“赠予式”向受益人“参与式”、“合作式”多重模式发展等。

在肯定民间救灾价值和能力发展的同时，更多的声音还体现在对未来发展空间的探讨。中慈联副秘书长刘佑平强调了救灾行业平台的价值，认为亟须解决行业不够规范有序、信息不够畅通、协调机制尚不健全等问题，还提出国内救灾需进行行业标准化建设、提升专业能力、促进合理分工，实现协同联动；张强主任提出灾害应急管理机制要从以城市为中心的部署，转向以社区为基础，除了需要高科技之外，更要接地气、能够配合

① 《王振耀回顾汶川十年：公益行业对社会的慈善热情，最多消化了20%》，原载《公益时报》，2018年5月11日，http://dy.163.com/v2/article/detail/DHH6P6NQ0512D7HM.html。

第一响应人的低科技。[①] 壹基金秘书长李弘在《公益华夏》专访中强调要加强社区在防灾减灾中自救互救的能力；《南都评论》在5月10日的报道中，曾以志愿者身份参与汶川救灾的刘国强表示，更适合民间高效参与的未必是救灾，而是灾前的工作。他认为这一点在民间救灾行业已经得到很好的共识，但有专业能力的机构非常少。而王振耀院长也指出，目前针对民间救灾管理人才专业化的培训还有很大的提升空间，救灾能力的培训存在学术性、理念性培训强，系统化、专题性、应用性和工具性的弱的问题。民间救灾的机制性建设受到关注，但救灾程序性的不断完善还比较弱。

对于公益慈善行业的回顾，新京报评论，这十年民间公益组织从松散的志愿者到职业化的社会组织。民间公益组织得到身份的确认，但仍有很长的路需要走。南开大学教授朱健刚在“2008～2018中国公益十年高峰会”上发表十年观察《中国公益慈善十年的转型与争议》。他将2008年汶川地震后的十年称之为“黄金时代”，认为这十年间见证了一个相对独立、广泛参与和普遍自主的社会在逐渐形成，公益慈善在中国不断主流化，并在转型、争议和创新中走向现代化。在整个社会领域，公益慈善公共话语从扶贫济困转变为现代慈善概念；民间公益组织迅速发展，并产生了很多支持性的非营利发展机构，在功能上进一步细分，推动慈善行业体系的建设；现代公益慈善规则也在不断深度嵌入到原有的社会管理体制中，《慈善法》等现代公益慈善制度在中国逐步建立；理性化、工具化和平民化让公益慈善的性情机制从以前的雷锋精神转变成为普通人参与公共生活的公民行为。而争议则体现在关于公益与慈善、慈善与商业、官办与民间等，虽然争议一直存在，但也存在融合的趋势。[②] 在北京师范大学珠海分校公益班的一次关于“中国公益慈善十年：回顾与展望”的分享中，朱健刚还提到，中国公益慈善呈周期性发展，具有

① 张强：《汶川地震后灾害治理的十年演进：四川经验与中国模式》，2018年5月11日于社会力量救灾论坛上演讲稿，http://baijiahao.baidu.com/s?id=1600043811886591536&wfr=spider&for=pc

② 朱健刚：《中国公益慈善十年的转型与争议》，凤凰网公益，2018年7月2日，https://gongyi.ifeng.com/a/20180702/45045483_0.shtml。

多元化的特征，同时和社会变革杂糅在一起，还具有不确定性。他认为，人工智能、大数据以及区块链将在未来十年间对公益慈善行业带来巨大的冲击与机遇，公益慈善行业要把握好机遇并顺应时代的潮流来迎接下一个十年。①

中国社会科学院社会学研究所研究员杨团则认为过去十年行业一直思考问题渐渐变得不那么重要，比如慈善与公益的关系、政府与公益慈善的关系、公募与私募的边界等等。她认为随着慈善制度的建设、社会治理改革与创新、互联网募捐平台的发展，许多原先的边界在打破，新的融合、合作、集群在发生。而新的思考方向则是，在当下国内外大格局变化中，中国公益慈善面临巨大机会和挑战，如何改革体制、培育机制、增强活力、贴近现实。杨团指出，首要且很重要的新方向是要打破“公益小圈子”，进入政、产、学、研、社共商的平台型思维和共同协作的行动。民间公益慈善组织有自己的独特优势，同时又要具有促推其他各界发挥优势的能力。她提出，要在这个方向上走好，就要在《慈善法》的指导下制定共同遵守的规则，建设更多、针对性更强的平台型组织和社区集群型组织。②

对公益慈善组织的发展，王振耀在受访中提到需加强与政府、政策对接与合作的能力，在应对大的社会需求时能快速做出调整，实现较快成长。

综上所述，以汶川救灾十周年纪念为契机，公益慈善行业自发组织了一系列回顾活动。无论是对社会力量参与救灾的总结，还是基于灾后公益慈善发展十年的梳理，主流的观点都认为，民间组织经历十年的锤炼，已经从发育逐步迈向成熟，趋于理性和专业化，呈现更强的主动性和协作性，并嵌入社会治理体系中，呈现“跨界合作、多元治理”的趋势。而从反思和评判性建设方面，来自学界和实践界都提出了对行业未来的展望，指出面向国内外格局和社会环境的快速变化，公益慈善应该如何应对挑战而获得更长足的发展。更好地面向未来，是对过去最好的纪念，这是救灾反思的价值所在。

---

① 朱健刚：《中国公益慈善十年的回顾与展望》，宋庆龄公益慈善教育中心官网，2018 年 11 月 26 日，http：//ecop. bnuz. edu. cn/info/1011/1602. htm。

② 杨团：《中国公益十年，大格局变化背后存在哪些缺失?》，凤凰网公益，2018 年 6 月 27 日，https：//gongyi. ifeng. com/a/20180627/45039723_ 0. shtml。

B.21

社会组织章程被要求写入党建内容，新时代面临新课题

王　勇*

摘　要： 2018 年，民政部印发通知要求各地民政部门要指导社会组织在社会组织章程增加党的建设有关内容。民政部强调这一工作具有重要性、急迫性，暂时无法召开相应会议的，社会组织可以先行在章程中增加内容。这一要求是建立在近年来社会组织党建工作逐步发展的基础上的，或将对社会组织的长期治理产生深远影响，是社会组织必须面对的新课题。

关键词： 社会组织　章程　党建

2018 年 4 月 28 日，民政部印发《关于在社会组织章程增加党的建设和社会主义核心价值观有关内容的通知》（以下简称《通知》），要求各地民政部门要指导社会组织在社会组织章程增加党的建设和社会主义核心价值观有关内容。

章程在社会组织法人治理机构中占据基础性地位，是社会组织开展各项业务活动的行动准则，对其成员具有重要的规范和指引作用。章程中增加党的建设有关内容，是一项明确了党组织在社会组织法人治理结构中法定地位的重要制度安排。

---

* 王勇，自媒体“公益资本论”特约撰稿。

《通知》要求增加的社会组织党的建设有关内容具体表述为：“本会（基金会、中心、院等）根据中国共产党章程的规定，设立中国共产党的组织，开展党的活动，为党组织的活动提供必要条件。”

对于章程中如何增加这一内容，《通知》按照社会组织的不同登记状况给出了不同的解决方案。

《通知》要求，各地民政部门在社会组织登记管理工作中，应及时要求社会组织在章程中增加党的建设和社会主义核心价值观有关内容，并在成立登记和章程核准时加强审查。对于正在办理成立登记和已经登记的社会组织，《通知》要求尽快按照通知有关要求将党的建设和社会主义核心价值观有关内容写入章程。

考虑到社会团体修改章程需召开会员（代表）大会，基金会、社会服务机构修改章程需召开理事会，对于暂时无法召开相应会议的，可以允许社会组织先行在章程中增加党的建设和社会主义核心价值观的有关内容，待开会时再予以确认，并经业务主管单位或党建领导机关审查同意后，报登记管理机关核准。

对于为何会要求先行增加内容待开会时再予以确认，民政部在对《通知》的解释中表示，是由于“章程中增加党的建设和社会主义核心价值观的重要性、急迫性”，同时考虑到社会组织修改章程的程序要求、会议成本等因素，因此对于暂时无法召开相应会议的，可以适当简化程序，允许先行在章程中增加内容。①

《通知》提出的这些要求是建立在近年来社会组织党建工作逐步发展的基础上的。

2015 年 9 月，中共中央办公厅印发《关于加强社会组织党的建设工作的意见（试行）》（以下简称《意见》），首次提出“加强对社会组织负责人的思想教育，引导他们主动支持党建工作，为党组织开展活动、做好工作提

① 《民政部关于在社会组织章程增加党的建设和社会主义核心价值观有关内容通知》的解读，民政部网站，http：//www. mca. gov. cn/article/gk/jd/shzzgl/201805/20180500009044. shtml，最后访问时间：2019 年 3 月 20 日。

供必要条件，并将有关内容写入社会组织章程。”

中组部负责人就《意见》答记者问时明确表示，由于社会组织主要按照章程实行管理，所以《意见》要求将党建工作有关内容写入社会组织章程。① 这一要求是作为加强社会组织党建工作基础保障措施的一部分提出的。《意见》的着重点在推进社会组织党的组织和党的工作有效覆盖。

《意见》明确提出要求本着应建尽建的原则加大党组织组建力度。

一要按单位建立党组织。凡有 3 名以上正式党员的社会组织，都要按照党章规定，经上级党组织批准，根据党员人数分别设立党委、总支、支部。规模较大、会员单位较多而党员人数不足的，经县级以上党委批准可以建立党委。

二要按行业建立党组织。行业特征明显、管理体系健全的行业，可依托行业协会商会建立行业党组织。行业党组织对会员单位党建工作进行指导。

三要按区域建立党组织。在社会组织相对集中的各类街区、园区、楼宇等区域，可打破单位界限，统一建立党组织。规模小、党员少的社会组织，可本着就近就便原则联合建立党组织。

在此基础上，《意见》要求，对暂不具备组建条件的社会组织，可以通过选派党建工作指导员、联络员或建立工会、共青团组织等途径，开展党的工作，条件成熟时及时建立党组织。新成立的社会组织，具备组建条件的，登记和审批机关应督促推动同步建立党组织。

《意见》明确提出要实现全领域覆盖之后，推进社会组织党建工作成为各级党委、包括民政部门在内的相关政府部门的重点工作——不仅要考责（考核的重要内容），还要追责（履行责任不到位的要追究责任）。

2016 年，中办国办印发《关于改革社会组织管理制度　促进社会组织健康有序发展的意见》，再次强调要推进社会组织党的组织和工作有效覆盖，要推动将党的建设写入社会组织章程。

---

① 《中组部负责人就〈关于加强社会组织党的建设工作的意见（试行）〉答记者问》，新华网，http：//www. xinhuanet. com/politics/2015 - 09/28/c _ 1116702778. htm，最后访问时间：2019 年 3 月 20 日。

2017 年 10 月 18 日，中国共产党第十九次全国代表大会在北京召开，习近平代表第十八届中央委员会向大会做报告。

十九大报告提出要加强基层组织建设，社会组织位列其中。

报告提出，要以提升组织力为重点，突出政治功能，把企业、农村、机关、学校、科研院所、街道社区、社会组织等基层党组织建设成为宣传党的主张、贯彻党的决定、领导基层治理、团结动员群众、推动改革发展的坚强战斗堡垒。

要注重从产业工人、青年农民、高知识群体中和在非公有制经济组织、社会组织中发展党员。

一个重要的背景是，经过改革开放 40 年的快速发展，我国社会组织在 2018 年已经突破 80 万家，已成为一支重要民间力量。

社会组织是体制外的，为什么要搞党建工作？上海市静安区社会组织联合会在此之前就将“党的领导、党建引领”写入了联合会章程，联合会会长顾维民表示，体制仅仅是对行政而言，党的领导不分体制内外。党的领导是中国特色社会主义最本质的特征，这点至关重要。①

此外，在《关于加强社会组织党的建设工作的意见（试行）》的促进下，经过 2 年的发展，社会组织中的党组织的覆盖面已经大大提升。

2018 年底实现全覆盖已经成为一些省份的目标。2018 年 10 月开始，四川省开展了为期两个月的集中攻坚行动。四川省委非公经济和社会组织工委相关负责人表示，通过新一轮集中攻坚行动将靶向推动应建未建党组织的两新组织，以及未建立党组织的从业人员 100 人以上非公企业、省级以上社会团体和从业人员 30 人以上实体性社会组织，在年底前全部建立党组织。

发展较慢的贵州则在 2018 年出台了《关于进一步加强全省性社会组织

① 《回眸 40 年‖社会组织是现代化城区的一张名片》，上海静安微信公众号，https：//mp. weixin. qq. com/s? _ _ biz = MzA5MzI3NjkyNA = = &mid = 2652720660&idx = 1&sn = 05e09f2da43589b2753c24f022ade98d&chksm = 8b89b187bcfe3891fd7f2721c104620d469ebf28bf23942d28ca8eaef4b1a5 684f3324d5a85f&mpshare = 1&scene = 1&srcid = 0221TPBn2ZcaJTBDvg8FIAS8&pass_ticket = E7yeSO1u38hlcfV4l4l9Wp8Z86LNt393WjsCzsRn0pNL7jjPLlCBuESQRALR% 2BMdI # rd，最后访问时间：2019 年 3 月 20 日。

党的建设工作的实施意见》，提出到2020年度，贵州将实现社会组织党组织建设和党的工作全覆盖。

一方面有了党员和党的组织的大规模覆盖，一方面有落实十九大报告精神的现实、紧迫需求，民政部印发《关于在社会组织章程增加党的建设和社会主义核心价值观有关内容的通知》也就顺理成章了。

2018年4月底，《通知》印发，从全国到省市各级逐级落实。7月，第九届全国律师代表大会第二次会议召开，修改《中华全国律师协会章程》，将加强党的建设工作写入章程。

湖北省社会组织管理局下发了修订后的社会组织章程示范文本，将党建工作内容规范表述为“本组织依据中国共产党章程的规定，设立中国共产党的组织，开展党的活动，为党组织的活动提供必要条件”。

8月，江苏镇江市民政局印发相关通知，要求将党建内容写进社会组织章程。

关于社会组织党建的内容还被列入相关的法规条例中。

2018年出台的《社会组织信用信息管理办法》规定“未按照有关规定设立党组织的”将被列入活动异常名录；在《社会组织登记管理条例（草案征求意见稿）》中则写有“党建工作机构统一领导和管理社会组织党建工作，指导和督促社会组织开展党的建设工作，对社会组织负责人进行资格审查”。

自此，在组织层面，社会组织中有了党组织；在规则层面，章程中写入了党建的内容。下一步，在工作层面党组织、党员势必要发挥更多作用。

《关于加强社会组织党的建设工作的意见（试行）》提出的社会组织党组织和党员发挥作用的途径包括：围绕社会组织健康发展开展党组织活动；贴近职工群众需求开展党组织活动；突出社会组织特点开展党组织活动；紧扣党员实际创新教育管理服务；贯彻从严要求提高组织生活质量。

其中已经提到，推行社会组织党员管理层人员和党组织班子成员双向进入、交叉任职。党组织书记应参加或列席管理层有关会议，党组织开展的有关活动可邀请非党员社会组织负责人参加。

《关于改革社会组织管理制度　促进社会组织健康有序发展的意见》则提出社会组织党组织要对社会组织重要事项决策、重要业务活动、大额经费开支、接收大额捐赠、开展涉外活动等提出意见。

这些究竟该如何落实到操作层面？在社会组织的决策、执行、监督等不同层面社会组织党组织和党员究竟该不该、该如何发挥作用？这些讨论在笔者撰稿时尚无更多公开的讨论。

B.22
成都、北京开启社会企业认证

罗湛贤*

摘　要： 2018年，中国社会企业认证地方实践又迎来了新突破。4月9日，成都市政府办公厅《关于培育社会企业促进社区发展治理的意见》，并在两个月后启动对首批社会企业的认证；8月11日，《北京市社会企业认证办法（试行）》发布，并于10月启动第一批社会企业认证。这是继深圳、顺德后，地方再次出台专项文件并采取行动支持社会企业的发展。[①] 中国地方政府扶持社会企业发展的态势日渐明显。

关键词： 社会企业　地方政府　认证

社会企业旨在用商业思维、模式去解决社会问题，在国外已有上百年的发展史。近年来，社会企业在国内蓬勃发展，但各方在概念和实践上意见不一。各地方政府为“推动社会企业的健康、有序、快速发展，提高公众对社会企业的认知”[②]，正在加快建立我国社会企业认证标准，有意打破社企的“身份尴尬”。而在学界，近年来，以北京大学公共管理学院教授袁瑞军为代表，一直在从事社企认证研究和开发工作，并组织

---

* 罗湛贤，自媒体“公益资本论”特约撰稿。

① 政府部门官方表述。

② 刘水平：《出台中国首个民间社会企业认证办法》，《社会与公益》2015年第9期。

了一个跨学科、跨学校的社会企业研究网络。[①] 在她看来，相关的社会企业认证制度已经起步，中国社会企业作为一个行业正在形成。[②] 继2014年、2015 年佛山顺德、深圳率先在全国启动社会企业认证后，2018 年，成都市工商局、北京社会企业发展促进会先后发布了有关社会企业认证的办法，并启动第一批社企认证。通过认证可以发现一批社会企业发展的典范，树立社会企业运作模式的标杆，对引导社会组织自我造血升级，构建有中国特色的社会企业可持续发展模式具有积极的推动和引导作用。

成都、北京社会企业发展现状与问题

作为我国人口聚集和社会创新的活跃城市，近年来成都、北京的社会企业形成良好的发展态势。

经历了汶川大地震这一影响中国公益历史进程的重大事件之后，成都社会组织迅速发展，公益氛围日益浓厚，为当地社会企业的培育、发展形成营造良好的环境。根据成都市委城乡社区发展治理委员会副主任曾科介绍，在成都以商业模式解决社会问题的企业先行者早已存在，只是这些企业或创始人没有清楚地意识到自己的公益身份或角色。[③]

国外的经验表明，社区存在公共服务供给不足的问题，70% 的社会企业都根植于社区，以解决社区问题作为其发挥作用的主阵地。2017 年 9 月，成都出台《关于深入推进城乡社区发展治理建设高品质和谐宜居生活社区的意见》，将用 3 ~ 5 年，建立健全基层党组织领导、基层政府主导的多元

① 《社会企业要认证，到底难在哪里?》，搜狐网，https：//www. sohu. com/a/153120219_ 616757，最后访问时间：2019 年 3 月 19 日。

② 《袁瑞军：中国社会企业作为一个行业正在形成》，人民论坛网，http：//www. rmlt. com. cn/2016/1102/444183. shtml，最后访问时间：2019 年 3 月 19 日。

③ 《社会企业认证的地方实践》，公益时报网，http：//www. gongyishibao. com/html/yaowen/14630. html，2018 年 8 月 21 日。

参与、共同治理、共促发展的城乡社区发展治理体系。[①] 这为成都社会企业发展提供了发展土壤和体制支撑。

2018 年 3 月，成都市政府在全国率先出台《成都市人民政府办公厅关于培育社会企业促进社区发展治理的意见》，明确力争用 3 年左右的时间，培育发展一批具有一定规模、一定影响力和辐射力的社会企业，基本形成鼓励社会企业有效参与社会治理的支持体系。[②]

北京市近年来则着力探索扶持以“服务民生和开展公益”为重点的社会企业发展。早在 2011 年，北京市委就出台了《关于加强和创新社会管理全面推进社会建设的意见》，明确提出要“积极扶持社会企业发展，大力发展社会服务业”。[③] 2016 年 11 月印发实施的《北京市“十三五”时期社会治理规划》也提出要“开展专题调研，研究扶持政策，分类开展试点，大力推动以服务民生和公益为重点的社会企业发展”，为制定扶持社会企业的政策指明方向。[④]

目前，北京市社会企业领域呈多元化发展趋势，涉及家政服务、教育培训、养老服务、助残服务、农业合作社等领域，涌现出北京富平家政服务中心、乐朗乐读等典型社会企业。

但是，北京市培育社会企业虽然起步较早，总体而言仍处于成长初级阶段，仍面临着一些问题和挑战。比如，目前大部分社会企业还处于早期发展阶段，符合社会企业通行定义的社会组织或商业企业数量较多，但规模普遍较小，典型经验不多，效益不高，也不具备较强的自我造血能力；同时，尽管北京市有关部门都在积极关注并支持社会企业的理念宣传和实践探索，但并未正式出台认证标准以明确其法律地位，无法制定配套政策加

---

① 《成都出台“城乡社区发展治理 30 条”》，四川新闻网，http：//scnews. newssc. org/system/20170920/000818664. html，最后访问时间：2019 年 4 月 26 日。

② 政府部门官方表述。

③ 《中共北京市委关于加强和创新社会管理全面推进社会建设的意见》，《北京日报》2011 年 6 月 8 日。

④ 《北京市“十三五”时期社会治理规划》，北京社会建设网，http：//shb. beijing. gov. cn/2016/1121/7569. shtml，最后访问时间：2019 年 4 月 26 日。

以支持扶持。①

北京市政府有意进一步强化顶层设计，健全扶持社会企业发展制度机制，明确社会企业的身份地位，规范社会企业的发展行为。

两地政府出台文件扶持社企发展

2018 年 6 月，《成都市人民政府办公厅关于培育社会企业促进社区发展治理的意见》颁布之后，成都市工商局先后出台了《成都市社会企业评审认定管理工作成都办法》（下称《成都办法》）等系列配套文件。这在全国省会城市中尚属首例。

《成都办法》对社会企业进行明确定义：经企业登记机关登记注册，以协助解决社会问题、改善社会治理、服务于弱势和特殊群体或社区利益为宗旨和首要目标，以创新商业模式、市场化运作为主要手段，所得盈利按照其社会目标再投入自身业务、所在社区或公益事业，且社会目标持续稳定的特定企业类型。②

成都社会企业的认定范围包括经成都市各级企业登记机关登记且完成了社会企业章程备案的企业，其经营项目包括但不限于社区环境保护、食品安全、家庭服务、康养服务等居民生活服务项目，以及面向农民的小额信贷、农业经济合作服务等服务农村经济发展的项目。申请评审的社会企业经营范围应聚焦基本民生项目、弱势群体，已成为目前社会治理体系有益的补充。

《成都办法》对申请评审社会企业的条件进行了规定。首先企业类型应是股份有限公司、有限责任公司；其次公司章程和声明清晰须载明具体的社会公益目标、拟解决的社会问题、解决方式和业绩测量的办法、依据等，并

① 岳金柱、杨柏生、冯璪：《北京社会企业发展现状、面临挑战和对策建议》，《社会治理》2018 年第 4 期，第 53 ~60 页。

② 《成都市社会企业评审认定管理工作试行办法》，成都市人民政府网，http：//www. chengdu. gov. cn/chengdu/home/2018 - 06/07/content_ 07a6169ba9bc4208b87542a26af69575. shtml，最后访问时间：2019 年 4 月 26 日。

且企业从事经营活动要一年以上。同时，为加强同社区的联系，体现社区居民的认可，还需要各社区、街道的推荐函。

成都市首届社会企业评审认定申报工作于2018年8月31日结束，来自全市22个区（市县）的76家企业、23家社会组织进行了申报，包括四川中和农道农业科技有限公司、四川银谷智联环保科技有限公司在内的12家企业被专家评审会认定为成都市首批社会企业，涉及养老、无障碍服务、农村发展、社区发展、生态保护、青少年儿童教育等多个领域。

而就在成都启动对首批社会企业评审认定后不久，北京社会企业发展促进会也正式发布了《北京市社会企业认证办法（试行）》（下称《北京办法》）。

《北京办法》由北京社会企业发展促进会推动实施，认证标准明确培育和发展社会企业，引导社会资本参与社会问题的解决，加强和创新社会治理，促进社会和谐稳定；完善公共服务体系，提高保障和改善民生水平，不断满足人民日益增长的美好生活需要；树立行业标杆，提升行业规范化程度。①

此次发布的《北京办法》为试行版，在试运行过程中，或将有一定的调整和完善。目前，北京已有17家机构获得中国慈展会社会企业认证，其中3家获得“金牌社企”称号。

两地社企认证的异同与社会价值

成都、北京先后启动对社会企业的认证，由于各自地情不同，执行主体不同，既有共性也有一些差异化的特色。

从认证文件的颁发主体来看，成都在推动社会企业认证这一工作中，首先市政府以“红头文件”的形式，促进社会企业发展，然后又由成都市工

① 《社会企业有了认证标准——北京市社会企业认证办法（试行）》，中国发展简报网，http://www.chinadevelopmentbrief.org.cn/news-21769.html，最后访问时间：2019年4月26日。

商局制定出台《成都办法》，具有较浓的官方主导色彩。而《北京办法》的发布主体是北京社会企业发展促进会，该促进会为北京市民政局登记注册的社会团体，其业务主管单位为北京市社会建设工作办公室。《北京办法》虽不是政策性文件，但对北京社会企业发展具有较大促进作用。

从对社会企业的定义来看，无论是《成都办法》还是《北京办法》，都强调社会企业必须以“解决社会问题”为目标，以“商业模式、市场化运作”为主要手段。不过，成都更明确社会企业的发展应聚焦基本民生项目、弱势群体，而北京则对此并无限定。

此外，两地在定义社会企业中另一大分歧，还在于对社会企业盈利所得的处置上。《成都办法》明确，社会企业“所得盈利按照其社会目标再投入自身业务、所在社区或公益事业”，这一描述被指“不允许分红”。而《北京办法》则并未涉及。有媒体解读称，制定的过程中，曾对是否分红、有限分红的比例等进行讨论，而最终的《北京办法》就此并未有明确描述，因而可以被理解为允许分红。①

在对社会企业的评审认定的方式上，两地均采取政府和第三方合作。其中，成都由市工商局定期对递交申请的企业进行初步筛选，制定观察社会企业名录；然后由专家评审委员会对观察社会企业进行复审；通过复审的企业进行社会公示；经公示无异议的，认定为社会企业，由第三方发布成都市社会企业名录。

而北京则建立社会企业认证评审委员会，共设50个席位，包括主管单位负责人，政府部门、行业专家学者、企业或社会组织代表、相关新闻媒介等。每批社会企业认证评审，从评审委员会中随机挑选9人组成评审小组，获得7人以上同意的企业或社会组织，就可获得本批次社会企业资格。

对于通过认证的社会企业，两地均给予一定的政策支持或后续服务。如《北京办法》明确，获得认证的各类社会企业被授予相应级别的社会企业证

① 顾磊：《〈北京市社会企业认证办法（试行）〉发布——认证社会企业商业收入需超3成》，《人民政协报》2018年8月14日，第10版。

书和专用标识，可将标识用于其办公场地、经营服务场所等，供客户及公众识别。

而《成都办法》除明确可使用“社会企业”字样作为企业名称中的经营特点，向登记机关申请名称变更登记外，还允许社会企业放宽登记条件，允许企业住所和经营场所分离登记，实行“一址多照”“一照多址”；允许其以集群注册方式、住所申报方式办理企业登记。

值得一提的是，《北京办法》从全市已认证的社会企业中，每三年组织开展一次社会企业星级评选活动，并统一颁发标牌，给予适当激励。社会企业分为3个星级，依据商业收入在收入来源中的占比是重要的评判因素。其中一星级社会企业，收入来源的30%来自商业收入（包含竞争性政府采购部分）；二星与三星社会企业，收入来源的50%应来自商业收入（包含竞争性政府采购部分）。总体而言，《成都办法》由于由行政力量主导，所以社会企业获得官方认可的“身份证”后，最大的价值是获得了身份认证、价值认同、品牌提升及社会影响力的关注，再加上成都市委、市政府还有关于办公场地、政府购买服务、金融财税配套政策的扶持，更能吸引孵化其他外部社会资源加入。而《北京办法》则更多立足于在政策法规之内推动社会资本与公益事业更紧密的结合，助力更多主体兴办或参与社会企业，将市场化、商业化运营模式引入公益组织中，推动社会企业与相关社会组织互动协同发展。

两地扶持社企办法的社会反响

两地在先后启动对社会企业的认证工作，在业界引起了强烈的反响。

成都童萌早启教育科技有限公司负责人邓富友认为，过去，大多数人都把社会企业等同于一般企业，这对社会企业的经营发展造成了极大障碍。而通过社企认证后，这一困扰多年的难题，迎来了破冰。①

① 《成都启动社会企业评审认定》，《四川日报》2018年6月12日。

中国慈展会社企认证办公室理事长夏璇认为，成都既是第一个从全市角度推动促进社会企业发展的城市，又是第一个明确社会企业不因登记而产生，而因评审认定而产生的城市。[①]

北京师范大学中国公益研究院院长、深圳国际公益学院院长王振耀认为，北京市在颁布了社会企业认证标准并成立了社会企业联盟之后，需尽快提升对社会企业认证体系建设的认知。为此，他提出以下几点建议。

首先，要有规模化，既然有了认证标准，就应该规模化，没有数就没有质，哪怕有缺陷也得去尝试；其次，可操作性的标准和认证的程序要简化，在操作中需根据中国的实际国情、主要矛盾等进行简化。比如企业和社会组织、商业收益的比例等；再次，应联合起来建立一个支持系统，以及建立一个后续的开发机制。比如认证之后，能否设立有影响力债券，用少量的资金带动社会的投入；最后，需重视解决社会的紧迫需求，将其“社会企业化”或者“化为社会企业”。重视解决寄生性的需求，例如养老和儿童，包括残疾人的户外活动等，引导或鼓励社会组织或企业来进行投入。[②]

社会企业在中国的发展与实践

作为社会创新的重要载体，近年来，社会企业在全国多个城市兴起，呈现出多样化的形式，也积累了不少可复制的创新商业运作经验。同时，随着社会企业家、公益基金会、投资机构、学术机构等各方力量的加盟，我国社会企业生态体系逐步成形。

然而，目前我国尚未从国家层面出台有关社会企业的法律法规，现有政策中也有一些条款制约社会企业的发展，使得推进相关工作缺乏规范依据。

---

① 《成都市“社会企业认证与社会企业家精神”高级研修班活动圆满结束》，新浪网公益微媒体，http：//k. sina. com. cn/article_ 2141338261 _ 7fa23a95001009kr4. html，最后访问时间：2019 年 4 月 26 日。

② 《社会企业认证的地方实践》，《公益时报》，http：//www. gongyishibao. com/html/yaowen/14630. html，最后访问时间：2018 年 8 月 21 日。

由于缺乏法律支持，全社会对社会企业的认知度不足，社会企业不能享受税收优惠政策。此外，大多数社会企业从小微企业或社会组织转化而来，规模小、经济回报率低、回报周期长，往往比普通商业企业更易遭遇资金匮乏。同时，由于没有专门的注册形式分支，只能进行工商注册，社会企业很难获得风投、贷款和赠款。即使是公益性的基金会，也一般支持传统的非营利组织。因此，社会企业容易陷入既非完全营利性公司，又不是传统非营利组织的两难境地。

为破解这一难题，国内的一些社会企业发展起步较早的城市，率先做出了突破性的探索实践。

佛山顺德、深圳最早在国内率先启动对社企认证的探索，在此基础上。成都、北京又于 2018 年相继出台社会企业的认证办法，有学者据此认为，社会企业的发展大潮正在来临，甚至“中国已成为社会企业第一大国。”①

事实上，通过认证的确可以发现一批社会企业发展的典范，树立社会企业运作模式的标杆，对引导社会组织自我造血升级，构建有中国特色的社会企业可持续发展模式具有积极的推动和引导作用。但认证并非为了给社会企业做限制，反而是为了引导社会企业认清自己的定位、使命，认识社会企业之间的关系，从而推动社会企业获得更多社会认可。

社会企业作为一种跨界组织，是推动政府、市场、社会合作互动的良好载体，有助于激发社会主体的意识、发挥基层的活力，有利于政府加快简政放权、转变职能，进一步建设完善社会治理体系和提升公共服务水平。在深圳、顺德、成都、北京等成功的案例推动下，越来越多城市会主动探索，加入社会企业身份认证的行列，并最终自下而上引起国家层面对社会企业认证重视及推广。

---

① 南都公益基金会董事长、国务院参事室特约研究员、中国慈善联合会副会长徐永光 2018 年 3 月 25 日在益行者论坛上表示，今天的中国已经成为影响力投资和社会企业的第一大国，并从四个方面做了详细的阐述。

B.23
“冰花男孩”事件背后的乡村教育困境

章伟升*

摘　要： 2018年1月9日，云南省昭通市鲁甸县一个小学生王福满头顶冰花上学的照片在社交媒体上刷屏。照片中反映的农村儿童生活与教育条件之恶劣，引发社会反思。热心网友与慈善机构的捐款蜂拥而至。后来，善款被有关部门“统筹使用”的消息，引发了网友质疑。有关机构高调安排王福满一家前往北京的“圆梦之旅”，更被一些网友批评为炒作和消费苦难。与此同时，这一事件也引发了社会各界对留守儿童困境的关注和争论。

关键词： 留守儿童　乡村教育　撤点并校　公益慈善

2018年1月9日，云南省昭通市鲁甸县转山包小学三年级学生王福满的照片在社交媒体上获得大量关注。

照片中，王福满衣着单薄，手里拎一个装着书的袋子，双颊冻得通红，头发、睫毛和眉毛结满冰霜，像顶着一丛雾凇，身后的同学们笑得前俯后仰。其时，是学校教师用手机拍下当时的场景，发给当地校长，后者又将其传到网上。一夜之间，王福满成了全国关注的网络红人，网友将他称为：“冰花男孩”。

一天之内，微博上关于“鲁甸冰花男孩”的话题阅读量近1700万，并

* 章伟升，自媒体“公益资本论”特约撰稿。

持续发酵。据荆楚网消息，截至1月16日14时，公开网络平台涉及“冰花男孩”的信息共3.3万多条，相关微博近1.5万条，新闻4300多条。此外，新闻客户端、微信文章、论坛、博客、报刊、政务和视频渠道纷纷跟进。国外权威媒体也进行了报道。

真正引爆舆论的并非照片本身，而是它背后的故事。

30万善款，“冰花男孩”只领到500元

当时王福满和他的姐姐是留守儿童，与奶奶一起生活，住土坯房，爸爸常年在外打工，妈妈已出走两年，杳无音讯。鲁甸县是国家级贫困县，转山包小学是全县海拔最高（2800多米）、最贫困的冰凌区学校，教室没有取暖设备。所谓冰凌区，就是海拔2000米以上，冬季处于冰凌、雾凇状态的地区。在这样的高寒山区，王福满每天要走4.5公里山路，耗时一个小时，才能从家走到学校。最远的学生，要走上两个多小时。

1月9日，共青团云南省委、省青联、省少工委、云南省青少年发展基金会（以下简称云南青基会）、云南省志愿者协会联合发出“青春暖冬行动”倡议书，号召社会帮助家庭经济困难青少年、留守儿童温暖过冬，快乐过年。具体形式是以每名孩子500元的补助标准给予困难孩子一次性的“暖冬补助”，捐款由云南省青少年发展基金会统一接收，统一安排使用。

对王福满的关切以及对留守儿童境况的担忧触发了公众情绪，捐赠蜂拥而至。云南青基会披露，截至1月17日18时，“青春暖冬行动”通过支付宝、腾讯乐捐、银行转账、建行扫描支付等形式，共筹集爱心善款3025731.96元。

云南青基会披露，在发出倡议书的第二天（1月10日），“青春暖冬行动”所募集的首批10万元善款便被送到转山包小学及附近高寒山区学校。在转山包小学，王福满和其他的80名学生一起，每人领到500元的第一批“暖冬补助”。

通报发出后，一则题为《云南官方收30万善款，“冰花男孩”仅得500》的帖子引发了公众对中国公益的信任危机。文章引述多人发言，质疑

捐款由云南青基会统一接收是垄断捐赠渠道，称此举可能导致善款被截留，难以悉数用于受助者身上。该文还称，社会各界捐赠到云南省青基会的30万元善款中，“冰花男孩”只领到500元。当地政府和云南青基会随即被推上风口浪尖。

对此，鲁甸官方进行了回应。该县教育局局长陈富荣解释说，鲁甸全县有45所冰凌区学校，还有数以千计的“冰花男孩”需要救助，捐款倡议书已经表明，所接收的善款属于不特定用途捐赠，将用来帮助全县的“冰花男孩”，并非为王福满个人设置的捐助活动。另外，如果将所有捐赠全部交付给王福满，“一夜暴富”的畸形慈善反而不利于孩子的健康成长，也容易辜负捐助者的初心。

昭通市青基会办公室主任陈宇进一步解释说，“青春暖冬行动”帮助对象是云南省受寒潮影响较为严重地区的家庭经济困难青少年、留守儿童，王福满是其中之一。在捐助行动中，如果捐款有明确指定信息，将根据捐助人意愿发放。既尊重捐赠人的意愿，也兼顾高寒贫困山区学生群体的过冬问题。此外，对于善款的使用，将接受外界监督。

事实上，在云南青基会官网、腾讯乐捐等平台，“青春暖冬行动”项目介绍都明确告知，将以每名孩子500元的补助标准给予困难孩子，项目进展和筹款来源明细也保持日常更新。

“冰花男孩”的“圆梦之旅”被指“消费苦难”

在采访中，王福满说自己的理想是当警察，最想去北京看看那里的孩子怎么读书。

1月19日，在有关方面的资助下，王福满和父亲王刚奎以及姐姐王福美三人，从云南鲁甸老家飞抵北京，开启三天的“圆梦之旅”。他们在天安门广场观看升旗、爬长城，参观警察博物馆、北京市公安局反恐怖和特警总队，还走进中国人民公安大学。北京之行过程中，有媒体跟随直播。结束后，有关方面还为他们安排了媒体见面会，接受媒体采访。

高调的安排被一些网友批评为“消费苦难”。

老兵回家公益活动发起人、深圳龙越基金会理事长孙春龙在《冰花男孩受邀来京看升旗，这是个消费苦难、强行感动的时代?》一文中写道：“这到底是在帮助别人，还是通过消费别人而满足自己？一个正在上学的小学生，让他停下学业去到伟大的首都观看升国旗，这是这个孩子的需求，还是我们需要这份感动而制造了这个活动?”

孙春龙认为，这次媒体为了吸引眼球再一次秀了下限，如果真的想去做公益，公益支持者更应该看到“冰花男孩”背后，是整个中国乡村数以千万计的留守儿童和留守老人的悲惨命运。他说，公益参与者的逼格越来越高，而无数受助者依然等米下锅。“请问，没有冰花的男孩，当他真正提出想去天安门的时候，你们还会帮助吗?”

《央视网》一篇文章观点尖锐：地方和媒体形成高度默契，一个吸引关注，一个收割流量。文章说，在这个消费至上娱乐至死的年代，为了达到所谓的目标，似乎什么都是可以炒作的，财富、家庭、慈善甚至苦难。“一大帮媒体打着‘爱心’的大旗在‘冰花男孩’身上大做文章，他们将王福满带到北京，声称帮他圆梦。于是，这个从小连镇子都没去过的孩子一下子来到首都，看升旗、逛大学，还体验了一回警察的感觉。这究竟是在做善事，还是赚眼球？是帮助‘冰花男孩’圆梦还是过度消费孩子?”

还有观点认为，过度关注也会对王福满本人产生消极影响。

王福满所在学校，转山包小学校长付恒说，一个人生活的突变会改变性格的，他担心福满的生活再也回不到曾经的平静、担心他因此改变曾经坚韧、独立、自立的品质。“脱贫一定要靠自己，那照片里流出来的时候，我看到很多孩子身上坚韧的品质，而现在我怕大量的物质帮助会滋生孩子的惰性甚至是贪婪。”

“冰花男孩”后续：马云的“撤点并校”说引发大争论

1 月 21 日，王福满一家北京之行结束那天，2017 年“马云乡村教师奖”颁奖礼在海南三亚举办。马云在午餐时间召集郭广昌、冯仑、史玉柱、李连杰、孙俪等80多位国内知名人士，探讨在中国贫困乡村进一步推动撤点并校计划，为乡村儿童建设软硬件过关的寄宿制学校。这场午餐会对媒体开放，马云使用了PPT展示从全国各地采集的乡村孩子上学的照片，其中包括网上广为流传的那张“冰花男孩”照片。在马云看来，这些孩子根本就不应该走读制，而应该是寄宿制，中国必须大力推动寄宿制。他还说，在他的经验里，学生规模在100人以下的学校是办不好的，原则上都应该撤并，同时完善学校的寄宿和校车接送制度。

马云关于撤点并校的言论，引发了舆论争议。

新东方教育集团董事长俞敏洪发文“怒怼”马云：“我想怼马云的，就是他的这一思路。这一思路的愿望是良好的，但并没有考虑到中国乡村儿童教育的现实情况。”俞敏洪称，完善的校车设施在现在的财政体系状况下从未推广过，寄宿学校的条件也不忍直视。

21世纪教育研究院副院长熊丙奇也表示，没有事实能证明寄宿制一定是乡村教育问题的解药。

中国教育科学研究院研究员储朝晖表示，乡村教育本来就基础薄弱，盲目的撤点并校实则是“雪上加霜的做法”。而问题背后实质是“乡村孩子享受义务教育基本公共服务的权利能不能得到保障。权利保障并不到位，最终导致马太效应。”

一个重要的问题是：撤点并校的方案能否解决“冰花男孩”们的难题？

上海金融与法律研究院研究员傅蔚冈认为，社会和教育界在反思大规模撤点并校带来的负面影响，但撤点并校的趋势并不可逆，农村教育尤其是边远贫困地区的中小学教育如何推进，是一个很现实的课题。他说，如何将国外经验和中国实际相结合，并总结出一套适合中国农村的寄宿制学校标准，至关重要。“未来的‘并校’绝不是简单的‘一并’了之，而是要通过并校这种形式，全方位提高学校的管理能力。”

傅蔚冈认为，如何发展农村教育是一个复杂的课题，需要各方面的努力，需要各种不同的模式进行探索和实践，马云基金会动用了阿里系在商业上的经验，总结经验，输出标准，很多问题就可以解决掉。“冰花男孩”的问题因为有了媒体的关注，很快就得到有效解决，那其他千万名“冰花男孩”呢？只有更多个“马云”加入进来，建立更普惠性的方案，他们的未来才不会耽搁在漫长的上学路上。

结 语

“冰花男孩”事件激发了公众对公益事业的关注，但伴随着事态的进展，社会上也出现多种质疑的声音。其中，有两个质疑尤为受到关注：一是，云南青基会接收的30多万元善款，而王福满仅得500元，善款的分配伦理遭受拷问；二是“爱心机构”组织王福满一家北京之行，有消费苦难和炒作策划之嫌。

“冰花男孩”走红的背后，是社会各界对农村留守儿童受教育困境的关切，而围绕乡村教育的争论，也有助于更多人了解到社会问题的症结所在，推动政府和社会各界思考治本之策。

B.24

黑土麦田事件："明星公益机构"遭遇信任危机

罗　苑*

摘　要： "黑麦事件"是2018年中国公益慈善行业颇具争议的热点事件。某种程度上，它因"劳资纠纷"而起。从目前已知的情况看来，黑麦并不存在贪墨善款等突破底线的行为，但暴露出机构内部管理混乱，价值观模糊，项目缺乏成效等问题。对于公益慈善行业而言，该事件所掀起的关于公益机构商业化转型及公益组织公信力建设等问题的讨论和反思有着重要价值。

关键词： 公益慈善　商业化转型　财务透明　公信力

"黑麦事件"是2018年中国公益慈善行业颇具争议的热点事件。指的是黑土麦田离职成员连续发文公开质疑黑麦及其联合发起人秦玥飞，并由之引发中国公益慈善界对公益机构商业化转型及其他相关问题的讨论的事件。

秦玥飞，80后，自耶鲁大学毕业后回到国内成为一名大学生"村官"，曾获央视"最美村官"、"感动中国2016年度人物"等称号。2015年，作为联合发起人之一，秦玥飞在民政部注册成立了非营利机构"朝阳行动乡村服务创新中心"，"黑土麦田公益"（下称"黑麦"）是该机构下属的扶贫公

---

* 罗苑，自媒体"公益资本论"特约撰稿。

益项目。

从 2016 年开始，黑麦每年选送一批高校毕业生，作为"乡村创客"（下称创客），以大学生村官的身份，从事社会服务与产业扶贫。两年服务期满后，项目方会为创客提供出国深造、就业等支持。该项目的宗旨是培育杰出的农村创业者和农村公共服务者，为乡村创造可持续影响。

黑麦被视为公益领域的"明星机构"。有评论称，秦玥飞的"情怀和故事"为黑麦吸引了不少关注。事实上，黑麦起步不久便获得了来自政府、基金会和企业家的多方资助，也吸引了一众国内外名校毕业生加入。据一名前创客介绍，在黑麦 2017 届创客中，约有 1/3 是海归留学生，剩下 2/3，也不乏清华、北大等名校生。

2018 年 8 月，黑麦遭到质疑——微信公众号"陈胜吴广联盟"接连发文《七问秦玥飞》《追问秦玥飞的公益底线》《问秦玥飞，也是问我们自己》等。作者是黑麦的一批离职成员，自称于 2017 年 7 月加入黑麦。①

秦玥飞与黑麦方面对此组织了多轮回应；黑麦众筹公募支持方中国扶贫基金会、"资助方"爱佑慈善基金会亦对此进行了公开说明。其时，事件在网络上迅速传播，引发公益慈善界的关注和反思。

"黑麦事件"回顾

2018 年 8 月 18 日，微信公众号"陈胜吴广联盟"发表文章《七问秦玥飞》②，以"黑土麦田公益"项目参与者的身份，对秦玥飞及黑麦提出质疑。这篇文章列出了七个问题，包括秦玥飞 6 年村官的业绩、其个人作风问题、黑麦的财务问题、管理问题、项目村撤点及创客的工资待遇问题等。据统计，该文发出 24 小时内，在多平台的阅读量超过 10 万。

---

① 《明星公益人信誉风波未平 99 公益日以何为重》，财新网，http：//china. caixin. com/2018 - 08 - 29/101319989. html，最后访问时间：2019 年 3 月 20 日。

② 《七问秦玥飞》，微信公众号"陈胜吴广联盟"，https：//mp. weixin. qq. com/s/tho8KAaGBQA1 - q6CXG - zmQ，最后访问时间：2019 年 3 月 20 日。

8月19日，微信公众号“黑土麦田公益”发布文章《来自秦玥飞的声明》[①]。秦玥飞否认自己存在“奢侈消费”、“挪用善款”、“履历造假”等个人作风问题，并回应了黑麦的转型、创客的留用、津贴制度、项目参与腾讯“99公益日”众筹等相关话题。

8月20日，“陈胜吴广联盟”继续发文《追问秦玥飞的公益底线》[②]。该文进一步将《七问》的核心问题归纳为三个：黑土麦田作为公益机构的财务透明；秦玥飞作为公众人物与公益人士的基本诚信；黑土麦田扶贫项目的名实不符。

8月22日，“黑土麦田公益”发文《秦玥飞：抱歉再耽误您点儿时间》[③]，对上述“追问”进行了回应。秦玥飞在声明中如是写道：“有些朋友指出，黑土麦田存在管理能力待提高、信息公开不足、财务制度需要更加规范等问题。我作为机构负责人虚心接受这些批评。”

针对个人作风问题，秦玥飞再次表示自己从未挪用善款进行“奢侈消费”；对于质疑者要求的财务公开，秦玥飞贴出了黑麦年检报告的部分内容，表明：2018年，在民政部门进行社会组织年检时，黑土麦田接受了第三方专业机构的审计。审计报告指出，“未发现存在侵占、私分、挪用社会团体资产现象”，“未发现以各种形式设立小金库”，“内部控制制度符合基本要求”，“会计核算规范”等。此外，秦玥飞称，黑土麦田团队正在和主要捐赠方和支持机构商讨，针对此次事件中公众所关注的主要话题，聘请机构来对黑麦做一次独立审计。

值得一提的是，在此番争议中，双方多次提到黑土麦田公益在腾讯99公益日上发起众筹一事。“陈胜吴广联盟”提出：“为什么黑麦自己就不能马上公开这笔款项（注：意指2017年“99公益日”公募活动）的使用明

---

① 《来自秦玥飞的声明》，微信公众号“黑土麦田公益”，https：//mp. weixin. qq. com/s/mYvlm8bNhs2eoxnyPAAcSA，最后访问时间：2019年3月20日。

② 《追问秦玥飞的公益底线》，微信公众号“陈胜吴广联盟”，https：//mp. weixin. qq. com/s/Yu6zSPgh－5rBu69hEe_ zHw，最后访问时间：2019年3月20日。

③ 《秦玥飞：抱歉再耽误您点儿时间》，微信公众号“黑土麦田公益”，https：//mp. weixin. qq. com/s/L_ BZm－31jLZuYZX52KGllA，最后访问时间：2019年3月20日。

细和票据呢?"

据秦玥飞介绍，因不具备公募资质，黑土麦田在2016年和2017年参与腾讯"99公益日"众筹时，均通过具有公募资格的中国扶贫基金会的渠道进行筹款，后者对善款的使用情况进行监督、审查和反馈。

8月22日，中国扶贫基金会发布《关于"黑土麦田乡村创客"项目互联网募捐情况的说明》①，介绍了该项目的检测情况。

2017年2月到2018年5月，朝阳行动提交了3次项目进展和财务报告。基金会对报告以及报告中的财务票据进行审核，审核结果作为拨付资金额的依据。朝阳行动将财务报告两次在腾讯公益平台上进行了披露；2017年12月，基金会对"黑土麦田乡村创客"项目通过互联网所募集资金进行了财务监测。通过监测发现机构项目财务管理专业能力不足，存在审批流程不健全、会计核算不够规范、津贴发放计税不规范等问题。基金会工作人员与朝阳行动工作人员会面反馈了监测意见并提出改进要求。随后，朝阳行动聘请财务咨询管理机构进行财务规范化建设。2018年7月，基金会派员到朝阳行动进行监测，发现部分问题得到改进，项目财务管理进一步规范中。

除了中国扶贫基金会之外，爱佑慈善基金会亦于8月28日对此事做出了公开说明。《来自爱佑慈善基金会的说明》② 一文写道：2018年8月19日，爱佑向黑土麦田发出了问询函。2018年8月24日，爱佑收到黑土麦田的回复，问询函中所提出的问题均给予正面回应，黑土麦田不存在违反资助协议条款的情况，我们将对其业务转型及业务模式的有效性持续监测和评估。

据悉，2018年，黑土麦田成为"爱佑益+伙伴"；秦玥飞则是"2018爱佑创新公益领袖支持计划"的资助对象，资助金为100万元。

---

① 《"七问秦玥飞"事件最新进展：黑土麦田99公益日募捐情况说明》，公益时报微信公众号，https://mp.weixin.qq.com/s/EwRp9_XEzS9TeKl7oJhAFg，最后访问时间：2019年3月20日。

② 《来自爱佑慈善基金会的说明》，爱佑慈善基金会官网，http://www.ayfoundation.org/cn/article/34/1885，最后访问时间：2019年3月20日。

据媒体报道："9月16日，谭腾蛟（注：谭为黑麦副总裁）证实，黑麦已经召开情况说明会，向主要捐赠者说明审计相关情况。但他拒绝披露当日的说明内容。"① 而在2018年8月30日发出关于黑麦的又一篇文章后，截至2019年3月20日，"陈胜吴广联盟"没有再更新。

创客与"黑麦"的矛盾

从目前已知的情况看来，黑麦事件某种程度上是一场劳资纠纷。亦有评论称，黑麦事件是一个公益机构在商业化转型中出现的"事故"。其中最尖锐的矛盾，是员工认为黑麦是一个公益机构，而管理者却认为这是一个企业，前者打算"投身一场伟大理想"，并能获得不错的薪酬与前途，而后者希望低投入高产出，在管理上冷酷无情。②

按南方周末的说法，黑麦的"改革升级"是导火索。具体而言，创客对黑麦及秦玥飞的不满主要集中在以下两个方面。

1. 改革转型对淘汰赛

在黑麦的回应中，秦玥飞提道：2018年3月起，黑麦开始了一轮全面和严肃的转型聚焦。"转型聚焦的根本原则是对每一个在村项目进行定期定量的考核，以项目最终能为村民带来的经济改善作为衡量团队成果的标准。"

按照新的方案，创客的考核基础不再以"村庄"而是以"项目"为单位，通过定期或不定期的效果考核优胜劣汰。团队成员的薪酬不再由黑麦直接拨付，而从项目资金支出。创客与资金拨付的机构或其他经营主体签订协议，形成自负盈亏的单位。③

---

① 《"耶鲁村官"秦玥飞遭遇信任危机》，南方周末网，http：//static. nfapp. southcn. com/content/201809/23/c1519167. html，最后访问时间：2019年3月20日。

② 《反思"黑麦事件"：公益机构的"商业化转型"很危险》，公益资本论微信公众号，https：//mp. weixin. qq. com/s/7gr1xV20bL81SwVSRuFzxw，最后访问时间：2019年3月20日。

③ 《耶鲁村官"黑土麦田"下乡现实：多项目搁浅、名校生创客离去》，后窗搜狐号，https：//www. sohu. com/a/252335720_ 658673，最后访问时间：2019年3月20日。

在黑麦内部一名指导创客的项目专员看来，改革意味着黑麦走上明确的商业化路径。对此，黑麦副总裁谭腾蛟认为，黑麦的想法一以贯之：在农村通过商业化的红利来扶贫。"改革是为了让项目在商业化上更加可行，初衷是不变的"。

3 月末，黑麦下发文件：所有产业扶贫项目均需参加路演。评审重点是看项目能否为贫困户赋能并持续增收。按照规定，路演失败的团队成员，需要与黑麦签署终止志愿服务协议。此后，路演失败的团队成员方可选择是否参加复活路演。第一轮路演失败的团队成员，也可以申请成为其他项目的工作人员。

黑麦向媒体提供的创客离职情况说明显示：4 月，有 16 名 2017 届创客因"不认同上述项目改革升级理念而主动离职"。

5 月 11 日，第一轮路演结束，有 2 个项目共 6 名创客通过路演，另外 11 个项目共 24 名创客未通过评审。

部分落选创客拒绝接受黑麦的方案。5 月 19 日，黑麦向未通过第一轮路演，也未签署终止协议、未申请复活路演的创客发送通知，提出三个选项：一是按承诺签署终止协议并尽快申请复活路演；二是办理离职手续并领取 8000 元离职补贴；三是如果创客在规定期限内不做选择，机构则根据双方签订的《服务协议》终止其服务且其无法获得 8000 元离职补贴。①

据黑麦负责招募的工作人员介绍，最终，未通过第一轮路演的创客中，有 11 名未在规定期限内告知机构其最终选择，因此，黑麦根据上述第三个选项，终止了其服务期限。

有内部人士指出，正是这样的"淘汰赛"与强制终止服务协议的做法，激怒了一直被视为"天之骄子"的名校生，成为创客反攻秦玥飞的导火索。

2. 创客的预期对黑麦的预期

"陈胜吴广联盟"在《七问秦玥飞》中称："招募文（注：意指黑麦的

---

① 《"耶鲁村官"秦玥飞遭遇信任危机》，南方周末网，http：//static. nfapp. southcn. com/content/201809/23/c1519167. html，最后访问时间：2019 年 3 月 20 日。

创客招聘文案）里言之凿凿承诺的‘7000元的月薪、免费食宿、出路保障’都被入职协议里一句‘本协议替代双方之前的所有口头或书面协定’替代，全体成了镜花水月。”“创客拿到手里的也不是劳务合同，而是一份明确了创客和机构没有任何劳务或劳动关系，也没有五险一金的服务协议。”

据媒体报道：“除每月3500元基本工资和每季度发放的绩效工资外，黑麦没有提供其他资金支持。为推进项目，（创客）不得不预支工资、自己垫钱。这种状况在创客中普遍存在。”

按秦玥飞在声明中的说法，黑土麦田与在村创客签署的是《志愿服务协议》，在机构转型聚焦项目之前支付的津贴是每人每月税前7000元，由基本津贴和绩效津贴组成。谭腾蛟进一步解释说，考虑到黑麦项目有2年服务期，人员流动较大，黑麦选择以志愿服务协议而非劳动合同的方式与创客确定劳动关系。

观察者认为，创客对机构的预期，与机构对创客的预期都出现了巨大的落差。“他们的假设是，辛辛苦苦招来一个高才生，怎么这点事你都做不好?”一位创客如是说：“但我们确实没经验啊，没人教我们怎么去现实地设计一个商业模型，怎么卖，怎么营销。”

另一名创客复盘称，高昂的机会成本与理想和现实间的巨大落差是创客们怨气的根源。“这一方面来自乡村工作本身的难度，在农村并没取得预期效果时，创客们的挫败感特别强；另一方面，也因为黑麦未能兑现此前允诺的待遇条件。”①

在声明中，秦玥飞如是总结——黑土麦田本应至少在以下几个方面做得更好：我们没有将创客规模扩大计划与资源募集和机构管理能力建设做合理的匹配；我们没有能形成较强的组织凝聚力；我们没有将提供资源的支持者们的期望向团队的所有成员顺畅的表达；我们没有将衡量成果的标准清晰地设定给每一个项目团队；我们下决心做黑土麦田正在经历的转型聚焦的时间

① 《反思“黑麦事件”：公益机构的“商业化转型”很危险》，公益资本论微信公众号，https：//mp. weixin. qq. com/s/7gr1xV20bL81SwVSRuFzxw，最后访问时间：2019年3月20日。

太晚（导致我们转型实施过程中存在着一些不够人性化的地方，让我们不得不承受很多创客伙伴以我们本不期望、本可以避免的方式离开）。

"黑麦事件"引发的行业思考

"黑麦事件"爆发后，引发了公益圈内外的关注和讨论。该事件对公益行业的启发主要有如下三点。

1. 公益组织进行商业化转型的问题

近年来，"公益市场化"成为公益领域的主流叙事方式之一。不少公益组织开始了形式多样的商业化转型：有的把公益品牌注册到私人公司里；有的利用社会捐赠完成原始积累，谋求将公益机构转型为公司；有的保留公益机构的牌子，在运作项目时搞商业化，试图把公益的"低成本"与商业的"高利润"结合起来。

在一些公益观察者看来，黑麦事件折射出了公益领域一些深层次的问题，不少公益机构缺乏建立社群的耐心，却热衷于大干快上，想要利用商业资本实现"跳跃式发展"。这样的做法，短期内可能会取得很好看的业绩，从长期来看却是危如累卵，随时都有可能"出事"，一旦"出事"，不但涉事机构声名扫地，整个行业的公信力也将连带受损。

墨德瑞特高级顾问张婷婷则认为，黑土麦田的问题，在于机构的组织能力无法匹配机构快速扩张的需要。"要实现规模化，我认为有两个必备条件，一是解决问题的可行模式，二是推广模式需具备的组织能力。"在张婷婷看来："如若问责，不能把黑麦们的失败仅归咎于机构和个人，跟行业发展现状、资方资助理念和倾向不无关系。"①

2. 公益组织品牌个人化与公益组织公信力维护的问题

如前文所述，秦玥飞身上顶着"青年公益偶像"的光环，很大程度上

---

① 《追求规模化尚早，"黑麦"们还是先练好内功吧》，微信公众号"发展共学"，https://mp.weixin.qq.com/s/FAQNZHXp_Q7Z3UnFzo-sUA，最后访问时间：2019年3月20日。

代表着机构形象。

上海交通大学中国公益发展研究院院长徐家良指出："我们看到的很多公益组织品牌都是个人化的，某个发起人就代表这个组织，团队的其他人是看不到的。"在徐家良看来，一些公益组织发起人的个人丑闻或者争议会影响公益组织的公信力。"原来大家认识一个公益项目或品牌，就是通过认识这个人。之前对他的情感和印象是100%肯定，（丑闻或争议一出来）反差非常大，大家就感觉他原来做的事情可能有问题。"①

徐家良认为，公益组织应逐渐从个人化转向组织化、制度化，要加强团队建设。"如果某一个发起人退出了，第二个、第三个人能够马上接过去和接上去，不致出现一个人倒下，整个机构和品牌就随之倒下的情况。"

清华大学公共管理学院副教授贾西津则建议，公益组织发起人应该在组织运作制度化、规范化的基础上，再动用个人的号召力。②

业内人士同时还在讨论，像黑土麦田这样的民非机构内部是否存在人治色彩浓厚，权力制衡不足的问题？对此，中山大学传播与设计学院副教授周如南表示，有相当部分的草根公益组织中，法人治理结构不完善，理事会、监事会和行政团队之间的制衡机制缺失。

3. 公益组织的财务透明问题

在上述风波中，黑麦的财务问题屡被提及。事实上，公益组织财务运作透明是公信力的重要基石。一个核心的问题是，公益机构在财务等信息公开方面有哪些应尽的义务？

作为一家民办非企业单位，朝阳行动乡村服务创新中心（注："黑麦"所属机构）应接受的监督方式主要有三：政府监管、内部监督、外部社会监督。在这三种监督方式中，规定最详细的是政府监管。根据《民办非企业单位登记管理暂行条例》，民政部门、财政部门、审计部门可以对民非的

---

① 《徐家良：发起人频陷争议，公益组织如何维护公信力?》，财新网，http：//opinion.caixin.com/2018－08－21/101317291.html，最后访问时间：2019年3月20日。

② 《明星公益人信誉风波未平 99公益日以何为重》，财新网，http：//china.caixin.com/2018－08－29/101319989.html，最后访问时间：2019年3月20日。

财务情况进行监督。

贾西津表示，目前对基金会的制度、监管要求更严格；而民非单位内部差异非常大，法律对其信息公开的规定比较粗略，在一定程度上给这类社会组织留出了模糊地带。不过，有公益观察者强调，如果民非通过慈善组织进行了公开募捐，就需要按照公开募捐的相关规定进行财务等信息公开。

2018 年 9 月 1 日，民政部出台的《慈善组织信息公开办法》开始实施，该办法对慈善组织信息公开有了更严格的要求——慈善组织应按照有关规定，在民政部门提供的统一的信息平台，向社会公开有关信息，包括年度工作报告和财务会计报告、慈善公开募捐情况、慈善项目有关情况等等。

综上，在“公益市场化”这一大思潮的影响下，许多公益机构都追求跑快一些，以赢得稀缺的市场资源。一方面，这大幅提升了公益领域的效率，但另一方面，也使得公益机构“出事”的概率大大增加。“黑麦事件”即可视为公益机构在商业化转型中出现的一次“事故”。虽然该事件暂未引发更大范围、更深入的公共讨论，但是它所掀起的关于公益机构商业化转型、财务透明机制及公信力建设等问题的讨论依然有其重要价值。这些问题警醒公益慈善界，应进行深刻反思和集体性调整，例如加强机构组织化、制度化建设，提升管理能力，不盲目跟风求创新、求“跳跃式发展”等。

境外慈善篇

Overseas Philanthropy

B.25
“美国梦”的破灭与修复：富人慈善的悖论与启示

程 芬*

摘 要： 美国已经成为贫富分化最严重的国家之一，其社会流动性在近30年几乎处于停滞状态。一些超级富豪意识到阶层固化的趋势将让社会分裂、带来不可挽回的危机，他们选择了慈善事业，试图通过捐出巨额财富进行社会创新、促进经济流动、重振美国梦。但是事情没有这么简单：首先，劝说富人放弃财富和特权并不容易；其次，散财也需要智慧，改变世界不仅需要资金，还需要对社会问题的洞察和各方的持续努力；最重要的是，未触及不平等的制度根源的慈善事业，难以避

* 程芬，国际公益学院公益研究中心总监，2018年秋季哈佛大学肯尼迪政府学院访问学者，主要研究领域为公益慈善、非营利组织管理。本项研究得到达理基金会资助和哈佛大学肯尼迪政府学院艾什中心中国项目主任康义德（Edward Cunningham）先生的支持，一并感谢。

免系统性失败的前景。本文认为，社会应该欢迎和引导慈善家投入更多资源支持深层次的社会变革，通过破坏性创新力量，探寻一个兼顾公平正义和可持续发展的未来。

关键词： 美国梦　经济不平等　社会流动　新慈善　社会变革

一　背景：经济不平等加剧，“美国梦”被质疑

2018年10月3日，福布斯美国400富豪榜发布。比尔·盖茨先生的财富从上年的890亿美元增至970亿美元，年增长率接近9%，增幅远超美国3%的经济增速。尽管如此，盖茨先生蝉联24届的“首富”地位还是被亚马逊集团董事会主席兼CEO杰夫·贝左斯（Jeff Bezos）取代。因亚马逊股价飙升，贝左斯以1600亿美元的财富总额成为首位身价超过千亿美元的超级富豪。而榜单上的400位富豪，个人财富平均比上年增长7.5%，他们的财富总额达到创纪录的2.9万亿美元。福布斯杂志编辑对这一现状的评价是“富者愈富，就像死亡和税收一样不可避免”。[①]

美国已经成为贫富分化最严重的国家之一。根据纽约大学法学院教授兼联合国极端贫困与人权问题特别报告员菲利普·阿尔斯顿（Philip Alston）2018年5月发布的报告，2016年，美国最富的1%人群拥有全国38.6%的私人财富，而普通民众的财富总量和收入水平在过去25年总体呈下降趋势；美国1/4全职员工和3/4兼职人员没有带薪病假，44%成年人无力支付或需要变卖财产和借债才能支付急救医疗费用；美国贫困人口增长至4000万，其中1850万人属于“极度贫困”[②]，还有530万人则堪比“第三世界的赤贫

---

① The 2018 Forbes 400，https：//www.forbes.com/forbes－400/#3c9c07877e2f.

② 笔者注：阿尔斯顿的数据来自2017年9月美国人口调查局公开的2016年人口普查报告。另：根据世界银行定义，“极度贫困”的标准是日均生活费不足1.25美元。

阶层”。

美国近几十年的经济发展成果没有为广大中产阶级所共享，而公司和企业主成为经济繁荣的最大受益者。数据显示，大多数美国工人的工资中位数自20世纪70年代末以来几乎没有上涨，而顶层1%精英群体的薪酬中位数增加了一倍以上。[①] 美国的最低工资标准增长也极其缓慢，即使是在哥伦比亚特区或其他最低工资高于联邦标准的地方，全职工人也很难过上宽裕的生活——他们至少要拿出30%以上的收入来支付房租（以舒适型两居室公寓为标准）。[②]

美国人一直相信“努力工作并按照规则行事就能改善个人命运”的美国梦。但是在过去30年里，美国的社会流动性几乎处于停滞状态。根据美国扶贫伙伴关系协会（the US Partnership on Mobility from Poverty）成员拉吉·切蒂（Raj Chetty）等人研究，1940年出生的孩子中，90%比父母赚得更多，而1980年出生的孩子中只有50%收入高于父辈（见图1）。[③]

美国梦正在远离低收入个人和家庭。慈善咨询机构桥跨集团（The Bridgespan Group）发布的报告显示，处于收入底层2/5的家庭，无论是否“努力工作并遵守规则”，近70%的下一代将留在经济底层；而对于已经靠辛勤工作跻身中产阶层的黑人家庭来说，他们的孩子更有可能滑下“中产”的梯子。[④] 对此，国际货币基金组织警告美国：“向上流动的前景越来越暗淡，经济增长带来的效益越来越属于那些富人。”阿尔斯顿也直言不讳：

---

① David Callahan, Systemic Failure: Four Reasons Philanthropy Keeps Losing the Battle Against Inequality，网址：https://www.insidephilanthropy.com/home/2018/1/10/systemic-failure-four-reasons-philanthropy-keeps-losing-the-battle-against-inequality.

② Andrew Aurand, Dan Emmanuel, Diane Yentel, Ellen Errico, and MarjoriePang, *Out of Reach: The High Cost of Housing* (Washington, DC: NationalLow-Income Housing Coalition, 2017).

③ Raj Chetty, David Grusky, Maximilian Hell, Nathaniel Hendren, Robert Manduca, and Jimmy Narang, "The FadingAmerican Dream: Trends in Absolute Income Mobility since 1940," *Science* 24 (2017). Used with permission.

④ Three Ways Philanthropists Can Invest In Markets To Revive The American Dream, https://www.forbes.com/sites/bridgespan/2016/06/08/three-ways-philanthropists-can-invest-in-markets-to-revive-the-american-dream/#3e4fc95348bd.

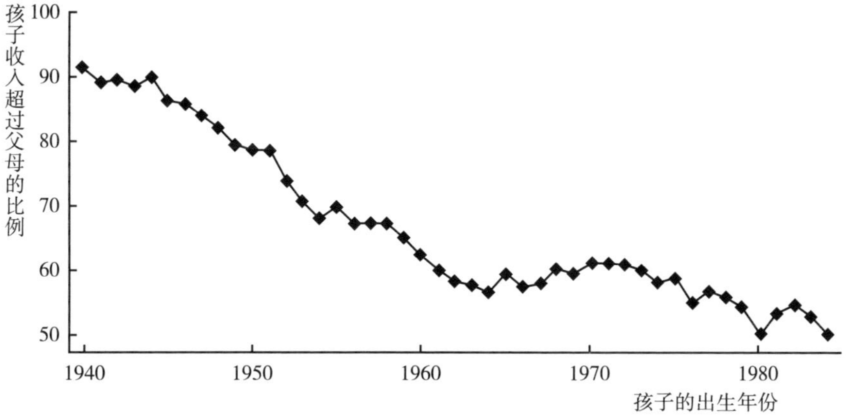

图 1　收入超过父辈的人在持续减少

说明：在测量流动性时，50%被认为是停滞不前。

资料来源：拉吉·切蒂等，《衰落的美国梦：自 1940 年以来绝对收入流动的趋势》。

“向上流动的梦想正在变成美国人的幻想。”①

靠努力工作已经难以改变命运，很多美国人开始接受阶层固化的现实。美国有线电视新闻网财经频道（CNNMoney）在 2014 年 6 月的民意调查显示，六成被访者认为美国人不能实现美国梦。哈佛大学肯尼迪政府学院在 2015 年 12 月对千禧一代的调查中，近一半的人认为美国梦“已经死了”。②

美国梦的衰落，令一些超级富豪充满忧虑。比尔·盖茨曾经表示，谁能解决美国贫富差异谁能当美国下一任总统。深圳国际公益学院捐助人、身价 180 多亿美元的桥水基金（Bridgewater Associates）创始人瑞·达利欧（Ray Dalio）甚至一针见血地指出，“这（人工智能造成大规模失业）在很大程度上是资本主义没有为大多数美国人服务的结果”。③

---

① 《美国贫困和社会不平等问题比想象中严重》，央广网，http://baijiahao.baidu.com/s?id=1604113593508570301&wfr=spider&for=pc，最后访问日期：2018 年 6 月 24 日。

② Debby Bielak, Devin Murphy, and Jim Shelton, “Billion Dollar Bets” to Create Economic Opportunity for Every American, published by the Bridgespan Group in May 2016.

③ 晗冰，Billionaire Ray Dalio: A. I. is widening the wealth gap, ‘national emergency should be declared’（亿万富翁雷·达里奥：人工智能拉大贫富差距，美国该宣布进紧急状态），网易科技，http://tech.163.com/18/0708/01/DM5FGGED00097U80.html

总体来看，美国所谓的“精英阶层”已经意识到，财富集中和普通人的上升通道受阻，会产生社会裂缝、从而带来难以控制的危机，他们必须为此采取行动。而慈善，经常成为拥有巨额财富的“精英阶层”的选择之一。截至2018年秋季，美国已经有140多位亿万富翁签署了巴菲特和盖茨夫妇发起的“捐赠誓言”，对这些誓言者的意向书分析显示，近60%的人提到“捐赠是为了确保美国梦的未来”（giving back to ensure the future of the American Dream）或类似的表述。[①]

二　现状：美国慈善事业对大额捐赠的依赖性增加

随着财富集中的加剧，一些超级富豪为慈善事业贡献了越来越多的捐赠资源。2018年10月，福布斯在公布美国400富豪榜的同时，也设计了一套“慷慨指标”对400富豪榜进行排名。位居榜首的是“捐赠誓言”联合发起人比尔·盖茨和沃伦·巴菲特，两人累计捐款额分别为358亿美元和351亿美元。乔治·索罗斯（George Soros）则以320亿美元排第3位。[②] 与此相印证，苏珊·沃尔夫·迪特科夫（Susan Wolf Ditkoff）等人发现，美国最富有的2000个家庭支配4.2万亿美元财富，这一数字是8年前的2倍。这些美国人大多数年龄较大，通常都会捐出巨额资金，在2017年捐赠额约为450亿美元。[③]

根据《美国捐赠报告》（Giving USA），2017年全美捐赠总额为4100亿美元，按通货膨胀调整后，这个数据几乎是40年前的3倍。报告还说，全美总捐赠收入和家庭捐赠都达到创纪录的水平。但是另有实证研究指出，小额捐赠者和中等水平捐助者的参与度和捐赠金额均在下降，这表明美国家庭捐赠的增长主要来自高收入阶层捐赠的增加。城市研究所（Urban Institute）证实，

---

① Susan Wolf Ditkoff, Alison Powell, and Kyle Gardner, Tom Tierney, *Four Pathways to Greater Giving*, *published by* the BRIDGESPAN GROUP in November 2018.

② Deniz Cam，全球最慷慨的非美国籍亿万富豪，http：//www.forbeschina.com/billionaires/260.

③ Deniz Cam，全球最慷慨的非美国籍亿万富豪，http：//www.forbeschina.com/billionaires/260。

在慈善机构收到的捐款中，来自收入更高、财富更多的人的捐赠占很大比例。他们估算，2018年收入位于前五位的人将捐出1930亿美元，这个数字将占到美国家庭捐款3060亿美元（估计数据，不包括地产或基金会捐赠）的63%；美国税收政策中心（Tax Policy Center）的测算也得出类似结论，称前1%的纳税人估计会捐赠800亿美元，占3060亿美元的1/4以上。[①]

根据笔者对美国历年捐赠数据的整理分析，发现最慷慨的50个慈善家从2005～2017年共捐赠了1481亿美元，这个数字超过同期全美捐款的3%（见表1）。

表1　美国慈善50人的捐款超过全美捐赠收入的3%

单位：十亿美元

年度	慈善50人捐赠额	全美捐赠总额	50人捐赠占全美捐赠额的比例(%)
2017	14.70	410.02	3.59
2016	5.60	390.05	1.44
2015	6.95	373.25	1.86
2014	10.21	358.38	2.85
2013	7.68	335.17	2.29
2012	7.44	316.23	2.35
2011	10.43	298.42	3.50
2010	3.26	290.89	1.12
2009	4.12	280.30	1.47
2008	15.54	303.65	5.12
2007	7.39	306.69	2.41
2006	50.74	294.91	17.21
2005	4.04	283.00	1.43

资料来源：作者根据慈善纪事报“慈善50人”（The Philanthropy 50）及美国捐赠报告（Giving USA）数据统计。

但是，这些慈善家的慷慨不能掩饰更多超级富人未将其财富回馈社会的现实。2018年福布斯400慈善榜的分析显示，36位亿万富翁的累计捐赠

① See “T17－0336－Effective Marginal Tax Benefit of Charitable Contributions Under Current Law and Conference Agreement for H. R. 1, The Tax Cuts and Jobs Act; By Expanded Cash Income Percentile, 2018” Tax Policy Center, December 21, 2017, http: //www. taxpolicycenter. org/modelestimates/charitable－contributions－and－tcja－nov－2017/t17－0336－effective－marginal－tax－benefit.

（不含承诺捐赠）超过10亿美元，但是还有88位超级富豪的累计捐赠额低于3000万美元（福布斯400在2018年的门槛是21亿美元，平均资产72亿美元）。从其捐赠额占财富总额的比例来看，105人低于1%。该榜单设定，捐赠总额超过10亿美元或捐赠额占其总净值20%以上的可以得到最高分（5分），经计算这样的人只有29个①（见图2）。

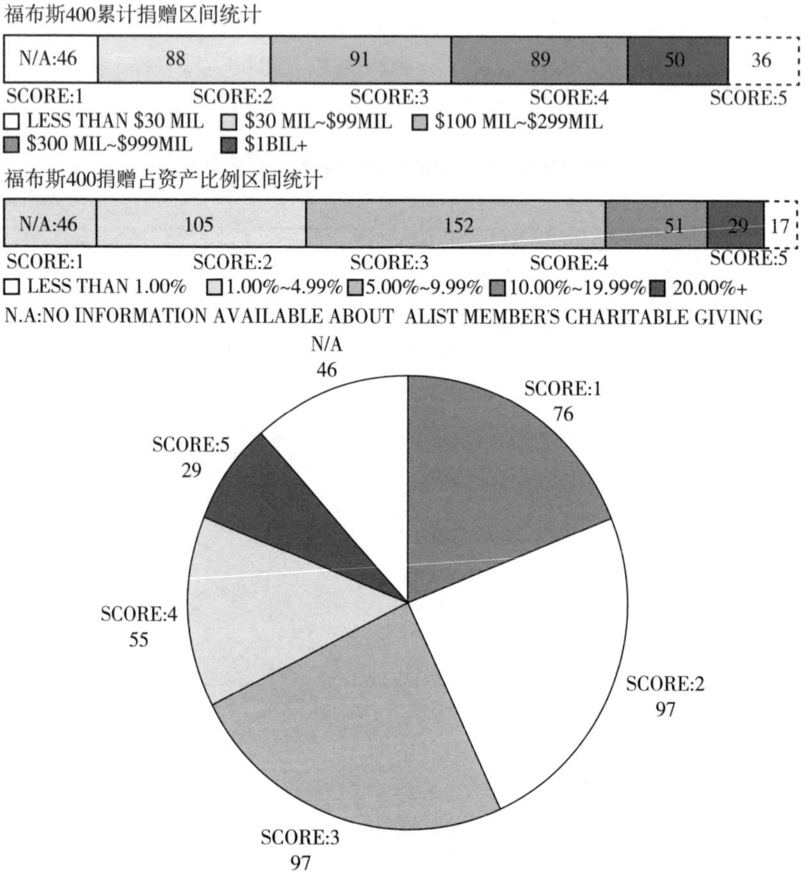

图2 2018年福布斯400慈善榜分析

资料来源：http：//www. forbes. com。

① Deniz Cam，The New Forbes 400 Philanthropy Score：Measuring Billionaires' Generosity，https：//www. forbes. com/sites/denizcam/2018/10/03/the - new - forbes - 400 - philanthropy - score - measuring - billionaires - generosity/#3214b15c7e1d

美国慈善纪事报（The Chronicle of Philanthropy）也专门研究过福布斯"400富豪"的慈善行为，发现前十位都有过大额捐赠纪录。但其他人没有这么慷慨。对照2016年和2017年的两份榜单，"400富豪"中只有32人入选"慈善50人"，他们在这两年的捐赠额是138亿美元，占其私人财富总额的2.78%（详见表2）。这组对比"表明美国很多最富有的人并不是大额捐赠者"，也不排除"有人匿名捐赠或没有向公众或慈善纪事报公开披露他们的捐赠数据。"①

表2　来自"福布斯400"的32人现身2016～2017年"慈善50人"榜单

年份	慈善50人排名（2016,2017）	捐赠人	捐赠额（百万美元）	财富净值2016年（十亿美元）	慈善捐赠占财富的比例（%）
2016,2017	9,1	比尔和梅琳达·盖茨 Bill and Melinda Gates	4921.40	81	6.08
2017	2	Mark Zuckerberg and Priscilla Chan	2019	71	2.84
2016,2017	2,5	迈克尔·布隆伯格 Michael Bloomberg	1302.10	45	2.89
2017	3	迈克尔和苏珊·戴尔 Michael and Susan Dell	1000	23	4.35
2016	1	菲尔和彭妮·奈特 Phil and Penny Knight	900	25.50	3.53
2016,2017	5,8	约翰和劳拉·阿诺德 John and Laura Arnold	569	2.90	19.62
2016,2017	8,9	皮埃尔和帕姆·奥米迪亚 Pierre and Pam Omidyar	431	8.10	5.32
2016,2017	4,28	保罗·艾伦 Paul Allen	386	18.90	2.04
2016	6	拉里·埃 Larry Ellison	271.40	49.30	0.55
2016,2017	12,16	大卫·格芬 David Geffen	250	6.70	3.73
2017	11	乔治·索罗斯 George Soros	208	23	0.90
2017	13	亨利和苏珊·萨缪尔 Henry and Susan Samueli	200	4	5.00

① Maria Di Mento, 'Forbes 400' and 'Giving Pledge' Billionaires Who Gave Big in 2018, https://www.philanthropy.com/article/Forbes-400Giving/245589.

续表

年份	慈善50人排名（2016，2017）	捐赠人	捐赠额（百万美元）	财富净值2016年（十亿美元）	慈善捐赠占财富的比例（%）
2017	15	杰克和劳拉·丹格蒙德 Jack and Laura Dangermond	165	4	4.13
2017	18	丹尼·桑福德 Denny Sanford	140	2	7.00
2016，2017	38，27	马克和林恩·贝尼奥夫 Marc and Lynne Benioff	135	3.80	3.55
2016	12	菲利普和帕特丽夏·弗罗斯特 Phillip and Patricia Frost	100	4.10	2.44
2016	19	罗纳德·佩雷尔曼 Ronald Perelman	89.90	12.20	0.74
2016	20	肖恩·帕克 Sean Parker	75	2.40	3.13
2016	21	约翰和苏珊·索布拉托 John and Susan Sobrato	68.30	5.90	1.16
2017	33	海姆和谢丽尔·萨班 Haim and Cheryl Saban	66	3	2.20
2016	27	小沃尔特·斯科特 Walter Scott Jr.	53.30	3.80	1.40
2016	29	伊莲·永利 Elaine Wynn	50	1.90	2.63
2017	40	戈登和贝蒂·摩尔 Gordon and Betty Moore	50	8	0.63
2016	29	迈克尔·莫里茨和哈里特·海曼 Michael Moritz and Harriet Heyman	50	3	1.67
2017	40	斯蒂芬·罗斯 Stephen Ross	50	8	0.63
2016	32	大卫·鲁宾斯坦 David Rubenstein	49.50	2.40	2.06
2017	48	瑞蒙德和芭芭拉·达利欧 Raymond and Barbara Dalio	48	17	0.28
2016	33	理查德和南希·金德 Richard and Nancy Kinder	44.10	7	0.63
2016	35	罗伯特·史密斯 Robert Smith	42.45	2.50	1.70
2016	36	小朱利安·罗伯逊 Julian Robertson Jr.	41.80	3.60	1.16
2016	41	乔和丽卡·曼苏埃托 Joe and Rika Mansueto	35	2.20	1.59
2016	47	戴维·科赫 David Koch	28	42	0.07

资料来源：笔者根据福布斯美国400富豪榜和慈善纪事50人数据整理计算。

另外，慈善遗产被严重忽略。城市研究所对照富人遗产税的申报数据和生前五年捐赠抵税数据分析发现①，很多超级富人生前5年有不菲的慈善捐赠，尤其是拥有1亿美元以上财富的人群，超过90%的人在生前最后5年都逐项报告了慈善捐款。奇怪的是，很多生前慷慨捐赠的人在遗产分配方案里完全没有"慈善"的影子——尽管遗产捐赠比他们生前的捐赠能享受更多税收减免额。整体来说，研究对象在生前5年的捐赠占其资产的6%，而死后捐赠只占其财富的0.04%。研究者分析，遗产捐赠的潜力没有被充分开发，跟美国的长期护理和健康消费增长、富人收入模式（通过资产管理来追求财富持续增长）、有限的遗产规划（约40%的人还未准备好遗嘱就去世）等原因有关。②

三 趋势：美国富人慈善带来破坏式创新

21世纪的富人慈善有鲜明的时代特征。从全球化和信息浪潮中迅速崛起的亿万富翁，不仅仅只满足于开支票，很多人还想身体力行地运用自身的智慧、技能、关系网来实现慈善目标。一批有代表性的慈善家，一面批评美国政府部门的低效，一面感叹以基金会为主的机构化慈善（Institutional Philanthropy）的影响力太有限，他们发挥私人财富所有者的支配权，本能地将全球视野、创新思维和"投资社会"的理念带入慈善部门，力推大胆创新型慈善（audacious-philanthropy）。他们期待开展影响深远的社会变革，在实践中也不可避免地改变了原有的慈善生态、对非营利行业乃至公共部门带来冲击。

---

① 该项研究样本为2007年向美国国内税收收入部门（Income Division of the Internal Revenue）提交的36889项遗产税申报表所报告的亡者，他们的平均净资产在550万~600万美元，其中资产超过1亿美元的112人。研究团队比较了这些遗产分配方案与亡者生前最后五年（2002-2006年）的所得税申报表，以研究其生前身后的捐赠模式。

② C. Eugene Steuerle, Jenny Bourne, Joycelyn Ovalle, Brian Raub, Joseph Newcomb, Ellen Steele, *Patterns of Giving by the Wealthy*, published by URBAN INSTITUTE in September 2018.

（一）从“新慈善”到“大赌注”：不拘一格追求社会影响力

“新慈善”（New Philanthropy）在2000年以后被经常使用，还不是一个规范的学术用语，没有明确的、公认的定义。但是已经形成一些共识，比如“新慈善”是对传统慈善模式的挑战、可能带来颠覆性影响。本文用“新慈善”统称近二十年慈善领域各种形态创新。

新慈善由“新慈善家”推动。这个群体以2000年以后在科技、金融等领域出现的新富们为代表。2001年由硅谷一批新慈善家们推动成立的全球慈善论坛可视为新慈善运动的标志性事件。全球慈善论坛创始人简·威尔士（Jane Wales）说明了两个重点：21世纪初涌现的新慈善家们是慈善全球化的积极推手；以非洲为代表的发展中国家正在推动全球慈善的新运动。她预判，发展中国家之间的知识交换将掀起下一波慈善创新。①

新慈善运动的一个影响就是越来越多的慈善家和基金会开始改变原有的“碎片化”慈善方式，从孤立、单一的项目资助转向以问题为核心、以结果为导向、综合运用多种策略方式的跨部门、跨领域的合作。

“碎片化捐赠”是传统型私人基金会的普遍现象。慈善咨询机构桥跨集团（BridgeSpan Group）发现，美国最大的50个基金会，2014年捐赠中位数为1.2亿美元，当年资助了265名受助者，每笔中位数约为18万美元。②如此分散的资源分配对于基金会和受助者来说都是一个问题：一方面意味着鲜有机构获得能帮助他们产生更大的影响的集中的、长期的财政支持和非财务援助；另一方面，资助对象太多，也意味着基金会员工需要花很多时间在项目提案、审批和报告上，但是与受助人合作、反思和学习的时间减少。

所以，财力雄厚的新慈善家会采取更有魄力的方式来实现更大影响力。桥跨集团推广了一个专有名词来形容慈善家旨在推动社会变革的巨额捐赠：

① 《全球慈善新运动，中国如何定位?》，善天下网站，http：//www.gpcommon.org/ch/2013/05/16/china－positioning－in－global－philanthropy/。

② Alison Powell，Willa Seldon & Nidhi Sahni，Reimagining Institutional Philanthropy，https：//ssir.org/articles/entry/reimagining_ institutional_ philanthropy.

大赌注（Big Bets)。《斯坦福社会创新评论》2016年冬季刊发表了题为"为社会变革下大赌注"的报告，称在2000~2012年，美国公开宣布的1000万美元以上大赌注类捐赠每年平均达80亿美元左右，这些捐赠主要被分给大学、医院和文化组织等知名机构，而专注于社会变革的非营利组织只收到16亿美元，占大赌注捐赠资源的1/5（比尔和梅林达·盖茨基金会提供的赠款未包括在样本中，因为盖茨捐给社会变革的资金几乎与所有其他捐助者的大赌注总和一样多)。此外，桥跨集团发现，承诺"在有生之年捐赠"慈善家有80%公开表示过希望改变社会，但他们及其基金会用于"大赌注"式社会变革的资金只有16%，而其他基金会和机构的这一比例为28%。[①]

桥跨集团通过十位外部专家根据六个类别对2015年的2500万美元以上的大赌注捐赠进行了排名：慈善野心、预期结果的清晰性、赌注是否对症下药作用明确、战略是否合乎逻辑和现实、资助中的学习和改进程度以及捐者和助者之间关系的强度。排名前十的"大赌注"包括盖茨基金会向疫苗联盟、2020生育计划的捐赠，纽约前市长布隆伯格支持的"超越煤炭"运动、"城市计划"，麦克阿瑟基金会支持的旨在减少监禁的安全与司法挑战项目等[②]。详见表3。

斯坦福社会创新评论2019年春季刊发布了大赌注的最新信息。文章显示，2015~2018年，272笔捐赠2500万美元的大赌注总金额达到222.78亿美元，其中2015、2016、2017、2018年分别达到57.52亿美元、68.73亿美元、52.71亿美元、43.82亿美元。其中，来自盖茨基金会的资金占到30%，超过74亿美元。从资金流向来看，全球健康占有资金超过37%，教育、美国国内医疗和社会服务、环境等领域接受资金超过30%。详见图3。

---

① William Foster, Gail Perreault, Alison Powell, & Chris Addy, Making Big Bets for Social Change, Stanford Social Innovation Review / Winter 2016.

② Kerry A. Dolan, Big Bet Philanthropy: How More Givers Are Spending Big And Taking Risks To Solve Society's Problems, https://www.forbes.com/sites/kerryadolan/2016/11/30/big-bet-philanthropy-solving-social-problems/#1a34512879c5.

表 3　2015 年度十大“大赌注慈善”

排名	捐赠者	接受者	捐赠额	赌注内容
1	比尔和梅琳达·盖茨	疫苗联盟	15.5 亿美元	GAVI 的目标是到 2020 年为 3 亿儿童接种各种疾病的疫苗。挪威政府也承诺额外增加 60 亿美元
2	迈克尔·布隆伯格	塞拉俱乐部的“超越煤炭”运动	3000 万美元	彭博基金会为帮助美国退休燃煤发电厂提供了 12 份资助，承诺再加 3000 万美元鼓励监管机构打击污染
3	比尔和梅琳达·盖茨	2020 年计划生育	1 亿 2000 万美元	旨在 2020 年前为 1 亿 2000 万名妇女提供有效的避孕措施，努力减少计划外生育、流产和孕产妇死亡
4	唐纳德·E·格雷厄姆、威廉和凯伦·阿克曼	我们的梦	5000 万美元	Thedream. us 是一个奖学金基金，用于资助那些在奥巴马总统的“推迟儿童移民行动”行政命令下有资格获得临时居留权的无证件美国大学生。这项资助将为大约 5000 名学生提供奖学金，以便在 70 所合作院校获得学位
5	大卫和达娜·多伦西夫	世界宣明会	4000 万美元	全世界每天有 1000 个 5 岁以下儿童死于腹泻。这个五年期捐赠将向 25 个非洲国家的 1100 万人提供清洁水、卫生和卫生培训，并帮助减少因不清洁水造成的死亡
6	迈克尔·布隆伯格	城市有什么作用	4200 万美元	彭博基金会发起的“城市”计划是一项为期三年的倡议，旨在帮助 100 个美国城市更好地利用数据和证据进行预算和决策，并在城市资源有限的时候为“什么样的工作”提供资金
7	约翰·D·凯瑟琳·T·麦克阿瑟基金会	安全与司法挑战	7500 万美元	通过资助美国的 20 个司法管辖区来减少监狱监禁，从而建设更公平、更有效的地方司法系统
8	礼来基金	黑人联合大学基金的职业道路倡议	5000 万美元	向历史上黑人的大学和黑人为主的机构提供赠款，以帮助学生获得劳动力技能
9	洛克菲勒基金会	农村发展智能电力	7500 万美元	通过 2015 创建的“智能电力印度”，在三年内利用可再生能源向 1000 个村庄提供能源，促进印度农村经济发展，预计惠及 100 万人
10	戴维和卢西尔帕卡德基金会	气候工程基金会	3400 万美元	支持气候领域的公共政策、教育和私营部门的合作，重点是向低碳社会过渡

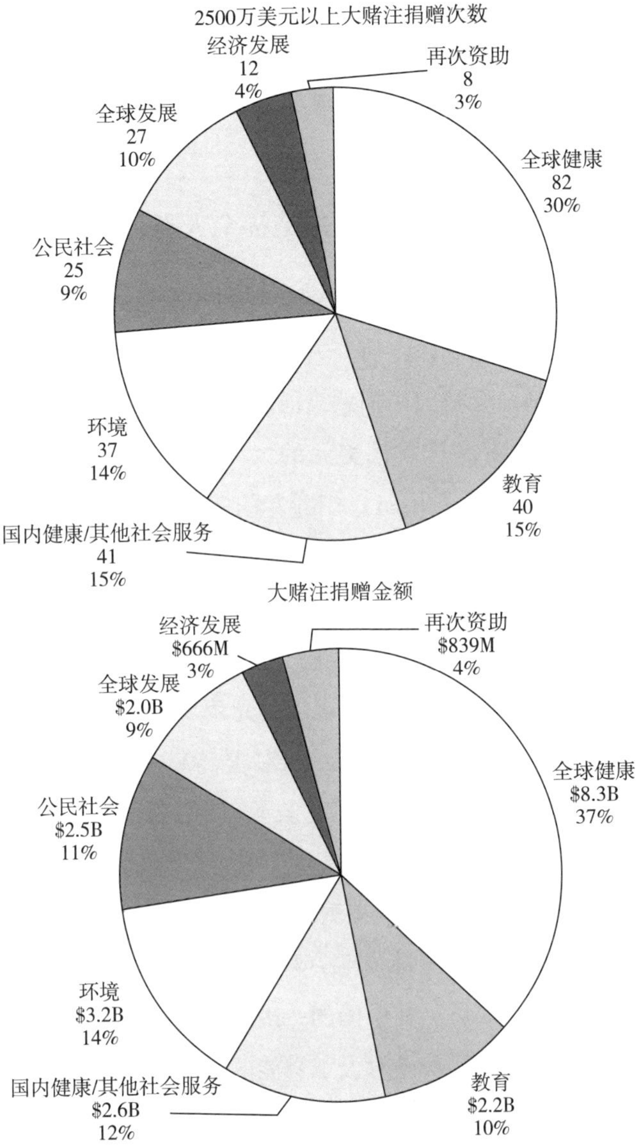

图 3　1/3 大赌注捐赠流向全球健康领域（2015～2018）

说明：30% 大赌注来自盖茨基金会，其 74% 用于全球医疗事业。

资料来源：Stanford Social Innovation Review / Spring 2019.

“大赌注慈善”旨在通过慈善领域的伙伴关系建设、风险承担以及创新举措来推动社会变革。但是很多慈善家还是习惯独立行动，通过跨界联合方式推动变革的比例还不足20%。显然，在这条漫长的社会变革道路上，慈善家还需要更多虚心和耐心。

（二）支持前沿科学研究，可能造福全人类，或加剧两极分化

资助科学家开展前沿研究是美国慈善家的传统之一。洛克菲勒基金会、卡耐基基金会在美国生物和医疗研究方面一直有很大投入。如今，越来越多的慈善家及其私人基金会将大额捐款投向前沿科学。微软联合创始人保罗·艾伦十几年前在西雅图捐建数亿美元的大脑科学研究所、甲骨文创始人CEO拉里·埃里森（Larry Ellison）创办专门的医学基金会支持了数百位生物学家的研究经费，比尔·盖茨为疫苗研发等全球公共医疗领域捐赠了数百亿美元，温迪·施密特（Wendy Schmidt）设立海洋研究所，艾利·布罗德（Eli Broad）捐赠了7亿美元支持哈佛大学和麻省理工学院研究基因疾病。戈登·摩尔（Gordon Moore）捐赠8.5亿美元用于物理学、生物学、环境和天文学方面的研究。2018年，在“慈善50人”排名第四的黑石（Blackstone）联合创始人史蒂芬·施瓦茨曼（Stephen Schwarzman）向麻省理工学院（MIT）捐赠3.5亿美元用于人工智能领域的研究开发。这位先生曾在2013年向清华大学捐赠1亿美元启动苏世民学院项目。慈善纪事报的一篇文章称，施瓦茨曼与中国科技巨头阿里巴巴联合创始人马云一起在苏世民学院担任顾问委员会成员。在中国的一次巴士旅行中，与马云和其他技术主管的一次谈话激发了施瓦茨曼对人工智能的兴趣和关注。①

慈善家大手笔投入科学研究，既可能为整个人类谋福利，也可能加剧贫富分化。像盖茨基金会那样“关注金字塔底层需求”而将百亿美元投入疫苗研发，无疑将明显改善数亿受疟疾等疾病困扰的穷人的生命健康和经济状

① Ben Gose, The Path to a Better Life, https://www.philanthropy.com/article/Billionaire-Stephen-Schwarzman/245651.

况；但是也有很多科研资助活动将帮助捐赠者抢占商业先机。比如施瓦茨曼向麻省理工学院捐赠前几周，就向哈佛商学院捐赠了500万美元，用于开发探索人工智能对企业和市场影响的案例研究。

新科技是一把双刃剑，它给人类带来生产力和生活品质提升，也带来了“技术性失业”[①] 等负面影响。诺贝尔奖获得者、经济学家华西里·列昂惕夫（Wassily Leontief）曾经断言，“人作为最重要的生产要素将被取代，就如同马曾经是农业社会最重要的生产要素，后来被拖拉机取代了一样”。[②] 21世纪的很多案例和数据证实了列昂惕夫的观点，即伴随着技术进步，越来越多以人为劳动力的岗位将被智能软件和机器人取代。瑞·达利欧（Ray Dalio）在2018年7月通过脸书（facebook）回答“人工智能是否会让很多人失业”时表示，算法/自动化决策是一把双刃剑，它提高了生产力，但也消除了就业机会，导致了巨大的财富和机会差距，以至于“应该宣布国家进入紧急状态，建立一个特殊委员会，制定衡量标准，计划和措施，提高工作效率，而不仅仅是为自己买单或审时度势。”[③] 麦肯锡全球研究院（McKinsey Global Institute）在2017年底发布《失业与就业：自动化时代的劳动力转型》报告，称到2030年，全球将有多达8亿人的工作岗位可能被自动化的机器人取代，相当于当今全球劳动力的1/5。即使机器人的崛起速度不那么快，保守估计未来13年里仍有4亿人可能会因自动化寻找新的工作。[④]

---

① 技术性失业，即 technological unemployment，这个词较早出现在凯恩斯的《我们子孙后代的经济可能性》（Economic Possibilities for Our Grandchildren）一文。

② Wassily Leontief, Technological Advance, Economic Growth, and the Distribution of Income. Population and development Review 9, No. 3 (September 1, 1983), 403 – 10.

③ Billionaire Ray Dalio: A. I. is widening the wealth gap, ‘national emergency should be declared’, http://tech.163.com/18/0708/01/DM5FGGED00097U80.html.

④ McKinsey Global Institute, JOBS LOST, JOBS GAINED: WORKFORCE TRANSITIONS IN A TIME OF AUTOMATION, https://www.mckinsey.com/~/media/mckinsey/featured%20insights/Future%20of%20Organizations/What%20the%20future%20of%20work%20will%20mean%20for%20jobs%20skills%20and%20wages/MGI-Jobs-Lost-Jobs-Gained-Report-December-6-2017.ashx.

谁也不可否认，巨额投入的前沿科技研究，可以帮助经济顶层的人掌握更多科技进步带来的机会，从而赚取更多财富。而大多数普通劳动阶层，要么重复低端工作，要么失业，他们的经济向上流动机会很难增加。正如 MIT 斯隆管理学院副院长黄亚生教授等学者认为，数字技术在财富、收入、生活水平和进步机会等领域都加剧了社会的两极分化。①

（三）私人基金会依然重要，其他新形式更受欢迎

在整个 20 世纪，卡内基基金会、福特基金会、洛克菲勒基金会等美国大型私人基金会在慈善事业中发挥了巨大的作用，比如帮助美国和世界很多地区根除脊髓灰质炎；为 96% 美国人提供了轻松访问免费图书馆的机会；帮助减少美国 60% 以上吸烟率；推动了“绿色革命”，大大提高了农业生产力。②

但是，前所未有的财富积累和新慈善家的崛起，冲击了 20 世纪那些著名私人基金会对慈善市场的支配地位，令后者的捐款份额急剧下降：在 1993 年，十大基金会的赠款占到全美基金会捐赠的 15%，到 2014 年仅占 4%。③ 而且，1993 年十大慈善家族中只有两家在 2014 年跻身前 10 名。21 世纪，更多的捐赠资金流入有限责任公司和捐赠建议基金（DAF）等新兴组织形态。例如，捐赠者建议基金的资产从 2013 年的 570 亿美元跃升至 2017 年的 1100 亿美元，年增长率接近 20%。④

美国法律对私人基金会有很多限制，比如每年至少提供上年收入 5% 的捐赠，要公开很多内部信息。为此，越来越多的大额捐赠者愿意放弃向基金会捐赠的税收优惠，他们宁愿采用其他法律形式，既可以实现营利性投资，

① 黄亚生、王丹、张世伟：《创新的创新——社会创新模式如何引领众创时代》，浙江人民出版社，2016。

② Susan Wolf Ditkoff and Abe Grindle, “Audacious Philanthropy,” Harvard Business Review, September-October 2017.

③ 根据 Susan Wolf Ditkoff 使用来自 Foundation Center 和 Giving USA 的数据分析。她比较了 1993 年最大的 10 个基金会在 1993 年和 2014 年的份额变化。

④ *2018 Donor-Advised Fund Report*, National Philanthropic Trust, https://www.nptrust.org/reports/daf-report/.

也可以实现非营利性捐赠，或者提供政治捐赠和宣传。这些形式包括有限责任公司和501（c）（4）结构。有限责任公司允许更多的资金和股票控制、多样化的投资选择，以及比基金会更多的隐私或更少的信息披露。而501（c）（4）则允许一个机构在保持非营利地位的同时可以参与政治运动和游说。例如，陈扎克伯格倡议（Chan Zuckerberg Initiative），奥米达网络（Omidyar Network）和艾默生集合体（Emerson Collective，由 Laurene Powell Jobs 经营）都设立了有限责任公司（LLC），以保留进行倡导或影响力投资的便利。①

一份针对美国银行私人财富管理机构（客户资产5000万美元以上）314位顾问的调查显示，与2013年相比，2018年这些顾问对慈善信托和捐赠者建议基金（DAF）这两种捐赠工具的了解有明显提升，其中，对慈善信托的了解程度从2013年的49%增长为53%，对DAF的了解从29%增长到42%，而对私人基金会的了解没有明显变化。这既是美国慈善部门对财富界的客观影响，未来又将在较大程度上塑造美国高净值人士的慈善方式。详见图4。

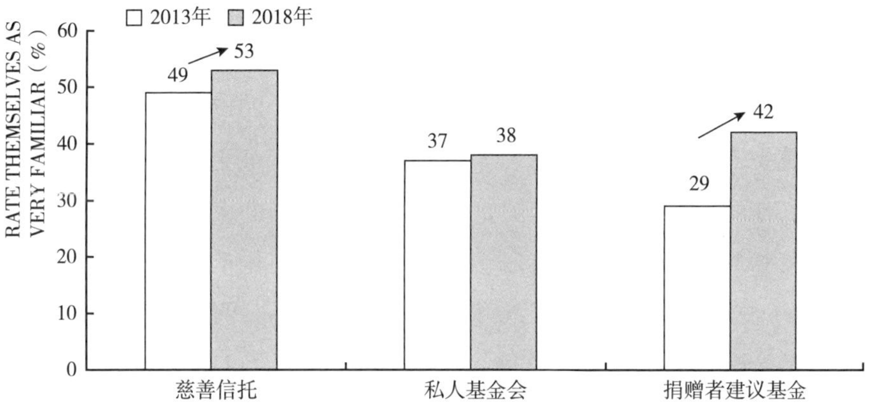

图4 财富顾问对慈善知识的自我评估

资料来源：THE U. S. TRUST STUDY OF THE PHILANTHROPIC CONVERSATION。

① Alison Powell，Willa Seldon & Nidhi Sahni，Reimagining Institutional Philanthropy，https：//ssir. org/articles/entry/reimagining_ institutional_ philanthropy.

（四）善用全球视野和投资模式创造社会影响力

新慈善家擅长利用捐赠新工具或组合工具包，比如利用捐赠者建议基金避免复杂的监管流程或减少慈善资金的年度拨款比例，用无息或低息贷款取代不求回报的慈善资助，用“影响力投资”寻求社会效益和经济效益的双重回报，用社会影响力债券来投资、测量社会变化。

以影响力投资为例。2007 年，洛克菲勒基金会在意大利贝拉吉奥中心（Bellagio Center）的一个小型聚会上创造了“影响力投资”这个概念。自此，很多金融公司和投资者都接受这一术语开始投资于不仅赚钱而且具有可衡量的、积极的社会或环境影响的公司和基金。全球影响力投资网络（the Global Impact Investing Network）称，至少有 2280 亿美元用于此类举措。

2018 年 10 月，福布斯杂志盘点了 24 位亿万富翁在影响力投资方面的实践。其中 8 位身价百亿美元以上的慈善家投资了数十亿美元，在全球范围内开展医疗、教育、扶贫、科技、新能源、女性创业等方面的活动①。Ebay 创始人皮埃尔·奥米迪亚（Pierre Omidyar）是最早开展“影响力投资”的人，在这个术语产生之前的 2004 年，他就建立了奥米迪亚网络（Omidyar Network），是新慈善运动当之无愧的代表人物之一。2017 年他投入了 6 亿多美元，其中 1 亿美元用于解决气候变化和普通人负担得起的教育等问题的创业公司。他的成功案例很多，例如他在 2010 年投资的太阳能照明创业公司天之光（D. light）已经为 60 多个国家的电力供应有限的社区提供电力，为 8000 余万人提供太阳能灯、充电器和收音机等产品。两年后，他投资印度尼西亚的金融和信息服务公司鲁马（Ruma），培训了 1 万名低收入企业家（大多数是女性），不过 Ruma 已于 2017 年被印度尼西亚公司 Go-Jek 收购。

比尔·盖茨基金会也是较早进入影响力投资领域的慈善机构。自 2009 年以来，盖茨基金会已为 70 个项目投入了约 20 亿美元，其中包括致力于识

① Impact Investing：The Billionaires Building Change，https：//www. forbes. com/sites/forbeswealthteam/2018/10/03/impact – investing – the – billionaires – building – change/#401f091238d9.

别微生物以帮助农作物抵御病虫害的北卡罗来纳州生物技术公司（AgBiome），以及旧金山的维尔生物科技公司（Vir Biotechnology），该公司正在开发艾滋病毒和结核病疫苗。盖茨基金会还向 M-KOPA 提供了 500 万美元贷款，这是一家内罗毕初创公司，致力于使低收入客户通过移动支付购买太阳能照明和移动电话充电系统。

另一个代表是鲍威尔·乔布斯。她与企业家、政策制定者和倡导者合作，悄悄建立了一个 140 多人的慈善、投资和倡导实体：艾默生集合体，以推动社会事业和教育机会。艾默生集合体投资创业公司，提供改善政府问责的工具（比如公共部门预算软件 OpenGov），支持气候变化（环境传感器网络 Alcima）和教育，如针对学校的 Edtech 跟踪工具，学习平台 Learn Platform 等。

表 4　百亿美元量级慈善家的影响力投资活动一览

姓名	净资产（十亿美元）	投资领域	金额（亿美元）	简介
比尔·盖茨夫妇	97	医疗，反贫困	20	十年来已投资 70 个项目，涉及生物科技、疫苗研发、移动技术普及等
扎克伯格夫妇	61	教育	1	第一个主要影响力投资是 Andela，总部位于纽约、负责培训非洲的软件开发人员。他们的投资组合中约有 1/3 是国际投资，例如印度公司 Byju's，为 4 ~ 12 年级学生开发数学和科学方面的个性化学习程序
史蒂夫·鲍尔默（微软前首席执行官）	42.30	反贫困	0.59	帮助学校，非营利组织和社会服务机构更新技术、进行数据分析
迈克尔·戴尔	27.60	教育，全球	不详	通过基金会投资印度的教育技术公司，提供英语、修理汽车、学习验光等技能培训。曾经投资 Unitus 种子基金，一个加速器印度的健康、教育、金融科技和移动创业的公司
劳伦·鲍威尔·乔布斯	20.50	教育，科技	不详	通过艾默生集合体投资创业公司，提供改善政府问责、气候变化和教育成效的工具
保罗·艾伦（微软联合创始人）	20.30	全球	不详	大部分投资集中在非洲。在肯尼亚拥有 10 个太阳能微电网，为居住了 2 万多名居民的村庄提供电力，并为低成本互联网提供商提供资金

续表

姓名	净资产（十亿美元）	投资领域	金额（亿美元）	简介
瑞达利欧	18.10	科技（教育，健康）	1	两个重点领域是促进教育和健康以及美国金融包容性的新兴市场技术
皮埃尔·奥米迪亚	11.60	全球	6	2017 年投入 6 亿多美元，用于解决气候变化、低收费教育等问题

资料来源：作者根据影响力投资网络、福布斯等信息整理。

四　质疑：富人慈善能否缓解经济不平等

有很多人为美国慈善家的慷慨行为和大胆创新点赞。但也有人批评，靠慈善家的慷慨捐赠和“第三次分配”不能明显改变美国经济不平等的现实，他们的经济特权不会因慈善受损，甚至可能通过慈善未经大多数人同意就介入公共事务，从而有损于美国的民主。

（一）“越捐越富”现象极为普遍

处于财富金字塔顶尖的超级富豪们即使年年登上“慈善家榜单”，他们名下的私人财富却越来越多，在富豪榜上的排序也鲜受影响。表 5 的数据阐释了“给得多，得到更多”（give more，take more）的规则。2016～2017 年连续两年出现在“慈善 50 人”榜单上的慈善家，在过去两年中的捐款总额接近 80 亿美元，占其 2016 年财富的 4.82%。然而，他们在捐赠了巨额财富后，个人净财富仍然得到显著增长，年均增长 14.76%。表中的 7 个人，有 6 人在福布斯排行榜上的位置有所提升，平均前进了 4 位。

越捐越富的案例比比皆是。最引人瞩目的是比尔·盖茨夫妇，他们在 2010 年捐赠承诺首次亮相时身价是 540 亿美元，捐赠了数百亿美元后，他们在 2018 年的财富价值还是不可阻挡地达到 970 亿美元。还有巴菲特，尽管他每年将伯克希尔哈撒韦公司的股票转让给盖茨基金会以及由他的三个孩

表5　美国慈善家净资产在巨额捐赠后的变化

慈善家	年度	捐赠（百万美元）	财富（十亿美元）	福布斯排名	财富净值变化（十亿美元）	财富年增长率（%）	福布斯排名变化
比尔和梅琳达·盖茨	2016	141.40	81	1	+8	9.88%	0
	2017	4780	89	1			
大卫·格芬	2016	100	6.70	73	+1.30	19.40%	10
	2017	150	8	63			
约翰和劳拉·阿诺德	2016	284	2.90	232	+0.10	3.45%	6
	2017	285	3	226			
马克和林恩·贝尼奥夫	2016	40	3.80	150	+1.20	31.58%	0
	2017	95	5	150			
迈克尔·布隆伯格	2016	600.10	45	6	+2	4.44%	2
	2017	702	47	8			
保罗·艾伦	2016	295	18.90	21	+2.10	11.11%	-1
	2017	91	21	22			
皮埃尔和帕姆·奥米迪亚	2016	173	8.10	54	+1.90	23.46%	6
	2017	258	10	48			

资料来源：作者根据慈善纪事报“慈善50人”及福布斯400富豪榜数据整理计算。

子控制的四个基金会，但是这不妨碍他的财富几乎翻番、接近900亿美元。劳拉和约翰·阿诺德这两位在美国堪称最负责任的大慈善家，自2011年以来，这对夫妇的基金会已拨款11亿美元，包括很多致力于推动社会变革的大额捐赠，然而福布斯估计约翰·阿诺德比五年前富裕20%。当然还有彭博社创始人、前纽约市长迈克尔·布隆伯格，自2014年初离开市政厅以来，他捐出了20多亿美元，仅2017年一年他就捐出了7亿美元，2018年11月，他又宣布将向约翰霍·普金斯大学捐赠了18亿美元。然而，这些大手笔捐赠没有减少他的财富，布隆伯格现在比他当市长（年薪1美元）辞职时更富裕，据福布斯报道，其净资产自2014年以来增长超过50%，增到480亿美元。[①]

① David Callahan, The Richest Americans Are Sitting on ＄4 Trillion. How Can They Be Spurred to Give More of it Away? https://www.insidephilanthropy.com/home/2018/12/4/the-richest-americans-are-sitting-on-4-trillion-how-can-they-be-spurred-to-give-more-of-it-away.

（二）在慈善目标设定上，大捐赠者很少指向制度性不公平

美国现有的大捐赠主要给大学和医疗、文化艺术等“不缺钱”的机构，客观造成慈善领域的“马太效应”。相反，投向那些关注穷人和社会服务，尤其是指向制度性、结构性不公平的资金和慈善活动太少。

美国网站“慈善内幕”（Insidephilanthropy. com）创始人大卫·卡拉汉（David Callahan）在题为《系统性失败：慈善事业继续失去对抗不平等的四大理由》文中分析①，尽管福特基金会等资助机构致力于促进美国的经济公平，但是这个群体太少，未能改变经济不平等加剧的现状。他认为主要原因是慈善资助者没有在工人权利和劳工政策、税收和财政、金融监管、全球化和自动化等关键领域发挥作用。

数百万在职美国人仍然无法维持生计，因为一半的工作岗位薪酬不到18美元/小时。卡拉汉认为这与工会系统的衰落有关系。他发现，只有福特、凯洛格和开放社会等少数顶级基金会资助旨在影响国家和州的劳动政策的活动并赋权于低薪工人，大多数其他资助者都避开了劳动政策，转而支持以教育和社会干预、社区发展为重点的工作。他认为“对工人权利和劳工政策的关注可能会引起商业利益和政治家的强烈反对，许多新企业家不愿意走近那些挑战美国资本主义运作方式的群体。”

财政政策是第二次分配的主要工具。但是从里根减税以来的40年中，美国联邦和州的财政和预算常常倾向于有利于富人和不利于低收入社区。最新的特朗普税法改革、平价医疗法案被叫停等，都是突出案例。这种政策会对基金会致力解决的住房、高等教育、医疗保健和人类服务等议题产生溢出效应。而慈善领域的大多数人只在下游提供服务，这些过度分散的、本地化的策略很难产生系统性收益。卡拉汉说，“他们在这里和那里赢得了战斗，但是同时输掉了整个战争。”

---

① David Callahan，Systemic Failure：Four Reasons Philanthropy Keeps Losing the Battle Against Inequality，网址：https：//www. insidephilanthropy. com/home/2018/1/10/systemic – failure – four – reasons – philanthropy – keeps – losing – the – battle – against – inequality.

金融监管的缺失更令人痛苦。由于掠夺性贷款和其他阴暗抵押贷款行为的流行，在2008年金融危机爆发前后，非洲裔美国人和拉丁裔家庭几乎失去了所有的财富增长。所有这些“不公平”发生时，致力于加强金融业监管的资助者是缺席的。危机发生10年后，华尔街的规则再次被放松，但很少有资助者关注这一关键领域。

很多基金会支持全球化和自动化，这也会对美国劳动阶层带来危机。卡拉汉认为，亿万富翁慈善家提供教育资助，但几乎从不挑战根深蒂固的学校隔离模式；他们希望赋权予低收入美国人，却很少投资工人组织；除了比尔·盖茨、巴菲特等个别人，其他捐赠人很少提倡促进税收公平或防止削减社会计划；尽管掠夺性做法剥夺了贫困社区的财富，但几乎没有一个基金能够反对掠夺性企业行为。实际上，有些人在日常工作中怂恿这种行为。[①]

（三）有些慈善活动可能在维护富人特权和阶层固化

也有学者担忧，大额捐赠正在帮助财富精英利用其经济特权控制公共政策和社会议题。其中有两个典型证据。一是美国精英阶层擅长利用结构性障碍来维护其子女的教育特权。布鲁金斯学会的理查德·李维斯（Richard Reeves）在《梦想囤积者》（Dream Hoarders）中指出，居住地限制（residential zoning restrictions）是最重要的一个结构性障碍。受过良好教育的人们通常住在纽约、波特兰和旧金山等城市，这些地方的法规把贫穷且未受过良好教育的市民隔离在好学校和好工作之外。大学录取体制是第二个结构性障碍。美国很多经济富裕的家长通过捐赠帮助下一代得到更多优质教育的机会[②]。《21世纪资本主义》的作者也发现，美国名牌私立大学是否录取一个候选人，很大程度上取决于家长的捐款能力。一项研究表明，美国毕业生对母校的捐赠往往集中在他们孩子的大学入学年龄。另外，通过数据估算，哈佛大

---

① https：//www. insidephilanthropy. com/home/2018/12/4/the－richest－americans－are－sitting－on－4－trillion－how－can－they－be－spurred－to－give－more－of－it－away.

② 戴维·布鲁克斯：《我们正在如何毁灭美国》，https：//www. guancha. cn/DaiWei－BuLuKeSi/2017_ 07_ 20_ 419098. shtml。

学学生家长的平均收入是45万美元，这与美国最顶层2%居民的平均收入相同。[①] 教育机会通常被视作阶层流动最重要的影响因素，而在美国，教育隔离和不公平的录取制度经常被批评为阻碍阶层流动的罪魁祸首。

第二个典型证据是经济精英利用捐赠向非营利性智库和政策倡议领域施加影响，从而导致社会政策偏于保护富人利益。最典型的案例是税收政策。且不谈里根总统及布什总统通过税收政策给富裕阶层带来大幅度减税，就连一再宣称为中产阶级减税的特朗普税改计划也没有做到真正为中产阶级利益服务。CNBC 2017年5月8日报道，巴菲特表示其“个人所得税少于400万美元/年”，据说还不如他的秘书缴税多。[②] 2017年9月27日，特朗普政府发布美国税改框架建议，将个人所得税顶格税率降至35%，将企业税率从35%下调至20%。特朗普政府宣称该税改计划“一切都是为了中产阶级”。然而美国税务政策中心（Tax Policy Center）测算后发现，此次税改最受益的还是有钱人。据其估算，最富有的1%的家庭（年收入超过73万美元）将获得8.5%的税收优惠——约占税收改革计划优惠总额的一半。此外，税改的好处主要流向企业——企业在十年内将节省约2.6万亿美元的税收，而个人预计少纳4700亿美元的税款。他们的分析还发现，只有3%的美国富人面临增税，而随着时间的推移，该计划将给28%的中产阶级带来税收负担。尤其是每年赚15万～30万美元的家庭会受到税改的不利影响，到2027年，其中60%的人的税负将上涨约4000美元。[③] 也有测算表明这个新税方案可能导致美国慈善部门的捐赠资源减少数十上百亿美元。美国非营利季刊（*NPQ*，*the Nonprofit Quarterly*）2018年秋季刊有一篇题为“富人免税，穷人被统治”的文章指出，“他们花几百万美元（支持免税组织）得到数亿元的好处”。全国非营利组织理事会（National Council of Nonprofits）成员蒂姆·

① 〔法〕托马斯·皮凯蒂：《21世纪资本论》，中信出版社，2014，第499页。

② 《巴菲特谈美国税改：我每年交400万美元个税》，http://finance.jrj.com.cn/2017/05/08210022446298.shtml。

③ 《特朗普税改或让富人最受益，中产阶级要交更多税》，一牛财经，https://baijiahao.baidu.com/s?id=1579928770535552082&wfr=spider&for=pc。

德莱尼（Tim Delaney）在接受 NPQ 采访时表示，税改计划实施第一年情况不会太糟糕，因为很多美国人在填写税务表格一两次之后才会意识到新税法的全部后果。但是专家预计每年慈善捐赠的损失将达到 170 亿～210 亿美元。未来，新税法对那些社区服务类的中小型非营利组织的伤害会更严重。①

《谁在统治美国》（Who Rules America）的作者威廉·多姆霍夫（G. William Domhoff），克利福德·史泰博（Clifford Staples）和亚当·施奈德（Adam Schneider）根据 2563 家公司、6 个商业领袖和政策讨论组、33 个著名智库、82 个主要基金会、47 个拥有大量捐赠基金的私立大学和 19 个白宫咨询委员会之间的联系，提出了有关美国权力结构的新发现。他们发现，来自企业或商业部门的经济精英普遍通过基金会、智库等非营利组织来产生政治影响力。比如，在著名的中间派智库布鲁金斯学会中，38.3% 的受托人是财富 500 强的董事，只有 9.1% 是超保守传统基金会的受托人。图 5 显示了布鲁金斯学会的社会网络，充分展示了它与主要政策团体和大公司、私人基金会的亲密关系。

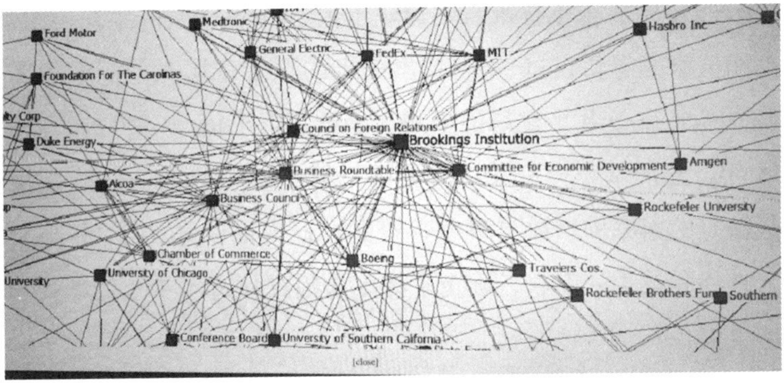

图 5　布鲁金斯学会的社会网络

资料来源：作者于 2018 年 11 月 17 日拍摄自 WhoRulesAmerica 网站。

① "*The Rich Get Deductions and the Poor Get Ruled*: *A Burning Platform for a Universal Charitable Deduction*," *from the Fall 2018 edition of the* Nonprofit Quarterly, https://nonprofitquarterly.org/2018/09/27/our-burning-platform-for-a-universal-charitable-deduction/.

普通人很难了解美国政策游说的内幕，但是很多研究分析和证据都能说明，富豪捐赠和慈善活动动机多样且复杂，一些捐赠背后不乏“经济权力”的扩张逻辑。

五 策略：让富人捐赠更多，联手重振“美国梦”

批判的声音和美国日益明显的社会问题，令少数慈善家和慈善界反思，一些人和机构在主动寻求解决方案。据笔者观察，目前的思路主要集中在这几方面：捐更多钱，投资关键领域，推动系统性变革。

（一）四种方式促使超级富豪捐赠更多

超级富豪被期待回报更多。捐赠誓言就是推动富人捐赠的典型活动。到2018年秋季，已经有140多位美国超级富豪加入捐赠誓言。但桥跨集团的研究团队发现，这些拥有5亿美元以上资产的超富裕个人和家庭，2017年只向慈善机构捐赠了1.2%左右的财产。在过去6年中，该群体的捐赠率一直在1.0%～1.5%。根据标准普尔500指数20年来9%的年均回报率测算，这些超高净值家庭想要在20年内捐出一半的财富，那么他们每年需要捐出超过11%的资产——几乎比目前捐赠水平增加近十倍。①

2018年，盖茨基金会资助桥跨集团开展了一项研究，目的是探讨如何从美国最富有的家庭中释放更多慈善资源。研究团队采访了60多个超级富裕家庭、顾问和员工、专家，确定了将富人捐赠从每年450亿增长至900亿美元的四个途径。

一是设立集合基金（Aggregated funds），将其作为超富慈善家的共同资产类别。像蓝色子午线伙伴（Blue Meridian Partners）和终结基金（End Fund）这样的平台，是协作、汇合融资最突出的模式之一，可以让资助者

① Susan Wolf Ditkoff, Alison Powell, and Kyle Gardner, Tom Tierney, *Four Pathways to Greater Giving*, *published by*THE BRIDGESPAN GROUP in November 2018.

汇集资源、集体投资，以解决股权结构性障碍。研究估计，像这些平台的一系列慈善选择，每年可以激发50余亿美元的全球捐赠。

二是促使慈善家采取事半功倍的方式来提高经济流动性。报告认为，美国需要一个有希望的模式帮助捐赠人提高效率和影响力，让数百万美国人处于向上流动的轨道上。这种模式类似中国的精准扶贫，即通过社区基金会提供受助者，使捐赠人能够无缝地提供经济流动性，这种方式如果成功，估计每年至少可以解锁50亿美元。

三是帮助慈善家获得支持其捐赠的高质量服务。极少数组织提供战略性慈善服务，同时支持超过20个超级富裕的捐赠者。但是像摩根大通和摩根士丹利等营利性的私人财富管理公司，可以提供高接触度的关系经理，将客户与合适的投资和资产管理人员联系起来，以满足他们的财务需求。如果大额捐赠人很容易获得类似服务，估计每年可解锁20多亿美元。

四是推动慈善家与那些能够有效使用大额资金的受助机构保持联系。慈善家倾向于向大学、医院等机构提供大额资源。而以社会变革为重点的非营利组织虽然有一些具备高绩效，但要消化大额资金还需要更多的能力建设。如果这些社会变革类非营利组织的能力得以加强，估计每年可以开发100多亿美元。

该报告认为，从现在到未来二三十年内，美国婴儿潮一代将向其继承人转移30万亿美元财富。如果超富家庭能克服挑战捐出更多，他们将帮助社会走上持久进步的道路。

（二）投资关键领域增加经济底层的机会

近几年，一些旨在修复美国梦、促进经济流动的解决方案也提上了日程。盖茨基金会、福特基金会、美国城市研究所等著名机构已经锁定这些问题，开展研究和项目。

2016年，桥跨集团发布报告，认为造成阶层固化、底层缺少向上流动机会的令人沮丧的情况的原因主要包括：学校系统失灵，有色社区大规模监禁，以及雇主无法填补工作岗位。研究突出了慈善事业在振兴美国梦中的重要作用，根据城市研究所对受影响个人的直接经济影响的估计，确定了10亿美元的投资为陷入困境的人们带来向上流动性。他们提出的解决方案包括以下几点。

利用技术改善儿童早期教育成果：美国新近开发的宝贝课本（Text4baby，一个面向妈妈和宝贝的文本建议计划），开始向上（UPSTART，沃特福德学院基于个人电脑的学前教育计划）和4K阅读（Ready4K，文本计划）等学龄前课程正在发挥作用。而慈善事业可以在支持专门针对低收入人群的企业中发挥关键作用，从而缩短早期教育不同投入带来的差距。研究团队保守估计，缩小来自不同社会经济背景的美国学童之间的差距，到2050年将为美国经济增加4万亿美元的GDP（10%）增长。①

利用市场激励措施鼓励政府减少大规模监禁：美国目前每年花800多亿美元监控近1200万人。由于重罪记录，很多人被禁止就业、进一步提高了社会成本。慈善家可以激励政府做得更好。麦克阿瑟基金会最近启动了7500万美元的安全与司法挑战，以寻找全国监禁问题的替代方案，并支持一个专注于康复的系统。仅这一数量足以从45个州的200个司法管辖区提取申请。想象一下，如有更多资金用来改变政府行为，最终将有数百万人回归劳动力队伍、从而终止数百万家庭的贫困状况。

应对外部变化，帮助工人实现职业可持续发展。如今，经济环境快速发展变化，技术性失业现象越来越普遍。但是很多员工对潜在工作机会或未来需要什么样的职业技能不够了解。慈善家可以帮助雇主向潜在雇员传达需求并支持基于技能的新手训练营或资格认证计划，这可以帮助人们特别是低收入人群走上体面工作的道路。

（三）“三项原则五大策略”重建美国梦

在比尔和梅林达·盖茨基金会的资助下，城市研究所发起了美国扶贫伙伴关系协会（The US Partnership on Mobility from Poverty，简称扶贫伙伴）。该协会聚集了24位来自学术界、实践界、宗教界、慈善界和私营部门的思

① William Foster，Three Ways Philanthropists Can Invest In Markets To Revive The American Dream，https：//www.forbes.com/sites/bridgespan/2016/06/08/three-ways-philanthropists-can-invest-in-markets-to-revive-the-american-dream/#3e4fc95348bd.

想家和实干家，一起致力于解决贫困问题。

2018 年 1 月，扶贫伙伴主席、哈佛大学肯尼迪政府学院前院长大卫·埃尔伍德（David Ellwood）担任主席，和执行董事尼沙·帕特尔（Nisha Patel）合作发布《重建美国梦：如何大幅度增加社会流动以摆脱贫困》报告，提出了美国式扶贫的三大原则和五项战略。①

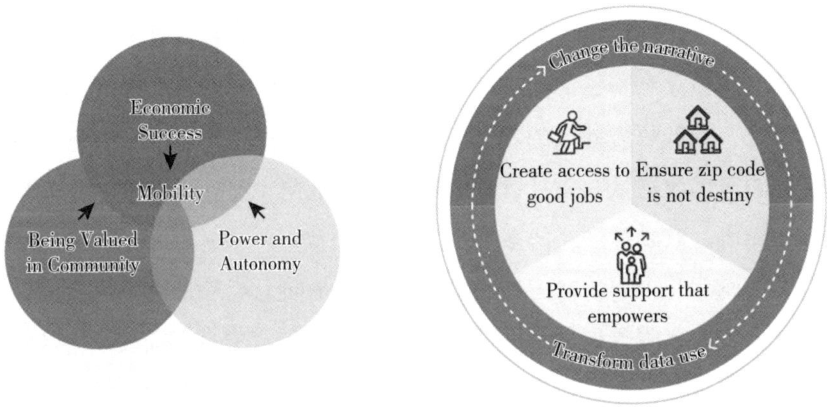

图 6　美国式扶贫的三项原则与五大策略

资料来源：The US Partnership on Mobility from Poverty.

贫穷不只是缺钱，更主要的缺乏权力。扶贫伙伴的抱负是，所有人都能通过掌控自己的生活以及参与、重视社区而获得尊严，从而达到合理的生活水平。因此，他们推崇的核心原则是：经济成功，权力自主，以及在社区中受到重视。这三项原则被体现在流动伙伴的每一项战略中。

五大战略是一个相互促进的系统，包括以下内容。

改变叙述。叙述塑造人们的态度、影响政策设计。在美国，谈及贫困和流动性，有三个典型的说法：人穷不能怪别人；穷人是无助的受害者；白手起家的故事证明美国梦可行。扶贫伙伴认为，这些表达都过于简单化和不准

① David T. Ellwood and Nisha G. Patel, RESTORING THE AMERICAN DREAM: *What Would It Take to Dramatically Increase Mobility from Poverty? Published by the US Partnership on Mobility from Poverty*, January 2018.

确，美国必须通过理解低收入人口的艰辛及潜力、暴露造成贫困的结构性力量、重塑叙述来消除误解。

打开好工作的通道。每个有工作意愿的人都应该有机会找到好工作。所以美国要努力改善教育、减少就业歧视，建立培训和信息途径，将失业人员与有需求的雇主联系起来。与此同时，还要将大量对社会至关重要但工资低、工时不稳定、没有福利的工作改造成收入合理、稳定、有发展空间的好工作。

不能让邮政编码决定命运。近几十年，美国通过排斥低收入家庭的公共政策建立了孤立和不平等的社区，投向低税收社区的资源和公共服务远低于富人社区，令低收入社区的暴力事件和犯罪率偏高。所以，要多管齐下，根据居民的需求改造低收入社区和为其服务的机构，消除那些限制他们生活和学习的障碍，鼓励社区经济多样性发展。

支持赋能。个人的自主性和责任感对真正向上流动是必不可少的。美国目前有很多社会服务项目帮助低收入人群，但是其方式可能令人感到羞辱、孤立、丧失自主性和责任感。未来这类项目和服务应该支持受益人自治、提供尊严和尊重、促进社区参与，并通过税收政策、收入政策让他们有机会自我激励、控制自己的命运、对自己的行为负责。

改变数据使用方式。了解贫困、提高流动性需要数据支持。美国联邦政府收集了很多税收数据、人口普查数据，地方和州政府收集了大量包括收入、就业、医疗服务、犯罪和监禁、教育投入和结果、职位空缺和招聘、失业、住房、子女抚养等数据。但是这些数据分散在不同地方和部门，需要跨界合作项目或政府层面的标准化模型来实现数据共享。

扶贫伙伴认为，任何一个组织、单独的政府部门或慈善机构的孤立工作都难以实现上述所有战略。要克服限制社会流动的结构性力量并大规模提高流动性和机会，需要跨部门协作和持久努力。

六　总结与启示：公平正义比捐赠更重要

近现代历史上的每一次技术革命都促进了生产力爆发增长、继而造成财富高度集中。托马斯·皮凯蒂发现，这100多年来，无论是英国、美国等发达国家，还是南非、阿根廷、印度、中国等新型经济体，其财富集中情况惊人相似。他在《二十一世纪资本主义》中揭示，世界各国在1920年代到1940年代财富分化都很严重，从1950年代到1990年代富人的财富占GDP的比重逐步下降，到1990年以后其比例又开始上升。到2010年代，这些国家1%最富人群的财富占GDP的比例都位于10%～20%。一百年前，各国财富的快速增长和高度集中，导致资本主义国家爆发大规模经济危机、进入令人色变的“大萧条”时期，甚至爆发了两次世界大战。那么，当今社会财富的高度集中和社会矛盾的日益深化，又将引起哪些动荡和社会变革？

2012年，经济学家德隆·阿西莫格鲁（Daron Acemoglu）和政治学家詹姆斯·罗宾逊（James A. Robinson）在《国家为什么会失败》（why nations fail）著作中表达，决定一个国家盛衰的原动力不是地理位置、资源禀赋和文化，而是体制。他们认为屈从于经济利益和根深蒂固的权贵阶层的体制规则，会给国家带来贫穷。针对美国的现状，他们在另一篇文章中也提出了忠告：“经济的不平等会导致更大的政治不平等，并且那些被强化的政治势力将利用权力攫取更大的经济利益，使得经济不平等加剧——这是一个典型的恶性循环。目前，我们可能已经深陷其中。”①

众所周知，增加经济流动性、重振美国梦是一项极具挑战性的社会变革运动。这样的系统工程不可能靠几笔巨额捐赠就能完成，它需要数十年的坚持、跨领域的合作、政府的积极参与。为此，福特基金会会长戴伦·沃克（Darren Walker）表示“捐赠还不够”，他敦促慈善家除了慷慨奉献，还要寻求正义。

“改变社会寻求正义”是一个雄心勃勃而抽象的目标。要让这样的理想落地，需要慈善部门脚踏实地的努力。美国的专业机构总结20世纪的成功经验，揭示了慈善家要实现伟大变革的五个要素：建构对社会问题及其生态

① Daron Acemoglu，James A. Robinson，The Problem with U. S. Inequality. Huffington Post，March 11，2012.

系统的共识，设定“可抵达的里程碑”（winnable milestones），传达令人信服的信息，设计可大规模起作用的方法，拉动需求（而不只是假设需求），拥抱纠错。[1]

在多变和不确定的现代社会中，新慈善家是建设人类命运共同体的重要力量。面对贫富继续两极分化的既定事实，所有经济体都必须想办法控制第一次分配继续扩大差距、推动第二次分配改革缩小差距、鼓励第三次分配弥合社群裂缝。因此，无论是富人慈善的拥护者还是批评者，都应该接纳这个拥有巨额财富和过人自信的群体，欢迎他们带来的这股破坏性创新力量，一起在不确定性中探索系统变革、在破与立的平衡之间寻求人类可持续发展之道。

---

① Susan Wolf Ditkoff，Abe Grindle，Audacious Philanthropy，《哈佛商业评论》2017 年十月刊，https：//hbr. org/2017/09/audacious – philanthropy。

附　　录

Appendices

B.26
2018年度中国慈善大事记

1月

1月5日　自然之友等十余NGO联署倡议：叫停民生银行ME计划等票选公益项目做法。据介绍，民生银行ME计划把项目公众投票数作为直接影响能否获得资助的重要考评指标。公开信认为，资源方和公益组织关系理应平等，这种资助评估形式让公益从业者疲于拉票，让公益行业成为相互对抗比拼媒体资本的造势场，让本应服务弱势群体和公共利益的公益组织成为服务资助方企业品牌和公共关系的媒介。据此，公开信倡议资助方停止此种做法，应以促进合作共享的方法理念推动民间公益发展，与草根组织建立平等尊重共识。

1月8日　民政部公布了《民政部关于大力培育发展社区社会组织的意见》。《意见》提出，社区社会组织是由社区居民发起成立，在城乡社区开展为民服务、公益慈善、邻里互助、文体娱乐和农村生产技术服务等活动的社会组织；此外，《意见》还提出，到2020年，实现城市社区平均拥有不少于10个社区社会组织，农村社区平均拥有不少于5个社区社会组织。

1月9日 留守儿童王福满头顶风霜上学的照片在网上引起广泛关注。王福满一时间成为“最受社会关注的形象”，被称“冰花男孩”，并引发了一波社会捐赠。但伴随爱心和关注，也出现了质疑。其中，质疑最大的有两处：一是，云南省青少年发展基金会启动的社会捐助共筹得30多万元，为什么“冰花男孩”仅得500元？二是，“爱心机构”组织王福满北京之行，有“消费苦难”“炒作策划”之嫌。此外，“冰花男孩”也引发了社会各界对农村留守儿童受教育困境的关注和反思，其中马云发表的“孩子根本就不应该走读制，就应该是寄宿制，中国必须大力推动寄宿制”“贫困乡村里100人以下的小规模学校应该并掉”等言论引发了不少争议。

1月10日 全国社会组织、社会工作、志愿服务管理系统学习和贯彻“2018年全国民政工作会议精神”会议召开。会上，社会组织管理局局长詹成付强调，2018年社会组织、社会工作和志愿服务管理工作要抓好三方面工作：一是，把政治建设放在首位；二是，要引领社会组织、社会工作专业人才、志愿者持续发挥服务国家、服务社会、服务群众、服务行业的积极作用；三是，各级社会组织、社会工作、志愿服务管理机关要实现从事前审核向事中事后监管、从单一化管理向立体化管理、从经验管理向智能化管理转变。

1月14日 因北京大学非营利组织法研究中心主任金锦萍发表的题为《在跨界流行的时代恪守边界——“同一天生日”筹款事件法律问题分析》的文章，有关“‘同一天生日’究竟违没违背慈善伦理”“‘同一天生日’究竟是不是骗捐”“‘同一天生日’究竟有没有违反慈善法”等问题的争论在渐趋平静之后风波又起，不少人郑重发文与金锦萍商榷或探讨，且主要内容基本聚焦到“同一天生日”是否违反网络募捐的法律规定这一问题上。同年，6月15日，深圳市民政局发布公告，因未在民政部指定的互联网募捐信息平台发布募捐信息，没有对发布的募捐信息进行审核，发布的信息不准确不完整，对活动发起方爱佑未来基金会做出警告的行政处罚，并责令限期改正。

1月16日 民政部门户网站发布《社会工作方法个案工作》《社会工作方法小组工作》两项行业标准。两项行业标准分别明确了“个案工作”“小组工作”两种工作方法的伦理与原则、理论与模式、技巧和过程的要求等。

1月23日 民政部、财政部发出《关于进一步加强和改进临时救助工作的意见》。《意见》提出，各地要积极培育发展以扶贫济困等为宗旨的慈善组织，广泛动员慈善组织参与临时救助工作。

1月23日 “2016～2017年公益行业基础设施建设十大成果”发布。十大成果分别是：全国社会组织信息查询平台、全国慈善信息公开平台、全国志愿服务信息平台、公益网校、中国好公益平台、益库网站、普华永道慈善组织透明自测系统、《基金会工作人员素质能力库1.0》、《一线儿童工作者能力素养与行为准则指南》、《慈善规范实务指南》、《资助系列指南》。

1月24日 民政部《社会组织信用信息管理办法》公布并实施。《办法》规定，登记管理机关依据社会组织未依法履行义务或者存在违法违规行为的有关信用信息，建立社会组织活动异常名录和严重违法失信名单制度；社会组织的信用信息、活动异常名录和严重违法失信名单应当向社会公开；登记管理机关通过互联网向社会提供查询渠道。

1月29日 中国环境资助者网络（CEGA）在京启动。该网络不是独立的法人注册机构，依托基金会中心网运行；由阿拉善SEE基金会、北京巧女公益基金会、红树林基金会、老牛基金会、千禾社区基金会、桃花源生态保护基金会、万科公益基金会、中国绿色碳汇基金会、中华环境保护基金会、自然之友基金会10家基金会联合发起创立。

1月30日 海仓慈善基金会被民政部撤销登记。海仓慈善基金会由山西前首富、海鑫集团董事局主席李兆会于2008年捐资5000万元创立，曾被视为中国家族基金会的代表；但在2014年海鑫集团申请破产后，该基金会就悄无声息了。

2月

2月6日 “2017年中国捐赠百杰榜”在京发布。根据该榜单，共102人上榜，捐赠总额为232.91亿元（人民币，含承诺，下同），何享健家族以捐赠67.9亿元位列榜首，许家印、卢志强以34亿元、12.6亿元位列第二和第三；此外，王健林、许家印、古润金及杨国强家族连续7年上榜。这是北京师范大学中国公益研究院发布的第七份榜单。

2月7日 财政部 税务总局发布《关于非营利组织免税资格认定管理有关问题的通知》。《通知》明确了非营利组织申请免税资格认定的条件、申请时所需报送的材料、被取消资格的情形等，并规定非营利组织免税优惠资格的有效期为五年。

2月9日 国务院办公厅发布《国务院办公厅关于推进社会公益事业建设领域政府信息公开的意见》。《意见》明确公开内容包括决策信息、管理和服务信息、执行和结果信息；且明确提出，要以社会高度关注、公益色彩浓厚的社会公益事业为重点，着力推进脱贫攻坚、社会救助和社会福利、教育、基本医疗卫生、环境保护、灾害事故救援、公共文化体育等领域政府信息公开。

2月11日 财政部 税务总局发布《关于公益性捐赠支出企业所得税税前结转扣除有关政策的通知》。《通知》明确，企业通过公益性社会组织或者县级（含县级）以上人民政府及其组成部门和直属机构，用于慈善活动、公益事业的捐赠支出，在年度利润总额12%以内的部分，准予在计算应纳税所得额时扣除；超过年度利润总额12%的部分，准予结转以后三年内在计算应纳税所得额时扣除。

2月11日 民政部、国家发展改革委等40个部门联合签署《关于对慈善捐赠领域相关主体实施守信联合激励和失信联合惩戒的合作备忘录》。该备忘录旨在建立慈善捐赠领域的信用信息共享机制，其中明确了列入慈善领域黑名单的5种情形，列明了24条由不同部门牵头实施的惩戒措施。

2月22日 深圳市民政局发布《关于促进社会工作发展的若干措施（征求意见稿）》，并面向社会公开征求意见。根据该征求意见稿，深圳社工平均工资标准将从5000元提高至万元以上，薪酬待遇偏低的状况将有望改变。征求意见稿发出后，引发了社工界、公益慈善界对于中国社工发展的热烈讨论。征求意见于2018年3月6日结束。

2月28日 菜鸟绿色联盟公益基金联合阿里巴巴公益基金会，中华环境保护基金会、中通、圆通、申通、天天、百世快递、韵达等主要快递公司共同发布“中国绿色物流研发资助计划”。该计划面向全社会征集绿色解决方案，社会各界组织、环保人士可以登录中华环境保护基金会相关页面进行项目申报，围绕绿色包裹、绿色配送、绿色回收、绿色智能等方面进行科技创新。

3月

3月1日 国家发展改革委办公厅发布《关于在办理相关业务中使用统一社会信用代码的通知》。《通知》提出，自2018年6月30日起，机关事业单位、社会团体、基金会、民办非企业单位、基层群众性自治组织、工会等组织机构代码证和未加载统一社会信用代码的登记证照停止使用，改为使用由相关登记管理部门（或批准单位、归口管理单位）制发的加载统一社会信用代码的登记证照。

3月1日 中国知名度最高的公益空间之一鸿芷咖啡馆由于入不敷出、经营难以持续，发出关闭公告。公告发出后，迅速刷屏了慈善界朋友圈，引发了慈善界对公共空间、公益创业、社会企业困局、公益行业生态等多个重要议题的热烈讨论，包括《南方周末》《中国发展简报》等在内的多家知名媒体也纷纷跟进报道。

3月6日 人力资源保障部、民政部印发《高级社会工作师评价办法》。《办法》提出，人力资源社会保障部、民政部共同成立的“全国社会工作者职业水平评价办公室”（办公室设在民政部），负责研究高级社会工作师评价相关政策、评价标准，以及考试的日常管理和评审的组织实施，指导、监督和检查各地高级社会工作师的评价工作。《办法》自2018年4月1日起施行。

3月17日 第十三届全国人大一次会议表决通过了关于国务院机构改革方案的决定。方案提出，将商务部对外援助工作有关职责、外交部对外援助协调等职责整合，组建国家国际发展合作署，作为国务院直属机构，其主要职责是，拟订对外援助战略方针、规划、政策，统筹协调援外重大问题并提出建议，推进援外方式改革，编制对外援助方案和计划，确定对外援助项目并监督评估实施情况等。

3月20日 民政部办公厅发出《关于做好志愿服务组织身份标识工作的通知》。《通知》明确，志愿服务组织标识工作由其登记的民政部门负责，对于符合条件的志愿服务组织，民政部门应当按《通知》要求在社会组织登记管理信息系统（代码系统）对其进行标识并向社会公告。

3月28日 民政部、公安部联合召开打击整治非法社会组织专项行动部署工作视频会。会议就集中打击整治非法社会组织专项行动做出部署。根据部署，民政部门和公安机关自2018年4月1日至12月31日，在全国范围内联合开展打击整治非法社会组织专项行动，重点对利用“一带一路”建设、“军民融合”、“精准扶贫”等国家战略名义骗钱敛财和冠以“中国”“中华”“国际”等字样开展活动的非法社会组织予以打击整治。

4月

4月1日 岭南公益慈善学院正式揭牌成立。该学院由广州市民政局指导，广州岭南教育集团、灵山慈善基金会、广州市公益慈善联合会、广州市社会创新中心、人人公益等多家机构联合倡仪并发起，由广东省岭南教育慈善基金会筹集资金，与广东岭南职业技术学院开展“校社合作”模式。据介绍，这是广东省首家全日制公益慈善学院，并于2018年开始面向广东省招生。

4月9日 成都市人民政府办公厅发布《关于培育社会企业促进社区

发展治理的意见》，并于6月启动第一批社会企业认证。同月25日，“成都市城乡社区发展治理配套政策”专场发布会召开。会上发布了成都市城乡社区发展治理“1+6+N”配套政策体系。在政策之外，成都市还宣布投入15亿元用于支持社区营造。

4月10日 中国扶贫基金会在乌干达启动了“幸福家园——难民自立与社区融合”难民项目。此项目由中国扶贫基金会前执行会长何道峰捐赠100万美元支持。中国扶贫基金会也由此成为中国第一家在乌干达落地实施项目的民间组织。2016年7月，南苏丹再次爆发了国内战争，造成大量的难民涌入邻国乌干达，联合国难民署（UNHCR）估计在乌干达的南苏丹难民和寻求庇护者达到140万人。

4月10日 苏格兰与中国社会企业生态发展交流会在北京举行。交流会由社会企业学院（苏格兰）与社会企业学院（中国）联合主办，北京市倍能公益组织能力建设与评估中心承办。苏格兰首席大臣尼古拉·斯特金与来自中苏双方的社会企业实践者、专家、社会影响力投资者等约90位嘉宾现场参与。在交流会上，社会企业学院（中国）正式启动。

4月10日 广州市公益慈善联合会、广州市慈善组织社会监督委员会分别发布了区域慈善指数体系和慈善组织透明度评价体系。同年9月12日，基于《慈善组织透明度评价体系（广州地区试行版）》的广州市慈善组织透明度排行榜发布，这被认为是全国首个基于大数据挖掘与分析的地方慈善组织透明度排行榜。

4月13日 民政部网站发文宣布：全国性行业协会商会脱钩试点基本完成。文章指出，按照《行业协会商会与行政机关脱钩总体方案》部署，全国性行业协会商会先后于2015年11月、2016年6月、2017年1月开展了三批脱钩试点。三批试点共有428家全国性行业协会商会报送脱钩实施方案，截至发文，已有388家完成脱钩，其中第一批完成脱钩138家，第二批完成脱钩136家，第三批完成脱钩114家。

4月15日 “西北大学慈善研究院”正式揭牌成立。西北大学慈善研究院是专门从事慈善理论研究、慈善人才培养和慈善政策咨询的科研教学机构。其前身是陕西省慈善文化研究中心。

4月18日　“爱佑公益VC支持计划”项目发布会在北京召开。爱佑公益VC支持计划借鉴投资基金理念和模式，采用联合资助模式，共同支持帮助有潜力创变组织，通过规模化、高效率、可持续运营，以期最终实现垂直领域社会议题系统性解决和行业协同。该计划先导基金4000万元，针对环保、教育两大领域成立了2只基金；其中，环保基金资助了北京市朝阳区公众环境研究中心（IPE）、广州绿网环境保护服务中心、上海道融自然保护与可持续发展中心，教育基金资助了北京歌路营慈善基金会。

4月18日　联合国环境署和微博在北京联合发起中国地球卫士青年奖。地球卫士青年奖旨在表彰对改善环境创造积极影响的青年人，为其创造更多参与环境保护与可持续发展的平台和机遇。这是联合国环境署设立的首个国家奖项。

4月27日　公益行业评估支持平台发布会在北京举行。该平台由明德公益研究中心、中国扶贫基金会、中国人口福利基金会、上海真爱梦想公益基金会、上海映绿公益事业发展中心、深圳壹基金公益基金会、瑞士通用公证行、普华永道中国、德勤中国9家机构共同发起。此外，敦和基金会作为重要的资助方，参与了平台共商、共创、共建的过程。这是中国首个面向公益行业评估提供专业支持的平台。

5月

5月3日　“中意对话　益见未来”中意慈善论坛圆桌会议在北京召开。意大利前总理、欧盟委员会前主席、TOChina Hub科学委员会主席罗马诺·普罗迪与国际公益学院院长、北师大中国公益研究院院长王振耀等中意两国慈善家、政治家、学者，就中意两国慈善的发展、未来的合作进行了探讨和交流。其间，国际公益学院、中国发展研究基金会、TOChina Hub三方签署合作谅解备忘录，就共同推动中意慈善领域未来的合作达成共识。

5月4日 河北武安民政局联合有关部门，以连续四年未参加年检为由，对武安市民建福利爱心村予以取缔；次日，被誉为“爱心妈妈”的该村创办人李利娟又因涉嫌多起敲诈勒索犯罪、扰乱社会秩序犯罪被刑事拘留。

5月4日 河南三岁癌症女童王凤雅离世。在其离世前后，志愿者质疑家属“消极治疗”，并试图在家属手中“抢人”的行为引发社会关注，但后来警方调查发现，王凤雅家属在治疗过程中并无明显不当。王凤雅事件不是孤例，近年来，由个人求助引发的社会爱心风波层出不穷，其反映出的中国公益慈善领域当前边界不清，权责不明，伦理模糊的现状。

5月8日 《2018胡润慈善榜》第十五年发布。榜单显示，100名中国大陆最慷慨慈善家总捐赠额比去年上升33%，达到218亿元；上榜门槛比去年提高6.7%，达到1600万元；美的创始人何享健以75亿元捐赠额成为中国首善。同时《胡润港澳台及海外华人慈善榜》第五年发布，16位港澳台及海外华人慈善家上榜，总捐赠额10亿元，比去年减少88%。

5月9日 中国网络社会组织联合会成立大会在京召开。这是中国首个由网络社会组织自愿结成的全国性、联合性、枢纽型社会组织，由10家全国性网络社会组织发起成立，国家网信办作为业务主管单位；首批会员单位总共300家网络社会组织，包括全国性网络社会组织23家，地方网络社会组织277家。

5月12日 2008年汶川地震十周年。该次地震救灾中的社会行动被认为开启了中国慈善的新纪元。2018年，社会各界纷纷围绕这一事件展开了纪念活动，例如，中国慈善联合会主办的“社会力量救灾论坛”，等等。这些纪念活动从多个纬度对中国慈善2008年以来的发展经验和教训进行了总结与反思。

5月14日 民政部发布《关于在社会组织章程增加党的建设和社会主义核心价值观有关内容的通知》，要求各地民政部门应当自通知下发之日起，要求正在办理成立登记和已经登记的社会组织尽快按照通知有关要求，将党的建设和社会主义核心价值观有关内容写入章程。

5月15日 《资助的价值初探——资助型基金会案例评述》新书发布

研讨会在北京举办。该活动由北京沃启公益基金会主办；新书的案例研究和出版由南都公益基金会和亚洲基金会（美国）北京代表处资助。

5月16日 《社会组织蓝皮书：中国社会组织报告（2018）》发布。据《报告》显示，2017年我国社会组织已达80.3万个，较2016年的70.2万个增加了10.1万个，是历年来增长数量最多的一年。2017年增速较2016年增长14.3%，增速创下了近10年的新高。

5月22日 广州市政府常务会议审议通过了《广州市社工服务站（家庭综合服务中心）管理办法》。《办法》提高了广州市社工服务站的保障标准，将社工服务站项目经费由原来每年200万元提高到每年240万元，将人员支出经费比例由原来的60%提高到65%。

5月23日 第二批慈善组织互联网募捐信息平台公布。它们分别是美团公益、滴滴公益、善源公益、融e购公益、水滴公益、苏宁公益、帮帮公益、易宝公益和中国社会扶贫网。2016年以来，民政部先后遴选指定两批慈善组织互联网公开募捐信息平台，并接受了中国慈善信息平台、基金会中心网的退出申请；当前，共有20家互联网募捐平台可为慈善组织提供募捐信息发布服务。据统计，2017年全年，首批12家互联网募捐平台合计募集善款超25.8亿元人民币。

5月23日 共青团四川省办公室发布《应急志愿服务管理规范（征求意见稿）》，并面向社会公开征求意见。该标准由共青团四川省委联合北京师范大学风险治理创新研究中心共同研究起草，为中国首个应急志愿服务地方标准，适用于在四川省内发生的突发公共事件的志愿服务管理。

5月24日 敦和基金会与中国发展研究基金会捐赠签约仪式暨媒体发布会在京举行。2015～2017年，浙江敦和慈善基金会资助中国发展研究基金会“慧育中国”和“山村幼儿园”等项目，累计投入2400万元用于甘肃、云南、贵州贫困地区儿童早期发展；2018～2021年，浙江敦和慈善基金会将加大支持力度，继续资助3000万元用于甘肃省华池县和青海省乐都区“慧育中国”项目。“慧育中国”是一个结合养育指导及营养干预的6～36个月儿童早期发展项目，旨在改善农村幼儿与其看护人的互动质量，促进儿童认知、语言、社会性以及健康等方面发展，探索适合中国农村的儿童早期发展干预模式，采用科学的评估方法，为儿童早期发展研究和政策制定提供依据。

5月26日 民政部办公厅印发《民政部彩票公益金使用管理办法》《民政部彩票公益金民政部项目立项和评审办法》《民政部彩票公益金项目督查办法》《民政部彩票公益金使用管理信息公开办法》《民政部彩票公益金服务和其他类项目管理办法》《民政部彩票公益金培训项目管理办法》等六个办法。

5月29日 “百乡工程”新闻发布会在中国社会科学院举行。中国社会科学院社会学研究所支持北京农禾之家咨询服务中心等社会组织与企业合作，打造政、产、学、研、社、农六界集群的公共服务平台，共同探索乡村振兴之路。会议提出，乡村振兴是自现在起到未来几十年间中国最大的公益。

5月30日 《广州市社会工作服务条例》通过，2019年1月1日起施行。这是中国首个关于社会工作服务的地方性法规，在促进、规范、保障社会工作服务发展方面作了一系列制度设计并注重创新，部分做法为中国首创。

5月31日至6月1日 中国社会企业与社会投资论坛2018年会在深圳举行。会议现场首次举办影响力投资签约仪式，上海禹闳投资管理有限公司分别向江苏亲近母语文化教育有限公司、浙江应渔堂科技有限公司分别投资1600万元、1500万元；广州谷丰园健康产业投资有限公司向上海益老通信息科技有限公司投资500万元。同时，南都公益基金会宣布作为投资人，出资5000万元，参与上海禹闳投资管理有限公司新设立的影响力投资专项基金“禹禾基金”，致力于推动国内社会企业的发展。在闭幕式上，论坛正式宣布，2019年起更名为“中国社会企业和影响力投资论坛”。

6月

6月7日 由中国文物保护基金会、中国敦煌石窟研究保护基金会、腾讯公益和新华公益联合发起的“数字供养人”项目上线。用户在腾讯乐捐平台捐赠0.9元就可以成为“数字供养人”；该项目的筹集款项用于把莫高窟55窟的壁画以300dpi的高分辨率图像永久保存，将数字化成果应用于敦煌莫高窟的保护、研究和展示。2017年年底，腾讯和敦煌研究院发布战略合作，启动“数字丝路”计划，“数字供养人”是双方合作的首次落地成果。

6月12日 民政部办公厅发出《关于在社会组织登记管理工作中加强名称管理有关问题的通知》。《通知》提出，各级民政部门要认真查处社会组织未规范使用在民政部门登记的名称的行为，特别是要重点查处社会组织分支机构、代表机构违规以各类法人组织的名称命名，在名称中使用“中国”“中华”“全国”“国家”等字样，开展活动未冠有所属社会组织名称等行为。

6月20日 “2008～2018中国公益十年高峰会暨2018年《中国慈善发展报告》发布会”在山东尼山举办。该高峰会由中国灵山公益慈善促进会和第一财经联合主办，来自公益慈善界、商界、学界、媒体界和政府等各界代表近百人参与，以“从历史到未来”为主题，共同回顾中国公益慈善过去十年的发展历程，并深度探讨中国公益慈善下一个十年的发展方向与战略路径。会上发布了《中国慈善发展报告（2018）》以及“2008～2018中国公益慈善十年十大热点”。

6月21日 《民政部受理境外非政府组织设立代表机构业务主管单位申请工作办法（试行）》印发。《办法（试行）》规定了民政部受理境外非政府组织设立代表机构业务主管单位的范围、需提交的材料及答复期限等。

6月23日 俄罗斯世界杯举行期间，泰国一支少年足球队13名成员陷入洞穴中，包括中国救援队在内的多支国际救援队驰援这场泰国近年来最大规模搜救行动。北京平澜公益基金会的6名洞穴救援专家和北京绿舟应急救援促进中心的5名救援人员携带设备先后飞抵泰国参与此次救援行动。

6月25至26日 2018年金砖国家民间社会论坛在南非约翰内斯堡举办，来自南非、中国、印度、俄罗斯等金砖国家及部分发展中国家百余名民间社会组织代表参加。论坛主题为“金砖国家与2063年议程”，与会代表就金砖国家新开发银行、包容性经济发展、和平与安全、性别平等等议题进行探讨。

6月26日 财政部发布《政府购买服务管理办法（征求意见稿）》，并向社会公开征求意见。从《办法（征求意见稿）》的内容来看，政府购买服务政策或将迎来多项变化，主要包括：绩效管理进一步加强，更多量化指标；购买服务的主体更明确、更多；承接主体有了新的门槛；凭单制项目将逐渐增多；购买内容有了负面清单；可以利用政府购买服务合同融资；获取政府购买服务信息的渠道更清晰等。征求意见于2018年7月25日截至。

7月

7月3日 《中国第三部门观察报告（2018）》发布暨中国第三部门观察论坛（2018）在中国扶贫基金会举行。会上，中国人民大学中国公益创新研究院院长康晓光教授发布新书并做主旨演讲《超慈善——中国慈善新时代的特征及其由来》，他认为，当今中国的总体慈善形态属于“超慈善”。所谓“超慈善”是指一种“总体慈善形态”，它由前现代慈善、现代慈善、后现代慈善三种“自有慈善模式”叠加而成。在超慈善中，三种慈善模式并存，并且均处于发展之中，呈现出重叠发展，叠加创新的局面。

7月3日 “谁是绝对贫困终结后的穷人?”南都观察2018夏季论坛在京举办。在论坛上，围绕“在2020年之后的中国，什么是贫困？谁是穷人？如何扶贫?”等问题，郑功成、李实、卢迈、李小云、徐永光等专家围绕贫困的标准与特征、扶贫战略和政策、社会保障与福利社会等问题，展开了深入讨论。其中，中国农业大学教授、国务院扶贫开发领导小组专家委员会委员李小云认为，中国正在进入到一个新的贫困阶段，在这个阶段，中国的贫困日益呈现三大特点，分别是相对贫困问题越来越凸显，贫困人口以社会转型造成的留守儿童、留守妇女等转型性人口为主，而转型性贫困基本上属于次生性贫困。

7 月 6 日　“一隅千里：发展中基金会的鸿鹄志”湖南主题峰会在长沙召开。峰会由中国基金会发展论坛主办。峰会上，中国基金会发展论坛发起人、南都公益基金会理事长徐永光在主旨演讲中将中国基金会放在世界基金会的发展潮流中进行观照，提出中国基金会要从官办基金会和慈善会、家族基金会、社区基金会、企业基金会以及公益金融链条等五个方面寻求突破，改变中国基金会只是“吸金器”的现状，实现体制和结构的转型。

7 月 10 日　“中国在实现可持续发展目标全球伙伴关系中的角色”研讨会在美国纽约举行。该研讨会由中国民间组织国际交流促进会（中促会）和国际美慈组织共同举办，是 2018 年联合国可持续发展高级别政治论坛的边会之一。

7 月 10 日　由中国生物多样性与绿色发展基金会（简称绿会）主办的全球生物多样性信息服务网络平台（GBIF）“十亿数据”暨中国濒危物种（中华穿山甲、白鱀豚）信息录入成果发布会在京举办。会上，绿会介绍，它已通过中国 GBIF 系统（www. gbifchina. org）录入 2018 年 4 月 18 日发现的白鱀豚的数据信息，这是自 2007 年白鱀豚被宣布功能性灭绝后，时隔十二年再次获得白鱀豚影像资料和观测数据；绿会还通过 GBIF 二级平台（www. inaturalist. org），提交了中华穿山甲和大鸨的最新数据，通过这一举措正式启动并在 GBIF 发布首轮“公民科学家”项目成果。GBIF 是目前全球数据量最大和影响最大的生物多样性信息服务网络，成立于 2001 年。

7 月 10 日　田家炳基金会官方网站发布《田家炳博士讣告》，备受尊敬的田家炳博士于当天上午辞世，享年 99 岁。24 年前，田家炳博士成立“田家炳基金会”，累计捐资 10 亿多港元用于中国的教育、医疗、交通等公益事业，其中教育所占的比例高达 90%。

7 月 13 日　民政部发布《民政部直管社会组织重大事项报告管理暂行办法》。《暂行办法》明确提出，民政部直管社会组织应当按规定向民政部报告换届会议、调整负责人、举办或承办参与人员 200 人以上或开支 50 万元以上的活动、邀请党和国家领导人或部领导参加活动或会议、开展军民融合或以国家战略为主题的活动、开展民族宗教或公益诉讼等活动、申办和承办国际或涉港澳台的活动等重大事项，并建立相应的工作制度，指定专人负责报告工作。

7月16日 国家行政学院课题组发布《社会组织经济规模（N-GDP）测算研究报告》。该报告提出了“社会组织经济规模”（NPO-GDP，简N-GDP）的概念，用以测度一定时期内法人社会组织的经济贡献。报告显示，2016年，中国社会组织增加值总量约2789亿元，仅占当年GDP的0.37%。报告研究的牵头人国家行政学院教授马庆钰在发布会上提出，研究表明，中国社会组织增加值即使与发展中国家同行相比还有不小差距，即便考虑中国社会组织范围与别国NPO范围的差异，也仍然有数倍差距，这与中国经济的快速发展不太吻合，说明社会力量的经济能力需要继续得到国家政策杠杆的针对性支持。

7月17日 世界教育创新峰会（World Innovation Summit for Education，以下简称WISE）在官网上宣布，由中国发展研究基金会发起的“一村一园计划”（One Village One Preschool，英文简称OVOP）荣获2018年度WISE世界教育创新项目奖，成为自该奖项创办以来第一个获奖的中国项目。WISE世界教育创新项目奖（WISE Awards）由卡塔尔教育科学与社会发展基金会发起，是一个旨在鼓励和倡导世界范围内教育创新实践的国际性大奖，被BBC等国际主流媒体誉为“教育界的诺贝尔奖”。

7月18日 “病有所药，不靠药神”慈善蓝沙龙在京举办。该沙龙以现象级电影《我不是药神》为切入点，聚焦中国的药品供应保障改革问题，并探讨民间公益倡导介入在此问题中的价值、角色与长效机制。该沙龙由中国灵山公益慈善促进会与凤凰网公益联合北京新阳光慈善基金会、北京病痛挑战公益基金会、南都观察共同举办。电影《我不是药神》反映了中国重症患者用药难、用药贵等现实困境，在其引起的极大共鸣和关注下，中国政府就药品降价保供问题做出重要批示，包括对进口抗癌药实施零关税、加快新药审批、落实抗癌药降价措施等。这一事件被认为是社会力量倒逼政策改变的典型。同时，电影片方承诺为白血病治疗的相关机构捐款超过1000万元。

7月18日 首届“阿里巴巴公益电影月”在北京启动。据悉，该电影月由阿里巴巴公益、阿里巴巴影业集团、优酷电影频道联合北京国际电影节组委会办公室共同举办，计划在北京、呼和浩特、杭州、上海、重庆、成都等城市的热门影院免费放映阿里公益短片及国际知名公益题材电影，旨在让“走进电影院，用心看一部公益电影”成为人人参与公益的新方式。

7月21日 网络文章《疫苗之王》迅速传播，引发社会与政府极大关注；次日，国家药监局通报称，责令问题疫苗企业长春长生生物公司停产，立案调查，组织对所有疫苗生产企业飞行检查。而在“疫苗事件”持续发酵的过程中，媒体记者发现长春长生生物公司多款疫苗曾获得“年度全国制药行业十大名牌产品”，而经核查，颁发上述奖项的中国制药企业管理协会、中国医药行业管理协会均未在民政部登记。

7月23～24日 第五届中非民间论坛在成都举行。中非民间论坛是中非合作论坛的配套活动之一。本届论坛主题为“凝聚民间力量，促进中非友好互信”。在闭幕会上，中国民间组织国际交流促进会对外发布《中非民间友好伙伴计划（2018～2020）》，推出30项中国民间未来三年将要实施的对非民间合作项目，其中包括民生合作和捐赠救助、能力建设和人才交流、促进发展、文化交流、建立交流机制五个方面。

7月29日 “中尼社会组织民生项目对接会与签约仪式”在尼泊尔首都加德满都举行。本次对接会是中国、尼泊尔社会组织首次以民生项目合作为目标进行的大规模对接活动，共有25家中国社会组织、34家尼泊尔社会组织的代表参加。两国参会代表就医疗、教育、扶贫三大民生领域深入交流并探讨合作可能性，最终有11家中国社会组织同尼方社会组织签署了13项合作协议（或备忘录）。

7月30日 财政部发出《关于推进政府购买服务第三方绩效评价工作的指导意见》。《意见》提出，财政部决定于2018～2019年选取天津市、山西省、吉林省、上海市、江苏省、浙江省、河南省、四川省、贵州省、深圳市等10个省、直辖市、计划单列市开展试点，通过试点完善政府购买服务绩效指标体系，探索创新评价形式、评价方法、评价路径，稳步推广第三方绩效评价。

7月下旬起 舆论陆续曝光了多起公益慈善界知名人士涉嫌性骚扰事件，造成了恶劣的行业与社会影响，引发了中国慈善界关于行业伦理以及性别友好机制建设的大讨论。其中，8月8日，超过40家机构的代表共同参与了在北京举办的“公益慈善界共建性别友好机制讨论会”，以集体发声的方式做出了建设性行动。

8月

8月2日 民政部发布《2017年社会服务发展统计公报》。统计公报显示，全年共接收社会捐款754.2亿元，其中，民政部门直接接收社会各界捐款25.0亿元，各类社会组织接收捐款729.2亿元；全年有1716.4万人次在社会服务领域提供了5395.6万小时的志愿服务；截至2017年底，全国持证社会工作者共计32.7万人；截至2017年底，全国共有社会组织76.2万个，比上年增长8.4%，吸纳社会各类人员就业864.7万人，比上年增长13.2%；此外，2017年中国福利彩票销售2169.8亿元，筹集福利彩票公益金631.1亿元，比上年增长6.7%，全年民政系统共支出彩票公益金275.2亿元，比上年增长2.6%。

8月3日 民政部发布把社会组织三大条例合而为一《社会组织登记管理条例（草案征求意见稿）》，并面向社会各界征求意见。该意见稿发布后，引发慈善业界实践者、专家、学者等的广泛关注和纷纷议论。一些专家指出，《草案》无论从宏观的立法依据、依法指导思想、法律框架和具体的制度建构、条文表述，都存在非常多的问题，此次意见征求的时间也只有短短一个月，建议有关部门认真对待这个社会组织治理领域的重要法规的立法，充分听取社会各界的意见，适当延长立法周期，不宜匆忙出台。

8月6日 民政部公布《慈善组织信息公开办法》。《办法》共26条，突出了对慈善组织财产活动和公开募捐的信息公开，并规定慈善组织应当依照有关法律法规和本办法规定，在民政部门提供的统一的信息平台，向社会公开“本办法规定的基本信息”“年度工作报告和财务会计报告”等七项信息，且应对信息的真实性负责，不得有虚假记载、误导性陈述或者重大遗漏，不得以新闻发布、广告推广等形式代替应当履行的信息公开义务。《办法》2018 年 9 月 1 日起施行。

8 月 7 日　中国裁判文书网发布了对韩学臣（原慈孝特困老人救助基金会理事长、法定代表人）等人集资诈骗、职务侵占二审刑事裁定书，维持一审判决。韩学臣被判无期徒刑，剥夺政治权利终身，并处没收个人全部财产。2014 年 1 月，韩学臣向民政部申请设立了慈孝特困老人救助基金会，在其操作下，基金会近 3000 万元的资金通过虚假的公益项目，被转到韩学臣自己手中。

8 月 11 日　《北京市社会企业认证办法（试行)》发布，并成立社会企业联盟，于 10 月启动第一批社会企业认证。《办法》认为，社会企业是指以有效追求社会效益为根本目标，持续用商业手段提供产品或服务，解决社会问题、创新公共服务供给，并取得可测量的社会成果的企业或社会组织。这是继深圳、顺德后，地方政府再次出台政策和采取行动支持社会企业发展。

8 月 19 日　有网友公开发文，从项目业绩、项目管理、项目财务、个人作风等多个方面，对黑土麦田及其联合发起人兼首席执行官、“2018 爱佑创新公益领袖”秦玥飞提出质疑，引起广泛关注和争论。质疑多次提到黑土麦田于 2016 年和 2017 年分别在腾讯 99 公益日上发起众筹一事，对此，该众筹的公募支持方中国扶贫基金会于 8 月 22 日发布《关于“黑土麦田乡村创客”项目互联网募捐情况的说明》，称在 2017 年 12 月的财务监测中，发现黑土麦田存在财务管理专业能力不足、存在审批流程不健全、会计核算不够规范、津贴发放计税不规范等问题，但 2018 年 7 月的监测则发现部分问题已得到改进，项目财务管理进一步规范中。

8 月 28 日　自然之友起诉水电站建设威胁濒危绿孔雀生存境况的“绿孔雀公益诉讼案”正式开庭审理。这是全国首例野生动物保护预防性环境民事公益诉讼案件。它再次将物种保护和水电开发的矛盾推向前台，被认为是民间环保公益组织以法律手段介入问题核心的又一典型案例。2017 年 3 月，自然之友、野性中国、山水自然保护中心三家民间环保公益组织联名向环保部发出紧急建议函，建议暂停红河流域水电项目，挽救濒危物种绿孔雀最后完整栖息地，由此开始了一场“绿孔雀保卫战”。

8月31日 第十三届全国人民代表大会常务委员会第五次会议通过《关于修改〈中华人民共和国个人所得税法〉的决定》。根据修改后的《中华人民共和国个人所得税法》第六条，个人将其所得对教育、扶贫、济困等公益慈善事业进行捐赠，捐赠额未超过纳税人申报的应纳税所得额30%的部分，可以从其应纳税所得额中扣除；国务院规定对公益慈善事业捐赠实行全额税前扣除的，从其规定。

9月

9月5日 “2018中韩慈善事业发展研讨会”在首尔召开。中国民政部、慈善组织、韩国保健福祉部、韩国社会福祉协议会等的50余位代表参加了会议。2012年，中国民政部和韩国保健福祉部建立了中韩慈善事业发展研讨会机制，旨在通过总结并交流中韩双方开展慈善活动的创新性做法和经验，为两国政府官员和民间人士在慈善领域搭建交流与合作的桥梁。

9月7~9日 2018年99公益日期间，共有超2800万人次通过腾讯公益平台捐出善款8.3亿元，超过2000家企业共捐出1.85亿元，加上腾讯公益慈善基金会提供的2.9999亿元配捐金额，以及1亿元慈善组织成长基金，善款总计超过14.14亿元。

9月10日 民政部印发《“互联网+社会组织（社会工作、志愿服务）”行动方案（2018~2020年）》。《行动方案》针对社会组织、专业社会工作、志愿服务等事业发展信息化基础薄弱、信息公开不广泛、互联网服务不充分等问题，提出未来三年民政部将着力推动“互联网+社会组织治理”“互联网+专业社会工作”“互联网+志愿服务”“互联网+慈善募捐”。

9月10日 《互联网宗教信息服务管理办法（征求意见稿）》对外公开征求意见，截至日期为同年10月9日。这是中国首次制定互联网宗教信息服务相关规定。《办法（征求意见稿）》规定，任何组织或者个人不得在互联网上以宗教名义开展募捐，宗教团体、宗教院校和宗教活动场所发起设立的慈善组织在互联网上开展慈善募捐，应当符合《中华人民共和国慈善法》相关规定；此外，《办法（征求意见稿）》提出，对互联网宗教信息服务实行审批制，从事互联网宗教信息服务，应当向所在地省级宗教事务部门提出申请，全国性宗教团体及其举办的宗教院校从事互联网宗教信息服务，应当向国家宗教事务局提出申请。

9月12～14日 全球气候行动峰会在美国旧金山举办，王石、牛根生、党彦宝、艾路明等中国慈善家出席会议，并联合发起“气候变化全球行动”。其间，万科公益基金会、老牛基金会、燕宝慈善基金会、北京巧女公益基金会、阿拉善 SEE 基金会、中国科学院科学技术战略咨询研究院、北京市永续全球环境研究所、深圳国际公益学院、清华大学气候变化与可持续发展研究院、清华大学教育基金会等10家中国公益组织、基金会、研究机构还作为发起单位，共同发布了“中国企业气候行动”倡议。

9月21日 深圳市递爱福公益基金会成立仪式在深圳举行。该基金会被认为是中国首家捐赠者服务基金会。资料显示，“捐赠者服务基金”一词起源于美国的 Donor Advised Fund（简称 DAF），是一种帮助捐赠人开设专属慈善账户、享受税收优惠、捐赠人在捐赠财产的投资和捐助方面享有建议权的捐赠模式。该模式在美国和加拿大等国已发展较为成熟，具有捐赠门槛低、服务专业化、捐赠策略化、管理便捷化、投资多元化等优势。

9月26日 大型纪录片《慈善的力量》新闻发布暨公益慈善文化沙龙在北京举行。《慈善的力量》是中国第一部系统探索现今慈善事业的整体运行机制、发展趋势和社会化扩展方式的电视纪录片，将慈善从事业的高度进行理性分析展示，探讨慈善事业在市场环境下运行与发展的规律，强调慈善应是社会上每一个公民的责任，并以此推动慈善事业向宽度与深度发展。该纪录片由浙江新湖慈善基金会资助。

9月28日 印度尼西亚苏拉威西岛发生7.4级地震，震源深度11公里，地震引发海啸，截至10月11日，共造成2073人死亡。地震和海啸发生后，深圳公益救援队、北京应急救援协会、北京平澜公益基金会等中国民间救援队伍赶赴灾区参与一线救援；另外，专业处理灾害信息、协助救灾资源对接的卓明灾害信息服务中心承担后方信息支持工作，保障了支持前方中国救援团队的灾区救援行动。

9 月 30 日 证监会发布修订后的《上市公司治理准则》。修订的重点内容包括强化上市公司在环境保护、社会责任方面的引领作用；推动机构投资者参与公司治理，强化董事会审计委员会作用，确立环境、社会责任和公司治理（ESG）信息披露的基本框架。

10月

10 月 8 日 鲁冠球三农扶志基金“豁免要约收购义务获得中国证监会核准”及“万向三农集团有限公司完成工商变更登记”等事项披露，同时《收购报告书》及券商顾问报告和律所法律意见书也面向社会公告。至此，鲁冠球三农扶志基金慈善信托的设立工作全部完成。这一慈善信托的初始信托财产是万向三农集团有限公司全部股权，对应的财产规模超过 60 亿元。这使得鲁冠球三农扶志基金慈善信托成为目前中国规模最大的慈善信托。鲁冠球三农扶志基金慈善信托是为了纪念万向集团公司创始人、万向董事局主席鲁冠球，并且遵循他的情怀境意，由其子鲁伟鼎设立和命名的永久存续的慈善信托，其财产及收益将全部用于慈善目的，家族成员不享有信托利益。

10 月 16 日 民政部发布《关于进一步加强和改进社会服务机构登记管理工作的实施意见》。《意见》提出要强化对社会服务机构的登记审查，要求在《社会组织登记管理条例》出台以及民政部关于直接登记社会组织分类标准和具体办法下发之前，各地要从严从紧把握社会服务机构直接登记申请，稳妥审慎探索；此外，还提出要落实双重管理、强化综合监管、开展登记管理自查自纠工作等。

10 月 17 日 民政部办公厅发出《关于加强慈善医疗救助活动监管的通知》。《通知》提出，针对近期个别医疗机构、企业或者个人通过慈善组织设立“爱心基金”，以慈善医疗救助名义开展的非法营利活动，将对登记的慈善组织开展的以公益、慈善、救助为名，涉及医疗、卫生、健康的活动进行全面排查，并依法坚决查处；同时，要求各级民政部门加强对专项基金的管理监督、并加强对相同、相似问题的研判和监管。

10 月 19 日　中国个人大病求助互联网服务平台——爱心筹、轻松筹和水滴筹联合签署发布《个人大病求助互联网服务平台自律倡议书》和《个人大病求助互联网服务平台自律公约》。为便于后续平台加入和社会各界监督，首批发起自律的三家平台委托北京新民社会组织能力建设促进中心独立组建日常工作团队，并邀请相关专家组建独立的专家评议委员会。

10 月 20 日　社会力量举办、国家重点支持的非营利性研究型高校西湖大学在杭州成立，被教育部称为“中国高等教育改革发展史上的一件大事，开创了中国高等教育改革发展之先河”。西湖大学则是社会捐赠办大学的新典型，从 2015 年初到 2018 年月 10 月，已有超过 400 位捐赠者向西湖大学捐款，马化腾、叶庆均、杨国强、张磊、陈一丹、敦和基金会等均为西湖大学的创始捐赠者。

10 月 22 日　广东省国强公益基金会在清华大学举行捐赠仪式，未来 10 年内将向清华大学捐资 22 亿元人民币，支持清华大学的基础前沿科学研究、人才培养和高端人才引进。这是目前为止国内高校获得的最大单笔校友捐赠（碧桂园集团副主席杨惠妍及其丈夫均为清华校友）。2018 年，多家高校也获得了亿元级的校园捐赠，包括泰和集团董事长黄其森向福州大学捐赠 3 亿元、腾讯创始人团队马化腾等四人联合向深圳大学捐赠 3.5 亿元、李彦宏夫妇与百度公司向北京大学捐赠 6.6 亿元、刘强东夫妇向清华大学捐赠 2 亿元、恒大集团董事局主席许家印向武汉科技大学捐赠 1 亿元，等。

10 月 22 ~ 23 日　“公益与商业关系国际研讨会”在北京举行。这次研讨会共有 220 位来自中国、美国、加拿大、奥地利、荷兰、澳大利亚、香港、台湾等多个国家和地区的知名学者与业界代表参加，探讨的主要内容包括：公益与商业的本质是什么？如何看待商业对公益的影响？当今时代，我们需要构建怎样的公益格局？研讨会由中国人民大学中国公益创新研究院、敦和基金会联合主办，南都公益基金会支持举办。

10月23日 全国绿化委员会办公室、中国绿化基金会与蚂蚁森林在国家林业和草原局签署了“互联网+全民义务植树”战略合作协议。11月底，“蚂蚁森林植树证书”与国家法定的“全民义务植树尽责证书”实现互联互通。这意味着，蚂蚁森林正式被纳入全国义务植树尽责体系，成为国家部委认可并合作的项目。据报道，截至2018年5月底，蚂蚁森林用户已超过3.5亿，累计种植和养护真树5552万棵。

10月25日 中国社会组织评估十周年高峰论坛在北京召开。这次高峰会由中国社会组织促进会主办，是中国首次围绕社会组织评估举办的专题会议，被认为在社会组织评估发展历程中具有里程碑意义。

10月29日 由南都公益基金会发起的中国好公益平台发布“首个公益产品规模化标准”，并就标准向业内征求意见。在发布该标准的同时，中国好公益平台提出将对平台上符合标准的优质公益产品授予“益次方”商标。益次方，即“益的n次方”，意为公益产品成效和影响力的成倍扩大，并逐步实现服务规模、成效和影响力的指数级增长；被授予益次方商标标志着公益产品已经取得了规模化的显著成果，成为行业示范和标杆。益次方的考量维度主要包括量、质、组织运营模式转型三个方面，此外，政策倡导和公众参与则被认为是加分项。

10月30日 民政部公布《慈善组织保值增值投资活动管理暂行办法》。《办法》明确规定了慈善组织可以投资与禁止投资的领域；其中，慈善组织禁止投资的领域共有八个，分别是：直接买卖股票；直接购买商品及金融衍生品类产品；投资人身保险产品；以投资名义向个人、企业提供借款；不符合国家产业政策的投资；可能使本组织承担无限责任的投资；违背本组织宗旨、可能损害信誉的投资；非法集资等国家法律法规禁止的其他活动。《办法》自2019年1月1日期施行。

11月

11月2日 针对社会人士今年8月以来对免费午餐专项基金审计报告

的质疑，中国社会福利基金会在官网公示了对免费午餐专项基金7年的专项审计结果。结果显示，公众质疑的中国社会福利基金会与免费午餐专项基金历年审计报告披露的收支结余差异确实存在，基金会管理工作和信息披露存在疏漏和不足，而造成差异存在的主要原因是基金会与基金的收支统计和披露口径不一致；但是，审计也表明，免费午餐专项基金的资金是安全、完整的，没有发现违法违规问题。

11月5日 中国善城大会在广州召开。大会开幕式上，中国慈善联合会发布了第五届中国城市公益慈善指数。本届指数从社会捐赠、志愿服务、社会组织、政府支持四个方面和“结构”、“规模”、“贡献”、“可持续性”四个维度，对中国221个样本城市在2016～2017年的公益慈善事业进行了分析。数据显示，北京、广州、深圳、上海、苏州、南京、无锡、宁波、成都、长沙等城市的综合指数位居全国前列。数据还显示，中国各地区慈善事业发展水平还存在较大差异，东部城市慈善事业的发展水平明显高于中西部地区。

11月6日 中国在瑞士日内瓦参加联合国人权理事会第三轮国别人权审议。审议前夕，中国有关社会组织和团体在日内瓦万国宫共同举办了“中国社会组织的发展与人权进步”和“中国少数民族发展与人权进步”两场主题边会。中国民间组织国际交流促进会、中国扶贫基金会、中国残联、全国妇联、中国计划生育协会、北京青少年法律援助与研究中心等社会组织参加并作发言，分享中国社会组织在促进经济社会发展和推动人权事业进步方面的积极作用。

11月6日 中和农信官网宣布，中和农信近日完成了6亿元C轮融资。该融资由世界最大的私募股权投资机构之一——TPG（德太投资）旗下的影响力投资基金“睿思基金”（The Rise Fund）领投，宁波仁达普惠投资管理合伙企业跟投。据悉，本轮融资结束后，中和农信的股东包括：蚂蚁金服旗下的全资子公司——上海云鑫创业投资有限公司、睿思基金、中国扶贫基金会、国际金融公司（IFC）、红杉资本中国基金、仁达普惠以及天天向上基金。中和农信被认为是中国影响力投资最具代表性的成功案例。

11 月 7 日　中共中央国务院发布《关于学前教育深化改革规范发展的若干意见》。《意见》明确提出将规范发展民办园，并遏制民办园的过度逐利行为。

11 月 9 日　腾讯基金会发起人马化腾，与北京大学教授饶毅，携手杨振宁、毛淑德、何华武、邬贺铨、李培根、陈十一、张益唐、施一公、高文、谢克昌、程泰宁、谢晓亮、潘建伟等科学家，共同发起设立“科学探索奖”。腾讯基金会将投入 10 亿元启动资金资助该奖项；按照计划，科学探索奖每年将在基础科学和前沿核心技术方面的九大领域，遴选出 50 名青年科技工作者，每位获奖者将连续 5 年、每年获得 60 万元资助。

11 月 12 日　国家国际发展合作署公布《对外援助管理办法（征求意见稿）》，并面向社会公开征求意见。12 月 7 日，围绕该办法征求意见稿，在中国社会组织促进会主办、中国红十字基金会承办的第二十八期基金会双月沙龙上，与会嘉宾一致认为，应把社会组织也作为国家对外援助实施主体之一，并在政策扶持、资金支持、人员出境、国际志愿服务发育等方面做出制度性安排。征求意见已于 2018 年 12 月 12 日截至。

11 月 16 日　2018 中国企业慈善公益 500 强名单在京发布。该名单显示，2018 年内，中国企业慈善公益 500 强在慈善公益方面的总投入超过 275 亿元，与 2017 年相比增幅达到 23. 8%。但是，该名单也反映出，2018 年入围该名单的中国企业 500 强数量不增反降，由 2017 年的 235 家下降到 181 家，而且企业间的公益慈善投入的“两极化”趋势更加明显。

11 月 20 日　在中国慈善文化论坛（2018）上，“2018 年中国慈善文化年度事件”及其点评发布，引起慈善界的广泛关注和热议。这是中国慈善界第一次从慈善文化的维度对行业进行年度发展观察。

11 月 22 ~ 23 日　中国基金会发展论坛 · 2018 年会在苏州举行。这是中国基金会论坛的第十次年会，主题是“拾年：社会转型与中国基金会”，除了主论坛，还举办了“基金会如何引领行业共同价值”等 16 场议题丰富的平行论坛。

11 月 23 日　2018 澜湄国家民间组织论坛在昆明开幕。此次论坛由中国国际民间组织合作促进会主办、云南省国际民间组织合作促进会承办、昆明东盟国际贸易投资促进会协办，由美国环保协会北京代表处提供支持；其主题是“澜湄区域社会经济可持续发展”，旨在推动澜湄区域消除贫困，促进经济增长和民生改善，实现区域可持续发展，为澜湄地区的合作夯实民意基础。

11 月 30 日　民政部印发《公开募捐违法案件管辖规定（试行）》。《规定（试行）》所称公开募捐违法案件，包括具有公开募捐资格的慈善组织在公开募捐活动中发生的违法案件，不具有公开募捐资格的慈善组织或者其他社会组织违法开展公开募捐活动的案件，以及社会组织以外的组织或者个人违法开展公开募捐活动的案件。

11 月 30 日　在浙江省十三届人大常委会第七次会议上，《浙江省实施〈中华人民共和国慈善法〉办法》以全票通过。同日，《江西省实施〈中华人民共和国慈善法〉办法（草案）》公布，江西省人大常委会法制工作委员会公开征求社会各界意见，征求意见于 2018 年 12 月 31 日结束。

12月

12 月 5 日　全球专业志愿联盟第四届亚太区峰会在河北固安举办。此次峰会以“未来社会与全球可持续发展目标（SDGs）：专业志愿共创价值”为主题。会上发布了由北京惠泽人公益发展中心与北京博能志愿公益基金会共同研发的《中国专业志愿服务基线标准》，涵盖了最新专业志愿服务模式、理念和标准。同时，中国首家以志愿精神为主旨的社区型大学“i 志愿大学”启动，据悉，该社区型大学由北京惠泽人公益发展中心、北京博能志愿公益基金会、友成企业家扶贫基金会和固安幸福志愿服务会联合创办。

12 月 7 日　由 40 多家机构参与起草讨论的《中国公益慈善筹款伦理实操指引手册（征求意见稿）》发布。该意见稿在借鉴国际经验的基础上提出了本土化的筹款伦理原则，还制作了涵盖 60 余个由真实案例改编的本土化实操指引。它仍处在意见征集和完善阶段，其实效和影响还有待观察，但仍不失为中国慈善界直面近年来频繁曝光的筹款乱象，凝聚筹款伦理共识，倡导筹款伦理建设，并跨界联合多元力量以付诸行动的一次重要尝试。

12月9~10日 “乡村振兴·百乡工程首届论坛”在四川蒲江召开，近300位县乡政府、农民合作组织、涉农企业和社会组织代表出席。会议旨在打造以公益服务连接供需双方的社会经济新业态，展示了“驻村科技小院模式”等16个助力乡村振兴的产业和公益项目并进行供需对接。

12月12日 2018中基透明指数FTI报告发布。报告显示，截至12月6日，参与本次评分的基金会共计5694家，FTI平均分50.08分；其中，共151家基金会获得满分，六成来自北京、广东、浙江和上海四地。

12月14日 湖南省永州市双牌县人民法院对“善心汇”创办人张天明等10人组织、领导传销活动，聚众扰乱公共场所秩序案一审宣判，判处被告人张天明有期徒刑十七年，并处罚金一亿元；对本案其他9名被告人分别以组织、领导传销活动罪判处一年六个月至十年不等的有期徒刑及罚金，同时追缴各被告人违法所得。“善心汇”以“扶贫互助”为名，以高额回报为诱饵，采取培训、宣传等多种方式在全国各地发展会员，截至案发，参与“善心汇”传销活动的人员共598万余人，涉案金额1046亿余元。

12月18日 首届全球慈善家论坛暨慈善家之夜在北京举行。全球慈善家论坛（The Global Philanthropists Forum）是慈善家联盟（Philanthropists Circle of China，简称“PCC”）的开放性年度盛事，定位为汇聚全球慈善领袖的思想平台。慈善家联盟由36位中国商界领袖和公益界领军人物共同发起成立，并于2018年9月5日举行了成立仪式暨创始理事大会，由马云、马化腾担任联席荣誉主席；沈国军担任理事长，牛根生和沈南鹏担任副理事长。

12月21日 《安徽省实施〈中华人民共和国慈善法〉办法》通过，将于2019年2月1日起施行。《办法》按照“严管”慈善募捐和“方便”慈善捐赠的总体思路，对慈善募捐和慈善捐赠进行了规范；同时，着眼于增强慈善组织和慈善活动透明度、公信力，规定了民政部门和其他有关部门及时向社会公开慈善信息的义务和具体内容。

B.27
2018年中国慈善（主要）政策法规列举及搜索指引

以下列举的2018中国慈善（主要）政策法规均可通过中国社会组织公共服务平台的“法律法规数据库”搜索得到。该数据库由民政部社会组织管理局运营，其搜索二维码如下：

综　合

（1）《关于在办理相关业务中使用统一社会信用代码的通知》（2018年3月1日发布）。

（2）《“互联网+社会组织（社会工作、志愿服务）”行动方案（2018～2020年）》（2018年9月3日）。

社会组织

（1）《关于大力培育发展社区社会组织的意见》（2018 年 1 月 8 日发布）。

（2）《社会组织信用信息管理办法》（2018 年 1 月 24 日发布）。

（3）《关于在社会组织章程增加党的建设和社会主义核心价值观有关内容的通知》（2018 年 4 月 28 日发布）。

（4）《关于在社会组织登记管理工作中加强名称管理有关问题的通知》（2018 年 6 月 12 日发布）。

（5）《关于加强非军队主管的社会团体涉军事项管理的通知》（2018 年 6 月 19 日发布）。

（6）《民政部直管社会组织重大事项报告管理暂行办法》（2018 年 7 月 13 日发布）。

（7）《社会组织登记管理条例（草案征求意见稿）》（2018 年 8 月 4 日发布）。

（8）《关于进一步加强和改进社会服务机构登记管理工作的实施意见》（2018 年 10 月 16 日发布）。

慈善事业

（1）《关于对慈善捐赠领域相关主体实施守信联合激励和失信联合惩戒的合作备忘录》（2018 年 2 月 11 日发布）。

（2）《关于推进社会公益事业建设领域政府信息公开的意见》（2018 年 2 月 19 日发布）。

（3）《关于指定第二批慈善组织互联网募捐信息平台的公告》（2018 年 5 月 23 日发布）。

（4）《慈善组织信息公开办法》（2018 年 7 月 27 日通过；2018 年 8 月 6 日发布）。

（5）《慈善组织保值增值投资活动管理暂行办法》（2018 年 10 月 25 日通过；2018 年 11 月 6 日发布）。

（6）《关于加强慈善医疗救助活动监管的通知》（2018 年 11 月 17 日发布）。

（7）《公开募捐违法案件管辖规定（试行）》（2018 年 11 月 30 日发布）。

社会工作

（1）《高级社会工作师评价办法》（2018 年 3 月 6 日发布）。

志愿服务

（2）《关于做好志愿服务组织身份标识工作的通知》（2018 年 3 月 20 日）。

财　税

（1）《关于非营利组织免税资格认定管理有关问题的通知》（2018 年 2 月 7 日发布）。

（2）《关于公益性捐赠支出企业所得税税前结转扣除有关政策的通知》（2018 年 2 月 11 日发布）。

（3）《关于公益性捐赠税前扣除资格有关问题的补充通知》（2018 年 9 月 29 日）。

以下列举的 2018 年中国慈善（主要）政策法规均可通过扫描条目下的二维码进行查阅。

（1）财政部《政府购买服务管理办法（征求意见稿）》（2018 年 6 月 26 日发布）。

（2）财政部《关于推进政府购买服务第三方绩效评价工作的指导意见》（2018 年 7 月 31 日发文）。

（3）全国人大常委会关于修改《中华人民共和国个人所得税法》的决定（2018 年 8 月 31 日第十三届全国人民代表大会常务委员会第五次会议通过）。

（4）民政部办公厅关于印发《民政部彩票公益金使用管理办法》等六个办法的通知（2018 年 5 月 26 日印发）。

（5）中共中央国务院《关于学前教育深化改革规范发展的若干意见》（2018 年 11 月 7 日）。

以下列举的 2018 年地方慈善（主要）政策法规均可通过扫描条目下的二维码进行查阅。

省 级

（1）《江苏省慈善条例》（2018 年 1 月 1 日正式实施）。

（2）《浙江省实施〈中华人民共和国慈善法〉办法》（2018 年 11 月 30 日通过）。

（3）《安徽省实施〈中华人民共和国慈善法〉办法》（2018 年 12 月 21 日通过）。

市 级

（1）《成都市人民政府办公厅关于培育社会企业促进社区发展治理的意见》（2019 年 4 月 9 日签发并生效）。

（2）《北京市社会企业认证办法（试行）》（2018 年 8 月 8 日发布）。

（3）《深圳市关于促进社会工作发展的若干措施（征求意见稿）》（2018 年 2 月 22 日发布）。

（4）《广州市社会工作服务条例》（2018 年 7 月 26 日批准）。

B.28
2008 ~2018年中国慈善十年十大热点

评选标准

在如下的一个或几个方面对中国公益慈善事业的整体发展产生了重大影响。

(1) 在方法/工具/技术/政策/知识/理念/思想等方面对中国公益慈善事业的发展产生重大、持续的促进作用。

(2) 呈现出中国公益慈善事业发展的重大拐点或重大趋势，其中，拐点开启了全新的路径或局面，趋势至少在未来五到十年内仍具有发展活力。

(3) 揭示出中国公益慈善事业发展面临的重大积弊或挑战，且这些积弊与挑战至少在未来五至十年仍须重视、直面和加以有效解决。

入选热点如下（按照发生的主要时间排序）。

一　民间力量参与南方冰雪与汶川地震救灾

2008 年中国重大自然灾害频发，特别是年初南方的冰雪灾害和“5 · 12”汶川的地震最为严重。大灾激发了中国社会各界空前的慈善捐助热潮。截至 12 月初，各界地震捐赠款物达 751.97 亿元，其中，个人捐款达 458 亿元，首次超过企业捐赠。大灾中迸发出的巨大民间力量影响深远，使得 2008 年被称为“中国民间公益元年”。往后十年，中国民间公益在曲折中走上专业化、组织化、协同化的道路，触动了中国社会治理体系的重构，促使社会力量被逐步纳入政府社会治理改革范畴

二　汶川大地震、北京奥运会激发志愿服务热潮

受汶川大地震、北京奥运会等重大事件的需求激发，2008 年中国志愿

者至少增加了1472万人。在相当程度上，汶川大地震和北京奥运会普及了志愿精神、拓展了社会的志愿服务认知、推动了公民的志愿行动、触动了志愿服务管理体系的构建。这一影响持续发展，终在2017年推动《志愿服务条例》出台与实施，填补了中国志愿服务国家层面的立法空白，标志着中国志愿服务进入制度化建设阶段。

三　三聚氰胺事件引爆奶粉安全危机

2008年9月，三聚氰胺毒奶丑闻曝光，仅婴儿奶粉，就共检出22家企业69批次产品含三聚氰胺，其负面影响蔓延至国际，引发了全社会的声讨和反思。除政府渎职、市场失灵外，奶业协会未能正常发挥行业自律与监管作用也是问责重点。中国行业协会与行政机关职能边界不清、治理失范、公信力低下等问题暴露无遗。2015年，《行业协会商会与行政机关脱钩总体方案》印发，启动全国性行业协会商会与行政机关脱钩试点。截至2018年4月，全国性行业商会已有388家完成脱钩，占试点方案总数九成以上。

四　阿拉善SEE凝聚中国民营企业家参与公共事务

阿拉善SEE生态协会成立于2004年，由中国民营企业家中的先行者自发组织，尝试承担社会责任，参与公共事务。该会于2008年12月发起成立阿拉善SEE基金会，资助和扶持中国民间环保NGO成长。二者合称“阿拉善SEE”。阿拉善SEE的制度设计带有明显民主治理探索特征。在处理民主和效率、集权和分权、环保组织和企业家俱乐部、企业家和专业团队、商业和公益等关系方面，其探索颇具价值。

五　玉树地震善款“汇缴”惹争议

2010年4月，青海省玉树县发生7.1级大地震。地震再次掀起全国性慈善捐赠高潮。政府先后下发多个文件规范社会捐赠及善款的管理使用，其中《青海玉树地震抗震救灾捐赠资金管理使用实施办法》要求所有渠道募得善款全部须汇缴到民政部，由民政部拨付青海政府统筹使用。该办法一经公布便引起社会各界激烈质疑和讨论，被认为是2006年政府以行政手段干预慈善主体性和独立性的“慈善风暴”的延续，将抑制民间公益的创新与活力。在社会各界呼吁下，政府最终调整了有关政策，但慈善事业中的政社关系、慈善捐赠资金的有效管理使用等问题并没有得到完满解决。

六　陈光标式慈善引发大讨论

2010年1月，商人陈光标高调募集4000多万元向西部贫困地区发红包。2011年1月，陈光标去台湾发放现金，要求受助者必须面对面接收现金，同时对他本人鞠躬……陈光标的慈善行为被称为“暴力慈善”，有批评者称陈光标慈善数字造假，靠倒卖拆迁项目赚钱，涉嫌骗捐款、骗头衔、骗项目。2016年3月，陈光标涉嫌诈骗被查，同年6月，财新传媒以《陈光标：“首善”还是“首骗”?》为题发表特稿，全面调查了陈光标；同年9月，财新传媒再次以封面报道《再看陈光标》，揭露陈光标自我包装、营销以及谎言渐次剥落的荒诞历程。

七　民间公益力量加速中国实施农村义务教育学生营养改善计划

2011年4月，邓飞联合500名记者发起免费午餐基金，倡议每天捐赠3元为贫困学童提供免费午餐。截至2017年，募款已超3.6亿元，开餐学校达900多所。免费午餐基金成立之前，中国发展研究基金会在相关报告中提出，政府应把儿童营养干预作为基本职责，并由执政党和国家做出政治承诺。报告被时任国务院总理温家宝批示。而免费午餐基金作为民间力量率先行动，一定程度上加速了国家行动。2011年10月，温家宝主持召开国务院常务会议，决定启动农村义务教育学生营养改善计划。连片特困地区作为国家试点，为学生提供营养膳食补助，所需资金由中央财政承担。

八　郭美美事件引发中国公益慈善行业信任危机

2011 年 6 月，郭美玲在网上炫耀其奢华生活，并称自己是中国红十字会商业总经理而在网络上引起轩然大波。“郭美美事件”爆发后，社会捐款数以及慈善组织捐赠数额锐减，民政部统计数据显示，2011 年 7 月，全国社会捐款数为 5 亿元，与 6 月相比降幅超过 50%。2014 年 8 月，“郭美美事件”调查结果出炉，据警方调查，郭美美及其资金来源与中国红十字会毫无关系。但政府部门的澄清并未消除网民对中国红十字会的负面印象。直至今日，人们一提起红十字会，仍会想起郭美美。

九　冰桶挑战赛、腾讯99公益日、蚂蚁森林等互联网公益创新开启平民慈善新时代

2014 年，欧美的“冰桶挑战赛”传至中国，引发一场互联网公益嘉年华，这被认为是中国互联网公益的一个重要节点；2015 年，腾讯基金会发起“9·9 公益日”活动，截至 2017 年，已连续举办三届，每届都创下互联网募捐的捐赠金额和参与人数纪录；2016 年，蚂蚁金服推出“蚂蚁森林”互联网环保公益活动，不到一年让超 2 亿中国人碳减排 67 万吨、种下超 800 万棵梭梭树……这些互联网公益创新展现出巨大想象空间，不单开启了平民慈善新机制，也在重塑着慈善行业生态。其间，虽暴露出不少问题和挑战，但前景仍值得期待。

十　慈善立法获历史性突破

2016 年 3 月，《慈善法》公布，并于同年 9 月正式实施。这是中国第一

部国家层面基础性、综合性慈善法律，开启了中国民间与政府同为社会筑底的慈善法治时代。它与同年通过的《境外非政府组织境内活动管理法》，共同搭起中国慈善法治体系的基本框架，是中国慈善立法进程的历史性突破。但是，其发展态势深受后续配套法律法规体系能否融惯、执法与司法实践能否切实深入等的影响，需要长期观察与倡导。

B.29

1978～2018年中国慈善四十年极简史

1978年5月 《光明日报》发表特约评论员文章《实践是检验真理的唯一标准》，引发一场“关于真理标准问题的大讨论”，掀起了中国改革开放后第一次思想解放运动，社会开始出现相对的自由活动空间，慈善事业也开始解冻和走向复兴。

1978年5月 中华人民共和国民政部召开第一次党组会议，并正式开始办公。

1979年4月 中国环境科学学会正式成立。这是中国第一家全国性的环保组织。同年，中国航海学会、中国教育学会、中国考古学会、中国地震学会、中国统计学会等第一批全国性的学术团体相继成立。

1979年9～12月 美国福特基金会、德国阿登纳基金会、德国赛德尔基金会、美国大使国际文化基金会等一批国际组织代表团访华，受到当时国家领导人会见。

1980年 WWF总部主席Peter Scott与前国家环保总局局长曲格平签署备忘录，开启了WWF在中国始于大熊猫及其栖息地保护的工作，也使得WWF成为第一个受中国政府邀请来华开展工作的国际非政府组织。

1981年7月 中国儿童少年基金会成立，这是中国第一家全国性基金会。其后，第一批具有公益慈善性质的全国性基金会纷纷成立，客观上为中国内地慈善事业的进一步复苏和发展打下了基础。

1982年12月 《中华人民共和国宪法》在第五届全国人民代表大会第五次会议上通过。其明确规定了公民结社权。

1985年4月 爱德基金会成立，这是中国最早成立的一批基金会中一个非“国字头”的特例。

1986 年 4 月　《民法通则》在第六届全国人民代表大会第四次会议上通过。其明确规定社会团体法人是四类法人之一。

1987 年 5 月　黑龙江省大兴安岭地区发生特大森林火灾。据“人民网”资料，国务院批准多部委关于调整接受国际救灾援助方针的请示，并成立了统筹国外援助工作小组。这一般被认为是中国首次主动要求国际援助；经过此次调整之后，中国政府应对国际救灾援助的方针渐趋积极、主动和开放。

1988 年 1 月　福特基金会在中国设立办事处。这是第一个被中国政府允许在中国设立办事机构的国际非政府组织。

1988 年 9 月　改革开放后国务院制定的第一部专门规范中国民间组织登记管理的行政法规——《基金会管理办法》发布，一定程度上结束了中国基金会无章可循、无序发展的状况；但其实际上规定的“三重管理体制”和“三步批准登记制度”，一定程度上反映了中国政府当时对基金会主要还停留在管控的层面。

1989 年 10 月　国务院第 49 次常务会议通过《社会团体登记管理条例》。

1989 年 10 月　中国青少年发展基金会发起实施“希望工程”。希望工程是中国社会参与最广泛、最富影响的民间公益事业。

1990 年 6 月　《国务院办公厅转发民政部关于清理整顿社会团体的请示》开始了历时一年的全国范围内第一次社会团体清理整顿工作。

1990 年 8 月 31 日至 9 月 2 日　第一次全国性民间基金会经验交流研讨会在承德召开，中国青少年发展基金会、吴作人国际美术基金会等 13 家全国性基金会及民政部社团司、中国人民银行非金融管理司等机构的 29 位代表与会。

1993 年 1 月 8 日　中华人民共和国建立后的第一个以“慈善”命名的慈善组织——吉林省慈善会成立，后更名为吉林省慈善总会。

1994 年 1 月　由教育部主管的清华大学教育基金会在民政部登记成立。这一般被认为是中国第一个高校基金会。

1994 年 2 月　《人民日报》发表了社论——《为慈善正名》，开始褪去裹挟“慈善”的污名化外衣，让“慈善”公开重返政治舞台和公众视野。在此之前，《人民日报》都几乎没有使用过“慈善”这个词。直到1998年，媒体每做一次慈善报道都得向上请示，因为当时中央主管宣传的部门认为慈善不属于党和政府倡导的意识形态，还认为慈善与政府的理念和工作有冲突，报道慈善会给政府抹黑。

1994年3月 中国文化书院·绿色文化分院（“自然之友”前身）成立。这是中国第一家由民间发起的正式登记注册的全国性民间环保组织。

1994年4月 全国第一个综合性慈善机构——中华慈善总会成立，它从成立之日起就明确要走出一条慈善组织独立发展的道路。中华慈善总会的成立，标志着现代慈善理念开始在中国树立。

1995年4月 中国基金会代表团在团长项南（时任中国扶贫基金会会长、原福建省委书记）的带领下出访美国，考察基金会和非营利机构。这是中国基金会第一次组团出访考察。

1995年9月4～15日 联合国第四次世界妇女大会在北京举办。这次大会后，NGO这一术语进入中国公众话语。

1997年9月 由中华慈善总会牵头，在中国青少年发展基金会资助下，邀集来自高校、政府和行业协会的一批学者组成评估专家小组，对天津鹤童老人院进行为期3个月的规范性评估。这是中国第一个非营利机构评估项目。

1998年 国务院进行机构改革，民政部的机构设置进行调整，社团团体和民办非企业单位管理司更名为民间组织管理局。

1998年春季 中国内地第一个非营利组织的支持性机构——基金会与非营利机构信息网成立。该机构致力于推动慈善组织间的信息交流和行业公信力建设，其在当年底召开的“非营利组织的自律”主题论坛上，首次提出“中国非营利组织九条自律守则”。

1998年夏季 中国长江、嫩江、松花江流域爆发历史罕见大洪水。中央电视台、中国红十字总会、中华慈善总会联合举办大型赈灾义演晚会，向全国及海外直播，募集到海内外各界捐款、捐物总计6亿多元，慈善事业的功能作用得以充分显现，人们对慈善事业的认识有所加强，党和政府也对慈善事业在社会发展中的作用给予了充分肯定。

1998 年 10 月　中国内地第一个 NGO 研究机构——清华大学宣布成立 NGO 研究中心（后改为 NGO 研究所）成立。

1998 年 9 月　国务院第 8 次常务会议通过《社会团体登记管理条例》，以及《民办非企业单位登记管理暂行条例》。自此，民办非企业单位的登记管理步入法制轨道，在社会福利、教育、卫生、环保等领域的非政府、非营利服务组织可以依据此法登记注册。

1999 年 6 月　第九届全国人民代表大会常务委员会第十次会议通过了《公益事业捐赠法》。这是中华人民共和国成立后慈善事业方面的第一部法律，也是新中国成立以后通过的第一部捐赠法律。它把中国慈善事业的发展上升到法律的高度，在中国慈善史上具有标志性意义。

1998 年 9 月　中国人民银行和民政部联合发出《关于做好社团基金会监管职责交接工作的通知》，中国人民银行将基金会的审批和监管职责全部移交民政部。

1998 年 10 月　一套 10 本的《第三部门研究丛书》出版。这是中国大陆首次成套出版第三部门研究丛书。

2001 年 4 月　第九届全国人大常务委员会第二十一次会议通过《信托法》，同年 10 月 1 日生效实施。该法规定了公益信托的性质、范围和批准方式。

2004 年 2 月 4 日　国务院第 39 次常务会议通过了《基金会管理条例》。该条例将基金会划分为公募性基金会和非公募性基金会。此外，该条例还第一次以官方行政文件的形式允许国际 NGO 在中国注册办公室。

2004 年 8 月　财政部发出关于印发《民间非营利组织会计制度》的通知，中国民间非营利组织的财务管理开始有法可依。

2004 年 9 月 16 ~ 19 日　中国共产党第十六届中央委员会第四次全体会议通过了《中共中央关于加强党的执政能力建设的决定》，提出“健全社会保险、社会救助、社会福利和慈善事业相衔接的社会保障体系，构建社会主义和谐社会”的目标。这是中华人民共和国成立以后慈善事业第一次被写入中共中央文件。

2004年12月 印度洋发生地震海啸。中国慈善组织迅速组织民间救助行动，全国共接收到民间援助印度洋海啸灾区款物近7亿元，开启中国民间捐赠支持国际灾难先河。

2004年12月 “内蒙古老牛公益事业发展促进会”成立，下设“老牛专项基金”，此为老牛基金会的前身。老牛基金会一般被认为是中国第一家现代慈善家族基金会。

2004年 由中国民营企业家中的先行者自发组织的阿拉善SEE生态协会成立。

2005年3月 第十届全国人大第三次会议上的《政府工作报告》中，首次出现了“支持发展慈善事业”的字眼。这是慈善事业第一次被写入政府工作报告。

2006年 江苏常州开创了企业冠名基金的捐赠模式，据《公益时报》专题报道，一年募集基金达10.63亿元，使得彼时发达地区城市仿佛看到慈善的价值，纷纷“取经”，这种捐赠模式迅速席卷沿海各城市，高潮一直持续到2007年。此现象后来被称为“慈善风暴”。

2007年6月 中国第一家由互联网企业发起成立的基金会——腾讯公益慈善基金会成立。2015年9月9日，腾讯公益慈善基金会联合众多机构和名人明星共同发起中国首个互联网公益日“腾讯99公益日”。自此，腾讯99公益日成为中国一年一度的全民慈善日，持续创下中国互联网募捐的新纪录。互联网公益创新展现出巨大想象空间，不单开启了平民慈善新机制，也在重塑着慈善行业生态。其间，虽暴露出不少问题和挑战，但前景仍值得期待。

2008年5月12日 汶川发生中华人民共和国成立以来破坏力最大、唐山大地震后伤亡最严重的一次特大地震。地震发生后，全国数十万社会组织紧急行动起来，主动配合政府开展了规模空前的救援行动。

2008年中国重大自然灾害频发，大灾激发了中国社会各界空前的慈善捐助热潮，使得2008年被称为“中国民间公益元年”。当年，中国慈善事业捐赠总额为1070亿元人民币，个人捐赠首次超过企业捐赠。往后十年，中国民间公益在曲折中走上专业化、组织化、协同化的道路，触动了中国社会治理体系的重构，促使社会力量被逐步纳入政府社会治理改革范畴。

受汶川大地震、北京奥运会等重大事件的需求激发，2008年中国志愿者至少增加了1472万人。在相当程度上，汶川大地震和北京奥运会普及了志愿精神、拓展了社会的志愿服务认知、推动了公民的志愿行动、触动了志愿服务管理体系的构建。这一影响持续发展，终在2017年推动《志愿服务条例》出台与实施，填补了中国志愿服务国家层面的立法空白，标志着中国志愿服务进入制度化建设阶段。

2008年9月 三聚氰胺毒奶丑闻曝光，引发了全社会的声讨和反思。除政府渎职、市场失灵外，奶业协会未能正常发挥行业自律与监管作用也是问责重点。中国行业协会与行政机关职能边界不清、治理失范、公信力低下等问题暴露无遗。2015年，《行业协会商会与行政机关脱钩总体方案》印发，启动全国性行业协会商会与行政机关脱钩试点。截至2018年4月，全国性行业商会已有388家完成脱钩，占试点方案总数九成以上。

2010年1月 商人陈光标高调募集4000多万元向西部贫困地区发红包。2011年1月，陈光标去台湾发放现金，要求受助者必须面对面接收现金，同时对他本人鞠躬……陈光标的慈善行为被批评者称为“暴力慈善”，有批评者称陈光标慈善数字造假，靠倒卖拆迁项目赚钱，涉嫌骗捐款、骗头衔、骗项目。2016年3月，陈光标涉嫌诈骗被查；同年，财新传媒先后刊发文章《陈光标：“首善”还是“首骗”?》和《再看陈光标》，深度调查了陈光标。

2010年4月 青海省玉树县发生7.1级大地震。地震再次掀起全国性慈善捐赠高潮。政府先后下发多个文件规范社会捐赠及善款的管理使用，其中《青海玉树地震抗震救灾捐赠资金管理使用实施办法》要求所有渠道募得善款全部须汇缴到民政部，由民政部拨付青海政府统筹使用。该办法一经公布便引起社会各界激烈质疑和讨论。在社会各界呼吁下，政府最终调整了有关政策，但慈善事业中的政社关系、慈善捐赠资金的有效管理使用等问题并没有得到完满解决。

2010 年 6 月 北京师范大学壹基金公益研究院宣布成立，这是中国第一家由大学与公益组织联合发起的专门从事公益理论研究、公益人才培养与公共政策咨询服务的研究机构。

2010 年 7 月 基金会中心网正式上线。这是中国慈善行业自律 20 年努力的一个结果，在中国基金会发展史上也是一个标志性事件。

2010 年 9 月 南都公益基金会发起的“银杏伙伴成长计划”启动。这是中国第一个专门以支持公益人才个人成长为目的发起的资助项目。2015 年 7 月 20 日，北京市银杏公益基金会成立。

2011 年 2 月 中国扶贫基金会支持的《中国第三部门观察报告》正式发布。这是中国第一部关于第三部门的观察报告，其总报告对中国第三部门进行了环境分析，认为中国第三部门是“依附式发展的”，整体弱小，并且存在结构与功能失调，还处于发展初级阶段。

2011 年 4 月 邓飞联合 500 名记者发起免费午餐基金。此前，中国发展研究基金会在相关报告中提出，政府应把儿童营养干预作为基本职责，并由执政党和国家做出政治承诺。该报告被时任国务院总理温家宝批示。而免费午餐基金作为民间力量率先行动，一定程度上加速了国家行动。2011 年 10 月，温家宝主持召开国务院常务会议，决定启动农村义务教育学生营养改善计划。

2011 年 5 月 河仁慈善基金会举行成立仪式。它被认为开创了中国基金会资金注入方式、运作模式和管理规则的先河。在成立仪式上，福耀集团董事局主席曹德旺向基金会捐赠了个人持有的 3 亿股福耀玻璃股票（时值 35.49 亿元人民币），这笔捐赠使得河仁慈善基金会成为当时中国资产规模最大的一家基金会。

2011 年 6 月 郭美玲在网上炫耀其奢华生活，并称自己是中国红十字会商业总经理而在网络上引起轩然大波。“郭美美事件”爆发后，社会捐款数以及慈善组织捐赠数额锐减。

2012 年 中央财政安排 2 亿元专项资金，用于支持社会组织参与社会服务。这是中央政府首次通过建立公共财政资助机制加强对社会组织的培育和扶持。

2012 年 7 月 12 ~ 14 日 首届中国公益慈善项目交流展示会在深圳举行。这是当时全国最大规模的国家级、综合性的公益项目集中展示会。

2012 年 7 月 深圳市红树林湿地保护基金会在深圳宣布成立。这是中国基金会中第一个公开推选市民理事和监事的基金会。

2012 年 8 月 第十一届全国人大常务委员会第二十八次会议通过《关于修改〈中华人民共和国民事诉讼法〉的决定》，修订案首次在法律上确立公益诉讼制度，并明确将社会组织作为公益诉讼主体之一。

2013 年 2 月 党的十八届二中全会和十二届全国人大一次会议通过《国务院机构改革和职能转变方案》，对改革社会组织管理制度做出重大部署，主要任务包括，推进行业协会商会与行政机关脱钩，对行业协会商会类、科技类、公益慈善类、城乡社区服务类社会组织实行直接登记，完善相关法律法规，健全社会组织管理制度，推动社会组织完善内部治理结构。

2013 年 4 月 四川芦山发生 7.0 级地震，共有 219 家基金会参与雅安地震紧急救援和灾后重建工作。民间公益慈善组织的此次救灾参与，被认为是中国有序、有效、专业、可持续、平等互助的社会力量参与救灾的应急与联合机制正在成型。

2013 年 11 月 《中共中央关于全面深化改革若干重大问题的决定》设专章强调“激发社会组织活力”。

2014 年 8 月 风靡美国的呼吁公众关注 ALS 的冰桶挑战游戏传至中国。“冰桶挑战赛”以其创新性、娱乐性、互联网化等特征，刷新了公益慈善的刻板面貌，被认为是中国乃至全球公益史上一个重要节点，宣告了公益 2.0 时代的到来。

2014 年 10 月 中国共产党第十八届中央委员会第四次全体会议通过《中共中央关于全面推进依法治国若干重大问题的决定》，明确提出要“加快保障和改善民生、推进社会治理体制创新法律制度建设”，要完善“慈善”等方面的法律法规，“加强社会组织立法，规范和引导各类社会组织健康发展”。这使中国的慈善立法在“长跑”将近十年之后进入“快车道”。

2015 年 4 月　尼泊尔发生 8.1 级地震，中国政府、企业、媒体和公益机构迅速反应，中国扶贫基金会、爱德基金会等多家民间救援机构奔赴灾区投入抗震救灾中，同时展开了形式多样的募捐行动，被评“中国海外救援力量初长成”。

2015 年 11 月　中国首家由中美慈善家创建的国际性公益学院——深圳国际公益学院正式成立，填补了中国没有独立公益慈善教学专门学院的空白。

2016 年 3 月　第十二届全国人大第四次会议通过《中华人民共和国慈善法》，并于同年 9 月 1 日实行。这是中国第一部国家层面基础性、综合性慈善法律，开启了中国民间与政府同为社会筑底的慈善法治时代。它与同年 4 月通过的《境外非政府组织境内活动管理法》（次年 1 月 1 日起实行），共同搭起中国慈善法治体系的基本框架，是中国慈善立法进程的历史性突破。但是，其发展态势深受后续配套法律法规体系能否融惯、执法与司法实践能否切实深入等的影响，需要长期的观察与倡导。

2016 年 8 月　国家民间组织管理局更名为国家社会组织管理局。

2017 年 3 月　第十二届全国人大第五次会议表决通过了《中华人民共和国民法总则》，同年 10 月 1 日生效。该法将法人分为营利法人、非营利法人、特别法人；非营利法人包括事业单位、社会团体、基金会、社会服务机构等。有评论认为，创设非营利性法人类别，有利于健全社会组织法人治理结构，促进社会组织健康有序发展和社会治理创新。

2017 年 4 月　中国社会组织网“全国社会组织信息查询平台”上线，9 月 4 日，“全国慈善信息公开平台”开通。

2017 年 9 月　中国人民大学中国公益创新研究院院长康晓光与希望工程创始人、南都公益基金会理事长徐永光的“两光之争”，引发公益慈善界关于公益本质的大讨论。

2017 年 9 月　第三届腾讯 99 公益日被爆出存在“机器刷单”“套捐”

等恶性竞争行为；同年，“小朋友画廊”“同一天生日”等多个互联网公益募捐爆款项目被质疑。由此，引发了公益慈善界关于慈善伦理等的广泛讨论。

2018 年 3 月　民政部、公安部联合召开打击整治非法社会组织专项行动部署工作视频会。会议就集中打击整治非法社会组织专项行动做出部署。根据部署，民政部门和公安机关自 2018 年 4 月 1 日至 12 月 31 日，在全国范围内联合开展打击整治非法社会组织专项行动，重点对利用“一带一路”建设、“军民融合”、“精准扶贫”等国家战略名义骗钱敛财和冠以“中国”“中华”“国际”等字样开展活动的非法社会组织予以打击整治。2018 年，此行动共查处非法社会组织 5845 个，曝光涉嫌非法社会组织 300 多个。

2018 年 5 月 12 日　2008 年汶川地震十周年。该次地震救灾中的社会行动被认为开启了中国慈善的新纪元。2018 年，社会各界纷纷围绕这一事件展开了纪念活动。其中，《中国慈善发展报告（2018）》组织评选了“2008 ~2018 中国慈善十年十大热点”。

2018 年 5 月　民政部发布《关于在社会组织章程增加党的建设和社会主义核心价值观有关内容的通知》，要求社会组织将党的建设和社会主义核心价值观有关内容写入章程。章程在社会组织法人治理结构中占据基础性地位，这个通知将对社会组织治理产生深远的影响。

2018 年 7 月　改编自真实事件、聚焦我国癌症患者用药难、用药贵等现实困境的电影《我不是药神》公映。公映后，该电影获得了极大的社会关注，并引发了一场连锁式舆论热议，推动了政府相关政策的加快落实，启发了公益慈善界的倡导新思路。现象级的社会关注和社会反响共同促使该电影成为我国社会力量推动政府公益、助力民间公益的新典型。

2018 年 7 月下旬起　舆论陆续曝光了多起公益慈善界知名人士涉嫌性骚扰事件，造成了极为负面的行业与社会影响，引起了中国慈善界关于行业伦理以及性别友好机制建设的大讨论。

2018 年 8 月　《社会组织登记管理条例（草案征求意见稿）》发布，但因受到学界和行业界普遍反对，没有完成出台。反对声音的主流是，建议有关部门充分听取社会各界的意见，适当延长立法周期，不宜匆忙出台，理由是，该草案征求意见稿从宏观立法依据、指导思想、框架到具体制度建构、条文表述，都存在许多问题。

2018 年 10 月 20 日 社会力量举办、国家重点支持的非营利性研究型高校西湖大学在杭州成立，被教育部称为“中国高等教育改革发展史上的一件大事，开创了中国高等教育改革发展之先河”。对于中国慈善界来说，西湖大学是社会捐赠办大学的新典型。

2018 年 《慈善法》配套体系进一步细化和深化，地方通过配套政策制定以促进《慈善法》实施的进程也在加速。《慈善法》配套与贯彻实施依然是中国慈善法治的重要内容。

参考文献

郑琦、李朔严：《社会组织年表（1978 ~ 2017）》，《中国社会组织（1978 ~ 2018）》，社会科学文献出版社，2018。

中国灵山公益慈善促进会、中国基金会发展论坛：《1949 ~ 2017 中国（内地）民间基金会发展大事记》。

杨团主编 2009、2010、2011、2012、2013、2014、2015、2016、2017、2018、2019 年《中国慈善发展报告》，社会科学文献出版社。

B.30
后　记

2018年，将在中国慈善史上被记上厚重一笔，其原因首先来自改革开放40年与汶川抗震救灾10年，中国的现代慈善因改革开放而缘起，因汶川救灾而诞生。其次，这一年的慈善是在困窘与遭遇战中努力向前。其困窘在于，尽管2018年突破了2017年《慈善法》配套文件迟滞的困局，但是接踵而至的规范管理反而成了难以承受之重，《慈善法》旨在提升的社会组织主体性地位并未昭显，社会组织纷纷进入一个努力适应环境变化的过程。其遭遇战发生在当年7月，突然爆出的多个知名公益人涉性骚扰丑闻，让慈善行业的社会公信力遭遇前所未有的严峻挑战。

就在这种危机中，中国慈善走过了2018年，守住了基本面。社会组织发展数量和慈善捐赠总量继2017年以来继续增长，总体而言增长率下滑，但是，志愿服务增长率打破纪录、一路高扬，志愿者贡献的时间价值折合人民币823.6亿元，较2017年增长了50.3%。

2018年的慈善还有一个难得特征，就是中国慈善的累积效应。中国现代公民慈善始于2008年汶川抗震，行业基础十分薄弱，行业建设从零起步，而十年发展，十年教训，终于在2018年集中显现，无论教育、研究、能力培育，无论大学、平台、网络，无论捐赠、服务、传播、测度、评估，慈善的各条战线如今都迈入了知识生产的领域。尤其是依靠行业的力量，将社会丑闻导致的行业公信力危机转化成一次行业集体审视、反思、教育与建构的契机，50多家公益机构联署行业性别友好机制倡议书。可见，社会变革的力量是历史的潮流，青山遮不住，毕竟东流去。

本卷蓝皮书，和往年一样，推出了领域报告、专题报告、境外慈善和热点事件，与往年不同的是，领域报告中增添了教育公益和防灾减灾救灾，专题报告推出了社区基金会、慈善信用指数和 NGO 自律。尤其值得提出的，一是特邀自媒体“公益资本论”担当热点事件的编写和传播工作；二是程芬女士将在美交流访问的收获集结成“‘美国梦’的破灭与修复：富人慈善的悖论与启示”一文交本书首发，均给本书增色。

我衷心感谢蓝皮书作者群体的辛勤劳动。

衷心感谢协助我编辑蓝皮书的徐会坛女士。

感谢本书的责任编辑薛铭洁女士。

感谢支持本书出版的卢德之先生和爱德基金会。

2019 年 4 月 11 日

皮书起源

“皮书”起源于十七、十八世纪的英国，主要指官方或社会组织正式发表的重要文件或报告，多以“白皮书”命名。在中国，“皮书”这一概念被社会广泛接受，并被成功运作、发展成为一种全新的出版形态，则源于中国社会科学院社会科学文献出版社。

皮书定义

皮书是对中国与世界发展状况和热点问题进行年度监测，以专业的角度、专家的视野和实证研究方法，针对某一领域或区域现状与发展态势展开分析和预测，具备原创性、实证性、专业性、连续性、前沿性、时效性等特点的公开出版物，由一系列权威研究报告组成。

皮书作者

皮书系列的作者以中国社会科学院、著名高校、地方社会科学院的研究人员为主，多为国内一流研究机构的权威专家学者，他们的看法和观点代表了学界对中国与世界的现实和未来最高水平的解读与分析。

皮书荣誉

皮书系列已成为社会科学文献出版社的著名图书品牌和中国社会科学院的知名学术品牌。2016 年，皮书系列正式列入“十三五”国家重点出版规划项目；2013~2019 年，重点皮书列入中国社会科学院承担的国家哲学社会科学创新工程项目；2019 年，64 种院外皮书使用“中国社会科学院创新工程学术出版项目”标识。

S 基本子库
UB DATABASE

中国社会发展数据库（下设 12 个子库）

全面整合国内外中国社会发展研究成果，汇聚独家统计数据、深度分析报告，涉及社会、人口、政治、教育、法律等 12 个领域，为了解中国社会发展动态、跟踪社会核心热点、分析社会发展趋势提供一站式资源搜索和数据分析与挖掘服务。

中国经济发展数据库（下设 12 个子库）

基于"皮书系列"中涉及中国经济发展的研究资料构建，内容涵盖宏观经济、农业经济、工业经济、产业经济等 12 个重点经济领域，为实时掌控经济运行态势、把握经济发展规律、洞察经济形势、进行经济决策提供参考和依据。

中国行业发展数据库（下设 17 个子库）

以中国国民经济行业分类为依据，覆盖金融业、旅游、医疗卫生、交通运输、能源矿产等 100 多个行业，跟踪分析国民经济相关行业市场运行状况和政策导向，汇集行业发展前沿资讯，为投资、从业及各种经济决策提供理论基础和实践指导。

中国区域发展数据库（下设 6 个子库）

对中国特定区域内的经济、社会、文化等领域现状与发展情况进行深度分析和预测，研究层级至县及县以下行政区，涉及地区、区域经济体、城市、农村等不同维度。为地方经济社会宏观态势研究、发展经验研究、案例分析提供数据服务。

中国文化传媒数据库（下设 18 个子库）

汇聚文化传媒领域专家观点、热点资讯，梳理国内外中国文化发展相关学术研究成果、一手统计数据，涵盖文化产业、新闻传播、电影娱乐、文学艺术、群众文化等 18 个重点研究领域。为文化传媒研究提供相关数据、研究报告和综合分析服务。

世界经济与国际关系数据库（下设 6 个子库）

立足"皮书系列"世界经济、国际关系相关学术资源，整合世界经济、国际政治、世界文化与科技、全球性问题、国际组织与国际法、区域研究 6 大领域研究成果，为世界经济与国际关系研究提供全方位数据分析，为决策和形势研判提供参考。